마가복음

ESV 성경 해설 주석

편집자 주
- 성경의 문단과 절 구분은 ESV 성경의 구분을 기준하였습니다.
- 본문의 성경은 《성경전서 개역개정판》과 ESV 역을 주로 사용하였습니다.

ESV Expository Commentary: *Mark*

Originally published as *ESV Expository Commentary*, Volume 8: *Matthew-Luke*
Published by Crossway
a publishing ministry of Good News Publishers
Wheaton, Illinois 60187, U.S.A.

ESV EXPOSITORY COMMENTARY

마가복음

ESV 성경 해설 주석

한스 F. 바이어 지음
홍병룡 옮김

국제제자훈련원

추천의 글

성경은 하나님의 생명의 맥박이다. 성경은 사망에서 생명으로 옮겨 주는 생명의 책이다. 성경은 하나님의 창조와 구원 디자인에 따라 삶을 풍요롭게 하는 생활의 책이다. 성경을 바로 이해하고 적용해서 그대로 살면 우선 내가 살고 또 남을 살릴 수 있다. '하나님의 생기'가 약동하는 성경을 바로 강해하면 성령을 통한 생명과 생활의 변화가 분출된다. 이번에 〈ESV 성경 해설 주석〉 시리즈가 나왔다. 미국 필라델피아 웨스트민스터신학교의 이언 두기드 교수와 남침례교신학교의 제임스 해밀턴 교수와 커버넌트신학교의 제이 스클라 교수 등이 편집했다. 학문이 뛰어나고 경험이 많은 신세대 목회자/신학자들이 대거 주석 집필에 동참했다. 일단 개혁주의 성경신학 교수들이 편집한 주석으로 신학적으로 건전하다. 〈ESV 성경 해설 주석〉은 또한 목회와 신앙생활 전반에 소중한 자료다. 성경 내용을 총체적으로 이해하고 적용한 주석으로 읽고 사용하기가 쉽게 되어 있다. 성경 각 권의 개요와 주제와 저자와 집필 연대, 문학 형태, 성경 전체와의 관계, 해석적 도전 등을 서론으로 정리한 후 구절마다 충실하게 주석해 두었다. 정금보다 더 값지고 꿀보다 더 달고 태양보다 더 밝은 성경 말씀을 개혁주의 성경 해석의 원리에 따라 탁월하게 해석하고 적용한 〈ESV 성경 해설 주석〉이 지구촌 각 교회 지도자들과 성도들에게 널리 읽혀서 생명과 생활의 변화를 통해 하나님의 영광이 극대화되기 바란다.

권성수 | 대구 동신교회 담임목사

〈ESV 성경 해설 주석〉은 미국의 건전한 개혁주의 전통에 서 있는 젊고 탁월한 학자들을 중심으로 집필된 해설 주석이다. 이 책은 매우 읽기 쉬운 주석임에도 세세한 부분까지 놓치지 않고 해설을 집필해 놓았다. 성경 전체를 아우르는 신학적 큰 그림을 견지하면서도 난제는 간결하고 핵심을 찌르듯 해설한다. 목회자들이나 성경을 연구하는 이들은 이 주석을 통해 성경 기자의 의도를 쉽게 파악하여 설교와 삶의 적용에 적절하게 활용할 수 있을 것이다.

김성수 | 고려신학대학원 구약학 교수

ESV 성경은 복음주의 학자들이 원문에 충실하게 현대 언어로 번역한다는 원칙으로 2001년에 출간된 성경이다. ESV 번역을 기초로 한 이 해설 주석은 성경 본문의 역사적 의미를 밝힘으로써, 독자가 하나님의 영감된 메시지를 발견하도록 도울 목적으로 기획되었다. 각 저자는 본문에 대한 학문적 논의에 근거하여 일반 독자가 이해하고 적용할 수 있도록 충실하게 안내하고 있다. 또한 성경 각 권에 대한 서론은 저자와 본문을 이해하는 데 큰 도움을 준다. 이 주석은 말씀을 사모하는 모든 사람들, 특별히 말씀을 선포하고 가르치는 책임을 맡은 이들에게 신뢰할 만하고 사용하기에 유익한 안내서다.

김영봉 | 와싱톤사귐의교회 담임목사

〈ESV 성경 해설 주석〉은 성경 해석의 정확성, 명료성, 간결성, 통합성을 두루 갖춘 '건실한 주석'이다. 단단한 문법적 분석의 토대 위에 문학적 테크닉을 따라 복음 스토리의 흐름을 잘 따라가며, 구약 본문과의 연관성 속에서 견고한 성경신학적 함의를 제시한다. 성경을 이해하는 데 관심 있는 일반 독자들은 이 책을 통해 최신 해석들을 접할 수 있으며, 설교자들은 영적 묵상과 현대적 적용에 통찰을 얻을 수 있을 것이다.

김정우 | 총신대학교 명예교수, 한국신학정보연구원 원장

〈ESV 성경 해설 주석〉은 단락 개요, 주석 그리고 응답의 구조로 전개되기 때문에 독자는 성경의 말씀들을 독자 자신의 영적 형편에 적합하게 적용할 수 있다. 특히 절 단위의 분절적인 주석이 아니라 각 단락을 하나의 이야기로 묶어 해석하기 때문에 본서는 성경이라는 전체 숲을 파악하는 데 더없이 유익하다. 목회자, 성경 교사, 그리고 성경 애호적인 평신도들에게 추천할 만하다.

김회권 | 숭실대학교 기독교학과 구약신학 교수

성경 주석의 가장 중요한 사명은 하나님의 말씀을 바르게 해석하고 오늘날 청중에게 유익하게 적용할 수 있도록 안내하는 일이다. 〈ESV 성경 해설 주석〉은 목회자와 성도 모두에게 성경에 새겨진 하나님의 마음을 읽게 함으로 진리의 샘물을 마시게 할 뿐 아니라 하나님을 더욱 사랑하는 마음을 불러일으킨다. 성경과 함께 〈ESV 성경 해설 주석〉을 곁에 두라. 목회자는 강단에 생명력 있는 설교에 도움을 얻을 것이고 일반 독자는 말씀을 더 깊이 깨닫는 기쁨을 누릴 것이다.

류응렬 | 와싱톤중앙장로교회 담임목사, 고든콘웰신학교 객원교수

주석들의 주석이 아니라 성경을 섬기는 주석을, 학자들만의 유희의 공간이 아니라 현장을 섬기는 주석을, 역사적 의미만이 아니라 역사 속의 의미와 오늘 여기를 향하는 의미를 고민하는 주석을, 기발함보다는 기본에 충실한 주석을 보고 싶었다. 그래서 책장 속에 진열되는 주석이 아니라 책상 위에 있어 늘 손이 가는 주석을 기다렸다. 학문성을 갖추면서도 말씀의 능력을 믿으며 쓰고, 은혜를 갈망하며 쓰고, 교회를 염두에 두고 쓴 주석을 기대했다. 〈ESV 성경 해설 주석〉은 나를 성경으로 돌아가게 하고 그 성경으로 설교하고 싶게 한다. 내가 가진 다른 주석들을 대체하지 않으면서도 가장 먼저 찾게 할 만큼 탄탄하고 적실하다. 현학과 현란을 내려놓고 수수하고 담백하게 성경 본문을 도드라지게 한다.

박대영 | 광주소명교회 책임목사, 《묵상과 설교》 편집장

또 하나의 주석을 접하며 무엇이 특별한가 하는 질문부터 하게 된다. 먼저 디테일하고 전문적인 주석과 학문적인 논의의 지루함을 면케 해주면서도 성경 본문의 흐름과 의미 그리고 중요한 주제의 핵심을 잘 파악하게 해 준다는 점을 들 수 있다. 그래서 분주한 사역과 삶으로 쫓기는 이들의 시간과 에너지를 절약해 준다는 이점이 있다. 또한 본문에 대한 충실한 해석뿐 아니라 그 적용까지 이끌어낼 수 있도록 돕는다는 점이 유익하다. 더불어 가독성이 뛰어나다는 점에서 설교를 준비하는 이들뿐 아니라 성경을 바로 이해하기 원하는 모든 교인들에게 적합한 주석이다.

박영돈 | 작은목자들교회 담임목사, 고려신학대학원 교의학 명예교수

성경이 질문하고 성경이 답변하게 하는 방법을 찾는 것은 이 시대에 성경을 연구하거나 가르치거나 설교하는 이들의 가장 큰 고민거리라고 할 수 있다. 그동안 접했던 많은 성경 주석서들은 내용이 너무 간략하거나 지나치게 방대했다. 〈ESV 성경 해설 주석〉은 이 시대의 목회자들뿐만 아니라 진리를 갈망하는 모든 신자들, 특히 제자

훈련을 경험하는 모든 동역자들에게 매우 신선하고 깊이 있는 영감을 공급하는 주석이다. 첫째, 해석이 매우 간결하고 담백하면서도 깊이가 있다. 둘째, 영어 성경과 대조해서 본문을 폭넓게 이해할 수 있다. 셋째, 성경 원어 이해를 돕기 위한 세심한 배려는 목회자뿐만 아니라 성경의 깊이를 탐구하는 모든 신앙인들에게도 큰 유익을 준다. 넷째, 이 한 권으로 충분할 수 있다. 성경이 말하기를 갈망하는 목회자의 서재뿐만 아니라 말씀을 사랑하는 모든 신앙인들의 거실과 믿음 안에서 자라나는 다음 세대의 공부방들도 〈ESV 성경 해설 주석〉이 선물하는 그 풍성한 말씀의 보고(寶庫)가 되기를 염원한다.

故 박정식 | 전 은혜의교회 담임목사

〈ESV 성경 해설 주석〉는 성경 본문을 통해 저자가 드러내기 원하는 사고의 흐름을 따라가면서 예수님을 중심으로 하는 구원계시사적 관점에서 친절히 해설한다. 《ESV 스터디 바이블》의 묘미를 맛본 분이라면, 이번 〈ESV 성경 해설 주석〉을 통해 복음에 충실한 개혁주의 해설 주석의 간명하고도 풍성한 진미를 기대해도 좋다. 설교자는 물론 성경을 진지하게 읽음으로 복음의 유익을 얻기 원하는 모든 크리스천에게 독자 친화적이며 목회 적용적인 이 주석 시리즈를 기쁘게 추천한다.

송영목 | 고신대학교 신학과 신약학 교수

일반 성도들이 성경을 읽을 때 곁에 두고 참고할 만한 자료가 의외로 많지 않다. 그런 점에서 〈ESV 성경 해설 주석〉이 한국에 소개되는 것을 매우 기쁘게 생각한다. 학술적이지 않으면서도 깊이가 있는 성경 강해를 명료하게 담아내고 있기 때문이다. 성경을 바르고 분명하게 이해하려는 모든 성도들에게 큰 도움이 되리라 확신하며 추천한다.

송태근 | 삼일교회 담임목사, 미셔널신학연구소 대표

본 시리즈는 장황한 문법적 · 구문론적 논의는 피하고 본문의 흐름을 따라 단락별로 본문의 핵심을 파악할 수 있도록 도와주는 매우 간결하고 효율적인 주석 시리즈다. 본 시리즈는 석의 과정에서 성경신학적으로 건전한 관점을 지향하면서도, 각 책의 고유한 신학적 특성을 드러내 보여주는 것도 소홀히 하지 않는다. 특히 본 시리즈는 목회자들이 설교를 준비할 때 본문 이해의 시발점으로 사용하기에 적절하며, 평신도들이 읽기에도 과히 어렵지 않은 독자 친화적 주석이다. 본 시리즈는 성경을 연구하는 모든 이들에게 매우 요긴한 동반자가 될 것이다.

양용의 | 에스라성경대학원대학교 신약학 교수

메시아적 시각을 평신도의 눈높이로 풀어낸 주석이다. 주석은 그저 어려운 책이라는 편견을 깨뜨리고 성경을 사랑하는 모든 이의 가슴 속으로 살갑게 파고든다. 좋은 책은 평생의 친구처럼 이야기를 듣고 들려주면서 함께 호흡한다는 점에서 〈ESV 성경 해설 주석〉은 가히 독보적이다. 깊이에서는 신학적이요, 통찰에서는 목회적이며, 영감에서는 말씀에 갈급한 모든 이들에게 열린 책이라고 할 수 있다. 서사적 구조와 시의 적절한 비유적 서술은 누구라도 마음의 빗장을 해제하고, 침실의 머리맡에 두면서 읽어도 좋을 만큼 영혼의 위로를 주면서도, 말씀이 주는 은혜로 새벽녘까지 심령을 사로잡을 것으로 믿는다. 비대면의 일상화 속에서 말씀을 가까이하는 모든 이들이 재산을 팔아 진주가 묻힌 밭을 사는 심정으로 사서 평생의 반려자처럼 품어야 할 책이다.

오정현 | 사랑의교회 담임목사, SaRang Global Academy 총장

〈ESV 성경 해설 주석〉 시리즈의 특징은 신학자나 목회자들에게도 도움이 되겠지만 평신도 지도자인 소그룹 인도자들의 성경본문 이해에 대한 통찰력을 제공한다. 건강한 교회의 공통분모인 소그룹 활성화를 위하여 인도자의 영적 양식은 물론 그룹원들의 일상을 새로운 각도에서 조명하는 원리를 찾아주는 데 도움을 준다. 서로 마음이 통하는 반가운 친구처럼 손 가까이 두고 싶은 책으로 추천하고 싶다.

오정호 | 새로남교회 담임목사, 제자훈련 목회자네트워크(CAL-NET) 이사장

〈ESV 성경 해설 주석〉은 내용이 충실하여 활용성이 높고, 문체와 편집이 돋보여 생동감을 주기에 충분하다. 이와 함께 본문의 의미를 최대한 살려내는 심오한 해석은 기존의 우수한 주석들과 어깨를 나란히 할 만큼 정교하다. 또한 본 시리즈는 성경 각 권을 주석함과 동시에 성경 전체를 관통하는 그리스도 중심의 구속사적 관점을 생생하게 적용함으로써 탁월함을 보인다. 설교자와 성경 연구자에게는 본문에 대한 알찬 주석을 제공한다는 차원에서 오아시스와 같고, 실용적인 주석을 기다려온 평신도들에게는 설명이 뛰어나다는 점에서 가장 이상적인 해설서로 적극 추천한다.

윤철원 | 서울신학대학원 신약학 교수, 한국신약학회 회장

설교자들은 늘 신학적으로 탄탄하면서도 성경신학적인 주석서가 목말랐다. 학문적으로 치우쳐 부담되거나 석의가 부실한 가벼운 주석서들과는 달리 〈ESV 성경 해설 주석〉은 깊이 있는 주해와 적용에 이르기까지 여러 면에서 균형을 고루 갖춘 해설 주석서다. 한국 교회 강단을 풍성케 할 역작으로 기대된다.

이규현 | 수영로교회 담임목사

ESV 성경은 원문을 최대한 살려서 가장 최근에 현대 영어로 번역한 성경이다. 100여 명의 대표적인 복음주의 학자와 목회자들로 구성된 팀이 만든 ESV 성경은 '단어의 정확성'과 문학적 우수성뿐만 아니라 그 의미를 깊이 있게 드러내는 영어 성경이다. 2001년에 출간된 이후 교회 지도자들과 수많은 교파와 기독교 단체에서 널리 사용되었고, 현재 전 세계 수백만의 그리스도인들이 사용하고 있다. 〈ESV 성경 해설 주석〉은 무엇보다 개관, 개요, 주석이 명료하고 탁월하다. 포스트모던 시대에도 진지한 강해설교를 고민하는 모든 목회자들과 성경공부 인도자들에게 마음을 다하여 추천하고 싶다. 이 책을 손에 잡은 모든 이들은 손에 하늘의 보물을 잡은 감사를 느끼게 될 것이다.

이동원 | 지구촌교회 원로목사, 지구촌 목회리더십센터 대표

〈ESV 성경 해설 주석〉은 '성경'을 '말씀'으로 대하는 신중함과 경건함이 부드럽지만 강렬하게 느껴지는 저술이다. 본문의 흐름과 배경을 알기 쉽게 보여주면서 본문의 핵심을 명확하게 제시하는 묘한 힘을 가지고 있다. 연구와 통찰을 질서 있고 조화롭게 제공하여 본문을 보는 안목을 깊게 해 주고, 말씀을 받아들이는 마음을 곧추세우게 해 준다. 주석서에서 기대하는 바가 한꺼번에 채워지는 느낌이다. 설교를 준비하는 목회자, 성경을 연구하는 신학생, 말씀으로 하나님을 만나려는 성도 모두에게 단비 같은 주석이다.

이진섭 | 에스라성경대학원대학교 신약학 교수

ESV 성경 간행에 이은 〈ESV 성경 해설 주석〉의 발간은 이 땅을 살아가는 '말씀의 사역자'들은 물론, 모든 '한 책의 백성'들에게 주어진 이중의 선물이다. 본서는 구속사에 대한 거시적 시각과 각 구절에 대한 미시적 통찰, 학자들을 위한 학술적 깊이와 설교자들을 위한 주해적 풀이, 그리고 본문에 대한 탁월한 설명과 현장에 대한 감동적인 적용을 다 아우르고 있는 성경의 '끝장 주석'이라 할 만하다.

전광식 | 고신대학교 신학과 교수, 전 고신대학교 총장

〈ESV 성경 해설 주석〉은 처음부터 그 목적을 분명히 하고 집필되었다. 자기 스스로 경건에 이르도록 성장하기 위해서, 또 다른 사람들을 가르치기 위해서, 성경을 진지하게 연구하는 모든 사람들에게 도움을 주기 위해서라고 밝힌다. 목사들에게는 목회에 유익한 주석이요, 성도들에게는 적용을 돕는 주석이다. 또 누구에게나 따뜻한 감동을 안겨주는, 그리하여 주석도 은혜가 된다는 것을 새삼 확인할 것이다. 학적인

주석을 의도하지 않았지만, 이 주석의 구성도 주목할 만하다. 한글과 영어로 된 본문, 단락 개관, 개요, 주해, 응답으로 구성되어 있다. 만약 신구약 한 질의 주석을 곁에 두길 원하는 성도라면, 〈ESV 성경 해설 주석〉 시리즈는 틀림없이 실망시키지 아니할 것이라고 확신한다.

정근두 | 울산교회 원로목사

말씀을 깊이 연구하는 일부의 사람들에게는 원어 주해가 도움이 되겠지만, 강단에 서는 설교자들에게는 오히려 해설 주석이 더 요긴하다. 〈ESV 성경 해설 주석〉은 본문 해설에 있어 정통 신학, 폭넓은 정보, 목회적 활용성, 그리고 적용에 초점을 두었다. 이 책은 한마디로 설교자를 위한 책이다. 헬라어나 히브리어에 능숙하지 않아도 친숙하게 성경 본문을 연구할 수 있다는 점에서 주변 목회자들에게 적극적으로 추천하고 싶다. 목회자가 아닌 일반 성도들도 깊고 풍성한 말씀에 대한 갈증이 있다면, 본 주석 시리즈를 참고할 것을 강력하게 권하고 싶다.

정성욱 | 덴버신학교 조직신학 교수

입고 있는 옷이 있어도 새 옷이 필요할 때가 있다. 기존의 것이 낡아서라기보다는 신상품의 맞춤식 매력이 탁월하기 때문이다. 〈ESV 성경 해설 주석〉 시리즈는 분주한 오늘의 목회자와 신학생뿐 아니라 성경교사 및 일반 그리스도인의 허기지고 목마른 영성의 시냇가에 심길 각종 푸르른 실과나무이자 물 댄 동산과도 같다. 실력으로 검증받은 젊은 저자들은 개혁/복음주의 신학과 신앙의 깊은 닻을 내리고, 성경 각 권의 구조와 문맥의 틀 안에서 저자의 의도를 핵심적으로 포착하여 침침했던 본문에 빛을 던져준다. 아울러 구속사적 관점 아래 그리스도 중심적 의미와 교회-설교-실천적 적용의 돛을 바라보게 함으로써 본문의 지평을 한 층 더 활짝 열어준다. 한글/영어 대역으로 성경 본문이 제공된다는 점은 한국인 독자만이 누리는 보너스이리라. "좋은 주석은 두껍고 어렵지 않을까"라는 우려를 씻어주듯 이 시리즈 주석서는 적절한 분량으로 구성된 '착한 성경 해설서'라 불리는 데 손색이 없다. 한국 교회 성도의 말씀 묵상, 신학생의 성경 경외, 목회자의 바른 설교를 향상시키는 데 〈ESV 성경 해설 주석〉 시리즈만큼 각 사람에게 골고루 영향을 끼칠 주석은 찾기 어려울 듯싶다. 기쁨과 확신 가운데 추천할 수 있는 이유다.

허주 | 아세아연합신학대학교 신약학 교수, 한국복음주의신약학회 회장

〈ESV 성경 해설 주석〉은 정확무오한 하나님의 말씀을 전하는 설교자와 전도자들에게 훌륭한 참고서다. 성경적으로 건전하고 신학적으로 충실할 뿐 아니라 목회 현장에 실질적인 도움이 된다. 나 또한 나의 설교와 가르침의 사역에 활용할 수 있기를 고대한다.

대니얼 에이킨(Daniel L. Akin) | 사우스이스턴침례신학교 총장

하나님은 그의 아들에 대해 아는 것으로 모든 열방을 축복하시려는 영원하고 세계적인 계획을 그의 말씀을 통해 드러내신다. 이 주석이 출간되어 교회들이 활용할 수 있게 된 것만으로 행복하고, 성경에 대한 명확한 해설로 말미암아 충실하게 이해할 수 있게 해 준 것은 열방에 대한 축복이다. 물이 바다를 덮음같이 하나님의 영광에 대한 지식이 온 땅에 충만해지는데 이 주석이 사용되길 바란다.

이언 추(Ian Chew) | 목사, 싱가포르 케이포로드침례교회

〈ESV 성경 해설 주석〉은 탁월한 성경 해설과 깊이 있는 성경신학에 바탕한 보물 같은 주석이다. 수준 높은 학구적 자료를 찾는 독자들뿐만 아니라 읽기 쉽고 이해하기 쉽도록 잘 정리된 주석을 원하는 사람들에게도 적합하다. 목회자, 성경교사, 신학생들에게 이 귀한 주석이 큰 도움이 되고 믿을 수 있는 길잡이가 되리라 확신한다.

데이비드 도커리(David S. Dockery) | 사우스이스턴침례신학교 석좌교수

대단한 주석! 성경을 배우는 모든 학생들에게 도움이 될 수 있도록 최고 수준의 학자들이 성경의 정수를 정리하여 접근성을 높여서 빠르게 참고하기에 이상적인 주석이다. 나 또한 설교 준비와 성경 연구에 자주 참고하고 있다.

아지스 페르난도(Ajith Fernando) | 스리랑카 YFC 교육이사, *Discipling in a Multicultural World* 저자

〈ESV 성경 해설 주석〉은 성경교사들의 기초 자료로서 활용성 높은 최고의 주석 중 하나다. 일반 독자들도 쉽게 이해할 수 있는 동시에 강해설교가들에게 충분한 배움을 제공한다. 이 주석 시리즈는 성경을 제대로 배우고자 하는 전 세계 신학생들에게도 표준 참고서가 될 것이다.

필립 라이켄(Philip Graham Ryken) | 휘튼칼리지 총장

〈ESV 성경 해설 주석〉에 대하여

성경은 생명으로 맥동한다. 성령은 믿음으로 성경을 읽고 소화해서 말씀대로 살아가는 사람들에게 맥동하는 생명력을 전해 준다. 하나님께서 성경 안에 자신을 계시하셨기 때문에 성경은 꿀보다 달고 금보다 귀하며, 모든 부(富)보다 가치 있다. 주님은 온 세상을 위해 생명의 말씀인 성경을 자신의 교회에 맡기셨다.

또한 주님은 교회에 교사들을 세우셔서 하나님의 말씀이 무엇을 의미하는지를 설명해 주고 각 세대에 어떻게 적용해야 하는지를 분명하게 보여주도록 하셨다. 우리는 이 주석이 하나님의 말씀을 진지하게 공부하는 모든 사람들, 즉 다른 사람들에게 가르치기 위해 성경을 연구하는 사람들과 스스로 경건에 이르도록 성장하기 위해 성경을 공부하는 사람들에게 큰 유익을 주길 기도한다. 우리의 목표는 성경 본문을 그리스도 중심적으로 명료하고 뚜렷하게 설명하는 것이다. 모든 성경은 그리스도에 대해 말하고 있으며(눅 24:27), 우리는 성경의 각 책이 우리가 "예수 그리스도의 얼굴에 있는 하나님의 영광을 아는 빛"(고후 4:6)을 보도록 어떻게 돕고 있는지 알려주길 원한다. 그런 목표를 이루고자 이 주석 시리즈를 집필하는 저자들에게 다음과 같은 원칙을 제시했다.

- **올바른 석의를 토대로 한 주석** 성경 본문에 나타나 있는 사고의 흐름과 추론 방식을 충실하게 따를 것.
- **철저하게 성경신학적인 주석** 성경은 다양한 내용들을 다루지만, 그리스도 안에서 완성된 구속이라는 단일한 주제를 말하고 있다는 점에서 성경 전체를 하나의 통일된 관점으로 볼 수 있게 할 것.
- **전 세계를 대상으로 한 주석** 성경과 신학적으로 신뢰할 만한 자료들을 가능한 한 많은 사람들에게 공급하겠다는 크로스웨이(Crossway)의 선교 목적에 맞게 전 세계 독자들이 공감하고 필요로 하는 주석으로 집필할 것.
- **폭넓은 개혁주의 주석** 종교개혁의 역사적 흐름 안에서 오직 은혜와 오직 믿음으로 말미암아 오직 그리스도 안에서 오직 성경의 가르침을 따라 오직 하나님의 영광을 위한 구원을 천명하고, 큰 죄인에게 큰 은혜를 베푸신 크신 하나님을 높일 것.
- **교리 친화적인 주석** 신학적 담론도 중요하므로 역사적 또는 오늘날 신학적으로 중요한 문제들과 성경 본문에 대한 주석을 서로 연결하여 적절하고 함축성 있게 다룰 것.
- **목회에 유익한 주석** 문법적이거나 구문론적인 긴 논쟁을 피하고, 하나님을 경외하는 마음으로 '성경 본문 아래 앉아' 경청하게 할 것.
- **적용을 염두에 둔 주석** 오늘날 서구권은 물론이고 그 밖의 다른 세계에서 살아가는 사람들이 처한 상황과 성경 본문이 어떻게 연결되는지를 간결하면서도 일관되게 제시할 것(이 주석은 전 세계 다양한 상황 가운데 살아가는 사람들을 대상으로 하기 때문에).
- **간결하면서도 핵심을 찌르는 주석** 성경에 나오는 단어들을 일일이 분석하는 대신, 본문의 흐름을 짚어내서 간결한 언어로 생동감 있게 강해할 것.

이 주석서에서 기본적으로 사용한 영역 성경은 ESV이지만, 집필자들에게 원어 성경을 참조해서 강해와 주석을 집필하도록 요청했다. 또한 무조건 ESV 성경 번역자들의 결해(結解)를 따르라고 요구하지도 않았다.

인간이 세운 문명은 시간이 흐르면 무너져서 폐허가 되지만, 하나님의 말씀은 영원히 서 있다. 우리 또한 바로 그 말씀 위에 서 있다. 성경의 위대한 진리들은 시간과 공간을 뛰어넘어 말하고, 우리의 목표는 전 세계적으로 적용될 수 있는 방식으로 그 진리들을 전하는 것이다.

하나님께서 자신의 말씀을 연구하는 일에 복을 주시고, 그 말씀을 강해하고 설명하려는 이 시도에 흡족해 하시기를 기도한다.

차례

약어표

참고 자료 |

11QMelch Melchizedek

1QM War Scroll

1QpHab Pesher Habakkuk

1QS Rule of the Community

4QFlor Florilegium, or Midrash on Eschatology

4QTest Testimonia

BDAG Bauer, W., F. W. Danker, W. F. Arndt, and F. W. Gingrich. *A Greek-English Lexicon of the New Testament and Other Early Christian Literature.* 3rd ed. Chicago: University of Chicago Press, 1999.

BTL Biblical Theology for Life

CD Cairo Genizah copy of the Damascus Document

DBW Dietrich Bonhoeffer Works

EDNT *Exegetical Dictionary of the New Testament.* Edited by Horst Balz and Gerhard Schneider. ET. 3 vols. Grand Rapids, MI: Eerdmans, 1990–1993.

HThKNT Herders Theologischer Kommentar zum Neuen Testament

ISBE *International Standard Bible Encyclopedia.* Edited by Geoffrey W. Bromiley. 4 vols. Berlin: de Gruyter, 1938–1963.

JGRChJ	*Journal of Greco-Roman Christianity and Judaism*
JSNTSup	Journal for the Study of the New Testament Supplement Series
K&D	Keil, Carl Friedrich, and Franz Delitzsch. *Biblical Commentary on the Old Testament*. Translated by James Martin et al. 25 vols. Edinburgh, 1857–1878. Repr., 10 vols., Peabody, MA: Hendrickson, 1996.
NICNT	New International Commentary on the New Testament
NIDNTT	*New International Dictionary of New Testament Theology*. Edited by Colin Brown. 4 vols. Grand Rapids, MI: Zondervan, 1975–1978.
NIGTC	New International Greek Testament Commentary
NovT	*Novum Testamentum*
NSBT	New Studies in Biblical Theology
SNTSMS	Society for New Testament Studies Monograph Series
TDNT	*Theological Dictionary of the New Testament*. Edited by Gerhard Kittel and Gerhard Friedrich. Translated by Geoffrey W. Bromiley. 10 vols. Grand Rapids, MI: Eerdmans: 1964–1976.
WBC	Word Biblical Commentary

성경 |

구약 ▶

창 창세기
출 출애굽기
레 레위기
민 민수기
신 신명기
수 여호수아
삿 사사기
룻 룻기
삼상 사무엘상
삼하 사무엘하
왕상 열왕기상
왕하 열왕기하
대상 역대상
대하 역대하
스 에스라
느 느헤미야
에 에스더
욥 욥기
시 시편
잠 잠언
전 전도서
아 아가
사 이사야
렘 예레미야
애 예레미야애가
겔 에스겔
단 다니엘
호 호세아
욜 요엘
암 아모스
옵 오바댜
욘 요나
미 미가
나 나훔
합 하박국
습 스바냐
학 학개
슥 스가랴
말 말라기

신약 ▶

마 마태복음
막 마가복음
눅 누가복음
요 요한복음
행 사도행전
롬 로마서
고전 고린도전서
고후 고린도후서
갈 갈라디아서
엡 에베소서
빌 빌립보서
골 골로새서
살전 데살로니가전서
살후 데살로니가후서
딤전 디모데전서
딤후 디모데후서
딛 디도서
몬 빌레몬서
히 히브리서
약 야고보서
벧전 베드로전서
벧후 베드로후서
요일 요한일서
요이 요한이서
요삼 요한삼서
유 유다서
계 요한계시록

마가복음 서론

개관[1]

마가복음의 헬라어 텍스트를 지지하는 기존의 사본들은 비교적 오래 되었고 신빙성도 매우 높다. 신약의 일부인 마가복음은 주전 100년에서 주후 100년 사이의 다양한 고대 텍스트들과 비교하면, 고대 그리스-로마 세계에서 문서로 기록된 텍스트 중에 최상급에 속한다.[2] 마가복음의 사본 단편들 중 일부는 주후 3세기의 것으로 추정된다. 텍스트 전달에 관한 권위자들 대다수가 이런 일반적 평가에 동의한다.

마가복음의 문학적 특성은 고대의 전기[biography, 비오스(*bios*)]와 비슷한 만큼, 그의 저서가 그 핵심 인물이 살고 말했던 역사적 환경을 묘사한다는 저자의 주장을 입증한다. 이 책에는 또한 인생을 위한 메시지도 들어 있다.

마가복음의 역사적 내용은 수세기에 걸쳐 비판적 정밀 조사를 받아왔다. 고고학적, 문헌적 그리고 신학적 연구는 이제까지 마가복음이 예수님

1 이 서론의 일부는 다음 책에서 개작한 것이다. Han F. Bayer, *Peter as Apostolic Bedrock: Christology and Discipleship according to His Canonical Testimony* (Eugene, OR: Wipf & Stock, 2019).

에 관한 믿을 만한 증언이라는 진정성에 반하는 결정적 증거를 찾지 못했다(참고. 서론의 '저자', '저작 연대와 배경'). 다수의 회의적 출판물이 출간되었음에도 불구하고, 많은 학술적 조사는 마가의 이야기가 신뢰할 만하다는 것을 직간접적으로 입증해왔다.

마가복음의 신학적 내용은 약속(구약)과 성취(신약)의 중요한 궤도를 나타내면서 구약성경과의 뚜렷한 연속성을 보여준다. 그래서 마가복음에는 하나님께서 오래 전에 선지자들을 통해 하신 약속들의 성취가 담겨 있다. 또한 불연속성의 여러 측면도 발견할 수 있다(예. 의례적 음식법과 관련하여). 이런 측면들이 생기는 것은 예수님이 구약의 율법들을 성취하신다는 사실 때문이다. 마가의 기사는 이른바 제2성전 유대교[특히 요세푸스(Josephus)의 저술과 쿰란 공동체를 참고하라]라는 종교-사회적 배경 및 그리스-로마 세계와 잘 어울리기도 한다. 이는 또한 다른 복음서들 및 신약의 나머지 부분과 양립할 수 있는 상응 관계를 보여준다.

끝으로 마가의 메시지는 오늘날 우리가 겪는 딜레마, 즉 감동적인 진보

2 줄리어스 시저(주전 100-44년)가 쓴 《갈리아 전쟁기》(*Gallic War*)의 가장 이른 현존 사본들은 주후 900년부터 시작된다. 즉, 자필 문서와 현존 사본들 간에 약 950년의 간격이 있는 셈이다. 오늘날에는 그 저술의 양질의 사본이 10편, 그리고 단편들이 몇 개 남아 있을 뿐이다. 리비(Livy, 주전 59년-주후 17년)가 쓴 《로마의 역사》(*History of Rome*)는 부분적인 사본 한 편(주후 270년)과 주후 950년부터 시작되는 사본이 19편 있다. 타키투스(Tacitus, 주후 55-130년)가 쓴 《연대기》(*Annals*)의 가장 이른 현존 사본들의 연대는 주후 1100년경으로 추정된다. 플리니우스(Pliny the Elder, 주후 61-113년)의 《백과사전 박물지》(*Natural History*)의 경우 그 연대가 주후 850년경으로 추정되는 사본들이 약 7편 현존한다. 신약 텍스트의 사본적 증거는 전술한 저자들의 사본적 증거와 확연한 대조를 이룬다. 신약성경은 주후 50년에서 90년 사이에 쓰였다. 상기한 저서들과 대조적으로, 신약의 가장 이른 파피루스 단편(P^{52}, 요한복음의 한 부문)은 주후 125년에서 유래한다. 신약 완성본 중 일부 사본들의 연대는 주후 200년경으로 추정된다. 주후 250년경으로 추정되는 사본들에는 신약성경 대다수가 담겨 있고, 주후 350년경의 사본들에는 신약 전체가 있다. 이 가운데 일부는 원본과 매우 비슷한 듯하다. 신약의 자필 문서와 현존 사본들 간의 가까운 기간은 위에 열거된 대중적 저서들(자필 문서와 현존 사본들 간에 경과한 시간이 평균 950-1000년 정도나 된다)과 비교하면 특히 놀랍다. 말하자면 신약의 자필 문서와 다수의 현존 사본들 간에 경과한 시간이 약 40-350년밖에 되지 않는다. 오늘날 우리가 가진 신약 전체의 완전한 현존 사본이 50편도 넘는다(이 가운데 *Codex Sinaiticus*와 *Codex Vatinanus* 같은 일부 사본은 이른 시기의 것으로 충실도도 높다). 아울러 초기의 중요한 파피루스 단편들도 40편이 넘는다. 우리에게는 모두 5,600편이 넘는 사본이 있다(그 연대가 주후 125년에서 대략 주후 1450년까지로 추정되는 단편들과 신약 전체 사본들). 참고. Norman L. Geisler and William E. Nix, *A General Introduction to the Bible* (Chicago: Moody, 1986).

와 대재앙의 패러독스로 표출되는 인간 실존의 딜레마와 부합한다. 마가의 메시지는 인간 존재, 인간 상호간의 관계 그리고 인간과 자연 간의 관계 저변에 깔린 패러독스와 모순을 다루고 해결함으로써 이 딜레마에서 벗어나는 길을 가르쳐준다. 핵심을 말하자면, 창조주 하나님과의 깨어진 관계가 온갖 패러독스와 모순을 일으킨다는 것이다. 이 깨어진 관계는 예수라는 유일무이한 인물의 도래로 온전하게 회복된다.

저자

사실상 모든 초기 교부들[3]은 하나같이 베드로[4](행 12:12, 25; 벧전 5:13)와 바울[행 13:2-13(참고. 15:37-40); 골 4:10; 딤후 4:11; 몬 1:24]의 동료였던 요한 마가를 마가복음의 저자로 인정한다. 표제 카타 마르콘(*KATA MARKON*, '마가에 따르면')에 대한 증거는 불과 주후 2세기말까지 거슬러 올라갈 따름이다. 그 이전의 관점에서 보면 마가복음은 익명의 저서일 것이다.[5] 하지만 이 복음서와 마가라는 이름의 연관성이 본래부터 있었음은 의심의 여지가 없다. 이에 대한 반증이 없기 때문이다. 나아가 베드로와 요한 마가는 아마 마카베오하(2 *Maccabees*), 즉 여러 헬라식 접근을 좇아서 어떤 기사를 쓰되 구약

3 히폴리투스(Hippolytus, 주후 200년경)는 바나바의 사촌(요한 마가)과 마가복음의 저자인 복음 전도자 마가를 구별하는 유일한 교부다.

4 이를 지지하는 인물과 글은 파피아스, 저스틴 마터, 이레니우스(*Against Heresies* 3.1.10, 3.3.1-3), 알렉산더의 클레멘트, 터툴리안, 오리겐, 제롬 그리고 무리토리 정경과 반마르키온 서문이다.

5 신약의 역사서들 가운데 익명성의 문제에 관해서는 다음 글을 참고하라. A. D. Baum, "Anonymity in the New Testament History Books: A Stylistic Device in the Context of Greco-Roman and Ancient Near Eastern Literature," *NovT* 50 (2008): 120-142. 박해의 기간에 글을 쓰는 저자를 보호하려고 의도적으로 익명을 사용할 가능성에 관해서는 다음 자료를 참고하라. Richard Bauckham, *Jesus and the Eyewitnesses: The Gospels as Eyewitness Testimony*, 2nd ed. (Grand Rapids, MI: Eerdmans, 2017), 183-201. 《예수와 그 목격자들》(새물결플러스). 보컴은 그런 목록에 마가복음과 클레멘스1서를 포함시킨다.

역사서들의 노선대로 저자의 이름을 밝히는 것을 삼갔던 책을 알고 있었을 것이다.

베드로: 마가복음의 근원

저자의 문제와 관련하여 특히 주목할 것들이 있다. 가이사랴의 유세비우스(Eusebisus, 주후 260-340년)가 기록한 히에라폴리스의 주교 파피아스(Papias, 주후 120년경)의 진술 몇 편이다. 파피아스는 장로이자 사도였던 요한으로부터 구전(口傳)되는 내용을 받았다고 말한다. 이중 한 편은 마가복음의 기원과 관련이 있다.

파피아스는 이렇게 말한다. (1) 마가는 베드로를 위한 저자[헤르메뉴테스(*hermeneutēs*)]의 역할을 했다. 이는 베드로가 예수님의 말씀과 행위에 관한 이야기를 수행원인 마가에게 전달했다는 뜻이다(참고. 행 13:5). 헤르메뉴테스라는 용어는 '저자', '보도자', '전달자' 또는 '기록자'를 가리키는 것이 틀림없다. 파피아스의 말은 베드로가 예수님에 관해 기억한 것을 마가가 기록하는 데 강조점을 두기 때문이다.[6] 저스틴 마터(Justin Martyr)는 마가를 베드로가 기억한 것을 기록한 저자로 보기 때문에 이 견해를 지지하는 것 같다.[7] 저스틴 마터는 마가복음 3:16-17을 베드로의 "비망록"의 한 부분으로 간주한다.[8] 하지만 헤르메뉴테스에 대한 정확한 정의와 상관없이, 파피아스는 예수님으로부터 베드로를 거쳐 마침내 요한 마가의 마가복음에 이르는 전통의 믿을 만한 전달 과정을 명백히 개관한다. (2) 마가는 베드로가 기억한 것을 정확하게 기록했다. 이와 같이 베드로는 전기의 성격을 띤 '교훈적 일화'[크레이아이(*chreiai*)]라는 문학 형식으로 예수님의 가르침과 행위를

6 참고. Eusebius, *Ecclesiastical History* 3.39.15.

7 참고. Justin Martyr, *Dialogue with Trypho* 106.3.

8 참고. 위와 같음. Anti-Marcionite Gospel Prologue (주후 160-180년)도 보라.

전수한 것이다. (3) 그럼에도 불구하고 마가는 이런 가르침과 행위가 발생한 정확한 순서를 그대로 반영하지 않는다. 파피아스는 정확한 연대기적 순서의 결여가 이 복음서의 신빙성을 보장하고, 그것이 베드로에 기원을 둔다는 사실을 지지한다고 강조한다. 따라서 마가복음은 믿을 만한 사도적인 문서다. (4) 마가는 예수님의 목격자나 제자가 아니었다. (5) 마가는 어떤 것도 간과하거나 왜곡하려고 하지 않았다. 파피아스에 따르면, 마가복음은 이 다섯 가지 요소로 인해 사도적이고 믿을 만한 특성을 유지하고 있다.

'내적' 증거의 요소들이 사도 베드로가 마가복음의 내용을 제공했다는 교부들의 전통을 더욱 강화시켜준다. 마태 및 누가와 전반적으로 비교하면, 마가의 이야기는 (1) 베드로가 포함된 특별한 사건들을 서술할 때 더 활기를 띠고, (2) 베드로의 약점과 실패에 대해 더 직접적이며(참고. 막 8:33; 9:5; 14:30-31, 37, 54-72; 벧전 5:1-6)[9], (3) 마태와 누가의 복음에 기록된 베드로에 대해 칭찬할 만한 장면을 언급하지 않는다. 예컨대 마가는 (a) 베드로가 물 위를 걷는 사건(막 6:45-52을 마 14:28-31과 대조해보라), (b) 베드로가 중요한 자리를 차지하는 성전 세금에 관한 이야기(마 17:24-27, 마가복음에는 병행 구절이 없음), (c) 겟세마네에서 베드로를 위해 드렸던 예수님의 중보기도(눅 22:31-32, 마가복음에는 병행 구절이 없음), (d) "베드로"와 "반석"에 관한 예수님의 말씀(마 16:18, 마가복음에는 없음)의 내용을 언급하지 않는다. 마태, 누가 그리고/또는 요한은 그 인물이 베드로라고 밝히는 경우에도, 마가복음에는 그의 이름이 언급되지 않는다(막 7:17을 마 15:15과, 막 14:13을 눅 22:8과, 막 14:47을 요 18:10-11과 비교하라). 마가복음 14:13 역시 당시의 목격자가 겸손하게 전하고 있음을 암시한다(참고. 마 26:17). 이 구절은 베드로가 유월절 만찬을 준비하도록 보냄 받은 두 제자 중 하나임을 밝히지 않는다(이를 베

9 참고. Markus Bockmuehl, *Simon Peter in Scriptures and Memory: The New Testament Apostle in the Early Church* (Grand Rapids, MI: Baker, 2012), 140. 보크뮤엘은 "그리스도에 대한 이전의 적대감을 명시적으로 부각시키고 또 포기하는"(예. 딤전 1:15) 바울과의 유사점을 가리키는데 이는 타당하다.

드로와 요한이 모두 언급된 눅 22:8-13과 대조해보라). 마가복음 14:72은 베드로의 처절한 회개를 묘사할 때 피크로스(*pikros*, '비통한')라는 용어를 언급하지 않는다(참고. 마 26:75; 눅 22:62). 만일 베드로가 마가 이야기의 근원이라면, 그는 그리스도를 부인한 부끄러운 행위 이후에 자신이 얼마나 '잘' 회개했는지를 강조하고 싶지 않을 것이다.

따라서 마가 이야기의 전반적 경향은 명백하다. 베드로를 칭송하는 방식으로 묘사할 수 있는 경우에는 마가의 이야기가 마태나 누가의 이야기보다 더 조심스럽다는 것이다. 이런 배경에 비추어 보면 마가가 그래도 베드로를 열두 제자의 대변인으로 높이고 있다는 것은 더욱 주목할 만하다. 여기서 마가복음의 다음 구절들과, 이와 병행하는 마태복음과 누가복음의 구절들을 살펴보라. 마가복음 1:36(눅 4:42-43), 마가복음 5:37(마 5:37; 눅 8:51), 마가복음 8:29(마 16:16; 눅 9:29), 마가복음 9:2(마 17:1; 눅 9:28), 마가복음 11:21(마 21:20), 마가복음 13:3(마 24:3; 눅 21:7), 마가복음 14:33(마 26:37; 눅 22:39-40). 때로는 마가의 이야기가 독자에게 베드로의 특정한 관점을 제공하기도 하는데, 예컨대 다음 구절들이다. 마가복음 1:16-20(제자들을 부르시는 장면), 1:29(베드로와 안드레의 집에 계신 예수님), 5:41(야이로의 딸을 일으키시는 장면), 9:2-9(변화산상 이야기), 14:54, 72(예수님과 베드로의 상호작용), 16:7(예수님의 부활에 관한 기사). 각 경우에 베드로가 핵심 인물로 등장한다. 뿐만 아니라 위에서 언급한 구절들과 더불어 14:33-42에서도 현장에 있었던 목격자가 보도하는 특징이 생생하게 드러난다. 끝으로 일부 학자들은 사도행전 10:34-43에 기록된 베드로의 가이사랴 설교와 마가복음 사이에 어떤 구조적 유사성이 있다고 말하는데, 이는 마가복음의 전반적 구조와 내러티브 순서가 부활절 이후 베드로의 증언에서 유래한다는 것을 시사한다.

내적 증거의 여러 측면은 기껏해야 초기 교부들의 증거를 보강할 뿐이지만, 다음 사실을 관찰할 필요가 있다. (1) 베드로의 동반자였던 요한 마가가 두 번째 복음서의 저자라고 말하는 초기 교부들의 증언과 (2) 베드로가 마가 이야기의 일차적 근원이라는 생각을 지지하는 마가복음 속 내적 요소들 사이에 자연스럽고 일정한 조화가 이루어진다는 사실이다.

베드로는 열두 제자의 대변인으로서 예수님의 가르침 중 중요하고 특징적인 일부를 요한 마가에게 전달한다. 베드로는 목격자의 증언을 통해 체계적으로 기억한 재료를 전달할 뿐 아니라 하나님에 대한 인식과 자신에 대한 인식의 견지에서 그의 내면에 예수님이 남기신 깊은 인상을 가리키기도 한다. 그는 예상하지 못했던 메시아의 사명과 하나님의 선교에 대해 증언한다. 또한 예수님이 이방 세계를 포용하시는 모습을 통해 포착한 구약의 궁극적 목적에 빛을 비춰준다. 그는 하나님의 성전, 즉 살아 있고 증언하는 성전을 세우려고 온갖 수고를 한다(막 11-13장; 행 15:15-17, 참고. 암 9:11-12, 참고. 11:1-26 응답에 나오는 '새로운 영원한 성전'에 관한 논의).

요한 마가: 이 복음서의 저자

앞에서 언급했듯이, 여러 증거에 따르면, 파피아스의 '마가'는 베드로와 바울의 수행원이던 신약의 요한 마가다. 요한 마가의 생애를 간단하게 분석하면 다음과 같은 결과가 나온다.

주후 30년경까지 요한 마가는 (그리스도인으로서의) 초창기를 예루살렘에서 어머니 마리아와 함께 보냈다(참고. 행 12:12). 당시에 그는 바나바 그리고 이따금 베드로와 접촉했다. 마가는 주후 45년경 바울, 바나바와 함께 시리아 안디옥으로 여행했다(12:25). 주후 46년에는 바울의 1차 선교 여행에 바나바와 바울을 따라갔다(13:5). 하지만 너무 이른 시기에 그들을 떠나서 홀로 예루살렘으로 돌아왔다(13:13). 주후 49년경 요한 마가와 바나바는 바울의 2차 선교 여행에 합류하는 대신 키프로스로 출항했다(15:36-40에 나오는 이른바 안디옥 갈등을 보라. 참고. 13:13). 하지만 바울은 생애 끝 무렵에 요한 마가와 화해하기에 이른다. 주후 61년 또는 62년경 마가는 로마에서 바울과 함께 지냈다. 아마 소아시아에서 선교사로 일하기도 했을 것이다(골 4:10; 몬 1:23-24). 그리고 주후 63년경에는 로마에서 다시 베드로와 함께 있었다(벧전 5:13). 주후 64년경에는 요한 마가가 에베소를 방문했을 가능성이 있다(딤후 4:11, 디모데와 합류한 뒤에 로마에서 바울을 보기 위해). 신약에서 요한 마가는 자주 데마, 누가와 함께 나온다(골 4:10-14; 딤후 4:11-12; 몬 1:24).

요한 마가는 친척인 바나바처럼 헬레니즘적 유대교의 문화적 및 종교적 분위기에서 자랐다. 그에게 사도 베드로와 바울 그리고 그들의 가르침을 소개한 사람은 바나바였다(참고. 행 4:36-37; 9:26-27). 슐라터(A. Schlatter)는 이렇게 말한다. "이처럼 마가는 처음부터 교회에서 중요한 자리를 차지했다. 그는 유대 교회와 헬라 교회가 형성되는 과정을 목격했다. 그리고 상당한 기간에 걸쳐 베드로 및 바울과 개인적인 접촉을 즐겼고, 그래서 사도적 가르침에 대한 특별한 증인이 되었다. 게다가 그는 교회에서 폭넓은 가르침을 주는 사역에 몸소 참여하기도 했다."[10] 요한 마가가 이 복음서 이야기의 결말에 묘사된 사건들의 목격자인지 여부는 불확실하다. 마가복음 14:51-52에서 어떤 젊은이를 언급하는 뜻밖의 장면은 그 자신의 회고담일 수 있다. 게다가 15:21에 나오는 세부 사항(알렉산더와 루포의 아버지인 구레네 사람 시몬) 역시 직접 목격한 장면을 전하는 것일 수 있다(참고. 15:39).

이와 같은 증거에 따르면, 요한 마가가 초기 제자들의 대변인이자 예수님과 그 가르침의 목격자인 베드로와 개인적으로 접촉했던 것이 분명하다. 이보다 덜 확실한 훗날의 교부 정보에 따르면, 베드로는 요한 마가를 선교사로 이집트에 보냈다. 거기서 요한 마가가 알렉산드리아에 교회를 세우고 최초의 주교가 되었다고 전해진다. 주후 68년경에 알렉산드리아에서 순교했고 그의 유해는 베니스로 옮겨졌다.

10 A. Schlatter, *Einleitung in die Bibel*, 4th ed. (Stuttgart: Calwer, 1923), 293.

저작 연대와 배경

저작 연대

외적 증거(초기 교부들의 증언)와 내적 증거(시기를 추정할 수 있는 사건들에 대한 언급)는 마가복음이 주후 65년경, 즉 주후 70년에 일어났던 예루살렘의 멸망 이전에 저술되었다고 가리킨다.

배경

저작 장소 초기 교부들은 종종 마가복음이 저술된 장소로 로마를 지목한다. 베드로는 주후 67년에 순교하기 전 적어도 마지막 20년을 로마에서 살았던 것이 틀림없다. 요한 마가 역시 그 기간 중 일부 동안 로마에서 살았을 가능성이 크다(참고. 벧전 5:13). 마가가 주후 63-65년경에 로마에서 살았다면, 주후 64년 네로 황제가 그리스도인을 박해하는 끔찍한 사건들이 긴급하게 마가복음을 저술하도록 만들었을지 모른다. 베드로의 목격담은 로마와 다른 곳의 그리스도인들에게, 그들의 주인 역시 고난을 당하셨고(막 8:31; 9:31; 10:33-34, 45) 그분을 따르는 자들의 고난에 대해 말씀하셨다(8:34-38)는 것을 상기시켜준다. 아울러 예수님은 그분을 따르는 자들이 박해받을 것을 예언하기도 하셨다(13:1-13).

하지만 네로의 박해가 이 복음서의 저작을 재촉한 유일한 동기였을 가능성은 희박하다. 예수님이 전하신 메시지의 주제는 특정한 박해 사건을 초월한다. 즉, 하나님께서 그분의 백성을 찾아오셨다는 보다 넓은 맥락에서 그분이 그리스도인들을 제자도로 부르신 것으로서, 이는 박해를 받는 것 이외에도 다른 많은 경우를 포함한다. 이 복음서는 무척 폭넓은 독자층을 위해 저술되었다. 따라서 그 메시지는 구전을 넘어 반드시 기록되어야 했다.

목적 마가복음의 궁극적 의도는 제자가 되라고 하신 예수님의 보편적 부르심을 제시하고 정당화하는 것이다. 예수님은 하나님의 영원하고 보편적인 통치를 시작하고 '살아 있는 돌들'(벧전 2:5)로 그분의 영원한 성전을 세울 때 이 의도를 선포하셨다. 이는 주제가 펼쳐지는 이야기에서 반복되는 것으로 뒷받침된다. 아울러 내러티브가 진행됨에 따라 예수님의 청중이 추종자와 반대자로 나뉜다는 사실로도 뒷받침된다. 마가복음을 두 부분으로 개관할 수 있는 것(참고. 서론의 '개요')도 이 견해를 지지한다.

마가복음에 나오는 제자도(discipleship)는 본질적으로 경건한 개인적 및 사회적 행동을 낳는 예수님과의 살아 있는 관계고, 그것은 특정한 행동 규칙을 따르는 것에 국한되지 않는다. 예수님과의 교제(개인적으로 그분의 대속을 받아들이는 것, 그분으로부터 배우는 것, 그분을 고백하는 것, 그분의 행동에 주의를 기울이는 것, 그분에 의해 빚어지는 것)가 제자들의 개별적이고 집합적인 삶의 핵심을 둘러싼다. 도덕적 행실은 그와 같은 변화의 필연적 표출이다.

이 전반적인 주제의 부차적 요소들 중에는 다음의 것들이 포함된다. (1) 복음을 유대인뿐 아니라 이방인에게도 전하는 것, (2) 널리 퍼진 당시의 정치적 메시아에 대한 기대와 대조적으로, 예수님이 인자이자 고난 받는 종으로서 메시아임을 설명하는 것, (3) 예수님과 그분을 따르는 사람들 간의 유사한 패턴을 묘사하는 동시에 예수님의 능력과 속죄의 희생이 지닌 독특한 요소들을 그대로 유지하는 것이다.

수신인 초기 교부 시대에도 이 복음서의 수신인은 이방인 그리스도인으로 알려졌다. 마가는 예수님 당시의 구약과 유대인 관습의 세부 사항에 대해 잘 모르는 청중에게 글을 쓰고 있다. 마가가 그들에게 이런 요소들을 알려주는 이유는, 예수님의 오심은 하나님께서 이스라엘과 이방 세계에 약속하신 것의 성취임을 이해시키기 위해서다.

장르와 문학적 특징

마가복음은 역사적 증언과 어떤 메시지(목격자의 선포)를 결합시킨 만큼 고대 전기(비오스)의 장르와 비슷하다. 하지만 이야기의 끝에 주인공의 영예로운 죽음을 언급하는 다른 고대 전기들과는 달리, 모든 정경 복음서는 이례적으로 주창자의 죽음(과 부활)에 초점을 두고 그 죽음이 제자들을 구원하는 의미가 있다고 강조한다.[11]

내러티브 담론의 특징

베드로의 편지들(베드로전·후서) 같은 논쟁적 담론은 그 메시지를 직접적인 방식으로 전달한다. 한편 마가복음 같은 내러티브 담론은 좀 더 간접적이다. 배경, 시간, 플롯, 주요 인물들 등이 내러티브 텍스트의 특징인 데 비해, 논쟁적 텍스트는 그 메시지를 논리적 순서에 따라 진술하는 경향이 있다. 내러티브 텍스트는 대체로 독자나 청중에게 특정한 권면을 내놓기 전에 그들을 사건에 감정적, 정신적으로 개입시킨다. 상대방의 죄를 깨닫게 하려고 내러티브 담론을 이용하는 구약의 전형적인 예는 나단이 다윗의 간음과 살인을 폭로하는 장면이다(삼하 12:1-15). 제목, 요약 그리고 전환 진술 같은 구조적 표지들 역시 마가의 텍스트에 내러티브적 성격을 부여한다(예. 막 1:14-15; 3:7-12; 6:6b; 8:22-26).

마가의 내러티브에는 다양한 구조적 표지들이 나오는데, 그중 하나가 수미상관 구조('북엔드')다. 예컨대 시각 장애인을 치유하시는 두 대목(8:22-26; 10:46-52)이 마가복음의 중요한 단락(8:27-10:45)을 괄호처럼 묶어준다. 8:27-10:45의 단락에 나오는 또 하나의 중요한 문학적 현상은 예수님

11 게다가 부활은 고대의 전기(비오스 내러티브)에서 완전히 예기치 않은 사건일 것이다. 뿐만 아니라 마가가 구약을 언급하며 이미 주창자의 사역과 가르침을 예견했다는 대목은 당시의 전기에 친숙한 사람에게 무척 생소할 것이다.

의 수난과 부활에 대한 두드러진 예언(8:31; 9:31; 10:32-34) 직후에 제자도에 관한 가르침(8:34-38; 9:32-50; 10:35-45)이 따라온다는 사실이다. 아울러 삽입('끼워 넣기'[12])이라는 문학적 특징 역시 마가의 텍스트에서 중요한 역할을 한다. 특히 제자도와 믿음 같은 핵심 주제들이 언급될 때는 마가가 이전의 주제로 되돌아가기 전에 또 다른 사건을 들려줌으로써 그 이야기를 "중단시키는" 것 같다(3:20-21, 22-30, 31-35; 4:1-9, 10-13, 14-20, 그리고 특히 14:1-2, 3-9, 10-11, 17-21, 22-26, 27-31, 53-54, 55-65, 66-72). 에드워즈(James R. Edwards)는 그런 삽입된 단락이 특히 예증이나 대조용으로 끼어들 때는 A-B-A 단락 전체를 해석하는 데 매우 중요하다고 주장한다.[13]

마가의 이야기에 나오는 주요 인물은 예수님, 제자들 그리고 유대 지도자들이다. 이에 덧붙여 이른바 '사람들' 같은 비교적 덜 중요한 인물들도 의미 있는 역할을 한다.

플롯 전개

우리가 예수님과 제자들 간의 역동적 관계, 즉 예수님이 늘 주도적 역할을 하시는 그 관계를 추적하면 마가의 내러티브 플롯이 분명해진다. 이 플롯은 예수님과 적대자들 간의 비극적 갈등과 더불어 예수님과 직계 가족 간의 잦은 긴장을 알아채면 더욱 선명하게 보인다. 우리가 마가복음에 담긴 플롯을 탐구하다보면 "이 예수는 과연 누구인가?"라는 수수께끼 같은 질문이 점점 절실하게 다가온다.

텍스트에 담긴 다양한 문학적 지표들을 고려하면, 마가 내러티브의 플롯 전개는 다음과 같은 단계로 나뉜다.

12 James R. Edwards, "Markan Sandwiches: The Significance of Interpolations in Markan Narrative," *NovT* 31/3 (1989): 193-216.

13 같은 책, 196.

1단계: 상황에 대한 묘사(1:1-15)

2단계: 긴장의 발생(1:16-6:6)

2단계a: 긴장의 시작(1:16-3:12)

2단계b: 긴장에 대한 구체적 묘사(3:13-6:6)

3단계: 긴장의 꾸준한 증가(6:7-13:37)

3단계a: 긴장의 증가(6:7-8:26)

3단계b: 긴장의 공고화(8:27-10:52)

3단계c: 해소될 수 없을 것 같은 긴장(11:1-13:37)

4단계: 긴장의 비극적 절정(14:1-15:47)

5단계: 긴장의 예외적이고 놀라운 해소와 그 결과(16:1-8[9-20])

신학

마가복음의 신학적 내용이 지닌 일반적 특징

마가는 생생한 용어와 신속히 진행되는 순서로(예컨대, "곧"을 매우 자주 사용한다) 예수님의 '공적' 사역에 초점을 맞추는 나머지 예수님의 족보와 어린 시절 이야기를 다루지 않는다. 또한 마가복음 4, 7, 13장을 제외하면 대체로 예수님의 긴 말씀을 기록하지 않는다(마태 및 누가와 대조해보라). 그리고 비유도 비교적 적게 기록한다. 씨 뿌리는 자(4:3-20), 스스로 자라는 씨(26-27절), 겨자씨(30-32절) 그리고 악한 종들(12:1-12)의 비유밖에 없다.

그에 반해 이 복음서에는 비교적 많은 기적 이야기가 담겨 있다. 귀신 쫓아내기(1:23; 5:1-20; 7:29-30; 9:25-27), 치유하기(1:30, 40; 2:3; 3:1; 5:21-43; 6:53-56; 7:31-35; 8:22-26; 10:46-52), 폭풍 잠재우기(4:35-41; 6:51-52), 군중 먹이기(6:35-42; 8:1-10) 등. 예수님이 처음으로 그분의 죽음과 부활에 대해 말씀하신 대목(8:31)은 텍스트의 흐름상 매우 두드러진 자리에 놓여 있다. 또한 예수님의 십자가 죽음은 종교적이고 정치적 사건(12:12; 14:1-2; 15:10)인 동시에 역설적으로 하나님께서 계획하신 필연적 사건(8:31)으로 강조된다.

그리스도론

성경의 메시아 비밀 일반적으로 말해서, 예수님이 그분의 정체를 잠시 숨겨야 했던 것(참고. 7:24; 8:30; 9:9, 30)은 하나님의 메시아는 영원한 메시아-통치자로 즉위하기 위해 죽었다가 다시 살아나야 했기 때문이다(행 2:36; 요 6:15과 대조하라). 그러므로 예수님이 공적인 삶을 영위하시는 동안, 궁극적으로 메시아로서의 그분의 정체가 드러날 것이라는 기대가 있었다(막 9:9).[14]

역사적으로 말하면, 예수님 당시 대중적 유대교는 유대 민족을 로마의 압제와 타락으로부터 해방시키기 위해 일어날 다윗 혈통의 정치적 메시아/왕을 기대했다. 예수님 당시 유대인들이 기대했던 다양한 형태의 메시아가 주목을 받아왔지만[15] 일반적이고 지배적인 견해는 없었다. 주후 1세기 전반에는 유대 민족(특히 바리새파, 예. 행 5:36-37)에게 있던 정치적 메시아에 대한 고조된 희망이 구약의 메시아에 대한 기대를 협소하게 하는 현상[참고. 제2성전 유대교 당시 삼하 7:12-14, 16에 초점을 둠, 참고. 4QFlor(사해사본) I, 11-13]과 함께 간다.

메시아에 대한 기대를 협소하게 하는 현상은 마카비 반란에 대한 기억

14 메시아적 경쟁자로 확증될 필요가 있었던 성경외적 본보기는 시몬 벤 코시바[Simon ben Kosiba, 바르 코크바(Bar Kokhba)]다. 랍비 아키바는 민수기 24:17과 학개 2:21-23을 언급하면서 바르 코크바가 메시아라고 확신했다(참고. Babylonian Talmud, Sanhedrin 97b). 그러나 바르 코크바는 비참하게 실패하고 말았다.

15 이보다 덜 유행하긴 했으나 제2성전 유대교의 기간에 서로 다른 많은 기대가 있었음을 문헌으로 확인할 수 있다. 여기에는 쿰란에 나오는 제사장적 메시아에 대한 기대도 포함된다(1QS IX, 11; 4QTest; CD 7). 일부는 기름 부음을 받은 선지자를 기대했다(*Psalms of Solomon* 17 and 18). 다른 이들은 천상의 인자를 기대했다(Ethiopic Enoch, 37-71). 참고. John J. Collins, *The Scepter and the Star: Messiahs of the Dead Sea Scrolls and Other Ancient Literature* (New Heaven, CT: Doubleday, 1995), 209.

으로 채색되었다.[16] 마카비 반란은 주전 164년경에 이스라엘의 신정 정치를 다시 세우도록 이끌었다. 이는 하나님께서 그분의 게릴라 전사들에게 용기를 주어 거대한 군사력에 저항하게 한 하나님의 승리로 간주되었다. 예수님 당시, 이제는 지나간 이 반란이 억압받던 백성이 구약을 읽을 때 사용하는 렌즈 중 하나가 되었을 것이다. 그래서 누군가 로마에 대항하는 반란을 일으킬 가능성이 매우 높았다.

따라서, 일반적으로 말하면, 이스라엘 백성은 다가오는 메시아에 대한 예정된 기대를 품고 있었던 셈이다(참고. 요 6:15). 이처럼 정치적 차원으로 협소해진 기대는 메시아로서의 예수님의 도전적인 주장 및 사명과 마찰을 빚을 것이다(이후 내용을 보라). 하나님의 메시아인 예수님의 독특한 주장을 제2성전 유대교의 메시아에 대한 협소한 기대의 역사적 매트릭스 속에 끼워 넣으면, 누구든 도무지 극복할 수 없어 보이는 갈등에 직면하게 된다. 만일 예수님이 이제껏 기대한 정치적 메시아의 인물처럼 조금이라도 행동하신다면(예. 막 11:1-10), 이는 충분히 정치적 반란을 유발할 수 있었다(참고. 요 6:15).

당시에는 메시아에 대한 일반적 기대가 정치적 해방을 둘러싼 특정한 희망에 집중되어 있었지만, 하나님의 영원한 아들인 예수님에게는 '하나님께서 이루시는 해방'이라는 구약의 폭넓은 기대를 포함해 매우 포괄적인 목적을 이루라는 사명이 있었다.

16 마카베오하(2 *Maccabees*)는 셀레우코스 제국을 지배했던 안티오쿠스 4세 에피파네스가 어떻게 그의 관할권 아래 있는 율법을 지키는 유대인을 헬라화하려고 헛된 노력을 기울였는지를 묘사한다. 그는 유대인에게 모세의 율법에 반하는 행동(예. 돼지고기를 먹는 것)을 강요하고 예루살렘에 있는 성전을 더럽히기도 했다(마카베오하 6:1-2). 이후 마카비 형제들이 이끈, 셀레우코스에 대한 반란은 훗날 하누카(Hanukkah, '헌신', 참고 요 10:22) 명절에서 기억될 것이었고, 이는 특히 여호와께 성전을 다시 봉헌한 것(주전 164년)을 기념하는 축제다. 마카베오하 8:1-4는 그 봉기의 시발점을 이렇게 묘사한다. "하지만 마카베오로도 불리는 유다스와 그의 동료들이 남몰래 마을들에 들어가서 그들의 친족을 소환하고 유대교 신앙을 계속 지킨 사람들을 징집했으며, 그래서 약 6천 명을 모았다. 그들은 주님께 간절히 기도하기를 모두에게 억압당하는 이 백성을 지켜보시고, 불경한 사람들로 인해 더럽혀진 성전에 긍휼을 베푸시고, 그 성읍에 자비를 품으시고…무죄한 아기들의 무법적인 말살과 그분의 이름에 범한 신성모독도 기억하시도록 간구했다." 이 이야기는 대부분 주전 167년(마카비 반란이 시작된 때)와 주전 164년 사이에 벌어진 사건들을 묘사한다.

하나님의 메시아에 대한 구약의 배경 예수님 당시의 메시아에 대한 대중적 기대, 즉 주전 2세기 중반에 일어났던 마카비 반란의 기억으로 촉발된 그 기대와는 대조적으로, 구약의 전반적 메시지는 여호와가 오실 것이라는 놀라운 기대를 품게 한다. 구약에 펼쳐지는 기대는 여호와가 (언약의 방식으로) 선지자[17], 제사장 그리고 왕으로 '오실' 것에 초점을 맞춘다. 구약에 나오는 이런 전반적 기대를 인정한다 해도, 여호와가 몸소 오실지 아니면 중재자를 통해 오실지 여부가 여전히 의문으로 남는다.

메시아에 대한 구약의 예언 구절 중 일부는 그분이 몸소 오실 것이라고 암시한다(예. 사 9:6; 40:3, 10). 하지만 다수의 구절은 그분이 '선지자적'(신 18:15, 18, 참고. 막 9:7), '제사장적'(사 52:13-53:12; 말 3:1, 참고. 막 10:45; 14:24), 그리고 특히 '왕적' 중재자(삼하 7:14-16; 시 110:1, 5; 사 9:6; 61:1-2; 단 7:13-14, 참고. 막 8:29, 31, 38; 12:35-37; 14:62)를 통해 오실 것이라고 말한다. 여호와는 어떻게 '오실 것인가?' 구약에 따르면, 이에 대한 가장 일관성 있는 답변은 그분이 몸소 오시기도 하고 유일무이한 중재자 겸 메신저를 통해서도 오신다는 것이다. 마가의 이야기가 이 역설을 해결해줄 것이다.

따라서 구약에 따르면, 여호와는 유일한 신-인간의 중재자[시 110:1의 "주"(아도나이, *adonai*), 사 9:6-7의 "아들", 말 3:1의 "언약의 사자", 단 7:13-14의 "인자", 슥 9:9의 "왕"]를 통해 통치하시고, 구원하시고, 오시게(신 31:8; 삼상 8:7; 시 110:1; 사 40:1-11; 51:5, 9, 11; 겔 34:11-22) 되어 있다. 이 왕족 중재자는 하나님의 "다윗"(겔 34:23-24)으로서 그 백성을 목양하실 것이다(미 5:4). 그분은 "[모세와] 같은 선지자"(신 18:15, 18)이고, 기적을 행하시고(사 35:4-6), 여호와의 유일한 종으로서 하나님의 백성을 위해 속죄하신다(사 52:13-53:12). 다윗의 보좌에서 영원히 의롭게 통치하시고(삼하 7:13, 16; 행 2:30-31), 열방의 빛이 되신다(사 42:6; 49:6; 51:4-5).

이런 구약의 배경을 감안하면, 예수님의 가르침과 주장은 당시 제자들

17 여호와는 계속 스스로를 계시하신다. 예수님 당시에는 특히 삼위일체의 두 번째 위격을 통해 그렇게 하신다. 예수님은 사도적 증인이 증언하는 그 말씀(the Word)이다.

과 제2성전 유대교가 품은 다윗 왕조의 대중적 메시아에 대한 희망을 '바로잡는' 측면이 있다. 예수님은 이를 통해 인간의 기대를 구약의 전반적인 메시아에 대한 기대에 맞게 재조정하신다. 그래서 제자들은 예수님을 단지 예상된 정치적 메시아로만 만나는 것이 아니다(삼하 7:14, 참고. 막 8:32b-33; 요 6:15; 행 1:6). 오히려 그들은, 스스로를 구약에 나오는 폭넓고 놀라운 구속적 모티브에 맞추는 메시아를 만난다. 그분의 계획은 신약 당시 유대 민족에 대한 억압을 외면하지 않으면서도 하나님의 목적에 대한 훨씬 더 근본적이고 보편적인 접근을 담고 있다. 무엇보다 인류가 하나님에게서 소외된 근원적인 문제, 화해된 관계의 약속 그리고 하나님의 창조 역할이 다루어진다.

제자들과 청중이, 예수님이 (마카비 반란과 같은) 로마 제국에 반항하는 정치적 반역자의 역할을 수행하기를 바라는 마음은 이해할 수 있다(참고. 막 8:32; 눅 24:21; 행 1:6). 요한복음은 우발적이기에 어쩌면 가장 의미심장한 상황을 담고 있다. "예수께서 그들이 와서 자기를 억지로 붙들어 임금으로 삼으려는 줄 아시고 다시 혼자 산으로 떠나가시니라"(요 6:15).

하나님의 메시아가 붙들고 씨름해야 했던 역사적, 종교-정치적 틀을 감안하면, 성경에 기반한 '메시아 비밀'이 필요했다는 것은 충분한 타당성을 지닌다. 이는 또한 제자들이(제2성전 유대교와 더불어) 처음에는 하나님의 메시아와 그분의 사명의 의미를 이해하지 못했다는 사실을 강조한다. 예수님이 무지한 제자들에게 메시아에 대한 상이한 기대들이 낳는 갈등(막 8:27-33; 9:31; 10:32-34)을 거듭 상기시켜야 했기 때문에, 한시적으로 '메시아 비밀'이 필요했던 것이다. 당시는 메시아에 대한 상충적인 견해들이 난무하는 불안정한 역사적 상황이었기에 예수님은 제자들에게 거듭해서 침묵을 지키라고 명령하셔야 했다. 그들이 메시아의 폭넓은 사명, 즉 죄를 씻는 고난과 죽음, 강력한 승천(사 53장을 포함한 많은 구약의 예언을 보라)을 포함하는 그 사명을 깨달을 때까지 그 명령을 반복하셔야 했다.[18] 요컨대 예수님이 '메시아 비밀'을 유지할 필요가 있었던 것은, 이처럼 고난을 받은 후 높이 들린 하나님의 메시아에 대한 관점(구약과 일치하는)과 1세기 유대교에 있었던 정치적 메시아에 대한 기대 간의 극심하고 당혹스러운 긴장 때문이었다.

이런 사항들을 감안하면 예수님이 제자들에게 침묵을 명령하신 것(그분의 부활까지, 막 9:9)은 충분히 이해할 수 있다. 예수님 당시에 그런 종교적이고 정치적인 분위기가 만연했기 때문이다(참고. 1:32-34 주석; 8:29-30 주석; 9:9-10 주석). 당시에 필요했던 것은 바로 폭발을 일으킬 불꽃이었고, 그런 촉발은 정치적 메시아로 자처하는 사람으로부터 나올 수 있었다. 유대인 역사학자 요세푸스에 따르면, 예수님 당시에 많은 유대인이 메시아적 해방자의 도래를 노심초사하며 기다리고 있었다고 한다(참고. 행 5장). 당시는 반란과 반역을 불러일으킬 위험이 매우 고조되던 상황이었다. 그래서 예수님은 쉽게 오해받을 수 있는 분위기가 한창일 때 하나님의 목적을 제시하고 선포하셔야 했다. 달리 말하면, 예수님은 메시아에 대한 서로 다른 기대들이 즐비한 가운데 항해하셔야 했던 것이다. 한편으로는 정치적 메시아에 대한 기대(요 6:15)를 배척하고, 다른 한편으로는 메시아에 대한 성경의 많은 진리들(막 8:30; 9:9)을 지지하는 어려운 노선을 걸으셔야 했다.

예수님은 구약에 따라 그 성격이 독특한 치욕-승격(참고. 사 53장; 단 7:13-14)이라는 '바로잡는'(corrective) 역동적인 메시아 스펙트럼을 제시하신다. 여기서는 하나님을 대표하는 종[에베드 아도나이(*'ebed YHWH*), 사 53장]이라는 메시아적 인물이, 인자로서 배척당한 후 의인으로 입증되는 메시아(참고. 막 8:31; 10:45)라는 모티브와 더불어 두드러진 자리를 차지한다. 예수님에 따르면, 메시아가 주님으로 높임을 받는 것(14:62; 시 110:1, 5; 단 7:13-14)은 극심한 치욕과 배척의 시기(참고. 막 14:64-65) 뒤에 따라온다.

18 공관복음서는 제자들에게 침묵을 지키라는 명령을 반복하는 반면, 요한복음에는 예수님이 자신의 메시아적 정체성에 대해 보다 일찍 투명하게 드러내시는 대목이 있다. 요한의 이야기에서 볼 수 있듯이, 예수님이 때로는 상황이 허락하는 한 그분의 정체를 더 공개하셨을 가능성이 있다(참고. 막 5:19-20). 우리가 염두에 둘 점이 있다. 공관복음서는 예수님 사역의 매우 "공적인" 측면을 묘사하기 때문에 예수님이 오해를 불러일으키지 않으려고 그분의 메시아적 정체성을 드러내는 데 매우 조심하셨을 것이라는 점이다. 예컨대 요한복음 6:15이 그런 오해를 뚜렷하게 보여준다. 다른 한편 요한복음은 보다 사적이고 개인적인 대화와 무대를 서술하는 경향이 있어서 예수님이 그분 사역의 더 이른 단계에 자신을 더 많이 드러내셨을 수 있다.

예수님이 보이신 교정책의 첫 번째 요소는 '여호와의 겸손한 종'이라는 메시아의 모티브다(참고. 2:20; 사 52:13-53:12//막 8:31; "많은 사람의 대속물", 10:45; 14:22-24, 참고. 시 16편; 단 9:24-26; 슥 12:10, 예컨대 모세가 종으로 나오는 출 14:31도 보라). 많은 사람을 위해 자기 목숨을 내어주는 여호와의 종(사 52:13-53:12)은 동시에 그 백성을 위해 고난 받는 왕이다. 이사야 53:7-9에는 목양, 섬김 그리고 다스림이라는 주제들이 합쳐져 있다(참고. 삼하 5:2; 7:8; 대상 11:2-3). 아울러 에스겔 34:11-22에는 여호와가 목자의 역할을 떠맡으시고, 동시에 그분의 "종 다윗"[19][마소라 본문 에베드(*'ebed*), 칠십인역 둘로스(*doulos*)]을 왕[마소라 본문 나시(*nasi'*, '우두머리', '왕'), 칠십인역 아르콘(*archōn*, '통치자', '주'), 겔 34:24; 대하 17:4, 7에는 종과 왕의 모티브가 결합된 것을 참고하라]으로 세우시는 모습이 나온다. 그래서 예수님의 오심은 한편에 있는 하나님의 고난 받는(그리고 높이 올려진) 종과, 다른 한편에 있는 1세기 팔레스타인 유대교(또 예수님의 제자들도 품었던)의 정치적 메시아에 대한 기대 간의 역사적 긴장을 풀어놓는다. 메시아의 배척(막 8:31; 10:45)이라는 모티브는 무척 의미심장하고, 속죄를 통한 하나님과 인간 사이 화해의 길을 닦아준다.

메시아에 대한 기대가 정치적 왕으로 협소해진 현상에 대한 교정책의 두 번째 요소는 '하나님의 메시아가 장엄하게 높이 들린다'는 예수님의 언급이다(막 12:35-37에 나오는 시 110:1, 5, 마 8:38과 막 14:62에 나오는 단 7:13-14, 예컨대 겔 34:23-24에 나오는 수수께끼 같은 훗날의 '하나님의 다윗'에 대한 언급과 말 3:1에 나오는 "언약의 사자"에 대한 언급을 참고하라). 앞에서 말했듯이, 그런 장엄한 모습은 처절한 고난의 시기 뒤에 따라온다.

이런 맥락에서, 마가가 제자들을 매우 믿을 만한 방식으로 묘사하는 것은 주목할 만하다. 그들은 메시아가 어떤 모습이고 어떤 행동을 할지에 대해 확신하고 있다. 그들은 구약의 제한된 성경 구절들에 기초를 두고, 이스라엘 전역에서 회당 선생들이 수세기 동안 가르친 메시아에 대한 뚜렷한

19 에스겔의 시대에 이르면 다윗 왕이 죽은 지 400여 년이 경과했다. 구약에는 이 불가해한 메시아적 "하나님의 다윗이라는 인물"(예. 사 55:3-4; 렘 30:9; 겔 34:23-24; 호 3:5)에 대한 언급이 가끔 눈에 띈다.

희망을 품고 있다. 마가 이야기의 진정성을 지지하는 가장 중요한 요인 중 하나는 예수님이 제자들의 예정된 기대와 해석에 대해 근본적으로 또 끈질기게 도전하고 그것을 수정하신다는 사실이다. 마가는 예수님이 거듭해서 제자들의 그릇된 희망과 기대를 밝히 드러내신다는 사실을 증언한다. 그래서 예수님에 대한 제자들의 증언은 메시아에 대한 깨어진 희망을 배경으로 해서 나오는 것이다. 예수님이 그들의 그릇된 자기 확신과 정적인 신념 체계를 도전하심에 따라, 그들은 이제 자신의 기대와 희망을 예수님에게 투영시키는 일을 멈추어야 한다. 그럴 때 예수님은 그들이 구약에 이미 스스로를 계시하신 삼위일체 하나님을 개인적으로 신뢰하도록 이끌어 주신다. 중요한 사실은 예수님이 구약을 재해석하거나 부인하지 않는 가운데 이런 일을 행하신다는 것이다. 오히려 그분은 구약에 나온 약속들의 여러 가닥을 표면에 떠올리신다.

마가복음에 나오는 여러 유형의 침묵 명령은 제자들에게 주신 침묵 명령과 구별될 필요가 있다. 전자는 다음과 같은 경우를 포함한다.

(1) 귀신들을 향한 명령: 귀신들은 언제나 진리를 바꾸고 왜곡하고 반박하기 때문에 영적인 이유로 침묵 명령이 꼭 필요하다(참고. 1:23-28 주석; 1:32-34 주석; 3:9-12 주석).

(2) 치유 받은 사람들을 향한 명령(참고. 1:32-34 주석; 1:43-44 주석; 5:18-20 주석; 5:34 주석; 5:42-43 주석; 7:36 주석; 8:26 주석): 예수님이 치유하고 자비를 베푸실 때는 언제나 오해의 소지가 있는 상황에서 그렇게 하신다. 예수님은 종종 치유 받은 사람들에게 그것에 관해 말하지 말라고 하셨고, 단 한 번 특정한 사람에게 가서 모두에게 말하도록 명하셨다.[20] 그럼에도 불구하고 치유 받은 사람들에게 침묵하라는 일반적 명령이 필요한 것은, 그 명령을 무시할 경우 예수님의 움직임에 지장을 주기 때문이다. 그런 침묵은 또한 정치적인 이유로 필요하다(앞의 내용을 보라).

여기에 열거된 명령들과 달리, 예수님은 제자들에게, 하나님의 메시아가 속죄의 죽음과 부활이라는 목표를 이룰 때까지 그분의 메시아적 정체를 전파하는 것을 금하신다(9:9).

요컨대 역사적으로 또 신학적으로 예수님 편에서 메시아 비밀을 지켜야 할 이유는, 당시 메시아가 활동하는 무대의 종교적-정치적 분위기 때문이다(요 6:15). 보다 구체적으로 말하면, 제자들이 제2성전 유대교의 대다수 유대인과 더불어 마카비 노선을 따르는 정치화된 구약의 메시아를 기대하고 있었기에 하나님의 메시아에게 열려 있지 않았고, 이 때문에 그런 비밀이 필요했던 것이다. 예수님이 거듭해서 제자들의 견해에 도전하셨음에도 하나님의 메시아에 대한 제자들의 저항이 계속 이어진다(예. 막 8:27-33; 9:31; 10:32-34). 따라서 양자 간의 긴장이 얼마나 심각했는지를 과소평가하면 안 된다. 즉, 한편에는 하나님의 메시아가 고난 받고 죽임당한 후 높이 들려야 한다는 예수님의 주장이 있었고, 다른 편에는 제자들조차 품고 있었던 주후 1세기 팔레스타인 유대교에 만연한 정치적 메시아에 대한 기대가 있었는데, 양자 사이에 큰 긴장이 조성되었다는 말이다. 그처럼 폭발하기 쉬운 복잡한 상황에서 예수님이 제자들에게 한시적으로 침묵을 지키도록 명하신 것은 이치에 맞을 뿐 아니라 절대적으로 필요한 일이었다.

하나님의 메시아: 인간으로서의 예수 마가는 베드로의 증언에 기초를 두고 예수님을 공감과 연민 같은 감정을 가진 진정한 인간으로 묘사한다(예. 1:41; 6:34; 8:2). 예수님은 의로운 분노와 격분을 표출하신다(예. 3:5; 8:33; 10:14). 그분은 심각한 고민에 빠지고(예. 14:33-34) 감정적 피로를 겪으신다(예. 7:34; 8:12). 배고픔과 씨름하고(예. 11:12), 잠이 필요하며(4:38), 깜짝 놀

20 마가에 따르면 사람들은 종종 이런 명령들에 순종하지 않는다. 유일한 예외는 예수님이 초기에 데가볼리, 즉 갈릴리 바다의 동쪽에 이르는 이방인 지역을 포함하는 곳에서 사역하실 때다. 거기서 그분은 치유 받은 사람에게 가서 모든 사람에게 알리라고 말씀하신다(막 5:19-20). 하지만 예수님이 훗날 데가볼리에서 일하실 때는 거기서 치유 받은 다른 사람에게 침묵을 지키라고 명하신다(7:36).

라기도 하신다(예. 6:6).

하나님의 메시아: 예수의 능력과 권위 예수님은 선지자의 권위로 제자들을 부르신다(예. 1:16-18). 그분은 자연(예. 4:35-41; 6:45-52), 귀신들(예. 1:23-27; 3:11-12) 그리고 질병(예. 1:29-31; 2:3-12)을 다스리는 능력을 발휘하신다. 또한 모세의 다섯 책(토라)을 진정한 권위로 해석하신다(예. 1:21-22; 2:23-28; 7:1-23; 10:1-9). 이런 요소들의 일부는 인자의 능력과도 연결된다.

하나님의 메시아: (인간이 되신) 하나님의 영원한 아들로서의 예수 제자들은 인간의 속성뿐 아니라 하나님의 속성도 보여주는 사람을 소개받는다. 이것이 더욱 어리둥절하게 만드는 이유는, 마카비 이후 베드로의 증언을 담은 마가복음이 구약의 유일신적 세계관에 푹 잠긴 갈릴리 유대인인 예수에게 초점을 맞추기 때문이다.

"하나님의 아들"(1:1, 참고. 15:39)이라는 호칭은 마가복음에서 "인자"(사람의 아들)이자 "주"(Lord)라는 예수님의 주장과 나란히 의미심장한 어구다(이에 대해서는 아래 내용을 보라). 이 호칭은 예수님의 세례(1:11, "내 사랑하는 아들"), 변화산(9:7) 그리고 악한 종들의 비유와 관련된 대목(12:6-8) 등 마가복음의 중요한 단락에 나온다. 이 밖에도 주목할 만한 진술은 다음과 같다. (1) 아들도 그때를 모른다(13:32, 참고. 13:30-32 주석) (2) 귀신들이 예수님을 지극히 높은 분의 아들이라 말한다(3:11; 5:7) (3) 대제사장이 메시아를 "찬송 받을 이의 아들"(14:61, 참고. 14:60-62 주석)과 연관시킨다. 끝으로, 하나님을 예수님의 유일한 아버지로 언급하는 대목(8:38의 인자의 아버지, 13:32의 그때를 아시는 아버지, 14:36의 "아빠 아버지")이야말로 이 독특한 초상화를 완성시킨다. 예수님의 신적 본성은 또한 자연(예. 4:35-41)과 귀신들(예. 3:11-12)을 다스리는 그분의 독특한 능력, 죄를 직접 용서할 수 있다는 대담한 주장(2:10), 그분의 변형(9:2-8)을 통해 암시된다.

특히 변형 내러티브는 하나님의 아들로서 예수님이 지니신 신적 영광을 드러낸다. 이 이야기에 앞서 마가복음 9:1은 임박한 예수님의 변형 장면을 다가올 하나님 나라에 대한 기대라고 선언한다. 짧은 시간 동안 예수님이 핵심층에 속한 세 제자에게 그분의 신적 영광을 흘끗 볼 수 있는 기회를 주신다. 예수님의 최고 영광은 그 자신과 모세와 엘리야의 만남을 통해 표현된다. 이 만남에서 모세는 토라(율법)를 대표하고, 엘리야는 선지자를 대표한다. 구약 선지자들의 주된 기능은 유대 백성에게 하나님의 길(토라)로 돌아가도록 권유하는 것이었다. 하지만 이 경우에는 모세와 엘리야가 예수님과 함께 율법과 선지자의 성취에 대해 깊이 생각한다(참고. 마 5:17).

예수님의 신적 본성이 드러나는 동안 그분은 안에서 밖으로 나오는[21] 빛의 근원[22]으로 밝게 빛나신다. 이를 모세가 시내산에서 십계명을 받을 때 하나님의 영광을 반사했다는 사실(출 24:15-18; 34:29-30, 33, 35, 참고. 단 7:9-10)[23]과 대조해보라. 예수님이 변형되시는 동안 베드로는 3개의 장막을 지을 계획을 짠다. 그 순간에 그는 여전히 모세와 예수님을 동격으로 본다. 이후 하나님의 메시아가 진정 누군지 서서히 알게 될 것이다(참고. 행 1:6).

변형을 목격한 세 증인이 예수님의 핵심층에 속해 있다는 사실은 의미심장하다. 그들은 나중에 이 사건을 이야기할 것이다. 베드로는 순교하기 직전에 이르러야 변형 사건을 언급한다(벧후 1:16-18). 그는 또한 변화산에서 들은 소리가 그리스도에게 존귀와 영광을 주시는 하나님의 목소리임을 밝힌다(17절). "이는 내 사랑하는 아들이요 내 기뻐하는 자라"(17절)는 어구에 관해서는 시편 2:7도 보라(참고. 창 22:2; 사 42:1). 끝으로 베드로는 변형 사건이 그리스도에 관한 구약 예언의 성취를 '더욱 충분히 확증시켜' 주었다고 말한다.

하나님의 메시아: 사람의 아들로서의 예수 "인자"(사람의 아들)라는 표현은 공

21 참고. 빌 2:5-7.

22 참고. 겔 1:22-28; 계 21:23.

23 예수님의 영광에 관해서는 겔 1:22-28; 마 17:1-13; 계 21:23을 참고하라.

관복음서에서 대략 70번 나오는데 언제나 예수님의 말씀 안에 나온다.[24] 이 표현은 예수님의 자기이해를 들여다보게 하는 가장 중요한 역사적 사례의 하나다. 그분은 아마 이 불특정한 어구를 제자들과 제2성전 유대교가 품은 메시아에 대한 협소한 기대를 바로잡기 위한 핵심 요소로 사용하실 것이다(참고. 서론의 '신학' 중 '그리스도론'의 '성경의 메시아 비밀'). 초기 기독교가 "만일 당신이 예수를 인자로 고백하면 구원을 받을 것이다"와 같은 말을 전달한 적이 없는 만큼 "인자"라는 어구는 매우 독특하다. "인자"는 사실상 사복음서에만 나오는 표현이다. 소수의 예외 중 하나는 사도행전 7장에서 스데반이 순교하는 이야기에 나온다.[25] 스데반은 승천하신 인자가 전능하신 아버지의 존전에 "서신 것을" 알아본다. 성경 해석자들은 예수님이 보통 아버지의 우편에 '앉아 있는' 모습으로 묘사된다고 말해왔다. 하지만 예수님을 따랐던 사람들 중 하나인 스데반은 죽음을 앞둔 시점에 예수님이 그를 위한 변호인으로 서 계신 모습을 본다(행 7:56). 극심한 고통 중에 삼위일체 하나님의 실재를 들여다보게 된 것이다.

'인자'라는 어구와 관련해 세 가지 모티브를 논의할 수 있다.

첫째, 인자의 겸손한 '인간적' 상태이다. 이 모티브는 마태복음과 누가복음에서 더 많이 강조된다(예. "인자는 머리 둘 곳이 없다", 마 8:20). 나아가 이 어구는 아람어로 '나'라는 인칭대명사, 즉 '나와 같은 사람'의 완곡한 표현일 수 있다.

둘째, 인자가 '고난'을 받고 '의인으로 입증되어야' 할 필연성(막 8:31; 10:45; 14:21, 36)이다. 이는 사복음서에 나오는 인자와 관련해 가장 중요한 동시에 가장 논란이 되는 측면이다. 예수님이 그분의 목적을 위해 이 미지의, 하지만 매우 적절한 어구를 사용하시는 것은, 메시아에 대한 대중적 기대(참고. 서론의 '신학' 중 '그리스도론'의 '하나님의 메시아에 대한 구약의 배경')에 도전

24 요한복음에도 12번 나온다. 참고. BDAG, s.v. υἱός.

25 계 1:13(인자로서의 예수)과 계 14:14(인자로서의 천사)도 보라.

하고, 하나님의 메시아가 "많은 사람"을 대신해 고난 받아야 한다(10:45)는 것을 강조하시기 위해서다. 예수님의 삶을 살펴보면, 자신의 끔찍한 죽음을 예견하셨을 가능성이 크다는 것을 가리키는 역사적 지표들이 있다. 예컨대 세례 요한의 죽음은 당국자에게 도전하는 사람에게 닥칠 법한 불행을 경고한다. 이 맥락에서 마가복음 1-12장에 나오는 15편의 갈등 이야기를 주목해보라. 예수님에 대한 반대는 그분의 대담한 주장에 비례해서 점점 커져간다. 고난 받는 인자에 관한 예수님의 가르침이 그런 위험에 더욱 초점을 맞춘다. 결국에는 신적 필요성과 인간적 적대감이 인자의 죽음, 즉 이사야 52:13-53:12의 고난 받는 종을 상기시키는 그 죽음을 초래한다.

놀랍게도, 예수님은 친히 주제적으로 양립 가능한 모티브인 '겸손한 인자'와 이사야의 '고난 받는 종'을 연결시키신다(사 52:13-53:12을 막 8:31; 10:45; 14:24과 비교하라). 이 뚜렷한 연결 고리로 인해, 이사야 42-53장의 의미를 인자에 대한 예수님의 언급 맥락에서 이해하기 전에 먼저 구약의 맥락에서 파악하는 것이 중요하다. 필자는 이전에 출간된 책에서 이렇게 쓴 적이 있다.[26]

> 외견상으로는 이 본문에 관한 유대교의 주석과 기독교의 주석을 비교해보면, 이사야 42-53장의 종의 노래에 대한 큰 해석학적 문제가 생긴다. 여호와의 종의 노래에 대한 지배적인 유대교 해석은 에베드 아도나이(*Ebed Yhwh*, 여호와의 종)가 '언제나' 이스라엘 백성으로 판명되어야 한다는 것이다. 이사야 42:1-52:12에 나오는 많은 단락은 이런 방식으로 해석될 수 있고 또 해석되어야 한다. 그 단락들은 이스라엘을 고난 받는 백성으로 충분히 묘사할 수 있다(참고. 특히 사 44:1-2, 21; 45:4; 48:20; 49:3). 하지만 이 해석을 이사야 52:13-53:12에 적용하기는 매우 어렵다. 여기서는 여호와의 '한'

26 Hans F. Bayer, *Peter as Apostolic Bedrock*, 145-147. 하지만 이 단락에 나오는 여러 각주는 수정되었다.

종이 그의 백성 이스라엘을 '대신해' 고난을 받기 때문이다(53:4-6, 8). 만일 우리가 일관되게 '여호와의 종'이 집합적으로 이스라엘을 언급하는 것으로 규정한다면, 이스라엘이 이사야 52:13-53:12에서 이스라엘을 대신해 고난당하는 것이라 사실상 스스로를 속죄하는 셈이 된다. 이는 하나님께서 구원하고 구속하시는 분으로 나오는 이사야 42-53장의 어조와 상충된다.

그런데 이사야 42-53장의 맥락에서 '여호와의 종'의 정체를 더 적절하게 설명하는 방식이 있다 . 충분히 집합적 이스라엘일 수 있는 '에베드 아도나이'는 많은 고난을 받는다. 하지만 궁극적으로 고난을 받고 자기 목숨을 그 백성을 위해 속죄 제물로 내놓을 사람(52:13-53:12)은, 마가가 10:45에서 우리에게 말하듯이, 그 백성의 왕 같은 지도자이자 대표적인 머리다(참고. 벧전 2:21-24).[27]

이 단락은 고난의 시편들(참고. 특히 시 22편과 69편) 및 왕의 고난에 관한 시편들(89:39, 44과 118편)과 밀접한 관계가 있다. 따라서 네 번째 종의 노래는 즉위(사 52:13), 다른 왕들을 높이는 것(52:15), 승리와 같은 왕의 역할에 대한 암시를 담고 있다. 나아가 '뿌리'에 대한 언급은 이사야 11:1, 10을 반영한다. 이사야 53:6은 왕을 나타내는 목자라는 모티브를 가리킬 수 있다(시 78:70-72; 사 40:11; 44:28; 겔 34장). 종의 날이 길어지는 것(사 53:10)은 사무엘하 7:12-13을 반영할지 모른다. 다윗의 언약이 그 종과 연결되고(사 53:10), 백성은 그 종의 대속적 고난에서 생명을 발견한다(53:11).[28] 이사야 24:16이 여호와를 "의로우신 이"로 밝히듯이, 이

27 참고. Craig A. Evans, "Isaiah 53 in the Letters of Peter, Paul, Hebrews, and John," in *The Gospel according to Isaiah 53: Encountering the Suffering Servant in Jewish and Christian Theology*, ed. Darrell L. Bock and Mitch Glaster (Grand Rapids, MI: Kregel Academic, 2012), 152. 에반스는 이사야 53장에 대한 메시아적 해석은 이사야 37:35에 나오듯이 "주님의 종으로서의 다윗"으로 되돌아갈 수 있다고 믿는다(참고. 시 18편 표제 = 칠십인역 시 17:1).

28 같은 책, 79.

> 사야 53:11에 나오는 종도 "의[롭다]"(시 72:1-2; 사 9:7; 11:4-5; 32:1에 나오는 메시아의 의로운 통치를 보라). 그 민족은 그분의 희생에 기초해 의로운 것으로 판결된다.[29]
>
> 로웨(Robert D. Rowe)는 이 메시아적 인물이 그 자신 안에 '왕의 존엄성'과 '희생적 겸손'을 묶어놓는다고 결론짓는다(참고. 히 10:12-13). 이 메시아적 인물은 하나님 백성의 공동체를 섬긴다.[30]

마가복음에서 이사야 53장의 모티브들을 발전시키는 모습은 특히 마가복음 10:45(참고. 14:24)에서 눈에 띈다. 이 구절은 예수님의 독특하고 의미심장한 자기 인식을 묘사한다. 많은 학자들은 예수님이 여기서 이사야 53:12과 더불어 이사야 53:8["내 백성의 허물 때문[에 맞은]", 칠십인역은 '너희가 값없이 팔려갔으니, 돈을 내지 않고 속량될 것이다', 참고. 뤼트로테세테(*lytrothesethe*), 칠십인역 사 52:3]을 암시한다고 믿는다. 그래서 하나님의 고난 받는 백성(사 42-44장에 나오는 여호와의 집합적 종)이 그들의 왕 같은 지도자이자 머리(여호와의 종), 즉 하나님의 신적 메시아인 예수님에 의해 정결케 되고 치유 받는다.[31] 여기서 강조할 점은 예수님의 모든 '행동'이 이사야 53장에 나오는 종의 모습과 동일시됨을 알려준다는 것이다. 그분은 배척받은 겸손한 아들로서 여호와의 종의 삶을 꿋꿋이 경험하신다. 그분의 행동과 겸손하고 의롭게 인정된 인자에 대한 명시적 언급(막 8:31; 10:45)은 모두 여호와의 종이 배척받고 대속적 고난을 당하는 모티브(사 52:13-53:12)를 주목하게 한다.

29 Robert D. Rowe, *God's Kingdom and God's Son: The Background to Mark's Christology from Concepts of Kingship in the Psalms* (Leiden: Brill, 2002), 76-79.

30 같은 책, 77-78.

31 예수님은 공적 사역을 시작할 때 공동체적 회개를 위해 요단강으로 가신다. 그분은 개인적으로 회개할 것이 없는데도 이스라엘 백성, 즉 회개의 세례를 받으려고 요단강으로 가는 그 백성을 위한 중보자로서 행동하신다. 백성들과 완전히 동일시됨으로써 그들을 대신해 하나님께 순전한 회개를 드리신다. 다니엘이 자기 백성의 죄악을 대신해 기도하듯이(단 9:3-19), 예수님은 마음이 순결하고 죄가 없음에도 불구하고 그분의 백성을 위해 이미 고난을 받기 시작하신다.

베드로가 마가복음 증언의 배후에 있을 가능성을 고려하면, 이사야서가 마가복음 이외에도 예수님에 대한 베드로의 증언 전반에서 매우 중요한 역할을 한다는 점은 주목할 만하다. 베드로가 이사야서를 언급하고 암시하는 대목은 마가복음뿐 아니라 베드로전서와 사도행전에 기록된 그의 설교(특히 3:13-15, 26; 4:27, 30; 10:34-47)에도 나온다. 다음과 같이 정리할 수 있다.

(1) 마가복음에서 특히 다음 구절들을 주목하라. 막 1:2-3//사 40:3 칠십인역, 막 4:12//사 6:9-10, 막 7:6-7//사 29:13 칠십인역, 막 9:48//사 66:24, 막 11:17//사 56:7, 막 13:24-26//사 34:4, 참고. 마가복음의 수난 기사에서 이사야 53장에 대한 암시: 막 14:24-25//사 53:11-12 칠십인역, 막 14:48//사 53:7, 막 14:61//사 53:7, 막 15:27//사 53:12.
(2) 사도행전에서 다음 구절들을 주목하라. 행 3:13//사 52:13, 참고. 행 3:26; 4:27, 30. 사도행전 10:34-47에 다음 구절들에 대한 암시가 나온다. 사 52:7, 53:4-5, 8, 10-12, 58:10-11, 61:1.
(3) 베드로전서에서 특히 다음 구절들을 주목하라. 벧전 1:24//사 40:6, 8, 벧전 2:6//사 28:16, 벧전 2:8//사 8:14, 벧전 2:22(1:11)//사 53:9. 이사야 53장에 대한 암시는 이렇게 나온다. 벧전 2:23//사 53:6, 12, 벧전 2:24d//사 53:5, 벧전 2:25a//사 53:6.

이사야서에 대한 언급, 특히 이사야 53장의 고난 받는 종에 대한 언급이 이처럼 많이 나온다는 것은 예수님이 제자들을 가르칠 때 이런 본문들을 무척 중시하셨다는 사실을 보여준다.

셋째, '높이 들린' 인자 모티브다. 예수님은 존귀하게 된 인자로서 죄를 직접 용서할 수 있는 권위(막 2:10, 오직 하나님에게만 있는 특권)를 가지신 분이다. 그분은 높이 들린 인자로서 안식일의 주인이기도 하다(2:28). 이 시대의 끝에 이르면 승천한 인자가 모든 인류를 심판하는 자리에 서게 될 것이다(8:38; 13:26; 14:62).

구약에서는 이 어구가 하나의 묵시적 맥락에 나온다(단 7:13-14).[32] 거기서는 "옛적부터 계신 분"(새번역) 앞에 나아오는 "인자"의 높이 들림과 권위가 강조되어 있다. 이 본문에서는 영원한 분이 자신의 신적 영광을 인자와 공유하신다(단 7:13, 참고. 예수님이 아버지의 영광으로 오실 것에 대해 말하는 막 8:38). 나아가 영원한 분은 영원한 능력과 왕적 통치를 인자와 공유하신다. 모든 사람(즉, 모든 나라의 백성들)이 인자와 더불어 옛적부터 계신 분에게 영광을 돌리고 예배하게 될 것이다(단 7:14을 단 7:27과 비교하라, 참고. 사 53:10-12). 그 다음에는 하나님의 백성이 옛적부터 계신 분과 인자와 함께 공동 통치를 하실 것이다(단 7:27). 앞에서 이사야 52:13-53:12에 관해 (사 42-53장의 맥락에서) 말했듯이, 예수님도 다니엘 7:15-27에서 그분 백성의 '대표적' 머리로서 옛적부터 계신 분과 함께 통치하실 것이다.[33] 끝으로, 하나님의 보편적 선교가 다니엘 7:13-27에서 줄곧 빛나고 있고, 모든 나라에서 온 사람들이 옛적부터 계신 분과 승천한 인자를 섬기게 된다(단 7:14, 27). 그 다음에는 하나님의 백성이 옛적부터 계신 분과 인자와 함께 공동 통치를 할 것이다(7:27).

하나님의 메시아: 주님으로서의 예수 기독교 시대 이전에 히브리어 성경을 헬라어로 옮긴(칠십인역) 유대인 번역가들은 여호와(*Yahweh*, 야훼)와 아도나이라는 히브리어 용어들을 번역하려고 헬라어 단어 퀴리오스(*kyrios*, '주님')를 사용했다. 이 중요한 구약의 용어가 어떻게 나사렛 예수와 연결되기에 이르렀는지가 의문이다. 일차적인 실마리는 마가복음 2:28, 즉 예수님이 인자는 안식일의 "주인"(lord)이라고 주장하신 본문에서 찾을 수 있을지 모른다. 하지만 예수님과 "주님" 간의 연관성을 가리키는 핵심 본문은 마가복음 12:35-37이다. 이 본문에서 예수님은 메시아인 "다윗의 자손"을 다윗

32 "인자"라는 어구는 선지자에 대한 언급일 수도 있다. 예컨대, 겔 2:1; 3:4; 3:17을 보라.

33 예수님 당시 다니엘 7:13-14의 메시아적 해석의 본보기에 관해서는 11QMech(사해사본) II. 18을 참고하라.

의 주님과 연관시키신다. 간접적으로, 예수님은 시편 110:1, 5을 자신에게 적용함으로써 여호와("주")가 말씀하는 대상인 아도나이("주")의 메시아 자리를 차지하신다. 메시아인 아도나이를 여호와의 오른쪽으로 높이 올리고 이후 아도나이의 적들을 정복하시는 모습(시 110:1, 5)은 다음과 같은 해석을 시사한다. 예수님은 그 자신을 아버지인 하나님과 함께 통치하는 높이 들린 주님으로 밝히신다는 것. 이와 같이 그분은 아버지의 신성과 영광에 참여하시는 분이다(빌 2:9-11을 사 45:22-23과 비교하라). 따라서 예수님은 친히 마가복음 12:35-37에서 시편 110:1, 5과 주님으로 높이 들린 메시아 간의 중요한 연관성을 밝히신다.

그분은, 이것으로 충분하지 않은 것처럼, 훗날 대제사장 앞에서 재판을 받는 동안 이 대담한 연계성을 되풀이하신다(막 14:62). 대제사장의 주요 임무는 이스라엘 백성을 위해 하나님 앞에서 중재하는 것과 그 백성 이스라엘 앞에서 하나님의 뜻과 목적을 말하고 보호하는 것이다. 이 사실에도 불구하고 예수님은 대제사장 앞에 담대하게 서 계신다. 그분은 자신이 찬송받을 이의 아들, 즉 메시아인지 여부에 관한 대제사장의 심문에 응답할 때, 대담하게 다니엘 7:13-14에 대한 언급과 시편 110:1을 엮으신다. 말하자면 마가복음 14:62은 예외적으로 또 독특하게 이 두 구절을 결합시킨다. 겉으로 보면 두 본문 모두 구약의 기본적인 고백, 즉 하나님은 다른 존재와 그분의 영광을 공유하지 않으신다는 고백과 상충되는 듯이 보인다(참고. 사 42:8; 48:11).

그런데 놀랍게도, 다니엘 7:13-14과 시편 110:1-5 이 두 단락은 여호와가 그분의 영광을 누군가와 공유하신다고 분명하게 강조한다. 다니엘 7:13에서 옛적부터 계신 분인 하나님은 그 영광을 "인자"와 공유할뿐더러 인자가 예배를 받는 것을 찬성하기까지 하신다(단 7:14). 시편 110:1, 5에서는 여호와가 그분의 영광을 아도니/아도나이, 즉 "다윗의 주"와 공유하신다. 두 본문 모두 예수님의 시대 이전에 메시아적 방식으로 해석되어왔다. 하지만 그런 인물로 자처하는 사람은 거의 없었다.[34] 이 두 본문에 대한 가장 설득력 있는 해석은 그 각각이 늘 하나이신(신 6:4) 복합적인 삼위일체 하나님을 흘끗 들여다보게 해준다는 것이다.

구약의 엄격한 유일신론적 맥락을 감안할 때, 이런 메시아 본문들을 이해하려면 삼위일체 틀을 적용할 수밖에 없다. 마치 하나의 장미가 서서히 세 개의 꽃잎으로 펼쳐지듯이, 한 하나님은 스스로를 세 분의 위격으로 나타내신다. 앞에서 언급했듯이, 예수님의 시대에 이런 메시아 본문들을 모두 성취한다고 자처하던 메시아 후보가 존재했다는 증거는 거의 없다. 그래서 예수님이 마가복음 14:62에서 구약의 두 본문을 대담하게 엮어놓고 그것을 자신에게 적용하신 모습은 대제사장의 고발, 즉 예수님이 정말로 하나님을 모독하고 있다는 고발을 정당화하는 것 같다. 그 중대한 순간에는 두 가지 선택밖에 없다. 예수님이 하나님의 배타적 존엄성에 직접 도전하고 있기에 돌에 맞아야 하는 신성모독자이든지, 아니면 실제로 주장하는 바로 그 신분(삼위일체 하나님의 한 분)이든지, 둘 중 하나다.

따라서 예수님 주장의 정당성을 하늘 아버지가 다양한 방식으로 인정하시는 모습은 매우 중요하다. 아버지 하나님은 그분의 아들을 "기뻐하시고"(막 1:11), 그 "사랑하는 아들"로 인정하시고(9:7), 영화롭게 하시며(행 3:13), 죽은 자 가운데서 살리신다(막 16:7-8; 행 3:15; 고전 15:3-11). 예수님이 죽은 자 가운데서 부활하신 사건은 신적 존재라는 그분의 주장을 뒷받침한다. 아울러 아버지 하나님께서 예수님의 치욕, 부활 그리고 승천 배후에 계신 지휘자임을 가리킨다(참고. 막 8:31에 표현된 신적 필연성). 사실 아버지는 인류의 죄악 때문에(참고. 10:38-39, 45, 대리적 속죄) 십자가의 죽음(갈 3:13, 참고. 신 21:23)으로 예수님을 저주하고 심판하신다. 그리고 예수님의 의로움을 입증하시고, 그분의 죽음이 신적 속량을 가져온다는 진술(막 10:45, 참고. 사 53:4-6, 8-10, 12)을 포함한 예수님의 모든 주장을 옹호하고 긍정하신다. 예수님에 대한 인간의 재판과 하나님의 심판은 오직 예수님이 정말로 그런 대담한 주장에 걸맞은 존재일 경우에만 역사적 의미를 지닌다. 예수님

34 참고. Darrell L. Block, *Blasphemy and Exaltation in Judaism: The Charge against Jesus in Mark 14:53-65* (Grand Rapids, MI: Baker, 1998), 220-224.

의 모든 주장은 그분이 죽음에서 부활해서 불멸의 존재가 되심으로써 그 진정성이 입증되는 것이다.

구원자로서의 예수(구원론)

사람들 앞에서 인자를 시인하는 것은 영원한 결과를 낳는 최고의 신앙고백이다(막 8:38). 그와 같은 공개적이고 전인적인 신앙고백은 개인 및 공동체의 제자도와 밀접한 관계가 있다. 예수님 가르침의 핵심에는 그분이 추종자들을 위해 대속적 죽음을 당하셨다는 사실이 있다(10:45; 사 53장). 피 흘림을 포함한 속죄의 화해가 없다면 하나님과 화해할 수 있는 희망이 없다. 일단 구속받은 제자들이 하나님의 보편적 백성으로서 다함께 손을 잡으면, 그들 역시 많은 고난을 당할 것임을 알게 된다(예. 막 8:34-38; 13:9-13, 참고. 사 42-53장).

하나님 나라와 하나님 백성(교회론)

하나님 나라에 관한 예수님의 가르침(참고. 막 1:15; 4:1-41; 9:1; 14:25; 15:43)은 하나님께서 그 자신에게 나아올 유대인과 이방인을 준비시키는 일을 계속하신다는 것을 암시한다. 이는 이미 예수님이 체계적으로 일단의 제자들을 목양하신다는 사실로 입증되었다. 구약에 나오는 하나님의 선교는 생명이 충만한 우주, 인간 생명이 하나님 창조의 절정을 장식하는 그런 우주를 창조하는 것이다. 인류는 '하나님과 동행하고' 그분의 좋은 땅을 경작하며 지키도록 창조되었다(창 1:28; 2:15-19). 인류의 타락(3장)에도 불구하고 여호와는 인류의 소명을 그대로 유지하셨고, 동시에 회개를 통해 그 자신에게 나아올 한 백성을 부름으로써 인류의 구속 계획을 추진하셨다. 오래토록 기다리던 여호와의 도래는 궁극적으로 "언약의 사자"의 형태(말 3:1-2, 참고. 미 5:4 "그가 여호와의 능력과 그의 하나님 여호와의 이름의 위엄을 의지하고 서서 목축하니")와 여호와 그분의 형태(사 40:3, 즉, 하나님의 영원한 아들)로 일어난다.

기대하던 하나님 나라는 이때에 제자리를 찾는다. 하나님은 언제나 그분의 창조 세계를 다스리시는 왕이기 때문이다. 하나님은 인간 왕들이 이스라엘을 통치하던 기나긴 기간 동안, 인류의 반역과 사탄의 적대감에도 불구하고 그분의 백성을 다스리신다.

다음 사항들을 앞에 나온 전반적 개관에 덧붙일 수 있다. '하나님 나라'라는 어구가 구약에서 거의 사용되지 않았다는 사실을 주목할 필요가 있다. 하지만 하나님의 왕적 통치와 능력이라는 개념은 자주 언급된다. 하나님의 통치는 이렇게 표현된다.

(1) 하나님은 스스로 창조하신 세계를 다스리신다. 특히 역대하 20:6("주는…이방 사람들의 모든 나라를 다스리지 아니하시나이까")과 더불어 시편 29:10, 47:6-9, 95:3, 103:10-19, 145:13, 사 6:5, 24:21-23, 예레미야 10:10, 46:18을 주목하라.

(2) 구속 역사를 보면 하나님께서 그분의 백성을 다스리는 주권적 주님으로 행하신다(참고. 출 15:18; 19:6; 시 10:16; 29:10; 114:7; 사 24:23; 43:15; 렘 31:31-34; 슥 14:1-10; 옵 1:21). 그분은 때때로 사사들, 제사장들, 선지자들, 왕들이 그분을 대표할 때에도 여전히 그들의 주권적 주님으로 남으신다(신 18:15, 18; 사 9:11; 렘 33:15-16; 겔 11:17; 암 9:11, 13-15).

(3) 여러 구약 본문에는 하나님 통치의 인간적 요소와 신적 요소, 지상의 요소와 초월적 요소, 현재의 요소와 미래의 요소가 함께 나온다(특히 시 2편; 삼하 7:11-16, 참고. 사 2:12-17; 9:6-7; 11:1-5; 35:4-5, 10; 40:1-11; 53:1-12; 렘 30:4-9; 겔 34:23-31; 37:26-28; 단 2:36-45; 7:13-27; 미 4:1-5).

이런 이질적인 요소들이 마침내 그리스도의 인격 안에서 통합된다.

메시아를 통한 하나님의 보편적 통치는 여호와의 도래로 인한 결과다. 오직 예수님만이 신이자 인간인 만큼 이런 별도의 가닥들을 묶으실 수 있고, 하나님의 보편적 백성을 창조하실 수 있다(막 13:10). 하나님 통치의 보편적 확대(13:10, 행 1:6을 1:8과 3:21과 비교하라)는 특정한 땅(이스라엘), 특정한 백성(유대 민족) 그리고 이스라엘 신정(神政)의 재수립을 넘어선다. 오히려 예수님이 이제는 아브라함에게 주신 약속의 성취(롬 4:13)로서 다윗의 보좌에 앉아 하늘로부터(행 2:30, 참고. 왕상 2:45) 온 세계를 다스리시고, 유일하고 참된 삼위일체 하나님을 예배하게 하려고(요 4:21-24) 그 백성을 열방으로부터 모으신다(막 13:10; [16:15]).

하나님의 영원한 아들이 온 이후, 하나님은 서서히 착취적인 인간 통치자들과 사탄으로부터 이 나라를 다시 취하신다. 그분은 자율적 인간들을 영원한 삶과 구원으로 부르시는데, 영생은 인간이 예수님을 믿기 시작하는 시점에 비로소 시작된다(10:17, 26, 30). 이는 믿음에 기초해 하나님 나라에 들어가는 것(23-25절)인 동시에 제자도로 부르시는 것이기도 하다(8:34). 삼위일체 하나님의 한 분인 예수님은 죽음을 통해 인간들을 그 자신에게 돌아오게 하신다. 따라서 그분의 영원한 메시아 나라를 출범시키고, 그 백성이 다시금 창조명령(창 1:28; 2:15; 막 8:34)을 수행하게 하신다. 그 중 하나는 그들이 하나님의 형상을 지닌 사람답게 사는 것이다(창 1:27).

메시아에 대한 기대들이 대조적 모습(하나님의 메시아 대 다윗 혈통의 정치적 왕)을 보이듯이, 하나님 나라에 대한 이질적인 희망들도 상당한 차이가 있다. 한편에는 제2성전 유대교 당시 하나님의 정치적 통치에 대한 대중적 기대가 있고, 다른 한편에는 하나님 나라에 대한 예수님의 폭넓은 가르침이 있다. 대다수 주후 1세기 유대인의 관점에서 보면, 다가오는 하나님 나라는 주로 로마의 압제로부터 구출된 후 팔레스타인에 유대식 신정을 새롭게 수립하는 것과 관련이 있다. 새로운 신정은 다윗 혈통의 왕이 다스리도록 되어 있었다. 그런 희망을 품게 하는 일차적 본보기는 분명히 셀레우코스 권력, 특히 안티오쿠스 4세 에피파네스에 대항한 마카비 반란이었다(주전 2세기, 참고. 서론의 '하나님의 메시아에 대한 구약의 배경'). 하지만 제2성전 유대교 내에서 이 새로운 신정이 어떻게 이루어질지에 대해, 즉 무력으로 이루어질지 혹은 신의 개입으로 이루어질지에 대해 여러 파당이 의견을 달리했다. 이런 대중적 기대 이외에도 하나님 나라에 대한 다양한 형태의 묵시적 기대 역시 주변부에 현존하고 있었다.

예수님 당시 대중적인 정치적 관점과 덜 대중적인 묵시적 관점의 공통점은 새로운 시대가 현재의 옛 시대가 끝날 무렵에 나타날 것이라는 견해였다(참고. 마 3:1-12; 12:32). 주후 1세기의 유대와 갈릴리에 만연했던 정치적 기대와 대조적으로, 예수님은 하나님 나라를 구약 예언에 담긴 다양한 모티브들의 성취라는 견지에서 가르치셨다. 그리고 결국에는 "세상 나라가 우리 주와 그의 그리스도의 나라가 되어 그가 세세토록 왕 노릇 하[실]"(계 11:15) 때 하나님 나라가 눈에 보이게 나타날 것이다.

요컨대 예수님은 하나님 나라가 가까이 왔다고 선언하신다. 이는 현격한 관점의 변화를 보여준다. 이는 인간의 기대로부터 주의를 돌려 세상을 향한 하나님의 관점과 목적에 초점을 맞춘다. 본질적으로 예수님은 하나님의 뜻과 통치가 다시금 인간 삶의 모든 영역과 온 세상의 토대가 될 것이라고 선언하신다. 하나님의 메시아 왕국을 선도한다는 것은 곧 인간의 자율성과 하나님의 선교에 대한 직접적 저항에 근본적으로 도전하는 것을 의미한다. 인류의 자율성과 하나님의 주권적 통치는 결국 나란히 공존할 수 없는 법이다. 둘 중 하나는 무너져야 한다. 그러므로 자율성을 양도하고 하나님을 신뢰하라는 예수님의 도전은 임박하고 성장하는 메시아 왕국의 맥락에서 볼 필요가 있다. 따라서 이제 막 시작되는 하나님의 메시아 왕국에 대한 선포는 깨어져버린 인간 존재에 대한 하나님의 포괄적 해답을 알려주는 일이다.

하나님 백성

하나님 나라에 관한 예수님의 가르침(참고. 막 1:15; 9:1; 14:25; 15:43)은 하나님께서 계속해서 한 백성을 자신에게 부르실 것임을 분명히 가리킨다. 그런데 지금 하나님의 백성이 온 세상으로부터 모이고 있다. 그들은 더 이상 이스라엘에 속한 특정한 신정에 제한되어 있지 않다.[35] 하나님의 백성이 이제는 유대인 출신(참고. 롬 9-11장에 나오는 '거룩한 남은 자')과 이방인 출신 둘 다로부터 모이고 있다. 하나님은 이스라엘 백성 가운데 계셨던 것의 연장선상에서 이제는 범세계적인 메시아 백성 위에서 왕으로 다스리고 계신다(막 13:10). 이렇게 예수님은 다윗의 메시아 보좌 위에서 영구히 다스리시고(행 2:30), 따라서 아버지와 공동으로 통치하고 계시는 셈이다(단 7:13-27을 보라).

새로운 시대가 옛 시대가 진행되는 동안 나타나다

예수님이 전하신 하나님 나라 메시지에 담긴 독특한 요소는, 당시 유대인 대중의 기대와는 대조적으로, 하나님께서 영원히 통치하시는 새로운 시대가 눈에 띄지 않은 채 강력한 방식으로 옛 질서 속에 개입한다는 것이다(막 4:26). 유대인 대중은 새로운 시대가 정해진 때에 옛 시대를 대체하리라고 기대했다(참고. 마 3:1-12; 12:32). 예수님에 따르면, 하나님의 통치는 새로운 시대가 옛 시대 안에서(그리고 동시에) 나타날 때 즉시 시작된다(눅 4:21//사 61:1-2; 마 11:2-6//사 35:5-6). 이 '종말론적 개입'은 예수님이 영원한 아들로 오심으로, 그분의 대리적 속죄(막 10:45)와 부활(8:31)로, 그리고 그 피로 맺은 영원한 언약(14:24)으로 시작되었다. 마가복음은 다른 세 편의 정경 복음서와 더불어, 하나님(왕) 통치의 눈에 보이는 차원들, 즉 현재의 차원(막 1:15; 10:14-15, 23-25; 12:34, 참고. 마 11:13; 12:28-32; 13:16; 눅 11:20; 16:16; 17:20-21)과 미래의 차원을 모두 증언한다(마 6:10; 25:34; 막 9:47-48; 14:25; 눅 16:19-31; 19:11). 때때로 현재의 차원과 미래의 차원이 모두 마가의 이야기에 나오는 듯하다(참고. 막 4:11, 26, 30). 아울러 15:43에 나오는 초(超)시간적인 진술도 주목하라.

현존하는 세계는 최후의 심판으로 끝날 것이고(참고. 13:1-37 주석), 이후 하나님 통치의 물리적이고 영적인 실재가 영원히 이어질 것이다(참고. 요 18:36). 회개하는 범세계적인 하나님 백성(막 1:14-15; 4:12)은 여전히 옛 시

35 이런 전환에 관해서는 사도행전 1:6을 1:8과 3:21과 비교해보라. 로마서 4:13이 아브라함을 "세상의 상속자"라고 말하는 것도 참고하라.

대에 살고 있다. '이미'와 '아직' 사이에서 영위하는 삶은 또한 사탄과의 싸움(그리고 사탄을 이기는 것)도 포함한다(마 12:29). 하지만 이런 삶은 새로운 피조물이 되고 하나님의 영광을 위해 살아 있는 성전으로 지어져가는 불멸의 사실로 채색되어 있다.

회개: 메시아 왕국으로 들어가는 조건

앞에서 말했듯이, 회개로의 부르심(참고. 시 32:5)과 예수님을 통해 주어지는 용서는 하나님 나라의 도래와 밀접한 관계가 있다(막 4:12, 참고. 1:14-15//사 52:7). 모든 제자는 이 특별한 방식으로 그 나라에 '들어가고' 그 나라를 '받도록' 부름 받았다(마 13장; 막 4장; 눅 8장, 참고. 마 6:33; 11:11; 눅 7:28; 18:17).

예수님이 하나님 나라의 임박한 도래를 선포하신 것은 메시아로서 제자도로 부르시는 사적인 초대가 공적으로 드러난 모습이다. 예수님의 삶과 가르침은 개인적 차원과 집합적 차원에서 제자도로 부르시는 포괄적인 초대라 할 수 있다. 예수님이 이런 초대를 베푼 것은, 생명을 주시는 하나님의 영원한 통치 아래 살도록 인간을 회복시키시기 위해서다. 이런 맥락에서, 하나님 나라에 들어가는 것에 관한 예수님의 가르침(막 10:15; 23-25, 참고. 요 3:3, 5)이 과분한 "구원"(막 10:26)과 "영생"(10:17, 30)의 선물과 얼마나 밀접한 관계에 있는지 깨닫는 것이 중요하다.

예수님의 비유에 나타난 하나님 나라

그 나라는 눈에 띄지 않게 시작해서 위대한 모습으로 완성됨 하나님의 메시아 왕국은 예수님의 초림과 함께 소박하고 겸손한 방식으로 출범한다(참고. 4:26). 이 왕국은 궁극적으로 보편적인 승리의 목표를 향해 끊임없이 전진한다. 절정에 도달할 때가 언제인지와 상관없이, 이 진리는 지금도 유효하다. 예수님이 계시는 곳에는 이미 영원한 메시아 왕국이 나타나고 있다는 진리. 그분의 영원한 통치가 이미 시작되었다.

그 나라로 초대하시는 아버지, 심판하시는 아버지 하나님 나라에 관한 예수님의 비유들은 하나님을 아버지라고(마 6:26; 눅 12:32), 그리고 우리를 부르시는 분이라고(마 22:1-14; 눅 14:16-24; 15:1-32, 참고. 막 2:15-17) 말한다. 그 비유들은 또한 하나님을 궁극적으로 심판하시는 분으로 묘사한다(마 25:34, 41). 마가복음 4장에 나오는 짧은 비유 세 편은 그 나라의 성장을 도모하는 분이 하나님이라는 공통 주제를 전달한다. 씨 뿌리는 자의 비유(막 4:1-20)는 하나님의 말씀이, 특히 예수님의 삶과 사역이 화해, 예배 그리고 전인적 증거 등 많은 열매를 맺게 된다고 가르친다. 이 말씀을 영접하는 이들은 많은 열매를 맺기 위해 자율성을 맡기라는 부름을 받는다(참고. 요 12:23-24). 스스로 자라는 씨의 비유(막 4:26-29)는 성장(그리스도 안에서의 점진적 성화와 성숙)하게 하시는 분이 하나님임을 강조한다. 예수님은 겨자씨의 비유(4:30-32)를 통해 그 나라의 시작은 눈에 띄지 않지만, 결국에는 찬란하고 영광스러운 완성이 있을 것임을 강조하신다.

성경 다른 본문과 그리스도와의 관련성

성경 내러티브의 맥락에서 본 마가복음의 위치[36]

놀랍게도 마가는 그의 이야기를 이사야 40:3의 성취에 대한 언급으로 시작한다. 세례 요한은 이사야 40:3을 자신에게 적용하면서, 그분의 백성을 위로하고 회복하려고 오시는 여호와를 위해 이스라엘 백성을 '준비시키는' 사람이라고 말한다(참고. 말 3:1과 출 23:20). 구약의 전반적 드라마의 맥락에서 그 절정에 해당하는 약속과 기대는 여호와가 (1) 그 자신을 '드러내기' 위해 그리고 그분의 백성을 (2) '용서하고' (3) '통치하기' 위해 오시리라는 것이다(참고. 사 40:1-11; 52:7-10). 그런 행동은 그동안 하나님께서 인내하며 그분의 백성을 추적해 오신 것의 연속선상에 있다(막 12:1-6, 참고. 히 1:1-2).

달리 말하면, 여호와는 선지자(계시), 제사장(언약) 그리고 특히 왕이라는 삼중적 역할을 통해 그분의 우주적 위치를 주장하기 위해 그분의 땅으로 오시는 것이다.

하나님께서 오랫동안 인류를 추적하시는 일의 시작은 천지 창조 이후 아담과 하와와 그들의 자손이 그분 자신과 관계를 맺도록 하신 것이다. 이 관계에는 다음과 같은 차원들이 있다.

(1) 창조의 차원(즉, 하나님의 창조 세계 안에 존재하는 것)
(2) 언약의 차원(즉, 하나님의 자애로운 신실함과 규정의 구속력 있는 보증 안에 존재하는 것)
(3) 왕의 차원(즉, 창조명령을 수행하기 위해 하나님의 통치 아래 존재하는 것, 창 1:28; 2:15-20).

인류가 아담과 하와의 죄로 인해 재앙적 타락에 빠진 후(창 3장), 하나님은 특히 아브라함을 그분께 구속된 백성의 아버지로 부름으로써 목적을 수행하신다. 이후로는 하나님의 과분한 공급(그것이 무엇이든지)에 대한 신뢰가 인간들이 구속 역사 내내 영위하는 생활방식을 특징지을 것이다. 그 역사에는 은혜로운 선물로 주신 모세의 율법(출 20-23장)과 더불어 하나님께서 인도하신 이집트(애굽)의 노예 상태로부터의 구출(13-19장)도 포함된다. 하나님의 추적은 또한 사사들, 선지자들, 제사장들 그리고 왕들과 같은 인간

36 마가는 특히 다음과 같은 구약 인용문과 암시를 크게 다룬다. 막 1:2-3//사 40:3 칠십인역(참고. 출 23:20; 말 3:1); 막 4:12//사 6:9-10; 막 6:34//민 27:17; 막 7:6-7//사 29:13 칠십인역; 막 7:10//출 20:12과 21:17; 막 8:18//렘 5:21; 막 9:11//말 3:23; 막 9:48//사 66:24; 막 10:6-8//창 1:27과 2:24 칠십인역; 막 10:19//신 5:16-20 칠십인역; 막 11:9-10//시 118:25-26과 148:1; 막 11:17//사 56:7과 렘 7:11; 막 12:10-11//시 118:22-23; 막 12:19//신 25:5-6과 창 38:8; 막 12:26//출 3:6, 15-16; 막 12:29-31//신 6:4-5과 레 19:18; 막 12:32// 신 6:5; 막 12:36// 시 110:1; 막 13:14// 단 12:11; 막 13:24-26//사 34:4과 13:10; 막 13:26//단 7:13-14; 막 14:27//슥 13:7; 막 14:34//시 42:6, 12; 막 14:62//단 7:13과 시 110:1; 막 15:24//시 22:19; 막 15:34//시 22:2. 마가의 수난 이야기에 나오는 이사야 53장에 대한 암시도 보라. 막 14:24-25//사 53:11-12 칠십인역; 막 14:48//사 53:7; 막 14:61//사 53:7; 막 15:27//사 53:12.

중재자에 의해 표현되기도 한다.

하나님은 약속을 잘 지키신다. 구속 역사 내내 하나님은 그 자신을 위해 한 백성을 정결케 해서(참고. 14:53-65 주석) 그들을 다스리려고 하신다(사 40:10-11). 하나님께서 그분의 백성 가운데 거하신다는 성경 전반의 주제(참고. 레 26:11; 계 21:3)는 이스라엘 백성이 그들만의 인간 왕을 구할 때(삼상 8:5)에도 계속 이어진다. 사무엘상 8:7(참고. 9절; 10:19)은 하나님께서 여전히 이스라엘의 참된 왕임을 암시한다(8:7; 시 24편). 하나님은 한동안 인간 왕에 대한 요구에 양보하지만, 때가 되면 그분의 백성을 다스리는 왕으로 돌아오실 것이다(사 40:1-11). 앞에서 말했듯이, 하나님 나라의 도래에 관한 예수님의 가르침은 이런 전반적인 모티브에서 나오고, 이스라엘의 왕들이 다스리는 기간은 한시적인 삽입에 해당한다. 구약 선지자들이 미래의 다윗 왕권에 대해 메시아적으로 해석한 구절들(사 7:14; 9:7; 16:5; 22:22; 렘 23:5; 30:9; 33:15, 17; 겔 34:23-24; 37:24-25; 호 3:5; 슥 12:8, 10; 13:1)과 신약에서 그런 해석을 수용한 것(마 12:23; 21:9, 15; 막 11:10; 눅 1:32, 69; 행 2:30; 15:16; 계 3:7; 5:5, 22:16)을 살펴봐도 이런 결론에 도달한다. 즉, 삼위일체 하나님께서 궁극적으로 그분의 백성을 다스리는 왕이 되실 것이고, 그래서 예수님을 통해 다윗 왕권을 이을 메시아에 대한 약속과 기대를 받아들이신다는 것(행 1:6-8; 2:30)이다.

아버지, 아들, 성령 하나님은, 예수님을 보냄으로써 메시아적 왕권에 대한 기대를 그동안 예언했던 장대한 계획 속으로 합한 후 그분의 백성을 다스리는 왕으로 돌아오신다(3:17-21). 종이자 왕인 인물(the Servant-King)이 단번에 그 백성의 죄를 속한 다음, 삼위일체 하나님께서 왕으로 통치하신다(사 52:13-53:12).

이스라엘 백성이 바벨론의 포로 생활에서 돌아온 지 오랜 세월이 흐른 후, 여호와의 위대한 개입과 도래가 임박하다고 선언한 사람은 세례 요한이다. 그는 정화와 시험과 준비의 장소인 광야에서 외친다. 물론 이사야 40장은 먼저 이스라엘 백성이 바벨론의 포로 생활에 돌아오는 위로의 맥락에서 읽도록 되어 있다(40:1-2). 하지만 궁극적으로는 예수님의 오심을 가리킨다(막 1:1-13). 이 말씀을 미가 5:4("그가 여호와의 능력과 그의 하나님 여호와의 이름의 위엄을 의지하고 서서 목축하니")과 비교해보라.

성경 내러티브의 맥락에서 본 마가의 메시지

앞에서 말했듯이, 마가의 궁극적 목적은 사람들을 제자도로 부르시는 예수님의 보편적 권위를 정당화하는 것이다. 하나님께서 구속-역사적으로 그분의 백성을 추적하시는 것을 배경으로 하는 마가복음의 제자도는, 하나님께서 그분의 범세계적인 백성을 최초의 창조 설계와 의도에 따라 회복시키는 중이라는 뜻이다. 따라서 그리스도를 따르는 이들은 다시 한 번 하나님과 동행하는 법을 배우고(참고. 창 5:22-24), 본래의 창조 계획에 따라 점차 하나님의 형상을 지닌 자가 되어간다(참고. 롬 8:29; 고전 15:49; 고후 3:18; 골 3:10). 그런 근본적인 갱신은 예수님의 죽음, 본보기, 가르침 그리고 능력을 출발점으로 삼아 타락의 부정적 결과를 점차 역전시킨다. 이 점진적 회복은 그분의 재림까지 미완의 과제로 남을 것이다. 그리스도를 닮은 모습이 그 제자도가 낳는 현재의 열매다. 따라서 급진적 제자도로 부르시는 예수님의 주권적 초대는 인류의 고질적인 자만심, 자율성 그리고 도덕적 불순종의 문제를 해결한다.

화해를 통해 그리스도의 추종자가 되고 그분의 영원한, 언약적인, 왕적 통치로 되돌아가는 것은 대위임령을 수행하며 하나님의 백성에 합류하는 것으로 이어진다(마 28:18-20). 그 실천은 하나님의 창조 세계 한가운데서 이루어진다. 이를 통해 예수님의 제자들은 하나님의 창조명령(창 1:28; 2:15-20)이 얼마나 중요하고 적실한지를 알게 될 것이다.[37] 그들은 점점 더 삼위일체 하나님께 의존하는 가운데 대위임령과 창조명령을 수행할 것이다. 그래서 마가복음에 나타난 제자도를 본질적으로 주님의 탁월한 속죄

37 "창조명령"은 종종 "문화명령"으로도 불린다.

사역, 본보기, 가르침 그리고 능력이 담당하는 역할로 보는 것이 중요하다. 제자도라는 것은 제자들이 그리스도와 상관없이 실천하는 일련의 도덕률이 아니다. 제자도는 예수님이 하나님의 영원한 아들로서 현재 다스리고 계신다는 사실을 반영한다(사 40:3, 10). 하나님의 계획은 '살아 있는 돌들'(벧전 2:5), 즉 중생하고 화해한 백성(참고. 11:1-26 응답에 나오는 '새로운 영원한 성전'에 관한 논의)으로 이루어진 세계적 성전을 세우는 것인 만큼, 개인을 향한 제자도로의 부르심은 언제나 공동체적 교제로 흘러들어간다.

마가복음이 예수 그리스도를 아는 지식에 기여하는 점

마가가 전하는 베드로의 증언에 따르면, 놀랍게도 여호와가 '샌들을 신고 도착하시는데,' 이는 복합적인 유일신론의 개념을 암시한다. 마가복음의 독자는 2:5-12, 9:2-13, 12:1-12, 14:62 등과 같은 단락들에서 그리스도의 신성을 발견한다. 그런 복합적인 유일신론 내에서 하나님은 세 위격, 즉 아버지, 아들 그리고 성령으로 영원히 존재하신다(참고. 막 1:10-11). 여호와는 그분의 영원한 아들 안에서 '친히' 오시는 셈이다. 그리고 구약에 뿌리박은 하나님 나라에 대한 기대를 성취하기 시작하신다(예. 사 40:10-11). 위에서 언급했듯이, 그런 기대는 지상적 측면(막 10:48; 삼하 7:12-15)과 초월적 측면(막 14:25; 시 2:1-12; 110:1, 5; 사 9:6-7; 11:1-10; 렘 33:14-18; 단 7:13-14, 참고. 삼하 7:16; 행 2:30-31)을 모두 담고 있다.

처음에는 하나님의 영원한 아들 예수님이 하나님 나라를 여호와 도래의 장대한 절정으로 선언하기 위해 등장하신다. 예수님의 공적 사역 과정에서 명백해지는 것은, 다가오는 그 나라를 선포하신 그분이 역설적이게도 자신의 죽음과 부활을 통해 그 나라를 출범시킨다는 사실이다. 서서히 예수님은 선지자로 알려질 뿐 아니라 영원히 다스리는 메시아적 왕으로(삼하 7:16), 즉 영원한 아버지(단 7:14; 막 14:25; 행 2:30-32; 고전 15:25; 빌 2:9-11; 골 1:13, 18)와 성령(고후 3:17-18)과 더불어 다스리는 왕으로도 알려진다. 하나님께서 예수님과 성령을 통해 그분의 백성 가운데 더욱 친밀하게 거하기 시작하심에 따라 영원한, 선교적인, 정결한 성전이 세워지고 있다(막 11:1-11; 12:1-12; 요 2:19; 행 15:15-17; 고전 3:9-17; 엡 2:20-22; 벧전 2:5; 계 21:3, 참고. 11:1-26 응답에 나오는 '새로운 영원한 성전'에 관한 논의).

신약의 맥락에서 본 마가복음의 위치

마가복음은 다른 세 복음서와 함께, 예수님의 사역이 신약의 나머지 부분을 받치는 토대라고 증언한다. 앞에서 말했듯이, 제자도는 세계 전역으로부터 영원히 예배하는 백성(즉, 살아 있는 돌들로 이루어지는 성전)을 정결케 하기 위한 하나님의 추적이다. 이 장대한 하나님의 선교는 역설적이게도 예수님의 죽음, 부활 그리고 이후의 통치(나라)를 통해 착수된다. 그 선교는 창세기에 주어진 영구히 유효한 창조명령을 부분적으로 실현하는 중에 이루어지고, 이제는 하나님께 대한 의존이 회복되는 모습으로 나타난다. 사도행전, 서신들 그리고 계시록은 이 토대 위에 세워져 있다. 이런 책들은 내적(개인적 및 집합적) 발전과 외적 발전(창조명령의 맥락에서 대위임령을 수행하는 것)을 통해 점진적으로 성숙하도록 격려한다.

마가복음 설교하기

마가복음은 몇몇 구절보다 좀 더 긴 단락을 중심으로 설교하는 것이 중요하다. 한 내러티브 단락의 뜻은 더 큰 단락들을 고려할 때 더욱 분명해지기 때문이다. 마가복음을 설교하기 전에 '논증의 흐름'(참고. 서론의 '개요')을 세 페이지에서 다섯 페이지 정도 작성하면 도움이 된다. 논증의 흐름에서는, 마가복음의 각 단락이 그 문학적 맥락과 역사적 맥락에서 갖는 의미를 파악해야 한다(후자는 배경 연구가 필요함). 예컨대 설교자나 교사는 왜 마가복음 11장이 마가복음 10장과 12장 사이에 있는지 알아야 하고, 마가복음

11장은 역사적 서술의 전개 과정에서 무슨 목적이 있는지 분별해야 한다. 설교자는 그런 논증의 흐름을 정리한 후 열 구절에서 열다섯 구절로 이루어진 각 대목을 중심으로 설교할 수 있다. 설교자나 교사는 이를테면 다음과 같은 질문들에 답할 필요가 있다.

(1) 이 대목의 문학적 맥락은 무엇인가? 즉, 이 대목의 앞부분과 뒷부분에 무엇이 나오는가?
(2) 이 본문의 역사적 상황은 무엇인가?
(3) 이 본문은 구약과 어떤 관계가 있는가?
(4) 예수님을 따르던 제자들을 포함해 마가복음을 처음 들은 청중들은 이 본문의 메시지를 어떻게 이해했을까?
(5) 이 본문은 하나님의 창조 목적과 어떤 관계가 있는가?
(6) 이 본문은 인류의 타락한 상태(참고. 창 3:1-24)와 어떤 관계가 있는가?
(7) 이 본문은 그리스도의 구속 및 치유와 어떤 관계가 있는가?
(8) 우리는 이 본문을 어떻게 이해하고 또 적용해야 하는가?
(9) 이 본문은 우리 각자의 마음과 우리 공동체에 무슨 메시지를 주는가?
(10) 이 본문은 우리 사회에 무슨 메시지를 주는가?

해석상 과제

마가복음 같은 많은 내러티브 텍스트는 그 목적을 명시적으로 진술하지 않는다. 오히려 그것은 진행되는 내러티브 속에 함축되어 있다. 그러므로 저자의 목적을 책 전체에서 찾는 것이 특히 중요하다. 이 중요한 질문에 대한 답변을 찾는 한 가지 접근은, 서론과 결론뿐 아니라 명시적인 반복, 경첩 그리고 전환까지 포함한 문학적 구조를 탐구하는 것이다(참고. 서론의 '장르와 문학적 특징', '마가복음 설교하기', '개요').

비유를 해석할 때는 특별한 과제가 있다. 마가가 "비유"[히. 마샬(*mashal*)]라는 단어를 사용할 때는 폭넓은 문학적 형식을 가리킨다(참고. 3:23 주석; 4:2-34 주석; 7:17 주석; 12:1 주석; 12:12 주석). 비유를 통한 예수님의 가르침에 나오는 일부는 직유의 범주에 속하고(참고. 4:30, "우리가 하나님의 나라를 어떻게 비교하며 또 무슨 비유로 나타낼까"), 일부는 비교의 범주에 속한다(예. 7:17). 마가복음의 비유들 중 일부는 그 이야기와 의도된 메시지 간의 한 연결점을 지닌 짧은 이야기다. 다른 비유들은 의도된 메시지로 전달된 여러 진리에 부합하는 복수의 강조점을 지닌 복합적인 이야기다. 이 경우에는 해석자들이 알레고리를 거론한다. 종종 비유들은 그 이야기와 의도된 메시지 간의 연결점을 2-3개씩 지니기도 한다. 이는 일단의 은유들이다(참고. 4:3-9, 13-20; 12:1-12).

어떤 비유를 해석하든지 곧바로 의도된 메시지를 판단하려 하지 말고, 문학적 분석과 줄거리의 파악을 통해 그 진술이나 이야기 자체를 이해하는 것부터 시작해야 한다. 어떤 비유에 대한 해석이 성경 본문에 주어져 있지 않을 때(예수님의 비유들은 대부분 이런 경우다)는 그 비유에 대한 '자의적인' 해석을 경계해야 한다. 해석자는 그 이야기 자체의 강조점을 중심으로 두고, '그 이야기의 교훈'을 찾기 위해 서론과 결론을 살펴야 한다. 또한 그 이야기가 강조하는 주안점이 하나인지, 둘인지 또는 셋인지를 물어야 한다. 해석자가 그 이야기로부터 메시지를 파악하는 쪽으로 움직일 때, 하나, 둘 또는 세 개의 주안점이 그 이야기가 전하려는 메시지의 일부일 수 있다.

개요

마가복음이 두 부분으로 나뉜다는 데에는 많은 학자들이 대체로 동의한다. 1부는 예수님의 권위와 손길이 확장되는 장면을 묘사한다. 2부는 예수님이 겪으시는 고난과 속죄의 필연성뿐만 아니라 극심한 시험, 하나님의 궁극적인 변호, 예수님의 권위적인 주장들을 이야기한다.

I. 서론(1:1-15)
- A. 서문(1:1)
- B. 세례 요한의 등장(1:2-6)
  - 1. 세례 요한이 구약을 성취하다(1:2-3)
  - 2. 세례 요한의 환경과 메시지(1:4-5)
  - 3. 세례 요한의 의복과 양식(1:6)
- C. 세례 요한과 오시는 분(1:7-8, 경첩)
- D. 예수님의 등장(1:9-13)
  - 1. 예수님의 소개(1:9)
  - 2. 예수님의 세례(1:10-11)
  - 3. 예수님의 시험(1:12-13)
- E. 예수님이 전하시는 메시지의 요약(1:14-15)

II. 1부: 예수의 권위의 입증(1:16-8:26)
- A. 갈릴리 사역(1:16-3:12)
  - 1. 갈릴리에서 예수님의 초기 사역(1:16-45)
    - a. 제자들을 부르시다(1:16-20)
    - b. 가르침, 축귀, 치유(1:21-45)

2. 죄 용서, 치유, 제자도로의 부르심(2:1-17)
 a. 죄를 용서하고 치유하시다(2:1-12)
 b. 레위를 부르시다(2:13-14)
 c. 예수님이 '죄인들'과 어울려 논란이 되다(2:15-17)
3. 갈등 중에 주신 가르침(2:18-3:12)
 a. 금식에 관해 가르치시다(2:18-22)
 b. 안식일 준수에 관해 가르치시다(2:23-28)
 c. 안식일에 병을 고치시다(3:1-6)
 d. 예수님의 인기가 높아지다(3:7-12, 요약과 전환)

B. 갈릴리 사역의 절정(3:13-6:6)
1. 열두 제자의 임명, 비난 그리고 하나님의 가족(3:13-35)
 a. 열두 제자를 임명하시다(3:13-19)
 b. 가족이 예수님을 비방하다(3:20-21)
 c. 예수님이 귀신 들린 것으로 비난을 받으시다(3:22-30)
 d. 예수님 가족의 반대, 하나님의 진정한 가족(3:31-35)
2. 비유와 그 목적(4:1-34)
 a. 비유를 통한 가르침에 대한 서문(4:1-2)
 b. 씨 뿌리는 자의 비유(4:3-9)
 c. 비유를 통한 가르침의 목적(4:10-12)
 d. 씨 뿌리는 자의 비유에 대한 설명(4:13-20)
 e. 등잔대 아래 등불의 비유(4:21-22)
 f. 예수님의 가르침을 귀하게 여겨라(4:23-25)
 g. 스스로 자라는 씨의 비유(4:26-29)
 h. 겨자씨의 비유(4:30-32)
 i. 비유를 통한 가르침의 결론(4:33-34)
3. 자연 기적과 축귀(4:35-41)

a. 폭풍을 잠잠케 하시다(4:35-41)

b. 거라사 근처에서 귀신을 쫓아내시다(5:1-20)

4. 나사렛에서 기적을 행하고 배척받으시다(5:21-6:6)

a. 야이로의 딸을 살리고 혈루증 앓는 여자를 고치시다 (5:21-43)

b. 나사렛에서 배척받으시다(6:1-6; 6절은 전환절)

C. 갈릴리 밖의 사역(6:7-8:26)

1. 열두 제자의 파송과 세례 요한의 죽음(6:7-29)

a. 열두 제자의 파송(6:7-13)

b. 세례 요한의 처형(6:14-29)

2. 기적(6:30-56)

a. 5천 명을 먹이시다(6:30-44)

b. 물 위를 걸으시다(6:45-52)

c. 치유하시다(6:53-56)

3. 불결한 마음이 더럽혀지다, 귀신을 쫓아내시다(7:1-30)

a. 인간 전통과 하나님 말씀의 대조(7:1-9)

b. 실례: 고르반(7:10-13)

c. 인간 마음이 더럽혀지다(7:14-19)

d. 개인적 불결함의 요소들(7:20-23)

e. 수로보니게 여인의 딸에게서 귀신을 쫓아내시다 (7:24-30)

4. 청각 장애인을 치유하시다, 4천 명을 먹이시다, 가르치시다, 시각 장애인을 고치시다(7:31-8:26)

a. 청각-시각 장애인을 치유하시다(7:31-35)

b. 침묵하라 명하시고 사람들이 깜짝 놀라다(7:36-37)

c. 4천 명을 먹이시다(8:1-10)

d. 유대 지도자들의 불신(8:11-13)

e. 제자들의 둔한 마음(8:14-21)

f. 시각 장애인의 치유(8:22-26, 전환부)

III. 2부: 고난과 죽음의 필연성을 통해 예수님의 권위를 시험하다 (8:27-16:8[9-20])

A. 가아사라 빌립보, 예루살렘을 향한 여정(8:27-10:52)

1. 베드로의 고백, 첫 번째 수난 예언, 제자도의 대가와 약속 (8:27-9:1)

a. 예수님에 관한 대중적 견해들(8:27-28)

b. 베드로의 고백, 침묵하라는 명령(8:29-30)

c. 예수님의 첫 번째 수난과 부활 예언(8:31)

d. 권면(8:32-33)

e. 제자도의 대가와 약속(8:34-9:1)

2. 변형, 치유, 믿음(9:2-29)

a. 예수님의 변형(9:2-8)

b. 침묵의 명령, 엘리야의 등장(9:9-13)

c. 귀신 쫓기(9:14-29)

3. 두 번째 수난 예언, 제자도, 가르침(9:30-10:16)

a. 예수님의 두 번째 수난 예언(9:30-31)

b. 겸손에 관한 가르침(9:32-37)

c. 인내와 섬김에 관한 가르침(9:38-41)

d. 제자도의 급진적 성격(9:42-48)

e. 제자도의 정결케 하는 성격(9:49-50)

f. 적대자들과 이혼에 관해 논쟁하시다(10:1-12)

g. 어린이를 축복하시다(10:13-16)

4. 제자도의 대가, 세 번째 수난 예언, 제자도(10:17-52)

a. 하나님 나라에 들어가는 요건(10:17-27)

b. 제자도의 대가와 약속(10:28-31)

c. 예수님의 세 번째 수난과 부활 예언(10:32-34)

d. 섬기는 리더십에 관한 가르침(10:35-45)

e. 바디매오를 치유하시다(10:46-52, 전환부)

B. 예루살렘 사역(11:1-13:37)

1. 예루살렘에 들어가시다, 성전을 정화하시다, 가르치시다 (11:1-26)

a. 예루살렘에 입성하시다(11:1-11)

b. 무화과나무를 저주하시다(11:12-14)

c. 성전을 정화하시다, 말라죽은 무화과나무(11:15-21)

d. 믿음, 기도 그리고 용서(11:22-26)

2. 예수님의 권위가 의심을 받다, 예수님의 반응(11:27-12:12)

a. 예수님의 권위가 의심을 받다(11:27-33)

b. 예수님이 유대 지도자들에 대해 심판을 선언하시다 (12:1-12)

3. 논쟁(12:13-44)

a. 세금에 관한 질문(12:13-17)

b. 내세의 결혼에 관한 질문(12:18-27)

c. 구약 율법의 강조점에 관한 질문(12:28-34)

d. 예수: 다윗의 메시아 군주(12:35-37)

e. 위선 대 진심(12:38-44)

4. 예수님과 미래(13:1-37)

a. 성전의 파괴에 관한 예언(13:1-4)

b. 속임수에 대한 경고(13:5-7)

c. 제자들의 고난과 증언(13:8-13)

d. 환난(13:14-20)

e. 거짓 메시아와 거짓 선지자에 대한 경고(13:21-23)

f. 예수님의 재림(13:24-27)

g. 무화과나무의 은유, 시간적 순서(13:28-32)

h. 깨어 있고 기도하라는 권면(13:33-37)

C. 예루살렘에서의 수난과 부활(14:1-16:8[9-20])

1. 기름 부음, 배신, 최후의 만찬, 부인(14:1-42)

a. 서론(14:1-2, 전환부)

b. 기름 부음을 받으시다(14:3-9)

c. 배신을 당하시다(14:10-11)

d. 유월절을 준비하시다(14:12-21)

e. 최후의 만찬(14:22-26)

f. 겟세마네 기도와 부인에 대한 예언(14:27-42)

2. 체포, 산헤드린 재판(14:43-65)

a. 체포되고 제자들에게 버림받으시다(14:43-52)

b. 산헤드린 앞에서 재판받으시다(14:53-65)

3. 베드로의 부인, 빌라도 재판(14:66-15:20)

a. 베드로가 예수님을 부인하다(14:66-72)

b. 예수님이 빌라도 앞에서 재판받으시다(15:1-13)

c. 빌라도의 판결(15:14-15)

d. 로마인이 예수님을 조롱하고 학대하다(15:16-20)

4. 십자가 처형, 죽음, 장사, 빈 무덤(15:21-47)

a. 십자가에 못 박히시다(15:21-36)

b. 예수님의 죽음과 그에 수반되는 사건들(15:37-39)

c. 여인들이 목격하다(15:40-41)

d. 장사(15:42-47)

5. 부활의 소식(16:1-8)

a. 여인들이 무덤으로 가다(16:1-2)

b. 빈 무덤(16:3-5)

c. 예수님이 부활하셨다는 소식(16:6-7)

d. 여인들이 무덤을 떠나다(16:8)

6. [부활한 모습으로 나타나시다(16:9-18)]

a. [부활한 모습으로 두 번 나타나시다(16:9-13)]

b. [제자들에게 나타나시다(16:14-18)]

7. [승천(16:19-20)]

Mark
마가복음
1:1-15

1 [1)]하나님의 아들 예수 그리스도의 복음의 시작이라
2 선지자 이사야의 글에
보라 내가 내 사자를 네 앞에 보내노니 그가 네 길을 준비하리라
3 광야에 외치는 자의 소리가 있어 이르되 너희는 주의 길을 준비하
라 그의 오실 길을 곧게 하라
기록된 것과 같이 4 [2)]세례 요한이 광야에 이르러 죄 사함을 받게 하
는 회개의 [2)]세례를 전파하니 5 온 유대 지방과 예루살렘 사람이 다 나
아가 자기 죄를 자복하고 요단강에서 그에게 [2)]세례를 받더라 6 요한
은 낙타털 옷을 입고 허리에 가죽 띠를 띠고 메뚜기와 석청을 먹더라
7 그가 전파하여 이르되 나보다 능력 많으신 이가 내 뒤에 오시나니
나는 굽혀 그의 신발 끈을 풀기도 감당하지 못하겠노라 8 나는 너희에
게 물로 [2)]세례를 베풀었거니와 그는 너희에게 성령으로 [2)]세례를 베
푸시리라

1 The beginning of the gospel of Jesus Christ, the Son of God.[1]
2 As it is written in Isaiah the prophet,[2]
"Behold, I send my messenger before your face,

who will prepare your way,
3 the voice of one crying in the wilderness:
'Prepare[3] the way of the Lord,
make his paths straight,'"
4 John appeared, baptizing in the wilderness and proclaiming a baptism
of repentance for the forgiveness of sins. 5 And all the country of Judea
and all Jerusalem were going out to him and were being baptized by
him in the river Jordan, confessing their sins. 6 Now John was clothed
with camel's hair and wore a leather belt around his waist and ate
locusts and wild honey. 7 And he preached, saying, "After me comes
he who is mightier than I, the strap of whose sandals I am not worthy
to stoop down and untie. 8 I have baptized you with water, but he will
baptize you with the Holy Spirit."

9 그때에 예수께서 갈릴리 나사렛으로부터 와서 요단강에서 요한에게
2)세례를 받으시고 10 곧 물에서 올라오실새 하늘이 갈라짐과 성령이
비둘기같이 자기에게 내려오심을 보시더니 11 하늘로부터 소리가 나
기를 너는 내 사랑하는 아들이라 내가 너를 기뻐하노라 하시니라
9 In those days Jesus came from Nazareth of Galilee and was baptized
by John in the Jordan. 10 And when he came up out of the water,
immediately he saw the heavens being torn open and the Spirit
descending on him like a dove. 11 And a voice came from heaven, "You
are my beloved Son;[4] with you I am well pleased."

12 성령이 곧 예수를 광야로 몰아내신지라 13 광야에서 사십 일을 계시
면서 사탄에게 시험을 받으시며 들짐승과 함께 계시니 천사들이 수종
들더라

12 The Spirit immediately drove him out into the wilderness. 13 And he
was in the wilderness forty days, being tempted by Satan. And he was
with the wild animals, and the angels were ministering to him.

14 요한이 잡힌 후 예수께서 갈릴리에 오셔서 하나님의 복음을 전파
하여 15 이르시되 때가 찼고 하나님의 나라가 가까이 왔으니 회개하고
복음을 믿으라 하시더라

14 Now after John was arrested, Jesus came into Galilee, proclaiming
the gospel of God, 15 and saying, "The time is fulfilled, and the
kingdom of God is at hand;[5] repent and believe in the gospel."

1) 어떤 사본에는, '하나님의 아들'이 없음 2) 헬, 또는 침례

1 Some manuscripts omit *the Son of God* *2* Some manuscripts *in the prophets* *3* Or *crying: Prepare in the wilderness* *4* Or *my Son, my* (or *the*) *Beloved* *5* Or *the kingdom of God has come near*

단락 개관

마가의 이야기는 주인공을 큰 군중 가운데서 등장하는 인물로 소개한다. 많은 유대인이 하나님 앞에서 회개하라는 세례 요한의 외침에 반응하여 요단강으로 오고 있다. 신속하게 움직이는 단편들을 통해, 마가는 세례 요한을 다가오는 분의 메신저로 소개하고, 예수님의 세례를 둘러싼 사건들을 서술하며, 독자에게 예수님의 시험을 얼핏 들여다보게 해준다. 이 장면은 회개하라는 예수님의 요구와 하나님 나라(또는 통치)가 가까이 왔다는 그분의 메시지를 요약하는 대목(막 1:14-15)으로 이어진다. 동시에 이 요약문은 이후에 나오는 예수님의 공적 사역에 관한 모든 기사의 표제에 해당한다.

마가는 그리스도 중심적이고 활동적인 이 이야기를 세례 요한의 공적

사역으로 시작한다. 그는 놀랍게도 선구자의 역할을 하면서 여호와가 오시는 길을 예비한다(참고. 사 40:3; 말 3:1; 4:5-6). 마가는 세례 요한의 출생이나 예수님의 출생을 언급하지 않는다. 아울러 예수님의 족보나 어린 시절 이야기도 제공하지 않는다. 마태와 누가는 그 나름대로 시험 이야기에서 사탄의 행동에 초점을 두는 데 비해, 마가는 예수님이 유혹 또는 시험, 정화, 준비의 장소인 광야에 계셨다는 사실에 초점을 맞춘다(참고. 1:2-5 주석; 1:12-13 주석; 1:35 주석; 1:45 주석; 6:31-32 주석; 6:35-44 주석). 요한과 예수님은 똑같이 광야에서 시간을 보낸다(1:4, 12-13). 때로는 구약의 선지자들에게 광야에서 하나님의 말씀이 임한다(왕상 17:4, 9; 왕하 1:8). 이스라엘 백성 역시 광야에서 머물렀다(출 16:31; 신 8:16). 5천 명을 먹이시는 일(막 6:31-44)도 황량한 곳에서 일어난다. 하나님께서 그 옛날 광야에서 만나를 공급하셨듯이(출 16:31-35, 참고. 시 78:18-30; 105:40), 예수님도 버려진 황량한 장소에서 양식을 공급하신다.

마가는 주로 이방인 청중과 독자들을 대상으로 삼기 때문에 구약에 묘사된 여호와의 선지자적 행동, 즉 여호와가 그분의 백성에게 오실 것을 고대하던 그런 행동의 구속-역사적인 틀을 제공한다. 오시는 분이 예수님이라는 사실은 유대인 청중에게는 신성모독적 걸림돌이 될 수 있고, 이방인들은 그들이 이미 아는 많은 신 이외에 또 하나의 신에 관한 이야기로 오해할 수 있다. 마가의 서론을 주의 깊게 들은 청중은 두 가지 오해 모두 예수라는 인물에 해당되지 않는다는 것을 알아챌 것이다.

이미 문학적 차원에서 세례 요한과 예수님에게는 놀라운 유사점이 있다. 둘 다 주님의 말씀으로 인정을 받고(막 1:2-3//1:11), 둘 다 광야에서 시간을 보내고(1:4//1:12-13), 둘 다 그들의 인격과 역할이 묘사되어 있고(1:4-6//1:9-10, 12-13), 각각 전한 메시지의 요약이 그들에 대한 소개를 마무리한다(1:7-8//1:14-15). 이런 유사점에는 대조적인 모습 또한 포함된다. 즉, 7-8절은 세례 요한보다 더 "능력이 많으신" 분의 우월성을 묘사하고, 14-15절은 세례 요한의 죽음을 예견하면서 예수님의 더 위대한 메시지를 요약한다.

단락 개요

I. 서론(1:1-15)
  A. 서문(1:1)
  B. 세례 요한의 등장(1:2-6)
    1. 세례 요한이 구약을 성취하다(1:2-3)
    2. 세례 요한의 환경과 메시지(1:4-5)
    3. 세례 요한의 의복과 양식(1:6)
  C. 세례 요한과 오시는 분(1:7-8, 경첩)
  D. 예수님의 등장(1:9-13)
    1. 예수님의 소개(1:9)
    2. 예수님의 세례(1:10-11)
    3. 예수님의 시험(1:12-13)
  E. 예수님이 전하시는 메시지의 요약(1:14-15)

주석

1:1 마가는 예수님의 사역을 둘러싼 사건들의 "시작"이라며 시간적 성격을 강조한다. "복음"[유앙겔리온(*euangelion*), '좋은 소식', 참고. 1:14-15 주석; 8:35 주석; 13:10 주석; 14:9 주석]은 하나님께서 직접 오신다는 구약 약속의 성취에 관한 소식이다(1:14, 참고. 롬 1:1; 15:16, 19; 갈 1:7). 구약에서 '좋은 소식'은 때때로 하나님께서 개입해서 구출하시는 사건과 관련이 있다. 예컨대 열왕기하 7:9[마소라 본문 욤 베소라(*yom besorah*), 칠십인역 헤메라 유앙겔리아스(*hēmera euangelias*), '좋은 소식'의 날 또는 '좋은 메시지']과 시편 96:2[마소라 본문 밧세루…예슈아토(*basseru…yeshu'ato*), 칠십인역(95:2) 유앙겔리제스테…토 소테리온 아우투

(*euangelizesthe...to sōtērrion autou*), '그의 구원의 좋은 소식을 전파하다']을 살펴보라.[38] 특히 이사야 40:9, 52:7[39], 60:6, 61:1은 하나님께서 이루시는 다면적인 구속의 '좋은 소식'에 대해 말한다.[40]

다른 한편, 그리스-로마 세계에서는 '좋은 소식'이 황제의 군사적 승리 또는 주목할 만한 사건이나 행위를 가리킬 수 있었다. 이른바 프리에네 달력 비문(주전 9세기)은 아우구스투스 황제를 구원자[소테라(*sōtēra*)], 즉 그 생일이 인류를 위한 "좋은 소식(유앙겔리온)의 시작"을 뜻하는 인물로 묘사한다.[41] 이와 대조적으로, 그 "복음"은 하나님의 기름 부음을 받은 자, 즉 메시아인 예수님이 전파하신 것이다["예수 그리스도의 복음", 이를 막 1:14에 나오는 "하나님의 복음"(유앙겔리온 테우, *euangelion theou*)과 비교해보라]. 2차적인 의미에서, 복음은 또한 예수님에 '관한' 기사에 해당한다. 그분은 영원히 "하나님의 아들"이다(이어지는 주석을 보라).

1:2-3 세례 요한은 여호와가 오시도록 사람들을 '준비시키는' 인물로 묘사된다. "주의 길을…곧게 하라"(참고. 요 1:23).[42] 이후 마가복음 14:12-16[43]

38 참고. 삼하 18:19-20, 25-27, 31; 왕상 1:42; 시 68:11.

39 사도행전 10:36에 기록된 베드로의 설교와 이사야 53:1에 관한 탈굼(Targum)에 언급되는 "좋은 소식"도 보라.

40 눅 4:16-20. 참고. 욜 2:32(3:5 칠십인역); 나 2:1. 참고. Robert A. Guelich, *Mark 1-8:26*, WBC 34A, rev. ed. (Grand Rapids, MI: Zondervan, 2015), 6. WBC 성경주석 34상 《마가복음》(솔로몬). 굴리히는 이 "좋은 소식"이 이사야가 성경에서 예언한 것(막 1:1-2)이라고 주장한다. 그는 "기록된 것과 같이"라는 어구가 뒷 단락이 아니라 앞 단락을 가리키는 것으로 해석한다. "기록된 것과 같이"[카토스 게그라프타이(*kathōs gegraptai*)]는 마가복음에서 언제나 뒤에 따라오는 절이 아니라 앞에 나오는 절을 가리키는 데 사용되기 때문이라고 한다(참고. 막 9:13; 14:21).

41 *I. Priene* 105.33-36, 39-41 (*OGIS* 458). 참고. Craig A. Evans, "Mark's Incipit and the Priene Calender Inscription: From Jewish Gospel to Greco-Roman Gospel," *JGRChJ* (2000): 68-69.

42 참고. Josephus, *Antiquities* 18.116-119. "길을 준비하다"[카타스큐아조(*kataskeuazō*), 막 1:2]라는 단어는 히브리서 3:3-4에서 하나님을 세계를 "지으신 분"으로 묘사하려고 사용된 단어와 똑같다.

43 Andreas Köstenberger and Raymond Bouchoc, *The Book Study Concordance of the Greek New Testament* (Nashville: B&H Academic, 2003), 218.

에 나오는 '준비하다'에 대한 언급, 즉 일부 제자들이 예수님과 열두 제자를 위해 유월절 식사를 준비하는 대목을 주목하라. 권위 있는 성경 텍스트("기록된 것")의 혼합 인용,[44] 즉 말라기 3:1과 이사야 40:3(참고. 출 23:20)의 인용은 표제어 연상으로 연결된 일련의 텍스트로 보는 것이 최선이다. 여기서는 표제어 연상이 "길을 준비하리라"이다. 그런 연줄은 때때로 핵심 텍스트를 따라 이름이 붙여진다. 이 경우에는 이사야서다.

그런데 쿰란 공동체 역시, 비록 율법의 엄밀한 실행과 준수에 의한 방식이기는 해도, 스스로 '주님의 길을 예비하고'(사 40:3) 있다고 생각했다.[45] 회개를 전파하는 세례 요한은 나중에 예수님에 의해 "엘리야의 심령[spirit]과 능력으로" 오는 사람으로 인정받기 때문에, 여호와의 길을 예비하는 데 율법 중심적인 접근을 하는 쿰란 공동체는 실격되고 말 것이다(눅 1:17, 참고. 말 4:5; 막 9:11-13; 요 3:28).[46] 이사야 40:3의 맥락은 하나님의 영광과 목자처럼 양떼를 다스리는 모습을 내다보는 장면을 묘사한다. 세례 요한이 여호와의 오심[칠십인역 퀴리오스 메타 이스퀴오스 에르케타이(*kyrios meta ischyos erchetai*), '주님이 강한 능력으로 오신다', 사 40:10]을 위해 "길"을 예비할 때 나사렛 예수가 도착하시는 것(참고. 막 1:7)은 참으로 뜻밖이다. 이후의 복음 이야기는 메시아인 예수님이 영원하신 하나님의 아들이라는 사실을 증언한다.[47]

따라서 이 다양한 구약 텍스트를 성취하러 오시는 분은 성육하신 여호와, 삼위일체의 둘째 위격이다. 이미 말라기 3:1은 주님(아도나이)이 "갑자기 그의 성전에 임하[실]"(참고. 막 11:15-17) 텐데, 그분은 다름 아닌 "언약의

44 참고. Adolf Schlatter, *Markus: Der Evangelist für die Griechen* (Stuttgart: Calwer, 1984), 15. 슐라터에 따르면, 마가복음 1:2b-3이 (말 3:1//출 23:20//사 40:3을 사용해서) 영원한 하나님, 곧 아버지의 말씀을 표현한다고, 즉 아버지가 영원하되 아직 성육하지 않은 아들에게 세례 요한이 성육한 아들을 위해 길을 준비할 것이라는 사실을 알려주시는 것이라고 한다.

45 예. 1QS(사해사본) VIII, 12-16, IX, 17-20.

46 이를 열왕기하 2:9, 15과 비교하라. 후자에서는 "영"(spirit)이 하나님이 오직 엘리야에게, 그리고 훗날에는 엘리사에게 기름 붓는 것을 묘사한다.

47 예. 막 1:1, 11; 2:10; 3:11; 5:7; 9:3, 7; 12:6, 35-37; 13:31; 14:24, 36, 61-64; 15:39; 16:6.

사자[메신저]"라고 한다. 이후의 마가 내러티브 전체는 예수님이 '언약의 메신저'(참고. 미 5:4)로서 그분의 백성과 그분의 성전에 오시는 여호와의 자격을 얻은 분임을 입증할 것이다. 영원한 아버지가 영원한 아들을 언약의 메신저로서 보내시는데(막 12:1-10), 이는 곧 여호와가 그분의 백성과 그분의 성전에 오시는 것을 나타낸다.[48] 이 유일무이한 '언약의 메신저'는 새로운 언약(막 14:24; 눅 22:20, 참고. 렘 31:31-34)을 주실 뿐 아니라 깨끗케 되는 이들을 불로 정련하실 것이고(말 3:2-4), 심판받을 이들을 심판하실 것이다(말 3:5, 6-15, 참고. [막 16:16]). 하지만 정련하는 불은 먼저 정죄하기보다는 오히려 은혜로 충만한 자비로운 모습을 보인다(참고. 막 8:34; 9:49-50; 10:39, 45).

1:4-5 세례 요한은 하나님의 백성에게 '회개하라'고 외침으로써 여호와의 길을 준비한다. 1:15에 나오는, 회개하라는 예수님의 외침도 주목하라. 요한의 외침은 구약 선지자들의 외침, 즉 이스라엘 백성에게 그들 나름의 길을 버리고 하나님께 의존하는 방향으로 돌이키라고 촉구하는 메시지(느 9:6-38)와 비슷하다. 이 일은 특히 임박한 심판에 직면해서 일어난다(예. 렘 3-4장). 그런 회개는 본인이 하나님을 대항하여 죄 많고 자율적인 반역을 일삼은 것에 대해 하나님께 '용서'를 구하는 것을 의미한다(예. 왕하 17:7-23, 특히 13-14절). 하나님께서 그 용서의 수단을 결정하신다. 이스라엘의 언약 백성이라도 단지 그들이 혈통, 할례 또는 공동체 소속 등의 이유로 그분께 속해 있다고 생각할 수 없다(요 8:39). 그들의 마음이 참으로 하나님으로 인해 깨끗해지지(아울러 하나님께 다시 헌신하지) 않는다면('마음의 할례', 롬 2:29), 그들은 그분의 소유가 아니다(2:25). 그들은 그래서 물로 씻는 외적 징표와 연관된 내적 회개를 경험할 필요가 있는 것이다.

제르위크(Zerwick)는 헬라어 어구 밥티스마 메타노이아스(*baptisma metanoias,*

48 참고. K&D, 10.458: "주님이 그의 성전에 오시는 것은 언약 천사(또는 메신저)가 오는 것으로 표현된다."

49 Max Zerwick, *A Grammatical Analysis of the Greek New Testament*: Vol. 1, Gospel-Acts, trans., rev., and adapt. Mary Grosvenor (Rome: Biblical Institute Press), 1974, 100-101.

회개의 세례)가 "회개를 표현했던…세례"라는 뜻이라고 믿는다.[49] 윌리스(Wallace)는 그 표현이 또한 "회개에 기초를 둔 세례"라는 뜻을 전달하므로, (제르위크보다 좀 더 잠정적으로) 그것은 회개와 관련된 세례라는 결론을 내린다.[50] 그런 세례는 보통 개종자가 되려는 이방인들, 즉 유대교 신앙으로 개종하려는 사람들을 위해 준비되어 있었다. 유대인에게는 하나님께 돌이키는 회개의 세례를 받는 것이 무척 겸손케 되는 경험이었음에 틀림없다. 그럼에도 불구하고 이는 그들이 여호와의 오심을 준비하도록 마련된 길이다(참고. 행 10:37). 이사야 40:3의 맥락은 하나님의 오심을 준비하는 일이 하나님을 기대하면서 마음을 낮추고 또 들어 올리는 것을 모두 포함한다는 것을 시사한다.

준비하는 일은 풍부한 주제들을 함축할 수 있다. 세례 요한은 정화, 시험 그리고 준비의 장소인 "광야"에서 활동한다. 구약의 한 본보기로서 이스라엘의 출애굽을 주목하라.[51] 여기서 광야[에레모스(*erēmos*)]는 "유대 광야로서 유대 산맥에서 사해와 요단 골짜기 하부로 향하는 돌이 많은 메마른 동편 경사지"(BDAG)를 말한다. 군중이 끊임없이 요한에게 나아오고 있다[현재진행형인 엑세포류에토(*exeporeueto*), 참고. Josephus, *Antiquities* 18.116-119]. 사람들이 공개적으로 "자기 죄를 자복[고백]하고" 있을 가능성이 크다. 여기서 신약에 아홉 번밖에 나오지 않는 드문 단어 엑소몰로게오(*exomologeō*, '나는 공개적으로 시인한다')를 주목하라.[52]

1:6 세례 요한의 의복과 양식은 광야에 있었던 다른 선지자들과 비슷하다(왕상 17:4, 9; 왕하 1:8; 슥 13:4).[53]

50 Daniel B. Wallace, *Greek Grammar beyond the Basics: An Exegetical Syntax of the New Testament* (Grand Rapids, MI: Zondervan, 1996), 80.

51 마가복음 1:12-23, 35, 45; 6:31-36에 광야의 주제가 반복되는 것도 보라. 참고. 이 본문들에 대한 주석.

52 Zerwick, *Grammatical Analysis*, 100.

53 참고. 1:1-15 단락 개관.

1:7-8 '더 능력이 많은' 분에 대한 세례 요한의 언급은 이사야 40:3과 관련이 있다. 놀랍게도, 오시는 분(40:3)은 인간("신발", 막 1:7, 참고. 1:13-15)인 동시에 신(여호와의 오심, 사 40:3)이다. 말라기 3:1에 나오는 "언약의 사자"(참고. 미 5:4)가 하나님의 행위로서 "너희에게 성령으로 세례를 베[푸실]"(막 1:8) 것이라는 점을 주목하라(참고. 욜 2:28-29; 요 1:26-33; 행 2:33). 아울러 마태복음 3:11과 누가복음 3:16에는 정련시키는 "불"이 더해지고 있음도 주목하라(사 44:3과 비교하라). 따라서 마가는 기대하던 여호와의 오심이 예수님으로 성취되었다고 단순하게 또 심오하게 말하는 셈이다. 이와 같은 여호와의 오심과 기대했던 성령의 부어짐은 요엘 2:28-29에 강조되어 있다. 여호와께서 예수라는 인물로 오시는 일은 그분이 바로 성령으로 세례를 주실 것(막 1:8)이라는 놀라운 사실로 강조된다. 신발 끈을 푸는 일은 고대 세계에서 종종 노예의 의무였다.

1:9 예수님이 "갈릴리 나사렛"으로부터 오신다. 이 시점에서 예수님 당시 갈릴리에 대한 관점을 아는 것도 도움이 된다. 갈릴리는 당시에 철저히 유대적인 지역은 아니었다. 하지만 마카비 정복의 결과 특히 주전 1세기 후반 동안 유대인들이 점점 그곳에 다시 정착했다. 훗날에는 헤롯 대왕 같은 인물들이 유대인에게 그곳에 정착하도록 장려했다. 또한 예수님 당시는 물론 그 이전의 여러 시기에도 헬레니즘의 영향을 받았다. 정도의 차이는 있으나 유대도 그런 영향을 받은 것이 사실이다. 예컨대 예수님 당시에 가버나움은 유대의 영향을 더 많이 받은 반면, 셉포리스와 디베랴 같은 갈릴리 동네들은 헬레니즘의 영향을 더 많이 받았다. 후자는 갈릴리와 헬레니즘으로 채색된 데가볼리의 경계에 위치한 벳새다에도 적용된다. 유대와 대조적으로, 갈릴리는 로마의 통치를 직접 받지 않고 속국의 왕인 헤롯 안디바의 지배를 받았다.[54]

예수님은 갈릴리로부터 세례 요한이 사역하는 장소로 이동한 후 성령이 인도하는 회개 운동에 합류하신다. 이어지는 이야기는 예수님의 삶에 죄가 없었음을 분명하게 보여주기 때문에(막 2:5-12; 7:14-23; 10:45; 14:22-25),

왜 예수님이 회개하는 군중에 합류하시는지 의문이다. 어쩌면 이 초기 단계부터 이미 대리적 속죄(10:45)를 내다보는 대표적인 죄 고백을 암시하시는 것일지도 모른다. 예수님은 세례를 받음으로써 그 백성의 죄와 동일시되신다(참고. 단 9:5-10).

1:10-11 예수님이 세례를 받으실 때 "성령"이 그분에게 내려온다. 예수님의 세례는 이스라엘 백성을 위한 일종의 대리적 회개를 상징한다(참고. 행 10:38). 그래서 예수님은 독특하고 특별한 사명을 수행하도록 임명받으신다(사 11:2; 42:1; 61:1). 하늘로부터 들리는 아버지 하나님의 "소리"(참고. 막 9:7; 12:1-6과 마 3:14과 비교하라)는 그분의 영원한 "아들"인 예수님과의 자애로운 관계를 단언한다(요 1:34; 12:28). 이 사건은 시편 2:7을 암시할 수도 있는데, 후자에서는 "아들"이 영원한 아들 됨을 언급하지 않는 듯하다. 따라서 예수님의 세례는 성령, 아버지, 아들로 존재하는 삼위일체 하나님의 영원한 본성을 얼핏 들여다보게 해준다.

1:12-13 성령으로 충만한 예수님의 공적 사역이 시작되는 무렵에, "성령" 하나님께서 놀랍게도 40일 동안 "사탄에게 시험을" 받게 하려고 광야를 향해 예수님을 강력하게 "몰아내[셨다]"(참고. 출 24:18; 왕상 19:8). 구약이 시험과 징벌의 척도로 사용하는 40이라는 숫자를 주목하라.[55] 여기서 헬라어 분사 페이라조메노스[*peirazomenos*, 페이라조(*peirazō*, '내가 시험하다', '내가 유혹하다' 또는 '내가 시험대에 올리다')의 분사]는 현재진행형으로 '그가 계속해서 시험을 받았다'라는 뜻이다. 신약에 따르면, 사탄이나 인간 대적이 유혹하려(페이라조) 할 때는 상대방을 타락시키기 위함이다(참고. 8:11 주석; 10:2-12 주석; 12:15

54 여기에 나오는 일부 언급은 다음 책에서 취한 것이다. R. T. France, *The Gospel of Mark: A Commentary on the Greek Text*, NIGTC (Grand Rapids, MI: Eerdmans, 2002), 33-34, 75, 621-622. 《NIGTC 마가복음》(새물결플러스). 아울러 R. Riesner, "Galilee," DJG, 2nd ed., 297-299도 참고하라.

55 예. 출 16:35; 신 1:3; 암 2:10 그리고 1:1-15 단락 개관을 보라.

주석; 14:37-40 주석). 하지만 하나님께서 시험하실(페이라조) 때는 그를 승인하고 인정하기 위함이다.[56]

예수님이 광야에서 이 격심한 유혹을 당하시는 것은 강력하고 타락한 "광명의 천사"(고후 11:14)인 사탄이 구속과 화해를 이루시는 하나님의 목적을 전복하려 하기 때문이다. 사탄은 인류에 대한 영향력을 통해 하나님에 대한 인간의 저항(그리고 하나님으로부터의 소외)을 키우려고 한다(참고. 롬 16:20). 이는 하나님과 사탄 사이에 권력 다툼이 있고, 하나님의 "나라"와 통치는 예수님의 능력이 확대되는 만큼 확장된다는 것을 의미한다(막 1:14-15; 14:25).[57] 예수님은 이 땅에서 사는 동안 영원한 아버지의 뜻에 의존함으로써 늘 사탄을 이겼는데, 훗날 겟세마네에서 유혹과 시험을 당하실 때도 마찬가지였다. 사탄의 권세에 대항하시는 예수님의 결정적 싸움은 이미 시작되었다. 이와 비슷하게, 기름 부음을 받은 후 블레셋의 공격을 받았던 다윗을 생각해보라(삼하 5:17; 대상 14:8). 하지만 다윗의 경우에는 그 반대 세력이 인간이었다.

이어지는 예수님의 사역에 관한 내러티브는 악한 세력과 하나님 통치 간의 싸움이라는 폭넓은 배경을 바탕으로 살펴야 한다. 하나님께서 그분의 현존을 나타내는 경우, 특히 그분이 유일하게 오시는 경우에는 악한 존재가 특별한 힘을 써서 대적한다. 이 때문에 예수님의 공적 사역이 진행되는 동안 마귀가 이례적으로 힘을 축적했던 것이다. 예수님은 사탄의 세력과 야생 동물들에 둘러싸여 있음에도 불구하고, 성령과 "천사들" 때문에 40일 동안 버림받지 않으셨다(참고. 시 91:11).[58] 앞에서 언급했듯이, 광야는 준비, 정화 그리고 시험/유혹의 장소다. 구약의 선지자들은 광야에서 외쳤고(왕상 17:4, 9; 왕하 1:8; 슥 13:4), 이스라엘 백성은 광야에서 머물렀다(출

56 출 16:4; 20:20; 신 13:3(마소라 본문은 4절); 삿 2:22; 왕상 10:1//대하 9:1 칠십인역; 시 25:2, 참고. 히 11:17; 약 1:13.

57 참고. 행 2:30-32; 고전 15:25; 빌 2:9-11; 골 1:13, 18.

58 1:1-5 주석; 1:35 주석; 1:45 주석; 6:31-36 주석과 1:1-15 단락 개관을 보라.

16:31; 신 8:16). 사탄은 예수님을 타락시키기 위해 유혹하려(페이라조) 했으나 (예수님의 적대자들도 보라, 막 8:11; 10:2; 12:15), 예수님은 하늘 아버지를 신뢰함으로써 사탄의 유혹을 하나님께 인정받는 시험으로 바꾸셨다.[59] 예수님은 그분의 백성을 대신해 고난당함으로써(참고. 골 1:13), 하나님의 강력하고 영원한 통치(막 1:15)를 선도하신다.

1:14-15 세례 요한의 삶에 죽음의 그림자가 드리워졌다. 그는 "체포되어"[파라디도미(*paradidōmi*), '내가 넘겨주다'] 참수형을 당할 것이다(6:14, 24-25). 이후 예수님도 장차 배신을 당해 적에게 넘겨지실(파라디도미) 것이다.[60] 예수님의 제자들 역시 이와 같이 악한 손에 넘겨질 것이다(파라디도미, 참고. 13:9, 11-12).[61] 하나님의 메신저들이 배척을 당함에도 불구하고(12:1-10), "하나님의 복음"[62] 즉 하나님께서 이루시는 구속의 좋은 소식[63]은 밖으로 나가 하나님의 영원한 통치를 확장시켜야 한다(그리고 그렇게 될 것이다, 참고. 14:25).[64]

"때가 찼[다]"[페플레로타이(*peplērōtai*), '꽉 찼다', '완료되었다', 1:15]. 구속-역사적 상황은, 하나님께서 그분의 약속에 따라 행동하실 시점에 도달했다(참고. 10:30; 13:33; 14:49).[65] 그분의 통치가 가까워졌고, 이는 삶이 인류의 타락 이전 상태로 회복되는 것을 기대하게 한다. 하지만 예수님이 어떻게 하나

59 참고. 히 2:18; 11:17; 약 1:13; 벧전 1:7.

60 참고. 3:19 주석; 9:30-31 주석; 10:33 주석; 14:10-11 주석; 14:18-21 주석; 14:41-45 주석.

61 그렇지만 하나님의 심판은 아니다. 역대하 12:5과 대조해보라.

62 "하나님의"에 나오는 소유격은 목적 소유격으로, "하나님의 구속에 관한 복음"이라는 뜻이다. 참고. BDAG, s.v. θεός.

63 참고. 1:1 주석; 8:35 주석; 13:10 주석; 14:9 주석.

64 사 52:7; 61:6; 단 7:22; 갈 4:4을 보라. 참고. 왕상 2:45.

65 "그가 그런 표현을 사용할 때 그리스인은 살아 계신 하나님의 개인적이고 자유로운 결정이 아니라 강제가 좌우하는 비인격적 힘에 의한 예정, 즉 그분의 자비가 마가복음 1:15에 따라 인간의 기쁜 감사를 촉발하는 성취를 가져오는 모습을 염두에 두게 된다"(*TDNT*, 6:295).

님의 점진적이고 직접적인 통치(나라)와 연관되시는지는 아직 두고 볼 일이다(참고. 14:25 주석).[66] 이 시점에서 예수님은 단지 임박한 통치를 선언하는 분일 따름이다. 주전 2세기에 일어난 성공적인 마카비 반란 때문에, 하나님의 개입에 대한 기대는 압도적으로 사무엘하 7장을 중심으로 하는 정치적인 다윗 왕조의 메시아적 해방자와 관련을 갖게 되었다.

내적 존재의 정화(淨化)와 하나님의 세계 선교(참고. 단 7:13-27)는 그런 기대의 중심 요소가 아니었다. 예수님이 선포하신 대로, 하나님의 메시아적 통치 아래서 번영하려면 두 가지 마음이 기초를 이루어야 한다. (1) 지속적인 회개("회개하고"), 즉 부도덕한 자율성에서 하나님에 대한 전인적 의존으로 돌이키는 것[예. "여호와께로 돌이킨"(칠십인역 호스티스 에페스트레프센 에시스 톤 퀴리온, *hostis epestrepsen eis ton kyrion*) 히스기야, 왕하 23:25]과 (2) 지속적인 신뢰("믿으라")다. 두 동사 모두 메타노에이테(*metanoeite*, '지속적으로 회개하다', 참고. 1:4-5 주석; 6:12-13 주석)와 피스튜에테(*pisteuete*, '꾸준히 믿다' 또는 구속자의 좋은 소식을 '붙들다')의 현재진행형으로, 영속적인 활동을 강조한다.[67] 마가가 증명할 것처럼, 믿을 만하고 좋은 메시지에 대한 바른 반응은 예수님을 하나님의 영원한 아들로 믿고, 나아가 삼위일체 하나님을 신뢰하는 것이다.[68]

그런 믿음의 중심에는 하나님과의 화해(롬 5:7-10; 벧전 3:18)를 위한 필요조건으로 예수님의 대속적 죽음(막 10:45; 14:22-24, 참고. 사 52:13-53:12)을 받아들이는 것이 있다. 믿음의 본질은 하나님의 존재, 현존 그리고 목적을 어린이처럼 개인적으로 신뢰하는 것이다.[69] 그런 믿음의 반대는 불신이기보다는 두려움이다(막 4:40; 5:36). 살아 계신 하나님에 대한 신앙은 또한 어둠과 반대에 위협받고 압도당하는 것에 대한 해독제이기도 하다(13:11; 16:6). 하나님에 대한 건강한 신앙은 쉽게 믿는 것과 구별되어야 한다(13:21). 참

66 참고. BDAG, s.v. βασιλεία.

67 Zerwick, *Grammatical Analysis*, 102.

68 막 1:1; 8:35; 10:29; 13:10; 14:9; [16:15].

69 막 2:5; 5:34; 9:42; 10:52. 그리고 10:27도 보라.

된 신앙은 수학적 증명에 달려 있지 않고(15:32) 허구나 가장을 의지하지도 않는다. 대신 예수님 안에서 그리고 그분을 통해 취하신 하나님의 행위에 대한 믿을 만한 사도적 증언에 기반을 둔다(16:1-8, [14], 참고. 행 14:17).[70] 예수님 당시 정치적이고 경제적인 변화에 초점을 맞췄던 기대와는 대조적으로, 예수님이 출범시키신 메시아 왕국은 바로 인류의 마음에서 시작했다. 창조주이신 하나님께 적대감을 품었던 그 마음에서 시작된 것이다.

응답

마가복음의 청중은 이방인이 압도적으로 많았는데, 그들은 구약은 물론 하나님의 구속 계획과 이야기에 익숙하지 않았을 것이다. 청중의 출신 지역과 상관없이, 마가는 창조주 하나님께서 존재하신다는 것과 그분이 인류의 타락으로 인해 잃어버렸던 것의 회복을 약속하신다는 세계관을 제시한다(창 3:15; 롬 5:6, 8, 10; 벧전 3:18). 약속과 성취라는 역사적 틀은, 예컨대 코란과 대조되는 성경에 나타난 하나님의 자기 계시에 대한 특별한 징표다. 청중은 인간 중심적인 입장을 버리고 그 자신을 역사와 개인적 삶에서 일하시는 하나님의 구속적 행위의 맥락에서 보도록 도전을 받는다.

마가복음 1:1-13의 핵심 메시지는 하나님께서 그분의 영원한 아들을 보내심으로써 오랫동안 기다렸던 구속 사역을 절정에 이르게 하신다는 것이다(11절; 히 1:1-3). 하나님은 인간이 스스로의 힘으로 성취할 수 없는 일을 이루신다. (1) 하나님께 대항하는 인간들의 반역과 죄악을 용서하는 일, (2) 하나님과 화해하여 새로운 관계를 맺게 하는 일이다. 아담과 하와가 타락한 이래 인류는 줄곧 이 구속을 기다려왔다(참고. 창 12:1-3). 인간의 삶이 얼마나 성공했든지 또는 깨어졌든지 상관없이 하나님의 개입으로 인

70 이에 대해 논의한 책은 Timothy Keller, *Reason for God: Belief in the Age of Skepticism* (New York: Dutton, 2008). 《팀 켈러, 하나님을 말하다》 (두란노서원).

해 큰 희망을 품을 수 있다. 하나님의 관점에서 보면 두 가지 진실과 실체가 뚜렷이 드러난다. (1) 타락이 하나님의 형상을 지닌 자들을 치명적으로 손상시킨 나머지 단순한 인간의 노력으로는 그 영향을 돌이킬 수 없고, 이는 토라를 지키고 특정한 죄를 용서받으려고 제물을 바치는 할례 받은 유대인들에게도 적용된다는 것이다. (2) 거룩하고 자비롭고 의로우신 하나님은 예수님의 삶과 죽음을 통해 인간들과 화해하기 위해 그분의 형상을 지닌 자들을 추적하신다는 것이다. 하나님과 의롭고 영구적인 관계를 회복하는 일이 하나님의 사랑과 은혜의 핵심에 있다. 인생의 참된 목적은 이 심오한 갱신이 있을 때 비로소 열리기 시작하는 법이다.

구체적으로 말하면, 하나님께서 세례 요한을 보낸 것은, 모든 백성이 그들 나름의 길에서 돌이키고 하나님의 자비와 목적을 받아들이게 하시기 위해서다. 그런 부르심은 오늘날에도 여전히 울려 퍼져서 모든 인간에게까지 미친다. 세례 요한의 소박한 생활 방식은 그가 받은 선지자의 소명이 진실임을 보여준다. 그는 청중들을 물질적으로 또는 감정적으로 이용하려 하지 않는다. 오히려 그들을 희생적으로 섬긴다. 반역적인 자만과 부도덕에서 등을 돌리는 사람은 예수님이 유일하게 인증된 영원한 하나님의 아들임을 알게 된다(막 1:11). 아버지 하나님께서 영원한 아들에게 품으신 깊은 사랑이 이제는 예수님의 희생적 사랑을 영접하는 이들과 공유된다.

독자가 마가의 모든 이야기에서 배우게 될 교훈이 있다. 독특한 세례(9-11절)와 광야 시험(12-13절) 같은 예수님의 모든 경험이 독자로 하여금 그분을 닮아가게 만든다는 사실이다. 예컨대 제자들은 물세례를 받고, 때로는 다양한 시험에 노출되고, 정결케 되는 광야의 경험을 하게 된다. 예수님을 따르는 사람들은 처음에는 하나님의 통치에 관한 좋은 소식을 듣는다. 나중에는 예수님이 바로 그분의 영원한 아버지와 함께 하나님 나라를 통치하시는 분임을 알게 될 것이다. 그래서 우주를 지탱하시는 삼위일체 하나님께서 그들의 마음도 다스리신다는 사실을 믿고 안심할 수 있다. 이 폭넓은 다스림이 그분을 따르는 자들 가운데 확장되도록 그들은 하나님과 그분의 목적을 지향하는 삶을 영위하라고 부름 받았다. 그리하여 인간 본성의 이기적인 모습이 도전을 받고 구속을 받게 된다. 하나님과 동행하는 삶으로 회복되는 일은 예수님의 속죄에 바탕을 둔 그분의 선물이다(10:45).

마가복음 1:16-8:26 개관

마가복음 전반부는 인간의 질병, 다양한 자연법 그리고 귀신 세계에 대한 예수님의 권위를 입증하는 장면들을 집중적으로 다룬다. 하지만 무엇보다도 그분은 독특하고 설득력 있는 방식으로 가르침을 베푸는 한편, 권위 있는 모습으로 제자들을 부르고 임명하고 파송하신다. 우리는 제자도를 예수님 최고 권위의 틀 안에서 이해할 필요가 있다. 예수님이 누구인지와 그분이 행하시는 일이 제자도에 직접적인 영향을 미친다. 결국 예수님은 가르치고, 모범을 보이고, 제자들이 그리스도를 닮도록 이끄는데, 특히 자신의 죽음을 통해 그렇게 하신다. 이런 방식으로 그들이 하나님의 영원한 언약적 통치를 받는 지체들이 되는 것이다.

마가복음의 전반부에서는 예수님의 정체성에 관한 질문이 갈수록 중요해진다. 마가의 모든 이야기는 다음과 같은 진리들을 증언함으로써 예수님의 정체성에 관한 질문에 답한다. (1) 예수님은 이사야 40:3에 따라 오시는 여호와며 그분을 대표하신다(참고. 미 5:4; 말 3:1). (2) 예수님은 다윗의 메시아적 주님이다(막 12:35-37; 14:62; 시 110:1, 5). (3) 예수님은 메시아로서 높이 들리신 인자(사람의 아들)이다(막 8:38; 14:62; 단 7:13). (4) 예수님은 낮아진 인자로서 이사야 53:1-12에 나오는 고난 받는 종이다(막 10:45; 14:22-25). (5) 예수님은 오직 하나님만 행할 수 있는 일, 즉 죄를 용서하시는 분이다(막 2:7; 느 9:17; 시 103:2-3; 130:4; 사 43:25; 렘 31:34; 단 9:9). (6) 예수님은 하나님의 영원한 아들이다(막 1:11; 9:2-8; 12:1-12; 시 2편). 이와 같은 예수님의 놀라운 정체성을 고려하면, 마가복음의 전반부에 나오는 그분의 행동과 가르침이 더욱 감동적으로 다가온다.

Mark
마가복음
1:16-45

16 갈릴리 해변으로 지나가시다가 시몬과 그 형제 안드레가 바다에
그물 던지는 것을 보시니 그들은 어부라 17 예수께서 이르시되 나를
따라오라 내가 너희로 사람을 낚는 어부가 되게 하리라 하시니 18 곧
그물을 버려두고 따르니라 19 조금 더 가시다가 세베대의 아들 야고보
와 그 형제 요한을 보시니 그들도 배에 있어 그물을 깁는데 20 곧 부르
시니 그 아버지 세베대를 품꾼들과 함께 배에 버려두고 예수를 따라
가니라

16 Passing alongside the Sea of Galilee, he saw Simon and Andrew the
brother of Simon casting a net into the sea, for they were fishermen.
17 And Jesus said to them, "Follow me, and I will make you become
fishers of men."[1] 18 And immediately they left their nets and followed
him. 19 And going on a little farther, he saw James the son of Zebedee
and John his brother, who were in their boat mending the nets. 20 And
immediately he called them, and they left their father Zebedee in the
boat with the hired servants and followed him.

21 그들이 가버나움에 들어가니라 예수께서 곧 안식일에 회당에 들

어가 가르치시매 22 뭇 사람이 그의 교훈에 놀라니 이는 그가 가르치
시는 것이 권위 있는 자와 같고 서기관들과 같지 아니함일러라 23 마
침 그들의 회당에 더러운 귀신 들린 사람이 있어 소리 질러 이르되
24 나사렛 예수여 우리가 당신과 무슨 상관이 있나이까 우리를 멸하
러 왔나이까 나는 당신이 누구인 줄 아노니 하나님의 거룩한 자니이
다 25 예수께서 꾸짖어 이르시되 잠잠하고 그 사람에게서 나오라 하시
니 26 더러운 귀신이 그 사람에게 경련을 일으키고 큰 소리를 지르며
나오는지라 27 다 놀라 서로 물어 이르되 이는 어찜이냐 권위 있는 새
교훈이로다 더러운 귀신들에게 명한즉 순종하는도다 하더라 28 예수
의 소문이 곧 온 갈릴리 사방에 퍼지더라

21 And they went into Capernaum, and immediately on the Sabbath he
entered the synagogue and was teaching. 22 And they were astonished
at his teaching, for he taught them as one who had authority, and not
as the scribes. 23 And immediately there was in their synagogue a man
with an unclean spirit. And he cried out, 24 "What have you to do with
us, Jesus of Nazareth? Have you come to destroy us? I know who you
are—the Holy One of God." 25 But Jesus rebuked him, saying, "Be
silent, and come out of him!" 26 And the unclean spirit, convulsing him
and crying out with a loud voice, came out of him. 27 And they were all
amazed, so that they questioned among themselves, saying, "What is
this? A new teaching with authority! He commands even the unclean
spirits, and they obey him." 28 And at once his fame spread everywhere
throughout all the surrounding region of Galilee.

29 회당에서 나와 곧 야고보와 요한과 함께 시몬과 안드레의 집에 들
어가시니 30 시몬의 장모가 열병으로 누워 있는지라 사람들이 곧 그
여자에 대하여 예수께 여짜온대 31 나아가사 그 손을 잡아 일으키시니

열병이 떠나고 여자가 그들에게 수종드니라
29 And immediately he[2] left the synagogue and entered the house of
Simon and Andrew, with James and John. 30 Now Simon's mother-
in-law lay ill with a fever, and immediately they told him about her.
31 And he came and took her by the hand and lifted her up, and the
fever left her, and she began to serve them.

32 저물어 해 질 때에 모든 병자와 귀신 들린 자를 예수께 데려오니
33 온 동네가 그 문 앞에 모였더라 34 예수께서 각종 병이 든 많은 사람
을 고치시며 많은 귀신을 내쫓으시되 귀신이 자기를 알므로 그 말하
는 것을 허락하지 아니하시니라
32 That evening at sundown they brought to him all who were sick or
oppressed by demons. 33 And the whole city was gathered together at
the door. 34 And he healed many who were sick with various diseases,
and cast out many demons. And he would not permit the demons to
speak, because they knew him.

35 새벽 아직도 밝기 전에 예수께서 일어나 나가 한적한 곳으로 가사
거기서 기도하시더니 36 시몬과 및 그와 함께 있는 자들이 예수의 뒤
를 따라가 37 만나서 이르되 모든 사람이 주를 찾나이다 38 이르시되
우리가 다른 가까운 마을들로 가자 거기서도 전도하리니 내가 이를
위하여 왔노라 하시고 39 이에 온 갈릴리에 다니시며 그들의 여러 회
당에서 전도하시고 또 귀신들을 내쫓으시더라
35 And rising very early in the morning, while it was still dark, he
departed and went out to a desolate place, and there he prayed. 36 And
Simon and those who were with him searched for him, 37 and they
found him and said to him, "Everyone is looking for you." 38 And he

said to them, “Let us go on to the next towns, that I may preach there
also, for that is why I came out.” 39 And he went throughout all Galilee,
preaching in their synagogues and casting out demons.

40 한 나병환자가 예수께 와서 꿇어 엎드려 간구하여 이르되 원하시
면 저를 깨끗하게 하실 수 있나이다 41 예수께서 불쌍히 여기사 손을
내밀어 그에게 대시며 이르시되 내가 원하노니 깨끗함을 받으라 하시
니 42 곧 나병이 그 사람에게서 떠나가고 깨끗하여진지라 43 곧 보내시
며 엄히 경고하사 44 이르시되 삼가 아무에게 아무 말도 하지 말고 가
서 네 몸을 제사장에게 보이고 네가 깨끗하게 되었으니 모세가 명한
것을 드려 그들에게 입증하라 하셨더라 45 그러나 그 사람이 나가서
이 일을 많이 전파하여 널리 퍼지게 하니 그러므로 예수께서 다시는
드러나게 동네에 들어가지 못하시고 오직 바깥 한적한 곳에 계셨으나
사방에서 사람들이 그에게로 나아오더라
40 And a leper[3] came to him, imploring him, and kneeling said to him,
“If you will, you can make me clean.” 41 Moved with pity, he stretched
out his hand and touched him and said to him, “I will; be clean.” 42 And
immediately the leprosy left him, and he was made clean. 43 And Jesus[4]
sternly charged him and sent him away at once, 44 and said to him, “See
that you say nothing to anyone, but go, show yourself to the priest and
offer for your cleansing what Moses commanded, for a proof to them.”
45 But he went out and began to talk freely about it, and to spread the
news, so that Jesus could no longer openly enter a town, but was out in
desolate places, and people were coming to him from every quarter.

1 The Greek word *anthropoi* refers here to both men and women *2* Some manuscripts *they* *3* *Leprosy* was a term for several skin diseases; see Leviticus 13 *4* Greek *he*; also verse 45

단락 개관

예수님이 위풍당당하게 제자들을 부르는 모습은 사탄의 권세와 질병에 대한 그분의 권위를 과시하심으로써 더욱 강화된다. 마가복음 1:16-3:12은 제자도로의 부르심과 강력한 가르침 그리고 귀신과 질병에 대한 예수님의 권위를 보여주는 이야기들로 뒤얽혀 있다.

아울러 예수님을 둘러싼 사건들과 제자도로의 부르심 간에는 밀접한 관계가 있다. 예수님의 갈릴리 사역을 묘사하는 세 단락(막 1:16-3:12; 3:13-6:6; 6:7-8:26)은 각각 제자도의 주제들로 '시작되고'(1:16-20; 3:13-19; 6:7-13) 예수님에게 저항하는 모습에 대한 묘사로 '마무리된다'(3:1-6; 6:1-6; 8:14-21). 이후 예수님의 죽음과 부활에 대한 세 번의 예언(8:31; 9:31; 10:32-34) 뒤에도 제자도의 대가, 희생 그리고 약속에 관한 가르침(8:34-38; 9:32-50; 10:35-45)이 '따라온다'. 이 모든 것은 제자도가 예수님의 인격, 주장 그리고 길과 밀접한 관계에 있음을 시사한다. 예수님을 따르는 사람이 그분의 영향력과 지도 아래 있으면 결국 그분을 닮게 될 것이라는 뜻이다. 예수님이 하나님의 영원한 통치를 보여주시는 모습과 제자도 사이에 밀접한 관계가 있음이 분명하게 드러난다. 제자들이 참으로 예수님의 말씀과 행동의 상당 부분을 전파하고 또 실행하게 되겠지만(6:7-13), 근본적인 마음의 변화에 대한 요구(특히 7-10장을 보라)가 여전히 하나님의 통치를 보여주는 징표로 남는다.

단락 개요

II. 1부: 예수의 권위의 입증(1:16-8:26)

A. 갈릴리 사역(1:16-3:12)

1. 갈릴리에서 예수님의 초기 사역(1:16-45)

a. 제자들을 부르시다(1:16-20)

b. 가르침, 축귀, 치유(1:21-45)

(1) 가버나움: 예수님의 본거지(1:21-22)

(2) 귀신을 쫓으시다(1:23-28)

(3) 베드로의 장모를 치유하시다(1:29-31)

(4) 치유와 축귀(1:32-34)

(5) 예수님의 기도 습관과 가르침(1:35-39)

(6) 문둥병자를 깨끗케 하시다(1:40-45, 전환부)

주석

1:16-20 이 대목을 엘리야가 엘리사를 선지자로 부르는 장면(왕상 19:19-21)과 비교하면, 다른 요소들 가운데 스승을 따르는 행위를 묘사하는 언어가 비슷하다는 것을 알게 된다. 열왕기상 19:20은 "내가 당신을 따르리이다"[아콜루테소 오피소 수(*akolouthēsō opisō sou*), 칠십인역]로 되어 있는데, 이는 히브리어 엘레카 아하레크(*'elekah 'akharek*)를 "내가 당신 뒤를 따르겠습니다"로 번

71 참고. 왕하 23:3[칠십인역 투 포류에스타이 오피소 퀴리우 카이 투 퓔라세인 타스 엔톨라스 아우투(*tou poreuesthai opisō kyriou kai tou phylassein tas entolas autou*), '주님을 따르고 그분의 명령을 지키는 것']; 욥 34:27.

역한 것이다.[71] 이와 비슷하게, 마가복음 1:17도 "나를 따라오라"[듀테 오피소 무(*deute opisō mou*)][72]고, 18절도 "[그들이] 따르니라"[에콜루테산(*ēkolouthēsan*)]고 말한다. 20절에는 "[그들이 그를] 따라가니라" 또는 '그를 뒤따랐다'[아펠토 오피소 아우투(*apelthon opisō autou*)][73]로 나온다. 나아가 엘리야가 엘리사를 부를 때보다 더 큰 권위와 선지자적 긴급성으로 예수님이 제자들을 부르신다. 이 부름은(참고. 2:17) 그들의 현재 직업과 혈연관계를 "즉시"[74](18, 20절, 개역개정은 "곧") 뒤에 남겨둔 채 당장 예수님의 뒤를 "따[르라]"(17-18, 20절. 참고. 3:13-19; 10:28)는 요청이다. 이를 열왕기상 19:20("나를 내 부모와 입맞추게 하소서 그리한 후에 내가 당신을 따르리이다", 엘리사의 말)과 비교해보라.

부르심의 목표들 중 하나는 "사람을 낚는 어부"가 되게 하는 것이다. 이 전인적인 가르침의 과제는 예수님과의 지속적인 교제에서 생기고, 그분과 함께 배우고 그분에 의해 빚어지는 데서 나온다(막 3:14). 예레미야 16:15-17에 따르면, 사람을 낚는 어부들이 바벨론 포로의 심판 이후에 하나님의 백성을 우상들로부터 돌아오게 할 것이다(14-15절). 이제 예수님의 사역에서 현재의 심판은 임박한 예수님의 대리적 죽음이다. 마태복음 13:47-48이 (악한 사람과 의로운 사람을 모두 대상으로 삼아) 무차별적으로 고기를 잡는다는 주제를 어떻게 최후의 심판에 앞서 성장하는 하나님 나라의 한 측면과 연결시키는지 주목하라. 이와 같이 제자들을 장래 사역으로 부르시는 것은 그들 자신이 정결케 되는 중에 일어나고, 이는 이방인을 향한 사역도 포함한다(막 13:10, 참고. 렘 16:19).[75]

예수님은 하나님의 깨어진 형상을 지닌 제자들을 하나님께서 본래 설계

72 참고. 막 6:31; 12:7 그리고 마 4:19도 보라.

73 참고. 2:14-15 주석; 6:1 주석; 8:34 주석; 9:38 주석; 10:21 주석; 10:28 주석; 10:32-34 주석; 10:52 주석; 14:54 주석; 15:41 주석.

74 "즉시"[유튀스(*euthys*)]라는 단어는 신약에 59번, 그 가운데 마가복음에 42번 나온다(Köstenberger and Bouchoc, *Book Study*, 218).

75 참고. 9:49-50 주석; 10:39 주석.

하신 상태, 즉 "[하나님과] 정직하게 행하는"(시 84:11) 상태가 되도록 부르신다. 여기에 언급된 최초의 네 제자 중 셋(안드레를 빼고)은 예수님의 제자 중 핵심층에 속하게 될 것이다.[76]

1:21-22 가버나움이 이제 예수님의 본거지가 되었다(막 2:1; 9:33, 참고. 마 4:13; 눅 4:23; 요 2:12). 이 지점에서 갈릴리에 속한 가버나움 마을에 대해 알아보는 것도 도움이 된다(갈릴리에 관해서는 1:9 주석을 참고하라).[77]

예수님 당시 가버나움은 해안 길 근처에 자리 잡고 있었다. 이 중요한 무역로는 시리아의 다메섹과 지중해변에 있는 가이사랴를 연결했다. 그곳에서 계속 내려가면 이집트로 연결된다. 이 길은 두로에서 오는 주요 해안 길과 므깃도에서 만나게 된다. 가버나움은 1천5백여 명의 주민이 거주하는 비교적 규모가 있는 갈릴리 어촌이다.[78] 가버나움은 그 위치 때문에 예수님 당시 번영하던 갈릴리의 상업 중심지 역할을 했다. 여행객은 농산물이나 말린 생선과 같은 것들을 사려고 가버나움에서 발걸음을 멈추곤 했다. 고고학자들은 가버나움 해변에 있던 한 지역이 생선을 파는 장소였을 것으로 추정한다. 여행객들에게는 관세를 부과했다(참고. 마 9:9-13; 막 2:14).

예수님은 가버나움에서 그런 세금을 거두던 세리 레위/마태를 부르셨다(2:14-15). 거기에는 로마 부대도 주둔해 있었다(마 8:5-13).[79] 주후 20년경 로마 백부장이 유대인 주민들을 위해 그곳에 현무암 회당을 지었다(눅 7:4-5). 예수님은 갈릴리에서 많은 공적 사역을 하는 동안 가버나움에 기반을 두고 지내셨다(마 4:13; 9:1; 막 2:1; 9:33). 또한 새로 지은 현무암 회당에서 자주 가르치곤 하셨다.[80] 마리아는 예수님의 형제들과 함께 적어도 한 번 나

76 참고. 막 1:29; 3:17; 5:37; 9:2; 10:35, 41; 13:3; 14:33.

77 이어지는 내용에 대해서는 특히 R. H. Mounce, "Capernaum," *ISBE*, 1:609-610을 보라.

78 프랜스는 최대 만 명으로 추산한다(*Mark*, 101).

79 위와 같음.

사렛에서 이곳으로 여행한 적이 있다(마 12:46, 48-49).

예수님이 가버나움과 그 주변에서 얼마나 많은 기적을 행하셨는지 알면 그저 놀라울 따름이다. 이런 기적이 종종 지역 회당에서, 그리고 때로는 안식일에 일어난다.[81] 가버나움에서 예수님은 (1) 귀신을 쫓아내시고(막 1:23-28//눅 4:33-36), (2) 베드로의 장모를 치유하시고,[82] (3) 다른 아픈 사람들을 고치시고(눅 4:40-41, 참고. 막 1:32-34), (4) 중풍병자를 치유하시고,[83] (5) 한쪽 손 마른 사람을 치유하시고,[84] (6) 회당장 야이로의 딸을 소생시키시고,[85] (7) 혈루증을 앓는 여인을 고치시고,[86] (8) 네 제자들로 많은 물고기를 잡게 하시고(눅 5:1-11), (9) 로마 백부장의 중풍병자 하인을 치유하시고(마 8:5-13; 눅 7:1-10), (10) 헤롯 안디바의 궁전에서 일하는 신하의 아들을 고치시고(요 4:46-54), (11) 가까운 게네사렛에서 다른 사람들을 치유하시며(마 14:34-36), (12) 베드로로 하여금 세금 낼 돈 한 세겔을 물고 있는 물고기를 잡도록 능력을 주셨다(17:24-27).

마가에 따르면, 예수님의 중심 활동은 제자들과 다른 이들을 "가르치는" 일이지 기적을 행하거나 귀신을 쫓아내는 것이 아니다.[87] 이 점은 마가가 예수님을 열두 번이나 "선생님"으로 부르고 단 한 번도 기적을 행하는 사람이나 퇴마사로 부르지 않는다는 사실로 부각된다.[88] 끝으로, 마가복음

80 막 1:21; 3:1; 눅 4:31-38; 요 6:25-59.

81 이 목록은 주로 마가복음의 순서를 따른다. 참고. C. Brown, "Miracles," *ISBE*, 3:374-375.

82 마 8:14-16; 막 1:29-31; 눅 4:38-39.

83 막 2:3-12; 마 9:2-7; 눅 5:17-26.

84 마 12:9-14; 막 3:1-6; 눅 6:6-11.

85 마 9:18-25; 막 5:22-24, 34-43; 눅 8:40-56.

86 마 9:20-22; 막 5:25-34; 눅 8:43-48.

87 참고. 막 1:15, 21-22, 27, 38-39; 2:2, 13; 4:1-2; 6:2, 6, 30, 34; 8:31; 9:31; 10:1; 11:17-18; 12:35, 38; 14:49.

88 막 4:38; 5:35; 9:17, 38; 10:17, 20, 35; 12:14, 19, 32; 13:1; 14:14. 아울러 9:5; 10:51; 11:21; 14:45에 나오는 "랍비"("선생님")라는 호칭도 보라.

4, 7, 13장에 나오는 예수님 가르침의 본보기들을 주목하라. 미완료 시제인 "내가 가르쳤다"[에디다스켄(*edidasken*)]의 영속적 측면은 "그가 가르치기 시작했다"는 뜻이고, 아울러 가르침을 한동안 계속했으리라고 시사한다.[89]

"서기관들"(대체로 바리새인들)은 이전부터 정해진 굳건한 전통을 전수하는 신학자와 율법사들이다(7:5, 8). 예수님은 직접적인 신적 "권세"로 가르치신다(그리고 행하신다)(1:27; 2:10; 3:15; 7:6-9). 11:27-33에서는 적대자들이 이 권위에 도전한다.[90] 하지만 예수님의 십자가 죽음이야말로 진정한 궁극적 도전이고, 그분은 부활을 통해 아버지 하나님에 의해 의인으로 입증되셨다. 예수님의 많은 행동과 권위는 다양한 반응을 불러일으켰다. 사람들이 '놀랐다'고 하는데, 이는 약간 놀라는 반응에서 경이감에 사로잡히는(참된 믿음에 근접하는) 반응에 이르는 범위를 가리킨다.[91] 예수님은 종종 회당에서 가르치고 사역하신다(1:23, 39; 3:1; 6:2).

1:23-28 "더러운 귀신"은 예수님이 하나님의 영원한 통치를 선도하며(참고. 5:7) 모든 어둠을 밝히고 계심을 인식하고는, 전례 없는 그분의 능력과 권위에 저항하려 한다. 그리고 그분이 그들을 "멸하러" 오셨다는 것을 알고 두려워한다. 귀신으로 인해 괴로움을 당하는 사람은 간질이나 정신분열증 같은 신체적 또는 심리적 질병에 시달리는 경우와 다르다. 이 이야기에서는 '독자적인' 의식과 의지가 그 사람에게 파괴적으로 작동하기 때문이다. 귀신들이 예수님에 관해 말하는 내용은 심리적으로 병든 사람이 주장할 수 있는 내용과 분명히 구별된다.

89 James A. Brooks and Carlton L. Winberry, *Syntax of New Testament Greek* (Lanham, MD: University Press of America, 1979), 95.

90 참고. Köstenberger and Bouchoc, *Book Study*, 218.

91 막 1:27; 2:12; 5:42; 6:2, 51; 7:37; 9:15; 10:24, 26, 32; 11:18(14:33); 16:5-6. 참고. 눅 2:47. Timothy Dwyer, *The Motif of Wonder in the Gospel of Mark*, JSNTSup 128 (Sheffield, UK: Sheffield Academic, 1996)을 보라. 드와이어에 따르면, 마가는 예수님의 신성을 포함해 이례적이고, 비인습적이고, 경이감을 불러일으키는 요소들을 부각시킬 목적으로 마태와 누가보다 더 이 모티브를 강조한다.

요한은 나중에 "하나님의 아들이 나타나신 것은 마귀의 일을 멸하려 하심이라"(요일 3:8)고 단언할 것이다. 하나님의 메시아적 통치의 발흥은 따라서 예수님의 사역과 밀접한 관계가 있다. 이름을 말하는 행위는 악한 귀신들이 절박하게 예수님에 대한 모종의 능력을 발휘하려는 모습을 보여준다. 예수님이 "하나님의 거룩한 자"[92](24절)인 것은 사실이지만(참고. 막 1:34), 그분은 그들과의 토론에 참여하지 않고 곧바로 더러운 귀신을 묵살하신다(참고. 슥 3:2; 막 3:11-12; 5:7).[93] 왜냐하면 귀신들이 그분의 이름을 말함으로써 그분을 통제하고 주의를 돌리려는 것을 용납하지 않으시기 때문이다.

귀신을 쫓아내는 사역(참고. 5:7)은 예수님의 가르치는 권위를 강화하고 경외심을 불러일으킨다(참고. 10:24, 32, 참고. 1:21-22 주석). 예수님은 창조 세계에 대한 하나님의 정당한 권리와 목적에 반대하는 모든 것을 도전하고 책망하신다. 또한 안식일에 귀신을 쫓아내는 일로 반대에 부딪히는데, 바리새적 유대교는 그것을 안식일에 관한 모세 율법을 위반하는 것으로 보았기 때문이다(3:1-2). 다른 한편 예수님의 '명성'이 널리 퍼져나가서 더 많은 반대를 불러온다.

1:29-31 이 친숙한 이야기는 베드로가 마가 이야기의 구두적인 근원이라는 생각을 뒷받침한다.[94] 신약의 세계에서 "열병"은 별개의 질병으로 간주되었다. 예수님이 먼저 베드로의 장모를 시중드신 후(참고. 10:45) 그녀가 예수님을 '시중든다'[디아코네오(*diakoneō*), '내가 섬기다', '돌보다', '뒷받침하다', 참고. 1:13; 15:41].

1:32-34 해질녘은 안식일이 끝나고 따라서 안식일의 율법이 멈추는 때

92 참고. 요 6:69; 행 3:14, 그리고 요일 2:20도 보라.

93 참고. 1:32-34 주석.

94 참고. 서론의 '저자'.

를 가리킨다. 이제 가버나움 주민들은 다시금 그들의 책임을 수행하고 많은 필요를 안고 예수님에게 나아오는 것이 허용된다.[95] 예수님은 자비롭게 반응하여 "많은 사람을 고치[셨다]"(참고. 2:12; 3:2, 10; 6:5). 또한 "많은 귀신을 내쫓으[며]" 다시금 침묵하라고 명하시는데(참고. 1:25; 3:12), 이는 자비의 표출인 동시에 가르치고 지도하는 신적 권한을 입증한다(참고. 1:38).

여기서 예수님의 침묵 명령을 받은 세 부류를 구별하는 것이 중요하다.[96] (1) 귀신들(예. 1:25, 34; 3:12)은 그들이 발언해서 능력을 얻거나 유지하면 안 되기 때문이고, (2) 치료받은 사람들(예. 1:45; 5:43; 7:36, 참고. 요 11:54)은 예수님의 이동을 명백히 방해하기 때문이고, (3) 그분의 제자들(예. 막 8:30; 9:9)은 하나님의 메시아가 승천하여 영원히 다스리기 전에 죽고 살아나야 한다는 것을 아직 깨닫지 못하기 때문이다(8:31; 10:45; 14:25).[97]

1:35 이 짧은 구절에 나오는 네 동사("일어나"/"나가"/"가[다]"/"기도하[다]")가 바쁜 일정에도 불구하고 하늘의 아버지와 친밀한 교제를 나누고 유지하려는 예수님의 집요한 목표를 묘사한다(참고. 6:46; 14:32-39). 예수님은 기도하기 위해 '황량한 곳'(에레모스, '광야', '야생의 장소')으로 가신다. 다양한 성경의 맥락에서 이곳은 준비, 정화, 시험 또는 유혹의 장소가 될 수 있다. 앞에서 말했듯이, 요한과 예수님 모두 광야에서 시간을 보냈다(참고. 1:4-5 주석; 1:12-13 주석). 구약의 선지자들도 광야에 머물렀다(왕상 17:4, 9; 왕하 1:8; 슥 13:4). 이스라엘 백성도 광야를 통과했다(출 16:31; 신 8:16). 5천 명을 먹이시는 기적(참고. 6:31-44 주석) 역시 황량한 곳에서 일어난다. 하나님께서 광야에서 그분의 백성에게 만나를 공급하셨듯이(출 16:31-35),[98] 예수님도 황량

95 참고. 막 1:45; 2:2; 3:7-12, 20; 4:1; 6:31, 53-56.

96 참고. 서론의 신학 중 '그리스도론'의 '성경의 메시아 비밀'

97 참고. 서론의 신학 중 '그리스도론'

98 참고. 시 78:18-30; 105:40.

한 외딴곳에서 양식을 공급하시는 것이다.

1:36-39 종종 그러듯이 베드로는 앞을 내다보는 예수님의 행위를 이해할 능력이 없다. 그는 오직 현재의 필요에 초점을 맞출 뿐이다. 예수님은 의도적으로 군중을 떠나신다. 군중은 주로 그분의 치유 능력에서 유익을 얻기 위해 예수님을 찾을 뿐 회개의 "메시지"와 하나님의 통치에 순종하라는 요청을 듣기 위해 찾는 것은 아닌 듯하다. 하지만 예수님은 그분이 "오신" "이유"를 정확히 아신다.[99] 마가복음 1:39에 나오는 케뤼손(*kēryssōn*, '전파하는')이라는 헬라어 현재 시제는 지속적 행동을 가리키며 그분의 가르치는 사역에 초점을 맞추는데, 이 사역이 때로는 귀신 쫓기와 치유를 동반하기도 한다.[100]

1:40 다양한 피부병에 시달리는 "나병환자"는 유대교 율법에 따르면 의식적으로 불결하다(레 13:45-46). 그는 추방되었기 때문에 재정적으로 또 공동체적으로 고립되고 가난해져서 구제에 의존한다.

1:41-42 나병환자를 만지는 행위는 그 사람을 의식적으로 불결하게 만들기 때문에 금지되어 있다. 하지만 예수님의 사랑, 자비 그리고 "불쌍히 여기[는]"(문자적으로, "그의 내면에서 동정을 느끼다", 41a절)[101] 마음은 금지 규정보다 더 크다. 예수님은 단 한 마디("내가 원하노니 깨끗함을 받으라", 41b절)로 완벽한 깨끗함을 선사하신다. 예수님은 종종 치유하거나(41절, 7:33; 8:22-23) 축복하기(10:13-16) 위해 만지신다.

99 예. 막 1:14-15, 21-22, 27, 38-39, 45; 6:2.

100 마가복음 1:22-23에 나오는 "가르침"에 대한 언급을 보라.

101 참고. 막 6:34; 8:2; 9:22; 10:21; 요 11:33. 참고. Zerwick, *Grammatical Analysis*, 104.

1:43-44 이 구절은 마가복음에서 치유 받은 사람에게 침묵하라고 명하시는 첫 번째 경우다(참고. 1:32-34 주석). "네 몸을 제사장에게 보이[는]" 것은 유대교 율법에 따라 치유 받은 사람이 제사장에 의해 의식적으로 깨끗하다는 선언을 받고 사회적 관계를 회복하기 위해 필요하다(레 14:2-31; 막 1:40-45에서 '깨끗케 되다'는 말이 반복되는 것을 보라). 둘째로, 예수님은 구체적으로 제사장에게 그분의 능력을 증언하도록 이 명령을 주시는 듯하다. "그들에게 입증하라"(44절). 침묵하라는 예수님의 실제적 명령(참고. 1:32-34 주석)과 제사장들에게 증언하라는 특정한 명령 사이에 긴장이 있는데, 예수님의 증인 역할을 한다는 더 큰 모티브가 이미 여기서 나타나고 있을지 모른다. 예수님의 영향을 받은 이들은 때가 되면 그들의 변화된 삶으로 예수님이 누구인지 그리고 무슨 일을 하셨는지를 증언하도록 부름 받을 것이다(참고. 13:9, 아울러 6:11도 보라). 이와 대조적으로 예수님의 대적들은 모세 율법을 위반하는 행위(10:19), 즉 거짓 증언을 할 것이다(14:56-57).

1:45 침묵을 지켜야 하는 귀신들과 대조적으로, 치유 받은 남자의 기쁨이 침묵하라는 예수님의 진지하고 실제적인 명령보다 우위에 선다(참고. 1:32-34 주석). 그 남자가 모든 일을 전파하기 시작하여 그가 깨끗케 된 것에 관한 소문이 퍼져나간다. 그 결과 예수님이 자유로이 움직이실 수 있는 여지가 더욱 제한된다. 다양한 지역에서 오는 사람들이 갈수록 더 많이 그분을 찾는 바람에 도무지 숨어 계실 수 없다.[102] 다시 한 번 '황량한 곳'이라는 모티브가 나온다(참고. 1:35 주석; 6:31-44 주석).

102 예. 막 1:45; 2:1-2; 3:7-12, 20; 6:31-33, 53-56; 7:24-25.

응답

제자들을 부르시는 것(참고. 왕상 19:19-21), 귀신을 쫓으시는 것, 치유하시는 것 그리고 복음 전파에 초점을 두시는 것 등은 예수님이 지닌 하나님 나라의 권위를 분명히 보여준다. 그분의 권위는 제자들의 성품에 영향을 미치고 사탄의 능력을 빼앗는다.

마가에 따르면, 예수님이 권위를 처음 보여준 장면은 그분을 따르고 그로부터 배우라고 제자들을 부르시는 부분이다. 제자도는 본질적으로 예수님의 정체성에 의해 빚어진다. 자연의 힘과 영적 세력에 대한 그분의 신적 권위는 포괄적인 제자도로 부르시는 전례 없는 권한을 확인해주기 때문이다. 하나님의 영원한 아들은 인간을 향한 본래 계획에 따라 다시 한 번 하나님과 동행하는 상태로 돌아오라고 요청하신다. 이런 제자도로의 부르심은, 하나님께서 인간을 그분 자신에게 돌아오도록 불러서 그분이 다시금 참되고 품위 있고 합목적적인 인간 존재의 근원이 되려 하신다는 것을 의미한다. 예수님에 따르면, 제자도로 부르시는 소리는 단지 경건한 행동 패턴에 대한 호소에 불과하지 않다. 오히려 그분에게 삶의 열쇠를 양도하라는 근본적인 요청이고, 따라서 이는 한 사람의 내적 '성소'(聖所)를 누가 통제하느냐의 문제를 건드린다.

제자도란, 예수님의 권리, 부르심, 목적에 대항하는 우상들, 충성 또는 의존 관계를 일체 용납하지 않고, 삼위일체 하나님의 총체적 권리와 권위에 완전히 순종하는 것을 의미한다. 다른 한편, 예수님의 능력은 악과 억압과 두려움으로부터의 보호를 제공한다. 끝으로 제자들을 위한 예수님의 정직하고 희생적인 사랑은 다면적인 깨어짐으로부터의 회복을 약속한다. 그분의 백성을 위한 통치와 사랑이 끝이 없다는 사실은 큰 위로를 준다. 이 세상의 그 무엇도 하나님의 범세계적 목적이 성취되는 과정을 막을 수 없다. 이는 예수님이 기도를 통해 하늘 아버지와 나누시는 친밀한 교제에 의해 더욱 힘을 얻는다.

오늘날 예수님을 따르는 많은 이들은 온 인류와 더불어 온갖 신체적 질병과 영적 억압에 시달리고 있다. 그래서 살아 계신 하나님께서 어떻게 그 분의 능력을 나타내시는가 하는 절박한 질문이 종종 제기된다. 마가 이야기의 이 지점에서는 이 질문을 보류하는 것이 현명하다. 아직은 여기서 다루지 않기 때문이다. 이 이야기에서 그리스도인이 배우는 것은 예수님이 최고의 권세를 갖고 계시다는 진리다. 하지만 예수님의 사명은 제자도, 가르침 그리고 복음 전파에 초점을 맞춘다(막 1:16, 38). 그리스도를 따르는 이들은 방금 언급한 질문을 살아 계신 하나님 앞에서 보류하는 동안 예수님이 초점을 맞추신 그 일에 초점을 맞추는 것이 좋다.

마가복음 2:1-3:12 개관

이 단락은 예수님의 권위 있는 가르침과 더불어 세리 마태를 부르시는 장면을 다룬다. 그리고 예수님의 적대자들이 그분을 죽이려고 결의하는 것과 예수님의 평판이 날로 높아지는 장면에서 절정에 이른다. 마가복음 2:1-3:6에 서술된 다섯 편의 에피소드와 11:27-12:37에 서술된 다섯 편의 에피소드에는 예수님(그분의 폭넓은 주장과 함께)과 적대자들 간에 고조되는 긴장이 두드러진다. 긴장과 함께 갈등도 계속 커진다(2:2, 4-7). 이 때문에 적대자들이 예수님을 죽이려고 끈질기게 궁리하는 것이다(3:6; 11:18; 12:12; 14:1).

Mark

마가복음

2:1-17

1 수일 후에 예수께서 다시 가버나움에 들어가시니 집에 계시다는 소
문이 들린지라 2 많은 사람이 모여서 문 앞까지도 들어설 자리가 없
게 되었는데 예수께서 그들에게 도를 말씀하시더니 3 사람들이 한 중
풍병자를 네 사람에게 메워 가지고 예수께로 올새 4 무리들 때문에 예
수께 데려갈 수 없으므로 그 계신 곳의 지붕을 뜯어 구멍을 내고 중풍
병자가 누운 상을 달아내리니 5 예수께서 그들의 믿음을 보시고 중풍
병자에게 이르시되 작은 자야 네 죄 사함을 받았느니라 하시니 6 어
떤 서기관들이 거기 앉아서 마음에 생각하기를 7 이 사람이 어찌 이
렇게 말하는가 신성모독이로다 오직 하나님 한 분 외에는 누가 능히
죄를 사하겠느냐 8 그들이 속으로 이렇게 생각하는 줄을 예수께서 곧
1)중심에 아시고 이르시되 어찌하여 이것을 마음에 생각하느냐 9 중풍
병자에게 네 죄 사함을 받았느니라 하는 말과 일어나 네 상을 가지고
걸어가라 하는 말 중에서 어느 것이 쉽겠느냐 10 그러나 인자가 땅에
서 죄를 사하는 권세가 있는 줄을 너희로 알게 하려 하노라 하시고 중
풍병자에게 말씀하시되 11 내가 네게 이르노니 일어나 네 상을 가지고
집으로 가라 하시니 12 그가 일어나 곧 상을 가지고 모든 사람 앞에서

나가거늘 그들이 다 놀라 하나님께 영광을 돌리며 이르되 우리가 이
런 일을 도무지 보지 못하였다 하더라

1 And when he returned to Capernaum after some days, it was reported
that he was at home. 2 And many were gathered together, so that there
was no more room, not even at the door. And he was preaching the
word to them. 3 And they came, bringing to him a paralytic carried
by four men. 4 And when they could not get near him because of the
crowd, they removed the roof above him, and when they had made
an opening, they let down the bed on which the paralytic lay. 5 And
when Jesus saw their faith, he said to the paralytic, "Son, your sins are
forgiven." 6 Now some of the scribes were sitting there, questioning in
their hearts, 7 "Why does this man speak like that? He is blaspheming!
Who can forgive sins but God alone?" 8 And immediately Jesus,
perceiving in his spirit that they thus questioned within themselves, said
to them, "Why do you question these things in your hearts? 9 Which is
easier, to say to the paralytic, 'Your sins are forgiven,' or to say, 'Rise,
take up your bed and walk'? 10 But that you may know that the Son of
Man has authority on earth to forgive sins"—he said to the paralytic—
11 "I say to you, rise, pick up your bed, and go home." 12 And he rose
and immediately picked up his bed and went out before them all, so
that they were all amazed and glorified God, saying, "We never saw
anything like this!"

13 예수께서 다시 바닷가에 나가시매 큰 무리가 나왔거늘 예수께서
그들을 가르치시니라 14 또 지나가시다가 알패오의 아들 레위가 세관
에 앉아 있는 것을 보시고 그에게 이르시되 나를 따르라 하시니 일어
나 따르니라

13 He went out again beside the sea, and all the crowd was coming to
him, and he was teaching them. 14 And as he passed by, he saw Levi
the son of Alphaeus sitting at the tax booth, and he said to him, “Follow
me.” And he rose and followed him.

15 그의 집에 [2)]앉아 잡수실 때에 많은 세리와 죄인들이 예수와 그의
제자들과 함께 [3)]앉았으니 이는 그러한 사람들이 많이 있어서 예수를
따름이러라 16 바리새인의 서기관들이 예수께서 죄인 및 세리들과 함
께 잡수시는 것을 보고 그의 제자들에게 이르되 어찌하여 세리 및 죄
인들과 함께 먹는가 17 예수께서 들으시고 그들에게 이르시되 건강한
자에게는 의사가 쓸 데 없고 병든 자에게라야 쓸 데 있느니라 나는 의
인을 부르러 온 것이 아니요 죄인을 부르러 왔노라 하시니라
15 And as he reclined at table in his house, many tax collectors and
sinners were reclining with Jesus and his disciples, for there were many
who followed him. 16 And the scribes of[1] the Pharisees, when they saw
that he was eating with sinners and tax collectors, said to his disciples,
“Why does he eat[2] with tax collectors and sinners?” 17 And when
Jesus heard it, he said to them, “Those who are well have no need of a
physician, but those who are sick. I came not to call the righteous, but
sinners.”

1) 또는 심령으로 2) 헬, 기대어 누워(유대인이 음식 먹을 때에 가지는 자세) 3) 헬, 기대어 누웠으니

1 Some manuscripts *and* *2* Some manuscripts add *and drink*

단락 개관

예수님은 치유 받은 사람의 죄를 용서해서 논란을 불러일으킴으로써 권위의 범위를 더욱 확장하신다. 그런 행위는 오직 하나님만 하실 수 있다(참고. 2:3-5 주석). 그분은 즉시 적대자들에게 하나님을 모독한다는 비난을 받으신다(이 때문에 훗날 사형 선고를 받으실 것이다, 14:64). 그분은 또한 하나님께 용서받을 자격이 있는 사람들을 다시 규정하신다. 놀랍게도 하나님의 용서가 확장되어, 멸시받던 한 세리가 예수님의 제자로 부름을 받을 뿐 아니라 사회적으로 버림받은 "많은 세리와 죄인들"(2:15)에게까지 미친다.

단락 개요

II. 1부: 예수의 권위의 입증(1:16-8:26)
  A. 갈릴리 사역(1:16-3:12)
    2. 죄 용서, 치유, 제자도로의 부르심(2:1-17)
      a. 죄를 용서하고 치유하시다(2:1-12)
        (1) 예수님이 가버나움에서 가르치시다(2:1-2)
        (2) 예수님이 죄를 용서하시다(2:3-5)
        (3) 신성모독이라는 비난을 받으시다(2:6-7)
        (4) 예수님이 중풍병자를 치유하고 그분의 권위를 주장하시다(2:8-12)
      b. 레위를 부르시다(2:13-14)
      c. 예수님이 '죄인들'과 어울려 논란이 되다(2:15-17)
        (1) '죄인들'과의 식탁 교제(2:15-16)
        (2) 예수님이 오신 목적(2:17)

주석

2:1 순회 전도자가 갈릴리를 두루 다닌 뒤에 집으로 돌아오신다(참고. 1:38-39). 가버나움은 여전히 예수님이 행하시는 갈릴리 사역의 본거지다.[103]

2:2 예수님의 인기가 계속 높아진다(1:33; 2:15; 3:20; 6:31도 보라). 한 집에 수용할 수 있는 사람은 최대 50명 정도다. 다른 청중들은 바깥에서 예수님의 말씀을 들어야 한다. 예수님의 주된 관심사는 계속 "하나님의 말씀"[104]을 전하는 것이다. 마가복음에서 '말씀'은 하나님의 임박한 통치에 관한 선포를 가리키고, 이는 회개와 더불어 예수님의 인격과 가르침에 대한 믿음을 촉구한다.[105] 그 말씀을 궁극적으로 영접한다는 것은 예수님의 희생을 개인적으로 수용하고, 그분을 따라가고(8:34; 10:45; 요 1:14), 그분에 의해 변화되는 것을 의미한다.

2:3-5 당시 흔한 이층집의 편평한 지붕은 바깥 계단을 통해 올라갈 수 있었다. 지붕은 보통 진흙과 섞은 나뭇가지나 막대기로 얽혀 있었다. 예수님은 친구들의 다면적인 노력과 중풍병자의 소망을 "믿음"으로 파악하신다(참고. 5:34; 10:52). 그리고 중풍병자에게 부드러운 연민의 말을 건네신다['아들아'(ESV 참고), 5:41; 10:24].

선지자가 전하는 죄 용서(예. 삼하 12:13; 사 6:7; 슥 3:4, 죄 용서에 대해서는 참고. 1:4-5 주석)는 사람들을 놀라게 하지 않고 심각한 신학적 문제를 일으키지 않을 것이다. 그런데 예수님은 직접 죄를 용서하는 권한을 갖고 있다고 주장하신다. 이는 오직 하나님께만 속하는 특권이다.[106] 그리스도 당시 유대

103 참고. 막 1:21; 2:1, 15; 3:20; 9:33.

104 예. 막 1:38-39; 2:2; 3:14; 6:12; 13:10; 14:9. 참고. 눅 1:2; 갈 6:6; 약 1:21; 벧전 2:8.

105 막 1:14-15; 2:2; 4:14-20, 33; 7:13; 8:38; 10:24; 12:13; 13:31; 14:72; [16:20].

106 출 34:6-7; 시 103:3; 사 43:5, 25; 44:25; 단 9:9.

교의 신념과는 대조적으로, 예수님은 여기서 중풍병과 죄 사이에 반드시 특별한 인과 관계가 있다고 시사하지는 않으신다. 물론 하나님께 대한 반역의 결과가 질병과 죽음에 만연해 있지만 말이다. 요한복음 9:3에서 예수님은 흔히 생각하는 죄와 시각 상실 간의 인과 관계를 명백히 부정하신다. 따라서 질병과 죄 사이의 인과 관계를 함부로 끌어내지 않도록 조심할 필요가 있다.

2:6-7 예수님의 적대자들이 그럴 듯한 방식으로 추론하는 듯 보인다(참고. 창 17:17; 신 7:17). 예수님의 접근은 나단이 전한 것과 같은 '중재된 용서의 선언'이라는 수용할 만한 여지를 배제한다.[107] 그러므로 적대자들은 예수님이 "신성모독"을 하고 있다고, 말하자면 하나님께 정면으로 맞서는 말을 하고 있다고 결론짓는다. 예수님이 감히 하나님에게만 있는 용서의 권한을 갖고 있다고 주장하시기 때문이다(요 10:33). 그런 행위는 죽음의 형벌을 받아야 한다(레 24:10-16; 민 15:30-31, 참고. 막 14:62-64). 그런데 여기서 예수님의 적대자들은 아예 대안을 고려하지 않는다. 즉, 여러 구약 텍스트들에 암시되어 있듯이, 예수님이 삼위일체 하나님의 한 분이라는 대안이다.[108] 만일 예수님이 삼위일체 하나님의 한 분으로 인정된다면, 그것은 일종의 복합적인 유일신론을 뜻할 것이다(참고. 신 6:4).

2:8 예수님은 적대자들의 생각을 밝히 드러내신다(막 5:36; 8:17). 구약에서 인간의 마음을 아시는 분은 오직 하나님이다(삼상 16:7; 왕상 8:39; 시 7:10; 렘 17:10). 그렇기 때문에 이어서 예수님은 그들의 인식을 '받아들이신다'. 오직 하나님만 죄를 용서할 수 있듯 그분 역시 직접 용서할 수 있다고 주장하시는 것이다.

107 참고. 2:3-5 주석.

108 시 110:1; 사 9:6-7; 40:3-5; 52:13-53:12; 단 7:13-14; 미 5:4; 슥 9:8-9; 말 3:1.

2:9-12 예수님은, 예컨대 그들이 그분을 오해하고 있다고 말씀함으로 그들의 인식을 바로잡으실 수도 있었다. 단지 나단이 다윗의 죄를 용서한 것처럼 용서할 뿐이라고, 그저 하나님의 자비를 중재할 뿐이라고 말씀하실 수도 있었다. 하지만 예수님은 자신에게 신적 권위로 "죄를 사하는" 권한이 있다고 주장하면서 적대자들에게 직접 도전하신다(8:17; 12:15, 참고. 요 2:25). 그렇게 함으로써 예수님은 권위의 범위를 계속 넓혀 가신다.

이 대담한 행동을 계기로 마가복음의 독자는 일찍이 나온 '예수님에 대한 반대'라는 주제를 상기하게 된다. 점증하는 반대는 주로 이스라엘의 영적, 정치적 지도자들에게서 나오고(특히 막 2:7을 보라), 마가복음에 자주 언급된다. 반대의 한 가지 이유는 바리새파, 사두개파 그리고 헤롯당이 각각 그들의 정치적, 경제적, 종교적 권력을 보존하는 정책을 유지하려 하는 것이다(3:6, 22-30; 6:4; 8:11-15). 뿐만 아니라 예수님의 가족 역시 그분을 저지할 것이다(3:20-21, 31-35). 열두 제자 중 하나였던 유다 또한 사탄에 취약한 죄와 예수님의 정치적 입장에 대한 반대 때문에 예수님을 공적인 눈에서 제거하려 할 것이다(14:10; 눅 22:3; 요 6:70). 마지막으로, 베드로는 자기 목숨을 구하려고 예수님을 부인할 것이다(막 14:30). 이처럼 예수님에 대한 다양한 형태의 반대가 존재하는 가운데, 예수님의 자기 보존과 목적이 끊임없이 대비되고 있다.

하나님의 영원한 아들인 예수님의 관점에서 보면, 그분의 목적이 인류의 죄를 위해 형벌을 받는 것인 만큼(10:45) "인자"가 직접 죄를 용서하시는 것이 더 "쉽[다]"(즉, 그분에게 더 소중하다). "인자"는 여기서 높이 들린 권위를 전달하는 말이다(2:28; 8:38; 14:62, 참고. 단 7:13-14). 이 장면을 마가복음 8:31, 즉 "인자"가 치욕을 받고 속죄하고 의인으로 입증될 것임을 표현하는 구절과 대조해보라(참고. 사 53:1-12).[109]

예수님은 가난한 자와 병든 자에 대한 연민 때문만이 아니라 그분의 신

109 참고. 서론의 '그리스도론'.

적 권한을 단언하기 위해서도 중풍병자를 치유하신다(참고. 막 1:22; 2:28). 흔히 그렇듯이 기적은 예수님이 누구인지를 가리킨다(요 5:8-9, 이를 요한이 말하는 "표적"과 비교하라). 독자는 종종 마가의 이야기에서 일반 군중이 서기관들과는 다른 예수님의 권위에 '놀랐다'(반드시 믿음으로 연결되지는 않지만)는 사실을 발견하게 될 것이다.

2:13-14 예수님은 계속 '가르치는 일'에 집중하며 제자들을 빚어내고 계신다('가르침'에 관한 논의는 1:21-22 주석을 참고하라). "나를 따르라"[아콜루테이(*akolouthei*), 2:14]라는 표현은 마가복음에서 무척 중요하다.[110]

새로운 제자인 "레위"(3:18에서는 마태로 불림, 참고. 마 9:9)는 폭등한 세금(예. 생선 거래에서 받는 관세)을 거두면서 갈릴리 지도자인 헤롯 안디바와 협력하는데, 헤롯 안디바는 속국의 왕으로서 압제적인 로마 제국을 섬기는 인물이다. 로마의 세금 제도는 기만적이고 타락하기 쉬웠다. 그래서 법을 지키는 유대인은 동족인 세리를 반드시 피해야 할 도덕적 '죄인'(참고. 막 2:16)의 범주에 넣는다(참고. 2:15-16 주석).

예수님이 십자가의 죽음으로 대리적 속죄를 하실 때가 가까워지는 만큼, 문화적, 종교적, 인종적 그리고 사회적 규범에 따른 차별이 무의미해진다. 하나님의 영원한 나라에 참여하는 새롭고 유일한 기준은 회개(1:14-15), 예수님의 대속적 죽음을 받아들이고 신뢰하는 것(10:45; 14:22-24), 그 결과 그분께 합당한 방식으로 그분을 따르는 것이다.[111] 인간을 여러 계급으로 분리하는 인위적인 방식은 다 무의미하다. 다른 한편, 억압적인 세금 제도와 협력하는 일 같은 사회적 형태의 불의는 피하게 될 것이다. 예수님을 믿은 결과로 회복된 삶을 사는 좋은 본보기는 회심한 세리 삭개오다(눅 19:2-10).

110 다음 구절들에 관한 주석을 참고하라. 1:17-20; 2:15; 6:1; 8:34; 9:38; 10:21; 10:28; 10:32-43; 10:52; 14:54; 15:41.

111 참고. 막 1:18, 20; 8:34; 마 8:22; 눅 9:59. 또한 막 10:21을 보라.

2:15-16 예수님을 따르는 자들은 이제 "제자들"[마테테스(*mathētēs*), 누군가의 뒤를 따라가는 '학습자', 참고. 2:13-14 주석]이라 불린다. 누군가와 '식사할 때 비스듬히 기대는'(ESV 참고) 것은 평화로운 신뢰와 진실한 개인적 용납을 보여주는 자세다. "세리와 죄인들"과 함께 식사하는 것은 논란을 일으킬 만한 행동이었다. 하지만 예수님은 그곳에 있는 아무개의 불법적 행실을 암묵적으로 승인하는 것으로, 그래서 도덕적이고 의식적인 불결함에 암묵적으로 연루되는 것으로 오해받을 위험을 감수하신다. "많은 세리와 죄인들"이라는 어구는 이 형편없는 유대인들(예. 눅 19:7-8; 행 11:1-3)이 모세의 율법을 위반한다는 바리새파의 가르침을 전달한다(참고. 2:13-14 주석). 바리새파의 율법 해석에 따르면, 예수님은 유망한 선지자로서 스스로를 '깨끗하게' 지키고 그런 사람들로부터 분리되어야 마땅하다(레 10:10-11).

"바리새인의 서기관들"은 제2성전 유대교의 대중적 바리새파에 가입한 율법 선생들과 법률가들이다.[112] 하지만 예수님은 제3의 길을 추구하신다. 이는 개인적으로는 율법을 지지하며 순결을 유지하는 한편(마 5:17-20), 치유와 용서의 필요성을 알 만한 모든 사람과 자비롭게 교제하며 그들의 변화를 도모하는 길이다(참고. 막 2:17).

2:17 예수님은 "건강한 자"를 "의인"에 그리고 "병든 자"를 "죄인"에 비유하신다. 모든 청중들, 특히 그분의 적대자들은 스스로 자기가 "의인"의 그룹과 "죄인"의 그룹 중 어디에 속하는지를 판단해야 한다. 거룩한 하나님 앞에서의 피상적인 자기평가와 어려운 사람들에 대한 자비의 부족으로 인해, 그들은 예수님이 보시기에 "병든" 상태고 따라서 "죄인"일 가능성이 크다(참고. 2:23-27; 3:1-5; 7:1-15).

곧 판명되듯이 제자들조차 자신의 마음이 완고하다는 사실을 인식해야 한다(6:52; 7:21-23; 8:15-21, 참고. 롬 3:9, 20-26). 예수님은 자기가 죄인인 것

112 참고. Josephus, *Jewish Wars* 2.119. 요세푸스는 예수님 당시 유대교 내의 다양한 파당들을 구별하고 특히 사두개파, 바리새파, 에세네파 그리고 열심당을 다룬다.

을 인식하는 사람들을 불러 회개하게 하려고 오셨다(막 10:45; 눅 5:32). 훗날 베드로가 이렇게 말하는 것과 같다. "그리스도께서도 단번에 죄를 위하여 죽으사 의인으로서 불의한 자를 대신하셨으니 이는 우리를 하나님 앞으로 인도하려 하심이라"(벧전 3:18). 바울 역시 이렇게 말한다. "그리스도 예수께서 죄인을 구원하시려고 세상에 임하셨다"(딤전 1:15).[113] 다시 한 번, 예수님은 자신이 왜 '왔는지'를 아신다(막 1:38).[114]

응답

제자들은 예수님의 치유 능력과, 악한 귀신을 다스리는 권세뿐만 아니라 직접 죄를 용서하는 권한도 갖고 있다는 그분의 주장도 알게 된다. 유일신을 믿는 유대교에 따르면, 오직 하나님만이 중재되지 않은 용서를 선언할 권한을 갖고 계시므로 이것은 무척 거슬리는 주장이다(2:7).[115]

하지만 예수님은 영원한 삼위일체의 한 분으로서 죄를 용서하시는 만큼, 그분의 주장은 신성모독이 아니다. 이 본문을 달리 해석할 길이 없다. 이는 예수님의 용서, 즉 그분이 궁극적으로 십자가 죽음을 통해 이루시는 그 용서(10:45)가 다른 무엇보다 더 인간 존재에 중요하고 가치 있다는 것을 의미한다. 예수님께서 이루신 속죄의 죽음을 믿음으로 받아들일 때에야 비로소 우리가 하나님 앞에서 용납 받았다는 확신을 품을 수 있다. 이는 영혼을 치유할 뿐더러 그리스도인이 개인적이고 공동체적인 삶의 모든 영역에서 화해된 관계를 추구하도록 용기를 준다. 오늘날의 제자들 역시 스스로 하나님께 반역한 존재들임을 인정하게 된다. 도덕적, 지적, 행위적

113 참고. 요 3:17; 롬 5:6, 8, 10.

114 참고. 눅 12:49; 요 6:41; 8:14, 42; 9:39; 10:10; 16:27-28; 17:8.

115 참고. 느 9:17; 시 103:2-3; 130:4; 사 43:25; 렘 31:34; 단 9:9.

그리고 사회적 차원에서 그렇다. 인류의 죄를 위해 그리스도가 "단번에" 드린 제사(히 7:27; 9:12; 10:10)는 영원히 유효하기 때문에, 예수님이 속죄의 십자가 죽음을 통해 제공하시는 용서를 믿음으로 받아들이는 사람에게 효과가 있다. 그런 용서는 회개하는 인간과 하나님 사이에 영원하고 언약적인(막 14:24) 사랑의 유대를 맺게 해준다. 이 세상에 있는 어떤 것도 이 사랑의 유대를 끊을 수 없다(롬 8:35). 아울러 그런 용서는 다른 사람을 진정으로 용서하기 위한 토대를 놓는다. 자기가 하나님께 용서받았다는 것을 깨달을 때 복수, 분노 그리고 증오의 치명적 순환이 깨어진다. 자기가 다름 아닌 살아 계신 하나님께 그토록 중대한 죄를 용서받았다면, 어떻게 가슴 속 깊이 분노를 계속해서 품을 수 있겠는가(참고. 마 18:21-35)?

더구나 예수님은 의도적으로 멸시받던 세리 및 낙오자들('죄인들')과 함께함으로써, 문화적, 종교적 관습에 도전하면서 화해와 정화의 길을 추구하신다(참고. 사 61:1-2a; 욜 3:1-2). 하나님께서 그분의 백성에게 다가올 때는 공로나 업적에 근거를 두지 않으신다. 오히려 그들의 필요에 근거를 두고 자비와 은혜를 원동력으로 삼으신다. 예수님의 모든 사명은 이 뜻밖의 토대를 근거로 삼아 펼쳐진다. 그 사역은 인간에게는 하나님과의 깨어진 관계를 회복할 능력이 없다는 것을 전제로 삼는다. 여기에는 인간의 반역적인 자율성이 낳은 온갖 역기능적인 개인적, 공동적 그리고 문화적 결과가 포함된다. 그런 과분한 은혜를 불경건한, 반역적인 또는 부도덕한 삶을 살아도 되는 면허증으로 오해하거나 오용해서는 안 된다.

용서의 선물을 주시는 하나님의 깊고 자비로운 사랑은 용서받은 신자들이 늘 하나님께 의존하는 가운데 경건한 삶을 살도록 강권한다. 그런 경건함은 그리스도의 인격과 가르침을 따라 점차 유신론적 세계관, 내면의 순결함, 도덕적으로 순수한 행실, 인간 문화와 사회의 모든 영역에서 공의와 자비를 추구하는 삶을 향해 움직이게 할 것이다. 하나님과 화해한 삶의 능력은 인간 생활의 어느 측면에서 멈추지 않는다. 그 효과는 예술, 가족, 대인관계 그리고 건강의 영역뿐 아니라 경제와 정치와 교육의 영역까지 미친다.

개인적 차원에서 보면, 그리스도를 따르는 사람은 계속해서 예수님께 의존하는 가운데 점점 더 그분을 닮아가게 된다. 그리스도를 닮는 모습은 그리스도를 흉내 내는 것과 뚜렷이 구별될 필요가 있다. 그리스도인은 예수님의 용서와 언약적 포용을 본받아 주께서 보여주신 태도 및 행실과 비슷한 모습을 개발하게 된다. 예수님이 보여주시는 본보기는 그분을 따르는 사람들이 어느 방향으로 나아가야 하는지를 알려준다. 그런 과정을 밟으면서 성장하면 그리스도인은 자기가 본질적으로 다른 어떤 인간보다도 더 낫지 않다고 확신하게 된다.

하나님과 화해한(reconciled) 사람은 과분한 은혜를 받은 사람이다. 그들은 다른 사람들에게 그리스도의 사랑과 진리를 반영하고 표출하도록 부름 받았다. 상대방의 인종, 종교, 민족 또는 다른 어떤 특징과도 상관없이 그래야 한다. 그리스도인은 모든 인간이 하나같이 하나님의 형상을 지닌 존재임을 기억해야 한다. 비록 그 형상이 깨어졌을지라도 말이다. 이는 종교적 이유로 성적 부도덕이나 폭력과 같은 문제를 눈감아준다는 뜻이 아니다. 예수님은 모든 사람을 차별없이 환영하지만, 그분을 따르는 모든 이들에게 구약과 신약의 도덕률에 따라 정신적, 인격적, 성적 변화와 순결을 도모하라고 요구하신다. 그런 순결함은 그리스도의 속죄 사역과 가르침이 그분을 따르는 자들의 삶에 미친 영향의 결과다.

Mark
마가복음
2:18-3:12

2:18 요한의 제자들과 바리새인들이 금식하고 있는지라 사람들이 예수
께 와서 말하되 요한의 제자들과 바리새인의 제자들은 금식하는데 어
찌하여 당신의 제자들은 금식하지 아니하나이까 19 예수께서 그들에
게 이르시되 혼인 집 손님들이 신랑과 함께 있을 때에 금식할 수 있느
냐 신랑과 함께 있을 동안에는 금식할 수 없느니라 20 그러나 신랑을
빼앗길 날이 이르리니 그날에는 금식할 것이니라 21 생베 조각을 낡은
옷에 붙이는 자가 없나니 만일 그렇게 하면 기운 새 것이 낡은 그것을
당기어 해어짐이 더하게 되느니라 22 새 포도주를 낡은 가죽 부대에
넣는 자가 없나니 만일 그렇게 하면 새 포도주가 부대를 터뜨려 포도
주와 부대를 버리게 되리라 오직 새 포도주는 새 부대에 넣느니라 하
시니라

2:18 Now John's disciples and the Pharisees were fasting. And people
came and said to him, "Why do John's disciples and the disciples of
the Pharisees fast, but your disciples do not fast?" 19 And Jesus said
to them, "Can the wedding guests fast while the bridegroom is with
them? As long as they have the bridegroom with them, they cannot fast.
20 The days will come when the bridegroom is taken away from them,

and then they will fast in that day. 21 No one sews a piece of unshrunk
cloth on an old garment. If he does, the patch tears away from it, the
new from the old, and a worse tear is made. 22 And no one puts new
wine into old wineskins. If he does, the wine will burst the skins—and
the wine is destroyed, and so are the skins. But new wine is for fresh
wineskins."[1]

23 안식일에 예수께서 밀밭 사이로 지나가실새 그의 제자들이 길을
[1]열며 이삭을 자르니 24 바리새인들이 예수께 말하되 보시오 저들이
어찌하여 안식일에 하지 못할 일을 하나이까 25 예수께서 이르시되 다
윗이 자기와 및 함께 한 자들이 먹을 것이 없어 시장할 때에 한 일을
읽지 못하였느냐 26 그가 아비아달 대제사장 때에 하나님의 전에 들어
가서 제사장 외에는 먹어서는 안 되는 진설병을 먹고 함께 한 자들에
게도 주지 아니하였느냐 27 또 이르시되 안식일이 사람을 위하여 있는
것이요 사람이 안식일을 위하여 있는 것이 아니니 28 이러므로 인자는
안식일에도 주인이니라

23 One Sabbath he was going through the grainfields, and as they
made their way, his disciples began to pluck heads of grain. 24 And the
Pharisees were saying to him, "Look, why are they doing what is not
lawful on the Sabbath?" 25 And he said to them, "Have you never read
what David did, when he was in need and was hungry, he and those
who were with him: 26 how he entered the house of God, in the time of[2]
Abiathar the high priest, and ate the bread of the Presence, which it is
not lawful for any but the priests to eat, and also gave it to those who
were with him?" 27 And he said to them, "The Sabbath was made for
man, not man for the Sabbath. 28 So the Son of Man is lord even of the
Sabbath."

3:1 예수께서 다시 회당에 들어가시니 한쪽 손 마른 사람이 거기 있는
지라 2 사람들이 예수를 고발하려 하여 안식일에 그 사람을 고치시는
가 주시하고 있거늘 3 예수께서 손 마른 사람에게 이르시되 한가운데
에 일어서라 하시고 4 그들에게 이르시되 안식일에 선을 행하는 것과
악을 행하는 것, 생명을 구하는 것과 죽이는 것, 어느 것이 옳으냐 하
시니 그들이 잠잠하거늘 5 그들의 마음이 완악함을 탄식하사 노하심
으로 그들을 둘러보시고 그 사람에게 이르시되 네 손을 내밀라 하시
니 내밀매 그 손이 회복되었더라 6 바리새인들이 나가서 곧 헤롯당과
함께 어떻게 하여 예수를 죽일까 의논하니라

3:1 Again he entered the synagogue, and a man was there with a
withered hand. 2 And they watched Jesus,[3] to see whether he would
heal him on the Sabbath, so that they might accuse him. 3 And he said
to the man with the withered hand, "Come here." 4 And he said to them,
"Is it lawful on the Sabbath to do good or to do harm, to save life or to
kill?" But they were silent. 5 And he looked around at them with anger,
grieved at their hardness of heart, and said to the man, "Stretch out your
hand." He stretched it out, and his hand was restored. 6 The Pharisees
went out and immediately held counsel with the Herodians against him,
how to destroy him.

7 예수께서 제자들과 함께 바다로 물러가시니 갈릴리에서 큰 무리가
따르며 8 유대와 예루살렘과 이두매와 요단강 건너편과 또 두로와 시
돈 근처에서 많은 무리가 그가 하신 큰일을 듣고 나아오는지라 9 예수
께서 무리가 에워싸 미는 것을 피하기 위하여 작은 배를 대기하도록
제자들에게 명하셨으니 10 이는 많은 사람을 고치셨으므로 병으로 고
생하는 자들이 예수를 만지고자 하여 몰려왔음이더라 11 더러운 귀신
들도 어느 때든지 예수를 보면 그 앞에 엎드려 부르짖어 이르되 당신

은 하나님의 아들이니이다 하니 12 예수께서 자기를 나타내지 말라고
많이 경고하시니라

7 Jesus withdrew with his disciples to the sea, and a great crowd
followed, from Galilee and Judea 8 and Jerusalem and Idumea and from
beyond the Jordan and from around Tyre and Sidon. When the great
crowd heard all that he was doing, they came to him. 9 And he told
his disciples to have a boat ready for him because of the crowd, lest
they crush him, 10 for he had healed many, so that all who had diseases
pressed around him to touch him. 11 And whenever the unclean spirits
saw him, they fell down before him and cried out, "You are the Son of
God." 12 And he strictly ordered them not to make him known.

1) 또는 가며

1 Some manuscripts omit *But new wine is for fresh wineskins* *2* Or *in the passage about*
3 Greek *him*

단락 개관

예수님은 적대자들과 많은 갈등을 겪는 중에도 계속해서 제자들을 가르치신다. 예수님의 강압적인 죽음에 대한 최초의 완곡한 암시가 "빼앗길" 신랑의 은유로 표현된다. 예수님에 따르면, 그 사건이 예수님을 따르는 자들에게 금식할 (그리스도 중심적) 이유를 알려줄 것이다(막 2:19-20). 마가복음 2:18-3:6은 안식일과 관련된 단락과 함께 금식과 안식일 준수에 관한 예수님의 권위 있는 가르침을 묘사한다.

예수님은 금식의 훈련과 안식일 준수의 훈련 중 어느 것도 거부하지 않으신다. 하지만 이런 영적 훈련들과 관련해 철저한 하나님 중심적인 초점을 (다시) 세우신다. 그런 새롭고 비인습적인 가르침은 민중에게 큰 놀라움

을 안겨준다. 아울러 영적 지도자 가운데 질투로 인한 반대를 불러일으키고, 그중 일부는 그분을 죽이려고 한다(3:6). 이 단락은 요약 진술로 마무리된다(7-12절).

단락 개요

II. 1부: 예수의 권위의 입증(1:16-8:26)

A. 갈릴리 사역(1:16-3:12)

3. 갈등 중에 주신 가르침(2:18-3:12)

a. 금식에 관해 가르치시다(2:18-22)

(1) 신랑을 빼앗길 때의 금식(2:18-20)

(2) 낡은 옷과 새 옷을 붙이는 것(2:21)

(3) 새 포도주는 새 부대에(2:22)

b. 안식일 준수에 관해 가르치시다(2:23-28)

(1) 안식일에 곡물을 꺾는 것(2:23-24)

(2) 다윗의 전례(2:25-26)

(3) 예수, 안식일의 주인(2:27-28)

c. 안식일에 병을 고치시다(3:1-6)

(1) 안식일에 병을 고쳐 비난을 받으시다(3:1-2)

(2) 적대자들에게 도전하시다(3:3-5)

(3) 예수님을 죽이려는 음모(3:6)

d. 예수님의 인기가 높아지다(3:7-12, 요약과 전환)

(1) 인기가 높아진 지역(3:7-8)

(2) 치유와 축귀로 인한 인기(3:9-12)

주석

2:18 제2성전 유대교의 시기에는 "금식"이 이스라엘의 구원을 구하고 조상들의 반역에서 돌이키는 수단에 해당했다. 때로는 하나님의 자비와 속죄를 받을 만한 공로로 이용되기도 했다. 이와 대조적으로, 예수님은 "금식"이라는 것을 무엇보다 기도와 회개를 통해 하나님께 순종하는 구체적인 방식으로 보신다(참고. 1:6; 마 11:18). 경건한 금식은 또한 다양한 자비의 행위와 연관되는 것이 바람직하다(사 58:1-12).

예수님이 금식을 영적인 정례 행사가 아니라 하나님께 대한 의존의 성실한 표현으로 다루는 바람에 다시금 반대에 부딪히신다. 예수님이 40일 동안 광야에서 금식하신 뒤에는(막 1:13) 예수님과 제자들이 공적 사역 기간 동안 금식을 하지 않는 듯 보인다(참고. 마 9:14; 눅 5:33). 아마도 예수님은 제자들에게 금식의 진정한 목적을 가르치기 위해 그들과 금식하지 않으신 것 같다.[116]

2:19-20 예수님은 금식 훈련을 거부하지 않으신다. 하지만 금식 행위를 하나님께 대한 직접적인 의존의 한 형태로 분명하게 회복시키신다. 그래서 예수님이 몸으로 그들과 함께 계실 동안에는 혼인 잔치에서 "혼인 집 손님들"이 즐거워하듯이 제자들이 즐거워해야 마땅하다(마 22:2). 하지만 "신랑을 빼앗길" 때는 그들이 금식할 것이다(참고. 막 14:7).[117] 예수님이 '빼앗기는' 것에 관해 말씀할 때는 이사야 53:8(칠십인역)을 암시하신다. 이 본문에서 그 헬라어 단어의 동일한 어원 아파르테(*aparthē*, '내가 빼앗다')가 사용되기 때문이다. 따라서 예수님은 금식을 하나님에 대한 집중적이고 의도적인 의존의 행습으로 회복시키신다. 예수님은 또한 마가복음 2:20에서

116 참고. 2:19-20 주석.

117 참고. 마 6:16-18; 행 10:30; 고전 7:5.

처음으로 자신의 강압적인 죽음에 대해 완곡하게 말씀하신다(참고. 사 53:8). 이사야 53:1-12에서 여호와의 종은 그분의 백성을 구원하려고 대리적 죽음을 감내한다.[118] 날마다 부활의 소망과 삶을 바라보는 맥락이기는 하지만, 장래에는 금식할 기회가 충분히 있을 것이다.

2:21 "낡은 옷"에 대고 기울 수 없는 "생베"(누이지 않은 베-옮긴이 주)의 그림은 현재의 맥락에서 "낡은 옷"이 자기중심적인 종교 생활(즉, 영적인 정례 행사)을 거론한다는 것을 시사한다. 다른 한편, "생베"는 예컨대 금식으로 표현되는 하나님 의존적인 신뢰를 말한다(참고. 18-20절). 예수님이 지금 제자들과 함께 계시기 때문에 그들 가운데 하나님 의존적인 믿음이 회복되는 것이다. 이 본문은 오랜 또는 전통적인 교회 구조가 성령의 사역과 얼마나 양립할 수 있는지의 문제는 다루지 않는다.

2:22 "새 포도주"와 "낡은 가죽 부대"의 그림은 21절과 똑같은 논점을 설명한다. "새 포도주"는 하나님의 아들 예수님을 믿는 데서 나오는 하나님 의존적인 믿음을 상징하는 한편,[119] "낡은 가죽 부대"는 자기중심적인 판에 박은 경건을 상징한다. 예수님은 오직 그분만 가져올 수 있는 하나님 중심적인 경건을 요구하신다. 예수님을 따르는 이들은 언제나 예수님의 속죄에 따른 의로움(10:45)과 경건을 도모하는 그분의 능력에 의존한다.[120]

2:23-24 금식과 예수님에 대한 개인적 의존 간의 인과관계(18-22절)가 이번에는 "안식일"을 지키라는 창조명령(참고. 창 2:3)에 적용된다. 예수님 당시 유대와 갈릴리 유대교에서는 무엇이 '합법적'인가 하는 질문이 가장

118 참고. 서론의 '그리스도론'.

119 참고. 새 포도주가 '말이 가득한 것'으로 나오는 욥 32:18-20.

120 마 6:33; 롬 3:26; 딛 3:5; 벧전 2:24; 3:18.

중요했다(막 2:26; 3:4; 6:18; 10:2; 12:14). 신명기 23:25에 따르면, 배가 고픈 경우에는 자기가 지나가는 어느 밭에서든 '곡물의 이삭'(막 2:23)을 먹는 것이 허용되었다(참고. 2:25-26; 3:4). 하지만 "안식일"에 일하는 것은 허용되지 않았고(예. 출 20:10; 34:21; 신 5:14), 이를 의도적으로 무시할 경우 죽음의 형벌을 받을 수 있었다(출 31:13-17).

예수님 당시 바리새파의 접근은 배고픈 경우에도 이삭줍기 같은 것조차 금지함으로써 안식일에 일체의 노동을 못하도록 경계하는 입장이었다(참고. 요 5:10).[121] 예수님은 모세의 율법을 지지하고 지키고 성취하는 한편(마 5:17-20), 인간 전통을 율법의 명시적 목적과 혼합하는 것(막 7:5, 8)은 물론 폭넓은 인간 중심적인 율법 해석(마 5:21-48)에 도전하신다.[122]

2:25-26 먼저 예수님은, 바리새인의 편협한 해석이 예컨대 다윗이 처했던 극한적이고 어려운 상황(삼상 21:1-10)과 부합하지 않는다고 강조하신다. 통상적 규칙과 반대로, 다윗은 심지어 "진설병을 먹[기]"까지 했다(참고. 출 40:23; 레 24:5-8). 인간의 절박한 필요가 있을 경우에는 그렇지 않으면 금지될 법한 어떤 행동도 허용되었다고 예수님이 말씀하신다(레 24:9).[123] 이로써

121 미쉬나, 샵바트 7:2. 랍비 아키바(주후 135년경)가 "(선조들)의 (구두) 전통은 토라를 둘러싼 울타리다"(미쉬나, 아보트 3:13)라고 가르친 것으로 유명하다.

122 참고. 2:26 주석; 3:4 주석; 6:18 주석; 7:1-23 주석; 10:2 주석; 12:14 주석.

123 다윗이 처한 위험한 상황은 아비아달의 아버지인 아히멜렉(삼상 22:20; 23:6, 9)이 여전히 대제사장(대체로 "제사장"이라 불렸지만, 삼상 22:11, 14-16)이었을 때 일어났다. 아히멜렉의 살해는 사무엘상 22:18에 서술되어 있다. "아비아달 대제사장 때에"라는 어려운 어구는 두 가지 방식으로 해석될 수 있다. (1) "아비아달의 때에"(정확히 말하면, 그는 이미 제사장 집안에 속해 있으나 나중에야 대제사장이 되었다)에 나오는 에피(*epi*, "in")를 시간 전치사로 해석하는 것이다. (2) 더 나은 대안은 전치사 에피(소유격과 함께)를 성경 속의 한 장소를 언급하는 것(참고. 막 12:26)으로 해석하고, 소유격과 함께하는 "에피"가 명시적으로 불타는 떨기나무 내러티브(출 3:1-2, 참고. 눅 20:37)를 담고 있는 "모세의 책" 속의 하부 단락을 가리키는 것으로 보는 것이다. 둘째 대안에 기반을 두면 이 어구는 "아비아달 대제사장에 관한 대목(즉, 성경 단락)에서"가 된다. 유일하게 살아남은 제사장인 아비아달(삼상 22:20)은 사무엘상 21:1에서 30:7(삼하, 왕하, 대상도 참고하라)에 걸친 성경 단락에서 가장 뛰어나고 훌륭한 제사장적 인물이고, 아히멜렉 집안 출신 중에 기름 부음을 받은 다윗 왕에게 충성한 유일한 제사장이었다. 이 둘째 대안은 예수님이 마가복음 2:25에서 (공적인?) 성경 읽기를 언급하신 것에 의해 지지를 받을 수도 있다.

예수님은 안식일 법이 절대적이지 않다는 것을 입증하신다.

2:27-28 이후 예수님은 인류가 안식일에 제한되면 안 된다고 말씀하신다. 오히려 안식일의 창조 질서(창 2:3)는 인류에게 복으로 주어진 것이다. 안식일은 영적 및 신체적 휴식, 재충전 그리고 하나님의 길과 목적에 다시 초점 맞추기 등을 위해 주어졌다. 금식의 경우와 마찬가지로, 그리스도인은 안식일의 쉼에 들어갈 때 예수님에게 의존하는 자세로 삼위일체 하나님과 살아 있는 관계를 개발해야 한다. 따라서 다양한 영적 훈련들의 열쇠는 하나님에 대한 지속적인 의지 및 그분과의 교제를 연습하는 것에 있다.

예수님은 다시 "인자"로서 지닌 그분의 특별한 권위("주인", 퀴리오스)를 강조하신다. 여기서는 자신이 안식일의 주인이라고 선언하신다.[124] 사실 인간은 안식일이라는 하나님의 창조 질서로부터 섬김을 받아야 한다(막 2:27). 그들이 안식일의 주인을 섬길 때에만 그렇게 될 수 있다.

3:1-2 다시 한 번 예수님이 바리새인의 편협한 율법 해석에 도전하신다. 이번에는 안식일에 한 장애인("손이 오그라든 사람", 새번역, 참고. 왕상 13:4)을 치유하는 행동과 관련이 있다. 바리새파 서기관들은 치유하는 행동이 노동에 해당되므로 안식일을 범하는 것이라고 가르친다(참고. 2:23-24 주석; 1:21-27도 보라). "고발하[다]"에 대한 언급은 전문적 뉘앙스를 지닌다. 즉, 예수님의 적대자들이 그분을 고소할 증거를 모아서 소송을 제기하려 한다는 뜻이다(참고. 2:7; 3:6). 하지만 예수님은 계속해서 율법을 지키고 성취하신다(마 5:17-18).

3:3-5 예수님의 적대자들은 그분을 위협할 수 없다. 예수님은 많은 치유 사역(예. 1:44)과 뚜렷이 대조되는 모습으로, 이번에는 적대자들의 위선을

124 죄 용서와 관련해서는 2:10 주석을 참고하고(참고. 2:19-20), "인자"라는 어구에 관해서는 서론의 '그리스도론'을 참고하라.

노출시키고 도전하기 위해 의도적으로 안식일에 장애인을 치유하는 행동을 공적 사건으로 드러내신다(참고. 2:23-24 주석). 예수님이 손 마른 사람에게 하시는 말씀은 문자적으로 "한가운데 일어서라" 또는 '일어나서 우리와 합류하라'이다. 예수님의 적대자들은 스스로 '안식일을 지키고 있다'고 생각하지만, 사실은 "생명"과 자비를 희생시킨 채 그들 나름의 교훈(7:8)을 따르고 있는 셈이다(참고. 마 6:24; 25:31-46).[125] 그들은 '안식일을 지키려는' 주관적인 열정에 사로잡혀 중요한 사실을 간과한다. 안식일을 지키는 사람의 태도가 경배, 헌신, 일상 노동으로부터의 안식을 중심으로 삼는다면, 자비를 베풀라는 명령은 안식일 준수를 위태롭게 하기보다 오히려 존엄하게 한다는 사실이다.

예수님의 질문(막 3:4)은 안식일의 창조 질서(창 2:3)가 자비로운 행위나 생명 구원에 반대하여 제정된 것이 아니라는 뜻을 함축한다(참고. 약 4:17). 하나님께서 이루신 선한 창조의 취지는 생명을 보존하고 지키는 것을 뒷받침한다. 적대자들의 침묵(참고. 왕상 18:21)은 그들이 예수님의 도발적인 질문에 '그렇다'고 답해야 한다는 것을 알고 있음을 시사한다. 하지만 그렇게 응답한다면, 그들은 전통에 대한 바리새파의 헌신을 위태롭게 할 것이다(참고. 막 7:5, 8). 모세의 율법 둘레에 안전한 울타리를 만드는 그들의 전통은, 좋은 의도를 갖고 있었으나, 모세 율법의 목적을 파악하지 못한 것이었다. 그 목적은 백성에게 "오직 정의를 행하며 인자를 사랑하며 겸손하게 네 하나님과 함께 행하는 것"(미 6:8)을 격려하는 일, 말하자면 전반적인 구속-역사적 사역을 추진하는 하나님의 선교와 협력하는 것이다.

때로는 예수님이 "그들의 마음이 완악함을 탄식하사 노하심으로" 반응하신다(막 3:5, 참고. 6:52; 8:17; 눅 10:5; 요 11:33). 특히 마가복음 7-8장에서는(주석을 보라) 예수님이 그분을 따르는 자들의 완고함에 대해 염려하시는 모습이 세세히 강조될 것이다. 이 시점에서는 적대자들의 완고함을 폭로하

125 주후 2세기의 미쉬나, 요마 8:6은 병자의 생명이 위태로울 경우에는 안식일에 약품을 주는 것을 허용한다.

신다[포로시스(*pōrōsis*), "완고해짐, 무감각함, 고집불통, 연민이나 이성에 둔감함"[126], 이 단어는 이곳과 막 4:10-12//사 6:9-10; 막 4:33; 7:6, 21에 나온다]. 결국 그분은 완고한 마음이라는 심각한 질병을 직면하도록 제자들에게 도전하실 것이다(6:52; 8:15, 17-21, 참고. 렘 5:21).

3:6 율법을 준수하는 "바리새인들"과 기회주의적인 "헤롯당"(즉, 갈릴리의 헤롯 안디바와 한패) 사이에는 당연히 많은 차이점이 있다. 하지만 공동의 적인 예수님이 그들로 공동의 길을 가게 한다. 그래서 바리새인들이 "헤롯당과 함께…의논[한]"[127] 것이다(막 8:15; 12:13; 15:1).[128] 여기서 바리새인들의 위선을 간과할 수 없다. 그들은 예수님이 죄인들과 함께 먹는다고 비난하면서도(2:16), 기회주의적이고 도덕적으로 의심스러운 안디바와 협력하기 때문이다. 이 경우에는, 갈릴리에서 권력을 잡은 헤롯 안디바가 사형을 선고할 수 있기 때문에 특히 그의 협조가 필요했다.

안식일 법에 대한 그들의 율법주의적 해석을 감안하면, 바리새인들은 예수님을 신성모독(2:7)과 안식일 위반(출 31:14; 요 5:18, 그리고 막 14:1-2에 나오는 아이러니를 주목하라)의 죄로 고발한 후 '없애는'("죽이는", 참고. 11:18; 12:12) 것이 정당하다고 느낀다. 그들이 또한 현존하는 로마 제국의 파괴력을 두려워하는 것도 이해할 만하다(요 11:48). 예수님의 인기가 민중의 뜻, 산헤드린[129], 헤롯당의 권력과 로마 간의 불안정한 권력 균형을 갈수록 위협하기 때문에, 헤롯 안디바와 동료들이 그 계획에 찬동한다. 즉 예수님은 여러 전통과 이해관계들이 합쳐진 거대하고 이질적인 복합체에 도전하시는 셈이다. 그 결과 생명을 가져오는 분이 죽임을 당할 것이다(참고. 행 3:15).

126 Zerwick, *Grammatical Analysis*, 108.

127 이는 공식적 협의를 가리키는 전문적 어구다. 참고. *NIDNTT*, 2:343, 3:441-443.

128 참고. 시 2:1-2.

129 막 11:18; 12:12; 14:1-2. 참고. 요 11:47.

3:7-8 예수님의 명성은 커져가는 반대 세력과 상관없이 점점 더 널리 퍼졌다. 갈릴리의 여러 지역에서, 남쪽으로는 유대와 이두매, 동쪽으로는 요단 동편, 그리고 북서쪽으로는 시돈과 두로에 이르기까지 도처에 알려진 상황이다(마 4:24-25, 참고. 막 7:24-30). 이 모든 지역은 사사 시대 동안 옛 이스라엘에 속했던 곳이다. 바벨론 포로 생활 이후에 그리고 특히 주전 167-164년에 일어난 성공적인 마카비 반란과 헤롯의 유대 인구증가 정책의 결과로 열두 지파의 다양한 후손이 이 지역들에 재정착했다.[130] 강조를 위한 문학적 수미상관 구조가 주목을 끈다. "많은 사람이 따라왔다"(3:7, 새번역). "많은 사람이 그가 하신 모든 일을 소문으로 듣고, 그에게로 몰려왔다"(8절, 새번역).

3:9-12 예수님은 특히 수많은 치유와 축귀 사역으로 인해 갈수록 더 유명해지신다(3:11-12; 4:1; 5:24).[131] 많은 사람이 그분을 만지기라도 하려고 애쓴다(5:27, 30; 6:56, 참고. 1:41-42 주석). 예수님은 인기에 개의치 않으신다. 그분의 주된 목표는 여전히 가르치는 것(참고. 1:21-22 주석)과 사람들이 회개하여 하나님의 통치 아래 살도록 도전하는 것(참고. 1:14-15)이다. 뿐만 아니라 예수님은 악한 귀신들에게 그분에 관해 말하지 말라고 경고하신다(3:12).[132] 설령 귀신들이 참된 말("당신은 하나님의 아들이니이다", 11절)을 할지라도 그들의 의도는 언제나 악하고, 억압적이며, 죽음과 결부되어 있기 때문이다.[133] 그들은 다시금 예수님의 이름을 말함으로써 그분을 통제하려고 한다.

130 참고. 서론의 '그리스도론'.

131 이를 역대상 14:17에 서술된 다윗의 명성과 평판과 비교해보라.

132 참고. *NIDNTT*, 3:474.

133 참고. 막 1:24, 34; 5:7, 15:39; 눅 4:41. 서론의 '그리스도론'을 보라.

응답

예수님은 금식과 안식일 준수에 대해 당시 바리새인의 모세 율법 해석과 대조되는 방식으로 가르치신다. 그분은 구약의 생활 훈련에 대해 결코 논박하지 않는 한편, 철저히 하나님 중심적이고 하나님 의존적인 토대를 (다시) 소개하면서 이런 훈련들이 하나님께 순종하는(그리고 그분 앞에서 안식하는) 태도를 더 굳건하게 해야 한다고 주장하신다. 마가복음에서 예수님의 죽음에 대한 최초의 완곡한 예언은 신랑을 "빼앗[기는]"(2:19-20, 참고. 사 53:8; 10:45 주석) 이미지와 함께 나온다. 그런 극적인 미래 사건에 반응하여 금식하는 것은 영적 훈련을 실천할 중요한 이유가 된다. 현재의 맥락에서는 제자들의 금식이 탄식의 반응을 불러온다. 하지만 금식에는 "신랑"의 재림을 간절히 기다리는 의식이 스며 있기도 하다(막 2:20, 참고. 14:25).

그리스도를 따르는 사람들은 장차 어떤 시기에 이르면 하나님께 대한 의존의 표현, 그리스도의 죽음에 대한 묵상 그리고 하나님의 개입에 대한 간절한 기대로서 금식을 할 것이다. 또한 안식과 더불어 하나님께 집중하는 날을 귀하게 여길 것이다. 그들은 그런 훈련에 참여하되 하나님 앞에서 은총을 받기 위한 방도가 아니라 성령으로 중재되는 예수님의 구속적 임재 안에 사는 결과로 그렇게 할 것이다. 금식은 자비로운 행위들과 연관이 있고, 기도하면서 하나님께 순종하는(그리고 그분 앞에서 잠잠히 기다리는) 특정한 방식이다(3:1-5, 참고. 사 58:1-2). 예수님을 따르는 사람들은 안식의 날에 하나님 앞에서 방향을 바로잡고 그분을 (생명을 주시는) 존재의 중심으로 인정한다(막 2:28; 사 58:13-14, 참고. 히 4:9). 이런 훈련들은 예수님을 통해 하나님과의 영원한 평화와 진정한 삶을 발견한 것에 대한 깊은 감사에서 나온다. 또한 제자들이 그 나름의 즐거움을 구하는 일이나 자기중심적인 삶을 추구하는 길에서 돌아섰음을 보여준다(사 58:3, 13).

하나님의 자비에서 흘러나오는 평안과 참 생명은 신자가 그리스도를 따르는 자로서 정결케 되고 성숙해지는 과정이 낳는 결과일 뿐 아니라 그 토대이기도 하다. 금식과 안식일을 지키는 것은 하나님에게서 나온 새 생명이 성숙해가는 모습의 본질적 측면들이다. 이런 가르침을 일반적으로 적용하면, 예수님을 따르는 사람은 제각기 성장 과정에서 배운 모든 전통과 문화적 관습을 재고하고 재평가할 필요가 있다. 제자는 그런 전통과 관습이 하나님 나라의 문화와 부합하는지, 아니면 대립하는지를 분별해야 한다. 일부 전통들은 하나님의 목적과 일치하고 그분의 성품을 반영하려면 변화되어야 할 수도 있다(참고. 막 2:21-22). 일부 전통들은 배격될 필요가 있고, 일부 관습은 우주의 하나님을 영예롭게 하는 방향으로 수정될 수도 있다.

예수님은 오직 하나님께만 속한 특권인 직접적인 죄 용서의 권한을 갖고 있다는 주장으로 인해(참고. 2:10), 신성모독에 대한 고발의 위기에 처할 뿐 아니라(참고. 2:7) 이제는 적대자들이 그분을 죽이기로 결의하게 되었다(3:6). 예수님의 용기 있는 행동과 가르침은 일부 사람들을 깜짝 놀라게 한 반면(3:7-12에서 그분의 인기가 높아지는 장면을 보라), 다른 이들로 반대의 목소리를 높이게 했다. 그래서 마가 이야기의 드라마가 펼쳐지는 무대가 마련되었고, 이 이야기는 이런 흐름들을 한층 더 분명하게 보여준다. 우리가 주목할 중요한 점이 있다. 이런 교차 관계 내에서 예수님은 그 자신의 고난과 죽음과 부활을 예언하는 가운데 제자도로의 부르심을 더욱 진전시키고 또 날카롭게 다듬으신다는 사실이다.

예수님이 버림받으신 것처럼, 그분의 제자들도 다양한 방식으로 버림받을 것이다. 신체적 박해가 그리스도께 속했다는 이유로 인한 유일한 결과는 아니다. 예수님과 그분을 따르는 자들에 대한 반대는, 예컨대 사탄적, 문화적, 종교적, 지성적 그리고 민족적 진영들에서도 올 수 있다. 예수님의 능력에 대한 믿음은 이전에 품었던 자신에 대한 믿음을 대체해야 한다. 제자들은 질병, 귀신 그리고 장로들의 가르침을 지배하는 능력을 가진 분이 우리를 하나님으로부터 근본적으로 분리시키는 죄를 제거할 권위도 갖고 계시다는 것을 깨달아야 한다(10:45; 14:22-25에 비추어 2:9을 보라). 제자들의 깨어진 상태를 아시는 예수님은 "병든 자"(2:17)를 부르려고 오셨다. 그분을 따르면 용서와 치유를 받을 수 있다. 하나님과 화해한 사람은 점점 더 하나님께 의존하며 살고, 금식과 안식일을 하나님을 신뢰하는 법을 연습하는 기회로 간주하고, 따라서 하나님의 성품을 점점 더 닮아갈 것이다.

하나님께 의존하며 살고, 금식과 안식일을 하나님을 신뢰하는 법을 연습하는 기회로 간주하고, 따라서 하나님의 성품을 점점 더 닮아갈 것이다.

3장

Mark

마가복음

3:13-35

13 또 산에 오르사 자기가 원하는 자들을 부르시니 나아온지라 14 이
에 열둘을 세우셨으니 이는 자기와 함께 있게 하시고 또 보내사 전도
도 하며 15 귀신을 내쫓는 권능도 가지게 하려 하심이러라 16 이 열둘
을 세우셨으니 시몬에게는 베드로란 이름을 더하셨고 17 또 세베대의
아들 야고보와 야고보의 형제 요한이니 이 둘에게는 보아너게 곧 우
레의 아들이란 이름을 더하셨으며 18 또 안드레와 빌립과 바돌로매와
마태와 도마와 알패오의 아들 야고보와 및 다대오와 [1]가나나인 시몬
이며 19 또 가룟 유다니 이는 예수를 판 자더라

13 And he went up on the mountain and called to him those whom he
desired, and they came to him. 14 And he appointed twelve (whom
he also named apostles) so that they might be with him and he might
send them out to preach 15 and have authority to cast out demons.
16 He appointed the twelve: Simon (to whom he gave the name Peter);
17 James the son of Zebedee and John the brother of James (to whom
he gave the name Boanerges, that is, Sons of Thunder); 18 Andrew, and
Philip, and Bartholomew, and Matthew, and Thomas, and James the

son of Alphaeus, and Thaddaeus, and Simon the Zealot,[1] 19 and Judas
Iscariot, who betrayed him.

20 집에 들어가시니 무리가 다시 모이므로 식사할 겨를도 없는지라
21 예수의 친족들이 듣고 그를 붙들러 나오니 이는 그가 미쳤다 함일
러라

20 Then he went home, and the crowd gathered again, so that they could
not even eat. 21 And when his family heard it, they went out to seize
him, for they were saying, "He is out of his mind."

22 예루살렘에서 내려온 서기관들은 그가 바알세불이 지폈다 하며 또
귀신의 왕을 힘입어 귀신을 쫓아낸다 하니 23 예수께서 그들을 불러다
가 비유로 말씀하시되 사탄이 어찌 사탄을 쫓아낼 수 있느냐 24 또 만
일 나라가 스스로 분쟁하면 그 나라가 설 수 없고 25 만일 집이 스스로
분쟁하면 그 집이 설 수 없고 26 만일 사탄이 자기를 거슬러 일어나 분
쟁하면 설 수 없고 망하느니라 27 사람이 먼저 강한 자를 결박하지 않
고는 그 강한 자의 집에 들어가 세간을 강탈하지 못하리니 결박한 후
에야 그 집을 강탈하리라

22 And the scribes who came down from Jerusalem were saying, "He
is possessed by Beelzebul," and "by the prince of demons he casts out
the demons." 23 And he called them to him and said to them in parables,
"How can Satan cast out Satan? 24 If a kingdom is divided against itself,
that kingdom cannot stand. 25 And if a house is divided against itself,
that house will not be able to stand. 26 And if Satan has risen up against
himself and is divided, he cannot stand, but is coming to an end. 27 But
no one can enter a strong man's house and plunder his goods, unless he
first binds the strong man. Then indeed he may plunder his house.

28 내가 진실로 너희에게 이르노니 2)사람의 모든 죄와 모든 모독하는
일은 사하심을 얻되 29 누구든지 성령을 모독하는 자는 영원히 사하심
을 얻지 못하고 영원한 죄가 되느니라 하시니 30 이는 그들이 말하기
를 더러운 귀신이 들렸다 함이러라

28 "Truly, I say to you, all sins will be forgiven the children of man, and
whatever blasphemies they utter, 29 but whoever blasphemes against
the Holy Spirit never has forgiveness, but is guilty of an eternal sin"—
30 for they were saying, "He has an unclean spirit."

31 그때에 예수의 어머니와 3)동생들이 와서 밖에 서서 사람을 보내어
예수를 부르니 32 무리가 예수를 둘러앉았다가 여짜오되 보소서 당신
의 어머니와 3)동생들과 누이들이 밖에서 찾나이다 33 대답하시되 누
가 내 어머니이며 3)동생들이냐 하시고 34 둘러앉은 자들을 보시며 이
르시되 내 어머니와 내 3)동생들을 보라 35 누구든지 하나님의 뜻대로
행하는 자가 내 형제요 자매요 어머니이니라

31 And his mother and his brothers came, and standing outside they sent
to him and called him. 32 And a crowd was sitting around him, and they
said to him, "Your mother and your brothers[2] are outside, seeking you."
33 And he answered them, "Who are my mother and my brothers?"
34 And looking about at those who sat around him, he said, "Here are
my mother and my brothers! 35 For whoever does the will of God, he is
my brother and sister and mother."

1) 아람어에서 온 말로 열심당원이라는 뜻이다 2) 헬, 인자들의 3) 또는 형제들

1 Greek *kananaios*, meaning *zealot 2* Other manuscripts add *and your sisters*

단락 개관

예수님은 핵심 제자 그룹과 관계를 맺는 둘째 단계에 들어가신다. 그들을 뚜렷한 그룹으로 골라내는 것은 그분의 보호와 지도를 받아 결국에는 예수님의 삶과 죽음과 부활에 대한 믿을 만한 증인으로 삼으시기 위해서다(참고. 행 1:8). 당분간은 열두 제자가 예수님과 함께 있으면서 메시지를 전파하고 귀신을 쫓아낼 준비를 함으로써 말과 행동에서 그분의 본보기를 따를 필요가 있다(막 3:13-19). 이렇게 해서 범세계적인 하나님의 백성을 소집할 영원한 토대가 놓인 것이다.

예수님에 대한 반대는 그분의 자연 가족(20-21, 31-35절)과 이스라엘의 종교 지도자들(22-30절)로부터 일어난다. 이를 계기로 예수님은 과연 누가 새롭고 영원한 하나님의 가족에 속하는지를 선언할 기회를 잡으신다(33-35절).

단락 개요

II. 1부: 예수의 권위의 입증(1:16-8:26)
- B. 갈릴리 사역의 절정(3:13-6:6)
  - 1. 열두 제자의 임명, 비난 그리고 하나님의 가족(3:13-35)
    - a. 열두 제자를 임명하시다(3:13-19)
      - (1) 열두 제자들과 사도들의 임명(3:13-15)
      - (2) 제자들의 이름(3:16-19)
    - b. 가족이 예수님을 비방하다(3:20-21)
    - c. 예수님이 귀신 들린 것으로 비난을 받으시다(3:22-30)
      - (1) 예수님의 변호(3:22-27)

(2) 성령을 모독하는 용서받을 수 없는 죄(3:28-30)

d. 예수님 가족의 반대, 하나님의 진정한 가족(3:31-35)

주석

3:13-15 때때로 마가는 예수님이 취하신 행동을 언급하지 않은 채 가정하기만 한다. 예컨대 여기서 독자는 예수님이 그동안 제자들을 더 많이 부르셨다는 것을 알게 된다. 이제 그분은 그들을 "산"으로 부르신다. 산은 기도(6:46, 참고. 마 14:23; 눅 9:28; 요 6:15), 결정(눅 6:12-13), 가르침(마 5:1; 요 6:3), 치유(마 15:29-30) 그리고 계시(막 9:2, 9; 13:3-4; 마 28:16; 행 1:8, 12, 참고. 출 19:3-6)의 장소가 될 수 있다.

예수님은 특정한 과업(참고. 막 3:16)을 위해 제자들을 선택해서 '임명하신다'[포이에오(*poieō*), '내가 만들다']. 이 단어(포이에오)는 "어떤 과업에 임명하다"라는 뜻으로 칠십인역과 신약의 다른 곳에도 사용된다.[134] 그분은 많은 추종자들에 가운데 '열두' 제자(예. 3:16; 4:10; 14:10, 17, 20, 43)를 선택하신다. 예수님은 "자기가 원하는 자들을 부르[셨고]"(3:13), 그들은 다음 두 가지 과업을 받았다.

(1) 무엇보다도 그들이 '그분과 함께 있도록' 하셨다. 예수님과 교제를 나누는 것은 제자도로의 부르심(참고. 1:17, 20; 2:14; 3:13), 즉 제자들이 믿을 만한 전인적 증인들로 빚어지는 일을 돕는다(14:33; 5:18과 대조해보라).

134 삼상 12:6; 왕상 12:31; 13:33; 마 19:28; 행 2:36. 아울러 출 18:25도 보라.

(2) "예수께서…그들을 내보내[셨다]"(새번역, 참고. 1:17; 6:7, 30; 9:37). 열두 제자는 예수님의 모든 공적 사역을 직접 목격한 자들이라는 점에서 대체할 수 없는 독특한 사도다. 초기 기독교에서는 특정한 과업을 위해 위임을 받거나 대리로 임명되는 사람을 '사도'라고 불렀는데, 이는 그 용어의 2차적인 의미다.

신약 바깥의 동시대 문헌들에서는 사도[헬. 아포스톨로스(*apostolos*), 히. 샬리아흐(*shaliakh*)][135]라는 용어가 다양한 맥락에서 선적 송장, 군사 작전, 여행용 서류 또는 위임받은 정치 대표단을 언급할 수 있다.[136] 코이네 헬라어(성경에 기록된 헬라어) 이전에는 현존하는 용법이 드물지만, 이 용어가 때로는 대표단의 의미로 사용된 것을 문헌으로 증명할 수 있다.[137] 헬라어판 구약에 이 단어(아포스톨로스)가 몇 번 나오는데, 이는 히브리어 용어(샬리아흐, '메신저')[138]를 번역한 것이다. 유대인 역사학자 요세푸스는 이 용어를 위임받은 사자(使者)들의 대표단이라는 의미로 사용한다.[139] 누가복음-사도행전에서는 이 단어가 거의 열두 제자를 언급하는데(갈 1:17도 보라), 여기서는 '사도'를 예수님이 세례 요한의 세례를 받으신 때부터 죽음과 부활까지 그분과 함께 있었던 사람으로 좁게 정의한다(참고. 행 1:15, 22-26). 그러므로 바울[140]과 야고보(예수님의 형제, 고전 15:5, 7; 갈 1:19)의 사도 직분과 관련해 신중하게 진술하는 것을 주목할 필요가 있다. 누가복음-사도행전에서 '사도'라는 용어의

135 참고. K. H. Renstorf, *TDNT*, 1:398-447. 이 단락의 내용에 대해서는 Bayer, *Apostolic Bedrock*, 113-114, 특히 113n166을 보라.

136 예. P. Oxy. 3.522, line 1; 9.1197; 10.1259.

137 Herodotus, *Histories* 1.21, 5.38.

138 참고. 칠십인역 3 Kings(마소라 본문 열왕기상) 14:6; 아퀼라(Aquila)역 3 Kings 14:6; 심마쿠스(Symmachus)역 이사야 18:2.

139 Josephus, *Antiquities* 17.300.

140 고전 9:1-2; 15:9; 살전 2:6; 딤전 2:7; 딤후 1:11.

좁은 정의에 해당되지 않는 예외적인 구절은 단 2개(행 14:4, 14)밖에 없는데, 모두 바나바(와 바울)에게 사용된 경우다. 이는 어쩌면 훗날 교부들 사이에 쓰일 용법을 내다보는 것일지 모른다. 교부 시대에는 '사도'라는 말이 복음 전도 또는 새로운 교회 개척을 위해 교회가 위임한 사람을 지칭하기 때문이다.[141]

열두 제자의 부르심이 네 편의 복음서에 모두 기록되어 있고, 이들이 특별한 방식으로 예수님에게 배운다는 것, 또한 예수님이 죽음과 부활 이후에 그분에 대해 증언하게 하려고 이들을 임명하셨다는 것에 주목할 필요가 있다.[142]

그들은 예수님에게 의존한 메신저들로서 예수님이 행하고 가르치신 것을 행하고 또 구현하도록 부름 받았다. 그들은 (1) 말씀, 특히 하나님의 통치에 관한 말씀을 '전파하고'("전도도 하며", 참고. 1:14, 39; 6:12; 눅 9:2), (2) "귀신을 내쫓[도록]"(참고. 막 1:34, 39) 부름 받았다. 마가복음 6:13은 그들이 또한 병을 고치기 위해 나갔다고 덧붙인다. 예수님의 행위와 제자들의 행위의 유사점은, 축귀와 치유의 은사가 있든 없든 간에, 제자도의 본질을 이해하는 길을 닦아준다. 즉 예수님이 속죄의 고난으로 낮아지고 부활로 의인으로 인정받으신 것처럼, 그분의 제자들도 고난으로 낮아지고 하나님의 방식으로 그분의 때에 의인으로 인정받을 것이다. 예수님과 제자들 사이에는 비슷한 패턴이 있다. 한편 예수님이 겪은 고난의 독특성은 그분이 '많은 사람'의 죄를 대속하신다는 사실에 있는 반면, 제자들은 증언과 정화의 수단으로 고난을 당한다.

그들의 부르심은 6:7-12, 30에서 행동으로 옮겨질 것이다. 무엇보다 먼저 예수님은 이스라엘 열두 지파의 후손에게 하나님의 통치를 선언하신다(그런데 7:27을 보라). 그래서 "열둘"은 온 세계로 파송되기 전에 예수님의 사

141 참고. 디다케 11:3-12; 14:16; Justin Martyr, *Dialogue with Trypho* 75.3.

142 참고. *NIDNTT*. 1:136.

역 초기에 이 지파들의 상징적 대표로서 사역하게 될 것이다(13:9-13).[143]

3:16-18 세 제자로 구성된 핵심층(참고. 1:29-31 주석; 5:37 주석; 9:2 주석; 9:38-40 주석; 10:35 주석; 10:41 주석; 13:3 주석; 14:32-36 주석)이 맨 처음 언급된다. 세 제자는 각각 새로 받은 이름(참고. 왕하 24:17; 단 1:7)으로 불린다. 즉, 시몬(막 1:6)은 "베드로"("반석", 마 16:18; 요 1:42; 고전 15:5)로, 야고보와 그의 남동생 요한(마 17:1; 막 1:19)은 "보아너게"("우레의 아들", 예. 1:29; 5:37)로 불린다. 요한은 본래 세례 요한의 추종자였다(요 1:35에 나오는 제자들 중 하나로 추정됨). 제자들 가운데는 세 쌍의 형제들이 있다. 시몬 베드로와 안드레, 야고보와 요한, 그리고 알패오의 아들 야고보와 레위/마태다(참고. 마 9:9; 막 2:14; 3:18; 눅 5:27).

나머지 9명 가운데는 핵심층의 일원이 아닌 안드레가 맨 처음 언급된다(막 3:18, 참고. 13:3). 베드로, 안드레, 야고보, 요한 그리고 빌립은 본래 벳새다 출신이고(요 1:44) 나중에 가버나움에 정착했다(막 1:29). 어부이자 세베대의 아들인 야고보와 요한은 아마 선박 소유주이자 형제인 베드로와 안드레의 동업자였을 것이다. 누가복음 5:3-10을 고려하면 그런 관계였을 가능성이 크다. 누가는 그들을 "파트너들"[메토코이스(*metochois*), 눅 5:7]이자 "동업자들"[또는 "파트너들", 코이노노이(*koinōnoi*), 눅 5:10]이라 부른다.[144] 다른 시몬의 별명인 열심당원(Zealot)은 반드시 그가 무력으로 정치적 해방을 이루려는 집단의 일원이었다는 뜻은 아니다. 그가 열정적인 사람이었다는 뜻일 수도 있다.

3:19 예수님의 제자들 가운데 마지막으로 언급된 사람은 "가룟 유다…예수를 판 자"(참고. 14:10-11, 18, 20-21, 41-44)다. 다른 열한 제자와 더불어 유

143 참고. 왕상 18:31-32; 계 21:14.

144 참고. Larry R. Helyer, *The Life and Witness of Peter* (Downers Grove, IL: InverVarsity Press, 2012), 25, 특히 25n22. 《베드로, 다시 보기》(요단). 헬리어는 이 두 용어가 공식적인 동업자 관계를 언급한다고 생각한다.

다는 예수님과 함께 있고, 열둘 중 하나로 섬기고, 복음을 전파하고, 치유하고, 귀신을 쫓아내도록 선택 받은 사람이다. 그는 예수님의 사랑을 받았고 경고도 받았다(요 6:64, 70). 그런데도 예수님을 믿지 않았다(요 6:64). 자비로운 스승과 함께 있음에도 불구하고 그분에 대한 불신이 완고해졌다(요 6:70).

'넘겨지다'라는 주제('배신하다', 파라디도미)가 마가의 이야기를 관통한다. 세례 요한은 넘겨졌다('체포되었다'. 참고. 1:14-15 주석).[145] 예수님은 하나님에 의해 악한 사람들의 손에 넘겨지신다(9:31; 10:33; 15:1).[146] 유다, 종교 지도자들 그리고 빌라도가 그분을 궁극적으로 죽음에 넘겨준다(14:10-11, 18, 21, 41-42, 44; 15:10, 15). 예수님은 그분을 따르는 자들도 장차 똑같이 적대적인 친족들뿐 아니라 종교 및 정치 재판소에게 넘겨질 것이라고 예언하신다(13:9-13). 히브리어 동사 나탄(*natan*, '내가 주다')은 칠십인역에서 때때로 파라디도미('배신하다')의 한 형태로 번역된다. 예컨대 욥기 2:6의 경우, 욥이 하나님에 의해 사탄에게 넘겨진다. 스가랴 11:6, 예레미야 38:3,[147] 에스겔 25:4의 경우에는 하나님께서 형벌의 일환으로 여러 백성들(그분의 백성을 포함한)을 각각 다른 적들의 손에 넘겨주신다(참고. 왕상 14:16도 보라).

3:20 예수님이 베드로, 안드레와 함께 거주하는 가버나움에 있는 집으로 오신다(가버나움에 관한 논의는 1:21-22 주석을 참고하라). 큰 무리가 모이는 장면은 2:1-2을 상기시킨다.

3:21 예수님의 가족, 즉 그분의 어머니와 형제들[148]은 오랫동안 그분이 '제

145 막 6:14, 24-25.

146 참고. 고전 11:23-24.

147 렘 38:3 = 렘 45:3 칠십인역.

148 참고. Wallace, *Greek Grammar*, 403. 왈레스는 Max Zerwick의 해석[*Biblical Greek Illustrated by Examples* (Rome: Pontificii Instituti Biblici, 1963), §4]을 포함한 다른 해석들을 제공한다.

정신이 아니다'라고 확신해왔다. 이 맥락에서 그 뜻은 "제정신을 잃다" 또는 "미치다"이다.[149] 가족은 그동안 일어났던 모든 일에 기초해 이런 결론을 내린다(참고. 요 7:5; 10:20). 그래서 예수님은 적대자들(참고. 막 3:22, 30)에 더하여 가족 구성원들의 반응에도 대처하셔야 한다(참고. 13:12). 그들이 "그를 붙들[려고]"[크라테오(*krateō*), '내가 체포하다, 붙잡다, 움켜잡다', 강압적인 뜻의 용어] 함에도 불구하고, 그분은 결코 어머니와 동생들과의 관계를 끊지 않으실 것이다(참고. 행 1:14). 반대로, 그 관계가 긴장 상태에 있을 때 역시 그분은 항상 접촉을 유지하신다. 다른 무엇보다 예수님은 하나님의 부르심을 가장 먼저 신실하게 따르실 것이다(참고. 막 3:31-35; 눅 2:49).

3:22 "예루살렘에서…[중요한] 서기관들"이 이제 도착했다. 아마 예수님을 고발하려고 보낸 공식 대표단일 것이다. 그들은 반박의 여지가 없는 그분의 능력은 시인하되 그것을 사탄의 능력으로 낙인찍기로 작정한다(마 10:25). "바알세불"이 정확히 무엇을 언급하는지는 불확실하다.[150] 하지만 예수님의 적대자들이 사탄, 즉 어둠과 거짓말의 타락한 천사장(고후 11:14; 계 12:9)을 섬기는 어떤 강력한 귀신(막 3:23)을 언급하고 있음이 분명하다. 그들은 이렇게 하면 예수님을 제거할 수 있을 것으로 생각한다.

3:23-27 예수님은 이제 두 가지 예화를 활용하신다. 이를 마가복음은 "비유들"[151]이라 부른다. 그분이 이런 예화들을 사용하는 것은 그들의 비난을 거짓으로 만드시기 위해서다. 예수님의 주장인즉, 만일 그분이 악한 권세로 일하셨다면 사탄의 영역이 내부적으로 분열되기 때문에 도무지 설 수 없다는 것이다(23-26절, 참고. 마 12:26). 예수님은 사탄보다 우월한 권세

149 참고. *NIDNTT*, 1:528.

150 열왕기하 1:2-6은 에그론의 팔레스타인 신 바알세붑(Baal-zebub)을 언급한다.

151 참고. 4:2 주석; 4:10-13 주석; 4:30-34 주석; 7:17 주석; 12:1 주석; 12:12 주석. 아울러 서론의 '해석상 과제'도 보라.

로 일하고 계심이 틀림없다. 오직 이런 방식으로만 사탄의 영역에 도전하실(또는 누군가의 '집에 들어갈') 수 있기 때문이다. 예수님이 일하실 때, 사탄은 더 큰 권세(참고. 사 49:24-25; 53:12), 말하자면 예수님이 보여주신 대로 하나님 나라의 권세(막 3:27)에 의해 결박당했던 것이 틀림없다(눅 10:18; 11:20; 17:22).

여기서 예수님은 다른 곳에서 명시적으로 말씀하는 것을 암시하신다. 그분은 이 세상의 합법적 소유자로서, 타락한 세상을 지배하는 사탄과 귀신들의 불법적인 권세와 권한에 직접 도전하신다는 것이다. 예수님은 아버지와 성령과 더불어 합법적으로 그분의 소유에 해당하는 것을 되찾으려고 오셨다. 타락한 천사인 사탄의 권세는 결코 하나님의 통치와 나라를 이기지 못할 것이다(마 16:18-19; 골 1:13).

3:28-30 예수님이 "더러운 귀신"에 들려서 악한 귀신들을 쫓아낸다고 하는 적대자들의 비난은, 따라서(막 3:23-27을 보라) "성령을 모독하는"(참고. 30절), 용서받을 수 없는 "영원한 죄"에 해당한다. 28절은 해방의 진리를 강조한다. 즉, 영원히 유효한 예수님의 대리적 속죄에 비춰보면 다양한 신성모독을 포함한 "모든 죄"가 용서를 받을 것이다(참고. 10:45). 하지만 하나님의 "성령"으로 이루어진 예수님의 말씀과 행위가 계속해서 사탄의 것으로 낙인찍힌다면(3:22),[152] 이는 예수님에 대한 성령의 증언을 부인하는 것이고, 따라서 속죄를 통한 예수님의 구원이 인간에게 적용되는 것을 막는다(29-30절, 참고. 마 12:32).[153] 그런 사람은 도무지 용서받을 길이 없기 때문에 "유죄", 즉 "영원한 죄"[154]를 지은 책임이 있는 것(참고. 막 14:64)으로 판명될 것이다. 이런 종류의 신성모독은 제자의 삶에서 성령을 '근심시키는' 것

152 *TDNT*, 6:397을 보라.

153 *NIDNTT*, 1:327을 보라.

154 *NIDNTT*, 2:143을 보라.

(사 63:10; 엡 4:30)이나 '소멸하는' 것(살전 5:19) 또는 다른 형태의 신성모독과 구별되어야 한다.

3:31-35 예수님이 가르치시는 동안(참고. 1:21-22 주석), "어머니" 마리아와 '형제들'("동생들"), 즉 야고보, 요셉, 유다 그리고 시몬(참고. 막 6:3)이 그분을 "부르[고]" 있다. 3:21에 나온 것처럼 그를 "붙들[려고]" 하는 것 같다(31-32절을 21절과 비교하라). 앞에서 언급했듯이, 예수님은 가족과의 관계가 어렵고 힘들지라도 그 관계를 단절하지 않으신다(예. 7:9-13).[155] 그럼에도 불구하고 그분은 하나님의 백성(출 32:25-29; 신 33:8-9)을 하나님의 핵심 가족(막 3:33-34)으로 여기고 자연 가족보다 우선시하신다. 이 때문에 "누구든지 하나님의 뜻대로 행하는 자[156]가 내 형제요 자매요 어머니니라"(35절, 6:3과 대조해보라)고 말씀하시는 것이다.[157]

예수님은 인간을 하나님의 창조 의도에 맞게 회복시키신다. 그것은 하나님의 뜻에 대한 충성과 그분의 임재를 자연 가족은 물론 금식과 안식일 준수보다 우위에 두는 것이다. 사실 예수님의 어머니와 형제들은 장차 초기 교회의 교인들이 될 것이다(행 1:14).

155 참고. 요 2:12; 7:3, 5; 19:26-27; 행 1:14; 고전 15:7.

156 참고. 마 6:10; 7:21; 18:4; 막 10:28-30; 눅 12:46-47; 요 7:17; 롬 12:2; 히 13:21; 벧전 4:2.

157 참고. 시 22:23; 마 12:49; 요 15:14; 히 2:11-12.

응답

예수님은 그분을 따르는 핵심층을 만들기 위해 열두 명을 세움으로써 제자 만들기 두 번째 단계에 돌입하신다. 나중에, 마가는 독자들에게 많은 여자들 역시 예수님을 신실하게 따른다고 일러준다(참고. 15:40-16:8 주석). 열두 제자는 예수님과 함께 있고(막 3:14), 메시지를 전파하고, 가르치는 일을 돕고, 귀신들을 쫓아내도록 사명을 받았다. 그래서 행동과 말로 예수님의 본보기를 따른다(13-19절). 이로써 예수님은 범세계적인 하나님의 백성을 특징짓는 주된 토대를 놓으신다. 예수님과 함께 있고 그분의 능력으로 그분의 목적을 추구하는 것이다.

예수님의 능력과 권위가 더욱 폭넓게 발휘됨에 따라 제자도로의 부르심이 넓은 지역들로 퍼져간다. 예수님의 가르침과 행위는 또한 점점 더 많은 반대를 가져오고, 그 결과 그분을 죽이려는 음모가 생긴다. 뿐만 아니라 예수님이 귀신 들렸다고, 모세의 율법을 위반한다고, 제정신이 아니라고 비난하는 등 온갖 거짓 고발이 난무한다. 그중에서도 선생이자 치유자이며 축사자(exorcist)인 예수님을 통해 표현되고 설명되는 하나님의 뜻, 특히 가족, 금식, 안식일 준수와 관련해서 그렇다. 최초의 제자들은 예수님이 행하시는 지상 사역의 반복되지 않는 독특한 측면들에 참여한다. 이런 독특한 측면들 가운데는, 예컨대 2명씩 유대와 갈릴리의 마을에 두루 다니되 그 여정에 가져가야 할 품목들에 대해 구체적인 지시를 받고 떠나는 것이 포함된다. 모든 제자는 예수님과 함께 있도록(지금은 약속된 성령의 선물과 임재를 통해 중재된다) 부름을 받았고, 또한 모든 것을 그분께 의존하는 이들로서 세상에서 살고 일하며 증언하도록 부름을 받았다.

최초의 열두 제자들에 대해서는 독특한 특징들을 열거할 수 있으나, 오늘날의 제자들이 예수님과 삼위일체 하나님을 따르는 것은 성령을 통해 그분과 교제하는 것과 관계가 많다(행 1:8; 10:44-48; 롬 8:9-11). 이 교제를 통해 그들은 점점 더 그리스도를 닮아간다(참고. 막 8:34; 마 11:28-30). 또한 하나님의 통치를 실현하라는 범세계적인 사명을 수행하되, 속죄의 용서를 전파하고 '살아 있는 돌들'(벧전 2:5)로 성전을 지으라는 말씀에 순종함으로써 그렇게 한다. 승천하신 예수님은 영원한 아버지와 성령과 더불어 보이지 않는 세계에서 오늘도 여전히 살아 계시고(행 3:21), 여전히 사도들이 전달한 말씀(즉, 성경)을 통해 말씀하시고, 여전히 성령을 통해 일하신다(2:33). 그렇기 때문에 개인적으로 그리스도를 닮아가고 공동체적으로 성전을 세워가는 일이 오늘날에도 실현 가능한 것이다.

놀랍게도, 예수님은 자연 가족과의 관계를 끊으라고 요구하지 않으면서 하나님의 가족을 자연 가족보다 우선시하도록 강조하신다. 오직 하나님께만 헌신하기 위해 가족 관계를 완전히 끊는 것은 하나님 나라의 징표가 아니라 컬트 내지는 종파 운동의 징표다. 예수님에 따르면, 자연 가족은 인생의 초점이나 중심점이 되어서는 안 되지만, 중요하지 않거나 무관한 것으로 배격되어서도 안 된다. 오히려 하나님의 가족을 통해 표현된 하나님의 뜻과 (믿거나 믿지 않는) 자연 가족에 대한 배려 사이에는 역동적인 긴장이 존재해야 한다. 예수님이 그분의 삶에서 보여주셨던 것처럼 말이다. 예수님은 제자들에게 그들의 가족과 단절하라고 결코 가르치지 않으신다. 하지만 그분의 권위 있는 부르심을 가족(기독교 가정이든 아니든)에 대한 모든 충성보다 우위에 두도록 도전하신다. 따라서 우리는 가족을 향한 다양한 충성을 신중하게 평가할 필요가 있다. 그리스도인은 누구나 부모를 공경하라는 계명을 유념하는 한편 무엇보다도 예수님의 부르심에 순종하는 것과 관련해 지혜를 얻을 필요가 있다.[158]

그리스도를 따르는 사람은 당연히 하나님의 뜻에 초점을 둘 것이다(막 3:35). 하나님의 뜻은 성경에 계시된 하나님의 말씀을 섭취하는 것, 기도하는 것, 점점 더 겸손해지는 것 그리고 다른 그리스도인과의 대화를 통해 분별할 수 있다. 이런 과정을 통해 우리는 자연 가족을 진정으로 사랑하는 길을 찾을 수 있다. 당신이 학대하는 가족이나 교회에 속해 있다면, 지혜롭

158 참고. 막 7:10-13; 10:29-31.

고 노련한 그리스도인의 자문을 받아 그런 관계에서 건전한 것과 불건전한 것을 분별하는 법을 배울 필요가 있다. 불건전한 상황에서는 학대하는 구성원들에 대해 분명한 경계를 긋는 것이 반드시 필요하다.

하나님의 영원한 아들인 예수님을 따르다보면 신랄한 비난을 받을 수 있다. 앞에서 말했듯이, 예수님의 가족조차 처음에는 이스라엘의 영적 지도자들(3:22-30)과 마찬가지로 예수님을 강하게 반대한다(20-21, 31-35절). 그분의 가족(초기 단계에서)과 적대자들은 모두 자신의 이익을 추구한다. 그들은 예수님이 표현하신 하나님의 목적에 저항한다. 코란에 따르면, '예수는 하나님의 영원한 아들'이라고 고백하는 사람은 영원한 하나님께서 마리아와 함께 아들을 낳았다고 말하는 것으로 오해받을 수 있었다. 그리스도인의 신앙고백을 그처럼 오해하면 신성모독으로 간주될 수도 있었다.[159] 그래서 예수님의 '영원한' 아들 됨의 정확한 성격을 전달하려면 신중한 설명이 필요한 것이다. 예수님은 성령이 마리아를 수태시켜 마리아를 통해 인간으로 태어나신 하나님의 영원한 아들이다.

성령의 사역을 정죄하는 것은, 모든 죄를 위한 그리스도의 영원히 유효한 희생을 모든 믿는 사람에게 전달하는 바로 그 수단(예컨대 죄를 깨닫는 것, 요 16:8)을 상실하는 것이다. 예수님을 따르는 자는 죄를 깨닫게 하고 권면하는 성령의 사역을 환영한다.

159 참고. Sura 4:163-170, 171; 5:78; 19:34-35, 88-93.

Mark

마가복음

4:1-34

1 예수께서 다시 바닷가에서 가르치시니 큰 무리가 모여들거늘 예수
께서 바다에 떠 있는 배에 올라앉으시고 온 무리는 바닷가 육지에 있
더라 2 이에 예수께서 여러 가지를 비유로 가르치시니 그 가르치시
는 중에 그들에게 이르시되 3 들으라 씨를 뿌리는 자가 뿌리러 나가서
4 뿌릴새 더러는 길 가에 떨어지매 새들이 와서 먹어버렸고 5 더러
는 흙이 얕은 돌밭에 떨어지매 흙이 깊지 아니하므로 곧 싹이 나오나
6 해가 돋은 후에 타서 뿌리가 없으므로 말랐고 7 더러는 가시떨기에
떨어지매 가시가 자라 기운을 막으므로 결실하지 못하였고 8 더러는
좋은 땅에 떨어지매 자라 무성하여 결실하였으니 삼십 배나 육십 배
나 백 배가 되었느니라 하시고 9 또 이르시되 들을 귀 있는 자는 들으
라 하시니라

1 Again he began to teach beside the sea. And a very large crowd
gathered about him, so that he got into a boat and sat in it on the sea,
and the whole crowd was beside the sea on the land. 2 And he was
teaching them many things in parables, and in his teaching he said to
them: 3 "Listen! Behold, a sower went out to sow. 4 And as he sowed,

some seed fell along the path, and the birds came and devoured it.
5 Other seed fell on rocky ground, where it did not have much soil, and
immediately it sprang up, since it had no depth of soil. 6 And when the
sun rose, it was scorched, and since it had no root, it withered away.
7 Other seed fell among thorns, and the thorns grew up and choked
it, and it yielded no grain. 8 And other seeds fell into good soil and
produced grain, growing up and increasing and yielding thirtyfold and
sixtyfold and a hundredfold." 9 And he said, "He who has ears to hear,
let him hear."

10 예수께서 홀로 계실 때에 함께 한 사람들이 열두 제자와 더불어 그
비유들에 대하여 물으니 11 이르시되 하나님 나라의 비밀을 너희에게
는 주었으나 외인에게는 모든 것을 비유로 하나니 12 이는

그들로 보기는 보아도 알지 못하며 듣기는 들어도 깨닫지 못하게
하여 돌이켜 죄 사함을 얻지 못하게 하려 함이라

하시고 13 또 이르시되 너희가 이 비유를 알지 못할진대 어떻게 모든
비유를 알겠느냐 14 뿌리는 자는 말씀을 뿌리는 것이라 15 말씀이 길
가에 뿌려졌다는 것은 이들을 가리킴이니 곧 말씀을 들었을 때에 사
탄이 즉시 와서 그들에게 뿌려진 말씀을 빼앗는 것이요 16 또 이와 같
이 돌밭에 뿌려졌다는 것은 이들을 가리킴이니 곧 말씀을 들을 때에
즉시 기쁨으로 받으나 17 그 속에 뿌리가 없어 잠깐 견디다가 말씀으
로 인하여 환난이나 박해가 일어나는 때에는 곧 넘어지는 자요 18 또
어떤 이는 가시떨기에 뿌려진 자니 이들은 말씀을 듣기는 하되 19 세
상의 염려와 재물의 유혹과 기타 욕심이 들어와 말씀을 막아 결실하
지 못하게 되는 자요 20 좋은 땅에 뿌려졌다는 것은 곧 말씀을 듣고 받
아 삼십 배나 육십 배나 백 배의 결실을 하는 자니라

10 And when he was alone, those around him with the twelve asked

him about the parables. 11 And he said to them, "To you has been given
the secret of the kingdom of God, but for those outside everything is in
parables, 12 so that
"'they may indeed see but not perceive,
    and may indeed hear but not understand,
lest they should turn and be forgiven.'"
13 And he said to them, "Do you not understand this parable? How
then will you understand all the parables? 14 The sower sows the word.
15 And these are the ones along the path, where the word is sown:
when they hear, Satan immediately comes and takes away the word
that is sown in them. 16 And these are the ones sown on rocky ground:
the ones who, when they hear the word, immediately receive it with
joy. 17 And they have no root in themselves, but endure for a while;
then, when tribulation or persecution arises on account of the word,
immediately they fall away.[1] 18 And others are the ones sown among
thorns. They are those who hear the word, 19 but the cares of the world
and the deceitfulness of riches and the desires for other things enter
in and choke the word, and it proves unfruitful. 20 But those that were
sown on the good soil are the ones who hear the word and accept it and
bear fruit, thirtyfold and sixtyfold and a hundredfold."

21 또 그들에게 이르시되 사람이 등불을 가져오는 것은 말 아래에나
평상 아래에 두려 함이냐 등경 위에 두려 함이 아니냐 22 드러내려 하
지 않고는 숨긴 것이 없고 나타내려 하지 않고는 감추인 것이 없느니
라 23 들을 귀 있는 자는 들으라 24 또 이르시되 너희가 무엇을 듣는가
스스로 삼가라 너희의 헤아리는 그 헤아림으로 너희가 헤아림을 받을
것이며 더 받으리니 25 있는 자는 받을 것이요 없는 자는 그 있는 것까

지도 빼앗기리라
21 And he said to them, "Is a lamp brought in to be put under a basket,
or under a bed, and not on a stand? 22 For nothing is hidden except
to be made manifest; nor is anything secret except to come to light.
23 If anyone has ears to hear, let him hear." 24 And he said to them,
"Pay attention to what you hear: with the measure you use, it will be
measured to you, and still more will be added to you. 25 For to the one
who has, more will be given, and from the one who has not, even what
he has will be taken away."

26 또 이르시되 하나님의 나라는 사람이 씨를 땅에 뿌림과 같으니
27 그가 밤낮 자고 깨고 하는 중에 씨가 나서 자라되 어떻게 그리 되는
지를 알지 못하느니라 28 땅이 스스로 열매를 맺되 처음에는 싹이요
다음에는 이삭이요 그 다음에는 이삭에 충실한 곡식이라 29 열매가 익
으면 곧 낫을 대나니 이는 추수 때가 이르렀음이라
26 And he said, "The kingdom of God is as if a man should scatter seed
on the ground. 27 He sleeps and rises night and day, and the seed sprouts
and grows; he knows not how. 28 The earth produces by itself, first the
blade, then the ear, then the full grain in the ear. 29 But when the grain
is ripe, at once he puts in the sickle, because the harvest has come."

30 또 이르시되 우리가 하나님의 나라를 어떻게 비교하며 또 무슨 비
유로 나타낼까 31 겨자씨 한 알과 같으니 땅에 심길 때에는 땅 위의 모
든 씨보다 작은 것이로되 32 심긴 후에는 자라서 모든 풀보다 커지며
큰 가지를 내나니 공중의 새들이 그 그늘에 깃들일 만큼 되느니라
30 And he said, "With what can we compare the kingdom of God, or
what parable shall we use for it? 31 It is like a grain of mustard seed,

which, when sown on the ground, is the smallest of all the seeds on
earth, 32 yet when it is sown it grows up and becomes larger than all the garden plants and puts out large branches, so that the birds of the air can make nests in its shade."

33 예수께서 이러한 많은 비유로 그들이 알아들을 수 있는 대로 말씀
을 가르치시되 34 비유가 아니면 말씀하지 아니하시고 다만 혼자 계실 때에 그 제자들에게 모든 것을 해석하시더라
33 With many such parables he spoke the word to them, as they were
able to hear it. 34 He did not speak to them without a parable, but privately to his own disciples he explained everything.

1 Or *stumble*

단락 개관

'바깥'에 있는 사람들에게는, 예수님이 임박한 심판에 대한 경고의 표시로서 비유로 가르치신다(막 4:10-12). 제자들에게는, 비유가 추가 교육의 수단으로 작용한다. 예수님은 종종 비유로, 즉 다양한 종류의 비유적 언어와 스토리텔링(마샬)을 통해 가르치신다. 하나님 나라(또는 통치)가 오고 있다는 것은 예수님이 새롭고 구속된 삶을 열어주고 계신다는 뜻이다. 하나님의 통치 아래 들어온다는 것은, 기존에 가지고 있던 하나님을 대적하는 개인과 사회생활의 강력한 원리들이 끝장나야 한다는 뜻이다. 인간의 삶은 하나님 나라를 환영하든지, 아니면 자신의 나라를 고집하든지 둘 중 하나를 선택할 수밖에 없다. 새로운 메시아의 통치가 자라나는 모습이 처음에는 눈에 띄지 않는다(1-34절).

예수님은 하나님 나라 비유들을 통해 하나님께서 '어떻게' 그분의 지배를 확립하시는지(1-32절), 그리고 이 나라의 하나님은 '누구'인지를 묘사하신다. 하나님은 초대하고(눅 15:3-32) 심판하는(마 25:34, 41) '아버지'(6:26)로서 행동하신다. 마가복음 4:2-32에 나오는 세 가지 비유는 하나님께서 사람들의 마음에 직접, 개인적으로 그리고 풍성하게 영향을 미치신다는 것을 강조한다. 1-34절은 마가복음에 나오는 비교적 적은 가르침의 단락들 중 하나다(하지만 7:1-23과 13:3-37도 주목하라).

단락 개요

II. 1부: 예수의 권위의 입증(1:16-8:26)
- B. 갈릴리 사역의 절정(3:13-6:6)
  - 2. 비유와 그 목적(4:1-34)
    - a. 비유를 통한 가르침에 대한 서문(4:1-2)
    - b. 씨 뿌리는 자의 비유(4:3-9)
      - (1) 황량한 유형의 땅
      - (2) 양호한 유형의 땅
      - (3) 들으라는 요청(4:9)
    - c. 비유를 통한 가르침의 목적(4:10-12)
    - d. 씨 뿌리는 자의 비유에 대한 설명(4:13-20)
      - (1) 황량한 마음(4:13-19)
      - (2) 양호한 마음(4:20)
    - e. 등잔대 아래 등불의 비유(4:21-22)
    - f. 예수님의 가르침을 귀하게 여겨라(4:23-25)
    - g. 스스로 자라는 씨의 비유(4:26-29)

h. 겨자씨의 비유(4:30-32)

i. 비유를 통한 가르침의 결론(4:33-34)

주석

4:1 예수님은 평소 습관대로 가르침에 집중하신다.[160] 그분은 하나님 나라의 비유들을 통해 하나님 통치의 성격에 관해 가르치신다. "큰 무리"가 예수님 근처에 모여들었다.[161]

4:2 마가는 예수님이 "비유"(참고. 3:23-27 주석; 4:10-12 주석; 7:17 주석; 12:1-11 주석)로 가르치신 몇 가지 실례를 든다. "비유"라는 단어는 4장에 여덟 번 나오는데[162] 헬라어 단어 파라발로(*paraballō*)에서 유래했다. 문자적으로 "(비교할 목적으로) 나란히 두다"라는 뜻이며 "예화, 직유, 비유"[163]를 제공하는 것을 말한다. 앞에서 말했듯이(참고. 서론의 '해석상 과제'), "비유"를 통한 예수님 가르침의 일부는 '직유'('내가 어떻게 비유할 수 있을까', 4:26-29, 30-32)의 범주에 속한다. 예수님의 이야기들 중 일부는 엄밀한 문자적 의미의 '비유들', 즉 그 이야기와 의도된 메시지 사이에 하나의 중요한 연결점을 지닌 이야기들이다. 마지막으로, 예수님의 이야기 중 일부는 '알레고리'로서 그 이야기와 의도된 메시지 사이에 두세 개의 중요한 연결점을 지닌 이야기

160 마가복음 4:1-2에 디다스코(*didaskō*, '내가 가르치다')의 파생어들이 세 번 언급되는 것을 주목하고, 1:21-22 주석과 비교해보라.

161 막 2:2, 4, 13; 3:7, 9, 20; 4:36; 5:21, 24, 31; 6:31, 34; 7:1.

162 참고. Köstenberger and Bouchoc, *Book Study*, 252.

163 참고. Zerwick, *Grammatical Analysis*, 109.

들이다(참고. 4:3-9, 13-20; 12:1-12).

이어지는 예수님의 해석에 비춰보면, 이 이야기는 알레고리의 범주에 속하는 것으로 분류될 수 있다. 이는 그 이야기와 메시지 사이에 3개의 중요한 연결점을 보여준다(참고. 4:3-9 주석). 비유로 말하는 선지자(예. 삼하 12:1-10; 14:5-20; 사 5:1-7; 겔 17:2-10)는 청중에게 두 가지 방식으로 영향을 줄 수 있다. (1) 완고한 마음을 가진 청중에게는 비유로 말하는 것이 선지자적 경고에 해당한다. (2) 마음이 열린 청중에게는 비유가 어려운 진리의 원리를 기억할 만한 방식으로 설명해준다. 그래서 비유들은 종종 자연이나 인간의 삶에서 생생한 예들을 끌어온다. 비유를 통한 예수님의 가르침은 하나님의 메시아적 통치가 자라는 모습에 초점을 맞춘다.[164]

4:3-9 개요

앞에서 언급했듯이, 비유의 해석은 이야기 자체의 분석으로 시작된다.[165] 이 작업은 문학적 분석과 이야기 내용의 파악에 의해 이루어질 수 있다. 그런 다음에만 해석자는 의도된 메시지를 파악해야 한다. 씨 뿌리는 자의 비유는 팔레스타인 농부들 사이에 널리 퍼진 행습에 호소한다. 이는 기름진 흙에 씨앗을 뿌린 결과로 열매를 맺는 모습을 묘사한다. 씨는 열매 맺는 식물의 모양을 만드는 데 필요한 모든 정보를 담고 있다. 흙은 숙주에 불과하다. 흙의 기본 유형들이 다음과 같이 묘사된다. (1) 점차 수용성이 늘어나지만 결국 열매가 없는 부적당한 흙의 다양한 형태들과 (2) 점차 열매를 맺는 양호한 흙이다.

4:3-4 예수님은 청중들에게 주의 깊게 "들으라"고 자주 요청하신다(9절과 비교하라). 이 이야기에서 농부는 예수님 당시에 알려진 두 가지 접근 가

164 참고. BDAG, s.v. παραβολή.

165 참고. 서론의 '해석상 과제'.

운데 덜 대중적인 접근을 사용한다. 먼저 쟁기로 흙을 갈지 않고 곧바로 씨를 뿌리는 방법이다. 다른 많은 환경에서는 씨를 뿌리기 전에 쟁기로 흙을 갈았다.

4:4-8 어떤 '씨'(단수형)는 다양한 유형의 기름지지 않은 땅에 떨어진다(4, 5, 7절). 이와 대조적으로, 많은 '씨들'(복수형)이 기름진 땅에 떨어진다(8절).

4:4 "새들"이 땅에 있는 씨를 먹어버린다.[166] 이 이미지는 주기적으로 짓밟히는 "길"을 묘사한다.

4:5 씨 뿌리는 사람이 땅을 갈지 않았으므로[167] 흙의 표면 바로 아래 있는 다양한 돌을 제거하는 작업을 건너뛰기도 했다.[168] 뿌리는 특히 식물이 메마르고 뜨거운 환경에서 견디게 하는 역할을 하는데, 돌들이 뿌리의 성장을 방해한다. 그 결과 식물이 햇볕에 "타서" 그만 "말랐[다]"(6절).

4:6 식물이 대낮의 열기에 시들고 만다(참고. 약 1:11).

4:7 밭을 갈지 않았기 때문에 작은 나무들("가시떨기")도 흙 속에 남아 있다(참고. 렘 4:3). 비록 열매를 맺을 잠재성이 점차 늘긴 했어도, 이런 땅에 떨어진 씨는 궁극적으로 열매를 맺지 못한다('곡물을 산출하지 못했다').

4:8 "좋은 땅"은 씨가 "자라[고]" "무성하[고]" "결실하[게]" 해준다(28절). 씨의 유형에 달려 있으나, "백 배"의 산출은 자연적 한계를 넘어서므로

166 참고. 희년서 11:11.

167 농부는 씨를 갈았거나 갈지 않은 땅에 뿌릴 것이다.

168 참고. 집회서 40:15.

의도적인 과장을 암시하는 듯하다. 구약의 예는 창세기 26:12로, 백 배의 산출이 하나님의 특별한 복을 가리키는 대목이다.

4:9 구약은 종종 마음으로 듣는 것을 강조한다(예. 사 6:9-10; 29:13; 43:8; 44:18; 렘 5:21; 겔 12:2). 그처럼 주의 깊게 들으려면 자만심을 포기할 필요가 있다. 예수님의 설명을 포함하는 씨 뿌리는 자의 비유는 들음에 대해 여덟 번이나 언급한다[막 4:3, 9(2번), 12, 15, 16, 18, 20, 참고. 4:23(2번), 24, 33; 8:18].[169] 7:31-37 주석은 나아가서 예수님이 청중의 내적 태도를 바꿈으로써 신체적, 영적으로 그들의 귀를 열어주신다는 사실도 강조한다.

4:10 예수님과 함께 머무는 사람들(참고. 3:14)은 예수님이 비유로 가르치시는 목적과 그 비유들의 내용에 대한 심층적 설명을 듣게 된다(4:34; 7:17). 여기서 예수님이 열두 제자들을 상세히 가르치신다.[170] 그들은 훗날 그분의 가르침을 전수할 것이다.[171]

4:11 이 본문은 알레고리로 해석할 이 비유(4:3-9, 13-20)가 하나님 나라 비유들에 속하고, 그 나라의 근본적이고 특징적인 측면 중 하나를 묘사한다(참고. 4:13 주석)는 것을 암시한다. 많은 비유들(2, 13-14, 30, 33절, 그리고 12:1, 12와 비교하라)을 통해 예수님은 여태껏 감추인 "하나님 나라"의 신비[뮈스테리온(*mystērion*), '비밀', 참고. 1:14-15; 단 2:27-28, 47], 즉 개개인과 하나님의 백성에 대한 메시아적 통치를 밝히신다(참고. 4:34). 그런 계시는 곧 예수님의 특별한 권위를 주장하는 것을 의미한다. 이 본문은 (아직) 메시아 공동체의 구성원이 아닌 사람들을 "바깥에" 있다고 밝힌다(참고. 2절).[172] 그들은 자

169 필자의 학생 중 한 명인 존 쿠디가 지적한 것.

170 참고. 막 3:14, 16, 6:7; 9:35; 10:10, 32.

171 참고. 마 28:18-20; 막 10:29; 13:10; 14:9; [16:15].

172 참고. 요 6:44, 64-65; 행 28:17-28; 롬 11:25; 고전 5:12-13; 골 4:5; 살전 4:12.

율적이고 반(反)유신론적인 마음으로 인해 비유를 그저 수수께끼로 인식할 뿐이다(롬 5:10).

4:12 이사야 6:9-10(참고. 요 12:40; 행 28:26-27; 롬 11:3)에서 끌어온 인용문은, 예수님이 바깥사람들에게 비유로 가르치는 것은 심각한 선지자적 경고에 해당하되 노골적인 정죄에는 미치지 못한다는 사실을 강조한다. 물론 이사야 6:9-10은 이스라엘의 완고한 마음 상태, 즉 회개할 기회를 배제한 채 하나님의 심판을 받을 만한 상태를 묘사한다. 다른 한편, 이사야 6:13에는 희망의 글귀가 담겨 있다. 따라서 마가복음 4:12은 적어도 예수님과 그분의 가르침을 환영하지 않는 모든 사람(이방인과 유대인)에게 초래될 심각한 결과에 대해 경고한다. 하지만 4:33-34에 근거하여 예수님의 비유적 가르침 맥락에서 보면 아직 회개할 기회가 있다.[173] 다른 한편, 예수님이 말씀하신 비유(막 12:1-12)에서 악한 농부들이 완고함을 초래하는 장면을 주목하라. 따라서 예수님의 비유적 가르침은 청중과 예수님의 거리와 그들 마음에 초래되는 결과에 따라 그분의 추종자들을 적대자들로부터 더욱 분리시킨다(눅 12:51; 요 10:19, 참고. 히 4:12).

4:13 이 비유는 그 알레고리 방식의 해석과 함께 하나님 나라가 개인의 마음속에서 눈에 띄지 않게 시작된다는 것을 알려주는 기본 서론의 역할을 한다(막 4:11). 그 핵심은 메시아적 나라가 정치적 또는 사회적 변동과 함께 시작되는 것이 아니라 하나님으로 인해 개인의 마음이 새롭게 되는 것으로 시작된다는 것이다. 그런데 놀랍게도, 예수님은 제자들 역시 완고한 마음에 시달린다는 사실을 암시하신다(참고. 6:51-52 주석; 7:18 주석; 8:17-21 주석).

173 이것을 마태복음 13:13-16과 거기서 비유적인 "봄"(seeing) 또는 "보지 못함"을 강조하는 것과 비교해보라.

4:14-17 예수님은 이야기를 알레고리 방식으로 해석하신다. 하지만 이 비유의 모든 세부 사항을 다 은유로 보면 안 된다. 이 이야기의 문학적 구조와 강조점을 감안하면, 핵심 논점과 해석은 "씨"가 "말씀"이고 다양한 유형의 "흙"(부적당한 흙과 양호한 흙)이 인간의 마음(열매가 없거나 풍성한)을 상징한다는 것이다. "씨를 뿌리는 자"인 예수님은 하나님 통치의 "말씀"을 온갖 인간 마음에 권위 있게 뿌리신다.[174]

이어서 다음 대목에는 청중과 관련된 여러 암시가 나타난다. 다양한 부적당한 마음들이 점진적으로 "말씀"을 더 많이 수용하는 방향(15, 16, 18절)으로 나가겠다고 약속한다. 이 대목은 하나님의 통치에 대한 전반적인 약속과 주장을 담고 있다. 따라서 비교적 무관심한 청중과 함께 시작했다가 기회주의적인 청중, 즉 뿌리가 없어서 "환난"과 "박해"를 피하는 사람들로 진전된다.[175]

이 비유는 어느 정도 관심이 있지만 인생의 짐에 사로잡힌 채 하나님께서 실재하지 않는 것처럼 행동하는 청중을 묘사하는 대목에서 절정에 이른다. "새들"(4절)은 "사탄"을 상징할 수 있다.[176] "해"는 "환난"과 "박해"를 상징할 수 있다.[177] 이런 시련들은 '말씀 때문에' 생겨난다. 이로써 예수님은 제자들이 그분과 어울리기 때문에 맞을 고난의 시기를 예상하도록 그들을 준비시키신다(10:30, 참고. 13:19, 21, 24).[178]

4:18-19 "가시떨기"는 깊이의 문제(뿌리)와 '외적' 환난(16-17절) 대신 '내

174 참고. 막 1:14-15; 2:2; 4:11, 13, 33. 13:31; 마 13:19과 비교하라. 그리고 에스드라2서 8:6("주님이…열매가 자라게 하려고…새로운 마음에 씨를 뿌린다")도 보라. 에스드라2서 9:31-33. 참고. 사 55:10-11 (선지자가 하나님의 말씀을 은유적으로 비에 견주는 대목).

175 참고. 막 13:19, 24. 엡 3:17; 골 2:7과 비교해보라.

176 참고. 희년서 11:11.

177 참고. 마카베오4서 15:2, 8, 23.

178 참고. 마 5:11; 살후 1:4; 히 11:25; 약 1:2; 벧전 1:6.

적' 질식을 거론한다. 이는 세 가지 요인으로 초래된다.

(1) "세상의 염려": 그런 염려는 마치 하나님께서 돌보지 않으시거나 존재하지 않으시는 것처럼 살아가는 사람의 마음에 생긴다(참고. 마 6:25-34).
(2) "재물의 유혹": 그런 유혹에 빠진 사람은 재물이야말로 인간의 취약성과 통제 불가능한 수많은 요인에 대한 보호막이라는 그릇된 믿음에 의지한다(참고. 막 10:23-25; 딤전 6:9, 17; 약 1:10; 5:1-3).
(3) "그 밖의 여러 가지 욕심"(공동번역): 그런 사람은 하나님 없이(또는 하나님 대신) 탐욕스럽게 삶의 만족을 추구한다.

염려, 재물의 유혹 그리고 탐욕이 하나님 없는 내면생활에서 솟아나면서 하나님의 설계 및 목적과 정면으로 배치된다는 것이 분명해진다. 그런 것들이 "질식시키고"("가득 메우고")[179] 마음속에 하나님의 통치가 자라지 못하도록 방해한다. 슬프게도, 이 세 가지 방해 요인은 인간의 타락으로 인해 손상된 본래 선한 인간의 세 가지 속성에 상응한다. (1) 염려 대신에, 인간은 본래 하나님의 돌보심을 신뢰하며 그분의 좋은 선물들을 돌볼 수 있었다(창 1:28; 2:15). (2) 이기적인 재물의 오용 대신에, 소유물을 돌보고, 필요한 것을 공급하고, 재물을 기꺼이 나누는 책임 의식이 있었다. (3) 탐욕과 정욕 대신에, 소유욕 없이 좋은 관계와 사물을 순수한 마음으로 추구하는 모습이 있었다. 이처럼 처음에는 유망한 듯 보이는 태도가 결국에는 열매 없는 상태로 남는다. 그래서 예수님은 제자들에게, 외부의 반대와 박해 이외에도 그들을 질식시키는 염려, 재물의 유혹 그리고 탐욕과도 싸워야 한다고 경고하신다.

179 BDAG, s.v. συμπνίγω.

4장

4:20 "좋은 땅"은 하나님의 통치와 뜻("말씀")이 가져오고 요구하는 모든 것의 발전을 허용하고 환영하는, 늘 경청하고 수용하는 마음을 가리킨다. 열매를 맺지 못하는 이들(막 4:15, 16, 18)을 묘사하는 아쿠오(*akouō*, '내가 듣다')의 부정과거형(어느 시점에 국한된다는 의미)과 열매를 맺는 이들(현재진행형의 아쿠오, 즉 '내가 계속 경청한다', 20절)을 대조해보라. 20절에 나오는 다른 두 동사 역시 현재진행형이다[파라데콘타이(*paradechontai*, '그들이 계속 받고 있다'), 카르포포루신(*karpophorousin*, '그들이 계속 열매를 맺고 있다'), 참고. 28절]. 열매를 맺는 제자들은 하나님께서 점점 더 그들 삶의 주도권을 잡으시도록 허용하되 무책임해지지 않는 이들이다. 오히려 그들은 하나님께 더욱 의존하면서도 스스로 책임지는 법을 배운다. "열매"를 맺는 것은 나 혼자 할 수 없다. 오직 생명의 근원이신 그분께 의존할 때에만 가능하다.

마가복음의 맥락에서 열매는 다음 여러 방식으로 볼 수 있다. (1) 순종적인 회개, (2) 사탄의 세력에 대한 승리, (3) 자기중심적인 존재 양식을 서서히 극복, (4) 예수님의 희생으로 인한 도덕적 순결, (5) 근본적인 삶의 변화, (6) 말과 행위로 예수님의 메시지를 전파 등이다.[180] 이 비유에 대한 적절한 반응은 하나님께서 각 제자의 마음속에 개입하시기를 바라는 성실한 기도다(요 6:43; 엡 2:8-10, 참고. 왕상 8:58, 61). "말씀"은 애초에 하나님의 통치가 도래했다는 예수님의 메시지를 가리킨다(막 1:14-15; 4:14, 33). 하지만 예수님의 사역 전반을 살펴보면 그분 역시 그 말씀(the Word, 참고. 요 1:1, 14; 벧전 2:8; 요일 1:1; 계 19:13)'이심'이 분명해진다.

4:21-22 11, 13, 26, 30절은 다시금 군중에게 주신(참고. 9, 26, 33-34절) 이 비유 역시 메시아적 통치의 한 측면을 묘사한다고 시사한다. 하나님의 도래와 통치에 대한 선언은 마치 "등불"을 방 안으로 가져오는 것과 같다(참고. 마 5:15; 눅 8:16; 11:33). 그래서 예수님은 메시아적 통치의 도래가 "감

180 참고. 마 3:8-10; 7:16-17; 롬 7:4; 골 1:6, 10; 딛 3:14; 벧후 1:8.

추인" 것들을 밝히 드러낸다고 가르치신다. 예컨대 완고한 마음과 남몰래 범한 죄와 같은 것이다(막 4:11, 참고. 마 10:26; 눅 8:17).

4:23-25 예수님은 열린 마음으로 듣는 것의 중요함을 강조하신다(참고. 4:9 주석). "헤아림"은 시장에서 유래한 용어로, 예수님의 메시지에 부여된 중요성을 가리킨다.[181] 이는 예수님의 가르침을 향한 내적 태도를 보여준다(13-20절, 참고. 마 7:2; 눅 6:38). 하나님께서 청중의 마음속에서 중생을 일으키실 것이기 때문에 '너희가 더 받을 것이다.' 하나님은 그분의 영을 그 마음속에 두고 많은 열매가 자라게 하신다. 마가복음 4:25에 나오는 역설은 유대교에서 잘 알려져 있다.[182] 그것은 24-25절에 나오는 진술을 강조한다. 즉, 열린 마음으로 하나님의 통치와 임재를 받아들이는 사람은 더 많은 열매를 받을 것이다(13-20절. 그리고 왕상 3:11-13에 나오는 유비를 보라). 말씀을 받아들이지 않은 채 그 자신만 의지하는 사람("없는 자", 참고. 사 50:10-11)은 그것마저 잃어버릴 것이다("그 있는 것까지도 빼앗기리라").

4:26-29 이 비유의 주제는 하나님 통치의 특징적 요소들에 대한 묘사로 이어진다. 비유는 씨를 뿌린 뒤에 자고 깨는 주기를 거치는 사람에 대해 말한다. 강조점은 열매가 "스스로"[아우토마토스(*automatos*), '자동적으로'] 자란다는 사실에 있다. 그것은 농부의 노력 없이 자란다(참고. 27절). 그는 "자고" 또 "깨[어날]" 뿐이다. 그래서 씨가 '어떻게 자라는지 그는 모른다.' 씨는 서서히 자랄 따름이다(약 5:7; 마 13:25과 대조하라).

열매를 맺는 능력은 하나님 통치의 말씀을 환대하는 것에서 생긴다. 마가복음 4:27-28은 그래서 하나님으로 인해 좋은 열매가 서서히 자라는 것을 강조한다(열매 맺기에 관해서는 4:20 주석을 참고하라). 그런데 하나님의 통

181 Craig S. Keener, *The IVP Background Commentary: New Testament*, 2nd ed. (Downers Grove, IL: InterVarsity Press, 2014), 145.

182 출 15:26. 참고. 마 13:12; 25:29; 눅 6:39; 19:26.

치가 서서히 자라는 것은 예수님 당시에 기대하지 않은 현상이다.[183] 사람들은 하나님의 나라가 갑자기 단번에 도래할 것으로 기대했다. 말하자면, 정치적 봉기로 이스라엘의 신정 정치가 다시 세워지든지, 아니면 최후의 심판 때에 현 시대가 대체될 것으로 기대한 것이다.

이런 관점들과 대조적으로, 예수님은 하나님의 메시아적 통치가 조용하게 일어나고(참고. 4:30-32 주석), 많은 배척과 난관(13-20절; 13:9)을 겪는 중에 서서히 자라고, 예수님의 재림 때 영화롭게 완성된다는 사실을 전하신다(4:29, 참고. 32절). 이 비유는 하나님의 주권적인 목적과 사역에 대한 큰 희망과 믿음(참고. 27절; 13:32)을 갖게 한다(눅 7:30과 대조해보라). 하나님 나라의 통치를 확장하시는 분이 하나님이기 때문에 아무것도 그것을 방해하거나 반대할 수 없다. 성장은 보장되어 있다. 여기서 "낫"과 "추수"는 최후의 심판을 가리킨다.[184]

4:30-32 마지막인 셋째 "하나님의 나라" 비유는 하나님의 통치가 예상했던 것과 전혀 다른 방식으로 시작된다는 것을 강조한다.[185] 이와 마찬가지로, 그 나라의 놀라운 완성 역시 전혀 뜻밖이고 동시에 큰 축복이다. 예수님은 하나님 통치의 소박한 시작을 매우 작은 "겨자씨"에 비유하신다(참고. 눅 17:6). 겨자씨는 가장 작은 씨로 알려져 있지만, 이후 높이가 0.9-2.7미터나 되는 상당한 규모의 관목을 산출할 수 있다.

이 은유는 눈에 띄지 않는 소박한 시작을 강조한다. 앞에서 언급했듯이(참고. 4:26-29 주석), 이는 예수님 당시 다가오는 하나님 나라에 대한 대중적 기대를 거스른다. 이런 기대는 하나님 나라가 경고도 없이 단번에 세워질 것임을 시사했다. 대중적 견해는 그 나라가 정치적 봉기로 인해 불쑥 나타

183 참고. 서론의 '신학' 중 '그리스도론'의 '하나님 나라와 하나님 백성(교회론)'.

184 욜 3:13(칠십인역 4:13); 마 13:24-30, 39; 계 14:15. 신약에서 "추수"를 은유적으로 사용하는 경우에 때로는 하나님의 선교를 가리킬 수 있다(예. 눅 10:2; 요 4:35).

185 비교의 과정에 관해서는 이사야 40:18을 참고하라.

날 것이라고 주장했다. 이보다 덜 대중적인 견해는 그 나라가 최후의 심판과 함께 올 것이라고 주장했다. 이런 견해들과 대조적으로, 예수님의 비유는 하나님의 통치가 단번에 확립되지 않을 것이라고 강조한다. 오히려 눈에 띄지 않는 소박한 시작이 있고 마침내 놀랍고도 영광스러운 결말에서 절정에 이를 것이다.

성장한 나무의 "그늘"에 만든 "새들"의 '둥지'는 이 맥락에서 하나님의 복(divine blessing)을 언급한다.[186] 하나님의 회복 작업과 통치가 범세계적인 절정에 이를 것이 보장되어 있다(겔 17:22-24; 단 4:7-19).[187] 그러므로 작은 시작이 결코 중대한 결말로 이어질 수 없다고 믿는 것은 큰 잘못이고, 특히 하나님께서 주도하실 때는 더욱 그렇다.

4:33-34 2:2에 따르면 마가는 마태, 누가와 더불어 예수님이 비유로 폭넓게 가르치신 것 중에 몇 개의 샘플만 소개할 뿐이다. 그분은 이런 비유를 도구로 삼아 "말씀"을 전하며 메시아적 통치의 신비로운 성격을 설명하신다. 예수님은 골라낸 비유들을 사용하여 완고한 적대자들에게 경고하신다. 이사야 6:9-10에서는 회개의 기회를 얻기가 거의 불가능하지만,[188] 예수님의 적대자들은 아직 돌이킬 수 있다("그들이 알아들을 수 있는 대로", 막 4:33, 참고. 4:10-12 주석). "혼자 계실 때에" 예수님은 제자들이 그분의 가르침을 이해하도록 도와주신다.[189] 제자들 역시 완고한 마음에 대한 경고를 받지만(참고. 7-8장), 그래도 그들은 예수님과 함께 머물기 때문에 희망이 있다.

186 삿 9:8-15; 시 104:12; 겔 31:6; 단 4:10-12; 17-23.

187 *TDNT*, 7:389를 보라.

188 하지만 이사야 6:13에서 거룩한 남은 자에게 일말의 희망이 있음을 주목하라.

189 참고. 막 4:10-12; 10:10; 13:3.

응답

마가는 이제 복음 이야기에 그가 전하는 내러티브의 세 번째 주제를 덧붙인다. 이미 제자도로의 권위 있는 부르심과 계속해서 확장되는 예수님의 권위와 능력을 묘사한 그는, 이번에는 '하나님 나라'의 가르침에 대한 통찰을 제공한다. 이는 예수님의 오심과 제자도로의 부르심이라는 두 주제를 아우르는 우산 같은 역할을 한다. 다가오는 하나님 나라와 통치는 여호와의 도래를 기대한다는 점에서 구약의 메시지와 연결된다.[190]

처음에는 예수님이 한편으로는 하나님의 통치에 대해, 다른 한편으로는 그 자신의 정체성과 목적에 대해 각각 따로 말씀하신다. 그분은 제자들이 성장 과정에서 배운 것을 수정하기 위해 '하나님 나라'와 '하나님의 메시아'의 뜻을 정확히 가르치셔야 한다. 그래서 8:38에 이르러서야, 특히 14:25에서 예수님은 (재정의된) 두 모티브를 연결시켜 하나님 나라를 전파하는 자가 바로 하나님의 메시아-왕이자 영원한 아들이라고 가르치신다. 이 메시아 왕국은 구약에서 하나님께서 그분의 백성을 추적하시는 구속 사역을 계속 이어간다. 지금은 하나님께서 전 세계에 걸친 보편적 유대인/이방인 백성을 추적하신다. 다가오는 나라는 개인과 공동체를 제자도를 부르시는 예수님으로 구현된다.

4:1-34에 나오는 대표적인 비유들은 하나님께서 일하고 계심을 강조한다. 하나님 나라는 그 시작이 눈에 띄지 않아도 하나님께서 성장시키신다. 그래서 결국 개인적 차원과 공동체적 차원에서 하나님과 화해하고 그분께 순종하는 삶을 열매로 맺어 주변 세계에 그 나라를 증언한다. 예수님이 비유로 가르치시는 목적은 인간의 마음 상태를 묘사하고 하나님 통치의 여러 특징을 전달하기 위해서다. '바깥에' 있는 사람들에게는, 예수님이 완고한 마음에 대한 심판의 징표로 비유를 말씀하신다(참고. 사 6:9-10). '예수님

190 참고. 서론의 '그리스도론'.

과 함께' 있는 사람들에게는, 그분의 비유가 가르침의 수단으로 활용된다. 제2성전 유대교에서는 '비유'(마샬)가 직유, 비유, 알레고리 등 다양한 형태의 비유적 언어를 가리켰다. 예수님의 비유들은 하나님께 구속받은 새로운 삶을 묘사할 뿐만 아니라, 하나님을 거부하는 이기적인 삶의 심층적인 패턴을 도전하고 노출시킨다. 이 새로운 통치의 발흥이 처음에는 매우 소박하다. 그럼에도 불구하고 그 통치가 점점 더 성장해서 나중에는 하나님의 영광을 드러낸다.

회의론자들은 이 험한 세상에 과연 하나님이 계시는지, 그리고 만일 계시다면 우리가 실제로 그분을 알 수 있는지 물을 것이다. 예수님은 하나님과 그분의 길이 종종 눈에 띄지는 않아도 분명히 실재한다고 말씀하신다. 회의론자가 또 들어야 할 사실이 있다. 인간 존재는 하나님으로부터 (지적으로, 도덕적으로 또는 의지적으로) 무엇이든 받는 것을 거부하는 완고한 마음 때문에 손상되고 말았다는 사실이다. 그래서 회의론자와 그리스도인 모두 사람의 내면을 노출시키는 씨 뿌리는 자의 비유를 들을 필요가 있는 것이다. 예수님이 무엇을 주실 수 있는지 알기 위해 그분께 순간적인 관심만 갖고 있는가? 예수님이 즉시 인생의 모든 문제를 풀어주신다는 조건을 걸고 그분께 마음을 열고 있는가? 인간 마음속에 생기는 온갖 염려와 정욕에 눈을 감은 채 예수님과 관계를 맺으려고 하는가? 아니면, 성령의 중재를 받아 예수님의 급진적인 부르심에 열린 마음으로 응답하고, 그분의 목적을 기꺼이 따를 마음을 품고 있는가? 그런 열린 마음은 근본적인 변화를 불러올 것이다.

그리스도인은 이 세상의 많은 권세와 기존 체계, 즉 초창기의 하나님 나라를 퇴색시키거나 위협하는 듯한 세력을 직면하면 낙담하거나 항복하고픈 마음이 들 수 있다. 이런 상황에서는 역사적으로 그리스도의 제자들이 받은 박해를 기억하는 것이 필요하다. 예수님이 경험하신 많은 방해와 상관없이, 하나님의 목적은 서서히 자라나서 마침내 완전히 실현될 것이라는 희망을 예수님이 제자들에게 불어넣으신다.[191]

큰 고난과 불경건함의 한복판에서도 (승리주의 또는 번영의 복음에 대한 그릇된 희망이 아니라) 하나님의 실재와 선하심을 굳게 믿고 차분한 현실주의를 유지하는 것이 기독교적 희망의 든든한 기초다. 삼위일체 하나님이 존재하시고, 그 하나님께서 세계의 현황과 상관없이 그분의 목적을 이루어 가신다. 각 제자에게 필요한 것은 하나님께서 빛으실 만한 마음과 생각을 주시도록 기도하고(참고. 왕상 8:58, 61) 그 결과 하나님께서 제자 개개인과 공동체를 통해 그분의 목적을 이루시게 하는 것이다. 이런 모습을 누가복음 7:30에 나오는 당시 유대인 지도자들의 모습과 대조해보라. "바리새파 사람들과 율법학자들은 요한에게서 세례를 받지 않음으로써 자기들에 대한 하나님의 계획을 물리쳤다"(새번역).

191 참고. 단 2:44-45. 사도행전에 나오는 폭넓은 반대의 모습을 보라.

Mark
마가복음
4:35-5:20

4:35 그날 저물 때에 제자들에게 이르시되 우리가 저편으로 건너가자
하시니 36 그들이 무리를 떠나 예수를 배에 계신 그대로 모시고 가매
다른 배들도 함께 하더니 37 큰 광풍이 일어나며 물결이 배에 부딪쳐
들어와 배에 가득하게 되었더라 38 예수께서는 고물에서 베개를 베고
주무시더니 제자들이 깨우며 이르되 선생님이여 우리가 죽게 된 것을
돌보지 아니하시나이까 하니 39 예수께서 깨어 바람을 꾸짖으시며 바
다더러 이르시되 잠잠하라 고요하라 하시니 바람이 그치고 아주 잔잔
하여지더라 40 이에 제자들에게 이르시되 어찌하여 이렇게 무서워하
느냐 너희가 [1)]어찌 믿음이 없느냐 하시니 41 그들이 심히 두려워하여
서로 말하되 그가 누구이기에 바람과 바다도 순종하는가 하였더라

4:35 On that day, when evening had come, he said to them, "Let us go
across to the other side." 36 And leaving the crowd, they took him with
them in the boat, just as he was. And other boats were with him. 37 And
a great windstorm arose, and the waves were breaking into the boat, so
that the boat was already filling. 38 But he was in the stern, asleep on the
cushion. And they woke him and said to him, "Teacher, do you not care

that we are perishing?" 39 And he awoke and rebuked the wind and said
to the sea, "Peace! Be still!" And the wind ceased, and there was a great
calm. 40 He said to them, "Why are you so afraid? Have you still no
faith?" 41 And they were filled with great fear and said to one another,
"Who then is this, that even the wind and the sea obey him?"

4장

5:1 예수께서 바다 건너편 거라사인의 지방에 이르러 2 배에서 나오시
매 곧 더러운 귀신 들린 사람이 무덤 사이에서 나와 예수를 만나니라
3 그 사람은 무덤 사이에 거처하는데 이제는 아무도 그를 쇠사슬로도
맬 수 없게 되었으니 4 이는 여러 번 고랑과 쇠사슬에 매였어도 쇠사
슬을 끊고 고랑을 깨뜨렸음이러라 그리하여 아무도 그를 제어할 힘이
없는지라 5 밤낮 무덤 사이에서나 산에서나 늘 소리 지르며 돌로 자기
의 몸을 해치고 있었더라 6 그가 멀리서 예수를 보고 달려와 절하며
7 큰 소리로 부르짖어 이르되 지극히 높으신 하나님의 아들 예수여 나
와 당신이 무슨 상관이 있나이까 원하건대 하나님 앞에 맹세하고 나
를 괴롭히지 마옵소서 하니 8 이는 예수께서 이미 그에게 이르시기를
더러운 귀신아 그 사람에게서 나오라 하셨음이라 9 이에 물으시되 네
이름이 무엇이냐 이르되 내 이름은 [2]군대니 우리가 많음이니이다 하
고 10 자기를 그 지방에서 내보내지 마시기를 간구하더니 11 마침 거기
돼지의 큰 떼가 산 곁에서 먹고 있는지라 12 이에 간구하여 이르되 우
리를 돼지에게로 보내어 들어가게 하소서 하니 13 허락하신대 더러운
귀신들이 나와서 돼지에게로 들어가매 거의 이천 마리 되는 떼가 바
다를 향하여 비탈로 내리달아 바다에서 몰사하거늘

5:1 They came to the other side of the sea, to the country of the
Gerasenes.[1] 2 And when Jesus[2] had stepped out of the boat, immediately
there met him out of the tombs a man with an unclean spirit. 3 He lived
among the tombs. And no one could bind him anymore, not even with

a chain, 4 for he had often been bound with shackles and chains, but he
wrenched the chains apart, and he broke the shackles in pieces. No one
had the strength to subdue him. 5 Night and day among the tombs and
on the mountains he was always crying out and cutting himself with
stones. 6 And when he saw Jesus from afar, he ran and fell down before
him. 7 And crying out with a loud voice, he said, "What have you to do
with me, Jesus, Son of the Most High God? I adjure you by God, do
not torment me." 8 For he was saying to him, "Come out of the man,
you unclean spirit!" 9 And Jesus asked him, "What is your name?" He
replied, "My name is Legion, for we are many." 10 And he begged him
earnestly not to send them out of the country. 11 Now a great herd of
pigs was feeding there on the hillside, 12 and they begged him, saying,
"Send us to the pigs; let us enter them." 13 So he gave them permission.
And the unclean spirits came out and entered the pigs; and the herd,
numbering about two thousand, rushed down the steep bank into the
sea and drowned in the sea.

14 치던 자들이 도망하여 읍내와 여러 마을에 말하니 사람들이 어떻
게 되었는지를 보러 와서 15 예수께 이르러 그 귀신 들렸던 자 곧 군대
귀신 지폈던 자가 옷을 입고 정신이 온전하여 앉은 것을 보고 두려워
하더라 16 이에 귀신 들렸던 자가 당한 것과 돼지의 일을 본 자들이 그
들에게 알리매 17 그들이 예수께 그 지방에서 떠나시기를 간구하더라
18 예수께서 배에 오르실 때에 귀신 들렸던 사람이 함께 있기를 간구
하였으나 19 허락하지 아니하시고 그에게 이르시되 집으로 돌아가 주
께서 네게 어떻게 큰일을 행하사 너를 불쌍히 여기신 것을 네 가족에
게 알리라 하시니 20 그가 가서 예수께서 자기에게 어떻게 큰일 행하
셨는지를 데가볼리에 전파하니 모든 사람이 놀랍게 여기더라

14 The herdsmen fled and told it in the city and in the country. And
people came to see what it was that had happened. 15 And they came
to Jesus and saw the demon-possessed[3] man, the one who had had the
legion, sitting there, clothed and in his right mind, and they were afraid.
16 And those who had seen it described to them what had happened to
the demon-possessed man and to the pigs. 17 And they began to beg
Jesus[4] to depart from their region. 18 As he was getting into the boat, the
man who had been possessed with demons begged him that he might
be with him. 19 And he did not permit him but said to him, "Go home
to your friends and tell them how much the Lord has done for you,
and how he has had mercy on you." 20 And he went away and began
to proclaim in the Decapolis how much Jesus had done for him, and
everyone marveled.

1) 어떤 사본에, 어찌 아직도 믿음이 2) 헬, 레기온. 로마 군대의 여단 규모

1 Some manuscripts *Gergesenes*; some *Gadarenes* *2* Greek *he*; also verse 9 *3* Greek *daimonizomai* (demonized); also verses 16, 18; elsewhere rendered *oppressed by demons* *4* Greek *him*

단락 개관

예수님은 제자들과 다른 사람들이 있는 곳에서 그분의 능력이 확장되는 모습을 계속해서 보여주신다. 여기서는 주로 귀신의 세력을 압도하는 그분의 주권(막 5:1-20)뿐 아니라 자연의 법칙과 힘을 다스리는 능력(4:35-41)도 밝히 드러내신다. 예수님은 하나님 나라의 메신저이자 아직은 숨은 반포자로서, 그분의 주장들을 뒷받침하는 권위를 계속 보여주신다. 폭풍을 잠재우는 이야기는 저녁 풍경, 함께하는 배들, 폭풍 속에서 물을 통제하시는 모습 그리고 베개에 관한 묘사를 포함해 목격담의 여러 요소들을 담고 있다. 예수님이 다양한 모습으로 능력을 발휘하신 후 다시 배척이 따라온다(6:3).

단락 개요

II. 1부: 예수의 권위의 입증(1:16-8:26)
- B. 갈릴리 사역의 절정(3:13-6:6)
  - 3. 자연 기적과 축귀(4:35-41)
    - a. 폭풍을 잠잠케 하시다(4:35-41)
    - b. 거라사 근처에서 귀신을 쫓아내시다(5:1-20)
      - (1) 귀신 들린 남자의 상황(5:1-6)
      - (2) 귀신들에 대한 예수님의 행동(5:7-13)
      - (3) 회복된 남자(5:14-17)
      - (4) 그 남자가 예수님과 함께 있기를 원하다(5:18-20)

주석

4:35-37 회오리바람을 포함한 '큰 폭풍'("큰 광풍")은 갈릴리 바다에서 흔한 일이었다.

4:37-38 외견상으로는 이 구절이 요나서의 본문(칠십인역)을 반영할 가능성이 있다. 요나 1:4을 마가복음 4:37과, 요나 1:5을 마가복음 4:38과, 요나 1:6을 마가복음 4:38과, 요나 1:11을 마가복음 4:39과, 요나 1:16을 마가복음 4:41과 비교해보라. 두 이야기 모두 큰 위험, 폭풍 중에 잠자는 모습, 폭풍이 잠잠해짐, 깜짝 놀람 등 여러 모티브를 담고 있다. 하지만 요나는 하나님으로부터 도망하는 데 비해, 예수님은 다른 사람들을 하나님께로 회복시키신다. 구약의 배경과 관련해서는 마가복음 4:37-38과 시편 107:23-32의 밀접한 병행 관계를 주목하라. "우리가 죽게 된 것을 돌보지 아니하시나이까"라는 질문에는 두려움과 비난이 섞여 있다. 죽을지도 모른다는 제자들의 공포가 예수님의 존재와 능력에 대한 초보적인 신뢰를 압도하고 만다.

4:39 이제 예수님은 자연의 힘까지 다스리는 능력을 보여주신다(참고. 6:51). 그분이 "잠잠하라 고요하라"(즉, '꽁꽁 묶다', '재갈을 물리다'[192], 참고. 1:25)고 외치신다. 구약에서는 하나님이 파도를 가라앉히고[193] 폭풍을 잠재우는[194] 분으로 알려져 있다. 간접적으로, 39절은 예수님이 구약의 하나님처럼 행동하시는 모습을 묘사한다(참고. 시 104:7; 106:9; 요 14:29).

192 BDAG, s.v. φιμόω.

193 욥 12:15; 시 33:7; 65:7; 77:16.

194 욥 28:25; 시 107:29-30; 147:18. 참고. 창 8:1-11; 암 4:13; 욘 1:11-12; 나 1:3-4.

4:40 예수님은 제자들이 두려움에 굴복한다고, 즉 겁을 낸다고 훈계하신다.[195] 두려움의 치료책은 예수님에 대한 "믿음"이다.[196] 그들은 그분을 의지해야 한다. 하지만 하나님께 버림받았다는 느낌이 자신들을 압도하도록 허용하고 말았다. 그래서 죽을지 모른다고 염려하며 "무서워하[는]" 것이다. 제자들이 예수님의 적대자들보다 나은 점은 예수님과 함께 있기 때문에 계속 그분의 영향을 받는다는 것이다. 그런데 이 시점에서는 그들의 마음이 적대자들의 마음보다 더 열려 있는 것 같지 않다.

4:41 예수님의 제자들은 그분의 권고를 제대로 파악하지 못하는 듯하다. 그들은 깜짝 놀라면서 타의 추종을 불허하는 그분의 능력에만 초점을 맞춘다. "심히 두려워하[는]"[197] 그들의 반응은 하나님의 임재를 밝히 나타내는 예수님의 능력에 대한 두려움(경외)을 나타낸다(1:27, 참고. 욘 1:16; 눅 2:9). 이제 그들은 이 결론적인 질문에 이른다. "그가 누구이기에 바람과 바다도 순종하는가?" 청중이나 독자는 그동안 예수님에 관해 서술된 모든 내용에 비추어 이 질문에 대한 답을 생각한다. 청중들은 어떻게 대답할까?

5:1 귀신을 쫓아내는 사건(막 5:1-20)은 바닷가에 있는 작은 헬레니즘 도시 거라사 근처에서 일어난다. 이 작은 도시는 호수에서 약 48킬로미터 떨어진 더 큰 거라사(Gerasa)와 구별되어야 한다.

5:2 "더러운 귀신 들린" 사람은, 유대인의 관점에서 보면, 더러운 헬레니즘 영토에서 더러운 무덤과 돼지들 가운데 살면서 자멸의 감옥에 갇혀 있다(5절). 예수님이 그를 해방시키고 깨끗케 하며 소생시키신다.

195 BDAG, s.v. δειλός.

196 막 2:5; 4:40, 5:34; 7:18; 8:17-18, 21, 32-33; 10:52; 11:22. 참고. 딤전 1:7.

197 Zerwick, *Grammatical Analysis*, 115.

5:3-20 개요

이 묘사는 목격자의 기사임을 뒷받침해주는 여러 세부 사항들을 담고 있다. 그의 거처인 "무덤"과 "산", 그 사람의 비명, "돼지의 큰 떼", 주민들이 더 이상 사업상의 손해를 보지 않으려고 예수님에게 "그 지방에서 떠나시기를 간구[한]" 것 그리고 치유 받은 사람의 온순한 간청 등이다.

5:3-5 그 남자의 상황에 대한 묘사는 돼지를 치던 사람들로부터 나온 것이 틀림없다(14-16절). 귀신들의 전략은 하나님의 형상으로 창조된 사람을 해치거나 죽이는 것이다(참고. 1:23).

5:7-8 귀신은 기만적이고 아첨하는 어조로 예수님을 "지극히 높으신 하나님의 아들"이라 부른다(참고. 1:1 주석; 14:60-62 주석).[198] 이렇게 해서 귀신은 예수님을 압도하는 능력을 얻으려고 한다(참고. 1:23-28 주석; 5:8-10 주석). 이 헛된 시도가 실패하자(참고. 1:25), 귀신은 예수님에게 제발 자기를 "괴롭히지" 말라고 절박하게 빈다(참고. 5:10).

5:8-10 예수님은 악한 귀신 떼("군대", 참고. 마 12:45; 눅 8:2)를 다스리는 주권적 능력을 발휘하신다. 그분의 말 한 마디에 귀신들이 도망칠 수밖에 없는데, 특히 그들의 이름이 누설되어서 더욱 그렇다. 귀신들이 예수님의 권위와 마주칠수록 그들은 점점 위축되고 능력 또한 작아진다. 더러운 귀신이 예수님에게 거듭 간절히 빈다.

5:11-13 헬레니즘의 영향 때문에 데가볼리 근처 이 이방인 지역에서는 의식적으로(ceremonially) 더러운 돼지들의 존재가 별로 놀랍지 않다(참고. 마 4:23-25).

198 마 26:63을 보라. 참고. 창 14:18; 24:3.

5:14-17 귀신이 쫓겨난 후 이전에 귀신 들렸던 사람이 이제 "옷을 입고 정신이 온전하여 앉[아]"(15절, 즉 "건전한 정신의" 또는 "분별이 있는")[199] 있다. 예수님의 자비 덕분에 그는 하나님의 형상을 지닌 자로서의 존엄성을 되찾았다. 제자들 이외의 목격자들도 거기서 일어난 일을 전할 수 있다(16절). 그 지역의 주민들이 이 소식을 듣고 두려워하는데(참고. 4:41; 16:8), 그들은 예수님의 능력에 깜짝 놀라 이분이 누군지 알아볼 생각조차 하지 못한다. 더구나 그들은 이 일로 상당한 자본과 수입을 잃고 말았다. 구원과 회복보다 이익을 우선시하는 탓에 그들은 예수님에게 떠나달라고 "간구[한다]"(참고. 5:10, 12, 18, 23).

5:18-20 예수님은 정신이 온전하게 회복된 사람이 그분과 제자들 사이에 함께 있기를 허락하지 않으신다. 이유는 여전히 불분명하다. 어쩌면 그 사람이 열두 제자의 그룹에 속하도록 허락해달라고 요청했을지도 모른다. 성경은 "[그가 그분과] 함께 있기를"(18절, 참고. 3:14) 간청했다고 전한다. 어쨌든 예수님은 그 사람이 데가볼리에서 '주님'의 자비와 능력을 증언하는 사람이 되기를 바라신다. 훗날 그분은 제자들과 함께 그 지역으로 돌아가실 것이다(7:31).

우리는 여기서 예수님이 의도적으로 회복된/치유된 사람에게 그에게 일어난 일을 공개적으로 전하라고 말씀하시는 예외적인 경우를 본다. 침묵을 명령하신 많은 경우와 대조되는 장면이다.[200] 이 시점에서는 데가볼리에 사는 유대인과 이방인 주민들이(갈릴리의 경우와 달리) 아직 예수님의 사역을 방해하지 않는다. 훗날 예수님이 데가볼리로 되돌아갈 때는, 치유 받은 귀먹고 말 못 하던 사람들에게 침묵하라고 명하실 것이다(7:36). 그곳은 이방인 영토이기 때문에 (1:44과 대조적으로) 치유 받은 사람이 모세의 결례법

199 BDAG, s.v. σωφρονέω. 행 26:25; 딛 2:6; 벧전 4:7을 보라.

200 참고. 서론의 '그리스도론'.

과 관련된 명령을 받지 않는다. 하지만 그는 예수님의 지시를 뛰어넘어 이방 지역인 데가볼리의 많은 사람에게 그가 받은 구원에 관해 전파한다[에륵사토 케뤼세인(*ērxato kēryssein*), '그가 전파하기 시작하다']. 그리하여 예수님이 영향을 미치는 지리적 범위가 한층 더 넓어진다(참고. 3:7-8). 예수님은 구원받은 사람에게 "주님"(퀴리오스), 즉 하나님께서 행하신 일을 친구들(ESV 참고. 개역개정은 "가족")에게 알리라고 하셨다(5:19). 그 사람은 나가서 많은 사람에게 "예수께서 자기에게 어떻게 큰일 행하셨는지를"(20절) 전파한다. 이처럼 마가는 '주님'(하나님)과 예수님 간의 연결을, 어쩌면 동일성까지 암시하고 있다.

응답

다시 한 번 예수님은 제자들과 다른 사람들이 있는 곳에서 능력 발휘의 범위를 넓히신다. 이번에는 자연 법칙(4:35-41)과 귀신의 세계(5:1-20)를 다스리는 능력을 보여주신다. 그런 능력의 발휘는 일차적으로 예수님의 주장, 즉 그분이 정말로 아버지 하나님께서 보내고 인증하신 분이며 독특하고 도전적인 그분의 주장들이 옳다는 것을 뒷받침한다. 예컨대 여기에는 죄를 직접 용서하는 권세(2:1-12)가 포함된다. 따라서 예수님의 강력한 표적들은 그분의 파격적인 주장들을 인증하고 확증하는 역할을 한다.

오늘날의 제자들은 감사하는 마음으로 이 진실을 인정하면서도, 예수님의 능력이 여전히 이런 식으로 발휘되는지 물을 수 있다. 마가가 하나님의 그런 개입이 예수님의 사역 이후에도 계속된다고 가르치지 않는다는 점을 주목하라. 사도행전을 신중하게 연구해보면, 거기에 묘사된 '표적과 기사들'은 무엇보다도 예수님의 부활에 대한 사도들의 증언을 확증하도록 하나님께서 허락하신 것이라는 결론에 도달하게 된다. 예수님의 사역과 사도들의 사역에서, 표적과 기사는 일차적으로 예수님의 주장 및 부활에 대한 사도들의 증언을 보증하는 역할을 한다. 그럼에도 불구하고 성령의 임재는 악한 귀신이 당시에나 지금이나 그리스도께 속한 모든 사람에게서 떠나야 한다는 주장을 수반한다. 오늘날의 그리스도인도 때때로 자연 기적과 신체적 치유를 경험할 수 있으나 필수적인 것은 아니다. 가능한 치유와 관련해서는 특히 야고보서 5:14-16을 보라. 어떤 사람들은 충분한 '믿음'이 있으면 이런 기적이 '항상' 일어나야 한다고 주장하는데, 이는 신약적 근거가 없다(참고. 11:22-24 주석). 그리스도인의 바람직한 태도는 그리스도 안에 있는 구속과 그 백성과 함께하신다는 그분의 약속에 감사하는 것이다. 이에 덧붙여 하나님께서 초자연적으로 개입하시는 일은 하나님의 특별한 은총으로 받아들여야 할 뿐 각 신자의 기본적인 권한이나 보장된 권리로 인식해서는 안 된다. 그래서 예수님을 따르는 사람은 하나님의 주권과 영광에 순종하지 않은 채, '믿음'을 '자기 확신을 품고 믿음과 기도로 무엇이든 요구하는 것'으로 오해하지 않도록 주의해야 한다.

폭풍을 잠재우는 것(막 4:35-41)과 귀신 들린 사람에게서 귀신을 쫓아내는 것(5:1-20)은 몇 가지 유사점이 있다. 바다에 거품이 일듯이 귀신 들린 사람도 그렇다. 폭풍이 잠잠해지듯이 귀신 들린 사람도 온전한 정신으로 돌아간다. 두 경우 모두 예수님이 평안을 회복시키신다. 그래서 예수님을 따르는 이들은 큰 소동 가운데서도 삼위일체 하나님의 임재 안에 안식할 수 있는 것이다(마 28:20을 보라).

Mark

마가복음

5:21-6:6

5:21 예수께서 배를 타시고 다시 맞은편으로 건너가시니 큰 무리가 그
에게로 모이거늘 이에 바닷가에 계시더니 22 회당장 중의 하나인 야이
로라 하는 이가 와서 예수를 보고 발아래 엎드리어 23 간곡히 구하여
이르되 내 어린 딸이 죽게 되었사오니 오셔서 그 위에 손을 얹으사 그
로 구원을 받아 살게 하소서 하거늘 24 이에 그와 함께 가실새

5:21 And when Jesus had crossed again in the boat to the other side, a
great crowd gathered about him, and he was beside the sea. 22 Then
came one of the rulers of the synagogue, Jairus by name, and seeing
him, he fell at his feet 23 and implored him earnestly, saying, "My little
daughter is at the point of death. Come and lay your hands on her, so
that she may be made well and live." 24 And he went with him.

큰 무리가 따라가며 에워싸 밀더라 25 열두 해를 혈루증으로 앓아 온
한 여자가 있어 26 많은 의사에게 많은 괴로움을 받았고 가진 것도 다
허비하였으되 아무 효험이 없고 도리어 더 중하여졌던 차에 27 예수의
소문을 듣고 무리 가운데 끼어 뒤로 와서 그의 옷에 손을 대니 28 이는

내가 그의 옷에만 손을 대어도 구원을 받으리라 생각함일러라 29 이
에 그의 혈루 근원이 곧 마르매 병이 나은 줄을 몸에 깨달으니라 30 예
수께서 그 능력이 자기에게서 나간 줄을 곧 스스로 아시고 무리 가운
데서 돌이켜 말씀하시되 누가 내 옷에 손을 대었느냐 하시니 31 제자
들이 여짜오되 무리가 에워싸 미는 것을 보시며 누가 내게 손을 대었
느냐 물으시나이까 하되 32 예수께서 이 일 행한 여자를 보려고 둘러
보시니 33 여자가 자기에게 이루어진 일을 알고 두려워하여 떨며 와서
그 앞에 엎드려 모든 사실을 여쭈니 34 예수께서 이르시되 딸아 네 믿
음이 너를 구원하였으니 평안히 가라 네 병에서 놓여 건강할지어다
And a great crowd followed him and thronged about him. 25 And there
was a woman who had had a discharge of blood for twelve years, 26 and
who had suffered much under many physicians, and had spent all that
she had, and was no better but rather grew worse. 27 She had heard the
reports about Jesus and came up behind him in the crowd and touched
his garment. 28 For she said, "If I touch even his garments, I will be
made well." 29 And immediately the flow of blood dried up, and she felt
in her body that she was healed of her disease. 30 And Jesus, perceiving
in himself that power had gone out from him, immediately turned
about in the crowd and said, "Who touched my garments?" 31 And his
disciples said to him, "You see the crowd pressing around you, and yet
you say, 'Who touched me?'" 32 And he looked around to see who had
done it. 33 But the woman, knowing what had happened to her, came
in fear and trembling and fell down before him and told him the whole
truth. 34 And he said to her, "Daughter, your faith has made you well;
go in peace, and be healed of your disease."

35 아직 예수께서 말씀하실 때에 회당장의 집에서 사람들이 와서 회

당장에게 이르되 당신의 딸이 죽었나이다 어찌하여 선생을 더 괴롭게
하나이까 36 예수께서 그 하는 말을 곁에서 들으시고 회당장에게 이르
시되 두려워하지 말고 믿기만 하라 하시고 37 베드로와 야고보와 야
고보의 형제 요한 외에 아무도 따라옴을 허락하지 아니하시고 38 회당
장의 집에 함께 가사 떠드는 것과 사람들이 울며 심히 통곡함을 보시
고 39 들어가서 그들에게 이르시되 너희가 어찌하여 떠들며 우느냐 이
아이가 죽은 것이 아니라 잔다 하시니 40 그들이 비웃더라 예수께서
그들을 다 내보내신 후에 아이의 부모와 또 자기와 함께 한 자들을 데
리시고 아이 있는 곳에 들어가사 41 그 아이의 손을 잡고 이르시되 달
리다굼 하시니 번역하면 곧 내가 네게 말하노니 소녀야 일어나라 하
심이라 42 소녀가 곧 일어나서 걸으니 나이가 열두 살이라 사람들이
곧 크게 놀라고 놀라거늘 43 예수께서 이 일을 아무도 알지 못하게 하
라고 그들을 많이 경계하시고 이에 소녀에게 먹을 것을 주라 하시니라

35 While he was still speaking, there came from the ruler's house
some who said, "Your daughter is dead. Why trouble the Teacher any
further?" 36 But overhearing[1] what they said, Jesus said to the ruler of
the synagogue, "Do not fear, only believe." 37 And he allowed no one
to follow him except Peter and James and John the brother of James.
38 They came to the house of the ruler of the synagogue, and Jesus[2]
saw a commotion, people weeping and wailing loudly. 39 And when
he had entered, he said to them, "Why are you making a commotion
and weeping? The child is not dead but sleeping." 40 And they laughed
at him. But he put them all outside and took the child's father and
mother and those who were with him and went in where the child was.
41 Taking her by the hand he said to her, "Talitha cumi," which means,
"Little girl, I say to you, arise." 42 And immediately the girl got up
and began walking (for she was twelve years of age), and they were

immediately overcome with amazement. 43 And he strictly charged them that no one should know this, and told them to give her something to eat.

6:1 예수께서 거기를 떠나사 고향으로 가시니 제자들도 따르니라 2 안식일이 되어 회당에서 가르치시니 많은 사람이 듣고 놀라 이르되 이 사람이 어디서 이런 것을 얻었느냐 이 사람이 받은 지혜와 그 손으로 이루어지는 이런 권능이 어찌됨이냐 3 이 사람이 마리아의 아들 목수가 아니냐 야고보와 요셉과 유다와 시몬의 형제가 아니냐 그 누이들이 우리와 함께 여기 있지 아니하냐 하고 [1)]예수를 배척한지라 4 예수께서 그들에게 이르시되 선지자가 자기 고향과 자기 친척과 자기 집 외에서는 존경을 받지 못함이 없느니라 하시며 5 거기서는 아무 권능도 행하실 수 없어 다만 소수의 병자에게 안수하여 고치실뿐이었고 6 그들이 믿지 않음을 이상히 여기셨더라

6:1 He went away from there and came to his hometown, and his disciples followed him. 2 And on the Sabbath he began to teach in the synagogue, and many who heard him were astonished, saying, "Where did this man get these things? What is the wisdom given to him? How are such mighty works done by his hands? 3 Is not this the carpenter, the son of Mary and brother of James and Joses and Judas and Simon? And are not his sisters here with us?" And they took offense at him. 4 And Jesus said to them, "A prophet is not without honor, except in his hometown and among his relatives and in his own household." 5 And he could do no mighty work there, except that he laid his hands on a few sick people and healed them. 6 And he marveled because of their unbelief.

이에 모든 촌에 두루 다니시며 가르치시더라
And he went about among the villages teaching.

1) 또는 예수로 말미암아 실족한지라
1 Or *ignoring*; some manuscripts *hearing* *2* Greek *he*

6장

단락 개관

야이로의 딸을 일으키는 사건에 관한 내러티브(막 5:21-24, 35-43)는 오랫동안 혈루증을 앓던 여자를 고치는 사건(25-34절)과 뒤얽혀 있다. 이른바 샌드위치 구조가 반복되는 것을 주목하라(참고. 서론의 '문학적 특징'). 예수님은 여기서 인간의 질병과 죽음까지 다스리는 능력을 보여주신다(21-43절). 마가복음 5:21-43은 그 옛날 엘리야(왕상 17:17-24, 그리고 엘리사 내러티브들도 보라)를 상기시키는데, 후자는 예수님의 하나님 나라 사역에 대한 중요한 유비 역할을 한다. 이런 사실에도 불구하고, 나사렛의 주민들은 하나님의 인증을 받았다는 예수님의 주장을 믿지 않기 때문에 예수님에 대한 평판이 그분의 고향에서는 좋지 않다(6:1-6). 2:1-3:12의 마지막 단락(3:1-6)과 비슷하게, 3:13-6:6도 이번에는 나사렛에서 예수님이 배척받으시는 장면(6:1-6)으로 끝난다. 마가복음 6:6b는 요약문에 해당한다.

예수님은 계속해서 한층 더 큰 능력을 발휘하는데, 이번에는 인간의 질병과 죽음까지 다스리는 능력을 보이신다. 이는 예수님이 다윗 혈통의 왕으로서 섬길 정치적 메시아에 불과한 존재가 아님을 보여준다(참고. 삼하 7:12-15).[201] 그분은 하나님, 즉 영원한 아들이다(참고. 시 2편; 110:1, 5; 단 7:13-

201 참고. 서론의 '그리스도론'.

14, 참고, 삼하 7:16). 예수님은 인간으로 오시는 여호와다(사 40:3, 10). 이 둘의 심오한 차이점을 인식하는 것이 중요하다. 오직 하나님만 그분에 대한 반역의 무거운 짐에서 구출하고 구원하는 능력을 갖고 계시기 때문이다.[202] 정치적 인물에 불과한 사람은 이런 일을 성취할 수 없다. 따라서 점차 확장되는 그분의 능력은 위대한 제물(10:45; 14:22-24)을 바치시는 유일무이한 능력을 뒷받침하고 정당화한다.

단락 개요

II. 1부: 예수의 권위의 입증(1:16-8:26)
  B. 갈릴리 사역의 절정(3:13-6:6)
    4. 나사렛에서 기적을 행하고 배척받으시다(5:21-6:6)
      a. 야이로의 딸을 살리고 혈루증 앓는 여자를 고치시다 (5:21-43)
        (1) 야이로의 딸이 중병에 걸리다(5:21-24)
        (2) 예수님이 혈루증 앓는 여자를 고치시다(5:25-34)
          (a) 여자의 상황(5:25-29)
          (b) 그분의 옷을 만진 여자에 대한 예수님의 반응 (5:30-34)
        (3) 야이로 딸의 죽음(5:35)
        (4) 그녀의 죽음에 대한 예수님의 반응(5:36)
        (5) 야이로의 딸을 일으키시다(5:37-43)

202 예. 사 25:9; 33:22; 35:4; 37:20; 38:20; 렘 17:14; 슥 8:7; 9:16; 히 7:25.

b. 나사렛에서 배척받으시다(6:1-6, 6:6은 전환절)

(1) 예수님이 나사렛을 방문하시다(6:1-2)

(2) 주민들이 예수님을 배척하다(6:3)

(3) 예수님의 반응(6:4-6)

주석

5:21 예수님은 늘 인기가 높았던 갈릴리 호수의 건너편(가버나움?)으로 돌아가신다. 그와 동시에 사회-종교적 환경이 유대의 영향을 많이 받은 무대(적어도 갈릴리의 일부 지역들)로 바뀐다(참고. 1:9 주석).

5:22-23 "회당"의 평신도 우두머리는 예배를 조직하고 가르침을 베푸는 등 회당의 여러 활동을 관리한다(참고. 6:15; 8:28). 또한 회당 건물을 돌보기도 한다. 회당장은 대부분 유대교의 한 당파인 바리새파에 소속되어 있다. 야이로가 "[예수님의] 발 아래 엎드[렸다]"는 사실은 그의 절박한 필요와 예수님 앞에서의 겸손한 성실성을 보여준다(참고. 7:25; 요 11:32). 야이로는 그동안 들었던 소문(참고. 막 5:27)에 기초해 예수님이 그저 손을 얹기만 해도 자신의 딸을 치유하실 수 있다고 믿는다. "그 위에 손을 얹으사"(참고. 6:5; 7:32; 8:23, 25). 정식 율법 교사들과 달리, 이 회당장은 예수님에 대해 열려 있는 듯하다.

5:24 예수님은 그 사람의 필요를 직시하고, 바리새파적인 회당과의 연관성이라는 잠재적인 문젯거리는 염두에 두지 않으신다. 큰 무리가 이 사건의 무대를 잘 채우는 동시에 극적인 막간 사건으로의 전환을 제공한다. 이제 독자는 야이로의 딸에게 무슨 일이 일어나는지 궁금해진다.

5:25 마가는 오랫동안 "혈루증"을 앓던 여자를 치유하는, 병행되는 이야기를 삽입한다. 아마 그녀는 역기능적인 자궁 출혈이라는 만성병에 시달렸던 것 같다. 장기적인 질병으로 인해 그녀는 의식적으로 더러운 상태(레 15:25-28)에 있고, 여자들에게 허용된 성전의 일부 구역에도 들어갈 수 없었다. 후대의 랍비 자료에 따르면, 이와 같은 여자는 다른 사람들로부터 격리되어야 했다(참고. 레 15:19-23, 25-27, 31; 민 19:11-22).[203] 그녀는 고립되었을 뿐 아니라 치료비를 대느라 빈궁해져서 점점 더 처절한 상황에 빠졌다.

5:26 의사들은 구약이나 제2성전 유대교에서 큰 존경을 받지 못했던 것으로 보인다(예. 대하 16:12; 욥 14:4; 토비트 2:10; 집회서 10:10).

5:27 그녀는 예수님의 "옷"(참고. 막 3:10)을 만짐으로써 그분을 의식적으로 더러운 상태로 만든다(레 15:19-23). 너무나 절박한 나머지 의식적 정결함에 관한 계명에 주의를 기울이지 못한다.

5:28-29 여자는 마법과 믿음이 혼합된 상태로 행동에 돌입한다. 불결한 사람의 옷을 만지면 의식적으로 더러워지는 것에서(레 15:27), 예수님의 "옷"을 만지면 건강을 회복할 수 있을 것으로 추론한 듯하다(참고. 행 5:15; 19:12). 마법이 아닌 자비로 인한 치유가 즉시 일어난다. 예수님이 그 치유를 확증하고(막 5:30-34), 그녀의 믿음을 칭찬하신다(34절).

5:30 예수님은 "능력[뒤나미스(*dynamis*), 참고. 12:24]이 자기에게서 나[갔다]"는 것을 알아채신다("인지하는 것" 또는 "인식하는 것", 참고 6:33, 54).[204] 치유 능력을 믿는 누군가가 그분을 만졌다(참고. 5:27-28, 30, 31).

203 주후 2세기의 랍비 전통의 내용은 예수님 당시로 거슬러 올라갈 수도 있다(참고. 눅 17:12).

204 참고. 막 6:5과 9:39. 이 본문들에서는 뒤나미스가 '기적'(mighty work)이라는 뜻으로 나온다.

5:30-33 예수님은 치유 받은 여자를 공개적으로 축복하고 회복시킬 목적(5:34)으로 그 여자에게 공개적 진술을 요구하신다. "누가 내게 손을 대었느냐?"(참고. 33절). 그녀가 "두려워하여 떨[었던]" 하나의 이유는 방금 군중에 합류해서 많은 사람을 의식적으로 더럽게 했기 때문이다(레 15:19-27). 동시에 그녀는 깜짝 놀라서 "예수께로 나아와 엎드려서 사실대로 다 말하였다"(33절, 새번역). 이 모든 것은 그녀가 예수님을 신뢰하고, 기꺼이 부끄러움을 감내하며, 그분께 감사하고 있음을 보여준다(참고. 눅 17:16).

5장

5:34 예수님은 그녀의 담대함을 칭찬하기보다는 그분에 대한 단순한 "믿음"을 축복하신다(참고. 막 10:52).[205] 예수님의 말씀을 문자적으로 번역하면 "네 믿음이 너를 구원하[였다]"[또는 '구출했다', 세소켄(*sesōken*)]이다. 만일 그녀가 예수님에 대한 신뢰를 어느 정도의 미신과 섞었다면, 예수님은 지금 그녀를 오직 하나님에 대한 단순하고 순수한 신뢰로 이끌고 계신다. "평안히 가라"는 구약의 흔한 축복이다.[206]

5:35 그 사이 야이로의 딸이 질병으로 죽고 말았다(참고. 5:23). 여기서 "딸아, 네 믿음이 너를 구원하[였다]"(34절)와 "당신의 딸이 죽었나이다"(35절)가 뚜렷한 대조를 이루는 것을 주목하라. 35절에 나오는 4개의 동사가 모두 현재진행형인 것은 야이로의 딸을 둘러싼 사건들과 혈루증을 앓던 여자의 치유가 동시에 일어났다는 사실을 강조한다. 혹자는 이런 의문을 제기할지 모른다. 만일 예수님이 알았다면 왜 서둘러 야이로의 딸에게 가서 목숨을 구해주지 않으셨는가(참고. 요 11:6)? "어찌하여 선생을 더 괴롭게 하나이까"라는 말은 야이로의 집안사람들이 예수님이 죽은 사람을 도울 수

205 참고. Graber and Muller, *NIDNTT*, 2:165; O. Hofius, *NIDNTT*, 2:631. 둘 다 그녀가 예수님에게 치유받기 전에 어느 정도의 믿음이 있었다고 강조한다. 막 2:5; 5:34; 7:29; 9:23-24; 12:44; 15:40-41을 보라. 마가복음 6:1-6과 대조해보라.

206 삼상 1:17; 20:42; 삼하 15:9; 왕하 5:19.

있다고 믿지 않는다는 것을 가리킨다.[207]

5:36 다시 한 번 예수님은 믿음이 염려에 대한 해결책임을 말씀하신다(막 2:5; 4:40; 5:34, 39; 9:23). 2개의 명령[메 포부 모논 피스튜에(*mē phobou monon pisteue*)]을 문자적으로 번역하면 "두려워하기를 멈추라, 오직(오로지) 믿기를 시작하라(또는 '계속하라')"는 뜻이다. 갑작스러운 죽음에 직면하여, 회당장이 예수님의 엄숙한 권고를 듣는 것은 큰 도전이었을 것이다(참고. 요 11:15).

5:37 베드로, 야고보 그리고 요한[즉, 예수님의 핵심층(참고. 1:29-31 주석; 3:16-18 주석; 9:2 주석; 10:35 주석; 10:41 주석; 13:3 주석; 14:32-36 주석)]만이 그 아이의 부모와 더불어 예수님과 합류하도록 허락된다(5:40). 예수님이 자기 계시의 중요한 단계에 이 세 제자들만 초대하시는 것은(참고. 37절; 9:2-8; 14:33, 참고. 7:33; 8:23; 13:3), 그들을 초기 교회의 핵심 증인으로 준비시키기 위해서다. 그런 준비 작업은 특히 두 제자에게 초점을 맞춘다. 첫째는 베드로로서, 장차 초기의 사도적 증언을 위한 대변인으로 섬길 인물이다. 그는 마가복음의 내용과 사도행전 전반부의 상당한 내용을 제공하고, 베드로전서와 베드로후서를 쓸 것이다. 요한은 그의 복음서, 세 편의 편지 그리고 계시록에서 예수님에 대해 증언할 것이다. 사도행전 12:2은 초기의 순교, 말하자면, "요한의 형제 야고보"의 죽음을 통한 증언을 서술한다.

5:38-39a "떠드는" 것과 "울며 심히 통곡[하는]" 것은 이 어린 소녀의 죽음에 대한 진정한 비탄과 깊은 애도를 보여준다. 그런 애도는 반주와 손뼉과 춤과 함께 탄식의 노래를 포함할 수 있다. 하지만 애도하는 사람의 일부는 직업적인 대곡(代哭)꾼들이다. 다음 주석에서 논의할 조롱하는 웃음

207 앞에서 말했듯이, 마가복음에는 예수님을 "선생"으로 부르는 구절이 열두 번 나온다. 예수님이 그분의 죽음, 부활과 함께, 하나님의 임박한 통치를 출범시키기 전에 그 통치를 전파하고 가르치기 위해 오셨다는(참고 1:21-22 주석) 사실을 고려하면 이 호칭은 상당히 중요하다.

을 주목하라.

5:39b-40 이런 애도가 진행되는 중에 예수님이 그 아이는 "죽은 것이 아니라 잔다"고 말씀하신다. 빈정거리며 웃는 군중은 예수님의 말씀을 문자적으로, 즉 소녀가 그저 졸고 있다는 것으로 잘못 이해한다. '잠자다'라는 말의 문자적 의미는 9:26에 나온다. 하지만 이 경우를 4:27, 14:37과 대조해보라. 군중은 예수님이 그 소녀가 단지 잠자고 있다고 주장함으로써 죽음의 실재를 외면하신다며 비웃는다.[208] 데살로니가전서 5:10은 '잠자다'는 말을 죽은 상태라는 뜻으로 사용하는 하나의 예다. 모든 생명을 주관하시는 하나님의 아들(참고. 막 12:27; 요 11:25-26) 예수님의 관점에서 보면, 소녀의 신체적 죽음은 그분에게 한갓 "잠"일 뿐이다(참고. 요 11:11-12, 14, 17; 막 12:27도 보라).

5장

5:40 성령이 예수님을 광야로 몰아낸 것처럼(1:12) 예수님도 단호하게 행동하실 수 있다[에크발로(*ekballō*), 힘을 다소 사용해서 '내가 쫓아내다', '내가 몰아내다']. 그분은 귀신들에게(1:39; 3:15; 7:26), 방해하는 사람들에게('그들을 다 내보내다', 40절, 참고. 11:15),[209] 그리고 죄를 단호하게 다루라는 제자도 훈련에서(참고. 9:47 주석) 이렇게 행동하신다. 과시하는 태도로 치유한 적이 없는 예수님은 소수의 가까운 사람들만 그 기적을 목격하도록 허락하신다(참고. 5:37 주석).

5:41 시체를 만지면 의식적으로(ceremonially) 더러워진다(레 15:26-28; 민 19:11; 왕하 4:17-37, 참고. 행 9:36-41). 적대자들의 눈에는 예수님이 혈루증을 앓던 여자와 접촉하는 바람에 이미 의식적으로 더러워지신 상태다(참고.

208 참고. E. M. Embry, *NIDNTT*, 2:433. 엠브라이는 이 단락이 죽음을 다스리는 예수님의 능력을 가리킨다고 옳게 말한다(참고. 엘리야와 엘리사).

209 참고. 행 9:40.

막 5:27). 그들의 관점에 따르면, 이제 예수님은 스스로를 더욱 더럽히시는 셈이다. 예수님은 치유하거나 축복하기 위해(1:31; 6:5; 7:32; 8:23, 25; 9:27; 10:16; 눅 4:40) 누군가를 자주 만지신다[예, 크라테오(*krateō*)]. 적대자들의 견해와 반대로 예수님은 만지는 대상을 정결케 하고 회복시키신다. 그런데 아이러니하게도, 적대자들은 예수님을 죽이기 위해(참고. 막 11:18) 그분을 (손으로) 붙잡으려 한다(크라테오, 12:12; 14:1, 44, 참고. 3:21).

마가는 몇 번에 걸쳐 예수님의 말씀을 아람어로 전달하는데,[210] 이는 목격자의 진술임을 더욱 분명히 한다. "달리다굼"은 "소녀야 일어나라"는 뜻으로 아람어 탈리타 쿰(*talitha koum*, '소녀야, 일어서라')을 번역한 것이며, 헬라어 토 코라시온…에게이레[*to korasion…egeire*(에게이로, *egeirō*, '내가 일어나다', '내가 깨어나다')]에 가깝다. 에게이로는 종종 '내가 일어서다'라는 의미로 사용되지만(2:9; 4:38; 10:49; 14:42), 죽음에서 부활하는 것(12:26)을 묘사할 수도 있고, 특히 예수님과 관련해서 그렇다(14:28; 16:6, 참고. 마 27:63). 이 이야기는 한 과부의 죽어가는 아들을 위한 엘리야의 기도에 하나님께서 자비롭게 응답하신 장면(왕상 17:17-24)을 상기시킨다.[211]

5:42-43 죽은 소녀가 다시 살아나는 기적을 본 사람들은 큰 '놀라움'에 사로잡힌다(참고. 1:21-22 주석; 2:9-12 주석; 6:51-52 주석).[212] 그런 반응이 반드시 예수님에 대한 믿음을 의미하지는 않는다. 그냥 하나님의 능력에 깜짝 놀라는 반응을 보일 뿐이다(하지만 16:8 주석을 보라). 이후 침묵하라는 명령(참고. 1:32-34 주석; 1:43-44 주석; 7:36 주석; 9:9-10 주석)[213]은 소녀에게 "먹을 것을 주라"는 예수님의 부드러운 요청으로 진정성을 얻게 된다.

210 막 3:17; 7:11, 34; 10:46; 14:36.

211 열왕기하 4:17-37에 나오는 엘리사와 비교해보라. 참고. 막 2:11; 요 12:17; 행 9:39-40; 20:10.

212 참고. 눅 5:26; 요 11:44.

213 참고. 서론의 '그리스도론'.

6:1-6 개요

이제 예수님은 그분의 고향인 나사렛에도 잘 알려졌다. 하지만 당혹스럽고 (일부 사람에게는) 터무니없는 주장들과 권능의 발휘로 인해 크게 존경받지 못하신다(참고. 막 3:6). 이와 비슷한 구약의 예로 요셉의 꿈(창 37:6-11)을 생각할 수 있다. 하나님의 길과 그분의 선지자들을 배척하는 사람들의 악명 높은 역사는 먼 과거까지 거슬러 올라간다(막 12:1-5, 참고. 느 9:16-19, 26-30, 34; 행 7장). 그런 반응은 세례 요한의 삶에서도 분명히 나타나고(막 6:14-29) 결국 하나님의 영원한 아들이 배척당하시는 것(12:6-8)에서 절정에 이른다. 어떤 면에서는 제자들의 고난과 배척(8:34; 10:39)도 하나님의 목적에 대한 반대의 연장선상에 있다.[214]

6:1-2 예수님은 '그분을 따르는'[아콜루테오(*akoloutheō*)][215] 제자들과 함께 남서쪽으로 약 45킬로미터 떨어진 그분의 고향 나사렛으로 가신다(1:9, 24; 요 1:46).[216] 그분은 가족과 약간의 긴장 관계에 있지만 그들을 방문하신다(참고. 막 3:21, 31-35). 이번에도 습관대로 회당에서 가르칠(참고. 1:21-22 주석) 계획을 세우신다(예. 1:21, 39; 3:1; 4:1; 6:34; 8:31). 당시 예수님은 예배 중에 성경을 읽은 후 짧은 설교를 하도록 초대받으셨을 가능성이 크다. 누가의 이야기(눅 4:17-21)에 따르면, 예수님은 그분 자신이 이사야 61:1-2a의 약속을 성취하고 있다고 주장하신다. 이사야의 예언은 장차 하나님의 기름 부음을 받은 자가 와서 억눌린 자에게 '좋은 소식'(good news)을 전하고 병든 자를 치유하리라는 것이다. 일부 사람은 예수님의 주장을 듣고 '깜짝 놀랐다'(참고. 1:21-22 주석; 2:9-12 주석; 5:42-43 주석; 6:51-52 주석; 7:37 주석; 10:25-26 주석; 11:18 주석; 16:8 주석).

214 참고. 행 4:3, 21; 5:17-18; 7:58; 12:1-5; 21:11, 30-33; 24:1-9; 26:6.

215 참고. 1:17-20 주석; 2:14-15 주석; 8:34 주석; 9:38 주석; 10:21-32 주석; 10:52 주석; 14:54 주석; 15:41 주석.

216 나사렛과 가버나움 간의 공중 거리는 약 30킬로미터다.

예수님과 그분의 가족을 알고 있는 많은 나사렛 주민들(6:3)은 그분의 가르침, "지혜"(눅 2:40, 52; 요 7:15) 그리고 기적을 일으키는 능력["권능"(ESV는 "might work"), 참고. 막 5:14, 22, 30, 그리고 1:22 및 9:39과 비교하라]의 정통적인(rightful) 출처(6:2)에 대해 확실히 알지 못한다. 그들의 의문에 대한 해답은 하나님(11:30), "사람"(11:30) 또는 사탄(3:22, 30) 중 하나일 것이다.

6:3 나사렛의 일부 주민들은 탐색적인 질문을 던진다(2절). 하지만 다른 이들은 회의적이고 다소 깔보는 듯한 말을 한다.[217] 그들은 예수님이 한갓 "목수"[테크톤(*tektōn*)]이고 "마리아의 아들"일 뿐이라고 주장한다. 그런 사람은 나무, 금속 또는 돌을 갖고 일하는 장인이나 건축가일 수 있다(BDAG. 참고. 마 13:55). 그런 말은 또한 예수님이 더 이상 요셉의 합법적 아들로 알려져 있지 않다는 것, 그래서 일부 사람은 그를 사생아로 봤을 수 있다는 것을 암시한다(하지만 요 6:42을 보라, 참고. 요 8:41; 9:29). 전반적인 맥락으로 볼 때 요셉은 이 시점에 이미 죽었을 가능성이 크다. 그래서 예수님을 아직 살아 있는 "마리아"의 아들이라고 하는 것이다. 누가복음 4:22이 예수님을 "요셉의 아들"이라고 분명히 언급하는 것도 주목하라. 동정녀 마리아가 성령의 능력으로 예수님을 임신한 이후(마 1:18, 20; 눅 1:34-35), 요셉과 마리아는 적어도 네 아들을 낳았다. 그 가운데 한 명은 훗날 예루살렘 교회의 지도자가 되는 야고보다(행 12:17; 15:13; 21:18; 갈 1:19; 2:9, 12). 다른 한 명은 훗날 유다서를 쓰는 유다이다(참고. 유 1:1).[218] 요셉과 마리아는 또한 적어도 두 딸을 두었다(이름은 알려지지 않음).

한편에 있는 예수님의 탁월한 지혜와 능력 그리고 다른 편에 있는 그분의 비천한 배경이 양립할 수 없기 때문에, 나사렛 사람들이 그를 불쾌하게[스칸달리조(*skandalizō*), '내가 누군가의 배척을 받다'] 여긴다. 현재진행형은 그들이

217 참고. 요 6:42; 7:25-31; 8:13-20; 9:24-34.

218 예수님의 다른 두 형제는 요셉과 시몬이다. 행 1:14도 보라.

그분을 거듭해서, 점점 더 불쾌하게 여긴다는 것을 암시한다(참고. 막 14:27, 29, 그리고 마 11:6과 대조해보라). 그들은 또한 마리아의 의심과 형제들의 거리두기(막 3:21, 31-32; 요 7:3, 5) 영향을 받았을 수도 있다. 그들은 예수님의 지혜와 능력이 어디서 왔는지 설명할 수 없어서 그분을 비난하는 것으로 나름대로 그 딜레마를 '해결한다'.

6:4 여기에 언급된 모티브는 너무나 친숙하다.[219] 예수님 이전의 다른 선지자들처럼, 예수님은 그분의 자연 가족(참고. 3:21, 31-35; 6:3)이나 "고향" 사람들(6:1, 3; 요 4:44)에게 존경받지 못하신다. 간접적으로나마 그 자신을 적어도 하나님의 "선지자"로 보고 있다고 주장하시는 중이다(참고. 막 14:65; 마 21:11; 눅 7:16을 보라). 예수님이 나사렛에서 비난받는 현실은 그분이 결국 예루살렘에서 배척받으실 것을 예견한다. 예루살렘에서 하나님의 외아들이 죽임을 당하는 것(막 12:6)은 하나님의 선지자들이 맞이한 운명의 절정을 장식한다(참고. 행 7:51-53).

6:5-6 소수의 자비로운 행위를 제외하고, 예수님이 "거기서는 아무 기적도 행하실 수 없었다"(새번역, 막 5:23; 6:2과 대조해보라). 여기서 마가는 예수님의 치유 능력이 발휘되게 하려면 합당한 믿음이 있어야 한다고 말하지 않는다. 오히려 배척과 회의의 태도가 주류를 이루는 곳에서는 치유를 베푸는 것이 예수님의 성품에 거슬리는 일이다(예컨대 9:24과 대조해보라). 달리 말하면, 예수님은 믿음이 없는 곳[아피스티아(*apistia*), '불신']에서는 치유하기를 원치 않으신다. 일시적인 불신(4:40; [16:11, 13], 참고. 6:50)은 의도적이고 계속되는 회의(6:6; 9:19, 24; [16:14, 16])와 구별될 필요가 있다. 이 본문은 6:7-13 같이 믿음과 고집스러운 불신을 대조한다. 예수님은 배척을 받음에도

219 예. 대하 36:16; 사 53:3; 렘 11:21; 막 6:14-16, 17-29; 9:11-13; 12:1-12, 참고. 마 13:52; 눅 4:24; 24:19; 요 4:44.

불구하고 '가르침'[디다스콘(*didaskōn*)은 현재진행형이다, 참고. 1:21-22 주석; 마 9:35]을 멈추지 않으신다.

응답

예수님의 가르침을 열심히 '경청하고 받는 것' 이외에도(막 4:1-34), 마가복음의 독자는 죽음(야이로의 딸을 일으킴), 귀신들 그리고 질병(혈루증 앓는 여자를 고침)을 다스리는 권세를 보여주시는 분을 '신뢰하라'는 도전을 받고 있다. 그런 신뢰는 증거에 기초한 인지적 의문과 정서적 두려움의 반대편에 있을 뿐 아니라 귀신의 영역에 대항하는 것이기도 하다. 그 당시나 지금이나 그리스도인들의 삶에는 두려움을 품을 만한 이유가 많다. 당시에 예수님이 함께하셨듯이, 오늘날에도 삼위일체 하나님의 임재가 성령을 통해 전달된다(마 28:20). 예수님은 두려워할 만한 이유를 부인하기보다는 두려움을 직면해 믿음을 갖도록 요구하신다. "두려워하지 말고 믿기만 하라"(막 5:36).

그리스도인은 자연 재해와 질병, 깨어진 가정, 가난, 사고 등 인류의 온갖 고난을 함께 겪는다(참고. 눅 13:1-5). 예수님은 그런 비극 중에도 변함없이 그분을 따르는 자들에게 하나님의 임재를 선물로 주시고, 참된 변화와 구속에 대한 끝없는 소망도 주신다. 하지만 그런 믿음을 품는다고 안성맞춤의 상황과 결과가 보장되는 것은 아니다(참고. 4:35-5:20 단락 개관). 그리스도인이 품는 소망의 근원은 그들이 따르고 섬기는 분을 유념하는 것에 있다. 그분은 바로 이 우주를 창조하신 삼위일체 하나님이다. 삼위일체 하나님 중 한 분인 영원한 아들은 큰 슬픔과 억압이 존재하는 상황에서도 그 백성을 보호하고 인도하신다. 예수님이 인간의 반역에 대해 값을 치르고 사탄과 죽음의 권세를 누르고 승리하셨기 때문에, 그분의 제자들은 이생을 사는 동안 그리고 죽을 때에도 그분 안에서 안식할 수 있다. 이는 하나님께서 그 백성의 신체적 목숨을 보존하시는지 여부와 상관없이 진리다.

이 진리를 보여주는 당혹스러운 본보기는 스데반의 때 이른 순교(행 7:59-60)로서 하나님께서 막아주지 않기로 선택하신 경우다. 이 사례는 비성경적인 '번영의 복음', 즉 '믿음을 발휘하는' 결과로 구체적인 보증수표를 약속하는 그런 복음과 상반된다. 하지만 하나님에 대한 믿음은 언제나 특정한 상황에서 어떻게 정확히 인도하고 행동하실 것인가를 그분께 맡긴다. 마가의 이야기에서 갈수록 분명해지는 것이 있다. 고난 받을 준비와 겸손하게 순종하려는 마음(예. 막 8:34; 9:35; 10:43)이 물리적 복을 받는 것보다 훨씬 더 중요하다는 것이다. 이는 무척 어렵게 보일지라도 예수님이 그분을 따르는 자들을 위해 닦아주시는 길이다.

결론적으로 정신이 번쩍 들게 하는 한 마디를 더해야겠다. 예수님이 귀신의 권세 및 인간의 반대와 회의(예. 나사렛 방문)의 도전을 받으셨듯이, 그분의 제자들 역시 이런 세력들의 반대를 경험할 것이다. 물론 제자가 자신의 어리석은 결정과 행동 때문에 고통스런 결과를 초래할 때 그것을 하나님의 탓으로 돌리면 안 된다(참고. 벧전 2:20; 3:17; 4:15). 그와 다르게, 제자가 단지 예수님께 순종한다는 이유로 다양한 세력의 반대를 직면할 때는 예수님이 배척받으신 것을 기억할 필요가 있다(참고. 10:29-30 주석; 13:9 주석; 13:13 주석, 참고. 벧전 3:14; 4:16, 19).

Mark

마가복음

6:7-29

7 열두 제자를 부르사 둘씩 둘씩 보내시며 더러운 귀신을 제어하는 권
능을 주시고 8 명하시되 여행을 위하여 지팡이 외에는 양식이나 배낭
이나 전대의 [1]돈이나 아무것도 가지지 말며 9 신만 신고 두 벌 옷도
입지 말라 하시고 10 또 이르시되 어디서든지 누구의 집에 들어가거든
그곳을 떠나기까지 거기 유하라 11 어느 곳에서든지 너희를 영접하지
아니하고 너희 말을 듣지도 아니하거든 거기서 나갈 때에 발아래 먼
지를 떨어버려 그들에게 증거를 삼으라 하시니 12 제자들이 나가서 회
개하라 전파하고 13 많은 귀신을 쫓아내며 많은 병자에게 기름을 발라
고치더라

7 And he called the twelve and began to send them out two by two, and
gave them authority over the unclean spirits. 8 He charged them to take
nothing for their journey except a staff—no bread, no bag, no money in
their belts— 9 but to wear sandals and not put on two tunics.[1] 10 And he
said to them, "Whenever you enter a house, stay there until you depart
from there. 11 And if any place will not receive you and they will not
listen to you, when you leave, shake off the dust that is on your feet
as a testimony against them." 12 So they went out and proclaimed that

people should repent. 13 And they cast out many demons and anointed
with oil many who were sick and healed them.

14 이에 예수의 이름이 드러난지라 헤롯 왕이 듣고 이르되 이는 2)세
례 요한이 죽은 자 가운데서 살아났도다 그러므로 이런 능력이 그 속
에서 일어나느니라 하고 15 어떤 이는 그가 엘리야라 하고 또 어떤 이
는 그가 선지자니 옛 선지자 중의 하나와 같다 하되 16 헤롯은 듣고 이
르되 내가 목 벤 요한 그가 살아났다 하더라 17 전에 헤롯이 자기가 동
생 빌립의 아내 헤로디아에게 장가 든 고로 이 여자를 위하여 사람을
보내어 요한을 잡아 옥에 가두었으니 18 이는 요한이 헤롯에게 말하되
동생의 아내를 취한 것이 옳지 않다 하였음이라 19 헤로디아가 요한을
원수로 여겨 죽이고자 하였으되 하지 못한 것은 20 헤롯이 요한을 의
롭고 거룩한 사람으로 알고 두려워하여 보호하며 또 그의 말을 들을
때에 크게 번민을 하면서도 달갑게 들음이러라

14 King Herod heard of it, for Jesus'[2] name had become known. Some[3]
said, "John the Baptist[4] has been raised from the dead. That is why
these miraculous powers are at work in him." 15 But others said, "He is
Elijah." And others said, "He is a prophet, like one of the prophets of
old." 16 But when Herod heard of it, he said, "John, whom I beheaded,
has been raised." 17 For it was Herod who had sent and seized John and
bound him in prison for the sake of Herodias, his brother Philip's wife,
because he had married her. 18 For John had been saying to Herod, "It
is not lawful for you to have your brother's wife." 19 And Herodias had
a grudge against him and wanted to put him to death. But she could
not, 20 for Herod feared John, knowing that he was a righteous and
holy man, and he kept him safe. When he heard him, he was greatly
perplexed, and yet he heard him gladly.

21 마침 기회가 좋은 날이 왔으니 곧 헤롯이 자기 생일에 대신들과 천
부장들과 갈릴리의 귀인들로 더불어 잔치할새 22 헤로디아의 [3]딸이
친히 들어와 춤을 추어 헤롯과 그와 함께 [4]앉은 자들을 기쁘게 한지
라 왕이 그 소녀에게 이르되 무엇이든지 네가 원하는 것을 내게 구하
라 내가 주리라 하고 23 또 맹세하기를 무엇이든지 네가 내게 구하면
내 나라의 절반까지라도 주리라 하거늘 24 그가 나가서 그 어머니에
게 말하되 내가 무엇을 구하리이까 그 어머니가 이르되 [2]세례 요한
의 머리를 구하라 하니 25 그가 곧 왕에게 급히 들어가 구하여 이르되
[2]세례 요한의 머리를 소반에 얹어 곧 내게 주기를 원하옵나이다 하니
26 왕이 심히 근심하나 자기가 맹세한 것과 그 [4]앉은 자들로 인하여
그를 거절할 수 없는지라 27 왕이 곧 시위병 하나를 보내어 요한의 머
리를 가져오라 명하니 그 사람이 나가 옥에서 요한을 목 베어 28 그 머
리를 소반에 얹어다가 소녀에게 주니 소녀가 이것을 그 어머니에게
주니라 29 요한의 제자들이 듣고 와서 시체를 가져다가 장사하니라
21 But an opportunity came when Herod on his birthday gave a
banquet for his nobles and military commanders and the leading men
of Galilee. 22 For when Herodias's daughter came in and danced, she
pleased Herod and his guests. And the king said to the girl, "Ask me
for whatever you wish, and I will give it to you." 23 And he vowed to
her, "Whatever you ask me, I will give you, up to half of my kingdom."
24 And she went out and said to her mother, "For what should I ask?"
And she said, "The head of John the Baptist." 25 And she came in
immediately with haste to the king and asked, saying, "I want you to
give me at once the head of John the Baptist on a platter." 26 And the
king was exceedingly sorry, but because of his oaths and his guests
he did not want to break his word to her. 27 And immediately the
king sent an executioner with orders to bring John's[5] head. He went

and beheaded him in the prison 28 and brought his head on a platter and gave it to the girl, and the girl gave it to her mother. 29 When his disciples heard of it, they came and took his body and laid it in a tomb.

1) 헬, 동 2) 헬, 또는 침례 3) 또는 친딸이 들어와 4) 헬, 기대어 누워(유대인이 음식 먹을때에 가지는 자세)

1 Greek *chiton*, a long garment worn under the cloak next to the skin 2 Greek *his* 3 Some manuscripts *He* 4 Greek *baptizer*; also verse 24 5 Greek *his*

6장

단락 개관

제자들을 향한 예수님의 가르침이 세 번째 주기에 도달한다. 이제 그분은 제자들을 둘씩 보내 회개를 촉구하고, 귀신을 쫓아내고, 병든 자를 치유하게 하신다(막 6:12, 30, 참고. 3:13-15). 앞에서 말했듯이, 세례 요한의 죽음(6:14-29)이 예수님의 장래에 긴 그림자를 드리운다(참고. 1:14; 3:1-6; 6:1-6).[220] 예수님은 그분의 권세로 기적을 행할 뿐 아니라 파격적인 주장을 하시는 바람에 목숨이 위태로워졌다. 예수님의 인기가 갈수록 높아지는 현상에 대해 여론과 소문이 무성해진다. 갈릴리 분봉왕으로 세례 요한을 처형했던 헤롯 안디바는 예수님이 소생한 세례 요한이라고 믿는다(6:16).

예수님이 배척받는 이야기가 앞뒤를 장식하는 가운데(6:1-6, 14-29, 참고. 1:16-45 주석), 제자들은 이제 예수님의 좋은 소식을 알리고 그분의 복을 전하기 위해(6:7-13) 파송된다. 체계적인 가르침을 받은 제자들이 하나님의 영원한 통치를 선포하고 그 메시지를 치유와 축귀로 보완한다. 예수님이 고향인 나사렛에서 배척당하신 직후, 무죄한 세례 요한이 체포되고(6:17)

220 마가복음 6:7-13, 14-29, 30에 나오는 "마가의 샌드위치"에 관해서는 Edwards, "Markan Sandwiches," 205-206을 참고하라.

처형되고(27절) 장사되는(29절) 사건은 예수님이 앞으로 계속 강경한 반대에 직면하실 것이라는 신호다(참고. 1:14; 3:1-6; 6:1-6; 14:1-2). 예수님에 대한 반대가 초래할 결과와 관련해서는 특히 14:46, 15:1(체포), 15:10, 14-15(죽음), 15:45-46(무죄한 자의 장사)을 살펴보라. 이런 고난은 결국 제자들에게도 닥칠 것이다(참고. 8:27-10:52; 행 4:3). '감옥'이라는 용어는 수미상관 구조를 이루고(참고. 막 6:17, 27), 또한 경건한 자를 위한 '감옥'과 불경건한 자를 위한 "잔치"(21절)를 뚜렷하게 또 역설적으로 대조하는 역할을 한다.

6:30-8:26의 더 넓은 맥락은 예수님이 갈릴리 밖에서 행하신 사역을 묘사한다. 그분은 계속해서 자신의 권위를 보여줌으로써 메시지를 뒷받침하신다. 또한 하나님의 개인적 통치를 보다 철저히 그리고 직접적으로 제자들에게 적용하면서 그들의 완고한 마음(특히 8:14-21을 보라)이 하나님의 정당한 왕권에 대한 대표적 장애물이라고 경고하신다(참고. 1:16-45 주석). 이 경고는 예수님의 이름으로 사람들에게 나아가는 영예나 사명과 상관없이 주어진다. 비극적이게도, 그들의 완고함이 그들로 예수님이 진정 누구인지(참고. 8:22-26 주석), 하나님의 눈에 그들이 진정 누구인지를 보지 못하게 막는다.[221]

단락 개요

II. 1부: 예수의 권위의 입증(1:16-8:26)
　C. 갈릴리 밖의 사역(6:7-8:26)
　　1. 열두 제자의 파송과 세례 요한의 죽음(6:7-29)

221 자기 인식과 하나님 인식의 이중적 위기에 관한 논의는 서론의 '저자' 중 '베드로: 마가복음의 근원'과 8:23-25 주석을 참고하라.

a. 열두 제자의 파송(6:7-13)

(1) 제자들의 파송 조건(6:7-10)

(2) 제자들이 회개를 전파하다(6:11-13)

b. 세례 요한의 처형(6:14-29)

(1) 예수님에 대한 여론(6:14-16)

(2) 세례 요한이 헤롯 안디바에게 도전하다(6:17-18)

(3) 헤로디아가 세례 요한에게 원한을 품다(6:19-20)

(4) 헤롯 안디바의 잔치(6:21)

(5) 헤롯 안디바의 약속(6:22-23)

(6) 헤롯 안디바의 약속이 낳은 결과(6:24-26)

(7) 세례 요한의 처형과 장사(6:27-29)

주석

6:7-29 개요

세례 요한의 죽음은 하나님의 전도자들이 배척받는다는 비극적이고 반복되는 모티브를 다시 끌어올린다(참고. 12:1-5). 이와 동시에 예수님의 경로에 불길한 그림자가 드리운다(참고. 1:14; 3:1-6; 6:1-6). 예수님의 안전이 위태로워지는 것은 그분의 권위적인 행위와 파격적인 주장 때문이다. 하나님의 권위적인 주장과 목적은 자만심이나 독자성에 젖은 자세를 노출시키고 흔들기 때문에 인간의 죄와 사탄의 반대를 받게 된다. 그래서 자아와 사탄의 나라와, 역동적으로 확장되는 하나님의 통치 사이에 뚜렷한 갈등이 존재하는 것이다(참고. 골 1:13). 마가복음 3:14-15에서 이미 예상되었던 일이 이제 일어난다. 이제 열두 제자들은 어느 정도 훈련받은, 예수님이 말씀하시는 하나님 나라의 메신저이자 대표자들이다(예. 4:11-34).[222] 그들은 예수님처럼 '사람들에게 회개하라고 선포하도록' 파송된다(6:10-12). 마태와 누가는 이것을 하나님 나라의 현존과 명시적으로 연결시킨다(마 10:7-8; 눅 10:9, 11). 제자들은 또한 "더러운 귀신"(막 6:7)을 쫓아내고 병자를 치유하기(13절) 위해 능력을 받는다. 이렇게 해서 하나님 나라의 메시지와 영향력이 더욱 널리 퍼진다. 제자들은 더러운 귀신을 다스리는 파생적인[과거진행형인 에디두(*edidou*)는 예수님이 '그들에게 계속 허락하셨다'는 뜻을 지닐 수 있다] 능력[엑수시아(*exousia*), '권위적인 힘']을 갖고 있다.

6:7 유대교와 헬레니즘에는 친숙한 관례대로 예수님이 제자들을 "둘씩 둘씩" 파송하신다[아포스텔로(*apostellō*), '내가 보내다'][223]. 이는 둘씩 짝을 지을 때 예수님의 믿을 만한 증인들이 된다는 점을 강조하는 듯하다(신 17:6과 민 35:30에 나오는 두 증인의 법적 효과를 보라). 게다가 그들은 예수님의 가르침과 행위에 관한 서로의 기억을 보완해줄 것이다(참고. 11:20-21 주석; 14:9 주석; 14:72 주석, 그리고 8:17-18 주석과 대조해보라). 예수님처럼, 그들은 주로 하나님 나라의 메시지를 선포하며 청중에게 회개하고 하나님께로 돌이키라고 요구하는데(6:10-12), 그런 선포에 축귀와 치유가 동반된다(7, 13절).

6:8-10 예수님은 열두 제자가 이 성읍에서 저 성읍으로 돌아다닐 때 갖추어야 할 독특하고 구체적인 조건을 명시하신다. 여기에는 엘리야(왕상 17:3-7)와 세례 요한(막 1:6)의 삶을 연상시키는 모습이 있다. 이 지시들을 72명의 제자들에게 주신 전도 여행 지침과 대조해도 좋다(눅 10:4-9). 열두 제자는 단지 보행용 "지팡이"만 가져가도록 허용된다. 그런 지팡이는 자기 방어용으로 쓸 수 없는 것이다(마 10:10; 눅 9:3). "신"과 '속옷' 한 벌은 가져

222 참고. 막 1:14-15. 그리고 1:16-45 주석도 보라.

223 이 단어는 아포스톨로스(*apostolos*, "사도")와 어원이 같다. 참고. 3:13-15 주석.

가도 무방하다.[224] "양식"이나 "배낭"이나 "전대의 돈"이나 여벌의 '속옷'을 가져간다는 것은 생존 대책을 확보한다는 뜻일 수 있고, 이는 그들의 메시지를 영접하는 이들을 통한 하나님의 공급에 완전히 의존하는 것과 대조를 이룬다. 그래서 그런 물품들을 가져가면 안 된다. 이런 독특한 지시는 유대 백성을 향한 특별하고 긴급한 징표로 주어진 것이다. 그 지침은 평화, 무방비 상태 그리고 하나님에 대한 신뢰(와 의존)를 상징한다(참고. 눅 10:8). 이 장면은 독자에게 이집트의 노예 상태에서 해방되는 출애굽을 상기시킨다(참고. 출 12:11; 막 6:8-9). 두 경우 모두 노예 상태에서의 해방이 있다. 예수님은 그런 구체적인 지시를 미래의 제자들에게는 적용하지 않으신다(8:34-38과 대조해보라).

6:11 제자들은 예수님이 배척받으셨듯이(3:6; 6:1-6a) 그들도 배척받을 수 있다는 것(참고. 9:37; 10:15)을 알아야 한다. 훗날의 랍비 저술은 이방인 지역에서 돌아오는 유대 백성이 정화(淨化)의 상징적 형식으로 어떻게 '그들의 발'에 묻은 '먼지를 털어야' 하는지 묘사한다. 현재의 맥락에서는 이 진술이 '그들에 대한' "증거"["witness", 혹은 '표시'(sign), 참고. 1:44; 13:9]를 묘사하는데, 이는 제자들의 메시지를 배격하는 이들에 대해 제자들은 전혀 책임이 없다는 것을 상징하는 몸짓이다. 예수님의 메시지를 선포하는 제자들의 임무에는 인간적인 호전성이나 폭력이 전혀 없다(참고. 이 단락에 대한 응답). 선포의 과정에서 물리적인 힘이나 심리적 강요를 이용하는 것은 그리스도의 목적과 완전히 모순된다.

6:12-13 제자들이 유대인 주민들에게 "회개하라"고, 즉 죄악에서 등을 돌리고 하나님께 의존하는(그리고 예배하는) 방향으로 돌이키라고 요구한다. 이는 1:15을 떠올리고, 축귀와 치유(6:13)가 예수님 선교의 중심이 아

224 신발을 허용하지 않는 마태복음 10:10은 72명을 보내는 장면을 가리키는데, 그들 가운데 열두 제자가 포함되어 있다고 생각할 수 있다(참고. 눅 10:1-24; 마 10:8-10).

니라 추가적인 것임을 보여준다.[225] 여기에 사용된 헬라어 동사 메타노오신(*metanoōsin*)이 현재진행형인 것은 '그들이 각각 회개하도록' 또는 '그들이 이제 영속적이고 내적인 회개의 태도를 지닌 채 살아가도록'이라는 뜻을 전달한다. 유대교에서는 "기름"이 치유를 위한 기도에 흔히 사용되곤 한다(참고. 눅 10:34; 약 5:14-15).

6:14-29 개요

이제 예수님에 관한 공공연한 소문과 견해가 상당히 많이 퍼졌다. 앞에서 언급했듯이, 세례 요한을 처형했던 갈릴리 분봉왕 헤롯 안디바는 예수님이 소생한 세례 요한이라는 미신을 믿는다(16절). 예수님이 누군지와 관련된 그런 사변적인 오류에 빠지는 타락한 인간들은 실재, 진실 또는 사실과 별로 관계가 없다(참고. 8:28). 마가복음 6:17-29은 왜 그리고 어떤 상황에서 헤롯 안디바가 세례 요한의 목을 베었는지 묘사한다(16절, 참고. 대하 24:20-22).

6:14a 헤롯 안디바는 헤롯 대왕의 일곱째 아들로, 갈릴리와 베레아 지역의 분봉왕으로 다스리고 있다(주전 4년-주후 39년, 참고. 눅 3:1).[226] 그는 로마의 기회주의적(막 8:15) 신하로서 통치하며 공적을 쌓는다. 예수님은 지상 생애 동안 그로부터 비판적 거리를 유지하시고(눅 9:9; 13:31-32; 23:6-12), 나중에 제자들에게 "헤롯의 누룩"(막 8:15)을 조심하라고 경고하신다. "왕"이라는 호칭은 그의 통치를 거론하는 대중적인 방식을 지칭할 수 있다. 이는 예컨대 6:23("내 나라[왕국]의 절반")에 나오는 헤롯 안디바의 주장이 암시하는바다. "왕"이라는 용어가 여기서 정치적 또는 법적 의미로 사용되지는 않는

225 참고. 막 6:7; [16:17-18].

226 헤롯 안디바에 관한 이야기는 Josephus, *Antiquities* 18.116-142을 보라. 마가복음 6:17-29과 요세푸스 간의 역사적 비교는 다음 책을 참고하라. William L. Lane, *The Gospel according to Mark*, NICNT (Grand Rapids, MI: Eerdmans, 1974), 215-218.

다(참고. 마 14:1). 역사적 문헌에 따르면, 헤롯 안디바는 주후 39년 본격적으로 군주의 권력을 주장하려다 칼리굴라 황제의 명령으로 권좌를 잃었다.[227]

6:14b-16 헤롯 안디바에게도 알려진, 예수님에 관한 대중적 소문(참고. 막 8:27-28; 요 1:25)은 이런 것들이다. (1) 예수님의 비범한 사역[228]을 설명하기 위해, 그분이 소생된(또는 '일으킴을 받은')[229] "세례 요한"이라는 것이다. (2) 기대했던 "엘리야"라는 것이다. (3) "선지자 중의 하나"(참고. 요 1:19-23)라는 것이다.

첫째 견해는 헤롯 안디바(참고. 막 6:16; 마 14:1)가 취한 것으로, 이는 세례 요한과 예수님이 직접 만났기 때문에(막 1:9) 사실일 수 없다.[230]

둘째 견해는 신구약 중간기의 유대교에서 유포된 대중적 기대로서, 그 죽음이 확정된 적이 없는(왕하 2:11) 엘리야가 종말에 돌아올 것이라는 주장이다.[231] 예수님이 기대되던 엘리야일지 모른다는 대중적 견해와 반대로, 예수님은 이미 세례 요한이 "엘리야의 심령과 능력으로"(눅 1:17, 참고. 막 9:11-13) 온 사람이라고 말씀하신다.[232]

셋째 견해, 즉 "옛 선지자 중의 하나와 같다"라는 어구는 신명기 18:15, 18에서 유래했을 수도 있다. 하지만 예레미야를 언급하는 마태복음 16:14을 주목하라(참고. 눅 7:39; 요 4:19). 예수님은 단순한 선지자보다 훨씬 더 복합적이고 높임을 받는 인물임에도, 사도행전 3:22과 7:37에서는 모세와 같은 선지자로 묘사된다. 모세와 같은 이 선지자는 유대인 혈통임이 틀림없다. 그는 "너희 가운데 네 형제 중에서…[나온] 나와 같은 선지자"(신

227 참고. Josephus, *Antiquities* 18.12-15, 332-339.

228 참고. 막 6:2; 마 14:2; 눅 9:7을 보라.

229 이 용어는 바리새인들이 믿고 있던 "부활"을 가리킬 수도 있다.

230 참고. G. Friedrich, *TDNT*, 6:838-839.

231 참고. 말 3:1-2; 4:5-6; 눅 1:17; 9:7, 54-55.

232 엘리야와 관련해서는 막 9:4을 참고하라.

18:15, 18)임이 분명하다. 따라서 신명기 18:15, 18은 마호메트(Muhammad)를 가리키는 예언으로 볼 수 없다.

6:17-18 세례 요한은 헤롯 안디바가 율법을 위반한 것(레 18:16; 20:21)을 공개적으로 폭로했다(참고. 왕상 19:1-2; 막 13:9). 주후 27년에 안디바는 헤로디아, 즉 헤롯 대왕과 마리암 2세의 아들이자 아직도 살아 있는 동생인 헤롯 빌립(눅 3:1)의 전처와 결혼했었다.[233] 믿을 만한 정보(막 1:14을 6:17과 비교하라, 참고. 눅 3:19-20)에 따르면, 예수님 공적 사역의 출범은 주후 28년에 일어났던 세례 요한의 투옥과 겹친다.

6:19-20 요한의 도덕적 설교로 인해 헤롯 빌립의 전처인 헤로디아는 세례 요한에게 '원한을 품고' 있었다. 과거진행형인 헬라어 단어[에네코(*enechō*)]는 "그녀가 끈질기게 원한을 품고 있었다"(참고. BDAG)로 번역될 수 있다. 이 원한이 그를 "죽이고자 하[는]"(참고. 왕상 18:13; 19:1-2) 악한 의향으로 이어졌다. 그녀의 새로운 남편인 안디바는 "요한을…두려워하여" 헤로디아의 계략을 저지하려고 했다. 그가 세례 요한에 대해 조치를 취할 경우 요한의 인기(막 1:5) 때문에 반란이 일어날 수도 있어서 염려했던 것 같다. 또한 그의 부도덕한 행위로 인해 벌을 받을지 모른다는 미신적 두려움도 있었다.[234] 이와 동시에 그는 요한이 "의롭고 거룩한 사람"[디카이오스(*dikaios*), 하기오스(*hagios*), 6:20]이라는 것을 알았다.[235] 따라서 헤롯은 요한에 대해 두 마음을 품고 있었다. "[그는] 크게 번민을 하면서도 [그의 말을] 달갑게 들음이러라"(참고. 12:37).

233 다른 한편, 또 다른 빌립(바타네아와 트라코니티스의 분봉왕, 주전 4년-주후 34년)은 헤롯 안디바의 이복 형제였다.

234 참고. 행 12:19, 22.

235 마가복음 2:17에 나오는 "의로운"과 대조해보라. 그 구절에 관한 주석을 참고하라.

6:21 갈릴리 사회에 속한 힘을 가진 세 그룹의 대표적인 고위 인사들이 마케루스 요새에서 열린 헤롯 안디바의 생일 잔치에 초대되었다. 그들은 (1) 갈릴리의 고위 정치 지도자들, (2) '군대' 장교들, (3) 영향력 있고 부유한 갈릴리 사람들이었다.

6:22-25 많은 동사들(22절의 '들어오다', '춤을 추다', '이르다', '구하다', '원하다', '주다', 23절의 '맹세하다', '구하다', '주다', 24절의 '나가다', '말하다', '구하다', 25절의 '들어가다', '구하다', '주다', '원하다')은 잔치의 분주하고 점점 어두워지는 분위기를 반영한다. 헤롯 안디바의 궁전에서 헬레니즘과 유대교가 혼합된 분위기는 우아한 젊은 여성의 공공연한 춤을 용납했다. 이후 헤롯 안디바는 헤로디아의 딸에게 약속을 할 뿐 아니라 그의 제안을 법적인 맹세로 뒷받침하기까지 한다(23절, 참고. 6:26). "내 나라의 절반까지"라는 조건은 문자적인 말이 아니라 하나의 관용구로 해석해야 한다.[236]

그녀가 즉시 발걸음을 옮겼다는 것은, 그녀의 어머니가 헤롯이 제안할 경우 무슨 말을 할지를 사전에 알려주었다는 것을 시사한다. 헤로디아는 일찌감치 모든 움직임을 계획했던 것처럼 보인다. 헤로디아는 또한 세례 요한에 대한 깊은 증오심을 딸에게 전수해서 자신이 끔찍한 요청을 할 때 아무 거리낌 없이 행동할 수 있게("소녀는 급히 왕에게로 돌아와서 청하였다. '곧바로 서둘러서…'" 25절, 새번역) 했음이 틀림없다. 이는 그 딸이 그것을 마치 자신의 요청인 듯 표현한다는 사실을 통해 더욱 강화된다. "내게 주기를 원하옵나이다."

6:26 간담이 서늘해진 헤롯이 잠시 멈춘 것[페릴뤼포스(*perilypos*), '(그가) 심히 근심했다' 또는 '심히 고민했다'][237]은 운명이 나중에 그를 괴롭힐지 모른다는 두

236 6:14a 주석을 보라. 참고. 에 1:3, 19; 4:8, 11, 16; 5:3, 6; 7:2; 9:25.

237 예수님은 다른 이유로 "심히 고민하신다"("매우 슬퍼하신다", 막 14:34).

려움 때문이다(참고. 15:14-15에 나오는 빌라도). 하지만 안디바는 법적 구속력이 있고 공개적으로 선언한 맹세 때문에 궁지에 빠졌다. 지도자로서의 지위와 영향력이 위태로워졌다. 이 시점에서 그 진술을 철회하는 것은 권력과 명예의 포기와 같다.

6:27-28 결국 안디바는 시위병 한 명에게 헤로디아의 악한 요청을 수행하도록 명령한다. 헤로디아의 딸이 소반에 얹은 세례 요한의 머리를 받아서 냉혹하게 그것을 "그 어머니에게" 주었다는 사실이 위의 견해(24-25절)를 뒷받침한다.

6:29 여기서 훗날 있을 예수님의 장사(15:42-47)를 상기시키는 대목을 주목하라. 세례 요한의 장사를 지내는 사람은 그의 친척들이 아니라 제자들(2:18)이다.[238]

응답

예수님은 제자들이 회개를 촉구하고, 귀신을 쫓아내고, 치유하도록 둘씩 보냄으로써 계속해서 그들을 훈련시키신다(6:12-13, 참고. 30절). 제자들은 그리스도의 능력을 힘입어 말과 행동으로 그리스도를 닮아가는 궤도에 몸을 싣는다. 예수님은 제자들에게 그분의 전반적인 선교를 각인시키신다. 또한 그분의 임박한 죽음 이후 그들이 하나님을 의존하는 가운데 그리스도를 닮아가도록 능력을 주신다. 이 때문에 그들은 처한 상황과 상관없이 그들의 메시지를 듣는 모든 이들에게 서서히 하나님의 '살아 있는 편지'(고후 3:2-3)가 되는 것이다.

238 참고. 마 9:14; 11:2; 눅 7:18-19; 11:1; 요 1:35.

"먼지를 떨어버[리는]"(막 6:11) 것은 제자들이 그들의 증언과 회개하라는 요구가 배척받을 경우 취해야 할 행동이다. 앞에서 말했듯이, 예수님의 메시지를 선포하는 임무에는 호전성이나 폭력이 들어설 여지가 전혀 없다. 물론 구약에서는 하나님의 심판이 그 백성을 통해 내려질 때 때때로 파멸 작전이 수행된 것이 사실이다. 특히 여호수아서가 사람들을 파멸시키라는 하나님의 명령을 묘사하곤 한다(수 1:4; 3:10; 6:21). 그 맥락에서는 하나님께서 이미 창세기 15:16-21에서 그 땅을 아브라함에게 주겠다고 약속하신 것을 주목해야 한다. 그런 멸망은 가나안 주민들 사이에 만연된 악한 행습들로 인해 일어난다(참고. 창 15:16; 신 18:10-12).[239] 또한 하나님께서 그분의 백성인 이스라엘에게도 경고하신다는 것을 주목할 필요가 있다. 만일 그들이 다른 신을 섬긴다면, 그들 '역시' 벌을 받을 것이라고(신 28:63-68; 수 7:25; 23:7, 13, 15) 말이다. 이 경고가 앗수르, 바벨론, 그리스 그리고 로마에 의해 이스라엘이 멸망당하거나 정복되는 것으로 이행된 사실을 주목하라. 이런 비극은 하나님에 대한 이스라엘의 불성실로 인한 결과다.[240]

하나님의 영원한 아들 예수님이 성육신해서 희생하신 이후에는 삼위일체 하나님께서 인류에 대한 유일한 심판자가 되신다(막 8:38; 행 10:42; 롬 12:19; 딤후 4:1; 약 5:8-9). 지금은 예수님을 따르는 이들이 남들을 회심시키려고 어떤 무력도 사용해서는 안 된다. 그들이 하나님과 화해하고 그분 앞에 서게 된 것은 하나님의 순전한 은혜와 큰 자비 때문이다. 의롭게 하시는 과분한 은혜가 없었다면, 모든 인간이 심판을 받아야 마땅할 것이다(롬 3:9-10, 20, 23). 이런 의미에서, 모든 인간은 인종, 민족 또는 종교에 상관없이 의롭고 거룩하신 하나님, 자애로우나 삼키는 불과 같은 그분 앞에서 죽

239 많은 야만적인 의식들 가운데, 가나안 족속들은 오랫동안 근친상간, 동성애, 동물과의 성교를 포함해 많은 형태의 성적 부도덕에 관여했다. 무엇보다도 그들은 자녀를 제물로 바치는 혐오스러운 행습에 관여했다.

240 좀 더 상세한 논의를 보려면 다음 책들을 참고하라. Iain Provan, *Seriously Dangerous Religion: What the Old Testament Really Says and Why It Matters* (Waco, TX: Baylor University Press, 2015). Ian Provan, V. Phillips Long, and Tremper Longman III, *A Biblical History of Israel*, 2nd ed. (Louisville: Westminster John Knox, 2015)도 보라.

임을 당해야 마땅한 '가나안 족속들'이다. 의로우신 하나님 앞에서는 어떤 인간도 적대감, 우상 숭배, 부도덕함, 무관심 등 다양한 형태의 죄악으로 인해 살아남을 자격이 없다. 우리가 그리스도의 유월절-속죄를 받아들이고 그분을 믿을 때에만 하나님의 진노로부터 보호받을 수 있다.

하나님의 과분하고 큰 은혜는 바로 이런 것이다. 하나님의 순전한 의로움과 사랑은 결코 타협될 수 없다. 따라서 예수님의 제자들은 하나님의 자비와 사랑에 감사하면서 늘 희생적 사랑을 베풀고 진리를 말해야 한다(참고. 마 5:44). 그리고 예수님의 복음을 전파하고 제시할 때 그 어떤 무력도 사용해서는 안 된다.

하나님과 그분의 선교를 잘못 전하거나 부인하거나 반대하는 것(막 6:14-29)은 자기중심적이고 반역적인 인간 본성에서 생긴다. 예컨대 헤롯 안디바의 경우로, 부도덕한 결정을 내리는 바람에 세례 요한을 처형해서 하나님을 대적한 사례다. 인간 존재의 본질적인 딜레마는, 하나님께서 그분이 누구인지 그리고 피조물이 어떤 존재가 되어야 하는지를 계시하시기 전에는 인간이 양자에 대해 모호한 상태로 남는다는 것이다(참고. 7:1-8:26 주석).

Mark
마가복음
6:30-56

30 사도들이 예수께 모여 자기들이 행한 것과 가르친 것을 낱낱이 고
하니 31 이르시되 너희는 따로 한적한 곳에 가서 잠깐 쉬어라 하시니
이는 오고 가는 사람이 많아 음식 먹을 겨를도 없음이라 32 이에 배를
타고 따로 한적한 곳에 갈새 33 그들이 가는 것을 보고 많은 사람이 그
들인 줄 안지라 모든 고을로부터 도보로 그곳에 달려와 그들보다 먼
저 갔더라 34 예수께서 나오사 큰 무리를 보시고 그 목자 없는 양 같음
으로 인하여 불쌍히 여기사 이에 여러 가지로 가르치시더라 35 때가
저물어가매 제자들이 예수께 나아와 여짜오되 이곳은 빈 들이요 날도
저물어가니 36 무리를 보내어 두루 촌과 마을로 가서 무엇을 사 먹게
하옵소서 37 대답하여 이르시되 너희가 먹을 것을 주라 하시니 여짜오
되 우리가 가서 이백 [1]데나리온의 떡을 사다 먹이리이까 38 이르시되
너희에게 떡 몇 개나 있는지 가서 보라 하시니 알아보고 이르되 떡 다
섯 개와 물고기 두 마리가 있더이다 하거늘 39 제자들에게 명하사 그
모든 사람으로 떼를 지어 푸른 잔디 위에 앉게 하시니 40 떼로 백 명씩
또는 오십 명씩 앉은지라 41 예수께서 떡 다섯 개와 물고기 두 마리를
가지사 하늘을 우러러 축사하시고 떡을 떼어 제자들에게 주어 사람들

에게 나누어 주게 하시고 또 물고기 두 마리도 모든 사람에게 나누시
매 42 다 배불리 먹고 43 남은 떡 조각과 물고기를 열두 바구니에 차게
거두었으며 44 떡을 먹은 남자는 오천 명이었더라
30 The apostles returned to Jesus and told him all that they had done and
taught. 31 And he said to them, "Come away by yourselves to a desolate
place and rest a while." For many were coming and going, and they had
no leisure even to eat. 32 And they went away in the boat to a desolate
place by themselves. 33 Now many saw them going and recognized
them, and they ran there on foot from all the towns and got there ahead
of them. 34 When he went ashore he saw a great crowd, and he had
compassion on them, because they were like sheep without a shepherd.
And he began to teach them many things. 35 And when it grew late, his
disciples came to him and said, "This is a desolate place, and the hour
is now late. 36 Send them away to go into the surrounding countryside
and villages and buy themselves something to eat." 37 But he answered
them, "You give them something to eat." And they said to him, "Shall
we go and buy two hundred denarii[1] worth of bread and give it to them
to eat?" 38 And he said to them, "How many loaves do you have? Go
and see." And when they had found out, they said, "Five, and two fish."
39 Then he commanded them all to sit down in groups on the green
grass. 40 So they sat down in groups, by hundreds and by fifties. 41 And
taking the five loaves and the two fish, he looked up to heaven and said
a blessing and broke the loaves and gave them to the disciples to set
before the people. And he divided the two fish among them all. 42 And
they all ate and were satisfied. 43 And they took up twelve baskets full
of broken pieces and of the fish. 44 And those who ate the loaves were
five thousand men.

45 예수께서 즉시 제자들을 재촉하사 자기가 무리를 보내는 동안에
배 타고 앞서 건너편 벳새다로 가게 하시고 46 무리를 작별하신 후에
기도하러 산으로 가시니라 47 저물매 배는 바다 가운데 있고 예수께서
는 홀로 뭍에 계시다가 48 바람이 거스르므로 제자들이 힘겹게 노 젓
는 것을 보시고 밤 사경쯤에 바다 위로 걸어서 그들에게 오사 지나가
려고 하시매 49 제자들이 그가 바다 위로 걸어오심을 보고 유령인가
하여 소리 지르니 50 그들이 다 예수를 보고 놀람이라 이에 예수께서
곧 그들에게 말씀하여 이르시되 안심하라 내니 두려워하지 말라 하시
고 51 배에 올라 그들에게 가시니 바람이 그치는지라 제자들이 마음에
심히 놀라니 52 이는 그들이 그 떡 떼시던 일을 깨닫지 못하고 도리어
그 마음이 둔하여졌음이러라

45 Immediately he made his disciples get into the boat and go before
him to the other side, to Bethsaida, while he dismissed the crowd.
46 And after he had taken leave of them, he went up on the mountain to
pray. 47 And when evening came, the boat was out on the sea, and he
was alone on the land. 48 And he saw that they were making headway
painfully, for the wind was against them. And about the fourth watch
of the night[2] he came to them, walking on the sea. He meant to pass
by them, 49 but when they saw him walking on the sea they thought it
was a ghost, and cried out, 50 for they all saw him and were terrified.
But immediately he spoke to them and said, "Take heart; it is I. Do not
be afraid." 51 And he got into the boat with them, and the wind ceased.
And they were utterly astounded, 52 for they did not understand about
the loaves, but their hearts were hardened.

53 건너가 게네사렛 땅에 이르러 대고 54 배에서 내리니 사람들이 곧
예수신 줄을 알고 55 그 온 지방으로 달려 돌아다니며 예수께서 어디

계시다는 말을 듣는 대로 병든 자를 침상째로 메고 나아오니 56 아무
데나 예수께서 들어가시는 지방이나 도시나 마을에서 병자를 시장에
두고 예수께 그의 옷가에라도 손을 대게 하시기를 간구하니 손을 대
는 자는 다 성함을 얻으니라

53 When they had crossed over, they came to land at Gennesaret and
moored to the shore. 54 And when they got out of the boat, the people
immediately recognized him 55 and ran about the whole region and
began to bring the sick people on their beds to wherever they heard he
was. 56 And wherever he came, in villages, cities, or countryside, they
laid the sick in the marketplaces and implored him that they might
touch even the fringe of his garment. And as many as touched it were
made well.

1) 은전의 명칭

1 A *denarius* was a day's wage for a laborer *2* That is, between 3 A.M. and 6 A.M.

단락 개관

5천 명을 먹이신 기적(4천 명을 먹이신 기적과 비교하라, 막 8:1-10)과 예수님이 물 위를 걸으신 기적은 점차 확장되는 그분의 능력 발휘에 대한 묘사(참고. 6:31-56)를 이어간다. 예수님의 목숨이 갈수록 위태로워지는 것은 부분적으로 그분의 권위적이면서도 도발적인 기적 때문이다.

의미심장한 사실은, 5천 명을 먹이신 사건(그리고 나중에 4천 명을 먹이신 것, 8:1-10)은 이스라엘 백성이 광야를 통과할 때 만나를 주신 일(출 16:31; 신 8:16)을 상기시킨다는 것이다. 하나님의 영원한 아들 예수님은 하나님께서 당시에 공급하셨던 양식을 지금 주신다. 구약과 신약에 각각 서술된 기적

적인 양식 공급은 하나님이 과연 누구인지를 보여주는 독특한 상황(참고. 수 5:12)에 해당한다.

단락 개요

II. 1부: 예수의 권위의 입증(1:16-8:26)

C. 갈릴리 밖의 사역(6:7-8:26)

2. 기적(6:30-56)

a. 5천 명을 먹이시다(6:30-44)

(1) 예수님이 안식을 구하시다(6:30-32)

(2) 예수님의 연민(6:33-34)

(3) 예수님과 제자들 간의 대화(6:35-40)

(4) 예수님이 축복하고 양식을 증식하시다(6:41-42)

(5) 양식이 많이 남다(6:43-44)

b. 물 위를 걸으시다(6:45-52)

(1) 예수님이 기도하러 물러나시다(6:45-47)

(2) 예수님이 바다에서 곤경에 처한 제자들에게 돌아오시다(6:48-50)

(3) 예수님이 폭풍을 잠재우시다(6:51-52)

c. 치유하시다(6:53-56)

주석

6:30 이 구절은 제자들이 파송되는 대목인 6:7-13의 주제를 다시 이어간다(참고. 3:14). 6:14-29은 삽입된 대목이다. 과거에는 제자들이 예수님의 메시지를 듣고, 기억하고, 마음의 변화를 경험함으로써 그분의 메시지와 선교를 배우고 받아들이기 시작했다(7-8장도 보라). 이제는 예수님이 선포하고 가르치고 살아내신 것을 그들도 선포하고 가르치고(디다스코) 살아내기 시작한다(참고. 5:14, 19). 이와 같은 이야기가 구약에도 나오는데, 엘리사 선지자의 제자가 파송을 받아 한 왕에게 기름을 붓고 엘리사의 메시지를 전달하는 이야기다(왕하 9:1-10).

제자들이 배우고 받아들이는 과정의 세 번째 요소는 그들이 돌아와서 그들이 "행한 것"과 "가르친 것"과 경험한 것을 보고하는 일이다(참고. 눅 9:10). 이는 그들이 변화되는 과정과 더불어 그들의 기억과 발달을 강화시켜준다. 이 모든 일을 통해 예수님은 제자들, 이제는 "사도들"(즉, 인증된 메신저들, 참고. 막 3:15; 6:7)이라 불리는 이들이 장차 그분의 죽음과 부활 이후에 수행할 독특하고 전례 없는 증언을 위해 그들을 준비시키신다(13:9).[241] 그들이 장래에 수행할 가르침(행 2:42)은 본질적으로 예수님의 전인적이고 잊지 못할 지도 아래 배운 것을 반영한다.

6:31-32 거듭해서 예수님은 돌아온 제자들과 함께 '쉬기'[아나파우오(*anapauō*), '내가 쉬다', '내가 기운을 회복하다', '내가 조용하게 있다'] 위해 한적한 곳을 찾으신다(1:35을 보라).[242] "한적한[또는 '텅 빈, 외딴'] 곳"(6:31, 32, 35)에 '그들만' 있는 상태가 반복되는 것은 물러나는 것이 필요함을 강조하기 위해서다. 버려진 장소는 때때로 준비, 정화, 시험 또는 유혹의 장소가 될 수 있다

241 참고. 행 1:22; 4:33; 22:15; 엡 2:20; 3:5; 벧전 5:1; 벧후 3:2.

242 참고. 눅 9:10. 시 22:2; 마 11:28-29과 비교하라. 막 14:41과 대조하라.

(참고. 1:2-5 주석; 1:12-13 주석; 1:35 주석; 1:45 주석). 하지만 군중은 계속해서 그들을 좇아온다(2:2). 예수님은 여러 필요가 쇄도하는 와중에 제자들과 함께 다니면서도(참고. 6:34), 끊임없는 필요에 몰입하느라(그리고 동일시되느라) 쉼 혹은 회복을 얻지 못하거나 홀로 그분과 있는 시간을 놓쳐서는 안 된다고 가르치신다(참고. 3:14). 마태복음의 병행 구절은 예수님이 홀로 가시는 것처럼 묘사하지만(마 14:13), 사실은 제자들이 그분과 함께 있었을 가능성이 크다.[243]

6장

6:33-34 예수님은 휴식이 필요한 중에도 군중에 대해 "불쌍[함]"(연민)[244]을 느끼신다(참고. 1:41; 5:21, 24, 27, 30-31; 6:55; 8:2; 9:22-23).[245] 그분은 그들을 "[경건한] 목자 없는 양같[이]" 보신다. 구약에는 목자의 모티브에 대한 많은 언급들이 있다. 예컨대 민수기 27:17, 열왕기상 22:17(왕 같은 목자), 역대하 18:16, 에스겔 34:4-5, 8 그리고 스가랴 10:2 등이다.[246] 다시금 예수님은 사람들에게 회개하고 하나님 나라에 들어가라고(참고. 요 6:14) 촉구하는, 선하고 참된 "목자"로서(창 48:15; 시 23:1-4; 사 40:11; 렘 23:4) 가르치신다(참고. 1:21-22 주석).

6:35-44 개요

예수님은 '황량한' 버려진 장소에서 5천 명을 먹이심으로써 과연 무엇을 가르치고 있는지를 강조하신다(35절, 참고. 1:2-5 주석; 1:12-13 주석; 1:35 주석; 6:31-32 주석). 하나님의 통치에 관한 메시지를 전달한 예수님은, 이제 기본 양식인 떡과 물고기를 기적적으로 베푸신다(참고. 눅 24:42; 요 21:9). 앞에서 말했듯이, 구약의 선지자들은 광야에서 메시지를 전했고(왕상 17:4, 9; 왕하

243 마 14:15, 22, 참고. 눅 9:10, 11.

244 Zerwick, *Grammatical Analysis*, 123-124.

245 참고. 마 9:36; 15:32.

246 참고. 스가랴 13:7에 대한 논의를 포함하는 14:27-28 주석.

1:8; 슥 13:4), 이스라엘 백성도 광야에서 체류했다(출 16:31; 신 8:16). 이와 같이 5천 명을 먹이시는 기적(막 6:31-44)도 황량한 장소에서 일어난다. 하나님께서 광야에서 만나를 공급하셨듯이(출 16:31-35),[247] 예수님도 버려진 황량한 장소에서 양식을 공급하신다. 그래서 예수님이 정말로 누구인가 하는 질문이 더욱 긴급하게 제기되는 것이다. 제자들은 완고한 마음 때문에 아직도 그 해답을 온전히 깨닫지 못하고 있다(참고. 막 6:52; 8:18-21). 이와 비슷한 기적이 엘리사를 통해 행해졌지만(왕하 4:42-44), 이에 따른 예수님의 주장은 선지자 엘리사의 주장을 훨씬 뛰어넘는다.

6:35-36 표면적으로는 제자들의 요청이 합리적으로 보인다.

6:37-38 예수님이 제자들에게 도전함으로써 그들을 도발하시는 것 같다. "너희가 먹을 것을 주라"(참고. 요 6:6; 4:8). 그들이 다소 아이러니한 답변을 한다(참고. 막 5:31). "이백 데나리온"은 일용직 노동자가 약 200일 동안 벌 수 있는 액수다. 예수님은 "너희에게 떡 몇 개가 있는가?"라며 계속 면밀히 조사하신다. 비록 현재의 자원(떡 5개와 물고기 2마리)은 빈약하지만 예수님은 그분의 말씀을 듣고 그 결과에 대해 신뢰하라고 가르치신다. 이런 일이 일어나게 하려면 그들을 자원과 깨달음의 한계까지 데려가셔야 한다. 그때에야 비로소 예수님을 신뢰하기 시작하리라.

6:39-40 39절에 나오는 명령의 수신자는 제자들일 것이다. 그렇다면 이 본문은 그분이 '그들에게 명했다'는 것, 즉 제자들에게 "모든 사람"을 "푸른 잔디 위에…백 명씩 또는 오십 명씩 앉[게]" 하라는 것이 된다(참고. 출 18:21, 25; 시 23:2). 이는 제자들이 오직 예수님의 말씀에 따라 행동해야 한다는 것을 강조한다.

247 참고. 시 78:18-30; 105:40.

6:41-42 예수님이 양식을 축복하고(참고. 8:7; 14:22) 하늘의 아버지께 계속 의존하는 가운데 그것을 증식시키신다(참고. 8:6; 14:22; 요 11:41).[248] 그분은 양떼를 돌보는 목자로서 사람들을 '만족시키셨다'(참고. 8:19). 하나님께서 광야에 체류하던 이스라엘 백성에게 만나를 공급하셨듯이(출 16:31-35, 참고. 시 78:18-30; 105:40), 예수님도 버려진 곳에서 궁핍한 사람들에게 양식을 주신다. 독자는 예수님이 청중으로 하여금 기적 자체가 아니라 기적을 행하는 분, 그들을 인도하고 가르치는 분을 주목하게 하신다는 것을 유의해야 한다. 예수님은 기적을 행하는 자 또는 선지자에 불과한 분이 아니다. 그분은 하나님께서 행하는 방식으로 행하시는 분이다.

6:43-44 그 옛날 엘리야와 엘리사의 경우(참고. 왕상 17:16; 왕하 4:7, 42-44)와 같이 이번에도 남은 양식이 풍부하다.[249]

6:45-47 예수님은 제자들에게 벳새다, 즉 베드로와 안드레와 빌립의 고향(참고. 요 1:44)으로 먼저 떠나라고 말씀하신다. 그분은 "산"으로 물러나서 홀로 기도에 전념하시기 위해서다(참고. 1:35-39 주석; 3:13-15 주석; 14:26-42 주석, 그리고 6:31-32 주석도 참고하라). 53절이 말하듯이, 그들은 결국 폭풍 가운데 바다를 건너 게네사렛에 도달한다(참고. 6:48 주석).

6:48 "사경"은 대략 오전 3시부터 6시까지를 말한다. 갈릴리 바다에서 강한 북동풍이 부는 경우는 꽤 흔했다. 한참 후 예수님은 제자들의 곤경을 인식하고 그들을 향해 물 위를 걷는 기적을 행하신다.[250] "[그가 그들을] 지나가려고 하시매[에델렌(*ēthelen*), '그가…하기를 원했다']"라는 진술은 예수님이 정

248 Zerwick, *Biblical Greek*, §271.

249 참고. 눅 5:6-7; 요 21:6, 11.

250 참고. 욥 9:8; 38:16; 시 77:20; 사 43:16.

말로 제자들을 지나쳐 가실 작정이었다는(눅 24:28에 나오듯이) 뜻은 아니다. 하지만 제자들의 관점에서 보면, 예수님이 마치 그들을 지나쳐 가시려는 듯이 '보인다'. 구약에는 이를 연상시키는, 하나님의 출현(theophanies)을 묘사하는 대목들이 많다(예. 출 33:19, 22; 34:6; 왕상 19:11). 예수님은 하나님께서 모세에게 나타나듯 제자들에게 나타나신다(참고. 막 6:50). 다시금 예수님의 행동에는 신적 차원이 있다(참고. 욥 9:8; 마 14:33).

6:49-50 제자들이 눈앞에 벌어지는 일에 완전히 압도된다('소스라쳤다', 참고. 마 14:26; 눅 24:37). 그들 모두 '그것이' 초자연적 "유령"[판타스마(*phantasma*)]이라 생각한다는 사실은 그 이야기의 신빙성을 더해준다. 예수님이 전하시는 위로("안심하라 내니 두려워하지 말라", 참고. 막 2:5; 5:36)는 다양한 구약 본문들(예. 사 41:4; 43:1; 44:2; 51:12-13)을 상기시킨다. 구약에 나오는 하나님과 비슷하게, 예수님은 그 자신을 밝힘으로써[251] 그들의 두려운 마음을 진정시키시고, 두려움을 멈추게 하고자 그분의 현존에 비추어 그들을 권면하신다(출 14:13; 욜 2:21). 이와 같은 상황에서 제자들은 확실히 신뢰하기보다는 두려움에 사로잡히곤 한다(참고. 막 4:38, 40).

6:51-52 예수님이 그들 앞에서 바람을 잠재우신다(참고. 4:35-41). 흔히 말하듯이, 믿음과 두려움은 정반대다. 제자들의 놀람("제자들이 마음에 심히 놀라니")[252]은 하나님의 능력을 목격한 것에 대한 반응이다(2:12). 그럼에도 불구하고 완고함(3:21; 8:17)과 두려움은 믿음(참고. 8:18-21)의 반대편에 있다. 마가의 이야기에 따르면, 양식을 증식시키는 기적은 하나님의 자비를 보여주고 동시에 예수님이 누구인지에 대한 제자들의 인식을 넓혀준다. 하지만 이 시점에서는 양식의 기적이나 예수님의 출현이 예수님의 신성과 선

251 요 8:24을 보라. 참고. 출 3:14; 사 43:10; 마 13:6과 대조해보라.

252 참고. 1:21-22 주석; 2:9-12 주석; 5:42-43 주석; 6:1-2 주석; 7:37 주석; 10:25-26 주석; 11:18 주석; 12:2 주석; 16:8 주석.

교에 대한 그들의 인식을 넓히지 못한다. "그들이 그 떡 떼시던 일을 깨닫지 못하고 도리어 그 마음이 둔하여졌음이러라"(참고. 8:18-21, 그리고 3:5, 4:12과 비교하라).

6:53 우연적(incidental) 사실이 이 이야기의 역사적 신빙성을 뒷받침해준다. 흔한 북동풍 때문에 그들은 처음 목표로 삼았던 벳새다로 향하는[프로스(*pros*, '향하여'), 45절] 대신 막달라 북쪽 어딘가에 위치한 인구 밀도가 높은 평지 "게네사렛"을 향해 남서쪽으로 표류하고 말았다.

6:54-55 이제 예수님은 갈릴리에서 인기가 매우 높다. 그분이 어디에 거하시든 언제나 많은 사람이 모이는데(5:6; 6:33), 특히 '병든 사람들'을 그 치료자에게 데려온다.

6:56 예수님은 습관대로 '마을'(예. 6:6, 36), '도시'(참고. 1:33, 45; 5:14; 6:33), 그리고 여러 농가(5:14; 6:36)를 포함한 '농촌'에서 좋은 소식을 선포하는 소명에 초점을 맞추신다. "그 옷술"(새번역, 참고. 민 15:38-39; 신 22:12)을 만지는 것(참고. 막 3:10)에 대한 언급은 혈루증 앓던 여자 이야기를 상기시킨다(5:23, 27-28, 30, 31, 34).[253]

253 참고. 막 3:10; 행 5:15; 19:12.

응답

독자는 마음속으로 그리스도의 능력을 신뢰하도록 예수님의 제자들을 격려하고 싶어질지도 모른다. 양식은 하나님께서 공급하신다. 이스라엘 백성이 누구나 그렇듯 그들의 양식을 위해 일했지만, 예외적인 출애굽 기간 동안에는 하나님께서 만나를 공급하셨다. 그와 같이 예수님은 그분의 가르침을 듣기 위해 모인 5천 명의 청중에게 양식을 주신다. 오늘날의 그리스도인이 꼭 알아야 할 것이 있다. 하나님의 공급이 학교에서 성실하게 배우기, 직장에서 열심히 또 정직하게 일하기, 소박하게 자족하며 살기 등 여러 형태의 기회를 통해 올 수 있다는 것이다. 그리스도의 공급은 근본적으로 제자들의 철저한 변화, 즉 부지런하고 정직하고 검소한 태도를 기르는 것을 통해 주어진다. 예수님의 영향을 받으면, 게으름과 부정직함과 착취가 하나님의 은혜로 인해 근면함과 영예로운 일에 대한 추구로 대치된다(참고. 엡 4:28; 살전 4:11; 살후 3:10-12; 딤전 5:8). 그런 변화는 그리스도인 개개인뿐만 아니라 다양한 사업체와 일터에서도 일어날 필요가 있다. 이런 변화를 겪는 동안 하나님의 자비로운 임재가 뜻밖의 기회로 다가올 뿐 아니라 신체적으로나 감정적으로 "새롭게 되는 날"(행 3:19, ESV는 20절)의 형태로 느껴질 수도 있다.

당시에나 지금이나, 예수님은 때때로 그분을 따르는 자들을 물질적으로, 감정적으로 그들의 한계까지 몰아가신다. 이것은 제자들이 5천 명을 먹이시는 기적에서 배우는 교훈 중 하나다. 훗날 바울은 이와 비슷한 말을 한다. "우리가…힘에 겹도록 심한 고난을 당하여 살 소망까지 끊어지고 우리는 우리 자신이 사형 선고를 받은 줄 알았으니 이는 우리로 자기를 의지하지 말고 오직 죽은 자를 다시 살리시는 하나님만 의지하게 하심이라"(고후 1:8-9). 그들은 신체적으로 또 감정적으로 그분을 신뢰하는 법을 배워야 한다. 그 신뢰는 두려움을 극복함으로써 정서적 치유와 건강을 찾는 것뿐 아니라 정직하고 열심히 일에 몰두하는 것도 포함한다. 그러면서 날마다 삼위일체 하나님을 신뢰하는 연습을 해야 한다.

사람들이 게네사렛 근처에서 그들을 치유하실 수 있는 예수님에게 몰려오는 것은 이해할 만하다(막 6:53-56). 하지만 예수님이 당시에나 지금이나 그들의 마음과 태도에 초점을 맞추고 계심(참고. 6:52; 7:1-10:52)을 기억하는 것이 중요하다. 기적이 반드시 사람들의 마음을 움직여서 살아 계신 하나님을 믿도록 하는 것은 아님을 예수님은 아신다. 예수님이 부자와 나사로의 비유에서 말씀하시는 내용은 일반적으로 적용된다. "그들이 모세와 예언자들의 말을 듣지 않는다면, 죽은 사람들 가운데서 누가 살아난다고 해도, 그들은 믿지 않을 것이다"(눅 16:31, 새번역).

다시금 예수님을 따르는 이들은 인생의 다양한 (문자적이고 비유적인) 폭풍 속에서 두려움을 직면하라는 격려를 받는다. 갈릴리 바다의 폭풍 속에서 예수님은 곤경에 처한 제자들을 찾아가서 "안심하라 내니 두려워하지 말라"(막 6:50)고 말씀하신다. 당시에나 지금이나, 그리스도의 제자들은 두려움을 시인하고, 부드럽고 자발적인 마음을 구하고, 그리스도를 믿을 수 있는 신앙을 위해 기도함으로써 그들의 두려움을 직면할 수 있다.

6장

Mark
마가복음
7:1-30

1 바리새인들과 또 서기관 중 몇이 예루살렘에서 와서 예수께 모여들
었다가 2 그의 제자 중 몇 사람이 부정한 손 곧 씻지 아니한 손으로 떡
먹는 것을 보았더라 3 (바리새인들과 모든 유대인들은 장로들의 전통
을 지키어 [1]손을 잘 씻지 않고서는 음식을 먹지 아니하며 4 또 시장에
서 돌아와서도 [2]물을 뿌리지 않고서는 먹지 아니하며 그 외에도 여러
가지를 지키어 오는 것이 있으니 잔과 주발과 놋그릇을 씻음이러라)
5 이에 바리새인들과 서기관들이 예수께 묻되 어찌하여 당신의 제자
들은 장로들의 전통을 준행하지 아니하고 부정한 손으로 떡을 먹나이
까 6 이르시되 이사야가 너희 외식하는 자에 대하여 잘 예언하였도다
기록하였으되

이 백성이 입술로는 나를 공경하되 마음은 내게서 멀도다 7 사람의
계명으로 교훈을 삼아 가르치니 나를 헛되이 경배하는도다

하였느니라 8 너희가 하나님의 계명은 버리고 사람의 전통을 지키느
니라

1 Now when the Pharisees gathered to him, with some of the scribes
who had come from Jerusalem, 2 they saw that some of his disciples

ate with hands that were defiled, that is, unwashed. 3 (For the Pharisees
and all the Jews do not eat unless they wash their hands properly,[1]
holding to the tradition of the elders, 4 and when they come from the
marketplace, they do not eat unless they wash.[2] And there are many
other traditions that they observe, such as the washing of cups and pots
and copper vessels and dining couches.[3]) 5 And the Pharisees and the
scribes asked him, "Why do your disciples not walk according to the
tradition of the elders, but eat with defiled hands?" 6 And he said to
them, "Well did Isaiah prophesy of you hypocrites, as it is written,

"'This people honors me with their lips,
    but their heart is far from me;
7 in vain do they worship me,
    teaching as doctrines the commandments of men.'

8 You leave the commandment of God and hold to the tradition of
men."

9 또 이르시되 너희가 너희 전통을 지키려고 하나님의 계명을 잘 저버
리는도다 10 모세는 네 부모를 공경하라 하고 또 아버지나 어머니를
모욕하는 자는 죽임을 당하리라 하였거늘 11 너희는 이르되 사람이 아
버지에게나 어머니에게나 말하기를 내가 드려 유익하게 할 것이 고르
반 곧 하나님께 드림이 되었다고 하기만 하면 그만이라 하고 12 자기
아버지나 어머니에게 다시 아무것도 하여 드리기를 허락하지 아니하
여 13 너희가 전한 전통으로 하나님의 말씀을 폐하며 또 이 같은 일을
많이 행하느니라 하시고
9 And he said to them, "You have a fine way of rejecting the
commandment of God in order to establish your tradition! 10 For Moses
said, 'Honor your father and your mother'; and, 'Whoever reviles father

or mother must surely die.' 11 But you say, 'If a man tells his father or
his mother, "Whatever you would have gained from me is Corban"' (that
is, given to God)[4]— 12 then you no longer permit him to do anything
for his father or mother, 13 thus making void the word of God by your
tradition that you have handed down. And many such things you do."

14 무리를 다시 불러 이르시되 너희는 다 내 말을 듣고 깨달으라 15 무
엇이든지 밖에서 사람에게로 들어가는 것은 능히 사람을 더럽게 하지
못하되 16 사람 안에서 나오는 것이 사람을 더럽게 하는 것이니라 하
시고 17 무리를 떠나 집으로 들어가시니 제자들이 그 비유를 묻자온대
18 예수께서 이르시되 너희도 이렇게 깨달음이 없느냐 무엇이든지 밖
에서 들어가는 것이 능히 사람을 더럽게 하지 못함을 알지 못하느냐
19 이는 마음으로 들어가지 아니하고 배로 들어가 뒤로 나감이라 이
러므로 모든 음식물을 깨끗하다 하시니라 20 또 이르시되 사람에게서
나오는 그것이 사람을 더럽게 하느니라 21 속에서 곧 사람의 마음에서
나오는 것은 악한 생각 곧 음란과 도둑질과 살인과 22 간음과 탐욕과
악독과 속임과 음탕과 질투와 비방과 교만과 우매함이니 23 이 모든
악한 것이 다 속에서 나와서 사람을 더럽게 하느니라
14 And he called the people to him again and said to them, "Hear me,
all of you, and understand: 15 There is nothing outside a person that by
going into him can defile him, but the things that come out of a person
are what defile him."[5] 17 And when he had entered the house and left
the people, his disciples asked him about the parable. 18 And he said to
them, "Then are you also without understanding? Do you not see that
whatever goes into a person from outside cannot defile him, 19 since
it enters not his heart but his stomach, and is expelled?"[6] (Thus he
declared all foods clean.) 20 And he said, "What comes out of a person

is what defiles him. 21 For from within, out of the heart of man, come
evil thoughts, sexual immorality, theft, murder, adultery, 22 coveting,
wickedness, deceit, sensuality, envy, slander, pride, foolishness. 23 All
these evil things come from within, and they defile a person."

24 예수께서 일어나사 거기를 떠나 두로 지방으로 가서 한 집에 들어
가 아무도 모르게 하시려 하나 숨길 수 없더라 25 이에 더러운 귀신 들
린 어린 딸을 둔 한 여자가 예수의 소문을 듣고 곧 와서 그 발아래에
엎드리니 26 그 여자는 헬라인이요 수로보니게 족속이라 자기 딸에게
서 귀신 쫓아내주시기를 간구하거늘 27 예수께서 이르시되 자녀로 먼
저 배불리 먹게 할지니 자녀의 떡을 취하여 개들에게 던짐이 마땅치
아니하니라 28 여자가 대답하여 이르되 주여 옳소이다마는 상 아래 개
들도 아이들이 먹던 부스러기를 먹나이다 29 예수께서 이르시되 이 말
을 하였으니 돌아가라 귀신이 네 딸에게서 나갔느니라 하시매 30 여자
가 집에 돌아가 본즉 아이가 침상에 누웠고 귀신이 나갔더라

24 And from there he arose and went away to the region of Tyre and
Sidon.[7] And he entered a house and did not want anyone to know,
yet he could not be hidden. 25 But immediately a woman whose little
daughter had an unclean spirit heard of him and came and fell down at
his feet. 26 Now the woman was a Gentile, a Syrophoenician by birth.
And she begged him to cast the demon out of her daughter. 27 And
he said to her, "Let the children be fed first, for it is not right to take
the children's bread and throw it to the dogs." 28 But she answered
him, "Yes, Lord; yet even the dogs under the table eat the children's
crumbs." 29 And he said to her, "For this statement you may go your
way; the demon has left your daughter." 30 And she went home and
found the child lying in bed and the demon gone.

1) 또는 팔뚝까지 2) 또는 목욕하지 않으면

1 Greek *unless they wash the hands with a fist*, probably indicating a kind of ceremonial washing *2* Greek *unless they baptize*; some manuscripts *unless they purify themselves* *3* Some manuscripts omit *and dining couches* *4* Or *an offering* *5* Some manuscripts add verse 16: *If anyone has ears to hear, let him hear* 6 Greek *goes out into the latrine* *7* Some manuscripts omit *and Sidon*

단락 개관

마가복음의 4장과 13장에 나오는 눈에 띄는 단락들과 나란히, 7:1-23은 이 책에 기록된 예수님의 긴 가르침들 중 하나를 묘사한다. 예수님의 적대자들이 모세의 율법에 대한 올바른 해석의 문제를 제기할 때 또 다른 도전이 생긴다. 예수님은 의식적이고 외적인 정결함을 위해 새롭고 정화된 마음을 소홀히 하면 하나님께서 주신 율법의 이유와 목적을 놓칠 수 있다고 강조하신다. 1-13절은 인간의 규정들과 하나님의 계명을 대조함으로써 그 논쟁을 소개한다. 인간 마음의 타락과 자만 때문에 하나님의 말씀도 오용되고, 재해석되고, 폐기된다. 따라서 마음이 새롭게 정화되지 않으면 다른 모든 것이 무익하다(14-23절). 1-21절은 22-23절을 위한 예화의 역할을 한다. 하나님의 율법을 수행하는 것조차 타락한 마음(참고. 14-21절, 특히 21-23절) 때문에 타락하게 된다(1-13절).

그런 심오한 가르침에 수반되는 것은 병을 치유하고 양식을 증식시키는 능력뿐 아니라 귀신들을 다스리는 능력이다(7:24-8:10). 예수님은 먼저 이스라엘 백성을 부르신다(7:27). 하지만 장차 그분의 제자들이 이방인을 대상으로 사역할 날을 내다보신다. 이후 예수님은 한 이방 여인과 그의 귀신 들린 딸에게 손길을 뻗치신다(24-30절).

단락 개요

II. 1부: 예수님의 권위의 입증(1:16-8:26)

C. 갈릴리 밖의 사역(6:7-8:26)

3. 불결한 마음이 더럽혀지다, 귀신을 쫓아내시다(7:1-30)

a. 인간 전통과 하나님 말씀의 대조(7:1-9)

b. 실례: 고르반(7:10-13)

c. 인간 마음이 더럽혀지다(7:14-19)

d. 개인적 불결함의 요소들(7:20-23)

e. 수로보니게 여인의 딸에게서 귀신을 쫓아내시다(7:24-30)

(1) 상황(7:24-26)

(2) 예수님과 여인의 대화(7:27-28)

(3) 축귀(7:29-30)

주석

7:1-23 개요

예수님과 적대자들 간의 또 다른 논쟁이 모세 율법의 정확한 해석을 둘러싸고 벌어진다. 예수님은 새로운 모세로서 모세 같은 권위 있는 선지자의 모습으로 오신다(신 18:15, 18). 내면(마음)의 정결함에는 무관심한 채 의식적인 정결법에만 초점을 맞추는 것은 하나님 율법의 본질과 목적과 모순된다고 예수님이 역설하신다. "마음"을 "더럽[히는]" 것의 깊고도 끈질긴 영향 때문에 하나님의 말씀조차 개인적 이익이나 탐욕을 만족시키기 위해 재해석되거나 사실상 폐기되기까지 한다. 이 때문에 하나님의 율법을 바람직한 방식으로 따를 수 없는 것이다(참고. 롬 7:13). 하나님께서 마음을 새롭게 하지 않으시면 하나님의 율법을 따르고 경건한 삶을 영위하려는 희망이 그 목표에 도달하지 못할 것이다(막 7:1-23; 골 2:23).

7:1-4 예수님이 갈수록 유명해지기 때문에, 특히 법학 교육을 받은 바리새파의 "서기관 중 몇"이 종교 의식의 중심지인 예루살렘으로부터 거듭해서 파송된다(참고. 막 3:22). 이 본문과 2:15-18, 3:6, 20-30이 분명히 보여주듯이, 여러 바리새인들과 서기관들이 예수님을 모세 율법(예. 의식법의 세부 사항, 출 30:19; 40:13)의 위반죄로 고발할 기회를 찾고 있는 중이다. 그들의 견해에 따르면, (모세로부터 내려오는 것으로 추정되는) 장로들의 구두 전통이 모세 율법의 해석에 권위 있는 틀로 작용한다(막 7:5, 8. 참고. 미쉬나, 아보트, 3:13). 그들은 예수님을 함정에 빠트려서 명예를 실추시키려고 한다.

7:2-5 예수님은 물론 그분의 제자들도 모세 율법을 위반하지 않는다(참고. 마 5:17). 하지만 그들은 "장로들의 [구두] 전통"(막 7:3, 5)을 한갓 "사람의 전통"(8절, 참고. 마 15:1-20; 5:21-48)으로 무시한다. "장로들"은 구두 전통과 모세 율법의 해석을 전수했던 앞선 시대의 선생들을 말한다(막 7:3). 이 전통들은 훗날 특히 미쉬나(Mishnah, 주후 200년경)에 기록되었다. 예수님의 시대에서는 그런 "장로들"이 영향력 있는 위치를 장악했다.[254] 여기서 고려하는 특정한 전통은 손(참고. 레 15:11), "시장"에서 나온 양식, 부엌세간("잔", "주발", "놋그릇") 그리고 가구를 의식적으로 씻는 것을 규정한다. 예수님은 제자들에게 이런 사람의 전통을 버리라고 격려하신다(참고. 눅 11:38-39). 그렇게 함으로써 서기관들이 제기하는 소송의 토대가 되는 권위에 도전하신다. 예수님은 하나님 말씀의 중심과 의미를 회복시키고, 인간의 타락을 범인으로 밝히신다(이후 내용을 보라).

254 참고. 막 8:31; 11:27; 14:43, 53; 15:1.

7:6-8 예수님은 바리새인 적대자들이 처한 곤경을 폭로하신다. 전통을 지키는 것이 (어쩌면 그들이 생각한 대로) 하나님 앞에서 마음의 정결함을 보장하지 않는다는 것이다. 그것은 오히려 마음의 불결함을 직면해야 할 시급성을 감소시킨다. 예수님이 인용하시는 이사야 29:13을 주목하라(참고. 시 78:36; 골 2:22). 입으로 전해지는 전통은 더러워진 마음을 없애거나 깨끗하게 하지 못한다. 그 전통은 불결한 내면에서 생기는 위선을 제거할 수 없다(막 7:6, 참고. 12:15; 마 6:2). 위선은 스스로 행하지 않는 일을 남에게 요구할 때 드러날 뿐 아니라 철저히 이기적인 마음을 숨기고 하나님께 굴복하는 체할 때 그 마음속에도 나타난다. 그래서 예수님이 "이 백성이 입술로는 나를 공경하되 마음은 내게서 멀도다"라고 외치시는 것이다. 사람은 하나님께 굴복하여(참고. 사 1:10-20) 그분의 말씀("하나님의 계명")에도 순종하든지, 아니면 그 자신을 종교와 삶의 중심으로 두든지(참고. 막 7:5, 8; 8:33; 10:9; 12:14)[255] 둘 중 하나를 선택해야 하고, 후자는 인간 스스로 만든 규율도 포함한다. 이런 "사람의 전통"을 지키면 하나님의 말씀이 무시되는 법이다.[256]

7:9 인위적 전통은 마음을 깨끗하게 할 능력이 없다. 오히려 그런 전통들은 하나님의 말씀을 무시하는[아테테오(*atheteō*), "내가 폐기하다, 버리다"] 결과를 초래할 수 있다(참고. 7:13; 10:5, 19; 12:28, 31).[257] 하나님의 말씀을 폐기하는 실례가 7:10-13에 나온다. 하지만 마음의 타락을 다루자마자 사람의 전통은 불필요한 것이 되어버린다. 이런 일이 벌어지기 시작하면 하나님께서 사람의 마음을 변화시키시고 그분의 말씀이 지켜진다.

255 참고. 골 2:21-22; 딛 1:14.

256 참고. 신 31:27, 29; 막 10:5, 19; 12:28, 31.

257 참고. 골 2:23.

7:10-13 개요

예수님은 "고르반" 선언을 그분이 의도하는 것(참고. 13절)을 보여주는 예화로 사용하신다. "이같은 일을 많이 행하느니라"는 비평을 주목하라. "고르반" 선언은 불순한 동기가 어떻게 모세 율법의 중요하고 중심적인 측면을 버리는 결과를 초래하는지 잘 보여준다. 이와 동시에, 예수님은 모세 율법의 권위를 지지하면서도(참고. 마 5:17) 제자들이 그들 마음의 불순함을 붙들고 씨름하도록 강하게 격려하신다.

7:10 예수님은 십계명의 준수가 중요하다는 점에 의문을 제기하지 않으신다. "네 부모를 공경하라"(참고. 출 20:12; 21:17; 신 5:16).[258] 이것은 모세의 기본적인 율법 중 하나다. 이 율법을 경시하면(부모를 "모욕하면") 고대 이스라엘에서 죽음의 형벌을 받았다(막 7:10b, 참고. 출 21:17; 레 20:9). 부모를 공경하는 것의 한 측면은 그들이 늙을 때 재정적으로 또 개인적으로 섬기는 일이다. 그런 이타적 행동이 경건함을 보여준다(참고. 딤전 5:4).

7:11-13 인간 전통에 따르면, 처음에 부모를 모시려고 챙겨두었던 기금을 "고르반"[히브리어에서 온 코르반(*qorban*), '봉헌', '희생제물']으로 선언할 수 있다. 즉, 그 기금이 법적으로 하나님께 바쳐질 수 있는 것이다(참고. 레 2:1; 4:12-13). 그 결과 '아버지나 어머니에 대한' 책임(참고. 민 30:3)이 폐기되고 만다. "고르반"으로 드려진 기금은 원한다면 성전에 기부될 수 있다(마 27:6과 대조해보라). 하지만 그 기금은 "고르반"이라 선언한 사람이 보관할 수도 있다. 결국에는 부모나 성전 모두 그런 '제물'에서 유익을 얻지 못한다. 이것은, 예컨대 성전 수리에 바쳐진 돈(왕하 12:5-8)이 사적 용도로 사용되는 것과 비슷하다(참고. 잠 28:24).

이처럼 사람의 전통은 타락한 마음과 이기심이 제멋대로 표출되는 여

258 막 10:19; 엡 6:2도 보라.

지를 제공할 가능성이 있다(참고. 사 29:13). 이런 전통들은 모세 율법의 의도, 즉 너무나 많은 경우에 약자, 무력한 자 그리고 궁핍한 자를 보호하려는 의도와 정면으로 배치된다("하나님의 말씀을 헛되게 하며", 새번역). 여기서 하나님의 계명이 "하나님의 말씀"(참고. 7:9 주석)으로 밝혀지는 것을 주목하라. "이같은 일을 많이 행하느니라"는 예수님의 결론은 종교적 배경이 있는 곳에도 마음의 타락이 얼마나 만연한지를 강조한다.

7:14-16 (개역개정의 16절이 ESV에는 15절 후반부에 포함되어 있다-옮긴이 주) 예수님은 이제 모든 청중에게, 인간 존재의 근본 문제는 폭넓은 영향을 미치는 마음의 타락에 있다고 선언하신다. "너희는 다 내 말을 듣고 깨달으라"(참고. 4:12). 이처럼 그분은 7:1-13(특히 2, 5절)에서 시작된 주제를 더욱 발전시키신다. 모든 인간은 하나님의 형상으로 창조되었다(창 1:26). 인류의 타락이 인간의 본질을 바꾸지는 않았다. 하지만 타락의 결과로 인한 마음의 오염이 흔히 생각하는 것보다 훨씬 더 심각하다(예. 창 3:1-19; 사 29:13-16).[259] 이 문제는 문화적으로 강조하는 의식적인 불결함보다 훨씬 더 심하고 위험하다(참고. 7:19a 주석; 7:19b 주석; 눅 11:39). 핵심적인 불결함의 문제는 그것이 사람의 내적 성소(마음)에 거하고 또 거기서 '흘러나온다'는 점에 있다. "사람 안에서 나오는 것이 사람을 더럽게 하는 것이니라"(참고. 막 7:20; 눅 6:45, 그리고 엡 4:29; 약 3:6과 비교하라).

사람은 자신의 배로 들어가는 것에 의해 내적 태도가 오염되지 않는다. 그래서 예수님은 포괄적인(참고. 막 9:42-50) 오염의 문제에 초점을 맞추신다. 달리 말하면 의식적이고 외적인 불결함을 숙고하는 데 그치지 않으신다(예. 레 11-15장, 참고. 7:14-23 단락 전체). 그분은 모세의 의식법의 연속성이나 불연속성 같은 부수적 문제에 대해서는 지엽적으로 다루신다(참고. 19b절). 그런 마음의 타락은 하나님, 자기 자신, 다른 인간들 그리고 창조 세계

259 시 51:1-5, 7, 9-10, 13; 렘 17:9-10; 롬 5:1-21도 보라.

내 다른 부분과의 관계에 영향을 미친다.

7:17[260] 흔히 그렇듯이 제자들이 추가 교육을 받는다.[261] 이 경우에는 예수님이 6:30-8:26(특히 6:52; 7:18-23; 8:14-21)의 핵심 주제인 순결한 마음의 중요성에 관한 가르침에 더 깊이 들어가신다. "비유"라는 용어는, 예수님이 구약에 나오는 의식적 불결함의 '예'를 인간 마음의 오염이라는 근본적인 문제에 대한 타당한 묘사로 사용하신다는 것을 가리킨다.

7:18 예수님의 제자들도 적대자들과 청중들처럼 "깨달음"이 없다.[262] 그들의 유일한 이점은 예수님과 계속 함께한다는 것이다. 그들에게 부족한 깨달음은 정신적 이해를 능가하는 것이며 예수님의 인격과 그분의 말씀에 대한 인식, 그분과의 더 깊은 관계를 포함한다.

7:19a 예수님은 마음의 불결함(21, 23절, 참고. 히 9:14)이 의식적 율법을 지킨다고 바로잡힐 수 없다는 것을 다시 강조하신다(막 7:15, 18). 내면의 순결함은 외적 청결함, 행위 또는 행실을 변화시킨다고 이룰 수 있는 것이 아니다. 내면과 내적 태도의 변화는 밖에서 안으로가 아닌 오직 안에서 밖으로 도모할 수 있다. 그러면 그런 내적 변화는 어떻게 일어날 수 있는가 하는 의문이 남는다.

7:19b 예수님의 주장에 따르면, 음식은 '이런 근본적인 방식으로' 사람을 더럽게 할 수 없다. 예수님의 설명을 살펴보면 그분이 음식을 서로 다

260 중요하고 오래된 일부 사본에는 16절이 없다. KJV에는 16절이 '들을 귀가 있는 사람은 들을지어다'로 나온다(참고. ESV 난외주). (개역개정은 16절에 ESV의 15절 후반부 "사람 안에서 나오는 것이 사람을 더럽게 하는 것이니라"를 포함시켰다-옮긴이 주).

261 참고. 막 4:10; 9:28, 33; 10:10; 13:3.

262 참고. 막 4:10-13, 40; 6:52; 8:14-21, 32-33; 9:10; 13:14.

른 두 가지 차원에서 보신다는 것이 분명해진다. 기본적인 차원에서는 음식이 사람의 마음을 더럽힐 수 없다. 현재의 담론에서는 예수님이 두 번째 차원, 말하자면 다양한 의식적인 율법들이 정말로 깨끗한 음식과 불결한 음식을 구별하고 있다는 것(참고. 레 11:1-47)은 다루지 않는다. 예수님의 가르침을 살펴보면, 의식적인 율법들이 더 이상 연속성이 없다고 암시하는 것은 아니다. 마음의 불결함이 예수님의 희생과 더불어 점진적 성화(막 10:45, 참고. 마 5:17)[263]를 통해 근본적으로 제거되자마자, 의식적인 (음식) 율법들은 바람직한 마음의 순결함을 영구히 가리키는 그 내재적인 역할과 목적을 잃어버린다.[264]

7:20-23 예수님은 이제 그분의 주안점을 밝히신다. 더러움(참고. 15절)은 악한 생각과 함께 자기중심적인 마음에서 나오는 생각과 관계와 윤리의 삶에서 생겨 성적 부도덕, 도둑질, 살인 그리고 그 밖의 죄악들로 이어진다는 것이다(15:7, 참고. 롬 1:29-31). "악한 생각"(막 7:21)은 대체로 삶에 대한 사악한 사고방식과 접근을 가리킨다(참고. 겔 11:19; 36:26).

이어서 예수님은 '악한 행실'의 여섯 영역(21b-22a절)을 언급하신다. (1) "음란"[포르네이아(*porneia*), 다양한 형태의 성적 악행을 의미함],[265] (2) "도둑질", (3) "살인", (4) "간음"[모이케이아(*moicheia*), 참고. 고전 6:9-10], (5) "탐욕"[플레오넥시아(*pleonexia*), 문자적으로는 성적으로 또 물질적으로 "더 많이 갖는 것"[266] 또는 "소유욕"을 품는 것을 의미함[267]], (6) "악독"(오도하거나 착취하는 행실의 폭넓은 스펙트럼을 가리

263 롬 5:8-9; 히 8:6-13; 9:14; 벧전 3:18.

264 참고. 행 10:12-15; 롬 14:14; 갈 3:24; 골 2:20-22; 히 9:10, 25; 10:1-4.

265 참고. 고전 5:10-11; 고후 12:20-21; 갈 5:19-21; 엡 5:3-5; 골 3:5-8; 딤전 1:9-10; 계 9:21; 21:8; 22:15.

266 Zerwick, *Grammatical Analysis*, 129.

267 참고. 롬 1:29-31; 엡 4:19; 5:3; 골 3:5-8.

킴)이다. 더러운 마음에서 생기는 이 모든 악한 행위는 십계명의 후반부와 연결되어 있다.

끝으로, 예수님은 부도덕한 성품의 여섯 측면(22b절)을 언급하신다. (1) "속임"[해로운 속임수 14:1],[268] (2) "음탕"[아셀게이아(*aselgeia*), 음란한 자기절제의 결여],[269] (3) "질투" 또는 시기(헬라어로는 문자적으로 '악한 눈'을 갖는다는 뜻, 10:22, 참고. 마 6:23; 신 15:9; 28:54), (4) "비방"[블라스페미아(*blasphēmia*), 참고. 2:6-7 주석; 3:28-30 주석; 14:63-65 주석; 15:27-32 주석],[270] (5) "교만"[휘페레파니아(*hyperēphania*), '스스로를 남들보다 위에 놓거나 그렇게 보이게 하다'는 뜻으로 '오만' 내지는 우월감을 가리킴],[271] (6) "우매함" 또는 불합리함(참고. 시 10:3-4; 14:1)이다. 23절은 포괄적 오염에 대한 예수님의 정의를 요약한다. 그러므로 마가복음 7:14-23은 불결한 마음과 내면의 깊은 문제에 초점을 맞춘다(참고. 3:5; 6:52; 7:6; 8:17). 하지만 가르침의 일정상 아직 심각한 오염을 없애는 궁극적 해결책을 가리키지는 않으신다(하지만 10:45; 14:22-24을 참고하라).[272]

7:24-30 개요

내러티브의 차원에서 보면 1-23절과 24-30절 사이에 창조적 긴장이 있다. 예수님은 그분의 적대자들과 제자들에게 마음의 오염이라는 문제를 대면시키시는데, 이 이야기는 결국 어느 겸손한 믿는 여자의 '더러운' 딸을 구원하는 사건으로 끝난다. 그 어머니와 딸이 유대교의 관점에서는 '더러운' 인간으로 간주되었을 것임에도 불구하고 말이다. 제자들은 깨닫지 못하는 반면(17-18절), 수로보니게 여자는 분별력과 겸손함을 보여준다. 예수

268 참고. 롬 1:29-31; 벧전 2:1.

269 참고. 롬 13:13; 고후 12:20-21; 갈 5:19-21; 엡 4:19; 벧전 4:3.

270 참고. 엡 4:31; 골 3:5-8; 딤전 6:4; 딤후 3:2-5.

271 참고. 롬 1:29-31; 딤후 3:2-5.

272 골 2:11-15과 비교하라.

님의 권위 있는 가르침은 다시 한 번 병을 치유하고 양식을 증식시키는 능력뿐 아니라 귀신들을 다스리는 능력에 의해 뒷받침된다(7:24-8:10). 앞에서 말했듯이, 애초에 그분의 소명은 이스라엘 백성을 사역의 대상으로 삼는 것이었다. 때가 되면 제자들에게 좋은 소식을 이방인에게도 전하도록 지시하실 것이다(참고. 7:24-30; 행 10-11장도 보라). 하나님의 구속적 선교는 마침내 전 세계 출신의 이방인들을 포함하게 된다(참고. 막 13:10).[273]

7:24 예수님은 재정착한 유대인 주민들이 이미 그분을 알고 있는 헬레니즘 지역으로 물러나신다(참고. 3:8). 시돈와 두로[274](참고. 마 11:21-22)는 예수님의 시대에 대체로 이방 영토였으나, 예전 아셀 지파에 속했던 사사 시대에는 이스라엘의 일부였다(참고. 7:31 주석). 예수님이 제자들과 베니게(페니키아) 지방으로 가시는 것은 일차적으로 유대인들을 전도하고(1:38을 보라, 참고. 눅 4:43), 안식을 취하시기 위해서다. 후자는 그분이 거기서 "아무도 모르게 하시려" 한 이유를 설명해준다(참고. 막 1:44-45; 2:1-2; 6:32-33). 하지만 7:24-30 개요에서 말했듯이, 예수님은 장차 제자들의 사역을 통하여 이방인에게 선교할 날을 내다보신다(참고. 7:27 주석; 13:10 주석; 14:9 주석; [16:15] 주석; 마 28:18-20).

7:25 이 구절은 엘리야(왕상 17:8, 17-24)를 상기시킨다. 엘리야는 이스라엘에 기근이 닥친 동안 시돈의 남쪽 14.5킬로미터에 위치한 사르밧에서(왕상 17:9) 한 이방인 과부와 그 아들을 도와준다. 수로보니게 족속에 속한 어머니에게는 "더러운 귀신"이 들린 딸이 있다. 이 표현은 유대인이 귀신이나 '악한 영'을 언급하는 방식을 반영한다(막 7:26, 29-30, 참고. 5:22).

273 참고. 시 87편; 사 42:1, 4, 6, 10-12; 49:1, 6, 22.

274 참고. Josephus, *Jewish Wars* 3.38. 요세푸스는 두로가 갈릴리 북부에서 약 24킬로미터 떨어져 있는데도 갈릴리 북부에서 멀지 않았다고 한다. 두로의 히람 왕과 다윗과 솔로몬의 왕국 간의 밀접한 관계를 보라(참고. 대상 22:20이하).

7:26 마가는 인종적으로 "수로보니게 족속"인 여자가 문화적으로 이방의 전통에 속해 있고 절박한 상황(참고. 5:22)에 있음을 부각시킨다.

7:27 예수님의 조심스러운 답변이 뜻밖이다. 더구나 표면적으로는 무척 모욕적이고 인종적 판단이 담긴 말씀처럼 들린다. 그분은 자신의 메시지를 "떡"(참고. 4:1-20)에, 그리고 유대인을 "자녀"(참고. 호 11:1; 신 14:1)에 비유하신다. 이후 이방인을 "개들"에 비유하시는데, 이는 훗날의 일부 랍비 자료들도 시사하는 것이다.[275] 하지만 "먼저"[프로톤(*proton*), 참고. 롬 1:16; 2:9-10; 행 1:8; 3:26; 13:46]라는 중요한 언급은 유대 백성이 "먼저" "배불리" 먹은 후(왕상 17:17-24과 대조해보라) 이방인들 역시 하나님의 은혜와 구속의 복을 받을 것임을 의미한다(참고. 마 10:6, 23; 15:24).

7:29-30로 인해, 적대적인 듯한 예수님의 말씀이 두 가지 결과를 끌어내기 위한 답변일 가능성이 생긴다. (1) 여자의 '순수하고 현명한 태도를 표면에 부상시키기' 위해(참고. 29-30절), (2) '제자들이 참회하며 신뢰하는 수로보니게 여자를 보고 배우게 하기' 위해서다. 여기서 예수님에 대한 그녀의 현명하고 신뢰하는 반응은 제자들의 깨닫지 못하는 모습(18-19절)과 대조된다. 더 깊은 차원에서 보면, 예수님은 모욕적인 듯한 말씀을 하지만, 실제로는 제자들과 대비되는 수로보니게 여자의 태도와 깨달음을 칭찬하시는 셈이다.

7:28 놀랍게도 그 여자는 겸손, 통찰력 그리고 용기 있고 특히 끈기가 돋보이는 태도로 응답한다. 그녀는 예수님의 난감하고 모욕적인 태도를 받아들이면서 자신의 부탁을 겸손하게 되풀이한다. "상 아래 개들도 아이들이 먹던 부스러기를 먹나이다." 그녀는 구원-역사적인 사실, 즉 하나님께서 먼저 특별한 목적을 위해 그분의 백성인 이스라엘을 부르신(출 4:22) 후

275 예컨대, 바빌로니안 탈무드, 하기가 13a 그리고 출애굽기 7:9 주석인 Rabbah Exodus 9:2을 보라.

에 그 부르심을 그녀의 민족을 포함한 모든 민족에게 확장하신다는 사실에 기꺼이 동의하는 듯하다.

7:29-30 만반의 준비를 갖춘 채 그녀를 받아들이시는 예수님의 반응을 보면, 그분의 모욕적인 첫 마디는 여자를 시험하기 위한 것임을 알 수 있다. 예수님은 참회와 믿음을 담은 그녀의 간청에 애정어린 자비와 은혜로운 구제로 응답하신다. 이 여자의 신실한 성품과 공손한 말(룻과 아비가일과 비교하라)[276]은 예수님을 따르는 사람들에게 큰 권면을 준다.

응답

이슬람교, 문화적 기독교, 힌두교, 불교, 스토아 철학, 자조적 훈련 그리고 다양한 철학들 등 서로 다른 종교적 및 철학적 배경을 가진 인간들이 모두 알고 있는 근본적인 문제가 있다. 수많은 도덕적 법칙들과 규율들이 세워졌지만 인간의 마음은 결코 그런 것들로 깨끗해지거나 길들여지지 않는다는 것이다. 예컨대 악, 정욕, 탐욕, 분노 그리고 미움의 힘은 종종 그런 것들을 통제하려는 법이나 좋은 의도들의 힘보다 훨씬 더 크다(7:20-23, 참고. 골 2:23). 이런 악한 성향을 이기는 더 큰 능력이 없으면 변화에 대한 희망을 품을 수 없다.

어느 정도 훈련된 사람들은 죄악된 인간 성향을 한 영역에서 다른 영역으로 옮길 수 있을지 모른다. 불법적인 성적 만족이라는 우상이 일중독에 빠지게 하거나 지나치게 야망적인 운동선수가 되는 방향으로 전환될 수 있다. 그런 강력한 욕구를 다루는 또 하나의 방법은 그것을 심하게 억압하는 것이다. 그리스의 에피쿠로스 철학 같은 일부 철학들은 여러 강력한 욕

276 참고. 룻 2:10; 삼상 25:18-31.

구들을 다루기 쉬운 방향으로 돌려서 어느 정도의 중용을 찾으려고 했다. 하지만 결국에는 오직 하나님께서 인간 마음의 성소를 치유하고 변화시키실 때에만 헛된 우상들, 파괴적인 욕구들 그리고 습관들 대신 진정한 예배와 생명을 얻을 수 있다.

7:1-13에 나오는 예수님의 가르침은 우리에게 근본적인 결정을 내리도록 도전한다. 첫째 대안은 하나님의 의로움과 더불어 오염된 마음을 깨끗하게 하시는 그분의 은혜를 구하는 것이다(10:45; 14:22-24). 그런 사람은 하나님의 말씀 아래 살면서 그분의 인도를 점점 더 받을 수 있다. 둘째 대안은 스스로 세운 (종교적 또는 철학적) 규율과 규정 아래 살면서 자기 나름의 순결함을 추구하는 것이다. 예수님은 모세의 율법을 성취하신 분이다(마 5:17).[277] 따라서 자신을 따르는 자들을 근본적인 방식으로 변화시키고 정화시켜서, 그들이 점차 예배의 표현으로 모세 율법의 도덕적 교훈을 드러낼 수 있게 된다. 그 결과 우상 숭배를 밀어내고 참된 예배가 그리스도에 대한 영속적인 믿음의 결과로 자리 잡게 되는 것이다(참고. 골 2:23).

무엇보다 예수님은 그리스도인 개개인을 변화시켜서 삼위일체 하나님과 개인적 교제를 나누고 하나가 되는 삶을 살게 하신다. 그런 제자는 통전적인 증인으로서 땅끝까지 가서 하나님의 복음을 전하고 구속된 복음을 삶으로 실천하라는 사명을 받는다. 그런 통전적인 증언은 다양한 모습으로 표현된다. 예컨대 복음 전도, 교회 개척, 다양한 형태의 섬김, 다양한 문화를 바람직한 방향으로 개선하기, 또는 경제와 정치와 문화의 영역에서 '빛'과 '소금' 되기 등이다. 예수님은 먼저 언약 백성인 이스라엘을 섬기지만, 그럼에도 수로보니게 여인의 믿음을 칭찬하신다. '더러운' 이방 여인의 현명한 겸손과 단순한 믿음은 유대 지도자들과 예수님 제자들의 그것과 뚜렷한 대조를 이룬다. 그녀는 당시에나 지금이나 예수님에게 어떻게 반

277 모세 율법의 '의식적'인 측면과 '사법적'인 측면은 본질적으로 그리스도 안에서 완성되고 성취되었다(마 5:17; 롬 10:4). 마태복음 5-7장은 모세 율법의 정련된 내용을 담고 있는데, 이는 예수님이 이제 그분을 따르는 자들의 마음속에서 실현시키시는 것이다.

응할지를 보여주는, 모든 그리스도인을 위한 빛나는 본보기다. 그녀는 겸손과 예수님에 대한 끈질긴 믿음을 훌륭하게 보여준다.

Mark
마가복음
7:31-8:26

7:31 예수께서 다시 두로 지방에서 나와 시돈을 지나고 데가볼리 지방
을 통과하여 갈릴리 호수에 이르시매 32 사람들이 귀 먹고 말 더듬는
자를 데리고 예수께 나아와 안수하여주시기를 간구하거늘 33 예수께
서 그 사람을 따로 데리고 무리를 떠나사 손가락을 그의 양 귀에 넣고
침을 뱉어 그의 혀에 손을 대시며 34 하늘을 우러러 탄식하시며 그에
게 이르시되 에바다 하시니 이는 열리라는 뜻이라 35 그의 귀가 열리
고 혀가 맺힌 것이 곧 풀려 말이 분명하여졌더라 36 예수께서 그들에
게 경고하사 아무에게도 이르지 말라 하시되 경고하실수록 그들이 더
욱 널리 전파하니 37 사람들이 심히 놀라 이르되 그가 모든 것을 잘하
였도다 못 듣는 사람도 듣게 하고 말 못하는 사람도 말하게 한다 하니
라

7:31 Then he returned from the region of Tyre and went through Sidon
to the Sea of Galilee, in the region of the Decapolis. 32 And they
brought to him a man who was deaf and had a speech impediment, and
they begged him to lay his hand on him. 33 And taking him aside from
the crowd privately, he put his fingers into his ears, and after spitting

touched his tongue. 34 And looking up to heaven, he sighed and said to
him, "Ephphatha," that is, "Be opened." 35 And his ears were opened,
his tongue was released, and he spoke plainly. 36 And Jesus[1] charged
them to tell no one. But the more he charged them, the more zealously
they proclaimed it. 37 And they were astonished beyond measure,
saying, "He has done all things well. He even makes the deaf hear and
the mute speak."

8:1 그 무렵에 또 큰 무리가 있어 먹을 것이 없는지라 예수께서 제자들
을 불러 이르시되 2 내가 무리를 불쌍히 여기노라 그들이 나와 함께
있은 지 이미 사흘이 지났으나 먹을 것이 없도다 3 만일 내가 그들을
굶겨 집으로 보내면 길에서 기진하리라 그중에는 멀리서 온 사람들
도 있느니라 4 제자들이 대답하되 이 광야 어디서 떡을 얻어 이 사람
들로 배부르게 할 수 있으리이까 5 예수께서 물으시되 너희에게 떡 몇
개나 있느냐 이르되 일곱이로소이다 하거늘 6 예수께서 무리를 명하
여 땅에 [1)]앉게 하시고 떡 일곱 개를 가지사 축사하시고 떼어 제자들
에게 주어 나누어 주게 하시니 제자들이 무리에게 나누어 주더라 7 또
작은 생선 두어 마리가 있는지라 이에 축복하시고 명하사 이것도 나
누어 주게 하시니 8 배불리 먹고 남은 조각 일곱 광주리를 거두었으며
9 사람은 약 사천 명이었더라 예수께서 그들을 흩어 보내시고 10 곧 제
자들과 함께 배에 오르사 달마누다 지방으로 가시니라

8:1 In those days, when again a great crowd had gathered, and they had
nothing to eat, he called his disciples to him and said to them, 2 "I have
compassion on the crowd, because they have been with me now three
days and have nothing to eat. 3 And if I send them away hungry to
their homes, they will faint on the way. And some of them have come
from far away." 4 And his disciples answered him, "How can one feed

these people with bread here in this desolate place?" 5 And he asked
them, "How many loaves do you have?" They said, "Seven." 6 And he
directed the crowd to sit down on the ground. And he took the seven
loaves, and having given thanks, he broke them and gave them to his
disciples to set before the people; and they set them before the crowd.
7 And they had a few small fish. And having blessed them, he said that
these also should be set before them. 8 And they ate and were satisfied.
And they took up the broken pieces left over, seven baskets full. 9 And
there were about four thousand people. And he sent them away. 10 And
immediately he got into the boat with his disciples and went to the
district of Dalmanutha.[2]

11 바리새인들이 나와서 예수를 힐난하며 그를 시험하여 하늘로부터
오는 [2)]표적을 구하거늘 12 예수께서 마음속으로 깊이 탄식하시며 이
르시되 어찌하여 이 세대가 [2)]표적을 구하느냐 내가 진실로 너희에게
이르노니 이 세대에 [2)]표적을 주지 아니하리라 하시고 13 그들을 떠나
다시 배에 올라 건너편으로 가시니라
11 The Pharisees came and began to argue with him, seeking from him
a sign from heaven to test him. 12 And he sighed deeply in his spirit and
said, "Why does this generation seek a sign? Truly, I say to you, no
sign will be given to this generation." 13 And he left them, got into the
boat again, and went to the other side.

14 제자들이 떡 가져오기를 잊었으매 배에 떡 한 개밖에 그들에게 없
더라 15 예수께서 경고하여 이르시되 삼가 바리새인들의 누룩과 헤롯
의 누룩을 주의하라 하시니 16 제자들이 서로 수군거리기를 [3)]이는 우
리에게 떡이 없음이로다 하거늘 17 예수께서 아시고 이르시되 너희가

어찌 떡이 없음으로 수군거리느냐 아직도 알지 못하며 깨닫지 못하느
냐 너희 마음이 둔하냐 18 너희가 눈이 있어도 보지 못하며 귀가 있어
도 듣지 못하느냐 또 기억하지 못하느냐 19 내가 떡 다섯 개를 오천 명
에게 떼어 줄 때에 조각 몇 바구니를 거두었더냐 이르되 열둘이니이
다 20 또 일곱 개를 사천 명에게 떼어 줄 때에 조각 몇 광주리를 거두
었더냐 이르되 일곱이니이다 21 이르시되 아직도 깨닫지 못하느냐 하
시니라

14 Now they had forgotten to bring bread, and they had only one loaf
with them in the boat. 15 And he cautioned them, saying, "Watch out;
beware of the leaven of the Pharisees and the leaven of Herod."[3] 16 And
they began discussing with one another the fact that they had no bread.
17 And Jesus, aware of this, said to them, "Why are you discussing the
fact that you have no bread? Do you not yet perceive or understand?
Are your hearts hardened? 18 Having eyes do you not see, and having
ears do you not hear? And do you not remember? 19 When I broke
the five loaves for the five thousand, how many baskets full of broken
pieces did you take up?" They said to him, "Twelve." 20 "And the seven
for the four thousand, how many baskets full of broken pieces did you
take up?" And they said to him, "Seven." 21 And he said to them, "Do
you not yet understand?"

22 벳새다에 이르매 사람들이 맹인 한 사람을 데리고 예수께 나아와
손 대시기를 구하거늘 23 예수께서 맹인의 손을 붙잡으시고 마을 밖으
로 데리고 나가사 눈에 침을 뱉으시며 그에게 안수하시고 무엇이 보
이느냐 물으시니 24 쳐다보며 이르되 사람들이 보이나이다 나무 같은
것들이 걸어가는 것을 보나이다 하거늘 25 이에 그 눈에 다시 안수하
시매 그가 주목하여 보더니 나아서 모든 것을 밝히 보는지라 26 예수

께서 그 사람을 집으로 보내시며 이르시되 마을에는 들어가지 말라
하시니라

22 And they came to Bethsaida. And some people brought to him a
blind man and begged him to touch him. 23 And he took the blind man
by the hand and led him out of the village, and when he had spit on his
eyes and laid his hands on him, he asked him, "Do you see anything?"
24 And he looked up and said, "I see people, but they look like trees,
walking." 25 Then Jesus[4] laid his hands on his eyes again; and he
opened his eyes, his sight was restored, and he saw everything clearly.
26 And he sent him to his home, saying, "Do not even enter the village."

1) 헬. 기대어 누워(유대인이 음식 먹을 때에 가지는 자세) 2) 또는 이적 3) 또는 우리에게 떡이 없도다

1 Greek *he* *2* Some manuscripts *Magadan*, or *Magdala* *3* Some manuscripts *the Herodians* *4* Greek *he*

단락 개관

앞 단락에 나온 수로보니게 여인이 겸손과 믿음을 겸비한 놀랍고 긍정적인 본보기 역할을 하듯이, 유대 지도자들의 회의적 접근(막 8:11-13)은 부정적 본보기 역할을 한다. 예수님은 "누룩"을 비유적으로 사용해서 적대자들의 독선을 폭로하신다(14-21절).

예수님은 그분이 제자들과 함께함에도 불구하고 제자들이 깨닫지 못하고(17, 21절) 또 '보거나 듣지' 못한다(18절)는 것을 예전보다 더 많이 강조하신다. 그분은 시각 장애인(22-26절)뿐 아니라 청각-언어 장애인(7:32-35)도 치유함으로써 이 사실을 납득시키려고 하신다.[278] 이런 치유들이 메시아의 자비로운 행위에 해당한다는 것은 틀림없다. 하지만 이런 경우들은 예수

님의 직접적인 경고(8:17, 18, 21)와 합쳐져서 제자들의 내적 성향을 드러내기도 한다. 예수님은 이런 치유를 통해 제자들이 내적으로 보지 못하고 듣지 못하는 자임을 암시하신다.

앞에서 언급했듯이, 문자적인 보고 듣는 것과 비유적인 보고 듣는 것이 7:31-8:26에서 매우 두드러진 주제로 나온다(이후 주석을 참고하라). 이 때문에 청각-언어 장애인의 치유[279](7:31-37, 하지만 마 15:29-31을 보라)가 어느 정도 시각 장애인의 두 단계 치유(막 8:22-26)[280]와 수미상관 구조를 이룬다. 이 수미상관 구조는, 예수님이 말과 행위로 제자들로 하여금 그들의 내적 '청각 장애'와 '시각 장애'를 대면케 하신다는 생각을 지지해준다(6:52; 8:17-18, 21에 나오는 강조점도 보라). 청각-언어 장애인의 치유, 즉 비유적 함의를 지닌 문자적인 청각 회복(7:31-37), 그리고 시각 장애인의 두 단계 치유, 즉 비유적인 함의를 지닌 문자적인 시각 회복(8:22-26)은 모두 병든 자를 향한 메시아의 구체적인 자비를 보여준다. 이 사건들은 동시에 예증의 방식으로 제자들의 마음을 노출시키는 역할을 한다(참고. 17-21절). 그들은 내면에서 본질적인 진리를 (비유적으로) '듣지'도 '보지'도 못한다. 요컨대 예수님의 기적들과 가르침을 보고 들으면서도 제자들은 아직 예수님이 진정 누구인지, 그리고 그들이 하나님 앞에서 누구인지 깨닫지 못하고 있다.

이런 이유로 제자들은 그들에게 믿음이 부족한 것과 그들 마음이 얼마나 더러운지를 깨달을 수 없다. 그 결과 거듭해서 예수님의 말씀을 오해하고 그분을 있는 그대로 영접하지 못한다. 그분이 몸소 그들과 함께 계시는데도 이런 인식은 기껏해야 반쯤 치유된 시각 장애인의 인식("사람들이 보이나이다 나무 같은 것들이 걸어가는 것을 보나이다", 24절)에 불과하다. 그들 자신과

278 마가 이야기의 문학적 차원에 대해서는 8:22-26과 10:46-52의 "샌드위치" 구조도 참고하라. 여기서는 시각 장애인의 치유라는 주제와 수미상관 구조를 이룬다.

279 마가복음에만 기록되어 있다.

280 이 장면도 마가복음에만 나온다. 문학적 차원에서 보면 마가복음 8:22-26은 마가복음의 후반부로 이어지는 전환부에 해당한다.

예수님의 참된 정체에 대한 이런 희미한 견해에는 베드로의 메시아 고백(29절)도 포함된다. 베드로는 다른 제자들과 더불어 다윗 혈통의 정치적인 왕, 즉 고난 받는 종/인자나 높이 들린 인자/주님으로 오지 않을 그런 왕을 기대하도록 배웠다. 이 때문에 모든 제자들은 (1) 예수님이 누구인지, 즉 겸손과 완전한 영광을 겸비한 분임을 보지 못하고, 따라서 (2) 그들이 하나님 앞에서 누구인지, 즉 마음이 깨끗해질 필요가 절실한 존재임을 보지 못하는 것이다(참고. 서론의 '그리스도론').

단락 개요

II. 1부: 예수님의 권위의 입증(1:16-8:26)

C. 갈릴리 밖의 사역(6:7-8:26)

4. 청각 장애인을 치유하시다, 4천 명을 먹이시다, 가르치시다, 시각 장애인을 고치시다(7:31-8:26)

a. 청각-시각 장애인을 치유하시다(7:31-35)

b. 침묵하라 명하시고 사람들이 깜짝 놀라다(7:36-37)

c. 4천 명을 먹이시다(8:1-10)

d. 유대 지도자들의 불신(8:11-13)

e. 제자들의 둔한 마음(8:14-21)

(1) 바리새인들과 헤롯의 누룩(8:14-15)

(2) 비유적인 청각 및 시각 장애(8:16-18)

(3) 제자들이 깨닫지 못하다(8:19-21)

f. 시각 장애인의 치유(8:22-26, 전환부)

주석

7:31 예수님이 갈릴리 전역과 유대 일부를 다니며 복음을 전파한다는 것을 알면, 갈릴리 바깥에서 이동하시는 모습(3:7-8 주석)을 따로 서술하는 것을 이해할 수 있다. 이처럼 예수님은 갈릴리, 유대 그리고 여러 이방 지역들에 재정착한 이스라엘의 남은 자들을 찾아가신다. 이 가운데는 예전에 아셀 지파에게 속했던 시돈과 두로(헬레니즘 지역)가 있고(참고. 7:24), 예전에 요단 동편의 므낫세 반 지파에 속했던 데가볼리(참고. 5:20)도 있다. 이런 지역들은 이제 인구의 대다수가 이방인이라서 예수님은 자연스럽게 이방인들과 마주치신다.

7장

7:32-33 예수님은 그분의 성품에 걸맞게 치유하는 모습을 공개하지 않으려고 청각-언어 장애인을 데리고 조용한 곳으로 가신다(참고. 5:37, 40).[281] 예수님이 단지 만지거나 말씀만 하는 다른 치유 장면들(예. 1:41; 5:23, 41)과 대조적으로, 이번에는 그 남자의 귀와 혀를 회복시키기 위해 침과 손가락을 사용하신다(참고. 8:23; 요 9:6).

7:34-35 그동안 묶여 있던 그 남자의 청각과 언어 기능을 풀어줌으로써(눅 13:16, 참고. 사 35:6) 회복시키기에 앞서, 예수님은 남자의 완고한 마음 때문에 "탄식하[신다]"[스테나조(*stenazō*)]. 예수님의 이런 내적 슬픔은 거의 기록되어 있지 않다(하지만 막 8:12을 보라).[282] 예수님은 기도와 경배의 외적 표현으로서 "하늘을 우러러" 보시는데, 이는 그분이 아버지 하나님께 아뢴다는 셈족의 말투다(6:41; 요 17:1, 그리고 눅 18:13과 대조해보라). 셈어인 "에바다"('열리라')가 귀와 혀에 모두 적용되어 '그가 말을 똑바로 하게'("말이 분명

281 참고. 사 35:5-6 칠십인역.

282 이 용어를 롬 8:23; 고후 5:2, 4; 히 13:17에 나오는 신음한다는 뜻의 탄식에 대한 언급, 그리고 막 8:17과 9:19에 나오는 말과 비교해보라.

하여졌더라") 되었다. 즉 말을 정상적으로 또는 제대로[오르토스(*orthōs*)] 하게 되었다는 뜻이다.

7:36 이후의 침묵 명령(예. 막 1:44; 5:20, 34; 8:26)은 치유 장면을 목격한 '모든' 사람에게 적용된다. 5:19과 대조적으로, 예수님은 여기서도 침묵을 명령하신다. 데가볼리 지역에서 점점 더 널리 알려지셨기 때문이다. 예수님의 엄중한 경고에도 불구하고[디아스텔로(*diastello*), '내가 명령하다', 참고. 5:43; 7:36; 행 15:24], 치유 받은 사람과 그 장면을 목격한 이들은 가서 그것에 관해 다른 사람들에 이야기한다(참고. 막 1:45). 예수님은 분명히 그 명령을 되풀이하신다. "예수께서 그들에게 경고하사 아무에게도 이르지 말라 하시되 경고하실수록 그들이 더욱 널리 전파하니." 예수님은 아마 이런 이유로 치유 받은 사람들에게 침묵하라고 명령하실 것이다. 그분은 모든 사람이 죄와 왜곡된 자율성을 회개하여 그분과 삼위일체 하나님을 믿으라고 부르시는데, 치유와 축귀의 소문이 널리 알려지면 자칫 그것들이 선교의 핵심인 것처럼 오해받을 수 있기 때문이다.[283]

7:37 사람들이 예수님의 치유 능력에 "심히 놀[랐다]"[284]는 것(참고. 9:17)은 그분이 정말로 메시아일지 모른다고 의아해 한다는 것을 가리킨다(참고. 사 35:5-6). 하지만 그들은 회당에서 가르침을 받았기에 고난 받은 후 높이 들리는 메시아를 기다리지는 않는다. 오히려 마카비 반란과 맥락을 같이하는 다윗 왕족 혈통의 정치적 해방자를 바라고 있다(참고. 서론의 '그리스도론').

8:1-10 개요

구약에는 이 내러티브와 비슷한 엘리사와 관련된 이야기가 있다(왕하 4:42-

283 참고. 서론의 '성경의 메시아 비밀'.

284 참고. 1:21-22 주석; 2:9-12 주석; 5:42-43 주석; 6:1-2 주석; 6:51-52 주석; 10:25-26 주석; 11:18 주석; 12:2 주석; 16:8 주석.

44). 마가복음 8:19-20에 따르면, 제자들은 예수님이 기적적으로 양식을 증식시키시는 적어도 두 사례에 대해 알고 있다(참고. 1절). 8:1-10을 6:34-44과 비교하면[285] 양식과 내용에 많은 유사점이 있다. 두 이야기 모두 예수님의 '연민'(6:34; 8:2)을 거론하고, 둘 다에서 예수님이 얼마나 많은 "떡"과 "물고기"가 있는지 물으시고(6:38; 8:5, 7), 둘 다 예수님이 양식을 증식시키기 전에 축사하셨다(6:41; 8:6-7)고 한다. 하지만 참석한 사람들의 수, 갖고 있던 양식 그리고 남은 양식은 각각 다르다는 것을 주목하라. 예수님이 기적적으로 먹이시는 이 군중에 이방인들도 포함되었을 가능성이 크다(7:31; 8:1).

이런 관찰 사항들에도 불구하고, 제자들이 마치 예수님이 한 번도 양식을 증식시키신 적이 없었던 것처럼 반응하는 것이 어색해 보인다. "이 광야 어디서 떡을 얻어 이 사람들로 배부르게 할 수 있으리이까?"(4절).[286] 이런 어색함에 대한 해답은 마음의 완고함이라는 전반적인 모티브에 있다(참고. 8:4 주석).

8:2-3 예수님은 속 깊은 '연민'[스플랑크니조마이(*splanchnizomai*), "내가 동정을 느끼다", 참고. 1:41; 6:34]을 자주 표현하신다.[287] 그분의 연민은 사람들의 신체적 필요를 돌보는 일로 표현되고, 때로는 며칠에 걸쳐 그들을 가르치시는 지치지 않는 열정, 소명(참고. 1:21-22 주석)과 함께하기도 한다.

8:4 앞서 말했듯이, 제자들의 말이 처음에는 무척 어색하다. 아니, 최근에 5천 명을 먹이신 기적(6:35-44)을 기억하지 못한다는 말인가? 마가 이야기에 따르면, 제자들이 예전에 예수님이 양식을 증식시킨 기적을 기억했던 것이 틀림없다. 8:1뿐 아니라 19-20절에서도 반복되는 행동을 언급한 것

285 마 15:32-39을 마 14:13-21과 비교해보라.

286 황량한 또는 버려진 장소에 관해서는 1:35 주석; 6:31-44 주석을 참고하라.

287 참고. 마 9:36; 14:14; 15:32; 18:27; 20:34; 눅 7:13; 15:20. 참고. 눅 1:78.

을 주목하라. "다시 큰 무리가 모여 있었는데"(1절, 새번역, 참고. 눅 9:10-17; 요 6:1-13). 하지만 17, 21절과 32-33절에 따르면, 그들은 과거 사건들을 매우 고정된 틀로 보는 것이지, 5천 명을 먹이신 기적 같은 과거의 사건들 자체를 기억하지 못한 것은 아니다(참고. 19-20절).

마가의 간결한 내러티브 양식 때문에 4절을 읽을 때 앞서 말한 어색함이 생긴다. 그런데 더 큰 문제는 그들이 예수님이 누구인가에 대한 관점을 5천 명을 먹이신 사건(6:32-44) 등에 기초해 새롭게 조정하지 않는다는 것이다. 예수님이 계속 도전하시는 것은 그들의 완고함이다(예. 8:21, 참고. 마 16:11; 롬 1:18-32). 이런 의미에서, 제자들은 어쩌면 그들의 기대와 경험을 처리하는 면에서 군중보다 더 막혀 있을 수도 있다. 군중은 비록 예수님이 누구인지는 파악하지 못해도, 자주 그리고 쉽게 그분의 치유 능력에 의존하기 때문이다. 따라서 제자들은 예수님의 초자연적 능력과 가르침에도 '불구하고' 확고한 고정관점을 붙잡고 있던 것이다. 시편 81:10-13에서, 하나님께서 이스라엘 백성을 노예 상태에서 구출하셨음에도 불구하고 그 백성이 하나님의 말씀을 듣지도 믿지도 않는 모습이 떠오른다. 예수님은 인내심을 품은 채 제자들이 그분의 이런저런 행동을 기억하는 것을 넘어 신적 존재와 능력을 신뢰하게 되기를 바라신다.

8:5 양식이 적었기 때문에 이후의 증식이 더욱 부각된다.

8:6-7 떡을 축사하고, 떼어서, 주는(건네는) 행위는 유대인 식사에서 흔한 장면이다. 그래서 이것이 최후의 만찬과 어떤 관계가 있다고 굳이 생각할 필요는 없다(참고. 6:35-44 주석). 제자들은 예수님이 증식시키신 양식을 넘겨주는 일에 참여할 뿐이다(참고. 6:41). 8:6은 헬라어 단어 유카리스테오[(*eucharisteō*), "감사를 드렸다", 최후의 만찬 맥락에 나오는 잔과 관련해서는 14:23을 참고하라, 참고. 요 11:41]의 한 형태를 담고 있는 한편, 8:7은 율로게오[(*eulogeō*), 감사함으로 "그것들을 축복했다", 막 6:41; 11:9-10을 보라]의 한 형태를 드러낸다.[288] 최후의 만찬 맥락에서 떡을 축복하시는 장면도 주목하라(14:22, 참고. 14:62).

8:8-9 남은 양식이 많다는 것(참고. 6:43; 8:20; 요 6:12, 그리고 왕하 4:43-44과 비교하라)은 예수님이 "사천 명"을 '만족시키는' 것보다 더 많은 양식을 공급하실 수 있다는 사실을 드러낸다.

8:10 예수님이 갈릴리 바다를 건너서 "달마누다"(마가단, 마 15:39) 지방을 향해 서쪽으로 이동하신다. 마가만 이 마을을 "달마누다"라고 부른다.

8장

8:11-21 개요

유대 당국자들의 끈질긴 불신(11-13절)은 제자들에게 하나의 본보기와 경고의 역할을 한다. 이 맥락에서는 예수님이 "누룩"(15절)의 은유를 사용하신다. 마태복음 16:6, 11-12은 "바리새인들[과 사두개인들]의 누룩"을 거짓 가르침으로 밝힌다. 누룩의 은유는 널리 퍼진 자만과 위선적인 독선(눅 12:1; 고전 5:6-8; 갈 5:9)을 묘사한다. 예수님의 적대자들은 올바로 "깨닫지" 못하고(막 8:17, 21) "보지"도 "듣지"도 못한다(18절). 놀랍게도, 예수님은 이제 제자들의 완고한 마음을 노출시키기 위해 시각 장애와 청각 장애와 관련된 낯익은 구약의 비유적 표현을 사용하신다(참고. 3:5; 6:52).[289]

8:11 예수님을 대적하는 바리새인들의 동기는 분명하다. 그들은 예수님과 '논쟁하고'[쉬제테오(*syzēteō*), '내가 논쟁하다', 9:10, 14, 16; 12:28] 또 "그를 시험하려고"(페이라조, "내가 누군가를 넘어뜨리기 위해 시험하다", 참고. 1:12-13 주석; 10:2 주석; 12:15 주석; 14:37-40 주석)[290] 한다. 예수님에게 "하늘로부터 오는 표적"을 달라는 요구, 즉 하나님의 인증을 받았다는 예수님의 주장과 관련된 결정적인 증거(참고. 마 16:1-4; 요 6:30)를 달라는 요구는 메시아로서의 인증

288 참고. 마 21:9; 23:39; 25:34; 눅 1:42; 요 12:13.

289 참고. 사 6:9-10; 42:18-19; 43:8; 렘 5:21; 겔 12:2. 그리고 7:31-8:26 단락 개관을 보라.

290 참고. 마 19:3; 22:35; 눅 11:16; 요 6:6; 8:6. 하지만 역대하 9:1 칠십인역에서 시바 여왕이 솔로몬을 우호적으로 "시험하는"(페이라조) 모습을 보라.

에 대한 진정한 요구로 해석될 수도 있다(참고. 삼상 2:30-34; 사 7:10-13; 고전 1:22). 하지만 그들의 요구는 기꺼이 마음의 변화를 받겠다는 열린 자세를 배제한다(참고. 막 3:5).[291] 예수님은 이 요소를 결코 무시하지 않으신다. 오히려 다른 모든 것을 위한 조건으로 그 요소에 초점을 맞추신다.

8:12 예수님이 "탄식하[셨다]." 이 표현은 여기에만 나오는데, 7:34에 나오는 단어와 어원이 같다. 이 단어는 예수님이 분노하시는 장면에도 나오는 만큼 예수님의 인성을 부각시킨다(3:5, 참고. 겔 21:11-12; 요 11:33; 13:21).[292] 그분이 탄식하시는 것은 마가복음 8:11에 나오는 질문의 뿌리에 자만한 안목이 있기 때문이다. "이 세대"라는 표현은 하나님의 고난 받는 선지자가 악한 백성 가운데서 외치는 낯익은 어구다(참고. 신 32:5, 20; 시 94:7-8, 10; 막 9:19).[293] "세대"라는 용어는 8:38과 13:30에 나오는 비슷한 표현과 함께 단지 약 40년에 걸친 특정한 세대가 아니라 옛 시대에 속한 연속적인 세대들을 가리킬 가능성이 크다.[294] 따라서 예수님은 그분의 동시대인을 말씀하지만 그들에게만 국한시키지는 않으신다(마 11:16도 아마 그럴 것이다).

예수님은 그들에게 명명백백한 증거에 해당하는 "표적"을 주지 않으신다.[295] 만일 사람들이 열린 마음으로 예수님을 만나고 그분이 신적 인증을 보여주도록 허용한다면, 그들은 예수님이 하나님에게 받은 권세를 갖고 오신다는 것을 충분히 알게 될 것이다.

291 막 13:4, 22; [16:17, 20]도 보라.

292 이 단어를 피조 세계의 "신음"(롬 8:22-23)과 비교해보라. 그리고 고후 5:2, 4; 히 13:17도 보라.

293 마 1:17; 17:17; 행 2:40; 13:36; 15:21; 엡 3:5도 보라.

294 특히 눅 11:29-32, 50-51을 보라. 참고. 13:1-37 단락 개관

295 이는 또한 마태복음 12:39과 누가복음 11:29에 나오는 예외에도 적용된다. 거기서 "요나의 표적"에 나오는 소유격은 동격으로 이해하는 것이 최선이다. 말하자면, 요나라는 인물이 니느웨에 하나의 표징(sign)이었다는 것이다. 니느웨는 물고기-원인(原因)론에 동의했다. 만일 누군가가 물고기의 배에서 나왔다고 주장했다면, 니느웨가 그 이유 하나 때문에 주목했을 것이다. 이처럼 요나가 물고기로부터 구출되었다는 보도를 믿어야 했던 것처럼, 장차 예수님이 부활했다는 보도도 믿어야 한다(눅 11:30)

8:13 예수님은 제자들과 더불어(참고. 14절) 다시 한 번 갈릴리 바다를 가로질러 동쪽으로 이동하신다.

8:14-15 "떡"에 대한 언급은 이후에 나오는 예수님과 제자들 간의 논의에 주목하게 한다(15-21절). 예수님이 거론하시는 "누룩"은 제자들 편의 문자적 이해와 정반대로, 비유적 의미에서 두 유형의 사람들이 취하는 자기중심적이고 자기생성적인 접근을 가리킨다. 그들은 바리새인들과 헤롯 안디바다(참고. 6:14-22; 12:13). "누룩"이 누가복음 12:1에서 위선과 독선을 가리키는 데 비유적으로 사용되는 것을 주목하라(참고. 고전 5:6-8; 갈 5:9, 참고. 8:11-21 주석). 마태복음 16:6, 11-12에 나오는 병행 대목은 바리새인들과 사두개인들의 누룩을 오도하는 가르침으로 말한다(마 16:12).

바리새인들은 그들 자신의 자율적인 힘과 인간중심적인 인생관에 기초해 모세의 율법을 따르려고 한다.[296] 헤롯 안디바는 기회주의적으로 정치적 이득과 개인적 이익을 추구한다. 이 같은 확연한 차이점에도 불구하고, 그들에게는 하나님의 뜻과 공급을 통합하는 하나님의 관점보다 스스로 만들어낸 관점으로 세계를 바라본다는 공통점이 있다. 이 관점을 시므온과 안나의 태도(눅 2:29-38)와 대조해보라. 예수님은 제자들에게 이런 유형의 닫힌 자기 확신을 주의하라고 경고하신다(참고. 마 16:5-12). 예수님에 따르면, 완고한 마음을 품는 것은 예수님과 자신에 대한 진정한 이해를 방해하는 철저히 자기중심적이고 위선적인 독선(참고. 막 8:17)을 포함한다(18-21절).

8:16 제자들이 4천 명의 식사 이후 남은 떡(1-10절)을 가져오길 원치 않은 것은, 그 떡이 이방인들에 의해 "더럽혀졌고" "만져졌다"고 보았기 때문일 가능성이 있다(참고. 7:31; 8:1, 3).[297] 이 때문에 그들에게 현재 "떡이 없[는]"

296 참고. 빌 3:9. 이런 태도를 회심 이전의 바울의 태도(빌 3:6)와 비교해보라.

297 필자가 가르친 학생인 벤 부란트가 제안한 견해.

것이다. 그들의 오해는 그들의 관점이 즉각적이고 신체적인 것으로 인해 형성된다는 사실을 부각시킨다. 그들은 "누룩"이라는 말을 문자적으로 받아들인다. 이와 대조적으로 예수님은 "내가 빵을 두고 너희에게 말한 것이 아님을, 너희는 어찌하여 깨닫지 못하느냐?"(마 16:11, 새번역)라고 말씀하신다. 양식을 증식시키신 기적은 그들로 하여금 예수님이 진정 누구인지를 깨닫게 한다. 하지만 완고함이라는 내적 "누룩"이 그들로 이를 깨닫지 못하게 한다(참고. 막 7:20-23).

8:17-18 예수님이 제자들에게 말씀하실 때 그들이 그 말씀을 이해할 수 없다는 것이 분명해진다. 그들은 "알지" 못하고 "깨닫지" 못한다(참고. 8:21).[298] 그들은 예수님의 적대자들과 마찬가지로 외적인 모습과 자기중심성이라는 누룩의 영향을 받고 있다(3:5; 12:12, 참고. 마 16:11). 하지만 예수님에게는 그들의 마음에 접근하는 능력이 있다(참고. 막 2:8; 사 11:3). 마가복음 8:18에서 예수님은 이사야 6:9-10(참고. 막 4:12)과 매우 비슷한 예레미야 5:21-22(참고. 겔 12:2)을 언급하신다. 예레미야 5:21-22을 제자들에게 그리고 이사야 6:9-10을 적대자들에게 적용함으로써, 예수님은 두 그룹의 비슷한 태도를 부각하신다. 제자들이 가진 유일한 희망은 계속 예수님과 '함께' 있고(막 3:14) 그분으로부터 배우는 것이다(참고. 마 11:29). 마가복음 8:18(참고. 4:9, 12, 그리고 사 11:3을 보라)에 나오는 "눈"과 "귀"에 대한 비유적 언급은 청각-언어 장애인(막 7:31-35)과 시각 장애인(8:22-26)을 자비롭게 치유하신 사건을 상기시킨다.[299] 예수님은 옛 선지자들처럼 제자들 마음의 귀와 눈을 열어주길 바라시는데, 이는 서서히 이루어진다(참고. 마 16:12).

8:19-21 예수님이 거듭해서 양식을 증식시키셨다는 사실(참고. 막 6:41-44;

298 참고. 7:14-18 주석; 10:10-12 주석.

299 참고. 대상 17:25; 7:31-8:26 단락 개관; 8:11-21 주석.

8:6-9)은 제자들로 하여금 이런 기적들의 깊은 의미를 "깨닫[게]" 해야 마땅하다(참고. 17절, 그리고 4:12; 6:52과 비교해보라).[300] 그들 앞에 서 있는 분이 다름 아닌 영원한 중재자이자 생명의 유지자(골 1:15-20), 삼위일체의 영원한 멤버, 이스라엘 백성에게 만나를 주셨던 그 하나님(출 16:15)임을 그들은 알아야 했다.

8:22-26 개요

예수님은 청각-언어 장애인의 치유(막 7:32-35)와 시각 장애인의 두 단계 치유(8:22-26)를 통해 제자들의 필요를 보여주신다. 그리고 그들이야말로 비유적 의미에서 청각 장애인이자 시각 장애인이라는 사실을 강조하신다. 시각 장애인의 두 단계 치유(8:22-26, 참고. 10:46-51)와 청각-언어 장애인의 치유(7:31-37)는 마가복음에만 언급된다.[301]

앞에서 말했듯이, 이런 치유들은 메시아의 자비로운 행위(참고. 사 61:1-2)이되 심각한 경고의 역할도 한다(막 8:15, 17-18, 21). 문학적 차원으로만 보면, 마가복음 8:22-26이 다양한 형태의 '보는 것'을 얼마나 많이 언급하는지 주목하라. 이런 행위들은 선지자적 발화-행위(speech-acts)로서 제자들의 완고함을 적나라하게 노출시킨다. 아울러 구약에서도, 예컨대 시편 146:8, 이사야 29:18, 35:5-6에서 '보는 것'을 비유적으로 사용하고 있음을 주목하라. 제자들의 깨달음은 기껏해야 사람들이 '나무처럼 걸어가는'(막 8:24) 모습을 보는 반쯤 치유된 시각 장애인의 시력과 비슷할 뿐이다. 그런 제한된 깨달음은 베드로가 신적 영감을 받아 예수님을 메시아로 고백하는 것(29절, 참고. 마 16:17)을 포함한다. 다른 제자들처럼, 베드로는 진정한 고백에 다양한 형태의 인간적 기대를 덧붙인다(막 8:33).[302]

300 참고. 마 15:10; 눅 2:50; 18:34.

301 참고. 7:31-8:26 단락 개관.

302 참고. 서론의 '그리스도론'.

예수님은 갈릴리 바다의 동쪽에 머무신다. 그리고 "벳새다"(참고. 6:45)로 간 뒤에 요단 상류에 위치한 가이사랴 빌립보(8:27)까지 이동하신다.

8:22 이 구절을 1:41-42와 비교해보라.

8:23-25 하나님의 메시아는 연민의 마음으로(시 146:8; 사 29:18; 35:5), 제자들을 위한 가르침의 도구로서 시각 장애인을 고쳐주신다(참고. 이후의 주석). 예수님은 종종 그러듯이 이 사람을 군중으로부터 멀리 데리고 가신다(참고. 막 5:35-43; 7:33). 다른 고대의 치료자들처럼 치유하는 데 침을 이용하신다(7:33, 참고. 요 9:6). 예수님이 치유 과정의 각 단계마다 시각 장애인 위에 손을 얹으신다는 사실(참고. 막 5:23, 25)과 둘째 단계에서는 침을 이용하지 않으신다는 사실(8:25)은 제한된 침의 치료 성분보다 예수님의 인격과 능력이 치유 과정의 중심에 있음을 시사한다(참고. 10:52).[303] 예수님의 놀라운 질문("무엇이 보이느냐")은 제자들의 유익을 위해 그 사람으로부터 반응을 이끌어낼 수 있다. 그 사람의 답변은 그가 선천적 맹인이 아니라는 것을 암시한다. 7:31-8:26의 맥락에서, 특히 예수님이 제자들의 완고한 마음에 초점을 맞추고 계시기 때문에(8:17-21), 그 사람의 답변은 예수님에 대한 제자들의 좁고 희미한 이해와 비교될 소지가 있다. 말하자면 제자들이 반쯤 치유된 사람처럼 예수님을 비스듬히 보고 있을 뿐이라는 것이다. 이것은 베드로의 고백(29절)에도 적용된다. 베드로는 아직 하나님께서 계시하신 것을 그분이 보내신 메시아의 고난이 아니라 예루살렘에서의 정치적 승리의 견지에서 이해하기 때문이다(31절). 제자들은 예수님을, 그 사람이 사람들을 '나무처럼, 걸어가는' 모습으로만 보는 것처럼 보고 있는 셈이다. 그래서 예수님이 이 사실을 강조할 목적으로 '의도적으로' 그 사람을 두 단계[팔린(*palin*), "다시", 25절]를 거쳐 치유하셨는지도 모른다.

303 참고. 로마의 저자인 Pliny(주후 23-79년), *Natural History* 7.125. 플리니는 침의 치료 효과를 권한다.

이 해석을 부분적으로 지지하는 것은 22-26절이 눈 먼 상태 및 보는 것과 관련된 적어도 10개의 용어를 담고 있다는 사실이다(참고. 마 13:13-17). 그런 용어들이 집중되어 있다는 사실은 본문과 그 저변의 사건이 단순한 맹인의 치유 이상을 가리킨다는 것을 강조할 수 있다. 말하자면 제자들의 '반쯤 눈 먼' 마음을 비추는 거울 역할을 할 수 있다.[304] 따라서 예수님은 언변을 구사할 뿐 아니라 그 가르침을 "실연하는" 구약의 선지자로 행동하고 계실 가능성이 크다. 구약에는 그런 발화-행위의 예들이 풍부하다.[305] 제자들은 하나님 중심적인 관점을 가질 역량이 없었는데 예수님의 포괄적이고 영속적인 영향을 받고서야 비로소 서서히 그런 관점을 회복하게 된다. 인류의 타락으로 인해 그들의 역량은 심하게 훼손된 상태였다(참고. 사 43:8; 61:1-2).

치유 받은 사람이 마침내 매우 '분명하게'[텔라우고스(*tēlaugōs*), 막 8:25, 신약 중 여기에서만 사용되는 부사] 보게 된다. 시각 장애인의 두 단계 치유는 제자들 관점의 실명 상태, 즉 그들의 부적절한 자기 인식(4:11과 비교하라, 참고. 계 3:17)에 더 초점을 두는 데 비해, 오병이어의 기적은 예수님이 진정 누구인지를 보지 못하는 그들의 무능력에 더 초점을 둔다. 부적절한 하나님에 대한 인식과 역시 부적절한 자기 인식이라는 두 이슈는 분명히 밀접한 상호관계를 이룬다. 이 두 가지 면에서 베드로가 서서히 나아지는 것을 주목하라(참고. 막 8:29; 14:72; 행 2:36; 벧전 2:21-25; 3:18).[306]

8:26 침묵의 명령(참고. 막 1:43-44; 5:43; 7:36)이 이 에피소드를 마무리한다.

304 이는 인식론의 철학적 문제, 즉 앎의 과정 및 수단과 관련이 있다. 예수님에 따르면, 앎의 과정과 수단은 지식과 경험의 축적일 뿐 아니라 기본적으로 하나님과의 관계 회복, 즉 지식의 중심이자 근원과의 관계 회복에 달려 있다. 달리 말하면, 지식은 언약적 요소를 갖고 있어서 자율적이지 않고 단지 이성이나 경험의 문제에 불과하지 않다. 아울러 자율적 존재가 앎의 과정에 미치는 영향이라는 심각한 문제가 여기서 선명하게 보이기도 한다.

305 참고. 사 20:2-6; 렘 19:1-15; 겔 4:1-5, 17; 12:1-11; 호 1:2-11. 욘 3:4과 더불어 욘 2:10을 보라.

306 이 이슈는 다음 책에서 더 상세히 탐구되어 있다. Hans F. Bayer, *A Theology of Mark: The Dynamic between Christology and Authentic Discipleship* (Phillipsburg, NJ: P&R, 2012), 41-98.《마가신학》(P&R)

응답

제자들의 영적 상태와 적대자들의 영적 상태를 비교해보면 단순한 차이가 있다. 제자들은 예수님과 '함께' 머물러 있는 반면 적대자들은 스스로 '바깥'에 자리 잡고 있다는 사실이다. 그래서 제자들 편에서 자랑할 만한 것이 전혀 없다. 예수님은 모든 사람에게 자만과 자율성, 무신론적 회의 또는 자율적인 영성에 대해 경고하신다. 모든 사람은 깨어진 마음의 태도가 하나님, 인생, 윤리 그리고 사회와 문화에 대한 관점에 큰 영향을 미친다는 사실을 알아야 한다. 기적이 자동적으로 사람들의 마음을 열어 하나님과 동행하게 하는 것은 아니다(참고. 시 81:10-13). 중생하지 않은 마음은 여전히 삼위일체 하나님에 대해 적대감을 품거나 무관심하기 때문이다.

중생하지 않은 인간의 자연스런 성향은 하나님을 배척하거나 의심하거나, 혹은 자기 나름대로 하나님을 기쁘게 한다고 생각하는 일을 행하게 한다. 하지만 이런 접근은 예수님이 닦아놓으신 길이 아니다. 예수님에 따르면, 깨어진 마음의 태도("누룩")가 치유를 받고, 속죄를 받아서(참고. 사 53:4-10) 하나님과의 관계를 회복해야 한다. 이 때문에 예수님은 죄의 문제를 다루는 것과 상관없이 하늘로부터 오는 명백한 기적(막 8:12)을 행하기를 거부하시는 것이다. 예수님은 단지 그분의 권위나 능력으로 사람들에게 감명을 주려고만 하지 않으신다. 오히려 인류를 본래의 창조 의도에 맞게 회복시키고, 그들로 삶의 모든 영역(영적, 정신적, 정서적, 신체적 영역과 개인적 및 공동체적 영역)에서 하나님과 동행할 수 있게 하려고 오셨다. 그러므로 예수님은 미리 결정된 영적인 상자에 맞추도록 강요될 수 없는 분이다. 오히려 모든 인간이 예수님의 희생을 참된 삶을 위한 선제 조건으로 받아들이라는 도전을 받는다(참고. 요 12:24). 그래서 예수님은 모든 인간의 문제, 즉 스스로를 의존하고 스스로 만족하는 깨어진 상태를 노출시키신다. 나아가 그리스도의 제자가 무언가를 남들에게 전해주고 싶다면(참고. 엡 1:18), 먼저 예수님에 의해 그의 마음 상태가 노출된 후 그 자신이 철저하게 변화될 필요가 있다. 무엇보다도 그리스도인은 하나님께서 보시기에 그 자신이 소중한 존재라는 것, 그의 마음과 생각이 죄로 물들었다는 것, 예수님이 진정 누구인지를 아직 완전히 모른다는 것을 받아들여야 한다.

예수님은 청각-언어 장애인의 치유와 시각 장애인의 두 단계 치유를 통해 제자들에게 이런 진리들을 강조하신다. 그분은 신체적 장애를 가진 사람들에게 자비를 베푸는 동시에 제자들에게 그들이 얼마나 영적으로 '듣지 못하고' 또 '보지 못하는' 상태인지를 알려주신다. 따라서 오늘날의 그리스도인들은 하나님께 그들 삶의 어떤 영역에서 그처럼 '듣지 못하고' 또 '보지 못하는'지 물을 필요가 있다. 예컨대 그들은 재물, 권력 또는 인정을 축복의 표징으로 여기고 있지만, 하나님은 그들에게 겸손, 정직, 투명함, 정직한 노동 그리고 사랑의 삶을 살라고, 아울러 기꺼이 불명예와 조롱을 감수하라고 요구하고 계실지도 모른다.

마가복음 8:27-16:8 개관

지금까지 마가복음 전반부를 통해 계속해서 확장되는 예수님의 권위, 능력 그리고 주장들을 살펴보았다. 이제 독자는 이런 주장들이 극심한 '시험'을 받고, 예수님의 능력이 그분의 고난과 죽음에서 드러나는 장면을 접하게 된다. 구체적으로 말하면, 이 복음서의 후반부는 제자들이 스승을 따르기 위해 치를 대가와 더불어 예수님이 당하시는 수난의 필요성을 묘사한다. 이 내러티브는 예수님의 대담한 주장과 강력한 행위의 궁극적 시험, 말하자면 십자가 죽음(그리고 이후에 의로움이 입증되는 것)에서 절정에 이른다. 이 사건을 계기로 제자들은 그들 자신이 누군지를 깨달을 뿐 아니라 예수님을 통하여 하나님의 선교에 참여하게 된다.

대다수 주석가에 따르면 이 복음서의 후반부는 8:27에서 시작된다. 예수님은 1:1-8:26에서 그 메시아적 권위와 능력을 '나타내고' 동시에 많은 반대에 부딪혔는데(2:10; 3:6, 22-30), 이제는 하나님의 권위 있는 메시아라는 그분의 주장이 '시험'을 받게 된다(8:27-16:8). 예수님의 확장되는 권위와 능력에 비추어 그분이 누구인지 제대로 이해하지 못했던 제자들은, 이제 하나님의 메시아가 고난을 받고 죽어야 한다는 예수님의 가르침을 듣고 더욱 당혹스러워 한다(하지만 사 52:13-53:12; 단 9:26을 보라). 그런 가르침은 사무엘하 7:13-14과 이사야 9:6-7, 11:1-10에 대한 바리새인의 해석

과 완전히 상반된다.[307]

마가복음의 후반부는 스승을 따르는 데 수반되는 대가, 고난 그리고 약속과 더불어 예수님이 반드시 고난을 받으셔야 할 필요성에 관한 이야기를 들려준다. 마가복음은 예수님의 놀라운 주장들과 행위들에 대한 최종 시험, 말하자면 그분의 십자가 죽음에서 절정에 이른다. 그 죽음은 결국 겸손하게 살면서 다른 사람들을 섬기도록 제자들을 회복시킨다. 궁극적으로 예수님의 수난은 그분의 권위나 주장을 폐기하지 않을 것이다. 오히려 십자가 죽음과 이후의 부활은 예수님의 주장이 옳았다는 것을 확증한다. 그리고 무엇보다 구원의 길을 연다. 예수님의 수난을 둘러싼 어두운 사건들은 다시금 제자들로 그들이 누구인지 새롭게 깨닫게 하고 하나님의 선교에 대한 이해를 돕는다. 그들은 예수님의 대리적 속죄 안에서 영원히 안전하고 그분의 사랑 안에서 영원히 안심할 수 있다는 것을 안다. 그럼에도 불구하고 그들 역시 사탄의 시험을 받고 다양한 인간과 기관들의 반대에 직면할 것이다.

307 참고. 서론의 '그리스도론'.

Mark

마가복음

8:27-9:1

8:27 예수와 제자들이 빌립보 가이사랴 여러 마을로 나가실새 길에서
제자들에게 물어 이르시되 사람들이 나를 누구라고 하느냐 28 제자들
이 여짜와 이르되 [1]세례 요한이라 하고 더러는 엘리야, 더러는 선지
자 중의 하나라 하나이다 29 또 물으시되 너희는 나를 누구라 하느냐
베드로가 대답하여 이르되 주는 그리스도시니이다 하매 30 이에 자기
의 일을 아무에게도 말하지 말라 경고하시고

8:27 And Jesus went on with his disciples to the villages of Caesarea
Philippi. And on the way he asked his disciples, "Who do people say
that I am?" 28 And they told him, "John the Baptist; and others say,
Elijah; and others, one of the prophets." 29 And he asked them, "But
who do you say that I am?" Peter answered him, "You are the Christ."
30 And he strictly charged them to tell no one about him.

31 인자가 많은 고난을 받고 장로들과 대제사장들과 서기관들에게 버
린바 되어 죽임을 당하고 사흘 만에 살아나야 할 것을 비로소 그들에
게 가르치시되 32 드러내 놓고 이 말씀을 하시니 베드로가 예수를 붙
들고 항변하매 33 예수께서 돌이키사 제자들을 보시며 베드로를 꾸짖

어 이르시되 사탄아 내 뒤로 물러가라 네가 하나님의 일을 생각하지
아니하고 도리어 사람의 일을 생각하는도다 하시고
31 And he began to teach them that the Son of Man must suffer many
things and be rejected by the elders and the chief priests and the scribes
and be killed, and after three days rise again. 32 And he said this plainly.
And Peter took him aside and began to rebuke him. 33 But turning and
seeing his disciples, he rebuked Peter and said, "Get behind me, Satan!
For you are not setting your mind on the things of God, but on the
things of man."

34 무리와 제자들을 불러 이르시되 누구든지 나를 따라오려거든 자기
를 부인하고 자기 십자가를 지고 나를 따를 것이니라 35 누구든지 자
기 목숨을 구원하고자 하면 잃을 것이요 누구든지 나와 복음을 위하
여 자기 목숨을 잃으면 구원하리라 36 사람이 만일 온 천하를 얻고도
자기 목숨을 잃으면 무엇이 유익하리요 37 사람이 무엇을 주고 자기
목숨과 바꾸겠느냐 38 누구든지 이 음란하고 죄 많은 세대에서 나와
내 말을 부끄러워하면 인자도 아버지의 영광으로 거룩한 천사들과 함
께 올 때에 그 사람을 부끄러워하리라
34 And calling the crowd to him with his disciples, he said to them,
"If anyone would come after me, let him deny himself and take up his
cross and follow me. 35 For whoever would save his life[1] will lose it,
but whoever loses his life for my sake and the gospel's will save it.
36 For what does it profit a man to gain the whole world and forfeit
his soul? 37 For what can a man give in return for his soul? 38 For
whoever is ashamed of me and of my words in this adulterous and
sinful generation, of him will the Son of Man also be ashamed when he
comes in the glory of his Father with the holy angels."

9:1 또 그들에게 이르시되 내가 진실로 너희에게 이르노니 여기 서 있는 사람 중에는 죽기 전에 하나님의 나라가 권능으로 임하는 것을 볼 자들도 있느니라 하시니라

9:1 And he said to them, "Truly, I say to you, there are some standing here who will not taste death until they see the kingdom of God after it has come with power."

1) 헬, 또는 침례

1 The same Greek word can mean either *soul* or *life*, depending on the context; twice in this verse and once in verse 36 and once in verse 37

단락 개관

마가복음 8:27-9:1의 '맥락'은 다음과 같다. 8:27-10:45에는 예수님의 죽음과 부활에 대한 세 차례의 예언이 나오고(8:31; 9:31; 10:32-34), 각 예언 뒤에는 그리스도를 닮은 겸손 및 제자도의 대가와 약속에 관한 가르침(8:32-37)이 따라온다(8:32-9:1; 9:33-50; 10:35-44). 예수님의 가르침은 또한 그런 순종의 열매를 가리키기도 한다. 이는 '(움켜쥔 것을) 내놓는 것'과 '겸손해지는 것'이라는 대가와 관계가 있을 뿐 아니라 그런 순종과 겸손의 목표, 즉 삶의 전부를 예수님의 처분에 맡기는 것, 그분을 자유로이 따르는 것 그리고 진정한 삶을 찾는 것과도 관계가 있다. 뿐만 아니라 그분을 용기 있게 고백하고 섬기는 리더로 성장하는 것도 포함한다.

8:27-9:1의 '내용'은 다음과 같다. 예수님이 제자들과의 대화를 주도하시는데, 그 대목에 베드로의 고백(29절), 침묵하라는 명령(30절), 첫 번째 수난 예언(31절), 엄숙한 권고(32-33절) 그리고 제자도의 대가를 치르라는 일반적이고도 핵심적인 요구(34절)와 추가 설명(8:35-9:1)이 있다. 이처럼 예수님은 8:27을 시발점으로 삼아 그분에 대한 제자들의 인식(그리고 그들의

자기 인식)을 변화시키는 과정을 밟으신다. 특히 비교적 알려지지 않은 용어인 "인자"(사람의 아들)를 사용해서 이 작업을 하신다. 예수님은 이 일을 진행하면서 메시아에 대한 그들의 좁은 정치적 견해를 넓히신다.[308] 그분은 높이 들린 인자(8:38; 14:62, 참고. 단 7:13-14)와 메시아적 주님(퀴리오스, 막 12:35-37; 14:62, 참고. 시 110:1, 5)뿐 아니라 고난 받고(막 8:31, 참고. 사 53:1-12) 속죄하는 인자(막 10:45, 참고. 사 53:1-12)에 대해 말씀함으로써 그렇게 하신다.

단락 개요

III. 2부: 고난과 죽음의 필연성을 통해 예수님의 권위를 시험하다 (8:27-16:8[9-20])

- A. 가이사랴 빌립보, 예루살렘을 향한 여정(8:27-10:52)
  - 1. 베드로의 고백, 첫 번째 수난 예언, 제자도의 대가와 약속 (8:27-9:1)
    - a. 예수님에 관한 대중적 견해들(8:27-28)
    - b. 베드로의 고백, 침묵하라는 명령(8:29-30)
    - c. 예수님의 첫 번째 수난과 부활 예언(8:31)
    - d. 권면(8:32-33)
    - e. 제자도의 대가와 약속(8:34-9:1)
      - (1) 제자도의 대가(8:34)
      - (2) 제자도의 대가에 대한 설명(8:35-37)
      - (3) 예수님을 고백하다(8:38)
      - (4) 예수님이 권능으로 오시는 것을 보다(9:1)

308 참고. 서론의 '그리스도론'.

주석

8:27-9:1 개요

이 단락에는 하나님의 메시아는 고난을 받고, 죽고, 부활해야 한다는 예수님의 자기 계시뿐 아니라 제자도 교육의 핵심 측면들이 있다.[309] 마가복음 8:27-33은 예수님이 제자들을 하나님에 대한 인식과 자신에 대한 인식의 이중적 위기로 이끄시는 모습을 다른 어떤 단락보다 더 많이 묘사한다.[310] 그들은 하나님의 메시아가 참으로 누구인지, 그분이 무엇을 이루려고 하시는지 알지 못하고, 동시에 그들이 얼마나 인간 중심적이고 자율적인 방식으로 스스로를 인식하는지도 이해하지 못한다. 예수님이 질문과 권면을 이용하여 어두워진 인식의 껍질들을 벗겨내는 것은, 그들이 하나님과 그분의 목적을 볼 뿐만 아니라 하나님께서 개입하여 그들을 정결케 하고 그분과 화해하도록 이끌어야 한다는 것을 깨닫게 하시기 위해서다.

8:27-30 요단강의 세 수원(水源) 중 하나인 바니아스 샘 근처에서, 예수님은 제자들에게 하나님의 메시아가 죽고 다시 살아나야 한다고 가르치기 시작하신다(31절, 참고. 1:21-22 주석). 헬레니즘 사상의 영향을 많이 받는 이방 도시 가이사랴 빌립보는 헤롯 안디바의 형제 빌립의 이름을 따서 지은 이름이다.[311] 이 도시는 주변 마을들과 함께 다음과 같은 것들로 알려져 있었다. (1) 시저 아우구스투스와 여신 로마(Roma)에게 봉헌된 헤롯 신전, (2) 그리스 지하 세계의 신, 팬(Pan) 숭배[마 16:18에서 예수님이 "음부의 권세"(ESV 난외주는 "gates of Hades")를 언급하신 것을 보라], (3) 셀레우코스 통치자인 안티오쿠스 4세 에피파네스를 이긴 마카비 승리의 기념 축제이다.

309 참고. 서론의 '그리스도론'.

310 이중적 위기란, 예수님이 제자들을 하나님이 누구인지 그리고 하나님의 관점에서 그들이 누구인지를 재평가하도록 이끄신다는 뜻이다.

311 참고. France, *Mark*, 327-328.

이제 예수님이 예루살렘에서 그분의 운명을 대면하기 위해 가이사랴 빌립보를 떠나시려 할 때, 악과 사망 그리고 인류의 죄와 벌일 더 큰 비군사적 싸움이 지평선 위에 어렴풋이 보인다. 앞에서 언급했듯이, 예수님의 죽음과 부활에 대한 예언들은 각각 제자도에 관한 가르침을 수반한다(막 8:32-38; 9:32-50; 10:34-45).

예수님이 제기하신 첫 두 질문, 즉 "사람들이 나를 누구라고 하느냐"와 "너희는 나를 누구라 하느냐"(8:27, 29, 참고. 9:33; 12:24-25)는 제자들이 예수님이 누구인지와 따라서 그들이 누구인지를 온전히 알지 못한 채 절반쯤만 이해하고 있다는 사실을 적나라하게 드러낸다. 이 질문들은 또한 8:31에 나오는 가르침, 즉 예수님 자신을 드러내는 당혹스러운 가르침을 받도록 준비시킨다(9:33; 12:24, 35을 보라, 참고. 요 6:67). 메시아에 대한 대중적인 기대와는 반대로, 예수님은 하나님의 세계적 백성을 위해 메시아가 속죄의 죽음에 이르기까지 낮아져야 하고(막 8:31; 10:45; 사 53장), 몸으로 부활하여 왕과 심판자로서 보좌로 높이 들려야 한다고(막 8:38; 12:35-37; 14:62) 강조하신다.[312] 이는 8:28에 묘사된 대중적 기대를 대담하게 바로잡는다(참고. 6:14-16).[313]

8장

8:28 이 구절을 6:14b-16(참고. 요 6:14) 주석과 비교해보라.

8:29-30 베드로는 종종 열두 제자의 대표로 발언하곤 한다.[314] 그는 예수님을 메시아로, 즉 하나님의 기름 부음을 받은 지도자로 고백한다.[315] 베드로의 기대에 따르면, 이 메시아가 유대 백성을 로마의 압제에서 해방시

312 참고. 시 110:1, 5; 단 7:14.

313 참고. 13:21-22 주석; 14:60-62 주석; 15:27-32 주석. 또한 서론의 '그리스도론'도 보라.

314 예. 막 1:36-37; 8:32; 9:5; 10:28; 11:21; 14:29. 참고. 마 15:15; 눅 8:45; 요 6:68; 행 1-9장.

315 참고. 삼하 7:14-16; 시 2편; 렘 23:5-6. 이것을 막 14:61; 15:32과 비교해보라. 참고. 요 10:24.

킬 것이다(참고. 요 6:15).[316] 베드로의 고백은 하나님께서 주신 것(마 16:17; 막 13:21과 대조해보라)이지만 아직 불충분하다(8:31-33, 참고. 15:32).

메시아인 인자는 사람들의 기대보다 훨씬 높이 들리고(단 7:13-14, 참고. 시 110:1, 5; 막 8:38; 12:35-37) 또 훨씬 낮아지실 것이다(사 52:13-53:12; 막 8:31; 10:45).[317] 이 점은 예수님이 대제사장 앞에서 그 자신을 온전히 밝히시는 14:62에서 명백해진다. 그래서 예수님이 이 시점에 제자들에게 침묵하라고 명하시는 것이다. "예수께서 그들에게 엄중히 경고하시기를, 자기에 관하여 아무에게도 말하지 말라고 하셨다"(8:30, 새번역).[318] 헬라어 단어 에피티마오(*epitimaō*, "내가 책망하다", "내가 명령하다")가 (1) 8:30의 예수님의 침묵 명령(참고. 3:12), (2) 8:32의 베드로가 예수님을 책망하는 장면, (3) 8:33의 예수님이 베드로를 책망하시는 장면(참고. 8:32-33 주석; 16:14)에 사용되는 것을 주목하라.[319]

8:31 예수님은 구약의 더 넓은 시야에 따라 하나님의 메시아가 "인자"(참고. 9:12; 14:21, 49)로서 "죽임을 당하고"(참고. 9:9, 12, 31; 10:33-34, 45; 14:21, 24, 41)[320] 또 "살아나야"(31절, 참고. 9:9-10, 31; 10:34b; 14:28; 16:6) 한다고 강조함으로써, 제자들이 메시아에 대해 갖고 있는 낮은 기대를(8:29) '바로잡으신다.' 부활은 구약의 세 가지 기대와 연관된다. (1) 여호와의 희생된 종이 의인으로 인정받고 부활하시는 것(사 52:13; 53:7-9, 10-12; 단 9:26), (2) 인자가 높이 들리는 것(막 8:38; 14:62; 단 7:13-14), (3) 다윗의 주님이 왕으로 즉

316 참고. 서론의 '그리스도론'. 요한복음 6:66-69에 서술된 사건은 예수님의 사역 기간 중에(참고. 요 6:59; 7:1, 40-43; 8:1) 마가복음 8:27-30에 서술된 사건보다 늦은 시점에 일어났을 수 있다.

317 참고. 서론의 '그리스도론'.

318 침묵하라고 명령하시는 서로 다른 이유들에 관해서는 1:32-44 주석과 서론의 '그리스도론'을 참고하라.

319 다른 곳에서는 예수님이 더러운 귀신들(막 1:25; 9:25)이나 폭풍(4:39)을 책망하신다. 제자들이 어린이들을 책망하고(10:13) 군중이 맹인 바디매오를 책망한다(10:48). 필자의 학생인 샘 벨즈가 '에피티마오'에 대한 설명을 제공한 것에 특별히 감사하고 싶다.

320 참고. 사 53:1-10; 막 2:10; 눅 9:22.

위하시는 것(막 12:35-37; 시 110:1, 5)이다. 이 모든 것이 필요한[데이(*dei*), '그래야 하다'] 것은 하나님의 순전한, 영원한, 메시아적 통치는 악의 세력을 이기는 것과 더불어 죄를 위한 제물, 말하자면 제물을 통한 하나님과 사람 간의 화해와 함께 시작되기 때문이다.[321] 인자가 반드시 고난을 받고 버림받아야 하는 것(참고. 막 9:9, 12, 31; 14:21, 41, 참고. 12:10) 이외에도 엘리야가 먼저 와야 한다(9:11).

8장

다음 목록에 언급된 예루살렘 당국자들은 모두 이스라엘의 최고 법정인 산헤드린의 다양한 파당에 속해 있다(예. 10:33; 11:18; 14:1, 53; 15:1). 그들은 "장로들"(특히 사두개파 제사장들), "대제사장들"(예. 가야바와 이전 대제사장 안나스)[322] 그리고 "서기관들"(특히 바리새파 율법사들, 예. 1:22; 7:1, 5)이다. 이런 대표적인 관료들이 예수님을 배척할 것이다(12:10). 이런 적대자들(11:27; 14:10, 43, 53, 55; 15:31)이 예수님을 죽이려고 하지만(2:7; 3:6, 22-30; 11:18), 궁극적으로는 메시아가 제사장으로서 인류를 위해 속죄하는 것은 하나님의 뜻이다(참고. 대상 15:27에 나오는 다윗). 예수님이 다시 "살아날" 것이라고 주장하신 것 역시 제자들을 어리둥절하게 만든다(참고. 막 9:10). 그들은 여느 이스라엘 사람들처럼, 인류가 심판을 받기 전 종말에 일으킴을 받을 것이라고 기대한다(단 12:2, 참고. 시 19:9; 40:9, 11). "사흘"이라는 언급은 짧고 중요한 시간을 가리키는 비유적 표현일 수 있다(예. 창 42:17; 대하 10:5, 12; 호 6:2).

8:32 예전과 달리 예수님은 이제 하나님께서 보내신 메시아의 고난[323]에 관해 "명백히"[파레시아(*parrēsia*), 완전한 연설의 자유, 거침없음, 아무것도 숨기지 않는 말의 솔직함(과 함께)][324] 말씀하신다. 베드로가 예수님을 한쪽으로 데려가서

321 예수님이 무죄한 사람으로 이미 회개의 세례를 받으신 것을 주목하라(막 1:9-11).

322 이 어구는 현재의 대제사장 이외에도 이전 대제사장들과 대제사장 집안의 사람들을 가리킨다. Zerwick, *Grammatical Analysis*, 133을 보라. 참고. 행 4:6.

323 이를 예컨대 막 2:20과 대조해보라. 참고. 마 16:21.

324 Zerwick, *Grammatical Analysis*, 133.

책망을 쏟아낸다(참고. 1:36-39 주석). 현재진행형 부정사 에피티만(*epitiman*, "내가 책망하다")과 함께하는 부정과거 에륵사토[*ērxato*, '그가 (무엇에) 착수하다'] 는 때때로 에피티마오의 과거진행형 대신 강조체로 사용된다. 요지는 그가 마침내 '그분(예수님)'을 '책망하기' 또는 경고하기 '시작했다'는 것이다.[325]

8:33 즉시 예수님이 제자들을 향해 몸을 돌이키고, 그들을 똑바로 보며, 그들의 대변인인 베드로를 날카롭게 꾸짖으신다(헬라어 에피티마오의 부정과거형, 참고. 30, 32절). 하지만 베드로라는 인물이 아니라 베드로의 생각을 사탄적인 것으로 배척하신다.[326] 예수님은 베드로의 사고방식이 '하나님의 것에 전념하지 않고 사람의 것에 전념하고 있음'을 폭로하신다.

베드로는 예수님이 바로잡으려고 오신 바로 그 깨어진 인생관을 대변한다. 그는 메시아가 그의 죄를 위해 죽으러 오신 영원한 하나님 나라의 왕이라는 것을 알지 못한다. 그분은 제사장 같은 왕으로서 하나님 아래서 새로운 하나님 나라의 삶을 출범시키려고 오셨다(참고. 마 16:23; 벧전 3:18). 그분은 또한 사탄을 이기려고 오셨다(막 3:23, 26). 자율적인 인간 추론, 구약의 약속들을 정치적/왕적 메시아에 대한 기대로 환원시키는 것 그리고 사탄의 목적(참고. 1:13; 4:15)은 모두 삼위일체 하나님의 구속적 목적에 대항하는 창으로 수렴된다. 베드로는 하나님께 저항하는 이런 불행한 연합체에서 해방되어야 한다.

8:34-9:1 개요

예수님은 제자들에게 자만과 자립성을 버리고 그분을 따라 열매를 맺으라고 권면하신다. 엘리사를 부르실 때처럼(왕상 19:19-21), 그들은 제자도의 대가가 스승과 그분의 목적을 따르기 위해 자립성을 내어놓는 것임을 알

325 참고. 8:29-33 주석.

326 참고. 삼하 19:23; 왕하 9:19.

아야 한다. 구속 역사의 맥락에서 보면, 급진적 제자도로의 부르심은 인류의 타락 이래 지속되었던 하나님에 대한 적대감을 역전시킨다. 하나님과 동행하는 새로운 능력은 인간에 대한 본래 계획을 보여주고, 자기 인식과 타인과의 관계 그리고 삶과 사회의 다른 측면들에 영향을 미친다.

8:34 예수님은 메시아의 죽음과 부활에 대한 첫 번째 예언 후 그분을 따르려는 '모든 사람'에게 제자도에 대한 가르침을 베푸신다. 이 장면을 마가복음 1:17에 나오는 한정된 부르심과 대조해보라. 자기를 "부인하고"(참고. 14:30, 31, 72) 자기 "십자가를 지[라]"는 부르심의 목적은 불건전한 자기 비난, 자기 비하, 자기혐오, 개성의 상실 또는 순교 콤플렉스의 배양과 아무런 관계가 없다. 오히려 자기 결정권과 자립성의 양도(그리고 죽음)를 통해, 우리는 예수님의 규율을 '따르기' 위해 타락하고 왜곡된 애정, 우상 또는 충성에서 자유로워진다.

8장

여기서 주목할 것은 이 구절의 처음과 끝에 나오는 현재진행형 시제다. '그는 계속해서 나를 따라오길 원한다'[텔레이 오피소 무 아콜루테인(*thelei opisō mou akolouthein*)]와 '그는 계속해서 나를 따라와야 한다'[아콜루테이토(*akoloutheitō*)]이다. '따라오라'(아콜루테오)는 부르심은 예수님이 마가복음에서 자주 사용하시는 모티브다.[327] 이 부르심을 듣고 따르는 자는 전심으로 또 끈질기게 메시아에게 속해 있는 사람이다(1:18; 2:15).[328] 이 개념은 구약에서 하나님과 동행하라는 부르심[329]을 상기시키는데, 한결같은 충성과 순종으로 표현된다(예. 룻 1:16-17; 삼하 15:21).

자기 부인이란, 자기 결정권(시 49:6-7)과 통제권을 내려놓고 그것을 메

327 참고. 1:16-20 주석; 2:13-16 주석; 6:1-2 주석; 9:38-40 주석; 10:21 주석; 10:28 주석; 10:32-34 주석; 10:52 주석; 14:54 주석; 15:40-41 주석.

328 참고. 마 10:38-39; 눅 14:27-33; 17:33; 요 12:25-26.

329 예. 창 5:22, 24; 6:9; 17:1; 24:40, 48; 신 5:33; 8:6; 10:12; 단 9:10.

시아에 대한 포괄적 의존과 일차적 충성으로 대체하는 것을 의미한다.[330] 개념적으로는 바울이 말하는 '그리스도와 함께 죽고 일어나는 것'(롬 6:3-4)과 비슷하다. "십자가"를 진다는 것, 즉 본인의 처형 장소까지 특별히 수평 들보를 지고 간다는 것[331]은 본인의 처형까지 최후의 여정을 걷는 것과 비슷한 방식으로 산다는 뜻이다. 그렇게 사는 사람은 메시아가 이미 형벌을 대신 받으셨음을 발견하게 되는데 그것이 바로 복음의 은혜다. 예수님은 대속적 죽음을 통해 진정한 의미에서 각 제자가 받는 최후의 심판을 이미 받으셨기에, 그 제자에게 과분한 자비를 베푸신다. 예수님이 여기서 말씀하시는 '내가 십자가를 진다'[아라토 톤 스타우론(*aratō ton stauron*)]는 것은 하나의 비유적 표현이다. 즉, 십자가의 수평 들보[파티불룸(*patibulum*)]를 '날마다' 처형 장소까지 지고 간다는 뜻이다(눅 9:23). 이 모습을 구레네 시몬, 즉 문자 그대로 제한된 시간 동안 예수님의 십자가[아레 톤 스타우론(*arē ton stauron*), 막 15:21]를 졌던 사람과 대조해보라.[332] 이 모든 것의 목적은 자신의 결정보다 그리스도의 주권적 주되심에 순종하며 사는 것이다. 제자는 자기 결정권과 자만을 내어놓음으로써 하나님께서 주시는 새로운 삶에 들어간다(참고. 고후 1:9).

그런 의존 관계는 개인적인 죄를 위한 예수님의 대속적 죽음을 개인적으로 받아들이는 것과 함께 시작된다. 그 출발은 그리스도의 사랑이 제자를 변화시켜 하나님의 영광을 위해 그분이 주신 능력을 사용하고 연마하는 사람, 즉 그리스도를 닮은 인간으로 빚어내는 것으로 이어진다. 이차적 의미에서, 이것은 또한 예수님을 위해 고난 받는 것(참고. 막 8:38)과 그분의 증인으로 기꺼이 죽는 것을 포함한다. 마태복음 11:28-30에서 예수님이

330 참고. C. Gambrell, "The Portrayal of Discipleship in Mark 8:34" (master's thesis, Covenant Theological Seminary, 2013), 43.

331 예. Josephus, *Antiquities* 17.269-298. 요세푸스는 2천 명의 유대인이 십자가에 처형당한 사건을 언급한다.

332 요 19:17에 나오는 병행 구절을 주목하라: 바스타존 헤아우토 톤 스타우론(*bastazōn heautō ton stauron*, 문자적으로 "그 자신을 위해 십자가를 지는 것").

사용하신 "멍에"의 은유가 날마다 십자가를 지는 것에 관한 예수님의 가르침을 보충해준다. 우리가 일상적인 염려를 포함해 자신을 예수님에게 내어드릴수록, 더욱 기꺼이 순종하게 되고 예수님의 가벼운 멍에로 인도받는다.

8장

8:35-37 개요

이 대목은 34절의 뜻을 예증하고 설명하는 역할을 한다. 34절을 이 대목 없이 해석하면 안 된다.

8:35 마가는 여기서 예수님이 34절에서 말씀하신 원리를 발전시킨다. 이 역설적 진술은 본인의 목숨을 '구원하거나 잃는 것'을 비유적으로 해석하게 한다. 자기 결정권을 고집하는(즉, "자기 목숨을 구원하[려는]") 사람은 하나님과 함께하는 참되고 영원한 삶을 발견하지 못할 것이다(즉, 그는 "잃을 것이[다]"). 반면에 그리스도와 좋은 소식("복음")을 "위하여" 자기 결정권을 포기하는(즉, "자기 목숨을 잃[는]") 사람은 하나님과의 교제와 영원한 삶을 찾을 것이다. 이 구절은 예수님이 전파하신 "복음"뿐 아니라 예수님에 '관한' 복음도 가리킬 수 있다. '얻기 위해 내어놓는다'는 역설적 원리의 한 본보기가 10:29-30에 나온다(참고. 눅 9:26; 막 1:1 주석을 보라). 그런 삶의 특징은 존재의 모든 영역에서 하나님을 가까이 하는 것이다(즉, 자기 목숨을 "구원[할]" 것이다, 참고. 8:38).[333] 예수님은 포괄적인 양도와 온전한 충성을 요구하신다. 그렇다, 영원한 삶은 예수님에 대한 개인적인 반응에서 나온다(34, 38절).

8:36-37 자율적이고 자기 보존적인 삶은, 예컨대 이기적 목적을 위해 재산을 축적하는 형태를 띨 수 있다. "온 천하"를 얻는 것이 아무 소용이 없다는 과장된 (그리고 애초에 역설적인) 진술은 물질적 "유익"(또는 다른 형태의 이

333 참고. 요 6:27, 29, 33, 35, 40, 47-48, 51-58; 12:25.

기적 출세)이 영혼을 꼭 필요한 것으로 채우지 못한다는, 즉 진정한 하나님 중심적인 삶을 영위하게 만들지 못한다는 사실을 확실히 한다. 사실 기만적이거나 이기적인 이득을 추구하는 것(예. 호 2:5)은 그 사람에게서 하나님으로 충만한 삶을 개발할 기회를 빼앗는다('잃게 한다', 참고. 벧전 2:11). 인간 목숨의 '가치'는 헤아릴 수도 비할 수도 없기 때문에(시 49:7-9, 15-16; 눅 12:13-21) 기만적인 이득으로 탕진되거나 타협되어서는 안 된다. 그 목숨은 스스로 되찾을 길이 없다(막 8:35).[334]

예수님이 이런 경고를 한다고 해서, 자율적인 삶에서 하나님 의존적인 삶으로 돌아서는 문을 인생의 어느 시점에 닫아버리신다는 뜻은 아니다. 하지만 이는 심각한 경고이자 생생한 약속임이 틀림없다. 자신의 삶을 생명의 주인에게 양도할 때, 영혼이 보존되고 진정한 가치를 지니고 참된 안식을 얻게 되는 법이다(참고. 38절).[335]

8:38 그리스도(참고. 눅 12:9)와 그분의 가르침(즉, "내 말", 참고. 막 13:31)에 충성하면 조롱과 박해를 당할 수 있다. 그리스도를 따르는 사람은 자칫하면 "이 음란하고[참고. 막 7:22; 8:33; 10:11, 12, 19] 죄 많은 세대[336][참고. 마 12:39; 막 8:12]에서" 그분을 "부끄러워하[기]"[에파이스퀴노마이(*epaischynomai*), 참고. 롬 1:16][337] 쉽다.[338] 하지만 이 땅에서 그리스도를 부인하면 심각한 결과가 따라온다. 예수님도 똑같이 그런 사람을 "부끄러워하[실]"(에파이스퀴노마이)[339] 것이다. 이 일은 예수님이 높이 들린 강력한 "인자"(참고. 단 7:13-14; 막 13:26-

334 참고. 욥 28:17; 눅 15:13, 30. 그리고 시 49:7-9과 시 49:15 사이의 대조적인 모습도 주목하라.

335 참고. 렘 6:16; 마 11:29.

336 참고. 8:12 주석; 13:30-32 주석.

337 아르네오마이(*arneomai*, '내가 부인하다', 마 10:33; 눅 12:9)와 비교해보라.

338 참고. 렘 3:6-10; 겔 16:38; 23:45; 호 2:2, 4-5.

339 참고. 히 2:11; 11:16. 그리고 롬 1:16; 계 3:5을 보라.

27; 14:62)로서 최후의 심판을 위해 "아버지의 영광으로 거룩한 천사들과 함께"(참고. 마 7:23; 25:12) 장엄한 모습으로 오실 때 일어날 것이다.[340]

그리스도의 재림은 그분이 심판하러 오시는 것과 동일하다(막 13:26-27; 14:62). 예수님의 재림은 그분을 배척하는 사람들에 대한 심판과 그분에게 속한 사람들을 위한 궁극적 구원을 의미한다. 다니엘 7:13-14의 경우와 같이, 예수님은 여기서 하나님과 신적 영광을 공유한다고 주장하면서, 하나님을 (배타적 방식으로) "아버지"라고 부르신다. 예수님은 스스로를 최후 심판 때 임명된 심판관으로 봄으로써 신적 권위를 가진 자로 주장하신다(참고. 13:26-27 주석, 참고. 행 10:42; 17:31; 딤후 4:1; 계 6:10).

9장

9:1 "여기 서 있는 사람[즉, 군중과 제자들, 참고. 막 9:34] 중에는 죽기 전에"라는 진술은 앞으로 변화산 위에서 예수님과 함께 그 고무적인 광경을 보게 될 세 제자를 가리킬지 모른다. 만일 "하나님의 나라가 권능을 떨치며 와 있는[완료 시제를 주목하라] 것을 [그들이] 볼 [때까지]"(새번역, 참고. 눅 9:27)라는 어구가, 변형을 통해 세 제자가 예수님의 신적 영광과 구속적 사명을 목격하는 것을 가리킨다면(참고. 벧후 1:16-18), 이 해석은 타당하다.

누가가 변형의 맥락에서 출애굽[엑소두스(*exodus*)]을 언급하는 것(눅 9:31)은 아마 더 큰 두 번째 출애굽을 암시하는 듯하다. 이 출애굽은 단지 예수님이 죽을 때만 일어나는 것이 아니다(참고. 히 11:22; 벧후 1:15과 대조해보라). 변형은 그리스도 재림[파루시아(*parousia*), 막 8:38; 13:26] 때의 압도적 영광(요 1:14)을 미리 보여준다. "그때에 인자가 구름을 타고 큰 권능과 영광으로 오는 것을 사람들이 보리라"(막 13:26). 마태복음 16:28에서 예수님은 "인자가 그 왕권을 가지고 오는 것을 볼 자들도 있느니라"(참고. 단 7:13-27)라고 말씀하신다. 이 해석에 따르면, 마가복음 9:1은 이렇게 말하는 셈이다. "여기 서 있는 사람들 중 일부"는 하나님 나라가 강력한 모습으로 나타나

340 삼상 15:23, 26도 보라.

는 것, 말하자면 그리스도의 장래 영광을 미리 보여주는 변형을 보기 전에 "죽지 않을 것이다."[341]

이 구절을 올바로 해석하려면,[342] 무엇보다 추가 사항인 "권능으로"[엔 뒤나메이(*en dynamei*)][343]가 정확히 무엇을 가리키는지를 알아야 한다. 9:1의 정확한 뜻과 관련해서는 하나님 나라가 다양한 '능력 파도'(power waves)의 형태로 왔고 또 오고 있다는 점을 강조해야 한다. 예수님이 하나님 나라를 선포하실 때(1:14-15), 악한 세력을 쫓아내실 때(참고. 눅 4:36; 11:20), 병을 치유하실 때(참고. 5:17) 그리고 자연을 다스리는 권위를 나타내실 때(참고. 특히 막 1-6장; 행 10:38), 그 나라가 권능[엑수시아(*exousia*)]으로 임했다. 그리고 제자들이 그와 같은 일을 행할 때 그 나라가 권능으로 임했다(막 6-7장, 참고. 마 6:10). 하지만 이런 초기의 사항들은 9:1에 적용될 수 없다. 이 진술은 분명히 앞을 내다보기 때문이다. 그럼에도 다가오는 나라의 왕은 그분이 변형될 때 강력하게 드러났으며, 적어도 그 모습이 한시적으로 과거의 영광과 미래의 영광을 밝히 드러냈다는 의미에서 그렇다. 이 변형 사건에 관해 베드로는 훗날 이렇게 말한다. "우리 주 예수 그리스도의 능력과 강림하심을 너희에게 알게 한 것이 교묘히 만든 이야기를 따른 것이 아니요 우리는 그의 크신 위엄을 친히 본 자라 지극히 큰 영광 중에서 이러한 소리가 그에게 나기를 이는 내 사랑하는 아들이요 내 기뻐하는 자라 하실 때에 그가

341 또 하나의 해석은 그것이 예수님의 죽음과 부활을 가리킨다고 보는 것이다. 오래 전 해석자들(예. 슈바이처)은 마가복음 9:1을 하나님 나라의 절정(이에 대해서는 예수님이 14:25에서 언급하신다)의 임박한(거기에 있던 사람들 중 일부가 살아 있는 동안) 도래에 대한 예언으로 해석한다. 만일 이 해석이 옳다면, 예수님은 이후의 역사에 의해 틀린 것으로 입증되었을 테다.

342 이른바 "가까운 기대"를 담은 다른 말씀의 정확한 뜻에 대해서도 비슷한 질문이 생긴다. 그 가운데 하나는 "너희가 이스라엘의 고을들을 다 돌기 전에 인자가 올 것이다"(마 10:23, 새번역)라고 말한다. 다른 하나는 "이 세대가 지나가기 전에 이 일이 다 일어나리라"(막 13:30). 즉 "펼쳐지기 시작하리라"(참고. 13:30-32 주석)는 말씀을 담고 있다. 이 말씀들의 뜻이 어렵고 불확실하기 때문에 확정적인 해석을 경계해야 하며, 예수님이 옛 시대의 임박한 종말을 예상하셨다는 성급한 결론을 내려서는 안 된다.

343 이는 아마 도구적 여격(instrumental dative)일 것이다. 한 가능한 대안은 '수반되는 상황'이다(Zerwick, *Grammatical Analysis*, 134).

하나님 아버지께 존귀와 영광을 받으셨느니라"(벧후 1:16-17). 예수님이 부활을 통해(롬 1:4) 죽음을 이기고 승리하셨을 때(막 16:6)[344] 그 나라가 권능으로 임했다. 이로써 그분은 그 나라의 언약이 미치는 폭넓은 범위를 확증하셨다(14:24, 참고. 13:10; 계 5:12). 성령이 오순절에 부어졌을 때 그 나라가 권능으로 임했다(눅 24:49; 행 4:33).[345] 끝으로, 그 나라는 장차 예수님이 이 땅에 다시 오실 때 궁극적 권능으로 임할 것이다(막 14:25, 참고. 13:26).[346]

예수님이 14:25에서는 추가 사항인 "권능으로"를 사용하지 않으신 것도 주목할 만하다. 이 구절에서 예수님이 명시적으로 미래에 있을 하나님 나라의 '궁극적' 도래를 언급하시는데도 말이다. 이 구절을 마태복음 24:30(참고. 막 13:26)에 나오는 "인자가 구름을 타고 능력과 큰 영광으로 오는 것"을 대조해보라. 끝으로, 마가복음 14:25은 예수님이 초림과 재림 간의 '중간기'를 내다보고 계심을 시사한다(참고. 13:32, 행 3:21도 보라). 이 점은 재림에 대한 임박한 기대라는 개념에 반대하고, 마가복음 9:1에 대한 다른 여러 해석들에 반론을 제기한다.

죽음과 같은 자기 결정권의 양도(8:34)와 장래의 영광을 얼핏 포착하는 것(9:1, 2-8)은 손을 맞잡고 갈 수 있다. 이는 메시아의 죽음(8:31; 14:32-42)과 놀라운 영광(8:38)에도 그대로 적용된다. 따라서 예수님의 고난과 그분의 추종자들이 겪은 (그리스도를 닮은) 십자가형 사이에는 유사점이 있는 것이다.

344 참고. 눅 9:31; 고전 1:17; 고후 13:4.

345 참고. 롬 15:13; 엡 3:16; 골 1:11; 살전 1:5.

346 참고. 행 1:11; 3:21.

응답

예수님이 질문을 던지는 것은 무언가를 묻기 위함이 아니라 제자들과 우리가 진실과 실재를 발견하도록 돕기 위해서다. 제자들이 기대하듯, 다윗 혈통의 해방자가 이스라엘을 로마의 압제에서 구출하는 것은 예수님이 오신 목적이 아니다. 그분이 기꺼이 십자가의 죽음을 향해 가는 것은, 그분을 따르는 사람들을 죄의 압제와 하나님에 대한 적대감에서 해방시키시기 위해서다. 그분은 또한 사탄과 모든 악의 세력을 깨뜨리신다.

오늘날의 그리스도인들은 자신의 의제를 갖고 예수님께 나아오는가, 아니면 그들의 삶을 향한 예수님의 뜻을 환영하는가? 그들은 하나님의 선교와 목적에 대해 정말 알고 싶어 하는가? 오늘날 예수님을 따르는 자들도 첫 제자들과 똑같은 도전을 받고 있다. 현대의 제자들은 예수님이 누구인지(참고. 8:29) 알면서도 그분께 베드로 같은 반응(32절)을 보이지는 않는가? 아니면 하나님의 목적에 참여하려고 하는가? 그리스도의 진정한 제자는 그런 급진적 제자의 삶으로 부르는 분이 사랑할 능력을 부어주시는 것에 감사한다. 그는 자신의 마음이 오염된 것을 제대로 인식하고, 그를 위해 예수님이 희생하신 결과 자신의 삶에 찾아온 화해와 치유를 받아들인다. 따라서 기도하는 가운데 모든 의사결정을 내리고, 결혼, 일 그리고 인간관계에 관한 바람과 꿈과 계획을 하나님의 주권적 손길 아래 둔다(참고. 34-35절). 이처럼 하나님께 순종하는 삶은 또한 자기 책임을 새롭게 짊어진다. 이런 제자는 자율적으로 책임을 담당하기보다는 하나님 앞에서 기도하며 배우려는 자세로 책임을 담당하기 시작한다. 이와 같은 삶은 자기비하 또는 무책임함과 전혀 관계가 없다(참고. 8:34-39 주석). 그리스도인은 자기가 순종하는 분이 믿을 만하고, 자비롭고, 권능이 크다는 것을 늘 염두에 두어야 한다. 그리스도는 그분을 따르는 사람들을 사랑하고 인도하신다.

34절에 나오는 제자도의 대가와 관련하여, 본회퍼(Dietrich Bonhoeffer)는 날마다 '십자가'를 지라는 예수님의 요구(눅 9:23, 참고. 막 8:34)를 그리스도의 "멍에"를 지는 것(마 11:28-30)과 제대로 연결시켰다.[347] 비유적인 뜻으로 보면, 십자가(파티불룸)를 지는 것은 자기 결정권을 내어놓는 것에 초점을 맞추는 데 비해, 그리스도의 멍에를 지고 그분에게 배우는 것은 그분의 선하고 겸손하고 잘 짜인 인도에 순종하는 과정에 초점을 둔다. 따라서 깊은 신뢰와 순종은 죄악된 길과 '죽음의 문화' 내지는 '교만의 문화'로부터 벗어나 하나님 중심적인 삶으로 인도하시는 예수님의 방식을 기꺼이 받아들이는 것이다. 예수님이 주시는 자유는 그분을 따르는 사람들로 하여금 그들 나름의 삶과 그리스도가 인도하는 삶의 차이점을 알게 한다. 그런 새로운 삶은 새로운 용기를 준다. 위협을 받을 때에도 그리스도에 대한 충성과 신의를 고백하는 용기다. 이와 마찬가지로 예수님 역시 최후의 심판석상에서 그분의 제자들과 동일시되실 것이다(막 8:38).

예수님의 십자가 죽음과 관련해서 그것을 오로지 유대인의 책임으로 돌리는 것은 잘못이다. 약 300명의 고발자로 구성된 비교적 작은 집단인 산헤드린(참고. 15:11, 13)과 빌라도를 비롯한 관료들과 군인들이 예수님의 처형에 책임이 있지만, 결국 하나님의 메시아가 온 인류를 위해 대속적 죽임을 당하는 것은 아버지 하나님의 명시적인 뜻이다. 하나님의 뜻에 따라 예수님이 필연적으로 죽어야 한다는 것은 8:31(데이, '그것은 필요하다')과 10:32[타 멜론타(*ta mellonta*), '반드시 일어나야 한다']에 명백히 진술되어 있다. 이는 예수님이 인간들을 위해 그리고 각 사람의 하나님에 대한 반역 때문에 죽으셨다는 뜻이다. 따라서 예수님이 죽으신 이유와 관련해, 아무도 그리스도의 처형에 가담한 자들을 포함해 다른 사람들의 죄를 지목할 자격이 없다. 그리스도의 십자가 죽음에 대한 적절한 반응은 단 하나밖에 없다. "감히 눈을 들어 하늘을 쳐다보지도 못하고 다만 가슴을 치며 이르되 하나님이여 불쌍히 여기소서 나는 죄인이로소이다"(눅 18:13)라고 기도한 불의한 세리의 반응이다.

347 Dietrich Bonhoeffer, *Discipleship*, trans. Barbara Green and Reinhard Kraussss, DBW (Minneapolis: Fortress, 2003), 4:88-93.

Mark

마가복음

9:2-29

2 엿새 후에 예수께서 베드로와 야고보와 요한을 데리시고 따로 높은
산에 올라가셨더니 그들 앞에서 변형되사 3 그 옷이 광채가 나며 세
상에서 빨래하는 자가 그렇게 희게 할 수 없을 만큼 매우 희어졌더라
4 이에 엘리야가 모세와 함께 그들에게 나타나 예수와 더불어 말하거
늘 5 베드로가 예수께 고하되 랍비여 우리가 여기 있는 것이 좋사오니
우리가 초막 셋을 짓되 하나는 주를 위하여, 하나는 모세를 위하여,
하나는 엘리야를 위하여 하사이다 하니 6 이는 그들이 몹시 무서워하
므로 그가 무슨 말을 할지 알지 못함이더라 7 마침 구름이 와서 그들
을 덮으며 구름 속에서 소리가 나되 이는 내 사랑하는 아들이니 너희
는 그의 말을 들으라 하는지라 8 문득 둘러보니 아무도 보이지 아니하
고 오직 예수와 자기들뿐이었더라

2 And after six days Jesus took with him Peter and James and John, and
led them up a high mountain by themselves. And he was transfigured
before them, 3 and his clothes became radiant, intensely white, as no
one[1] on earth could bleach them. 4 And there appeared to them Elijah
with Moses, and they were talking with Jesus. 5 And Peter said to Jesus,
"Rabbi,[2] it is good that we are here. Let us make three tents, one for

you and one for Moses and one for Elijah." 6 For he did not know what
to say, for they were terrified. 7 And a cloud overshadowed them, and a
voice came out of the cloud, "This is my beloved Son;[3] listen to him."
8 And suddenly, looking around, they no longer saw anyone with them
but Jesus only.

9 그들이 산에서 내려올 때에 예수께서 경고하시되 인자가 죽은 자
가운데서 살아날 때까지는 본 것을 아무에게도 이르지 말라 하시니
10 그들이 이 말씀을 마음에 두며 서로 문의하되 죽은 자 가운데서 살
아나는 것이 무엇일까 하고 11 이에 예수께 묻자와 이르되 어찌하여
서기관들이 엘리야가 먼저 와야 하리라 하나이까 12 이르시되 엘리야
가 과연 먼저 와서 모든 것을 회복하거니와 어찌 인자에 대하여 기록
하기를 많은 고난을 받고 멸시를 당하리라 하였느냐 13 그러나 내가
너희에게 이르노니 엘리야가 왔으되 기록된바와 같이 사람들이 함부
로 대우하였느니라 하시니라
9 And as they were coming down the mountain, he charged them to
tell no one what they had seen, until the Son of Man had risen from the
dead. 10 So they kept the matter to themselves, questioning what this
rising from the dead might mean. 11 And they asked him, "Why do the
scribes say that first Elijah must come?" 12 And he said to them, "Elijah
does come first to restore all things. And how is it written of the Son of
Man that he should suffer many things and be treated with contempt?
13 But I tell you that Elijah has come, and they did to him whatever they
pleased, as it is written of him."

14 이에 그들이 제자들에게 와서 보니 큰 무리가 그들을 둘러싸고 서
기관들이 그들과 더불어 변론하고 있더라 15 온 무리가 곧 예수를 보

고 매우 놀라며 달려와 문안하거늘 16 예수께서 물으시되 너희가 무엇
을 그들과 변론하느냐 17 무리 중의 하나가 대답하되 선생님 말 못하
게 귀신 들린 내 아들을 선생님께 데려왔나이다 18 귀신이 어디서든지
그를 잡으면 거꾸러져 거품을 흘리며 이를 갈며 그리고 파리해지는
지라 내가 선생님의 제자들에게 내쫓아달라 하였으나 그들이 능히 하
지 못하더이다 19 대답하여 이르시되 믿음이 없는 세대여 내가 얼마나
너희와 함께 있으며 얼마나 너희에게 참으리요 그를 내게로 데려오라
하시매 20 이에 데리고 오니 귀신이 예수를 보고 곧 그 아이로 심히 경
련을 일으키게 하는지라 그가 땅에 엎드러져 구르며 거품을 흘리더라
21 예수께서 그 아버지에게 물으시되 언제부터 이렇게 되었느냐 하시
니 이르되 어릴 때부터니이다 22 귀신이 그를 죽이려고 불과 물에 자
주 던졌나이다 그러나 무엇을 하실 수 있거든 우리를 불쌍히 여기사
도와주옵소서 23 예수께서 이르시되 할 수 있거든이 무슨 말이냐 믿는
자에게는 능히 하지 못할 일이 없느니라 하시니 24 곧 그 아이의 아버
지가 소리를 질러 이르되 내가 믿나이다 나의 믿음 없는 것을 도와주
소서 하더라 25 예수께서 무리가 달려와 모이는 것을 보시고 그 더러
운 귀신을 꾸짖어 이르시되 말 못하고 못 듣는 귀신아 내가 네게 명하
노니 그 아이에게서 나오고 다시 들어가지 말라 하시매 26 귀신이 소
리 지르며 아이로 심히 경련을 일으키게 하고 나가니 그 아이가 죽은
것같이 되어 많은 사람이 말하기를 죽었다 하나 27 예수께서 그 손을
잡아 일으키시니 이에 일어서니라 28 집에 들어가시매 제자들이 조용
히 묻자오되 우리는 어찌하여 능히 그 귀신을 쫓아내지 못하였나이까
29 이르시되 기도 외에 다른 것으로는 이런 종류가 나갈 수 없느니라
하시니라

14 And when they came to the disciples, they saw a great crowd around
them, and scribes arguing with them. 15 And immediately all the crowd,
when they saw him, were greatly amazed and ran up to him and greeted

him. 16 And he asked them, "What are you arguing about with them?"
17 And someone from the crowd answered him, "Teacher, I brought my
son to you, for he has a spirit that makes him mute. 18 And whenever
it seizes him, it throws him down, and he foams and grinds his teeth
and becomes rigid. So I asked your disciples to cast it out, and they
were not able." 19 And he answered them, "O faithless generation, how
long am I to be with you? How long am I to bear with you? Bring him
to me." 20 And they brought the boy to him. And when the spirit saw
him, immediately it convulsed the boy, and he fell on the ground and
rolled about, foaming at the mouth. 21 And Jesus asked his father, "How
long has this been happening to him?" And he said, "From childhood.
22 And it has often cast him into fire and into water, to destroy him. But
if you can do anything, have compassion on us and help us." 23 And
Jesus said to him, "'If you can'! All things are possible for one who
believes." 24 Immediately the father of the child cried out[4] and said, "I
believe; help my unbelief!" 25 And when Jesus saw that a crowd came
running together, he rebuked the unclean spirit, saying to it, "You mute
and deaf spirit, I command you, come out of him and never enter him
again." 26 And after crying out and convulsing him terribly, it came out,
and the boy was like a corpse, so that most of them said, "He is dead."
27 But Jesus took him by the hand and lifted him up, and he arose.
28 And when he had entered the house, his disciples asked him
privately, "Why could we not cast it out?" 29 And he said to them, "This
kind cannot be driven out by anything but prayer."[5]

1 Greek *launderer* (*gnapheus*) *2 Rabbi* means *my teacher*, or *my master 3* Or *my Son, my* (or *the*) *Beloved 4* Some manuscripts add *with tears 5* Some manuscripts add *and fasting*

9장

단락 개관

예수님의 변형(막 9:2-8)과 이후의 축귀(14-29절)는 예수님의 세례(1:9-11)와 이후의 광야 시험(12-13절)과 어느 정도 유사점이 있다. 자신을 노출하는 예수님의 변형 사건(9:2-8)은 짧은 시간 그분의 신성을 들여다보는 통찰을 제공한다. 이 영광의 이야기 뒤에는 귀신들과 인간의 반대 세력에 대항하는 영속적인 싸움이 따라온다. 예수님은 이런 형태의 반대를 다루는 수단은 무엇보다 하나님 앞에서의 기도와 금식(29절)임을 보여주신다.

단락 개요

III. 2부: 고난과 죽음의 필연성을 통해 예수님의 권위를 시험하다 (8:27-16:8[9-20])
- A. 가아사랴 빌립보, 예루살렘을 향한 여정(8:27-10:52)
  - 2. 변형, 치유, 믿음(9:2-29)
    - a. 예수님의 변형(9:2-8)
    - b. 침묵의 명령, 엘리야의 등장(9:9-13)
    - c. 귀신 쫓기(9:14-29)
      - (1) 산에서 돌아오다(9:14-16)
      - (2) 아버지가 귀신 들린 아들을 위해 간청하다(9:17-24)
      - (3) 예수님이 소년을 회복시키시다(9:25-27)
      - (4) 제자들을 위한 교훈(9:28-29)

주석

9:2-8 개요

예수님의 변형(2-8절)은 선별된 제자들에게 예수님의 '찬란하고' 신성하고 아름다운 영광(참고. 요 1:14; 빌 2:6)을 잠깐 바라보게 해준다. 예수님의 광채는 모세의 광채(참고. 출 34:35)와는 다르다. 후자는 하나님의 광채가 그의 얼굴에 '반사되는 것'에 불과하다. 이와 대조적으로, 예수님은 순전한 빛과 영광으로 '빛나는' 분이다. 예수님이 이 땅에 사시는 동안에는 그분의 신성이 대체로 인간의 인식에서 감추어 있다(참고. 빌 2:7). 하지만 그 신성이 뚜렷이 나타나는 경우(막 9:3)가 몇 번 있다.[348] 제자들은 점점 성숙해지면서 성령의 능력으로 변화되어 그리스도를 닮아간다. 그래서 예수님의 인성과 신성을 이해하고 인정하는 면에서도 성장한다(고후 3:18). "이는 내 사랑하는 아들이니 너희는 그의 말을 들으라"는 하나님의 인정을 담은 말씀은 세 제자이자 장차 사도적 증인이 될 베드로와 야고보와 요한의 유익을 위해 주어진 것이다. 예수님은 율법을 대표하는 모세와 선지자를 대표하는 엘리야보다 더 위대하시다. 이 변형 사건은 이미 마가복음 8:38에 진술된 하나님의 아들로서 지닌 예수님의 위엄을 강조한다. 세 제자는 예수님의 찬란한 신성을 직접 목격했다(벧후 1:16). 그들은 예수님이 모세(참고. 히 3:3)와 엘리야보다 위대한 분임을 보고, 하나님께서 예수님을 영원한 아들로 인증하시는 장면(참고. 1:5)을 목격한 것이다.

9:2 예수님이 '그들만 데리고 높은 산에 올라가셨다'(참고. 출 24:16). 누가만 그들이 기도하려고 산에 올라갔다고 알려준다(눅 9:28). 거기서 예수님은 완전한 신성과 인성에 따라 '변형되셨다'[메테모르포테(*metemorphōthē*), "그의 형태 또는 모습이 변했다"].[349] 수동태는 하나님이 그 사건의 행위자임을 암시한

348 참고. 빌 2:8-11. 그리고 고전 8:5-6을 보라.

다. 훗날 베드로가 쓰듯이, 변형은 한시적으로 예수님의 신성, 존귀 그리고 영광이 눈에 보이게 하는 것이다(참고. 벧후 1:16-17).

9:3 예수님의 옷에 "광채"[스틸보(*stilbō*), '내가 빛나다', '내가 반짝이다'][350]가 난 것은 그분의 내적 영광 때문이다. 이 모습은 하나님의 영광을 '반사하는' 모세(출 34:29, 33-35, 참고. 단 10:5-6)와 대조를 이룬다. 예수님의 광채는 단순한 인간 존재 너머를 가리키고, 이 사실은 하늘의 음성에 의해 강화된다(막 9:7, 참고. 벧후 1:16-18). 변형이 지속되는 동안 예수님이 신적 광채를 가시적으로 발산하신다(참고. 계 1:16). 특히 계시록에는 흰 옷을 순결함의 은유로 사용하는 구절이 많다.[351]

9:4 모세(참고. 말 4:4)와 엘리야 모두 환생한 것이 아니다.[352] 세례 요한이 "엘리야의 심령과 능력으로"(눅 1:17, 참고. 막 9:11-13) 온 것은 역사적 선지자 엘리야와 '엘리야의 도래'를 구별하는 사건이다. 이런 사실을 감안하면, 사망(모세)이나 떠남(엘리야) 이후에 계속 존재하는 모세와 엘리야가 하나님의 존전에서 나타난 것이다. 그들은 '길게' 서로 말을 주고받는다.[353]

누가가 전하는 변형 이야기는 그들이 예수님의 떠남[엑소도스(*exodos*), '나가다', 눅 9:31]에 대해 말한다고 덧붙인다. 엑소도스라는 용어는 때때로 육체적 죽음을 가리킬 수 있다(벧후 1:15). 하지만 사도행전 20:29과 디모데후서

349 참고. Zerwick, *Grammatical Analysis*, 134-135; BDAG, s.v. μεταμορφοω; Johannes M. Nützel, *EDNT*, 2:415.

350 칠십인역은 이 단어를 별들이나 금속의 광채를 묘사하는 데 사용한다(BDAG, s.v. στίλβω).

351 참고. 막 16:5; 계 1:14; 3:5, 18; 4:4; 6:11; 7:9, 13-14; 19:14; 20:11. 다음 주석들을 보라. Jan Adolf Bühner, *EDNT*, 2:350-351; W. Michaelis, *TDNT*, 4:241-250.

352 예수님을 엘리야로 오인한 것에 관해서는 막 6:15; 8:28; 9:11-13; 15:35-36에 나오는 진술을 참고하라. 엘리야의 도래를 기대한 것에 관해서는 말 4:5을 참고하라.

353 과거진행형과 현재진행형을 합쳐놓은 완곡한 구문을 주목하라. 에산쉴라룬테스(*ēsansyllalountes*, '그들이 계속 대화했다', 참고. 출 34:35).

4:6에서 육체적 죽음을 가리키는 다른 헬라어 단어를 주목하라. 엑소도스는 또한 예수님이 속죄의 죽음과 부활을 통해 죄와 사망과 사탄의 노예 상태에서 두 번째 위대한 탈출을 선도하실 것이라는 사실을 암시할 수 있다. 이 경우에는 모세의 출애굽이 후자의 전조와 그림자가 되는 셈이다. 누가복음 9:31이 이 탈출이 곧 이루어질 것임을 덧붙인다는 사실은 후자의 견해를 더욱 지지한다.

예수님은 율법을 대표하는 모세(참고. 출 24:1, 9, 12-18)와 선지자를 대표하는 엘리야(왕상 19:8)를 능가하시는 분이다. 앞에서 언급했듯이, 모세의 광채는 하나님의 반영인 반면(출 34:33-35) 예수님의 경우는 내면에서 나오는 광채다(참고. 히 1:3). 이 모든 사건은 예수님이 지니신 아들의 위엄과 권위를 인증한다(참고. 막 8:38). 세 제자는 예수님의 순전한 신성을 목격한 증인이다(벧후 1:16). 그들은 모세(참고. 히 3:3)와 엘리야의 위대함에 비견되는 그분의 위대하심을 본다. 그들은 또한 예수님이 하나님의 영원한 아들(참고. 히 1:5)로 인증되는 장면의 증인이기도 하다. 끝으로, 이 사건은 예수님이 다른 곳(마 5:17)에서 명시적으로 말씀하시는 것, 말하자면 그분이 율법(모세)과 선지자(엘리야)를 모두 성취하신다는 것을 암묵적으로 시사한다.

예수님이 보이신 이 놀라운 자기 계시의 한복판에서, 독자는 예수님이 제자들에게 그분이 겪으실 고난의 필연성(참고. 막 8:31, 데이, "그것이 필요하다")[354]뿐만 아니라 제자도의 대가(예. 8:34-37; 13:9)도 말씀하셨다는 사실을 잊으면 안 된다.

9:5-6 다시 한 번(참고. 8:32) 베드로와 그의 동료들은 하나님의 메시아가 지닌 놀라운 겸손(8:31)과 영광스러운 위대함을 파악할 능력이 없다(참고. 4:40; 6:52; 7:18; 8:17-21, 32-33; 9:32, 참고. 14:27-42 주석).[355]

354 참고. 사 53:1-12; 막 14:1-16:8.

355 참고. 서론의 '그리스도론'.

베드로는 예수님을 모세, 엘리야와 동격으로 보고 그들 각각을 위해 "초막"을 세우겠다고 말한다(참고. 눅 16:9). 세우려고 하는 3채의 초막[스케네(*skēnē*)]은 초막절 기간에 사용될 임시 거처를 암시할지 모른다. 초막절[숙코트(*Sukkot*), 참고. 레 23:40-43; 히 11:9]은 이집트에서 약속의 땅으로 오는 힘든 광야 여정을 기념하는 절기다. 만일 누가복음 9:31이 정말로 이스라엘 백성의 출애굽을 본뜬 위대한 탈출(엑소두스)을 암시한다면(참고. 9:4 주석), 이 해석은 무척 매력적이다. 아울러 이스라엘 백성은 광야의 여정을 걷는 동안 하나님과 함께하는 '영광'의 인도를 받았다(출 16:10).[356] 하지만 마가복음에는 초막절과 변형 사건 간의 명백한 연결고리가 없고 여기서 엘리야도 언급되는 만큼, 이 해석에 대해서는 조심하는 편이 좋다. 뿐만 아니라 3채의 초막이 주님의 장막을 암시한다고 해석하는 것도 경계할 필요가 있다. 만일 모세와 예수님만 염두에 둔다면, 모세가 주님을 위해 장막(스케네)을 짓는 것과(출 40:2) 예수님이 하나님의 현존이 되시는 것 사이의 연결성이 초막에 대한 베드로의 언급을 해석하는 데 도움이 될 수 있다.[357] 그러나 사실은 그렇지 않으므로, 좁은 관점을 가진 베드로가 3명의 영광스러운 인물들을 위해 임시 거처를 세워 한 장소에서 그들을 대접하는 경험을 '연장시키려고' 했을 가능성이 더 크다.[358]

베드로는 다른 제자들과 마찬가지로 여전히 예수님을 미리 정해진 그의 관점에 가두고 있다.[359] 예컨대 출애굽기 34:29에 나오는 경우처럼, 그 광채가 특정한 복을 가리킬 뿐이라고 생각한다. 베드로의 견해와 대조적으

356 참고. NIDNTT, 4:301-304.

357 "초막"이 단수일 경우에는 하나님의 거처(성전)로서의 장막을 가리킬 수 있다(예. 출 29:42; 40:34; 레 9:23; 민 14:10, 그리고 행 7:44; 히 8:2, 5; 9:2-3, 6, 8, 11, 21; 13:10; 계 15:5도 보라). 하지만 여기서는 3채의 초막을 세우려고 하므로, 아마 하나님의 임재를 가리키는 장막을 염두에 두고 있지는 않을 것이다(참고. W. Michaelis, *TDNT*, 7:368-381).

358 참고. NIDNTT, 4:304. "베드로는 그리스도 안에 환히 드러난 하나님의 영광스러운 임재의 경험을 영속화시키고 싶어 하는 것이 분명하다."

359 참고. 막 4:40; 6:52; 7:18; 8:17-21, 32-33; 9:32; 14:26-42.

로, 변형과 하나님의 음성(막 9:7)은 예수님에게 신적 영광이 있다는 사실을 보여준다.[360] 그런 가시적인 신적 광채는 이 땅에서 보내신 예수님의 생애와는 거리가 멀었기 때문에, 이 사건은 더욱 의미심장하다(참고. 빌 2:5-8).

9:6 이 구절은 베드로가 자기가 무슨 말을 하는지 알지 못한 채(5절, 참고. 14:40) 그저 두려워서("몹시 무서워하므로", 참고. 히 12:21) 무언가를 발설하고 있다고 유머러스하게 표현한다.

9:7 때때로 하나님은 '구름 속에서 나는 음성'으로 말씀하신다. 이 사건은 예컨대 출애굽기 24:15-16을 상기시킨다. 구름은 하나님의 현존과 자기 계시의 관문 역할을 할 수 있다(출 16:10; 40:34-38, 참고. 행 1:9). 예수님의 모든 주장과 더불어, 아버지는 큰 사랑으로 그 아들을 완전히 보증하신다(참고. 막 1:11; 12:6).[361] "이는 내 사랑하는 아들이니 너희는 그의 말을 들으라"[362]라는 말씀은 세 제자(9:2, 4, 7, 12-13)이자 장래의 사도적 증인인 베드로, 야고보, 요한을 위해 주어진다.[363] 아울러 자주 반복되는 사적인 교육이라는 모티브도 주목하라(3:13; 4:34; 6:31-32; 7:33; 9:28-29). "그의 말을 들으라"는 권면은 신명기 18:15, 18(참고. 신 6:4)을 상기시킨다. 하나님께서 보내신 메시아의 말씀(예. 마가복음에 기록된 말씀)을 듣지(그리고 순종하지[364]) 않는 사람은 메시아의 오심과 가르침에 대해 말한 하나님의 선지자 모세를 배척하는 셈이다.[365]

9장

360 이 견해를 벧후 1:16-18에 기록된 베드로의 훗날 증언과 대조해보라.

361 참고. 요 6:27; 12:28; 벧후 1:17. 그리고 시 2:7; 사 42:1도 보라.

362 참고. Zerwick, *Grammatical Analysis*, 135. 제르윅은 "사랑하는 아들"이 "유일한 아들"을 의미하는 것은 아닌가 하는 의문을 품는다. 참고. 눅 9:35(선택된 아들); 벧후 1:17.

363 참고. 막 5:37; 13:3(안드레와 함께, 참고. 1:16-19); 14:33; 벧후 1:16-18.

364 G. Schneider, *EDNT*, 1:52-54.

365 참고. 행 3:22; 7:37; 벧후 1:19-21.

9:9-13 개요

예수님이 세 제자에게 그분이 죽은 자 가운데서 살아난 뒤에야 변형 사건에 대해 말하라(9절)고 명령하신 이유는, 제자들이 여전히 다윗 혈통의 정치적 메시아를 기대하고 있기 때문이다(8:32-33). 베드로가 하나님의 계시(마 16:17)에 힘입어 예수님이 메시아라고 고백했지만(막 8:29), 그는 아직 예수님의 완전한 본성, 즉 하나님의 영원한 아들(12:6. 참고. 시 2:1-12; 110:1, 5)인 동시에 많은 사람의 죄를 위해 속죄의 고난(막 8:31; 10:45; 14:24; 사 52:13-53:12)을 당할 인자(막 8:38; 단 7:13-14)라는 것은 알지 못한다.

9:9-10 그들이 산에서 내려올 때(참고. 출 34:29) 예수님이 세 제자에게 강한 침묵 명령을 내리신다.[366] 예수님이 그들에게 침묵을 지키라고 명령하시는 것은, 대중적 운동이 일어나서 그분을 정치적 자유 투사(요 6:15)로 밀어붙여서 고난과 속죄의 길을 막으려 할 수 있기 때문이다. 이 맥락에서는 제자들이 아직 예수님이 죽은 자 가운데서 살아나신다는 것(참고. 막 8:31)이 무슨 뜻인지 알지 못한다. 그들은 이 시대의 종말에 그리고 엘리야가 온 뒤에(단 12:2) 온 인류가 부활할 것을 기대한다.[367] 훗날에야 그들은 세례 요한이 온 것이 엘리야가 올 것이라는 예언의 성취임을 알게 될 것이다(참고. 9:11-13 주석). 이와 마찬가지로 그들은 훗날에야 예수님의 부활이 이 시대의 종말에 있을 전반적인 부활과 같지 않다는 것을 알게 될 것이다.

9:11-13 예수님은 엘리야가 세례 요한이라는 인물(참고. 마 11:14, 18; 21:32, 참고. 9:4 주석)로 이미 "왔[다]"(13절)고 말씀하신다. 그가 '왔다'는 것은, 추정컨대 결코 죽지 않은 엘리야의 환생도 아니고 문자적인 복귀도 아니다. 오히려 세례 요한이 "엘리야의 심령과 능력으로"(눅 1:17, 막 9:11-13을 보고 마

366 참고. 서론의 '그리스도론'; 1:32-34 주석; 5:42-43 주석; 7:36 주석; 8:14-15 주석; 8:29-30 주석; 9:9-10 주석을 참고하라.

367 막 9:12도 보라. 참고. 6:14, 16; 12:18-27.

17:13과 비교하라. 말 4:5) 왔을 뿐이다. 엘리야와 세례 요한은 둘 다 회개를 전파하는 전도자로 일했다. 그럼에도 불구하고 만일 엘리야가 정말로 '왔다면', 그것은 제자들에게 이 시대의 종말을 가리킬 것이다(막 9:11).[368] 그래서 예수님은 엘리야의 문자적인 복귀를 기다리는 대중적 기대(11절)에 도전하면서, 엘리야의 도래가 현 시대의 종말을 선도하지 않는다는 점을 분명히 밝히신다. 세례 요한은 궁극적인 회복자(12절)를 위해 길을 예비한다는 의미에서(말 3:1; 마 17:11) '모든 것'을 '회복했다'[아포카티스타노(*apokathistanō*), '내가 본래의 장소로 다시 세우다'][369]고 말할 수 있다.[370]

9장

그들 앞의 많은 선지자들[371]과 마찬가지로 세례 요한(막 6:25)과 예수님(14:1-15:47, 참고. 사 53:3)도 고난(막 8:31, 참고. 왕상 19:2, 10, 14)[372]과 멸시[엑수데네테(*exoudenēthē*), '멸시를 당하다', 막 9:12; 고후 10:10]를 겪는다. 특히 '그가 치욕을 당하고 존경받지 못했다'[에티마스테 카이 우크 엘로기스테(*ētimasthē kai ouk elogisthē*), 참고. 시 22:6-7]고 기록된 이사야 53:3(칠십인역)을 주목하라. 그런 구속적 고난은 성경에 "기록되어 있고[문자적으로, '서 있다']"(12, 13절, 참고. 벧전 1:10-12), 따라서 하나님의 영원하고 지혜롭고 헤아릴 수 없는 뜻의 일부다. 예수님에 따르면, 말라기 4:4-6은 이사야 52:13-53:12에 나오는 고난 받는 종 및 시편 22:6-7과 더불어 살펴야 한다.

9:14-29 개요

하나님 나라의 선구자이자 개시자인 예수님은 대항하는 '귀신들'의 세력 그리고 인간의 저항과 계속 싸우신다. 그런 세력과 싸우는 무기는 무엇보다도 기도(와 금식, 29절, ESV 난외주)다. 이 사역은 마가복음의 후반부로 갈수

368 이 견해를 이보다 덜 타당한 해석, 즉 말 4:6을 희생시킨 채 말 3:1과 4:5을 읽는 견해와 비교해보라.

369 이 용어는 막 3:5과 8:25에서 치유의 의미로 사용된다.

370 눅 1:17; 행 1:6; 3:21을 보라. 참고. 사 11:1-12; 렘 12:14-17; 암 9:11.

371 참고. 왕상 19:2, 10; 시 22:6, 25; 69:33; 89:38-39. 12:1-11 주석도 보라.

372 참고. *TDNT*, 5:913-916.

록 두드러지지 않지만, 그래도 예수님은 귀신과 질병을 다스리는 권세를 나타냄으로써 가르침을 공고히 하신다(14-28절; 10:46-52). 예수님의 신성이 이제 소수의 제자들과 장래의 주요 증인들에게 더 알려졌음에도, 다양한 적대 세력과의 싸움은 계속 이어진다. 이렇게 해서 하나님 나라의 도래가 어떤 성격을 띠는지 드러난다. 즉, 그 나라는 어느 날 갑자기 완전히 임하지 않고 서서히 점진적으로 자라고, 눈에 띄지 않는 시발점에서 크고 영광스러운 절정에 이른다. 이런 일은 느린 진보, 많은 반대 그리고 다수의 좌절에도 불구하고 확실히 이루어질 것이다(참고. 행 14:22).[373]

9:14-18 제자들이 예수님의 과업을 수행하는 면에서 서서히 성숙한다(참고. 막 6:7-13; 9:28-29). 귀신 들린 아들의 아버지와 서기관들은 당연히 예수님을 만날 것이라 예상한다. 하지만 예수님이 계시지 않자 이 기대를 제자들에게 옮긴다. 제자들은 예전에는 성공했음에도 불구하고(6:7-13), 기도의 부족(9:18, 28-29) 때문에 그 기대를 충족시키지 못한다. 예수님이 반대와 고난을 직면하시듯(예. 8:31; 9:9-13) 제자들도 반대에 부딪힌다. 특히 9:14, 16에 나오는 헬라어 단어 쉬제테오(*syzēteō*, '내가 토론하다, 논쟁하다')를 주목하라. 그들이 계속 논쟁을 벌이고 있었다(현재진행형)는 뜻이다. 제자들은 반대와 완고함을 직면할 때 힘이나 폭력 같은 수단이 아니라 순종적인 믿음과 기도로(9:23-24, 29) 그것들을 이기라는 권면을 받는다.

9:15-18 이 구절들은 예수님이 3명의 제자와 함께 돌아오실 때 그곳에서 일어나는 바쁜 활동을 묘사한다(참고. 2:13; 6:54; 10:17; 11:18).

9:15-16 헬라어 단어 에크탐베오(*ekthambeō*)의 수동태는 하나님 앞에서 '놀

373 4:1-34 주석에 나오는 하나님 나라의 비유들에 대한 논의를 참고하라.

374 참고. 눅 4:36; 5:9; 행 3:10-11.

라다'(이 경우에 해당됨),[374] '스트레스를 받다'(14:33) 또는 하나님의 존재 앞에서 경외심을 품고 놀란다는 뜻이다(16:5-6).[375]

9:17 아이의 아버지는 예수님을 "선생님"[376]이라 부른다.

9:18 더러운 귀신이 청각과 언어 장애를 가진 아들(25절)에게 불러일으키는 현상은 간질병 증상과 비슷하다(18, 20, 26절). 하지만 간질병과 달리, 그 귀신은 '고의적으로' 소년을 파멸시키려고 한다(20, 22절). 소년은 또한 귀신의 무서운 영향으로 소리를 지른다(26절, 참고. 1:26). 이 장면을 7:32-35에서 예수님이 청각-언어 장애자의 신체적 장애를 회복시키시는 장면과 대조해보라.

9:19 예수님의 적대자들, 영적으로 억압받는 자들 그리고 제자들의 문제(참고. 왕하 4:31)는 믿음이 없는 것이다. 기도의 부족(막 9:29)과 더불어 특히 예수님에 대한 믿음의 부족(참고. 6:6; 9:23; 눅 24:25)이다.[377] 예수님이 부담을 느끼며 하신 말씀 "아, 믿음이 없는 세대여,[378] 내가 언제까지 너희와 함께 있어야 하겠느냐?"(새번역)는 구약 선지자들의 탄식을 상기시킨다.[379] 하나님에 대한 믿음의 부족에서 생기는 결과는, 예컨대 예수님에 대한 반대와 저항, 하나님의 목적을 묻지 않은 채 낫기만 원하는 것 그리고 예수님이 누군지 알지 못하는 무능력 등을 포함한다.

375 마가복음에 나오는 경탄과 놀람이라는 전반적 모티브에 관해서는 다음 구절들에 대한 주석을 참고하라. 1:21-28; 2:9-12; 5:42-43; 6:1-2; 6:51-52; 7:37; 9:15-16; 10:24-34; 11:18; 12:2, 12:17; 15:2-5; 15:42-45; 16:5-8.

376 참고. 막 4:38; 5:35; 9:38; 10:17, 20, 35; 12:14, 19, 32; 13:1; 14:14. 참고. 1:21-22 주석.

377 참고. G. Barth, *EDNT*, 1:121-123.

378 "세대"의 뜻에 관해서는 8:12 주석; 8:38 주석; 13:30-32 주석을 참고하라.

379 예. 민 11:11-15; 14:27; 신 32:5, 20; 왕상 19:4; 사 6:11; 렘 5:21-22; 겔 12:2. 그리고 많은 시편(예. 시 78, 95, 119편)도 보라.

9:20-22a 예수님이 동정심을 가지고 아버지에게 아들에 관해 물으신다(21절). 예수님의 질문은 그분이 성육신으로 스스로에게 부과한 한계를 안고 계시다는 것(빌 2:5-8)을 가리킬 수 있다. 다른 한편, 예수님의 질문은 아버지로 하여금 자신의 필요를 예수님에게 표현할 수 있게 하려는 것일 수도 있다. 제자들과는 대조적으로(막 9:28), 어린 시절부터(참고. 5:25) 끈질기게 소년 안에 거하면서 목숨을 위협한(참고. 눅 8:29) 더러운 귀신이 결국 예수님에게 순종한다(참고. 막 1:26).

9:22b-24 아버지는 절박한 나머지 예수님이 누구인지 또는 예수님의 목적이 무엇인지 묻지 않은 채, 그분의 기적적인 능력에 근거해 극성스럽게 도움을 요청한다. "[당신이] 무엇을 하실 수 있거든." 예수님은 그에게 하나님을 신뢰하고(참고. 10:27; 11:22; 14:36) 따라서 그분을 신뢰하도록('믿도록') 권고함으로써 그의 말을 단호하게 바로잡으신다. 아버지는 "곧" 예수님에게 동의하고 자기의 의심을 시인함으로써 제자들에게 유익한 본보기가 된다. 그는 예수님에게 하나님을 신뢰하는 마음을 달라고 간청한다(1:40-41과 대조해보라). "내가 믿나이다 나의 믿음 없는 것을 도와주소서." 두 동사 모두 현재진행형이기 때문에 이렇게 번역할 수 있다. "나의 믿음이 계속 자라길 원합니다. 믿음 없는 나를 계속 도와주소서"(참고. 눅 17:5).

9:25-26 악한 귀신이 언어 장애(17절), 청각 장애(25절), 발작 같은 경련(18, 20, 26절) 증상을 유발하며 소년을 죽이려 한다(22절, 참고. 9:18 주석). 예수님의 축귀는 또한 악한 귀신이 돌아올 가능성을 막아준다(참고. 5:12). 예수님이 발하신 권위 있고 강력한 말씀도 주목하라. "말 못하고 못 듣는 귀신아 내가 네게 명하노니 그 아이에게서 나오고 다시 들어가지 말라"(25절, 참고. 1:25).

9:27 예수님은 소년을 완전히 회복시키고 사탄의 세계를 다스리는 주권적 능력을 보이신다(참고. 1:31). 그리고 참된 평화와 진정한 삶을 베푸신다.

9:28-29 이와 마찬가지로, 제자들 역시 인내하고 기도하며 예수님을 믿는 면에서 성숙하라는 권면을 받는다. 그들은 예수님을 이해하지 못하는 무능력(참고. 8:17-21 주석; 9:5-6 주석)과 더불어, 예수님이 위임하신 사명을 완수하지 못하는 무능력(6:7, 13; 9:18)을 보여준다. 예수님은 그들의 실패를 기도(참고. 4:10; 7:17; 10:10)와 순종하는 믿음(9:19, 참고. 11:23-24 주석)에 관해 가르치는 계기로 삼으신다. 그들의 사명은 오직 기도하고 인내하면서 그분께 완전히 의존할 때만 성취될 수 있다.[380]

응답

오늘날 그리스도의 제자는 아버지(골 2:9), 성령(참고. 사 42:8과 대조되는 사 42:1)과 신적 영광을 공유하시는 분을 신뢰하고 순종한다. 이는 점점 더 그분과 그분의 길에 순종하도록 돕는다(참고. 1:29-31 주석; 3:16-18 주석; 5:37 주석; 10:35 주석; 10:41 주석; 13:3 주석; 14:32-36 주석). 당시에나 지금이나, 예수님은 그분이 행하신 일로 그분을 따르는 사람들을 빚으신다. 예수님은 몇 명의 제자들을 변화산으로 데리고 가서 그분의 신성과 영원한 아들 됨을 짧게 보여주신다(9:7). 그들은 창조되지 않은 빛을 보고, 하늘의 아버지가 그 아들을 인증하시는 음성을 듣는다. 그 경험과 비슷한 시기에 제자들은 고대하던 엘리야가 세례 요한이라는 인물로 왔다는 것을 알게 된다. 그들은 또한 늘 기도하고 때로는 금식하는 것이 반드시 필요하다는 교훈을 배운다.

당시에나 지금이나, 제자들의 생활 방식은 하나님에 대한 의존, 신뢰 그리고 인정(잠 3:6, 눅 7:30과 대조해보라)이 중심이 되어야 한다. 이런 식으로 예수님은 모든 제자들이 그 자신의 생활 방식을 반영하도록 준비시키신다. 그들은 하나님의 메시아적 통치 패턴과 길과 향기를 구현하도록 부름

380 행 8:24; 9:49; 28:8; 약 5:15을 보라. 참고. 막 3:14.

받았다. 그런 삶은 예수님이 그분의 생애, 가르침 그리고 십자가에서의 언약적 속죄를 통해 열어놓으신 삶이다. 오늘날 그리스도인은 삶의 모든 면에서 전인적으로 그리스도를 드러내야 한다. 이런 방식으로만 다른 사람에게 전달할 그 무엇이 생길 것이다. 그리스도를 닮은 성품은 그 목표에 이르는 하나의 중요한 길이다. 그리스도의 희생이 필요한 것은 기존의 자율성과 하나님에 대한 적대감 때문이다(막 10:45, 참고. 롬 5:6, 8, 10). 언제나 예수님의 제자들은 하나님의 목적과 성품을 반영하기 위해 그분께 의존하는 가운데 구원과 성화를 이루게 된다. 예수님의 고난을 하나님의 선물로 받아들이는 믿음(막 9:24)은 제자들이 하나님의 통치에 참여하는 데 꼭 필요하다.

오늘날의 제자들은 보이는 세계와 보이지 않는 세계에서 그들과 싸움을 벌이려는 악한 세력들과 부딪히면서 많은 고난을 받을 것이다. 그리스도가 그들의 죄를 속하기 위해 목숨을 내어놓으신 것처럼(참고. 빌 2:5-11), 그들 역시 섬기는 삶으로 부름을 받되 속죄하는 방식이 아니라 그리스도의 패턴을 따르는 방식으로 섬기도록 부름 받았다. 이는 그리스도와 함께 고난받는 삶이다. 따라서 예수님의 생활 방식을 따라 자만심을 버리고 하나님을 신뢰해야 한다(막 8:34-37; 9:19, 23-24).[381] 제자라고 해서 타락의 결과, 즉 육체적 질병, 억압, 고난 또는 삶의 흔한 도전들에 면역이 된 것은 아니다.

앞에서 말했듯이 기도와 금식이라는 영적 훈련은 하나님의 은혜로운 선물이고, 이로써 오늘날의 제자들은 믿고 순종하는 가운데 하나님 앞으로 나아갈 수 있다(참고. 2:18-22 주석). 그런 훈련을 통해 점점 더 하나님을 의존하게 된다. 아울러 영적 억압과 인간의 반대에 대항하는 싸움이 여전히 끝나지 않았다는 것을 알게 된다. 오늘날 제자의 육체적 생명은 하나님께서 보호할 수도(예. 행 27:44) 있고 보호하지 않으실 수도(예. 7:59-60) 있다. 마가복음 9:23, 29의 요점은 믿음의 능력이나 기도의 능력에 있지 않다.

381 참고. 마 11:28-30; 요 12:24; 고후 1:9.

오히려 예수님은 제자들이 강력하고 주권적인 하나님을 믿음의 '대상'으로 신뢰하고 바로 그 하나님께 늘 겸손하게 기도하도록 권면하신다. 구약에는 그런 믿음의 본보기가 많고, 그 가운데 일부는 히브리서 11:1-40에 언급되어 있다. 예컨대 아브라함(창 22:1-5; 26:5; 롬 4:3)과 다니엘(단 9:2-19)이 포함된다. 기도와 믿음이 결코 하나님 앞에서 무언가를 요구하는 것으로 전락해서는 안 된다. 달리 말하면 무언가를 얻기 위해 하나님의 위엄, 순결함 그리고 주권을 슬쩍 제쳐놓으면 안 된다는 뜻이다. 믿음과 기도의 핵심은 삶의 모든 영역에서 하나님을 예배하는 것이다.

Mark
마가복음
9:30-10:16

9:30 그곳을 떠나 갈릴리 가운데로 지날새 예수께서 아무에게도 알리
고자 아니하시니 31 이는 제자들을 가르치시며 또 인자가 사람들의 손
에 넘겨져 죽임을 당하고 죽은 지 삼 일 만에 살아나리라는 것을 말씀
하셨기 때문이더라 32 그러나 제자들은 이 말씀을 깨닫지 못하고 묻기
도 두려워하더라

9:30 They went on from there and passed through Galilee. And he did
not want anyone to know, 31 for he was teaching his disciples, saying to
them, "The Son of Man is going to be delivered into the hands of men,
and they will kill him. And when he is killed, after three days he will
rise." 32 But they did not understand the saying, and were afraid to ask
him.

33 가버나움에 이르러 집에 계실새 제자들에게 물으시되 너희가 길에
서 서로 토론한 것이 무엇이냐 하시되 34 그들이 잠잠하니 이는 길에
서 서로 누가 크냐 하고 쟁론하였음이라 35 예수께서 앉으사 열두 제
자를 불러서 이르시되 누구든지 첫째가 되고자 하면 뭇 사람의 끝이

되며 뭇 사람을 섬기는 자가 되어야 하리라 하시고 36 어린아이 하나
를 데려다가 그들 가운데 세우시고 안으시며 제자들에게 이르시되
37 누구든지 내 이름으로 이런 어린아이 하나를 영접하면 곧 나를 영
접함이요 누구든지 나를 영접하면 나를 영접함이 아니요 나를 보내신
이를 영접함이니라
33 And they came to Capernaum. And when he was in the house he
asked them, "What were you discussing on the way?" 34 But they kept
silent, for on the way they had argued with one another about who was
the greatest. 35 And he sat down and called the twelve. And he said to
them, "If anyone would be first, he must be last of all and servant of
all." 36 And he took a child and put him in the midst of them, and taking
him in his arms, he said to them, 37 "Whoever receives one such child
in my name receives me, and whoever receives me, receives not me but
him who sent me."

9장

38 요한이 예수께 여짜오되 선생님 우리를 따르지 않는 어떤 자가 주
의 이름으로 귀신을 내쫓는 것을 우리가 보고 우리를 따르지 아니하
므로 금하였나이다 39 예수께서 이르시되 금하지 말라 내 이름을 의탁
하여 능한 일을 행하고 즉시로 나를 비방할 자가 없느니라 40 우리를
반대하지 않는 자는 우리를 위하는 자니라 41 누구든지 너희가 그리스
도에게 속한 자라 하여 물 한 그릇이라도 주면 내가 진실로 너희에게
이르노니 그가 결코 상을 잃지 않으리라
38 John said to him, "Teacher, we saw someone casting out demons in
your name,[1] and we tried to stop him, because he was not following
us." 39 But Jesus said, "Do not stop him, for no one who does a mighty
work in my name will be able soon afterward to speak evil of me.
40 For the one who is not against us is for us. 41 For truly, I say to you,

whoever gives you a cup of water to drink because you belong to Christ
will by no means lose his reward.

42 또 누구든지 나를 믿는 이 작은 자들 중 하나라도 실족하게 하면 차
라리 연자맷돌이 그 목에 매여 바다에 던져지는 것이 나으리라 43 만
일 네 손이 너를 [1)]범죄하게 하거든 찍어버리라 장애인으로 [2)]영생에
들어가는 것이 두 손을 가지고 지옥 곧 꺼지지 않는 불에 들어가는 것
보다 나으니라 44 [3)](없음) 45 만일 네 발이 너를 [1)]범죄하게 하거든 찍
어버리라 다리 저는 자로 [2)]영생에 들어가는 것이 두 발을 가지고 지
옥에 던져지는 것보다 나으니라 46 [3)](없음) 47 만일 네 눈이 너를 [1)]범
죄하게 하거든 빼버리라 한 눈으로 하나님의 나라에 들어가는 것이
두 눈을 가지고 지옥에 던져지는 것보다 나으니라 48 거기에서는 구더
기도 죽지 않고 불도 꺼지지 아니하느니라 49 사람마다 불로써 소금
치듯 함을 받으리라 50 소금은 좋은 것이로되 만일 소금이 그 맛을 잃
으면 무엇으로 이를 짜게 하리요 너희 속에 소금을 두고 서로 화목하
라 하시니라

42 "Whoever causes one of these little ones who believe in me to sin,[2] it
would be better for him if a great millstone were hung around his neck
and he were thrown into the sea. 43 And if your hand causes you to sin,
cut it off. It is better for you to enter life crippled than with two hands to
go to hell,[3] to the unquenchable fire.[4] 45 And if your foot causes you to
sin, cut it off. It is better for you to enter life lame than with two feet to
be thrown into hell. 47 And if your eye causes you to sin, tear it out. It is
better for you to enter the kingdom of God with one eye than with two
eyes to be thrown into hell, 48 'where their worm does not die and the
fire is not quenched.' 49 For everyone will be salted with fire.[5] 50 Salt
is good, but if the salt has lost its saltiness, how will you make it salty

again? Have salt in yourselves, and be at peace with one another."

10:1 예수께서 거기서 떠나 유대 지경과 요단강 건너편으로 가시니 무리가 다시 모여들거늘 예수께서 다시 전례대로 가르치시더니

10:1 And he left there and went to the region of Judea and beyond the Jordan, and crowds gathered to him again. And again, as was his custom, he taught them.

10장

2 바리새인들이 예수께 나아와 그를 시험하여 묻되 사람이 아내를 버
리는 것이 옳으니이까 3 대답하여 이르시되 모세가 어떻게 너희에게
명하였느냐 4 이르되 모세는 이혼 증서를 써주어 버리기를 허락하였
나이다 5 예수께서 그들에게 이르시되 너희 마음이 완악함으로 말미
암아 이 명령을 기록하였거니와 6 창조 때로부터 사람을 남자와 여자
로 지으셨으니 7 이러므로 사람이 그 부모를 떠나서 8 그 둘이 한 몸이
될지니라 이러한즉 이제 둘이 아니요 한 몸이니 9 그러므로 하나님이
짝지어주신 것을 사람이 나누지 못할지니라 하시더라

2 And Pharisees came up and in order to test him asked, "Is it lawful
for a man to divorce his wife?" 3 He answered them, "What did
Moses command you?" 4 They said, "Moses allowed a man to write a
certificate of divorce and to send her away." 5 And Jesus said to them,
"Because of your hardness of heart he wrote you this commandment.
6 But from the beginning of creation, 'God made them male and
female.' 7 'Therefore a man shall leave his father and mother and hold
fast to his wife,[6] 8 and the two shall become one flesh.' So they are no
longer two but one flesh. 9 What therefore God has joined together, let
not man separate."

10 집에서 제자들이 다시 이 일을 물으니 11 이르시되 누구든지 그 아
내를 버리고 다른 데에 장가 드는 자는 본처에게 간음을 행함이요
12 또 아내가 남편을 버리고 다른 데로 시집 가면 간음을 행함이니라
10 And in the house the disciples asked him again about this matter.
11 And he said to them, "Whoever divorces his wife and marries another
commits adultery against her, 12 and if she divorces her husband and
marries another, she commits adultery."

13 사람들이 예수께서 만져주심을 바라고 어린아이들을 데리고 오매
제자들이 꾸짖거늘 14 예수께서 보시고 노하시어 이르시되 어린아이
들이 내게 오는 것을 용납하고 금하지 말라 하나님의 나라가 이런 자
의 것이니라 15 내가 진실로 너희에게 이르노니 누구든지 하나님의 나
라를 어린아이와 같이 받들지 않는 자는 결단코 그곳에 들어가지 못
하리라 하시고 16 그 어린아이들을 안고 그들 위에 안수하시고 축복하
시니라
13 And they were bringing children to him that he might touch them,
and the disciples rebuked them. 14 But when Jesus saw it, he was
indignant and said to them, "Let the children come to me; do not hinder
them, for to such belongs the kingdom of God. 15 Truly, I say to you,
whoever does not receive the kingdom of God like a child shall not
enter it." 16 And he took them in his arms and blessed them, laying his
hands on them.

1) 또는 실족하게 2) 헬, 생에 3) 어떤 사본에, 44, 46 양 절에, 48절과 같은 문구가 있음

1 Some manuscripts add *who does not follow us* *2* Greek *to stumble*; also verses 43, 45, 47 *3* Greek *Gehenna*; also verse 47 *4* Some manuscripts add verses 44 and 46 (which are identical with verse 48) *5* Some manuscripts add *and every sacrifice will be salted with salt* *6* Some manuscripts omit *and hold fast to his wife*

단락 개관

예수님은 예루살렘으로 향하는 여정에서(막 8:27-10:52), 두 번째로 수난을 예언하시고(9:31), 제자들에게 제자도의 대가와 특성(33-37절)과 더불어 인내(38-41절)에 관해 가르치신다. 또한 제자도의 급진적이고 정결케 하는 성격을 강조하신다(42-50절).

예수님의 죽음과 부활에 대한 두 번째 예언은 그분의 고난에 이방인이 참여하는 것에 초점을 맞춘다. 제자들에 대한 가르침의 두 번째 주기(33-50절)에서는 어린이처럼 믿고 겸손한 면에서 성장하는 것을 집중적으로 다루신다(35절을 참고하라). 이후 예수님은 적대자들과의 논쟁에서 제자들(과 다른 이들)에 대한 가르침을 이어가는데, 결혼(10:2-12)과 어린이 같은 믿음(13-16절)에 관해 말씀하신다. 누가의 이야기와 달리, 마가는 마태와 더불어 예수님의 유일무이한 고난(특히 죽음과 이후의 부활)이 제자들의 고난 및 소망과 밀접하게 엮여 있다고 강조한다. 그런 고난을 받을 때는 겸손하게 인내하고 믿음으로 견디면서 하나님의 변호를 기다리는 태도가 필요하다(참고. 벧전 5:6).

9장

단락 개요

III. 2부: 고난과 죽음의 필연성을 통해 예수님의 권위를 시험하다 (8:27-16:8[9-20])
- A. 가아사랴 빌립보, 예루살렘을 향한 여정(8:27-10:52)
  - 3. 두 번째 수난 예언, 제자도, 가르침(9:30-10:16)
    - a. 예수님의 두 번째 수난 예언(9:30-31)
    - b. 겸손에 관한 가르침(9:32-37)

c. 인내와 섬김에 관한 가르침(9:38-41)

d. 제자도의 급진적 성격(9:42-48)

e. 제자도의 정결케 하는 성격(9:49-50)

f. 적대자들과 이혼에 관해 논쟁하시다(10:1-12)

(1) 이혼의 합법성에 관한 질문(10:1-4)

(2) 결혼의 핵심(10:5-8)

(3) 결혼은 한 남자와 한 여자 간의 평생의 유대다(10:9)

(4) 간음에 관한 가르침(10:10-12)

g. 어린이를 축복하시다(10:13-16)

주석

9:30-50 개요

이어지는 제자도 교육에서 예수님은 그리스도를 닮은 겸손과 어린이 같은 믿음 등 본질적인 하나님 나라의 특징을 부각시키신다(9:35-50; 10:35-44). 나아가 제자들은 주변의 정치적, 종교적 지도자들이 보여주는 억압적인 방식과 완전히 다른 섬기는 리더십 방식을 키워야 한다.

9:30-31 예수님은 다가오는 예루살렘에서의 고난(참고. 8:31)과 관련해 사적으로 "제자들"을 가르치려 하신다(참고. 1:21-22 주석).

제자들이 아직 깨닫지 못하고 있지만 언젠가는 예수님의 언어유희("인자가 사람들의 손에…")를 기억하게 될 것이다. 아람어로 보면 그것은 바르 에나쉬…베네 아나쉼(*bar ēnash…bene anashim*, 참고. 14:41; 삼하 24:14)이다. 아버지 하나님은 의도적으로 의롭고 무죄한 아들을 유대 지도자들(막 8:31)과 이방인들의 불의한 손에 "넘겨[주신다]." 여기에 나오는 헬라어 단어 파라디도미의 현재 수동태인 파라디도타이(*paradidotai*, 문자적으로 "내가 넘겨지고 있다" 또는 "넘겨졌다"[382]는 뜻)를 주목하라. '넘겨지고 있다'는 말은 하나의 역설이다. 적대자들의 악한 계획이 성공적 결실을 맺으려면(10:33), 아버지 하나님께서 그 백성의 죄를 용서하기 위해 의로운 자를 죽음에 넘겨주셔야 하기 때문이다(45절; 히 1:3). 이 모티브가 나오는 곳은 백성의 죄악을 그에게 '담당시키는'[파레도켄(*paredōken*), '그가 (그에게) 씌우다'] 이사야 53:6(칠십인역)과 의로운 자가 하나님 백성의 죄로 인해 죽음에 넘겨지는[파레도테(*paredothē*)] 이사야 53:12(칠십인역)이다. 그와 같이 예수님은 "많은 사람의 죄를 담당하[셨다]"(사 53:12, 참고. 막 10:45).[383]

9:32 제자들은 메시아가 죽는 것이 왜 필요한지 깨닫지 못한다[아그노에오(*agnoeō*), '내가 이해하지 못하다']. 그들에게는 또한 한 '개인'의 부활에 대한 개념이 없었다. 이미 언급했듯이, 그들은 정치적 해방자를 열렬히 기대하고 있다(참고. 9:34; 9:9-10 주석).[384] 내세의 견지에서는 최후의 심판 때 일어날 인류의 부활을 기대한다(단 12:2). 이 고정관념이 너무도 확고해서 예수님이 그분의 죽음과 부활을 거듭 말씀하셔도 도무지 깨닫지 못한다. 하지만 장차 때가 되면 예수님의 말씀을 기억하고 비로소 이해하고 믿게 될 것이다(참고. 11:20-21 주석). 그들이 "묻기도 두려워하[는]" 이유는 아마 죽음에 대한 언급이 두려움을 유발할 뿐 아니라, 깨닫지 못하는 것이 자신의 완고함(막 8:17-21, 32-33)과 관계가 있을지 모른다는 점을 알기 시작했기 때문일 것이다.

9장

382 참고. 1:14-15 주석; 3:19 주석; 9:30-31 주석; 10:32-34 주석; 13:9-13 주석; 14:10-11 주석; 14:41-45 주석. 참고. 렘 26:24; 막 9:18, 21; 15:15.

383 참고. 롬 8:32; 갈 2:20; 딤전 2:6; 딛 2:14.

384 참고. 서론의 '그리스도론'.

9:33-34 제자들은 메시아를 정치적 해방자로 기대하는 뿌리 깊은 소망과 연결된 신(新)마카비 반란의 노선을 따라, 그들의 희망을 이후에 얻을 신분, 영예 그리고 권력에 고정시킨다(10:35, 37, 43). 슐래터(Schlatter)는 위대해지고픈 야망이 예수님 당시 유대교의 경건에 널리 퍼져 있었다고 말한다.[385] 이런 신분 지향적 심리는 그리스-로마 세계에서도 무척 흔했다(참고. 고전 14:27; 막 8:34-38과 대조해보라). 자주 그랬듯이 예수님이 사적으로 제자들을 가르치신다(참고. 4:10, 34; 6:30; 7:17; 9:28; 10:10). 예수님이 질문하신다고("너희가 길에서 서로 토론한 것이 무엇이냐") 해서 그들이 무슨 토론을 벌이고 있었는지를 모르셨다는 뜻은 아니다. 오히려 예수님의 질문은 제자들을 경건한 성품에 관한 교훈으로 이끈다(참고. 8:27, 29, 31, 34-38). "그들이 잠잠[한]" 것은 당황스러웠기 때문이다. 그들은 "서로 누가 크냐"를 놓고 토론하고 있었다.

9:35 선생은 가르치는 동안 종종 자리에 앉는다. 예수님과 함께하는 것(3:14)의 중요한 측면 중 하나는 그분의 발치 아래 앉는 것이다(눅 10:39). 하나님의 메시아가 희생적 섬김과 기꺼운 고난(막 9:31)으로 인도하시듯, 열두 제자 역시 '종들'[디아코노스(*diakonos*), 참고. 10:43; 눅 22:26]이 됨으로써 인도해야("첫째가 … 되어야") 마땅하다. 예수님의 고난과 속죄의 희생은 메시아적 통치의 시발점일 뿐 아니라 하나님 나라에서의 겸손한 섬김 등으로 표출되는 다양한 행동 패턴을 가리키기도 한다.[386]

9:36-37 그런 섬김의 마음을 품는다는 것은 무방비 상태의 취약한 어린이도 무시하지 않는다는 뜻이다. 예수님 당시에는 어린이들이 다소 하찮

385 참고. Adolf Schlatter, *Der Evangelist Matthäus: Seine Aprache, sein Ziel, seine Selbstandigkeit*, 7th ed. (Stuttgart: Calwer, 1982), 543; Schlatter, *Das Evangelium des Lukas aus seinen Quellen erklärt*, 2nd ed. (Stuttgarr: Calwer, 1960), 424.

386 마 20:26-28; 23:11; 빌 2:1-11; 벧전 2:21과의 유사점을 주목하라.

게 여겨졌다(참고. 10:16). 순박한 어린이를 따뜻하게 영접한다는 것은 곧 그 어린이와 연대하고 있는 그리스도를 영접하는 것이다.[387] 그리스도를 영접한다는 것은 곧 "나를 보내신 이"의 목적과 뜻을 받아들이는 것이다.[388] 다시금 예수님은 자신이 하나님과 친밀하다는 비범하고 권위 있는 주장과 제자들에게 하찮게 보이는 어린이들을 영접하라는 명령을 묶으신다. 마호메트와 대조적으로, 예수님은 자신의 소명을 찾으려고 하지 않으신다. 그분은 이미 자신이 누구인지, 무엇을 이루도록 파송되었는지 아신다. 제자들은 예수님을 하나님께서 보내신 아들로 영접함으로써 그들 자신을 낮추게 된다(참고. 대하 34:27). 따라서 그들은 예수님이 환영하시는 사람은 누구나 환영해야 한다.

9장

9:38-40 훗날 바울은 예수님의 가르침을 반영한다(빌 1:17-18, 참고. 고전 12:3). 제자들은 그들의 과업을 담당하고 나머지는 하나님께 맡기라는 요청을 받았다(참고. 민 11:26-29).[389] 제자 요한은 "[그가] 우리를 따르지 아니하므로"라는 진술을 통해 그릇된 자만심을 표현하는 듯하다. 예수님은 "주의 이름으로" 치유하는 임의의 사람을 정죄하지 않으신다. 마가복음에 나타난 예수님의 명시적 의도는 그분을 따르는 사람들에게 영향을 미쳐서 그분에게서 받은 은사로 섬기게 하는 것이다(참고. 마 7:21-23).

9:41 누군가에게 "물 한 그릇"을 주는 행동은 가장 소박한 선행 중 하나다. 하지만 그것을 받는 자가 "그리스도에게 속[하기]"(문자적으로는 '네가 그

387 구약과 신약 전체 걸쳐 하나님께서 취약한 자, 약한 자 그리고 억압받는 자를 옹호하시는 것을 보라(예. 출 22:22; 신 10:18; 시 10:14; 사 1:17; 렘 7:6; 22:3; 슥 7:9-10; 말 3:5; 행 20:35; 살전 5:14; 약 1:27).

388 참고. 마 10:40; 눅 10:16; 요 13:20.

389 "주의 이름으로" 기적을 행한 후 예수님을 비방하는 것에 관한 진술(막 9:39)과 예수님의 이름으로 귀신을 쫓아내는 것이 아니라 성령에 대한 신성모독에 초점을 두는 마 12:30을 대조해보라. 아울러 예수님이 악한 권세를 갖고 있다는 거짓된 비난에 초점을 맞추는 눅 11:23과도 대조해보라.

리스도의 것이기') 때문에 그런 행동마저 하나님께서 보시기에 중요하다.[390] 하찮은 사람을 환영하는 것(35-37절)과 소박한 행실을 하는 것(41절)은 그리스도의 현존과 연관된다. 하나님은 가장 사소한 행동을 알아차리신다. 여기에 언급된 "상"[미스토스(*misthos*), '임금']을 오직 그리스도의 완수된 사역(10:45; 14:22-24)에만 달려 있는 구원의 '조건'과 연관시키면 안 된다. 오히려 그 보상은 하나님께서 아들이 흘린 속죄의 피로 값없이 주시는 값비싼 구원에 더하여 누리게 하시는, 미처 설명할 수 없는 '값없는 선물'이다.

9:42 예수님은 이미 낮고 취약한 사람을 영접하는 것이 곧 그분을 영접하는 것이라고 일반적인 말로 지적하신바 있다. 이제는 이 작은 자들이 그분을 믿고 있다고 명시적으로 말씀하신다. 그래서 "나를 믿는[391] 작은 자들이 죄를 짓게(스칸달리조, '내가 누군가로 죄에 걸려 넘어지게 하다')"[392] 하는 것에 대해 경고하신다. 그처럼 믿는 사람들을 불신으로 이끌고 그들로 하나님의 길에 반대하는 태도와 행동을 취하도록 만드는 것, 특히 그들로 하나님께서 구세주로 보내신 분을 배척하게 하는 것은 혐오할 만한 짓이다(마 11:6; 눅 17:1-2). 죄의 가장 심각한 측면은 하나님으로부터의 분리다.[393] '…이 … 보다 나으리라'는 말은 그런 수치스러운 사람들의 죽음을 부추기는 것이 아니라 그들이 하나님의 무서운 진노를 직면할 것이라는 경고다. 교만에서 나오는 행동이 죄를 짓게 한다(막 9:34, 38, 참고. 눅 17:1).

390 병행 구절인 마태복음 10:42은 "작은 자[들]"이라는 어구를 덧붙여서 이를 더욱 강조한다.

391 "나를 믿는(believe in me)"에 포함된 "in me"가 본문비평에서 논쟁거리가 되고 있으나, 마태복음에 나오는 병행 구절(마 18:6)에 대해서는 그런 논쟁이 없다.

392 막 4:17과 14:27, 29('버리다'), 6:3('배척하다'), 9:42, 43, 45, 47(네 자신을 죄짓게 하다)에 나오는 비슷한 표현을 주목하라.

393 참고. *TDNT*, 7:351-352.

9:43-48 개요

예수님은 이제 개인적으로 "범죄하게 하[는]"(스칸달리조, 막 9:43, 45, 47, 참고. 9:42 주석) 예들을 가리키신다. 즉, 개인적인 불신과 불순종에 빠지게 하는 잘못으로서 남들에게도 영향을 미칠 수 있는 것들이다. "손", "발" 그리고 "눈"은 몸의 이런 지체들을 통해 범할 수 있는 많은 죄들을 가리키는 환유 역할을 한다. 구약에는 이런 경고가 잠언 4:23-27에 나온다. 거기서는 혀와 눈과 발이 모두 악이나 선을 행할 수 있는 도구이므로, 이런 지체들을 도덕적으로 지켜주는 것이 지혜라고 말한다. 하지만 정화(淨化)의 수단으로서 이런 지체들을 실제로 제거한다고 해서 죄의 근원이 없어지는 것은 아니다(참고. 막 7:20-23; 10:45). 예수님의 말씀은 죄의 가혹함을 강하게 상기시키고, 이를 제대로 다루지 못하면 "지옥"[게헨나(*gehenna*)[394], 43, 45, 47절][395]과 '꺼지지 않는 불'(47-48절, 참고. 8:35-37)[396]로 귀결된다고 경고한다. 그리스도가 단번에 희생되심으로 죄를 완전히 제거하셨기 때문에(10:45) 우리는 값없이 "영생"(9:43, 45; 10:17, 30)에 참여하고 "하나님의 나라[통치]"(9:47)[397]에 들어갈 수 있게 되었다. 그래서 49-50절에서 하나님께서 이루시는 점진적 성화 과정은 몸의 한 지체를 실제로 제거하는 것보다 더 깊은 수준에 도달한다(참고. 잠 4:23).

9:43 "손"에 대한 언급은 손으로 짓는 다양한 범죄, 즉 살인, 폭력, 도둑질, 성적 부도덕 또는 집착/인색함 등과 같은 죄악들에 대한 환유다(참고. 9:43-48 주석).

394 참고. F. Wilbur Gingrich, *Shorter Lexicon of the Greek New Testament*, rev. Fredrick W. Danker, 2nd ed. (Chicago: University of Chicago Press, 1983), 38: "게헨나, 힌놈의 골짜기, 예루살렘의 남쪽 계곡." 이 용어는 "사악한 자의 처벌을 위한 불이 있는 곳"을 가리키는 비유적 표현이다.

395 참고. 사 66:24; 마 5:29-30.

396 참고. 마 7:23; 25:41, 46; 눅 3:17.

397 참고. 1:14-15 주석; 4:11 주석; 4:26-32 주석; 6:22-25 주석; 9:1 주석; 10:14-15 주석; 10:23-26 주석; 11:9-10 주석; 12:34 주석; 14:25 주석; 15:42-45 주석.

9:45 "발"에 대한 언급은 자신을 살인, 폭력, 도둑질 또는 성적 부도덕이 가능한 상황으로 데려가는 등 죄악된 행위를 추구하는 것에 대한 환유다(엡 6:15과 대조해보라, 참고. 9:43 주석).

9:47 "눈"에 대한 언급은 정욕, 간음 또는 속임수의 추구에 대한 환유다(참고. 마 5:27-30; 9:43 주석; 9:45 주석).

9:48 예수님이 이사야 66:24을 인용하신다. 이 구절은 선지자 이사야가 모든 불경건한 자들에 대한 하나님의 큰 심판(사 66:3-4, 16-18)과 회개하는 자들에 대한 하나님의 큰 자비(2, 10-14, 22절)를 내다보면서 그의 책을 마무리하는 대목이다.

9:49-50 이 구절들은 예수님이 몸의 한 지체를 제거하는 것(43-48절)을 넘어 철저한 내적 희생, 정화 그리고 정결해지는 것에 초점을 맞추고 계심을 보여준다. 제자는 하나님께 순종함으로써 정결케 된다. "소금에 절이[다]"(새번역)는 죄의 제거를 통해 정결케 하는 "불"에 바쳐지는 것을 의미한다.[398] 세례 요한은 예수님이 제자들에게 "성령과 불"(눅 3:16; 12:49)로 세례를 주실 것이라고 예언했다.[399] "너희 속에 소금을 두[다]"는 말은 동일한 개념을 더욱 발전시킨다. 하나님께 헌신하는 정화의 과정, 즉 은유적으로 "소금"을 삶에 치는 과정(참고. 욥 6:6; 슥 13:9; 말 3:2-4)은 화목을 통한 '평화'를 개발하는 것이다(참고. 롬 12:18; 살전 5:13). 그런 정화의 최종 결과는, 은유적으로 말하면, 이 땅의 소금이 되는 것, 즉 삶의 보존과 정화에 헌신하는 것(마 5:13, 참고. 눅 14:34; 골 4:6)이다. 여기서 예수님은 마가복음 7:14-23에 나오는 죄와 불결함을 제거하는 수단을 가리키지 않고, 하나님을 섬기려

398 참고. 레 2:13; 겔 43:24; 롬 12:1. 그리고 출 30:35과 비교하라.

399 참고. 민 31:22-23; 신 13:3; 시 66:10, 12; 사 1:25; 43:2; 렘 9:7; 고전 3:13; 엡 2:21; 벧전 2:4-5; 4:17.

면 마음의 순결함이 시급히 필요하다는 것을 드러내실 뿐이다.

10:1-12 개요

결혼을 둘러싼 도덕적 질문이 예수님을 모세 율법을 반대하는 인물로 낙인찍으려는 시도로 다시 제기된다(2절). 적대자들이 만일 예수님이 모세의 율법을 위반하는 죄를 확증할 수 있다면, 그분은 하나님의 계시된 말씀에 반대하는 인물로 낙인찍히고 배척될 것이다. 당시의 사두개인들, 바리새인들 그리고 열심당원들이 모두 모세를 권위 있는 인물로 받아들였기 때문이다. 다시 한 번, 예수님이 그들의 완고한 마음을 밝히 드러내신다(5절). 1-12절(결혼)과 13-16절(어린이)의 단락들은 17-31절(하나님의 가족 공동체)과 더불어 에베소서 5:21-33에 나오는 '집안의 질서'와 유사하다.

10:1 예수님이 갈릴리에서 여리고를 경유하여 예루살렘에 이르는 마지막 여정을 계속 밟으신다(10:17, 32, 46; 11:1). 누가복음은 이른바 여행 내러티브(눅 9:51-19:44)에서 이 여정을 더 상세히 묘사한다. 이 여정은 많은 유대인이 예루살렘으로 가는 유월절 순례와 동시에 일어난다. 예수님은 "늘 하시는 대로"[새번역, 에디다스켄(*edidasken*)의 과거진행형, '그가 계속 가르쳤다'] 상당한 기간 동안 가르치는 일을 계속하신다.[400]

10:2 이전과 비슷하게 일부 바리새인 적대자들이 예수님을 "시험하[려고]"(페이라조, '내가 시험하다', 참고. 1:12-13 주석; 8:11 주석; 10:2-12 주석; 12:15 주석; 14:37-40 주석) 한다.[401] 예수님에게서 흠을 찾기 위해서다(8:11; 12:15). 그

400 참고. BDAG, s.v. διδάσχω. 선생으로서의 예수님에 관해서는 다음 구절들에 관한 주석을 참고하라. 1:14; 1:21-28; 1:36-39; 2:2; 2:13-14; 4:1-2; 6:1-6; 6:30-34; 8:31; 9:30-31; 11:16-18; 12:35-40; 14:48-49. 이 점은 또한 마가복음에 예수님을 "선생"으로 부르는 구절이 12개 있다는 사실로 부각된다(막 4:38; 5:35; 9:17, 38; 10:17, 20, 35; 12:14, 19, 32; 13:1; 14:14). 아울러 9:5; 10:51; 11:21; 14:45에 나오는 "랍비"("선생")라는 호칭과 4장, 7장 그리고 13장에 나오는 가르침의 예들도 주목하라.

401 참고. *NIDNTT*, 3:804.

들은 예수님을 모세 율법의 반대자로 폭로하길 바라면서 이혼에 관한 율법 규정을 다루는 질문을 던진다(참고. 2:24).[402] 의식적 정결함(7:5-23)과 이혼과 관련된 예수님의 대답은 모두 법적 문제보다 마음의 성향에 집중된다. 예수님의 가르침에 따르면, 경건한 행위와 율법에 대한 순종 모두 마음에서 생기기 때문에 마음의 순결함에 초점을 두어야 한다. 나아가 예수님은 모세(신 24:1)보다 더 엄격하게 가르치시는 듯한데, 적어도 이혼의 문제에 관한 한 그렇다(막 10:9). 예수님은 한 남자와 한 여자 간의 언약적 결혼이라는 본래의 창조 질서를 '최고의 성경적 기준'으로 옹호함으로써 그렇게 하신다. 적대자들은 구약의 이혼 율법에 대한 예수님의 견해에서 흠을 찾을 수 없을뿐더러, 하나님께서 주신 모세의 이혼 율법이 그들의 완고한 마음에 대한 '양보'라는 사실을 대면하게 된다(참고. 이후 구절들에 관한 주석).

10:3 현명하게도, 예수님은 모세의 율법에 기반한 반문(反問)을 제기하신다. 그분은 율법이 '허락하는 사항'을 고려하기보다 이혼에 관한 모세의 '명령'을 찾으신다. 놀랍게도 이혼에 관한 '명령'은 아예 존재하지 않는다.

10:4 예수님의 적대자들은 무심코 '모세가 허락한' 것(3절, 참고. 신 24:1-3)에 초점을 두는 바람에 처음부터 위태로운 입장에 서게 되었다는 사실을 깨닫지 못한다.

10:5-8 예수님은 이어서 한 남자와 한 여자 간의 육체적, 감정적 혼인/연합(5-8절)의 기원이 창조 질서임을, 즉 하나님의 본래 목적(창 1:27; 2:24; 출 20:14)임을 밝히신다. 그렇게 함으로써 이혼에 대한 모세의 허락(신 24:1-3)

402 마태복음 19:3에 나오는 발언을 주목하고, 세례 요한이 헤롯 안디바의 결혼이 모세 율법에 거슬린다고 비판한 대목(막 6:17-18)과 비교하라.

403 Zerwick, *Grammatical Analysis*, 139를 보라. "하나님의 자극에 반응하길 완강하게 거부하는 것." 참고. 신 10:16; 렘 4:4; 막 [16:14]; 롬 10:4. 겔 36:26-27과 대조해보라.

이 단지 "너희의 완악한 마음 때문에"(막 10:5, 새번역)[403] 하나의 예외로 양보한 것이라고 판명하신다. 따라서 예수님의 논법은 인류의 '창조'(창 1:27)[404]로부터 타락(신 24:1)으로 이동한 후 '구속'(예. 막 9:31, 49-50; 10:9-12, 45)의 소망을 제시하는 방식이다.

10:7-8 그리스도를 통한 구원의 목적은 회개와 화해를 거쳐 하나님의 창조 목적을 회복하는 것이다. 동등한 가치를 지닌 한 남자와 한 여자가 결혼을 통해 "부모를 떠나" 서로를 '꽉 붙잡고', "한 몸"이 된다(참고. 창 1:27; 2:24; 고전 6:16; 엡 5:31). 이것은 하나의 명령이자 선언이다. 예수님은 감정적이고 의지적인 충성의 우선순위가 부모로부터 배우자로 바뀌는 심층적인 '떠남'을 강조하신다. 부부는 도덕적 순결의 면에서 서로를 '꽉 붙잡음'으로써 새로운 충성을 굳건하게 하고 한 몸이 된다. 오직 성적 교섭(sexual intercourse)이 '한 몸이 되도록' 이끈다는 것을 주목하라(고전 6:16).

부부가 서로의 완고한 마음과 특히 자만심을 잘 다룰 수 있다면, 그들은 이혼의 가능성이나 합법성에 대해 우려할 필요가 없다(막 9:49-50을 생각하라, 참고. 신 10:16; 렘 4:4; 막 7:20-23). 대신 그들은 서로에게 완전히 헌신함으로써 서로를 "꽉 붙잡으려고"[프로스콜라오(*proskollaō*), '내가 단단히 들러붙다' 또는 '굳게 결합하다'] 노력할 것이다.[405] 그런 결혼의 유대는 심오하고(참고. 이 맥락에서 8:37), 하나님께서 주시는 선물(말 2:15-16)이다. 이는 또한 예수님이 적대자들에게 주시는 응답의 기반이 되기도 한다(참고. 고전 7:10-11).

10:9 예수님은 "하나님이 짝지어주신 것을 사람이 나누지 못할지니라"고 말씀하심으로써 인간들이 '짝짓는' 하나님의 사역에 반하여 행동하면 안 된다는 것을 분명히 하신다. 하지만 하나님께서 '어떻게' 한 남자와 한 여

404 참고. *NIDNTT*, 3:182.

405 참고. 엡 5:31, 또한 마 19:5에 나오는 콜라오(*kollaō*, '내가 달라붙다').

자를 혼인으로 짝지어주시는지는 분명하지 않다. 육체적으로 하나가 되는 남자와 여자는 이미 "한 몸"이라고 예수님이 암시하신다(참고. 막 10:8; 그리고 마 5:32; 19:9; 고전 6:16을 보라). 따라서 예수님은 모든 결혼을 하나님 앞에서 구속력 있는 것으로 여기신다(참고. 고전 7:1-16). 이 밖에도 창세기 2:24은 신혼부부의 공개적인 '떠남과 연합함'을 전하고 그런 선언과 축복의 예식을 제안한다.

10:10-12 종종 그러듯이 예수님이 사적으로 제자들을 더 많이 가르치신다(예. 4:10; 7:17; 9:33). 그분은 일부일처제 혼인의 신성함을 강조하신다. 다른 한편, 한쪽 배우자가 완고한 마음으로 범한 간음 때문에 이혼할 가능성을 용인하신다(마 5:32; 19:9). 또한 재혼이 "간음"에 해당하는 상황에 대해서도 말씀하신다. 만일 한 사람이 불충분한 이유로 배우자와 이혼하고 이혼당한 사람이 다른 누군가와 결혼하면, 그 사람은 첫 번째 배우자에게 '간음을 범하는' 것이다(막 10:11-12; 눅 16:18). 결혼관계에서 오직 불륜의 경우에만 그 관계가 깨어지거나 무효화된다(마 5:32; 19:9). 그런 경우 불륜에 관여하지 않은 쪽은 재혼을 고려할 수 있다. 우리가 마태복음 5:32, 19:9과 누가복음 16:18을 마가복음 10:1-12과 함께 묵상해보면 일부다처제가 들어설 여지가 없다. 한 남자와 한 여자의 결혼생활 중 한 배우자가 또 다른 사람과 성관계를 맺는다면 그 관계가 깨어지기 때문이다. 설사 한 사람이 구속력 있는, 일부일처제의, 이성(異性)적 결혼 바깥에서 그런 사람과 공식적으로 '혼인했다' 할지라도 마찬가지다. 달리 말하면 첫 번째 결혼이, 불륜의 경우를 제외하고, 구속력 있는 결혼이다.

10:13-16 개요

하나님의 은혜와 선교는 모든 사람을 대상으로 하는 만큼 사회에서 존경이나 존중을 받지 못하는 이들도 그 대상에 포함된다. 혼인에 관한 논쟁이 끝난 후, 예수님은 그 본보기로 취약한 어린이들을 사랑하고 축복하신다. 어린이다운 믿음은 하나님 나라에 들어가도록 허락되는 사람들의 특징이다.

10:13 예수님의 시대에는 유대인들이 할례의 날에 소년을 축복하는 전통에 대해 잘 알고 있었다. 특히 선지자의 축복을 받으려고 애썼다. 이 때문에 일부 부모가 자녀들을 예수님에게 데려오려고 한 것이다.[406] 예수님 당시 그리스-로마와 유대 세계에서 어린이들은 대체로 하찮은 존재로 간주되었다(9:36-37, 42). 그래서 제자들의 퉁명스러운(에피티마오, '내가 꾸짖다') 반응을 이해할 수 있다(참고. 왕하 4:27). 그들은 피조물을 사랑하고 구속하는 스승의 성품을 닮지 못했다.

10장

10:14-16 예수님이 제자들을 날카롭게[아가나크테오(*aganakteō*), '내가 분개하다', 참고. 10:41 주석; 14:3-5 주석] 그리고 격렬하게 책망하신다. 이와 유사한 경우로 마가복음 8:32-33에 나오는 강한 권고와 비교해보라. 예수님에게는 취약한 어린이들이 어른과 똑같이 중요하고 사랑과 관심을 받을 자격이 있기 때문에, 그들은 따스한 포옹을 받아 마땅하다(10:16, 9:36-37을 보라, 참고. 5:23).[407] 10:14-15을 올바로 해석하려면 15절에 비추어 14절("이런 자의 것")을 이해할 필요가 있다. 일부 해석자들의 주장처럼, 어린이들이 어린이라는 이유만으로 자동적으로 "하나님의 나라"에 속하는 것은 아니다. 어린이라는 사실 또는 어린이로서의 개인적 장점이 아니라 '어린이다운' 무력함과 단순하고 무조건적인 신뢰가 이 담론의 초점이다.[408] 예수님은 하나님의 나라를 선물로 받아들이고 "어린이와 같이"(참고. 9:37; 10:23-24) '영접하는'[데코마이(*dechomai*), '내가 순종적인 방식으로 받다, 환영하다, 받아들이다'] 누군가를 거론하신다.[409] 이는 모세 율법의 준수가 아니라 어린이처럼 의존하고 신뢰

406 미완료능동태인 포르세페론[(*porsepheron*), 문자적으로 '그들이 (그들의 자녀들을 그분에게) 데려오려 한다', 막 10:13]을 보라.

407 '막지 말라'(개역개정은 "금하지 말라", 막 10:14)는 어구는 마태복음 3:14-15, 즉 세례 요한이 예수님에게 세례를 만류하는(막는) 장면과 비교될 수 있다.

408 참고. *NIDNTT*, 1:285: "하나님의 나라가 어린이들에게 속하는 이유는 그들이 가진 어떤 주관적 속성 때문이 아니라 그들의 객관적인 무력함 때문이다."

409 참고. 마 18:3; 요 3:3, 5.

하는 방식으로 그 나라를 영접하게 된다는 뜻이다.[410]

"내게 오는"(14절) 것과 "하나님의 나라를…받[아들이는]"(15절) 것의 병행을 주목하라. 예수님의 희생을 신뢰하고 그 뜻에 순종함으로써 그분에게 가는 것은 하나님의 나라에 들어가는 것에 상응한다(참고. 23-35절).[411] 9:43, 45, 47과 10:23-24에 언급되어 있는, 그 나라에 들어가는 여러 조건들을 주목하라.[412] 따라서 14-16절은 예수님이 취약한 어린이들을 존중하신다는 점과, 하나님 나라에 들어가려는 사람의 어린이 같은 믿음을 중시하신다는 점을 강조한다.

응답

9:30-37, 10:13-16에 대한 응답

예수님은 제자들에게 유치해지라고 가르치시는 것이 아니다. 대신 인간을 속죄하시는 하나님(9:31) 앞에서 단순한 신뢰와 겸손으로(33-37절) 어린이처럼 되라고(10:15) 요청하신다. 겸손의 능력은 그가 자신의 제한된 힘에 의존하지 않는다는 사실에 있다. 그런 사람은 오히려 자원이 풍부한 하나님의 강력한 손에 자신을 의탁한다(참고. 고후 1:8-9; 벧전 5:5-7). 겸손은 그 자체를 추구하지 않는다. 하나님의 방식으로 하나님의 목적을 추구한다. 따라서 겸손한 사람은 하나님의 능력을 완전히 신뢰하기 때문에 그 성품이 매우 강할 수 있다(벧전 5:6-7). 섬기는 리더십이 그런 겸손의 한 양상이다. 예수님은 여호와의 종으로(막 10:45, 그리고 사 52:13-53:12을 보라, 참고. 삼하 7:8) 나타나든지, 또는 심판하는 인자의 모습으로(막 8:38, 참고. 단 7:13-14) 나

410 참고. W. Egger, *EDNT*, 3:4.

411 참고. H. Weder, *EDNT*, 1:401.

412 참고. 마 5:20; 7:21; 21:31; 23:13; 요 3:3, 5.

타나든지 늘 겸손하시다(마 11:29). 달리 말해, 예수님은 제자들이 하나님을 영향력과 권위의 근원으로 의존하는 가운데 본래의 의도대로 힘과 능력과 영향력을 사용하도록 그들을 회복시키려 하신다(참고. 창 1:26, 28; 2:15, 19).

9:43-49에 대한 응답

몸의 지체를 제거하는 문제와 관련해서는 다음과 같은 사항들을 고려하라. 예컨대, 옷을 소박하게 입는 것은 좋지만 그런 소박함 자체가 마음의 불결함을 제거할 수 없다. 무슬림 여성이 히잡, 니캅 또는 부르카를 입는 것이나, 그와 다른 종교에 속한 남자의 소박한 의복 자체가 마음의 불결함이나 정욕을 제거하지 못한다. 이와 마찬가지로, 몸의 한 부위를 절단하는 급진적 조처가 마음을 정결케 하지 못한다. 그러므로 예수님은 그분을 따르는 사람들에게 고난과 점진적 내려놓음을 통해 정결케 되라고 요구하신다(49-50절). 이러한 삶의 경험은 하나님께서 주시는 정결케 하는 불의 일부인 만큼, 점점 더 기도하고 회개하도록 이끌어줄 것이다.

10:1-12에 대한 응답

결혼과 관련해서 말하자면, 그리스도를 따르는 사람은 무엇보다도 갈수록 덜 이기적이고 덜 자기방어적인 사람이다. 제자는 점점 더 부드러워지고 더 존중한다. 그런 사람은 그리스도의 영향을 받아 언제나 더 변화될 필요를 느끼고, 이는 결혼과 이혼에 대한 태도에도 영향을 미칠 것이다. 결혼생활에는 바깥에서 들여다보는 사람들이 이해하거나 볼 수 없는 많은 어려움과 고통이 있기 마련이다. 하지만 하나님의 은혜가 그분을 향한 한 배우자 또는 부부의 마음을 부드럽게 해서 서로를 향해서도 그런 마음을 품게 할 수 있다. 남편이나 아내 또는 둘 다의 마음에 진정한 회개와 온유한 마음이 생기는 것은 그리스도의 능력을 보여주는 큰 증거다.

10:1-16에 대한 응답

예수님은 많은 동시대인들과 달리 남자와 여자와 취약한 어린이를 똑같이 귀하게 여기신다. 그분은 이혼을 초래할 수 있는 완고한 마음과 어린이 같은 단순한 신뢰를 대조하신다. 어린이 같은 신뢰야말로 하나님의 영원한 통치 아래 들어오도록 허용된 사람들의 특징이다. 그리스도인은 민족적, 인종적 또는 사회적 환경 때문에 무시당하는 집단들에 대해 부정적 견해를 품지 않도록 조심해야 한다. 하나님 나라는 그처럼 비폭력적인 민족적, 인종적 또는 종교적 소수파를 일반화하여 비방하는 것을 용납하지 않는다. 하나님 말씀에 따르면, 모든 인간은 그분의 형상을 지닌 자들인 동시에 그 형상이 깨어진 자들이다(창 1:26; 롬 5:8, 10). 그들은 모두 어린이 같은 믿음으로 예수님의 사역을 통해 받은 선물로 나아오도록 초대받았고(딤전 2:4; 벧후 3:9), 따라서 그 깨어짐이 회복될 수 있는 길은 열려 있다.

Mark
마가복음
10:17-52

10장

17 예수께서 길에 나가실새 한 사람이 달려와서 꿇어 앉아 묻자오되
선한 선생님이여 내가 무엇을 하여야 영생을 얻으리이까 18 예수께서
이르시되 네가 어찌하여 나를 선하다 일컫느냐 하나님 한 분 외에는
선한 이가 없느니라 19 네가 계명을 아나니 살인하지 말라, 간음하지
말라, 도둑질하지 말라, 거짓 증언 하지 말라, 속여 빼앗지 말라, 네 부
모를 공경하라 하였느니라 20 그가 여짜오되 선생님이여 이것은 내가
어려서부터 다 지켰나이다 21 예수께서 그를 보시고 사랑하사 이르시
되 네게 아직도 한 가지 부족한 것이 있으니 가서 네게 있는 것을 다
팔아 가난한 자들에게 주라 그리하면 하늘에서 보화가 네게 있으리라
그리고 와서 나를 따르라 하시니 22 그 사람은 재물이 많은 고로 이 말
씀으로 인하여 슬픈 기색을 띠고 근심하며 가니라

17 And as he was setting out on his journey, a man ran up and knelt
before him and asked him, "Good Teacher, what must I do to inherit
eternal life?" 18 And Jesus said to him, "Why do you call me good?
No one is good except God alone. 19 You know the commandments:
'Do not murder, Do not commit adultery, Do not steal, Do not bear

false witness, Do not defraud, Honor your father and mother.'"
20 And he said to him, "Teacher, all these I have kept from my youth."
21 And Jesus, looking at him, loved him, and said to him, "You lack
one thing: go, sell all that you have and give to the poor, and you will
have treasure in heaven; and come, follow me." 22 Disheartened by the
saying, he went away sorrowful, for he had great possessions.

23 예수께서 둘러보시고 제자들에게 이르시되 재물이 있는 자는 하나
님의 나라에 들어가기가 심히 어렵도다 하시니 24 제자들이 그 말씀에
놀라는지라 예수께서 다시 대답하여 이르시되 얘들아 1)하나님의 나
라에 들어가기가 얼마나 어려운지 25 낙타가 바늘귀로 나가는 것이 부
자가 하나님의 나라에 들어가는 것보다 쉬우니라 하시니 26 제자들이
매우 놀라 서로 말하되 그런즉 누가 구원을 얻을 수 있는가 하니 27 예
수께서 그들을 보시며 이르시되 사람으로는 할 수 없으되 하나님으로
는 그렇지 아니하니 하나님으로서는 다 하실 수 있느니라 28 베드로
가 여짜와 이르되 보소서 우리가 모든 것을 버리고 주를 따랐나이다
29 예수께서 이르시되 내가 진실로 너희에게 이르노니 나와 복음을
위하여 집이나 형제나 자매나 어머니나 2)아버지나 자식이나 전토를
버린 자는 30 현세에 있어 집과 형제와 자매와 어머니와 자식과 전토
를 백 배나 받되 박해를 겸하여 받고 내세에 영생을 받지 못할 자가
없느니라 31 그러나 먼저 된 자로서 나중 되고 나중 된 자로서 먼저 될
자가 많으니라

23 And Jesus looked around and said to his disciples, "How difficult it
will be for those who have wealth to enter the kingdom of God!" 24 And
the disciples were amazed at his words. But Jesus said to them again,
"Children, how difficult it is[1] to enter the kingdom of God! 25 It is easier
for a camel to go through the eye of a needle than for a rich person to

enter the kingdom of God." 26 And they were exceedingly astonished,
and said to him,[2] "Then who can be saved?" 27 Jesus looked at them
and said, "With man it is impossible, but not with God. For all things
are possible with God." 28 Peter began to say to him, "See, we have left
everything and followed you." 29 Jesus said, "Truly, I say to you, there
is no one who has left house or brothers or sisters or mother or father
or children or lands, for my sake and for the gospel, 30 who will not
receive a hundredfold now in this time, houses and brothers and sisters
and mothers and children and lands, with persecutions, and in the age
to come eternal life. 31 But many who are first will be last, and the last
first."

32 예루살렘으로 올라가는 길에 예수께서 그들 앞에 서서 가시는데
그들이 놀라고 따르는 자들은 두려워하더라 이에 다시 열두 제자를
데리시고 자기가 당할 일을 말씀하여 이르시되 33 보라 우리가 예루살
렘에 올라가노니 인자가 대제사장들과 서기관들에게 넘겨지매 그들
이 죽이기로 결의하고 이방인들에게 넘겨주겠고 34 그들은 능욕하며
침 뱉으며 채찍질하고 죽일 것이나 그는 삼 일 만에 살아나리라 하시
니라

32 And they were on the road, going up to Jerusalem, and Jesus was
walking ahead of them. And they were amazed, and those who followed
were afraid. And taking the twelve again, he began to tell them what
was to happen to him, 33 saying, "See, we are going up to Jerusalem,
and the Son of Man will be delivered over to the chief priests and the
scribes, and they will condemn him to death and deliver him over to the
Gentiles. 34 And they will mock him and spit on him, and flog him and
kill him. And after three days he will rise."

35 세베대의 아들 야고보와 요한이 주께 나아와 여짜오되 선생님이여
무엇이든지 우리가 구하는 바를 우리에게 하여 주시기를 원하옵나이
다 36 이르시되 너희에게 무엇을 하여 주기를 원하느냐 37 여짜오되 주
의 영광중에서 우리를 하나는 주의 우편에, 하나는 좌편에 앉게 하여
주옵소서 38 예수께서 이르시되 너희는 너희가 구하는 것을 알지 못하
는도다 내가 마시는 잔을 너희가 마실 수 있으며 내가 받는 세례를 너
희가 받을 수 있느냐 39 그들이 말하되 할 수 있나이다 예수께서 이르
시되 너희는 내가 마시는 잔을 마시며 내가 받는 [3)]세례를 받으려니와
40 내 좌우편에 앉는 것은 내가 줄 것이 아니라 누구를 위하여 준비되
었든지 그들이 얻을 것이니라 41 열 제자가 듣고 야고보와 요한에 대
하여 화를 내거늘 42 예수께서 불러다가 이르시되 이방인의 집권자들
이 그들을 임의로 주관하고 그 고관들이 그들에게 권세를 부리는 줄
을 너희가 알거니와 43 너희 중에는 그렇지 않을지니 너희 중에 누구
든지 크고자 하는 자는 너희를 섬기는 자가 되고 44 너희 중에 누구든
지 으뜸이 되고자 하는 자는 모든 사람의 종이 되어야 하리라 45 인자
가 온 것은 섬김을 받으려 함이 아니라 도리어 섬기려 하고 자기 목숨
을 많은 사람의 대속물로 주려 함이니라

35 And James and John, the sons of Zebedee, came up to him and said
to him, "Teacher, we want you to do for us whatever we ask of you."
36 And he said to them, "What do you want me to do for you?" 37 And
they said to him, "Grant us to sit, one at your right hand and one at your
left, in your glory." 38 Jesus said to them, "You do not know what you
are asking. Are you able to drink the cup that I drink, or to be baptized
with the baptism with which I am baptized?" 39 And they said to him,
"We are able." And Jesus said to them, "The cup that I drink you
will drink, and with the baptism with which I am baptized, you will
be baptized, 40 but to sit at my right hand or at my left is not mine to

grant, but it is for those for whom it has been prepared." 41 And when
the ten heard it, they began to be indignant at James and John. 42 And
Jesus called them to him and said to them, "You know that those who
are considered rulers of the Gentiles lord it over them, and their great
ones exercise authority over them. 43 But it shall not be so among you.
But whoever would be great among you must be your servant,[3] 44 and
whoever would be first among you must be slave[4] of all. 45 For even the
Son of Man came not to be served but to serve, and to give his life as a
ransom for many."

46 그들이 여리고에 이르렀더니 예수께서 제자들과 허다한 무리와 함
께 여리고에서 나가실 때에 디매오의 아들인 맹인 거지 바디매오가
길가에 앉았다가 47 나사렛 예수시란 말을 듣고 소리 질러 이르되 다
윗의 자손 예수여 나를 불쌍히 여기소서 하거늘 48 많은 사람이 꾸짖
어 잠잠하라 하되 그가 더욱 크게 소리 질러 이르되 다윗의 자손이여
나를 불쌍히 여기소서 하는지라 49 예수께서 머물러 서서 그를 부르라
하시니 그들이 그 맹인을 부르며 이르되 안심하고 일어나라 그가 너
를 부르신다 하매 50 맹인이 겉옷을 내버리고 뛰어 일어나 예수께 나
아오거늘 51 예수께서 말씀하여 이르시되 네게 무엇을 하여 주기를 원
하느냐 맹인이 이르되 선생님이여 보기를 원하나이다 52 예수께서 이
르시되 가라 네 믿음이 너를 구원하였느니라 하시니 그가 곧 보게 되
어 예수를 길에서 따르니라

46 And they came to Jericho. And as he was leaving Jericho with his
disciples and a great crowd, Bartimaeus, a blind beggar, the son of
Timaeus, was sitting by the roadside. 47 And when he heard that it was
Jesus of Nazareth, he began to cry out and say, "Jesus, Son of David,
have mercy on me!" 48 And many rebuked him, telling him to be silent.

But he cried out all the more, "Son of David, have mercy on me!"
49 And Jesus stopped and said, "Call him." And they called the blind
man, saying to him, "Take heart. Get up; he is calling you." 50 And
throwing off his cloak, he sprang up and came to Jesus. 51 And Jesus
said to him, "What do you want me to do for you?" And the blind man
said to him, "Rabbi, let me recover my sight." 52 And Jesus said to him,
"Go your way; your faith has made you well." And immediately he
recovered his sight and followed him on the way.

1) 어떤 사본에, 재물을 의지하는 자는 하나님의 나라에 2) 어떤 사본에는, '아버지나' 아래에 '아내나'가 있음 3) 헬, 또는 침례

1 Some manuscripts add *for those who trust in riches* *2* Some manuscripts *to one another* *3* Greek *diakonos* *4* Or *bondservant*, or *servant* (for the contextual rendering of the Greek word *doulos*, see Preface)

단락 개관

예수님은 갈등과 대화의 연장선에서, 물질적 소유와 하나님 나라에의 진입 간의 긴장과 더불어, 제자도의 대가와 약속에 대해 말씀하신다(막 10:17-31). 예수님의 죽음과 부활에 대한 세 번째 예언(32-34절)에 이어 겸손과 섬기는 리더십에 관한 가르침이 따라온다(35-44절). 그분의 가르침은 자신의 유일무이한 대리적 속죄에 대한 예언(45절)에서 절정에 이른다. 이와 동시에, 45절은 패턴 모방을 위한 본보기 역할도 한다. 이후 맹인 바디매오의 치유(46-52절)는 8:22-26과 함께 수미상관 구조를 이룬다.

단락 개요

III. 2부: 고난과 죽음의 필연성을 통해 예수님의 권위를 시험하다 (8:27-16:8[9-20])

A. 가아사랴 빌립보, 예루살렘을 향한 여정(8:27-10:52)

4. 제자도의 대가, 세 번째 수난 예언, 제자도(10:17-52)

a. 하나님 나라에 들어가는 요건(10:17-27)

(1) 부유한 젊은이(10:17-22)

(2) 제자들을 위한 교훈(10:23-27)

b. 제자도의 대가와 약속(10:28-31)

c. 예수님의 세 번째 수난과 부활 예언(10:32-34)

d. 섬기는 리더십에 관한 가르침(10:35-45)

(1) 야고보와 요한의 요청(10:35-41)

(2) 섬기는 리더십(10:42-44)

(3) 대속물로서의 예수(10:45)

e. 바디매오를 치유하시다(10:46-52, 전환부)

주석

10:17-31 개요

예수님은 그분 앞에 있는 사람들에게 물질적 부의 추구와 하나님 "나라"에의 참여(23절) 사이에 있는 심각한 이해 충돌에 대해 경고하신다. 그분은 하나님 나라에 들어가는 것 또는 영원한 생명을 물려받는 것이라는 중요한 주제를 계속 다루신다(참고. 28-31절). 부유한 젊은이는 이혼하려는 사람의 완고함, 교만(1-12절)과 비슷하게, 그리고 어린이 같은 믿음(13-16절)과는 반대로, 자기의 물질적 소유를 생명의 근원으로 여기며 그것에 의존한다(22절).[413] 하지만 예수님은 그에게 어린이처럼 그분을 믿고 나아가 삼위일체 하나님을 믿으라고 요구하신다. 인류는 하나님을 생명의 근원으로 믿고 그분께 의존하도록 창조되었다. 이 유일한 근원을 다른 것으로 대체하면 빈약함과 우상 숭배를 초래할 뿐이다.

10:17-18 예수님과 제자들은 여리고를 향한 여정(46절)과 이어서 예루살렘(11:1)으로 가는 여정을 계속 밟아간다. 부유한 젊은이는 그의 제한된 관점과 이해에 근거해 예수님을 "선한" 또는 완벽한 선생님이라고 불러서는 안 된다. 이는 예수님을 그저 인간 선생으로 생각하는 것이기 때문이다. 예수님은 "선한" 속성을 오직 하나님께만 부여하신다(참고. 2:7; 12:29). 만일 그 사람이 예수님이 정말로 누구인지를 인정하려 한다면(예. 9:2-8), "선한"이라는 말이 용납될 수 있을 것이다. 예수님의 참된 정체성을 인식하는 사람만이 아버지 하나님과 성령 하나님 다음으로 그분을 '선하다'고 부를 수 있다. 따라서 예수님의 말씀을 그분의 신성을 부인하는 것으로 오해해서는 안 된다. 젊은이는 바리새인의 관습에 따라 선행에 기반을 둔 하나님과의 교제에 관한 질문을 던지고 있다. "내가…무엇을 해야 합니까"(새번역).[414]

413 막 10:28-31과 대조해보라. 참고. 눅 10:25.

영생[히. 하이 올람(*khay olam*),[415] 헬. 조엔 아이오니온(*zōēn aiōnion*)]을 '물려받다'[클레로노메오(*klēronomeō*), '내가 받다, 상속하다', 개역개정은 '얻다', 참고. 요 5:39]의 셈어(*Semitic*) 표현은 제2성전 유대교에서 꽤 흔한 편이었다.[416] 그래서 젊은이는 이 개념을 이미 어린 시절에 배웠을 가능성이 크다. 마가복음 10:17, 21과 23절을 비교해보면 예수님이 영생을 물려받는 것(17절), 그분을 따르는 것(21절) 그리고 하나님 나라에 들어가는 것(23절)을 밀접하게 얽힌 개념으로 보신다는 것을 알게 된다(요 3:17에 나오는 '구원 받다'는 말을 보라). 하나님 나라에 들어가는 것, 즉 하나님의 통치 아래 사는 것(참고. 3:3, 5)은 보다 공식적이고 외적인 개념인 데 비해, 영생을 물려받는 것(참고. 3:15-16)과 예수님을 따르는 것은 보다 개인적이고 관계적인 개념이다.

10:19-20 처음에는 예수님이 젊은이의 율법 중심적이며 자발적인 틀(참고. 17절), 말하자면 나는 '내 힘으로 율법을 실행할' 수 있다는 것에 동의하시는 듯 보인다. 잠시나마 예수님이 "율법을 지켜라. 그러면 네가 그 나라를 물려받을 것이다"('네가 계명을 알고 있다')라고 말씀하시는 것처럼 보인다. 하지만 분별력 있는 독자는, 그 나라에 들어가는 것과 영생을 받는 것은 어디까지나 하나님의 '선물'이지 인간의 행위로 얻을 수 없다는 것을 이미 알아챘을 것이다(참고. 9:43, 45, 47; 10:15). 예수님은 젊은이를 서서히 그의 무능력을 직면하게 하는 방향으로 이끄신다. 이혼에 관한 논쟁(3-4절)과 비슷하게, 예수님이 먼저 논증을 모세의 율법과 함께 시작하고 특히 십계명의 후반부에 초점을 맞추신다(출 20:12-16; 신 5:16-20, 참고. 롬 13:9). 예수님은 그에게 중요한 계명들을 상기시키되 "속여 빼앗지 말라", 즉 남에

414 막 10:15, 17; 9:43-47과 대조해보라. 참고. 눅 6:46; 10:25; 요 6:28.

415 제2성전 유대교에서는 이 히브리어 어구가 땅에서의 장수를 가리킬 수 있었다(신 30:15-16; 겔 33:15). 그렇지 않은 경우에는 죽음 이후의 삶을 가리켰다(예. 단 12:2).

416 예. 단 12:2; 마카베오하 7:9; 4 마카베오4서 15:3; 마 19:29; 막 10:30; 눅 18:18; 요 3:15, 16, 36; 4:14, 36; 5:25; 6:47; 10:28.

게 빚진 것을 꽉 쥐고 있지 말라는 계명을 포함시키신다. 이로써 예수님이 제9계명과 제10계명을 묶으신 것 같다(참고. 신 24:14; 말 3:5; 고전 6:8; 약 5:4).

부유한 젊은이는 확신에 차서 예수님에게 긍정적으로 답변한다. 그는 자기가 모세 율법을 철저히 지키고 있다고 믿는다. 이 부유한 사람과 바울의 예전 모습, 즉 훨씬 우월한 의로움 및 순결함과 만나기 전의 모습(빌 3:6) 사이에는 유사점이 있다. 인간적 관점에서 보면 젊은이의 대답은 무척 그럴 듯하게 들린다(참고. 눅 2:42). 물론 그의 모든 재산을 과연 사기나 도둑질 없이 축적한 것인가 하는 윤리적 질문이 있지만 말이다. 그럼에도 불구하고 예수님 안에 있는 하나님의 의가 인간의 상태(예. 막 7-8장; 10:21)[417]에 찬란한 빛을 비추면, 스스로 만든 인간의 의는 오직 그분께만 헌신하라고 부르시는 하나님에 대한 적대감처럼 보일 뿐이다(10:22).[418]

10:21 예수님은 사랑을 담은 태도(참고. 요 11:5)로 마가복음 10:14-15에 나오는 말씀으로 돌아가신다. "네게 아직도 한 가지 부족한 것이 있으니." 헬라어 휘스테레오(*hystereō*, '내가 부족하다')는 종종 절박한 필요 또는 심각한 부족(예. 마 19:20; 눅 15:14; 22:35)을 말한다.[419] 외견상 아무것도 부족하지 않아 보이는 사람에 대한 역설이 눈에 띈다. "네게는 무언가 중요한 것이 부족하다. 네 재산을 부족한 자들에게 주라."

이 말씀으로 예수님이 십계명에 열한 번째 계명을 더하시는 것이 아니다. 오히려 그분은 초보적인 수준에서 그 사람에게 도전하신다. 그는 안정을 위해 재산에 의존함으로써(참고. 약 5:1-5), 하나님에 대한 어린이 같은 직접적인 신뢰를 버렸다. 직접적인 신뢰의 열매는 하나님과의 교제와 '하늘에 보화를' 보관하는 것이다. 이를 그 부유한 사람의 보화와 대조해보라.

417 참고. 롬 3:21-26; 빌 3:7-11.

418 참고. 롬 3:9, 20; 5:10; 골 1:21-22.

419 참고. 고전 12:24.

그는 십계명의 첫 세 계명을 지키지 않은 만큼 심각하게 부족한 상태다. 예수님은 여기서 모든 제자는 소유한 '전부를 팔아야' 한다고 가르치시는 것이 아니다(행 12:12과 대조해보라). 오히려 무엇보다 마음의 초점이 하나님께 맞추어져야 한다고 강조하신다.[420] 즉 소유물을 '청지기'의 자세로 다루어야 한다. 예수님은 그 사람을 향해 "와서, 나를 따르라"(아콜루테오)[421]고 초대하신다(막 5:18-19과 대조해보라). 무엇보다도 부유한 사람이 하나님께 대한 직접적이고 개인적이며 의존적인 신뢰를 방해하는 모든 것을 포기해야 하는 것은, 그런 신뢰가 궁핍한 이들에게 자비를 베풀기 때문이다. 따라서 하나님에 대한 의존에서 떼어놓는 모든 것을 '내어놓는' 것은 영생을 '받기' 원하는 모든 사람을 위한 일반적인 교훈이다(참고. 8:34-35). 그 상급은 자기 힘으로 율법을 지켜서 얻는 것이 아니라 예수님의 희생, 영원한 부르심 그리고 은혜로운 공급에 자신을 의탁해야 받을 수 있다(참고. 고후 5:21).

10:22 부유한 사람의 마음속에 있던 진짜 속성이 이제 밝히 드러났다.[422] 하나님 나라에 들어가려면 어린이같이 취약한 모습으로 하나님을 신뢰해야 한다. 실은 십계명이 '부유한' 젊은이로 하여금 자기가 하나님에 대하여 '가난하다'는 것을 인정하게 만들었어야 한다. 마태복음 5:3에서 예수님은 "심령이 가난한 자는 복이 있나니 천국이 그들의 것임이요"(참고. 갈 3:24-25)라고 말씀하신다.

하지만 그 사람은 '낙심한 채' 예수님이 계시는 자리에서 떠난다. 그는 충격을 받아 우울해졌고, '슬프고' 고뇌에 빠진 상태가 되었다. 이 모습과 17절에 나오는 그의 낙관주의, 즉 그가 예수께 "달려와서 꿇어앉[는]" 모습을 대조해보라. 이제 속마음이 노출된 그는 그토록 열심히 모아온 소유

420 하지만 이를 막 10:25; 눅 12:15-40(특히 33절); 약 5:1; 계 3:17에 나오는 도전적인 진술과 비교해보라.

421 예수님을 따르는 행위에 관해서는 다음 구절들에 관한 주석을 참고하라. 1:16-20; 2:13-16; 6:1-2; 8:34; 9:38-40; 10:28-34; 10:52; 14:54; 15:40-41. 참고. 고전 13:3; 딤전 6:17.

422 참고. 사 57:17; 단 2:12; 눅 12:3; 요 3:21; 벧전 2:9; 요일 1:5-10.

를 포기하는 것을 단호히 거부한다. 그런 값을 치르면서 하나님과의 살아 있는 관계로 되돌아갈 준비가 되지 않은 것이다(참고. 8:34-37; 10:15). 그에게는 하나님의 율법으로 인한 자기 평가가 잘못된 것임을 깨닫고 자비를 달라고 부르짖을 마음이 없었다(참고. 눅 18:13; 갈 3:24).

10:23-24 예수님은 큰 사랑을 품고 제자들을 "얘들아"('어린이들', 24절; 요 13:33; 21:5)라고 부르면서 다시 한 번 가르침을 강조하신다. 물질적 소유("재물")는 하나님으로부터 독립하도록 부추기는("심히 어렵도다", 참고. 막 9:43, 45, 47) 도구, 그래서 회개하고 그 나라에 들어가는 것을 방해하는 유혹하고 속이는 도구(참고. 4:19)가 될 수 있다.[423]

10:24 예수님의 가르침을 생각해본 제자들이 '놀란다'.[424] 적어도 그들 가운데 일부는 소유물을 갖고 있기 때문에 충분히 당혹스러울 수 있다. 예컨대 베드로는 그의 소유를 두고 떠났지만 그것들을 팔지는 않았다(28절을 보라). 베드로, 야고보, 요한, 안드레 그리고 마태를 포함한 그들 중 일부는 중하층에 속해 있었고, 재산을 하나님의 복으로 생각하는 데 익숙했다.[425] 하지만 신명기 8:17-18, 시편 49:6, 잠언 3:9 그리고 전도서 5:10 등이 재물에 대해 경고하고 있음을 주목하라.

10:25-26 재물을 신뢰하는 사람이 "하나님의 나라에 들어[갈]" 수 없는 이유는 그처럼 그릇된 곳에 믿음을 두는 것은 하나님에 대한 신뢰를 대체하는 우상 숭배에 해당하기 때문이다(마 6:24). 삶에 대한 그런 접근은 하나

423 참고. F. Selter, *NIDNTT*, 2:840-845.

424 참고. 1:21-28 주석; 2:9-12 주석; 5:42-43 주석; 6:1-2 주석; 6:51-52 주석; 7:37 주석; 9:15-16 주석; 10:25-34 주석; 11:18 주석; 12:2 주석; 16:8 주석.

425 예. 창 31:18; 삼상 9:1; 대하 1:11-12; 시 112:3.

님의 뜻에 순종하는 태도와 정면으로 배치되고, 우리가 늘 하나님께 의존된 존재임을 인정하지 않는 것이다(골 1:17). 우리의 재물 역시 하나님께 달려 있다. 상당히 큰 "낙타"가 아주 작은 "바늘귀"로 들어갈 필요가 있다는 것은 예수님 당시에 유행하던 과장 어법이었다.[426] 이 이미지는 그것이 완전히 불가능하다는 것을 예증한다(마 7:3-5; 23:24).

제자들이 예수님의 말씀을 듣고 "매우 놀[란다]."(참고. 10:24 주석). "그런즉 누가 구원을 얻을 수[또는 구출될 수] 있는가"라는 질문은 "그런즉 누가 영생을 물려받을 수 있는가"(10:17, 참고. 9:43, 45) 또는 "그런즉 누가 하나님 나라에 들어갈 수 있는가"(10:23-25)라고 묻는 것과 비슷하다.[427] 이런 질문들은 하나같이 그리스도 안에서 하나님께서 주시는 속죄에 기초해 어린이 같은 믿음으로 하나님과 교제를 나누는 것(14-27절)의 필요를 보여준다. 하나님께 의존하면서 적당한 재산에 만족하기보다는, 많은 재산을 축적하고 싶은 욕망이 인간들 가운데 만연해 있음을 제자들은 알고 있다. 이 땅에서는 수많은 이유로 인해 대다수 사람이 그런 목표를 이룰 수 없는데도 불구하고 말이다.

10장

10:27 종종 그러듯이, 예수님이 대화의 상대를 유심히 바라보신다(21절; 눅 20:17; 요 1:42). 그리고 그들의 초점을 하나님의 능력에 맞추기 위해 방향을 바꾸신다(참고. 막 14:36).[428] 그 능력은 자만한 사람과 자기기만에 빠진 사람의 마음까지 변화시킬 수 있기 때문이다. 하나님은 인간의 마음에서 우상을 제거할 능력이 있는 분이다. 그래서 그것이 "사람에게는 불가능하나[아뒤나토스(*adynatos*), 참고. 마 6:24], 하나님께는…가능하다[뒤나토스(*dynatos*), 참고.

426 참고. Keener, *Bible Background Commentary*, 162; Rudolf Pesch, *Das Markusevangelium II. Teil:Kommentar zu Kap*. 8,27-16,20, HThKNT (Freiburg: Herder, 1977), 141 and 141n29.

427 참고. 막 9:47; 딤후 4:18.

428 참고. 눅 1:37. 창 18:14; 욥 42:2과 비교하라.

창 18:10; 욥 10:13; 눅 1:49]"(새번역).[429]

10:28 예수님의 급진적 가르침을 감안하면(21, 23, 24-25절), 베드로가 열두 제자의 대변인으로서 그 자신을 정당화하고 또 그의 희생이 하나님 나라에 들어가기에 충분하다는 예수님의 확답을 구해야 한다고 느끼는 듯하다. 이 질문과 상관없이, 제자들은 실제로 "모든 것을 버리고"(즉, 그들의 소유와 가족을 버리고, 1:16-20) 예수님을 따랐다(참고. 10:21 주석). 하지만 그들이 모든 소유를 팔거나 가족을 완전히 버린 것은 아니었다. 예수님이 앞으로 제자훈련을 시키는 과정에서, 그들 마음의 깊숙한 영역까지 데려가서 여전히 남아 있는 자만심과 믿음의 부족을 발견하게 하실 것이다. 이후 베드로의 삶이 점점 더 성숙해질 필요가 있다는 것을 기억하라.[430]

10:29-30 흔히들 예수님이 마치 '재산을 두고 떠나면 너희가 재산을 백배나 받을 것이다'라고 말씀하신 것처럼 피상적으로 해석하는데, 사실은 그런 단순한 인과관계를 말씀하시는 것이 아니다(17-27절에 나오는 경고를 보라). 오히려 예수님은 제자에게 "나"를 위해(29절, 참고. 8:35, 38; 13:9)[431] 그리고 "복음"[432]을 위해 "집"과 "전토"와 '가족'을 버리면 그리스도인의 교제(Christian fellowship)를 주겠다고 약속하신다. 그런 제자는 가족과 같은 교제로, 아마 처음에는 초기 기독교의 가정 교회로 축복을 받을 것(즉, '백배나 받을 것')이다.[433] 그런 교제는 예수님의 다른 제자들(즉, 영적인 "형제", "자매", "어머

429 마가복음 10:27에 있는 교차 구조도 주목하라. 파라 안트로포이스 아뒤나톤…뒤나타 파라 토 테오(*para anthrōpois adynaton…dynata para to theō*, '사람에게는 불가능하나…하나님께는…가능하다').

430 다음 대목들에서 베드로가 점점 더 겸손해지는 모습을 살펴보라. 요 13:1-20; 행 10:15; 갈 2:11; 벧전 5:1-11. 참고. 클레멘스1서 5:1-6:4.

431 참고. 마 10:37; 눅 12:8-9; 18:29(자기 아내를 포함해서).

432 참고. 1:1 주석; 1:14-15 주석; 8:35 주석; 10:29-30 주석; 13:10 주석; 14:9, [16:15] 주석.

433 참고. J. Goetzmann, *NIDNTT*, 2:250.

니", "자식")과 함께하는 것과 더불어 그들이 청지기로 관리하는 소유물("집", "전토")을 즐기는 것을 포함한다(참고. 행 2:44; 12:12). 그런데 역설적이게도, 그런 복은 또한 하나님 나라의 적대자들 손에 "박해"[434]를 받는 것과 관계가 있을 것이다(막 4:17; 13:9, 11-13, 19).[435]

번영 복음의 옹호자들이 견지하는 해석은 예수님의 우선적 초점을 포착하지 못한다. 그릇된 번영 복음과는 대조적으로, 예수님은 믿음에 기초해 재물과 소유를 추구하지 말고 그 자신과 그분을 따르는 사람들과 더불어 희생적 교제를 나누라고 격려하신다(참고. 10:17-27). 오히려 (다른 신자들의) 소유를 즐기는 것이 그런 교제를 북돋는 만큼 재물의 축적은 결코 제자가 영위하는 삶의 초점이 아니다.

그리스도인의 현세와 내세는 하나님의 선물로서 "영생"의 속성으로 가득 차 있다. 예수님은 여기서 미래에 있을 영생에 대해 말씀하는 한편, 하나님과의 새로운 삶은 현재 하나님의 영원한 아들을 믿는 곳이면 어디에나 존재한다고 가르치신다(30절, 참고. 요 3:16). '버렸다'는 말은 문자적으로 해석할 수도 있고, 가족이나 물질적 소유에 대한 집착보다 하나님을 향한 충성으로 인해 인도받는다는 뜻으로 해석하는 것도 가능하다.

10:31 바로 앞의 본문으로 인해, 이 역설적인 지혜의 말씀은 아마 장래에 언젠가 영예를 받게 될["첫째"(새번역)가 될, 즉 '받는 자'] 잘난 체 하지 않는 제자["꼴찌"(새번역), 즉 '포기하는 자']에 대해 말할 것이다.[436]

10:32-45 개요

앞에서 언급했듯이, 이 단락과 8:31-38, 9:30-37 사이에 뚜렷한 구조적

434 박해에 대한 마가의 언급이 병행 구절인 마 19:29과 눅 18:30에는 나오지 않는다.

435 참고. 막 8:34-37; 행 1:8; 13:50; 롬 8:35; 고후 12:10; 살후 1:4; 딤후 3:11; 벧전 4:14, 16.

436 참고. 고전 1:28-29; 4:9; 15:8-10; 고후 6:9. 그리고 마 20:16; 눅 13:30도 보라.

유사점들이 있다. 예수님의 수난과 부활에 관한 세 번의 예언(8:31; 9:30-32; 10:32-34) 각각에는 제자도에 관한 가르침이 뒤따른다(8:32-38; 9:35-37; 10:35-45). 예수님이 순종과 고난의 길을 추구하심에 따라 제자들도 그분을 따르게 될 것이다. 제자들은 아직도, 그들의 스승이 고난과 죽음으로 영원한 나라를 출범시킬 것과, 그분을 따르는 자들이 하나님의 대책과 방식에 대한 고통스러운 순종으로 그 나라에 들어갈 것을 깨닫지 못하고 있다(마 5:11-12). 다시 한 번 예수님은 제자들로 하여금 다가오는 그분의 대속적 죽음이 본이 되는, 겸손과 섬기는 리더십이라는 중요한 자질에 관심을 갖게 하신다(막 10:45).

예수님은 "잔"(참고. 사 51:17-23; 렘 25:15-28)과 "세례"(참고. 욥 22:11)를 은유로 삼아 그분의 임박한 죽음과 부활의 뜻을 설명하신다. 각 은유는 가혹하되 한시적인 하나님의 심판을 가리킨다. 이사야서와 예레미야서에서는 그런 하나님의 심판이 먼저 예루살렘에 임한 뒤에 이스라엘 백성을 억압하는 나라들에 미친다(사 51:22-23; 렘 25:29을 보라). 그런데 놀랍게도 이번에는 예수님이 심판의 잔(과 그 넘치는 것)을 마실 첫 번째 인물이 되신다(눅 12:50). 이후에 나오는 가르침에 따르면, 그렇게 해서 예수님이 장차 그분을 좇아 그 잔을 마시고 그 세례를 받을 제자들을 보호하신다는 점이 분명해진다. 그들이 받는 심판의 형태는 정결케 하는 불로 전환된다. 세례 요한은 일찍이 예수님에 대해 이렇게 선언한바 있다. "그는 성령과 불로 너희에게 세례를 베푸실 것이요"(3:16, 참고. 벧전 4:17). 예수님이 먼저 심판의 잔을 마시고 또 하나의 세례로서 죽임을 당하시기 때문에(참고. 막 10:45), 그분의 제자들은 심판을 피하고, 그 심판이 정화의 잔과 세례로 바뀔 것이다.

10:32-34 예수님은 임박한 죽음에 대해 알고 말씀하신다(8:31; 9:31).[437] 그분의 죽음은 예루살렘, 즉 여전히 하나님의 성전에서 제물이 바쳐지고

437 참고. 시 22:6-8; 사 50:6; 52:13-53:12.

종종 하나님의 심판이 시작되는 곳에서 일어나야 한다(예. 사 51:22-23; 렘 25:18, 29). 제자들이 놀라고 두려워하는 이유는 그들이 오랫동안 품고 있던 기대, 즉 예수님이 정치적 메시아가 되어야 한다는 기대 때문일 것이다.[438] 그렇다면 그들과 예수님의 동조자들이 주전 2세기에 일어났던 마카비 반란과 비슷하게 예루살렘에서 치열한 전투를 벌일 것이다. 하지만 이런 기대와는 반대로, 하나님의 메시아는 정치적 반란을 일으키기 위해서가 아니라 하나님으로부터의 근본적 소외에서 해방시킬 목적으로 고난 받고 속죄의 죽음을 당하기 위해 이 세상에 오셨다. 이 죽음은 개인과 사회를 위한 영원한 결과를 낳을 것이다.

10장

예수님은 자신이 두 부류의 악한 손에 "넘겨지[는]"[파라디도미의 형태들, 막 10:33(2번)] 것, 즉 두 단계의 배신을 예상하신다.[439] 첫째, 하나님께서 그분을 유대 지도자들에게 넘기실 것이고, 그들이 "[그분에게] 사형을 선고[할]"(새번역, 참고. 11:18, 27; 14:1; 15:31) 것이다. 둘째, 유대 지도자들이 그분을 "이방인들에게"(참고. 9:31; 15:1), 즉 로마 당국자들[440]에게 넘길 터인데, 그들만이 유죄 판결을 받은 죄수를 처형할 권리가 있기 때문이다(14:64; 15:15, 참고. 요 19:1). 마가복음 10:34에 나오는 학대의 세부 사항들, 즉 그들이 "능욕하며 침 뱉으며 채찍질하고 죽일 것"(참고. 사 50:6)이라는 사실은 억압적인 로마 점령 아래 사는 유대인에게 잘 알려져 있었다. 나중에 마가복음 14:65과 15:17-20, 31에 묘사되는 예수님의 수난에 관한 이야기를 주목하라. 이 대목들을 10:33-34과 비교하면 여러 차이점이 있다. "삼일 만에"라는 시간대는 측정된 위기의 기간을 가리킬 수 있다(참고. 호 6:2).

유대와 로마의 지도자들이 악을 행하지만, 하나님께서 주권적으로 예수

438 참고. 막 1:27; 4:41; 9:15, 32-33; 10:24; 16:8.

439 W. Popkes, *EDNT*, 3:19. 참고. 1:14-15 주석; 3:19 주석; 9:30-31 주석; 10:32-34 주석; 13:9-13 주석; 14:10-11 주석; 14:41-45 주석; 15:14-15 주석.

440 대체로 로마인들에게 사형 선고를 받은 이들을 (십자가형으로) 처형할 권리가 있었다. 하나의 예외는 덜 알려진 인물(예. 스데반, 행 7:58-60)을 돌로 치는 것이다.

님을 십자가 처형에 넘기는 것은 유대인과 이방인의 죄를 똑같이 속량하시기 위해서다. 이 과분하고 은혜로운 대책을 믿음으로 받아들이는 것이 인류에게 요구되는 유일한 반응이다.

10:35-45 개요

세 번째로 예수님이 예루살렘에서 받을 고난과 죽음과 부활에 대해 예언한 후, 제자도의 본질과 성격에 관해 제자들을 가르치신다. 그분은 심오하고 포괄적인 방식으로 스스로를 낮출 것이므로, 제자들에게도 그와 같이 순종적이고 겸손한 섬김을 실천하라고 요구하신다. 이 단락은 하나님의 종이 속죄를 말하는 대목에서 절정에 이른다(참고. 10:45 주석). 예수님을 따른다는 것은 그분의 성품을 반영하는 삶의 패턴을 채택하는 것을 의미한다(참고. 빌 2:1-11).

10:35 야고보와 요한은 예수님의 핵심층에 속한 멤버들이다.[441] 그들은 예수님이 예루살렘에서 마카비와 같은 승리를 거두실 것을 내다보며 이후에 영향력 있는 자리를 먼저 확보하려고, 특히 베드로와 경쟁하는 가운데, 영예로운 자리를 탐내는 것일까?(참고. 37절)

10:36 놀랍게도, 예수님은 그들의 자기중심적인 요청을 들으신다. 이 대화에 나오는 강조용으로 반복되는 서술을 주목하라. "우리가 요구하는 것은, 무엇이든지 해주시기 바랍니다…너희는 내가 너희에게 무엇을 해주기를 바라느냐?"(35-36절, 새번역).

10:37 그들은 자신이 구하는 것이 무엇인지를 모르고 있기 때문에, 예수님이 일단 예루살렘에서 다윗의 보좌에 앉아 통치하게 되면, 눈에 띄는 영

441 참고. 1:16-20 주석; 1:29-31 주석; 3:16-18 주석; 5:37 주석; 9:2 주석; 10:41 주석; 13:3 주석; 14:32-36 주석.

예로운 자리가 "하나는 주의 우편"과 "하나는 [주의] 좌편"이 될 것이라고 잘못 상상한다.[442] "주의 영광중에"는 8:38에 나오는 경우처럼 반드시 하늘의 영광을 가리키는 것은 아니다.[443]

10:38 구약에서 "잔"(10:39; 14:36; 요 18:11)의 은유는 잘 알려져 있고, 특히 이사야 51:11-23, 예레미야 25:15-28 그리고 에스겔 23:31-35 등 대선지서들 가운데 나온다.[444] 구약에는 세례를 비유적으로 사용하는 구절들도 있다(시 42:7; 사 30:27-33; 욘 2:3-6).[445] 이 은유들 모두 현재의 맥락에서는 하나님의 심판을 묘사한다. 장차 영광의 때가 확실히 도래하겠지만(막 8:38; 13:26),[446] 그때를 향한 여정에는 예수님에 대한 가혹한 신적 심판이 포함되어 있다.[447] 제자들은 예수님이 겪으셔야 할 하나님의 심판을 감당할 능력이 없다. 예수님이 여기서 두 동사의 현재 시제를 사용해서 '현재의' 잔과 세례를 언급하시는 것을 주목하라. 그럼에도 불구하고, 예수님에 대한 하나님의 심판은 지나가는 것으로 여겨진다(10:40).[448] 예수님이 대속적 죽음을 통해 하나님의 심판을 당하시기 때문에(10:45; 14:24), 장래의 영광을 향한 제자들의 길은 단지 정결케 하는 불을 수반할 것이다(참고. 10:39과 '그들의' 잔과 세례에 대한 주석).

10:39 처음에는 제자들이 예수님의 말씀을 그분과 함께 물리적으로 싸울 필요가 있을 것이라는 뜻으로 잘못 해석한다. "[우리는] 할 수 있나이다."

442 하지만 삼하 7:16을 행 2:30-31과 비교하라. 그리고 엡 2:6과 대조해보라.

443 예컨대 마 4:8; 6:29; 요 12:43에 나오는 지상의 영광에 대한 언급을 주목하라.

444 참고. 계 14:10; 16:19.

445 참고. 눅 12:49-50.

446 참고. 마 19:28; 25:31; 눅 9:32.

447 참고. 사 53:5; 슥 13:7; 막 14:24.

448 참고. 막 12:18-27; 14:36, 62; 눅 12:50.

이와 달리 예수님은 그들 역시 일종의 심판을 겪을 것이라고 일러주신다. 하지만 먼저 예수님이 '대리적' 속죄의 형태로 신적 심판을 받으신다(45절; 14:24). 그들이 예수님에게 순종하고 그분의 속죄를 받아들임으로써 '그분의 죽음과 연합하여 세례를 받은' 뒤(8:34; 롬 6:3)에 따르는 고난은 철저한 정화, 징계 그리고 시험의 고난이 될 것이다(막 8:34-38).[449] 때로는 그 길이 순교를 의미할 수도 있다(행 12:2).

10:40 그런 정화는 장래의 영광을 위해 필요하다(참고. 마 19:28; 계 20:4). 하지만 누가 특정한 형태의 영광을 받을지는 아버지 하나님께서 홀로 결정하실 것이다. 예수님은 궁극적 권한을 하늘의 아버지께 맡기고, 그 자신이 최고 영광의 자리로 높이 들릴 것을 예상하신다(참고. 13:30-32 주석).

10:41 야고보와 요한의 대담한 요청 때문에 다른 제자들이 그들을 향해 '분노'를 표출한다(참고. 14절; 14:4). 아마 그들 역시 야망과 질투를 품고 있기 때문일 것이다(참고. 10:42-45).

10:42-44 제자들의 성품은 교만과 질투 대신 섬기는 겸손으로 채워져야 한다. 예수님은 그들을 위해 속죄하고 정화시키는 일로 이 목표를 이루실 것이다(38-40절). 리더십의 견지에서 보면, 그들이 책임지고 있는 사람들에게 '군림하고' 싶은 충동을 극복할 필요가 있다(참고. 10:43-44 주석).[450]

예수님은 하나님께서 주신 행정당국의 존재를 옹호하신다. '통치자들로 간주되는 사람들'(ESV 참고)이라는 표현은 그와 같이 '인정받는 사람들'을 의미한다고 이해하면 된다. 하지만 예수님은 그런 권위가 줄곧 억압과 학

449 구약과 신약에 풍부하게 나오는 정화의 모티브를 주목하라. 시 66:10, 12; 사 1:25; 53:5; 렘 9:7; 슥 13:1, 9; 말 3:3; 눅 3:16; 행 9:16; 고전 3:13; 벧전 4:13, 17. 참고. 민 31:23; 신 13:3; 사 43:2; 엡 2:21-22; 벧전 2:4-5.

450 참고. 눅 1:52-53; 갈 2:2, 6, 9; 약 2:6; 벧전 5:3.

대를 행사하는 모습을 폭로하신다. 그들은 마치 하나님이 만물의 통치자가 아닌 것처럼 행동한다(시 47:7). 하나님은 특히 전 세계의 지도자들로부터 존경을 받으셔야 마땅하다. 메시아의 통치(마 11:28-30; 눅 12:37; 22:27)에서 드러나는 공동체적이고 구조적인 질서는 권력의 오용과 정면으로 배치된다. 마가복음 10:42에 나오는 '군림하다'[카타퀴리유오(*katakyrieuō*), 여기서는 "내가 정복하다"]와 '권세를 부리다'[카텍수시아조(*katexousiazō*), 여기서는 "내가 군림하는 권위를 행사하다"]는 모두 이 맥락에서 부정적이고 억압적인 권위 행사를 묘사한다. 예수님이 그런 표현을 제자들이 권위를 행사할 방식과 대조하시기 때문이다. "너희끼리는 그렇게 해서는 안 된다"(43절, 새번역).[451]

10장

10:43-44[452] 제자들은 예수님처럼 섬기는 리더십을 삶으로 실천해야 한다. 43절에는 헬라어 디아코노스('종, 도우미')가 사용되었다. 44절에는 둘로스('노예의' 또는 '노예 같은' 도우미)가 사용된다. 이처럼 제자는 "모든 사람의 노예"(참고. 마 23:11; 막 9:35; 눅 9:48; 22:26-27)가 되어야 마땅하다.[453] 가장 넓은 의미에서[454] '남들을 섬기는 것'이 경건한 리더십의 본질적 특징이다(참고. 사 53:11).

10:45 하나님의 영원한 메시아적 통치는 가장 겸허하고 가장 독특한 형태의 섬김, 말하자면, 대속적 죽음과 함께 시작된다. 예수님은 스스로를 "많은 사람을…위[한]"(새번역, 14:24; 사 53:11-12에 나오는 "많은"이라는 말을 보라) 대리적 "몸값"(새번역, 참고. 사 11:11; 53:5-6, 8, 10-12)[455]으로 바치신다(또

451 참고. 롬 15:25, 31; 고전 16:15; 엡 4:1-16; 빌 2:1-4; 골 1:7, 25; 벧전 5:3.

452 이 구절들을 10:45 주석과 비교하라. 참고. 사 43:22-24.

453 참고. 고후 3:3; 엡 4:12; 벧전 4:10-11. 그리고 삼하 7:8을 보라.

454 참고. K. Hess, *NIDNTT*, 3:546-547.

455 참고. 롬 4:25; 5:6-7; 고전 15:3; 딤전 2:6; 히 2:9-10.

는 희생하신다).[456] 몸값이 억압적이고 비합법적인 사탄에게 지불된 것이 아니다. 예수님이 몸값, 즉 그분의 목숨을 하나님께 제물로 드린 것이다.[457] 예수님은 그 자신을 대리적 방식으로 바치신다. 헬라어 용어 안티(*anti*, "위하여", ESV/새번역 참고)는 이 맥락에서 '대신에'라는 뜻으로 이해하는 것이 최선이다. 따라서 그분은 죄 많은 사람들이 받아야 할 형벌을 '대신 받는' 역할을 하신 것이다.[458]

예수님은 "인자"로서 지금은 해방자의 역할을 하고, 장래에는 하나님과 함께 통치할 자(공동 통치자)가 되실 것이다(단 7:13-27을 보라, 참고. 막 8:38; 14:62). 몸값[뤼트론(*lytron*)]의 필요성을 거론함으로써, 예수님은 인간들이 죄에 대한 노예 상태와 그로 인한 하나님에 대한 적대감(예. 롬 3:21-26; 5:6-10) 때문에 그들 스스로 하나님과 화해할 능력이 없다는 사실을 성찰하신다. 예수님이 드리신 단번의 제사가 없으면 하나님 나라에서의 새로운 삶도 없다.[459] 마가복음 10:45이 동사 디아코네오("내가 섬기다")를 두 차례 사용하는 것을 주목할 필요가 있다. 예수님은 "섬김을 받으러 온 것이 아니라 섬기러"(새번역, 참고. 2:17; 딤전 2:6) 오셨다. 따라서 그분의 희생적 섬김은 영원한 통치를 출범시키고 또 특징짓는다(참고. 10:43-44 주석).[460] 그분을 따르는 사람들, 특히 그 백성을 인도할 사람들 역시 그분의 희생적 섬김을 닮을 것이다.[461]

456 참고. 레 5:14-6:7; 민 5:5-8. 특히 사 52:14, 15; 53:8-10을 보라.

457 참고. C. Brown, *NIDNTT*, 3:197.

458 참고. C. Brown, *NIDNTT*, 3:196-197에 언급된 Schlatter, *Der Evangelist Matthaus*, 6th ed. (1963), 603-604. 월리스는 전치사 '안티'가 '…의 자리에'/'교환으로'[따라서 휘페르(*hyper*, '대신에')에 더 가깝다]를 언급하는 것으로 해석하는 것이 최선이고, "위하여"라는 뜻은 이보다 덜 지지를 받는다고 언급한다(*Greek Grammar*, 365-367).

459 이 진리는 막 2:1-12에도 적용된다.

460 참고. 고전 9:19; 고후 4:5; 요일 3:16.

461 참고. 요 13:14; 빌 2:1-11; 벧전 5:1-7. A. Weiser, *EDNT*, 1:303을 보라. "마가복음에서 섬김의 개념은 10:42-45에 나오는 일련의 권면을 통해 비범한 위치를 차지한다. 세상에서 권위와 관련된 정상적인 관계와 대조적으로, 예수님의 제자들 사이에서는 참된 위대함이 오직 섬김을 통해 입증된다."

10:46-52 개요

마가복음 8:22-26과 10:46-52은 모두 시각 장애인의 치유를 묘사한다. 문학적 차원에서 보면, 이 두 이야기는 예수님의 죽음과 부활에 대한 세 차례의 예언과 제자도에 관한 세 번의 가르침을 앞뒤로 둘러싸는 수미상관 구조의 역할을 한다. 그래서 예수님의 진정한 정체성과 참된 제자도와 관련해 제자들의 마음이 눈먼 상태(8:18)라는 것이 다시 부각된다(34-35절; 9:34; 10:37과 대조해보라). 맹인 바디매오의 치유는 8:22-26에 나오는 맹인의 치유를 상기시키는 한편 예수님이 버림받은 자를 향해 그분을 따라오도록, 구원을 베푸는 그분의 죽음을 받아들이도록, 하나님 나라에 합류하도록 부르신다는 모티브를 다시금 전면에 등장시킨다.

10장

10:46 옛 여리고 성읍은 예루살렘으로 가는 순례길 가까이 위치했고 예수님 당시에는 그리 인구가 많지 않았던 것 같다. 헤롯 성읍으로 불렸던 여리고는 순례길의 남동쪽에 자리 잡고 있었다. 이 성읍은 순례자들의 안식처로 안성맞춤이었고, 와디를 거쳐 예루살렘으로 올라가려고 준비하는 다양한 파당들이 만나는 장소이기도 했을 것이다. 주된 순례길에서 이 새로운 여리고에 도달하려면(1, 32절) 동일한 길로 이동해야 했다. 이 때문에 보다 연대기적인 마가의 이야기와 마태복음 20:29, 특히 누가복음 18:35(이는 좀 더 주제별로 정리한 것)의 이야기 사이에 사소한 차이점이 생길 수 있다. 마가복음에 서술된 치유는 예수님과 그분을 따르는 자들이 헤롯의 여리고에서 되돌아와 예루살렘으로 가는 주된 순례길에서 다시 합류할 때 일어난다(마 20:29; 눅 18:37-38).

10:47 "나사렛 예수"(참고. 1:24; 14:67; 16:6)라는 호칭은 나중에 시각 장애인이 믿음의 표현으로 사용한 것임이 밝혀질 것이다(10:52; 마 9:28-29도 보라). 그는 "다윗의 자손 예수여 나를 불쌍히 여기소서"라고 부르짖는다. "다윗의 자손"이라는 호칭은 메시아를 표현한 것(참고. 막 11:10, 그리고 12:35-37과 대조해보라, 롬 1:3도 참고하라)으로 볼 수 있다. 예수님이 여기서 메시아의

모습으로 행동하시는 것이 확실하다(사 35:4-5; 61:1).

10:48-49 예수님을 중요한 인물로 여기기에, 제자들과 군중은 바디매오처럼 사회적으로 소외된 시각 장애인을 방해꾼으로 간주한다.[462] 군중은 처음에 방해하는 듯 보이는 이 맹인 거지를 "꾸짖[은]" 반면(48절) 예수님은 그를 환영하신다. 이것이 추세를 바꾸어 일부 군중이 삼중적인 격려의 말로 바디매오를 이렇게 재촉한다. (1) "안심하[라]" 또는 '용기를 내라'[타르세이(*tharsei*)],[463] (2) "일어나라"[에게이레(*egeire*)], (3) "그가 너를 부르신다"[포네이 세(*phōnei se*)]. 예수님은 곧 예루살렘에서 치욕을 당하고 고난을 받을 것임에도 불구하고 소외된 한 사람을 돕기 위해 잠시 멈추신다(43-45절).

10:50 바디매오는 그의 소유 전체를 내버린다. 그의 "겉옷"은 낮에는 자리의 역할을 하고 밤에는 침대의 역할을 했다.

10:51 종종 그러듯이, 예수님이 그 무력한 사람에게 자신의 필요를 말하고 예수님에 대한 믿음(52절, 참고. 요 20:16)을 표현할 기회를 주기 위해 질문을 던지신다(막 8:23; 9:21; 10:36; 요 5:6). 마가복음 5:34에 나오듯이, 치유받은 사람은 예수님의 자비로운 치유와 능력에 대한 단순한 믿음을 보여준다(10:47).

10:52 예수님은 오로지 말 한 마디로 그 사람을 회복시키신다(8:22-26과 대조해보라). "네 믿음이 너를 구원하였느니라." 헬라어 동사 소조(*sōzō*)는 여기서 '내가 낫게 해주다' 또는 '내가 구해내다'로 번역하는 것이 최선이다. 그래서 이 어구는 뜻은 '내가 너를 도울 수 있다고 네가 믿었다'이다. 그런

462 이 상황을 막 10:37; 11:9-10(참고. 10:14)에 나타난 제자들의 자기 확신과 대조해보라.

463 참고. 마 9:2, 22; 14:27; 막 6:50; 10:49; 요 16:33; 행 23:11.

믿음은 아직 구원에 이르는 예수님의 속죄에 대한 믿음은 아니지만 믿음의 '대상'이 결정적인 요소라는 점을 강조한다. 그런 사람들은 장차 '영원한 심판으로부터 구원받고 구출되다'는 뜻의 '구원'(소조)에 이르는 믿음을 온전히 알게 될 것이다(참고. 8:35; 10:24-26; 13:13, 20; [16:16]). 바디매오는 기쁨이 충만한 가운데 예루살렘을 향해 마지막 여정을 밟는 예수님 및 다른 순례자들과 동행한다.

응답

10:17-31에 대한 응답

다양한 종류의 소유물을 통해 그릇되고 기만적인 안정과 만족을 누리려는 인간에게는 하나님에 대한 믿음과 의존이 불필요해 보일 수 있다(예. 시 39:6; 49:6; 잠 23:4; 28:22). 하지만 그런 기만적인 안전 의식이, 인간은 실존적으로 또 전적으로 하나님께 의존된 존재라는 사실을 없애지 못한다. 예수님은 그처럼 소유를 통해 안전 의식을 찾는 사람들에게 이렇게 경고하신다. "어리석은 자여 오늘 밤에 네 영혼을 도로 찾으리니 그러면 네 준비한 것이 누구의 것이 되겠느냐"(눅 12:20). 따라서 개인적으로 또 전적으로 하나님께 의지하는 것이 합리적이다. 여러 종교와 전통 출신의 다양한 사람들은 모종의 방식으로 하나님과의 삶을 공로로 '획득하려' 하고 때로는 큰 대가와 희생을 치를지라도 그러려고 한다. 어떤 이들은 너무 큰 대가를 치르지 않은 채 자기에게 익숙하고 편안한 삶을 계속 영위하고 싶어 한다. 그런 접근들과 대조적으로, 예수님은 모든 종류의 자율적인 노력에 근본적이고 급진적으로 도전하며, 어떤 인간도 '지불할 수 없는' 것을 제공하신다. 즉 그분의 독특한 죽음에 기초해 영생과 하나님과의 관계를 과분한 선물로 주신다.

특히 가난에 찌든 지역들에서 번영을 제자도의 목표로 삼는 거짓 가르침은 마가복음 10:26을 진지하게 고려하지 못한 결과다. 슬프게도, 그런 거짓 가르침은 이른바 번영 복음 또는 '건강과 부의 복음'과 연관되어 있다. 그러나 이런 복음은 예수님의 복음과 거리가 멀다. 예수님의 관점에 근거하여 다음 사항들을 고려할 필요가 있다.

(1) 정직하게 획득한 재물은 신앙적 약속에 의해 늘어나는 게 아니라 개인적으로 또 공동체적으로 열심히 희생적으로 꾸준히 일해서 키워가는 것이다(예. 베드로와 바울). 조직적 타락과 탐욕이 종종 건강한 경제적 성장을 방해한다. 그렇다고 해서 하나님께서 때때로 성경에 근거한 이타적 과업을 수행하도록 뜻밖의 자원을 허락하실 수 있음을 부인하는 것은 아니다.

(2) 마음의 태도가 중요하다. 일의 동기가 무엇인가? 다른 사람들에게 필요한 것을 공급하고 어려운 사람과 나누기 위해서인가, 아니면 재물을 축적하고 소비하기 위해서인가?[464]

(3) 재물의 중요한 목적 중 하나는 어려운 사람들 및 자급자족할 수 없는 사람들과 나누는 것이다.[465]

10:32-45에 대한 응답

이 단락은 자만하고 자율적이며 완고한 야망을 품은 제자들과, 자신을 양도하고 하나님을 신뢰하며(27, 52절) 겸손하게 섬기는 리더십을 요구하시는 예수님의 대조적 모습을 계속 부각한다. 예수님은 당시에나 지금이나 제자들에게 하나님에 대한 우선적 충성을 방해하는 모든 것을 포기하라고 요구하신다(예. 28, 42-47절). 그분이 하나님과의 과분하고(26절) 영원한 화해를 가능케 하시기 때문이다(45절). 종교개혁자 마르틴 루터(Martin Luther)

464 참고. Craig L. Blomberg, *Neither Poverty nor Riches: A Biblical Theology of Possessions*, NSBT (Downers Grove, IL: InterVarsity Press, 2000). 《가난하게도 마옵시고 부하게도 마옵소서》 (IVP); Blomberg, *Christian in an Age of Wealth: A Biblical Theology of Stewardship*, BTL (Grand Rapids, MI: Zondervan, 2013).

465 참고. 롬 12:13; 살전 4:11-12; 살후 3:10.

는 유명한 찬송 "내 주는 강한 성이요"에서 "친척과 재물과 명예와 생명을 다 빼앗긴대도 진리는 살아서 그 나라 영원하리라"[466]고 선언한다. 최초의 제자들이 예수님의 희생, 가르침 그리고 인내에 의존했듯이(참고. 3:14; 9:41), 오늘날의 제자도 삼위일체 하나님의 똑같은 공급에 전적으로 의존해 있다. 마찬가지로 그들은 많은 고난의 잔으로 정결해진다(행 14:22).

최초의 제자도와 오늘날의 제자도의 중요한 특징은 고난과 정화를 통해 훈련되는 그리스도를 닮은 겸손이다. 그리스도의 죽음에 기반을 두고, 하나님은 종종 사랑의 표현인 징계를 통해 그 백성의 삶 속에 순결함을 새겨 넣으신다.[467] 따라서 섬기는 리더십의 자질은 하나님께 무릎꿇음으로 인해 생기는 정화로부터 성장한다. 그리스도인은 자기 이익을 구하기보다 그들의 능력과 특권을 의도적으로 다른 사람의 이익과 발전을 위해 사용함으로써 그들을 섬긴다. 특히 지도자가 지닌 그리스도를 닮은 겸손은 남을 억압하지 않는다. 그렇다고 약한 것이 아니다(막 10:42에 나오는 착취하는 지도자와 대조해보라). 오히려 그 지도자는 하나님의 길을 신뢰하고 추구하기에 강하다. 그리스도인의 리더십은 약자와 방어할 수 없는 자를 착취하도록 하나님께서 허락하신 것이 아니다. 그와 반대로 약자와 소외된 자를 변호하기 위해 주어진 것이다.

겸손히 섬기는 리더십의 강점은 늘 온전히 하나님께 의존한다는 사실에 있다. 그런 사람은 하나님의 목적과 자원에 의지한다. 겸손한 섬김의 지도자는 자기를 의지하는 면에서는 갈수록 '약해지는' 반면, 하나님을 의존하는 성품은 점점 더 강해지고 흔들리지 않는다. 그런 지도자는 무시당하고 착취당하는 약자를 더욱 눈여겨볼 것이다. 예수님이 섬기는 지도자의 길을 닦으신 만큼(45절), 제자들도 그분과 똑같은 태도를 취할 수 있다. 이는 하나님 나라가 풍기는 영구적인 향기의 하나다. 예수님의 제자들은 그분

466 새찬송가 585장.

467 참고. 욥 36:15.

처럼 속죄할 수는 없으나 그리스도가 이루신 용서를 전함으로써 그 희생의 '효과'를 확장할 수 있다.

10:46-52에 대한 응답

예수님의 고귀한 은혜는 사람의 신분이나 과거와 상관없이 그를 하나님과 화해시키고 안에서 밖으로 변화시켜 그리스도를 닮아가게 하기에 충분하다. 회개의 선물과 그리스도의 희생을 믿도록 기도하는 것이 중생을 위해 필요한 모든 것이다(요 3:3, 7; 벧전 1:3, 23). 예수님의 제자가 되고 싶은 사람은 바디매오와 함께 "다윗의 자손 예수여, 나를 불쌍히 여기소서!"(막 10:48)라고 부르짖기만 하면 된다.

Mark

마가복음

11:1-26

11장

1 그들이 예루살렘에 가까이 와서 감람산 벳바게와 베다니에 이르렀
을 때에 예수께서 제자 중 둘을 보내시며 2 이르시되 너희는 맞은편
마을로 가라 그리로 들어가면 곧 아직 아무도 타보지 않은 나귀 새끼
가 매여 있는 것을 보리니 풀어 끌고 오라 3 만일 누가 너희에게 왜 이
렇게 하느냐 묻거든 주가 쓰시겠다 1)하라 그리하면 즉시 이리로 보내
리라 하시니 4 제자들이 가서 본즉 나귀 새끼가 문 앞 거리에 매여 있
는지라 그것을 푸니 5 거기 서 있는 사람 중 어떤 이들이 이르되 나귀
새끼를 풀어 무엇 하려느냐 하매 6 제자들이 예수께서 이르신 대로 말
한대 이에 허락하는지라 7 나귀 새끼를 예수께로 끌고 와서 자기들의
겉옷을 그 위에 얹어 놓으매 예수께서 타시니 8 많은 사람들은 자기들
의 겉옷을, 또 다른 이들은 들에서 벤 나뭇가지를 길에 펴며 9 앞에서
가고 뒤에서 따르는 자들이 소리 지르되 호산나 찬송하리로다 주의
이름으로 오시는 이여 10 찬송하리로다 오는 우리 조상 다윗의 나라여
가장 높은 곳에서 호산나 하더라

1 Now when they drew near to Jerusalem, to Bethphage and Bethany,
at the Mount of Olives, Jesus[1] sent two of his disciples 2 and said to

them, "Go into the village in front of you, and immediately as you enter
it you will find a colt tied, on which no one has ever sat. Untie it and
bring it. 3 If anyone says to you, 'Why are you doing this?' say, 'The
Lord has need of it and will send it back here immediately.'" 4 And
they went away and found a colt tied at a door outside in the street, and
they untied it. 5 And some of those standing there said to them, "What
are you doing, untying the colt?" 6 And they told them what Jesus had
said, and they let them go. 7 And they brought the colt to Jesus and
threw their cloaks on it, and he sat on it. 8 And many spread their cloaks
on the road, and others spread leafy branches that they had cut from
the fields. 9 And those who went before and those who followed were
shouting, "Hosanna! Blessed is he who comes in the name of the Lord!
10 Blessed is the coming kingdom of our father David! Hosanna in the
highest!"

11 예수께서 예루살렘에 이르러 성전에 들어가사 모든 것을 둘러보시
고 때가 이미 저물매 열두 제자를 데리시고 베다니에 나가시니라
11 And he entered Jerusalem and went into the temple. And when he
had looked around at everything, as it was already late, he went out to
Bethany with the twelve.

12 이튿날 그들이 베다니에서 나왔을 때에 예수께서 시장하신지라
13 멀리서 잎사귀 있는 한 무화과나무를 보시고 혹 그 나무에 무엇이
있을까 하여 가셨더니 가서 보신즉 잎사귀 외에 아무것도 없더라 이
는 무화과의 때가 아님이라 14 예수께서 나무에게 말씀하여 이르시되
이제부터 영원토록 사람이 네게서 열매를 따 먹지 못하리라 하시니
제자들이 이를 듣더라

12 On the following day, when they came from Bethany, he was hungry.
13 And seeing in the distance a fig tree in leaf, he went to see if he could
find anything on it. When he came to it, he found nothing but leaves,
for it was not the season for figs. 14 And he said to it, "May no one ever
eat fruit from you again." And his disciples heard it.

15 그들이 예루살렘에 들어가니라 예수께서 성전에 들어가사 성전 안
에서 매매하는 자들을 내쫓으시며 돈 바꾸는 자들의 상과 비둘기 파
는 자들의 의자를 둘러엎으시며 16 아무나 물건을 가지고 성전 안으로
지나다님을 허락하지 아니하시고 17 이에 가르쳐 이르시되 기록된바
내 집은 만민이 기도하는 집이라 칭함을 받으리라고 하지 아니하였느
냐 너희는 강도의 소굴을 만들었도다 하시매 18 대제사장들과 서기관
들이 듣고 예수를 어떻게 죽일까 하고 꾀하니 이는 무리가 다 그의 교
훈을 놀랍게 여기므로 그를 두려워함일러라 19 그리고 날이 저물매 그
들이 성 밖으로 나가더라

15 And they came to Jerusalem. And he entered the temple and began
to drive out those who sold and those who bought in the temple, and
he overturned the tables of the money-changers and the seats of those
who sold pigeons. 16 And he would not allow anyone to carry anything
through the temple. 17 And he was teaching them and saying to them,
"Is it not written, 'My house shall be called a house of prayer for all
the nations'? But you have made it a den of robbers." 18 And the chief
priests and the scribes heard it and were seeking a way to destroy
him, for they feared him, because all the crowd was astonished at his
teaching. 19 And when evening came they[2] went out of the city.

20 그들이 아침에 지나갈 때에 무화과나무가 뿌리째 마른 것을 보고

21 베드로가 생각이 나서 여짜오되 랍비여 보소서 저주하신 무화과나
무가 말랐나이다 22 예수께서 그들에게 대답하여 이르시되 하나님을
믿으라 23 내가 진실로 너희에게 이르노니 누구든지 이 산더러 들리어
바다에 던져지라 하며 그 말하는 것이 이루어질 줄 믿고 마음에 의심
하지 아니하면 그대로 되리라 24 그러므로 내가 너희에게 말하노니 무
엇이든지 기도하고 구하는 것은 받은 줄로 믿으라 그리하면 너희에게
그대로 되리라 25 서서 기도할 때에 아무에게나 혐의가 있거든 용서
하라 그리하여야 하늘에 계신 너희 아버지께서도 너희 허물을 사하여
주시리라 하시니라 26 [2](없음)

20 As they passed by in the morning, they saw the fig tree withered
away to its roots. 21 And Peter remembered and said to him, "Rabbi,
look! The fig tree that you cursed has withered." 22 And Jesus answered
them, "Have faith in God. 23 Truly, I say to you, whoever says to this
mountain, 'Be taken up and thrown into the sea,' and does not doubt
in his heart, but believes that what he says will come to pass, it will
be done for him. 24 Therefore I tell you, whatever you ask in prayer,
believe that you have received[3] it, and it will be yours. 25 And whenever
you stand praying, forgive, if you have anything against anyone, so that
your Father also who is in heaven may forgive you your trespasses."[4]

1) 또는 즉시 돌려보내리라 하라 하시니 2) 어떤 사본에, 26 '만일 너희가 용서하지 아니하면 하늘에 계신 너희 아버지도 너희 허물을 사하지 아니하시리라'가 있음

1 Greek *he* *2* Some manuscripts *he* *3* Some manuscripts *are receiving* *4* Some manuscripts add verse 26: *But if you do not forgive, neither will your Father who is in heaven forgive your trespasses*

단락 개관

마가복음 11:1-13:37의 '맥락'은 다음과 같다. 예수님이 예루살렘에 도착해서 승리의 입성을 하신다. 이후 성전을 깨끗케 하고, 반대자들과 제자들 모두를 대상으로 권위 있게 가르치신다(특히 13:1-37에 나오는 이른바 종말론적 담론을 보라).

11:1-26의 '내용'은 다음과 같다. 축제 분위기에서 예루살렘에 들어가는 예수님의 이 불길한 입성(1-11절)은 다윗 혈통의 정치적 메시아에 대한 대중적 기대를 잠깐 동안 용납하시는 듯 보인다(10절). 예수님은 동시대인의 정치적 메시아에 대한 기대에 굴복한 적이 없지만, 자칫 그런 그릇된 기대를 지지하는 것으로 오해받을 수 있는 칭찬을 한시적으로 허용하신다. 독자는 지금까지 예수님의 목표와 목적이 그런 기대와 얼마나 다른지 살펴보았다(참고. 8:31; 요 6:15).[468] 예수님은 여호와의 유일한 대표(말 3:1-2)로서 그분의 백성과 함께하는 하나님 임재의 중심점인 성전을 방문하러 오신다. 그분은 겸손하게 그리고 하나님을 예배하고픈 열정을 품고 예루살렘과 그 성전에 오신다. 무화과나무를 저주하는 행동(막 11:12-14, 20-21)은 이후 성전 정화(15-18절)와 더불어 비유적인 선지자적 행동으로서, 기도와 용서 등 좋은 열매(22-25절)를 맺는 하나님에 대한 진정한 믿음과 확연한 대조를 이룬다. 예수님은 그런 방문 너머를 바라보며 곧 그분이 예루살렘에서 드릴 보편적이고 영원히 유효한 속죄의 제사를 결연히 내다보신다.

11장

468 참고. 서론의 '그리스도론'.

단락 개요

III. 2부: 고난과 죽음의 필연성을 통해 예수님의 권위를 시험하다 (8:27-16:8[9-20])
  B. 예루살렘 사역(11:1-13:37)
    1. 예루살렘에 들어가시다, 성전을 정화하시다, 가르치시다 (11:1-26)
      a. 예루살렘에 입성하시다(11:1-11)
      b. 무화과나무를 저주하시다(11:12-14)
      c. 성전을 정화하시다, 말라죽은 무화과나무(11:15-21)
      d. 믿음, 기도 그리고 용서(11:22-26)

주석

11:1-26 개요

예수님은 예루살렘에 도착할 때, 메시아에 대한 기대가 높아지는 위험을 감수하신다(10절). 특히 스가랴 9:9에 여호와가 왕으로 오신다고 주장할 수 있는 메시아적 모티브가 담겨 있는 것을 주목하라.[469] 예수님은 모든 나라의 백성이 드릴 참된 예배를 향한 열정을 품고 예루살렘을 방문하신다. 예수님은 이미 신성을 나타내셨기(특히 막 2:5-12; 9:2-7) 때문에, 예루살렘 도착과 성전 정화를 하나님께서 그분의 눈동자를 방문하는 것으로 봐도 무방하다. 그분의 눈동자란 그 도시와 성전을 말한다(말 3:1-2을 보라). 그렇

469 참고. 11:1-26 개요; 11:7 주석.

다면 그분은 과연 참된 예배를 마주치게 될까?

11:1-8 예수님은 아마 북쪽에 있는 여리고-예루살렘-베다니로 이어지는 로마 도로를 따라 이동하는 많은 유월절 순례자들과 함께 북부에서 예루살렘으로 접근하고 계실 것이다.[470] 이 서술은 예수님과 제자들이 여리고에서 예루살렘을 향해 오다가 승리의 입성을 하기 전에 베다니에서 하루 이틀을 보내신다는 사실을 생략한다(참고. 요 12:1-11; 11:11 주석). 승리의 입성을 위한 준비 과정에서, 예수님과 제자들이 벳바게 마을 근처 베다니로부터 예루살렘에 이르는 길에서 발걸음을 멈추는 것 같다. 2절에 나오는 "마을"은 아마 벳바게를 가리킬 것이다. 벳바게는 감람산의 북쪽 또는 북동쪽 비탈에 위치했을 가능성이 크다. 이후 겟세마네를 지나 감람산의 북서쪽 기슭을 따라 움직인다. 즉, 그들은 기드론 골짜기를 건너 동쪽 문을 경유해서 예루살렘에 들어간다.

11장

11:2-3 사무엘상 10:2-6은 예수님의 상세한 선지자적 예지(참고. 14:13-14)를 다루는 구약의 병행 대목에 해당한다. 보통은 순례자들이 순례의 마지막 길을 '걸어서' 예루살렘에 들어간다(참고. 11:1-8 주석). 그래서 짐승을 타는 것은 눈에 띄는 모습이다. 예수님이 어린 나귀("나귀 새끼")를 빌려오라고 요청하시는 방식[471]은 왕족의 징발권(angaria)으로 알려진 전통을 가리키는 듯하다. 이는 고관이 아무에게나 운송 수단을 요청할 수 있는 권리를 말한다(참고. 민 16:15; 삼상 8:17, 참고. 막 14:13-16).[472] 훗날에는 랍비들이 그와 비슷한 요청을 할 수 있었던 것으로 알려져 있다.

470 여리고에서 예루살렘까지의 거리는 약 27킬로미터다.

471 창 49:11(칠십인역); 삿 10:4; 12:14; 슥 9:9을 보라. 여기서 폴로스(*pōlos*, 문자적으로 '당나귀의 새끼')는 어린 나귀를 말한다.

472 삿 5:10; 삼하 17:23; 19:26도 보라. 참고. Cleon L. Rogers Jr. and Clean L. Rogers III, *The New Linguistic and Exegetical Key to the Greek New Testament* (Grand Rapids, MI: Zondervan, 1998), 91.

이 대목은 마가 이야기의 다른 어느 곳보다 예수님이 정치적 메시아처럼 행동하시는 듯한 모습이다(참고. 11:9-10 주석). 약 천 년 전에 압살롬이 강압적으로 왕권을 탈취했을 때 다윗 왕은 감람산을 경유하여 예루살렘에서 도망했었다(삼하 15:30). 다윗은 눈물을 흘렸고 아마 나귀를 탔을 것이다(삼하 16:2). 이제는 예수님이 감람산을 경유하여 예루살렘에 들어가신다. 누가에 따르면, 그분은 그 도시를 바라보며 울고(눅 19:41) 나귀를 타고 가신다. 솔로몬 왕은 이스라엘의 왕으로 기름 부음을 받았을 때(왕상 1:38-40) 노새[473]를 타고 갔다. 마카베오상 13:50b-53은 게릴라 투사 시몬 마카비가 어떻게 예루살렘에 승리의 입성을 했는지 들려준다. 나귀를 타는 것은 아마 예수님의 겸손함을 가리킬 것이다.[474]

11:4 이 반복 어구는 이 사건의 역사적 사실성과 중요성을 강조한다(참고. 막 14:12-16).

11:5-6 가까이 있던 사람들의 우호적인 반응은 아마 전통적인 징발권 때문일 것이다(참고. 11:2-3 주석).

11:7 예수님은 정치적 메시아에 대한 대중적 기대에 일관되게 저항하면서도, 하나님께서 보내신 메시아의 왕족다운 입성을 통하여 스가랴 9:9-10을 성취하신다. 이는 그분이 신적인 왕으로 입성하시는 것을 시사한다. 스가랴 9:9-10은 이렇게 선언한다.

> 시온의 딸아 크게 기뻐할지어다…
> 보라 네 왕[마소라 본문 멜레크(*melek*), 칠십인역 바실레우스(*basileus*), 여호와를

473 노새는 어미 말과 아비 나귀 사이에 태어난 잡종이다.

474 참고. C. Brown, *NIDNTT*, 1:117.

가리키는 듯[475])이 네게 임하시나니
그는 공의로우시며(칠십인역 디카이오스(*dikaios*)) 구원(칠십인역 소존(*sōzōn*))을 베푸시며
겸손하여서(마소라 본문 아니(*'ani*), 가련한, 고난 받은, 굴욕당한, 칠십인역 '기도하다')[476] 나귀를 타시나니
나귀의 작은 것 곧 나귀 새끼니라…
그가 이방 사람에게 화평을 전할 것이요(마소라 본문 샬롬 라고임(*shalom lagoyim*), 즉, 이방인에게)
그의 통치(마소라 본문 모쉘(*moshel*))[477]는…
유브라데강에서 땅끝까지 이르리라[478]

11장

이미 다윗 왕이 이방인들을 다스리는 통치자 역할을 했다는 사실을 주목할 필요가 있다(삼하 22:44-51, 특히 44-46, 48-50절).

11:8 예루살렘에 들어가는 과정에서 순례자들이 '잎이 무성한 나뭇가지'(참고. 마 21:8)를 흔들면서 서로 인사하고 하나님을 경배하는 전통에 참여한다. "많은" 순례자들이 나귀 새끼를 타고 오시는 분을 경배하려고 그들의 겉옷을 펼쳐놓는다.[479] 지금까지 아무도 나귀 새끼를 타지 않았다는 사실은 이것이 신성한 행동임을 의미한다.[480]

475 참고. Wolter H. Rose, "Zechariah and the Ambiguity of Kingship in Postexilic Israel," in *Let Us Go up to Zion: Essays in Honour of H. G. M. Williamson in the Occasion of His Sixty-Fifth Birthday*, ed. Iain Provan and Mark J. Boda (Leiden: Brill, 2012), 219-32.

476 참고. 마 11:29.

477 이 본문에 나오는 통치는 지리적 영역을 다스리는 주권을 가리킨다.

478 참고. 창 49:11; 마 21:5; 요 12:14-15.

479 참고. 왕하 9:12-13. 요 19:2, 5과 대조해보라.

480 참고. 민 19:2; 신 21:3; 삼상 6:7; 삼하 6:3; 눅 23:53.

11:9-10 “찬송하리로다 주의 이름으로 오시는 이여 찬송하리로다 오는 우리 조상 다윗의 나라여”라는 환호는 공개적으로 예수님을 다윗 혈통의 정치적 메시아(참고. 삼하 7:14; 사 9:7; 렘 23:4-6)로 칭송하는 소리로 해석될 수 있었다. 만일 그 환호를 하나님의 메시아가 무척 낮아졌다가(막 10:45; 14:22-24) 지극히 높아지는(8:38; 12:35-37; 14:61-64)[481] 마가 이야기의 전반적 맥락에서 떼어놓는다면 그렇게 해석될 수 있다는 뜻이다. 11:9-10은 다가오는 메시아의 나라를 고대하는 유월절의 축복 기도를 채택한다. 이 기도를 살펴보면, 9b절에는 시편 117:26a 칠십인역(118:26a 마소라 본문)의 인용구가 나오고, 이어서 다윗 집안의 재건(막 11:10a)에 대한 언급과 시편 148:1의 인용문(막 11:10b)이 나온다.[482] 그리고 유월절은 이집트의 노예 상태에서 해방된 사건을 회상시킨다. 예수님의 동시대인들은 이제 이 기도를 메시아가 로마 압제로부터 해방시키는 것과 연관시킨다. “호산나”는 “해방하다” 또는 “이제 돕다”[483]라는 뜻이다.

이 단락은 예수님의 메시아 신분과 행동, 제자들의 행동 그리고 백성의 행동 사이에 명백한 긴장이 없는 유일한 대목이다(8:27-28). 하지만 이 대목을 이와 상반되는 많은 대목들과 대조해보라(참고. 2:8-10; 8:27-31; 10:45; 14:22-25). 잠시 동안 예수님은 스가랴 9:9이 성취될 필요가 있었기에 그런 환호를 받아들이신다. 그런데 스가랴 9:9의 맥락에 담긴 뜻을 더 깊이 고찰하면, 이 구절은 메시아적 왕으로 오신 인물뿐 아니라 신적인 통치자를 암시한다는 것을 알게 된다. 한편 예수님은 하나님께서 보내신 메시아의 희생적 죽음을 방해할 수 있는 것이 전혀 없다는 것을 확신하신다(막 10:45; 14:24). 그러므로 예수님이 왕으로 입성하시는 모습은 게릴라처럼 예루살렘을 탈취하는 것과 거리가 멀다. 예수님은 군사적이거나 폭력적인 봉기

481 참고. 서론의 ‘그리스도론’.

482 참고. 막 10:47. 또한 삼하 7:12-16; 왕상 2:12; 눅 1:32-33; 행 2:30-31도 보라.

483 참고. W. Revell, *EDNT*, 3:509.

를 선동하지 않고 그런 취지의 말도 하지 않으시기 때문이다.

11:11 예수님이 이제 예루살렘(참고. 15, 27절)과 성전 구역에 도착하신다. 잠시 동안 군중이 예수님을 기대했던 메시아적 해방자이자 다윗 왕국의 회복자로 여기며 환호한다(15, 27절; 14:1, 참고. 11:9-10 주석).[484] 예수님이 평범한 순례자처럼 성전 구역에 있는 "모든 것을 둘러보[기]"만 하신 것은 아니다. 오히려 여호와가 보내신 "언약의 사자"(말 3:1-3)로서 하나님에 대한 참된 예배가 거기에 있는지를 살피신다(슥 9:9). 그런 명망 있는 방문자가 성전에서 참된 예배를 찾지 못한다면, 일종의 심판이 따라올 것을 예상할 수 있다. 경고의 의도로 성전을 정결케 하시는 행동은 이런 맥락에서 이해할 필요가 있다. 예수님이 예루살렘에서 마지막 며칠을 지내는 동안(막 11:12-14; 14:3), 그분과 열두 제자는 밤중에는 그들의 친구인 나사로(참고. 요 12:1)와 마리아, 마르다가 살고 있는 베다니에서 보낸다. 또한 나병환자 시몬을 방문하기도 한다(막 14:3). 베다니는 예루살렘에서 약 3.2킬로미터 떨어진 곳으로(요 11:18), 감람산의 남동쪽 기슭의 작은 언덕을 따라 누워 있다(참고. 11:1-8 주석). 이 때문에 누가복음 21:37은 그들이 "감람원이라 하는 산에서" 잠을 잤다고 말할 수 있는 것이다.

11:12-25 개요

예수님은 열매 없는 무화과나무가 상징하는 열매 없는 "성전"을 하나님에 대한 성실한 신뢰와 대조하신다. 오직 하나님과 그분의 구속 사역에 대한 진정한 믿음을 통해서만 예배와 기도와 용서의 열매를 맺을 수 있다.

11:12-21 여기서 무화과나무-성전 정화-무화과나무의 순서로 배열한 문학적 기법은 성전 정화와 열매 없는 무화과나무의 저주 사이에 의도적

484 참고. 왕상 1:32-40을 상기시킨다. 시 118:22-29에 관한 탈굼에 나오는 시 118:26에 대한 메시아적 해석을 보라.

11장

인 연계성이 있음을 암시한다.

11:12-14 놀랍게도, 예수님은 제철이 아니라서 열매를 맺을 수 없는 무화과나무를 저주하신다. 보통 유월절 무렵(때로는 4월)에는 무화과나무가 겨우 잎만 있는 상태라 열매를 맺기에는 시기상조다. 그래서 이 계절에 벌써부터 먹을 만한 열매를 기대하는 것은 비상식적이다. "이는 무화과의 때가 아님이라"(13절). 그래서 예수님이 왜 그 나무를 저주하시는가 하는 의문이 생긴다(14, 20절). 현재의 맥락에서는 무화과나무를 예루살렘 성전의 비유적 상징으로 보는 것이 가장 설득력 있다. 성전은 언제나 예배의 열매를 맺어야 하는 곳이기 때문이다. 구약에서는 무화과나무가 때로는 이스라엘과 하나님 앞에서의 도덕적 지위를 상징할 수 있다.[485]

그러므로 예수님이 무화과나무를 저주하신 것(14절, 참고. 마 25:41)은 열매 없는 성전에 대한 하나님의 심판이 가까웠음을 알리는 신호다. 달리 말하면, 무화과나무에 일어나는 일이 때가 되면 열매 없는 성전에 일어날 것이라는 뜻이다. 그것은 성전의 파괴를 말한다(주후 70년, 참고. 막 13:2). 이와 병행하여, 예수님은 이스라엘의 지도자들에게도 심판이 임할 것을 선언하신다(12:9). 예수님은, 예전의 선지자들이 그랬듯이, 여기서 선지자적 행동을 취해 말씀하고 계신다.[486] 그분 자신이 성전에서 예배와 기도와 경건 등 참된 예배를 얼마나 열심히 찾는지를 가리키려고 무화과나무를 실물 교육으로 활용하시는 것이다.[487]

11:15-19 따라서 예수님이 성전을 정화하시는 것은 놀랄 일이 아니다(참고. 대하 29:16). 이런 일이 발생하는 것은 성전이 자기중심적인 상업이 아닌

485 예. 렘 8:13; 호 9:10, 16; 욜 1:7; 미 7:1.

486 참고. 사 20:1-6; 렘 13:1-11; 겔 4:1-15; 호 1-2장.

487 경건한 마음에서 나오는 회개와 열매 맺기에 관해서는 누가복음 13:6-9를 참고하라.

참된 예배가 이루어지는 곳이기 때문이다(대상 29:10-19; 대하 6:14-42).[488] 게다가 성전은 '모든 민족'의 대표들을 하나님의 순결과 경건으로 이끌도록 주어진 것이다(참고. 대하 7:1, 3).

11:15-17 먼저 무화과나무가 저주를 받고, 이후 자기 이익을 추구하는 상업의 오염을 제거하기 위한 성전 정화가 단행된다(참고. 슥 10:3; 14:21; 말 3:1-4). 이 행동은 결국 성전이 궁극적으로 파괴될 가능성을 가리킨다(막 13:2).

상업 활동이 감람산과 성전 경내 모두에서 일어났다고 언급되어 있다. "상"(탁자)은 순례자들이 연례 성전세금 반 세겔(출 30:13-16)을 내려고 그들의 현금을 적절한 동전으로 바꾸기 위해 세워진 것이다. 나아가 순례자들은 다양한 속죄 제물과 감사 제물에 사용하려고 "비둘기", 어린양, 기름 그리고 소금을 살 수 있었다(레 1:14; 5:7, 11; 12:8; 14:22, 30). 마가복음 11:16에는 예수님이 성전 전역에 대해 행동을 취하신 것으로 기록되어 있지만, 15절은 예수님이 소수의 상인들만 쫓아내신다고 시사하는 듯하다. 현재 진행형은 예수님이 단지 그들을 "내쫓[기]"(참고. 막 5:40) 시작하신다는 개념, 그리고 장사하는 곳의 탁자와 의자 몇 개를 "둘러엎으[셨다]"(슥 14:21)는 개념을 전달한다. 예수님의 행동이 추구하는 한시적 목표는 성전 생활을 그 본래의 목적, 즉 '모든 민족을 위해'(참고. 사 56:7),[489] "기도하는 집"이 되도록 회복시키고, 하나님과 그분의 율법 앞에서 경외를 표현하는 곳(대하 6:31-33)으로 만드는 것이다.

11:16-17 그런 상업 행위는 여러 위반 사항들 가운데 특히 기도의 집(사 56:7)을 "강도의 소굴"(렘 7:11)로 바꾼다. 이기적인 이익을 추구하려고 하

488 역대상 13:6, 14에서 하나님께서 장막에 현존하시는 것을 보라.

489 참고. 왕상 8:28-30, 41-42; 막 11:17.

나님에게서 기도와 찬송을 빼앗는 이들에게는 변명의 여지가 없는 법이다(참고. 슥 14:21).[490] 상업 행위의 상당부분이 이방인을 위해 마련된 바깥뜰에서 일어나는 만큼 그것은 특히 이방인(즉, '모든 민족')이 예배하러 오는 것을 방해한다(참고. 렘 7:6).

예수님이 여기서 언급하시는 예레미야 7:11의 더 넓은 맥락을 이해할 필요가 있다. 선지자 예레미야는 바벨론 제국의 손에 당할 심판(21:7)이 임박한 시기에 성전 문에서 말한다(7:2). 그는 우상 숭배와 만연한 불의에 관여하면서 성전에서 주님을 예배하는 유다 사람들과 지도자들에 반대하는 발언을 한다(7:5-6, 9-10; 마 5:23-24과 대조해보라). 우상 숭배와 불의와 부도덕으로 인해 하나님께서 함께하시는 성전이 "강도의 소굴"로 변했다(렘 7:11).[491] 그런 불경건함으로 인해 이스라엘의 첫 번째 성전이 느부갓네살의 손에 파괴되었다(7:12-14; 9:11; 21:7). 그와 마찬가지로, 두 번째 성전도 장차 똑같은 이유로 파괴될 것이다(막 13:2; 참고. 계 2-3장).

11:18 성전 문제를 다룰 책임이 있는 대제사장들과 서기관들이 용납 받을 수 없을 만큼 성전을 더럽히는 상업을 승인한다. 역설적으로, 그들은 정화되어 참된 성전 예배로 돌아가기보다는 성전을 정화시키는 분을 '파멸시키려고'(죽이려고) 한다(말 3:2-3과 대조해보라).[492] 마가는 그들의 동기가 두려움이라고 밝힌다. 이미 누리고 있는 사회적, 경제적, 정치적 권력을 잃을 것에 대한 두려움이다. 그들은 예수님이 선생으로서 인기가 높은 것에 위협을 느낀다(막 1:22, 참고. 10:26; 12:38). 끝으로, 그들은 민중 봉기가 일어나서 로마인이 이미 제한된 그들의 권력을 짓밟을까봐 염려한다. 반대로 하나님 앞에서의 건강한 두려움과 경외를 추구하는 모습은 찾을 수 없다.

490 에세네파 쿰란 공동체 역시 예루살렘의 성전 예배가 오염된 것을 비난했다[예. 1QpHab(사해사본)] VIII, 8-12, IX, 4-9. 참고, Josephus, *Antiquities* 20.179-181.

491 그런 소굴은 강도의 약탈품을 숨기는 장소가 될 수 있다.

492 참고. 막 3:6; 10:33; 12:12; 15:31-32; 눅 19:47.

11:19 종종 그러듯이 예수님이 공적인 시선과 요구로부터 뒤로 물러나신다(참고. 11절).

11:20-21 24시간 내에(참고. 14절) 무화과나무가 '말라 죽었다'[크세라이노(*xērainō*), 참고. 4:6].[493] 앞에서 말했듯이, 이것은 열매 없는 성전 활동과, 성전의 올바른 사용과 관리를 책임지는 이들에게 임하는 하나님의 심판을 상징한다(참고. 대하 7:19-22).[494] 베드로는 예수님이 말씀하셨던 것(막 11:14)을 "기억했다"[아나밈네스코(*anamimnēskō*)].[495] 장차 주님을 세 번 부인할 것이라는 예수님의 예언도 기억할 것이다(14:72).[496] 베드로의 이런 기억력과 "랍비"(참고. 9:5; 11:21)라는 호칭을 감안하면, 그가 장차 예수님의 전반적 면모에 관한 믿을 만한 증인이 될 것을 예측할 수 있다. 달리 말하면 사복음서, 사도행전 그리고 베드로의 서신들에 기록된 예수님의 인격, 사역, 가르침, 대리적 속죄 그리고 부활에 대한 대표적 증인이 될 것이라는 뜻이다.[497]

11장

11:22 예수님이 갑자기 제자들에게 계속 "하나님을 믿으라"고 권면하시는 것은 내러티브의 이 지점에서 놀라움을 안겨준다(참고. 마 17:20). 독자는 여기서 믿음이 무화과나무의 저주와 무슨 상관이 있는지 의아할 것이다. 이에 대한 답변은, 하나님에 대한 믿음이 하나님을 위해 좋은 열매(예. 참된 예배)를 맺는 데 방해되는 모든 것을 제거해준다는 것이다.

11:23-24 12-25절의 맥락에서 보면, "산"을 옮기는 것에 대한 예수님의

493 요 15:6; 약 1:11을 보라. 참고. 욥 18:16; 호 9:16; 벧전 1:24.

494 참고. 사 34:4; 호 2:14; 욜 1:7-12; 암 4:9; 합 3:17-19.

495 마 16:9; 26:13//막 14:9; 눅 24:6; 요 15:20; 16:4; 행 20:35; 딤후 2:8; 벧후 1:15; 유 1:17도 보라. 막 8:18과 대조해보라.

496 참고. 눅 24:8; 요 2:22; 12:16; 14:26; 16:4; 행 11:16; 벧후 3:2.

497 참고. 눅 22:19; 고전 11:24-25.

말씀은 비유적 의미로 이해하는 것이 좋다.[498] 무엇보다도 성전 정화의 모티브에 비춰 볼 때 그렇다(참고. 마 21:21). '산을 옮기는' 믿음은 고린도전서 13:2(참고. 사 41:15)에 하나의 속담으로 나온다.[499] 따라서 산을 옮긴다는 것은 참된 예배와 하나님의 선교에 대한 동의를 '방해하는' 모든 것을 제거한다는 뜻일 수도 있다. "의심"[디아크리노(*diakrinō*), '내가 의심하는' 중에]은 '주된' 또는 '끈질긴' 의심이 아니라 내면의 '흔들림' 또는 '망설임'(참고. 마 17:20; 약 1:6)을 가리킨다. 하나님의 목적이 '실현될 것'이고 '이루어질 것'이라는 영속적인 믿음은 오로지 한 이슈에만 집중한다. 하나님께 저항하는 모든 것을 제거하는 일이다(막 11:15-17).

그런 제거는 누군가를 용서할 필요성에 저항하는 죄를 인정하는 것으로 시작된다(25절, 참고. 눅 17:3-6). 그런 믿음의 행사는 스스로 강한 믿음을 가진 듯 보이는 모습에 초점을 두지 않는다. 오히려 하나님의 목적과 그분의 선교를 열심히 찾으려고 한다. 하나님을 신뢰하는 기도는 그런 일에 전념하는 법이다. 기도하는 사람은 그분의 목적과 선교를 찾는 과정에서 언제나 자기가 주권적이고 거룩하고 통제할 수 없는 하나님(참고. 단 9:1-19)께 기도하고 있음을 기억하면서도 확신을 품을 수 있다(마 17:20). 그래서 "무엇이든지 기도하고 구하는 것은 받은 줄로 믿으라 그리하면 너희에게 그대로 되리라"(막 11:24, 참고. 마 7:7)는 예수님의 말씀을 이런 식으로 해석하는 것이 좋다. 이 맥락에서는 "무엇이든지"가 (1) 주권적 하나님을 영예롭게 하는 것과 (2) 하나님께 저항하는 모든 것을 제거하는 일, 즉 비유적으로 산을 옮기는 것을 말할 가능성이 크다.

498 일부 해석자들은 "이 산"(막 11:23)이라는 표현을 예수님과 제자들이 베다니에서 예루살렘으로 접근할 때(11:12-15) 볼 수 있던 성전산(Temple Mount)을 가리킨다고 믿는다. 이는 가능한 해석이기는 해도, 성전산의 사실적 이동(성전의 파괴에 대한 예언과 대조되는)이라는 모티브는 무척 생소하다.

499 "산을 옮기는 것"(또는 "뽕나무를 옮기는 것", 눅 17:6)을 비유적으로 사용하는 사례가 마태복음 17:20과 누가복음 17:6에서는 덜 분명하다. 그럼에도 불구하고, 마태복음 17:20에 나오는 그 진술은 귀신(비유적인 "산"일까?)을 내쫓는 맥락에 놓여 있다. 누가복음 17:6도 이와 비슷하게 회개와 용서(비유적인 "산"일까?)의 맥락에서 진술되어 있다.

예수님은 그분의 대속적 죽음으로 하나님께 대한 죄 많은 인류의 심층적인 저항을 몸소 제거하신다. 기도의 열쇠(요 14:13-14)[500]는 그래서 하나님의 뜻을 구하는 것이다(마 6:12; 막 3:35; 눅 11:4). 예수님의 추종자들과 적대자들에게 있는 완고한 '눈'과 '귀'와 대조적으로, 하나님의 '눈'과 '귀'는 스스로를 그분 앞에서 낮추고 힘과 구원을 찾아 회개하는 죄인의 기도에 열려 있다(참고. 11:25 주석).[501]

11:25 하나님의 영광을 구하는 동시에 자기에게 피해를 준 동료 인간을 원망하는 것(마 5:23; 6:14)은 참으로 모순이다. 문자적인 성전과 미래의 '살아 있는' 성전의 한 핵심 기능은 제물에 기초해 용서를 베푸는 것이다(대하 6:18-21). 남을 "용서한다"는 것은 "법적인 또는 도덕적인 의무나 결과에서 풀어주다, '취소하다, 면제하다, 사면하다'"[502]라는 뜻이다. 마가복음 11:22-25에서 '믿음', '기도' 그리고 '용서' 간의 두드러진 연관성은 따라서 성전 정화(15-19절), 종국적인 성전 파괴(13:2), 예수님의 새로운 가족(3:35) 그리고 이후 새롭고 살아 있는 성전의 건축(12:10//시 118:22; 막 14:58) 간의 전반적 연계성을 강화한다.[503]

11:26 마태복음 18:35의 진술과 비슷한 진술이, 약간의 차이가 있지만, 많은 사본의 이 대목에 나온다. "너희가 용서하지 아니하면…너희 아버지도 너희 허물을 사하지 아니하시리라." 하지만 매우 중요한 초기 사본들은 이 문장을 생략한다.

500 참고. 마 7:7-8; 눅 11:4. 고후 6:24도 보라.

501 참고. 대하 6:26, 40; 7:15-16; 12:6, 7, 13.

502 BDAG, s.v. ἀφιημι. 강조는 원문의 것.

503 11:1-26 응답에 나오는 영원한 새 성전에 대한 논의를 보라. 참고. 행 15:15-17; 엡 2:21-22; 벧전 2:5.

응답

하나님은 예수님 안에서 그분의 성전을 방문하러 오신다. 성전에 접근할 때 무엇을 발견하시는가? 예배인가, 이기적인 탐욕인가? 기도에 전념하는 모습인가, 자기중심적인 모습인가? 경건함인가, 상업적 이득인가? 앞에서 언급했듯이, 예수님의 성전 정화(막 11:1-21)는 주후 70년에 발생할 성전의 종국적인 파괴(13:2)를 내다본다. 하지만 성전을 깨끗케 하신(11:15-21) 직후에 예수님은 제자들의 관심을 하나님에 대한 완전한 신뢰, 참된 예배의 방해물을 제거하는 것(즉, 비유적으로 산을 옮기는 것) 그리고 화해되지 않은 인간 상황을 만날 때마다 그리스도의 용서를 전하는 것(22-25절)에 돌리게 하신다. "이런 사실들은 모두 '살아 있는 돌들'(벧전 2:5)로 지어진 새로운, 영원한 성전의 건축을 암시한다."

처음에 버린 돌이 모퉁이의 머릿돌(메시아)이 된다는 예수님의 말씀(막 12:10) 역시 그런 새롭고 특이한 성전을 내다보고 있고, 그 성전이 결국 예루살렘의 죄 많은 영적 리더십과 성전 질서를 대체할 것이다. 하나님의 구속-역사적 계획은 그처럼 고대하던 새 성전(예. 시 118:22, 참고. 사 28:16), 즉 예수님을 머릿돌로 삼고[504] 전례 없는 사도적 증언을 기초로 삼는(엡 2:20; 벧전 2:4-5) 그 성전을 세우는 것을 목표로 삼는다. 새 성전은 또한 유대인과 이방인에서 이끌어낸 거듭난 사람들, 즉 살아 있는 돌들을 포함한다(막 12:10-11; 14:58; 15:29, 38).[505] 따라서 마가복음 11:1-13:2의 흐름을 따라가면 구약의 장막과 예루살렘 성전은 영원한 하늘 성전의 청사진에 불과하다는 것이 명백해진다.[506] 그러면 하늘에 있는 영원한 성전의 연장선에 있

504 참고. 요 2:19-21; 행 4:11; 엡 2:20; 벧전 2:4-7.

505 참고. 마 12:6; 요 2:19; 행 15:15-17; 고전 3:9, 16-17; 6:19; 고후 6:16; 엡 2:21; 벧전 2:5-10; 계 21:22.

506 참고. 시 11:4; 사 6:1-5; 히 8:2, 5; 10:1, 19; 딤전 6:15-16.

는, 살아 있는 돌들로 지어진 새로운 성전에 대해 기대감을 품게 된다.[507]

예수님은 그분을 따르는 사람들에게 참된 예배와 기도를 가르치시는 데 관심이 많다(참고. 사 61:11). 특히 그들이 하나님의 영원한 새 성전으로 빚어지고 있기 때문에 그렇다. 예수님의 제자들은 예배와 기도의 열매를 포함해 경건의 열매를 맺을 필요가 있다(참고. 롬 5:5). 이 때문에 하나님은 예수님의 제자들에게 그리스도의 희생에 대한 믿음에 따르는 "불"의 영(눅 3:17)을 허락하신다. 하나님의 자비와 은혜가 그들을 정결케 한다. 이 과정에서 그들이 영원한 성전의 살아 있는 돌들로 빚어지는 것이다(엡 2:21; 히 3:6; 벧전 2:4-5). 이런 모티브들은 성전을 갖고 있지 않은 미래의 도시로 수렴된다. 그 대신 하나님께서 성전(벧전 2:5)과 '도시'(계 21:22, 참고. 벧전 2:9-12)로 비유되는 그분의 백성 가운데 거주하신다.

하나님에 대한 참된 예배는 현실에 부합하고 하나님을 기쁘시게 하는 삶에 필수적이다. 무엇보다, 예배는 하나님의 성품과 본성과 목적에 관해 배울 때 우리가 보일 적절하고 올바른 반응이다. 이처럼 예배가 회복될 때 삶의 모든 영역에 영향을 미치는 새로운 하나님 중심적인 삶이 가능해진다. 거기에는 자연 가족, 하나님의 가족 공동체, 과학적 활동, 경제적 구조와 패턴, 일, 예술, 자연 자원의 신중한 활용, 하나님의 창조 세계를 돌보는 것, 정치적 섬김, 인종적 및 종교적 관용 등이 포함된다. 그리스도의 제자는, 하나님과 그분의 선교에 대한 믿음이 자라면서 삼위일체 하나님과 우주의 창조주에 대한 참된 예배를 방해하는 모든 것을 제거하게 해달라고 담대하게 또 믿음으로 기도할 수 있다. 모든 방해물을 제거하는 것이 바로 "산"에 대한 비유적 언급이 암시하는 바다. 그럼에도 불구하고 믿음으로 드리는 기도는 하나님 앞에서 자기중심적이고 조작적인 도구로 결코 변질될 수 없다. 아울러 하나님을 신뢰하는 기도를 강압적으로 다른 그리스도인에게서 이끌어낼 수도 없다. 초점은 언제나 겸손하게 하나님의 주권적

507 참고. 시 87편; 엡 2:19-22; 히 3:6; 9:11, 23-24; 12:22; 벧전 2:5; 계 3:12의 "도시"(새번역) 비유.

권능, 능력 그리고 목적을 신뢰하는 것에 있다. 놀랍게도, 하나님의 새 성전에서 참된 예배를 드리기 위해 제거할 첫 번째 산은 바로 용서의 부족이다. 예수님은 하나님의 보편적 목적을 일상생활에서 극복해야 할 개인적이고 난감한 도전거리로부터 결코 분리시키지 않으신다.

Mark

마가복음

11:27-12:12

11:27 그들이 다시 예루살렘에 들어가니라 예수께서 성전에서 거니실
때에 대제사장들과 서기관들과 장로들이 나아와 28 이르되 무슨 권위
로 이런 일을 하느냐 누가 이런 일 할 권위를 주었느냐 29 예수께서 이
르시되 나도 한 말을 너희에게 물으리니 대답하라 그리하면 나도 무
슨 권위로 이런 일을 하는지 이르리라 30 요한의 [1)]세례가 하늘로부터
냐 사람으로부터냐 내게 대답하라 31 그들이 서로 의논하여 이르되 만
일 하늘로부터라 하면 어찌하여 그를 믿지 아니하였느냐 할 것이니
32 그러면 사람으로부터라 할까 하였으나 모든 사람이 요한을 참 선
지자로 여기므로 그들이 백성을 두려워하는지라 33 이에 예수께 대답
하여 이르되 우리가 알지 못하노라 하니 예수께서 이르시되 나도 무
슨 권위로 이런 일을 하는지 너희에게 이르지 아니하리라 하시니라

11:27 And they came again to Jerusalem. And as he was walking in the
temple, the chief priests and the scribes and the elders came to him,
28 and they said to him, "By what authority are you doing these things,
or who gave you this authority to do them?" 29 Jesus said to them,
"I will ask you one question; answer me, and I will tell you by what

authority I do these things. 30 Was the baptism of John from heaven
or from man? Answer me." 31 And they discussed it with one another,
saying, "If we say, 'From heaven,' he will say, 'Why then did you not
believe him?' 32 But shall we say, 'From man'?"—they were afraid of
the people, for they all held that John really was a prophet. 33 So they
answered Jesus, "We do not know." And Jesus said to them, "Neither
will I tell you by what authority I do these things."

12:1 예수께서 비유로 그들에게 말씀하시되 한 사람이 포도원을 만들
어 산울타리로 두르고 즙 짜는 틀을 만들고 망대를 지어서 농부들에
게 세로 주고 타국에 갔더니 2 때가 이르매 농부들에게 포도원 소출
얼마를 받으려고 한 종을 보내니 3 그들이 종을 잡아 심히 때리고 거
저 보내었거늘 4 다시 다른 종을 보내니 그의 머리에 상처를 내고 능
욕하였거늘 5 또 다른 종을 보내니 그들이 그를 죽이고 또 그 외 많은
종들도 더러는 때리고 더러는 죽인지라 6 이제 한 사람이 남았으니 곧
그가 사랑하는 아들이라 최후로 이를 보내며 이르되 내 아들은 존대
하리라 하였더니 7 그 농부들이 서로 말하되 이는 상속자니 자 죽이자
그러면 그 유산이 우리 것이 되리라 하고 8 이에 잡아 죽여 포도원 밖
에 내던졌느니라 9 포도원 주인이 어떻게 하겠느냐 와서 그 농부들을
진멸하고 포도원을 다른 사람들에게 주리라 10 너희가

성경에 건축자들이 버린 돌이 모퉁이의 머릿돌이 되었나니 11 이것
은 주로 말미암아 된 것이요 우리 눈에 놀랍도다

함을 읽어보지도 못하였느냐 하시니라

12:1 And he began to speak to them in parables. "A man planted a
vineyard and put a fence around it and dug a pit for the winepress and
built a tower, and leased it to tenants and went into another country.
2 When the season came, he sent a servant[1] to the tenants to get from

them some of the fruit of the vineyard. 3 And they took him and beat
him and sent him away empty-handed. 4 Again he sent to them another
servant, and they struck him on the head and treated him shamefully.
5 And he sent another, and him they killed. And so with many others:
some they beat, and some they killed. 6 He had still one other, a beloved
son. Finally he sent him to them, saying, 'They will respect my son.'
7 But those tenants said to one another, 'This is the heir. Come, let us
kill him, and the inheritance will be ours.' 8 And they took him and
killed him and threw him out of the vineyard. 9 What will the owner
of the vineyard do? He will come and destroy the tenants and give the
vineyard to others. 10 Have you not read this Scripture:

"'The stone that the builders rejected
    has become the cornerstone;[2]
11 this was the Lord's doing,
    and it is marvelous in our eyes'?"

12 그들이 예수의 이 비유가 자기들을 가리켜 말씀하심인 줄 알고 잡
고자 하되 무리를 두려워하여 예수를 두고 가니라

12 And they were seeking to arrest him but feared the people, for they
perceived that he had told the parable against them. So they left him
and went away.

1) 헬, 또는 침례

1 Or *bondservant*; also verse 4 *2* Greek *the head of the corner*

단락 개관

이 단락에는 하나님의 구속 계획과 관련된 예수님에 대한 배척과 불신이 나란히 나온다. 예수님의 적대자들은 예수님이 혼인 등 대표적인 계명들과 관련해 모세의 율법을 위반했다는 것에 대해, 그리고 "다윗의 주"에 관한 성경의 가르침에 대해 유죄 판결을 내리는 데 실패한다(막 12:13-37). 이런 사실에도 불구하고 반대 세력은 꾸준히 커지고 있다. 11:27-12:12의 더 큰 맥락은 11:20-25에서 시작되어 제자들에 대한 가르침(12:38-44)으로 마무리된다. 예수님은 예루살렘에서 지도자들의 질문(11:27-33)을 받은 후 그 자신의 권위에 대해 가르치신다. 마가복음 12:1-12은 예루살렘의 지도자들과 성전에 대해 심판을 선언함(10절)으로써, 앞에서 성전과 그곳에서의 상업주의를 정화하는 일(11:15-19)을 보충한다. 바리새파(12:13-17)와 사두개파(18-27절)의 대표들은 완고한 마음을 드러낸다.

단락 개요

III. 2부: 고난과 죽음의 필연성을 통해 예수님의 권위를 시험하다 (8:27-16:8[9-20])
- B. 예루살렘 사역(11:1-13:37)
  - 2. 예수님의 권위가 의심을 받다, 예수님의 반응(11:27-12:12)
    - a. 예수님의 권위가 의심을 받다(11:27-33)
    - b. 예수님이 유대 지도자들에 대해 심판을 선언하시다 (12:1-12)
      - (1) 악한 농부의 비유(12:1-9)
      - (2) 예수님이 그분의 적대자들을 고소하시다(12:10-12)

주석

11:27-30 셋째 날에 예수님이 성전에서 가르치신다(참고. 11, 15-19절).[508] 이스라엘의 공식적인 당국자들, 특히 산헤드린의 멤버들(8:31; 14:53, 55; 15:1)이 예수님에게 누가 그토록 단호하게 또 권위적으로 성전을 깨끗케 할 권위를 주었는지("무슨 권위로") 묻는다(11:28, 참고. 15-17절). 다른 적대자들과 마찬가지로, 그들의 목표는 예수님을 군중 눈앞에서 논쟁에 끌어들이는 것이다(참고. 3:6 주석).[509]

11장

11:29-30 예수님에 따르면, 세례 요한을 배척하는 사람은 누구나 하나님의 구속-역사적인 뜻을 배척하는 것이다. 그런 배척은 또한 예수님의 정통성에 대해 의문을 제기하게 한다. 세례 요한을 정당화하신(이는 1:4-5에서 간접적으로 인정된다)[510] 하나님께 경의를 표하지 않는 이들은 예수님을 보내고 또 정당화하신 분을 의심하는 셈이다.

11:31-32 세례 요한을 반대하는 자들은 예수님도 반대한다(9:37; 11:18; 12:38). 그들은 하나님의 구속-역사적인 취지, 정해진 목적 그리고 선교에 저항한다(9:37, 참고. 행 7:1-53). 무엇보다 예수님의 적대자들은 예수님의 평판에 대해 "두려워하[고]"(참고. 막 11:18) 그들의 기득권을 잃을까봐 염려하고 있다. 그래서 어려운 선택을 내려야 할 상황에 빠진 것이다. 그들이 세례 요한은 하나님께서 임명하신 메신저였다고 시인하면, "그러면 왜 당신들은 그를 믿지 않았는가?"라는 질문에 직면할 것이다. 하지만 세례 요한의 대중성 때문에 공개적으로 그의 명예를 깎아내릴 용기가 없다. 그들의

508 참고. 14:49; 1:21-22 주석.

509 참고. 막 8:31; 10:33; 11:18, 31-32; 14:43, 53.

510 참고. 눅 7:26-27.

동기가 복음서의 독자 앞에 적나라하게 드러난다.

11:33 이런 이유들로 인해 적대자들은 대답하지 않기로 선택한다. 그들은 자신들의 견해를 고집한 나머지, 하나님께서 세례 요한을 보내서 그들을 하나님께 돌이키게 하셨을지 모른다는 것을 진지하게 묻지 않는다. 이런 성향이 이미 3:6에 명백히 드러났다는 것을 주목하라. 그들이 대답하기를 거부하는 모습은 예수님이 무슨 권위로 그렇게 행동하고 가르치시는지(11:28)를 아는 데 진정한 관심이 없다는 사실을 드러낸다. 예수님은 그들의 질문에 대답하지 않으신다. 그분의 답변이 소귀에 경 읽기가 될 것임을 아시기 때문이다(12:1-12를 보라). 암묵적으로 예수님은 그 자신과 세례 요한 둘 다 하나님께 임명받고 파송되었다는 것을 시사하신다. 따라서 자신은 하나님의 부르심을 받았고, 세례 요한은 다가오는 여호와를 위해 길을 예비하는 선지자적 선구자로 섬겼다는 것(사 40:3; 막 1:3)을 간접적으로 되풀이하신다. 여호와의 도래는 성전을 방문하는 "언약의 사자"(말 3:1, 참고. 막 14:24), 여호와의 종(사 52:13-53:12; 막 10:45), 다윗의 주님(시 110:1; 막 12:35-37) 그리고 인자(단 7:13-14; 막 8:31, 38)의 모습을 띤다.

12:1-12 개요

이어지는 심판의 비유는 일차적으로 이스라엘의 일반 백성이 아니라 종교 지도자들, 특히 산헤드린(1, 12절)을 겨냥한다.[511] 그래서 이 비유는 앞의 단락들, 즉 성전 정화와, 지도자들이 세례 요한을 배척한 것과 관련된 단락들(11:12-33)과 밀접한 관계가 있다. 이 비유는 열매를 계속 맺지 못한 연유[512]로 임하는 신적 심판의 모티브를 채택하고, 예수님의 권위, 가르침 그리고 행동(11:28, 29, 33)의 근원을 간접적으로 설명한다.

511 참고. 서론의 '해석상 과제', 3:23-27 주석; 4:2 주석; 4:10-12 주석; 7:17 주석.

512 막 11:13-21을 막 12:2, 6과 비교하라.

이 이야기(1-9절)는 최후의 설명용 성경 인용(10-11절)과 함께 예수님 당시의 일상 경험을 묘사하고, 예수님이 갈등에 시달리는 예루살렘에서 맞으시는 절정기의 상황에 잘 들어맞는다(11:17, 28; 13:2; 14:58). 청중들은 '자리를 비운 지주'에 관해 알고 있다. 이 이야기의 의미와 목적을 파악하는 열쇠는 12:12에 나온다(참고. 1, 5절). 이 구절은 예수님의 적대자들이 그분 이야기의 명백한 의미를 이해하고 있음을 분명히 보여준다. 바로 그들에 대한 고소다. 그럼에도 불구하고, 그들은 예수님의 말씀이 그들의 완고한 마음에 영향을 미치도록 허락하지 않는다(참고. 4:2-12 주석).[513]

우리가 이 이야기로부터 그것이 전달하는 의미로 이동하면 여러 통찰들을 찾을 수 있다. 포도원의 개념은 이스라엘 백성에게 잘 알려진 은유다(예. 느 9:16-37; 사 5:1-5; 27:3). 예수님은 주인의 아들(막 12:6)이 배척받은 메시아적 머릿돌(10절)이라고 밝히신다. 당시의 유대교에서는 건축자들(10절)이 이스라엘 지도자들에 대한 은유의 역할을 한다. 이 지도자들이 메시아적 머릿돌을 죽인다(7, 10절). 예수님과 적대자들 그리고 하나님의 전반적인 구속-역사적 사역 간의 커지는 긴장 관계를 감안하면, 예수님의 이야기에 대해 비교적 제한된 풍유적(allegorical) 해석을 하는 것이 타당하다. 하나님은 그 백성의 반역에도 불구하고 그분의 장대한 선교에 비추어 그들을 따라가신다. 이 비유는 또한 예수님의 비유적 가르침이 교훈을 주거나(4:1-9, 13-20) 반대로 마음을 완고하게 한다(12:1-12)는 것을 보여준다.[514]

12장

12:1-8 "포도원"을 중심으로 하는 이야기는 예수님의 청중들에게 낯익은 주제다. 그들은 유대와 갈릴리에서 부재중인, 때로는 착취하는 주인들이 예수님의 이야기에 나오는 주인과 비슷한 방식으로 사업을 운영한다는 것을 알고 있다. 주인, 그들의 대리인들 그리고 (때로는 좋은 대우를 못 받는) '소

513 참고. 서론의 '해석상 과제'.

514 참고. 4:2 주석; 4:10-12 주석.

작인들' 사이의 분쟁 역시 잘 알려져 있다(3-5절). 정당한 상속자를 죽여서 그 땅을 차지하려는 음모는 대담하고 그럴 듯하다(6-8절).

돌 울타리와 망대는 야생 동물을 막기 위해 세워진다. "즙 짜는 틀"은 포도즙을 생산하기 위해 사용되고(참고. 사 5:2, 5), 포도즙은 발효되어 포도주가 될 것이다. 주인은 포도원을 세우는 데 많은 비용을 지불한다. 그래서 이익금에서 공정한 몫을 기대하는 것은 정당하다. 주인이 떠난다는 모티브가 마가복음 13:34에 포함된 직유에도 나오는 것을 주목하라. 끝으로, 포도원은 또한 하나님의 백성인 이스라엘을 가리키는 은유로도 잘 알려져 있다.[515]

12:2 추수 때가 되면 주인의 몫, 즉 "포도원 소출[카르포스(*karpos*), '수익'] 얼마"[516]를 받기 위해 종들을 보낸다. 때로는 구약의 선지자들이 종들로 밝혀진다(참고. 렘 7:25-26; 암 3:7; 슥 1:6). 마가복음 12:1에서 이사야 5:1-5을 암묵적으로 언급하는 것을 보면, 예수님이 성전 정화에 관한 단락의 저변에 흐르는 하나님을 위한 예배와 의의 열매라는 주제를 계속 이어가시는 것일 수도 있다(참고. 막 11:17).

12:3 그런데 우리가 당연하게 기대했던 일이 일어나지 않는다. 오히려 주인의 종들이 "빈손으로"[케론(*keron*), 새번역] 돌아간다. 이는 문자적으로 "텅 빈 채"를, 비유적으로는 "영적으로 열매가 없이"[517]를 의미한다. 게다가 그들은 학대까지 받는다.[518] 성전 업무를 책임지는 당국자들이 자기네 이익을 구하는 것처럼(11:17), 포도원을 책임지는 이들도 마찬가지다(12:3-5, 특히 7

515 참고. 느 9:16-37; 시 80:9; 사 3:14; 5:1-5; 27:2-3; 렘 2:21; 6:9; 12:10; 겔 15:1-8; 호 10:1; 요 15:1-10. 참고. the Qumran scroll 4Q500.

516 신약 시대에 이 몫은 수확량 중에서 납득할 만한 25퍼센트에서 지나친 50퍼센트까지 될 수 있었다.

517 창 31:42; 신 15:13과 대조해보라.

518 참고. 대상 19:4; 렘 7:25; 20:2; 25:4.

절). 그들은 하나님께 속하는 것으로부터 자기네 이익을 챙기려고 한다. 두 집단 모두 하나님을 위해 열매 맺는 일을 추구하지 않는다.

12:4-5 그들은 주인의 몫을 사취할 뿐 아니라 주인의 종들을 학대하는데 그 도가 점점 심해진다. 종들을 때리고(3절), 그들의 "머리에 상처를 내고"(4절), 결국에는 죽이고 만다(5절).[519] 이런 사건이 반복된다("그 외 많은 종들도")는 사실은 불의를 더욱 증대시키는 한편 주인 쪽에서 상당한 인내를 발휘한다는 것을 의미한다. 청중은 지금쯤 어째서 주인이 그 관리인들에게 아무 조치도 취하지 않았는지 의아할 것이다. 하나님의 백성이 개인적으로는 경건과 예배의 열매를 맺을지 몰라도 이스라엘의 지도자들은 그런 성장을 돕지 않는다.[520] 그 백성을 인내하며 구속하려는 하나님의 사역(히 1:1-2)은 종종 회개하라는 말씀에 대한 저항의 역사를 수반한다(느 9:9-35; 마 5:12; 행 7:1-53).

12장

12:6 이 이야기의 절정이 뜻밖이다. "이제 그 주인에게는 단 한 사람, 곧 사랑하는 아들이 남아 있었다"(새번역). 이 헬라어 어구[에티 헤나 에이켄 휘이온 아가페톤(*eti hena eichen huion agapēton*)]를 문자적으로 번역하면 '아직도 그에게 하나가 남았다, 사랑하는 아들'이다. 이 본문은 그에게 '단지 한 아들'만 있다고 명시적으로 주장하지는 않지만 그에게 '보낼 다른 사람이 단 한 명' 있다고 말하는 것이 틀림없다. 사랑하는 아들이다. 달리 말해 그의 모든 종들이 소작인들에게 배척을 받은 뒤에 그가 마지막으로 보낼 수 있는 단 한 아들, 따라서 암묵적으로 그의 유일한 한 명이 있다는 것이다.[521] 창세기

519 렘 26:21-23과 비슷하다. 참고. 느 9:26.

520 열매 맺는 모습을 보여주는 긍정적 본보기는 많은 사람이 세례 요한에게 회개의 세례를 받는 것(막 1:5)과 더불어 시므온과 안나의 삶(눅 2:25-35, 36-38) 같은 것이다

521 주후 4세기에 쓰인 *Sifre Deuteronomy* 32, 9 §312에 나오는 랍비의 비유는 야곱을 이스라엘을 대표하는 그 "아들"이라 부른다.

22:1-2에는 아브라함이 (사라와 함께) 사랑하는 유일한 아들 이삭을 언급하는 장면이 나온다. "하나님이 아브라함을 시험하시려고[522] 그를 부르시되 아브라함아 하시니 그가 이르되 내가 여기 있나이다 여호와께서 이르시되 네 아들 네 사랑하는 독자 이삭을 데리고 모리아 땅으로 가서 내가 네게 일러준 한 산 거기서 그를 번제로 드리라."[523] 주인에 대한 "존대"(ESV는 "respect")는 그의 합법적인 아들, 아버지의 유산 집행인에 대한 대우로 직접 표출될 것이다.[524]

예수님이 마가복음 12:6로 전하는 암묵적 메시지는 하나님께서 이스라엘의 주인으로서 그분이 사랑하는 유일한 아들을 그 백성에게 보내신다는 것이다. 예수님은 여기서 1:11과 9:7에 명시적으로 표현된 유일한 아버지-아들 관계를 간접적으로 주장하신다.[525]

12:7-8 소작인들은 주인의 상속자를 "죽이[려고]"(참고. 11:18) 함으로써 주인의 권리에 직접 도전한다. 이 이야기에서 소작인들은 주인이 죽었기 때문에 그 아들이 온 것으로 가정한다고 추론할 수 있다. 여기서 소작인들의 폭력 수위가 점차 높아지는 것을 주목하라. 그들은 주인의 정당한 권리를 배격하고, 주인의 종들을 때리고, 죽이고, 급기야 주인의 아들까지 죽임으로써 그 땅을 탈취하며(참고. 창 37:20), 마지막으로 상속자의 시체를 야생동물과 함께 바깥에 내버려둠으로써 그 몸에 무례한 짓을 행한다. 독자가 이 이야기를 듣다보면 주인이 어째서 좀 더 일찍 소작인들에게 조치를 취하지 않았는지 궁금해진다. 예수님의 메시지는 하나님의 메신저들에게 저

522 창세기 22:1(칠십인역)에 나오는 단어 페이라조는 문자적으로 "내가 승인하기 위해 시험하다"라는 뜻이다.

523 창세기 22:2 히브리어 본문을 문자적으로 읽으면 '네가 사랑하는[아쉐르 아하브타(*'asher 'ahabta*)] 유일한 [예히데하(*yekhiydeha*)] 아들, 이삭[이츠하크(*yitshak*)]을 데리고'이다. 이에 상응하는 칠십인역 본문을 문자적으로 읽으면 '네가 사랑했던 네 사랑하는 아들, 이삭을 데리고'[라베 톤 휘이온 수 톤 아가페톤 혼 에가페사스 톤 이사크(*labe ton huion sou ton agapēton hon ēgapēsas ton Isaak*)]가 된다.

524 참고. 출 10:3; 레 26:41; 대상 18:10; 대하 36:11-16.

525 참고. 히 1:1-2; 벧후 1:17; 서론의 '그리스도론'.

항한다고 해서 하나님께 대한 책임을 모면할 수 없다는 사실을 잘 인식시킨다. 여기에 큰 아이러니가 있다. 하나님은 그분의 백성을 보호할 대책을 세우셨는데도(막 12:1), 정작 하나님께 책임이 있는 당국자들은 하나님의 합법적인 아들을 보호하지 않는다는 것이다(6-8절).

12:9 마침내 "포도원 주인" 즉 하나님께서, 악한 소작인들 즉 이 이야기에 이스라엘의 영적 후견인으로 등장하는 이들을 징벌하신다(사 5:3, 5, 참고. 막 14:62). 그분은 그 백성을 돌보는 책임을 다른 종들에게 부여하신다. "포도원을 다른 사람들에게 주[기로]" 작정하시는 것이다(참고. 마 16:17-19). 하나님의 이런 행동은 이스라엘에 보낸 그분의 영원한 아들과 마찬가지로(행 3:13), 이스라엘이 하나님께 속해 있음을 보여준다. 이스라엘은 여전히 하나님께 책임을 져야 한다. 이스라엘의 지도자들은 하나님의 소유를 경시하는 바람에(막 11:27-12:12) 그분의 심판을 초래한다(참고. 삼상 12:20-25). 지도자들은 회개하지 않는다. 그들의 조상이 하나님의 선지자들을 배척했듯이, 그들 역시 예수님의 길을 예비했던 세례 요한을 이미 배척한 후 이제는 하나님의 영원한 아들까지 배척하고 만다.[526]

12:10-11 "너희는 성경에서 이런 말씀도 읽어보지 못하였느냐"(10절, 새번역)는 질문은 2:25에 나오는 진술과 비슷하다. 예수님 당시 시편 118편은 유월절 의례에서 사용되었고 메시아 시편으로 간주되었다. 그래서 시편 118:22에 나오는 "모퉁이의 머릿돌"에 대한 언급은 메시아적 의미를 지니고 메시아적 성전의 건축을 암시할 수 있다(참고. 14:26 주석). 예수님의 적대자들이 그래서 예수님이 말씀하시려는 바를 이해할 수 있는 것이다. 말하자면 그 "돌"이 메시아를 가리킬 수 있다는 뜻이다.[527] 예수님이 이미 한

526 참고. 대하 24:19; 느 9:9-35; 마 5:12; 행 7:2-53.

527 참고. 단 2:34의 "손대지 아니한 돌".

12장

"아들"(12:6)에 관해 말씀하셨기에 "돌"에 대한 은유적이고 메시아적인 해석이 가능한 것이다. 이처럼 예수님은 그 이야기에 나오는 주인의 아들(6절)을 시편 118:22에 나오는 버림받은 메시아적 돌(막 12:10; 벧전 2:4, 7)과 연결시키신다. 이런 해석은 또한 히브리어 언어유희[벤/에벤(*ben/eben*) = "아들"/"돌"]의 지지도 받는다. "건축자들"도 이와 비슷하게 은유적으로 이스라엘의 지도자들을 언급할 수 있다. 그런 은유적 용례는 쿰란 공동체가 예루살렘의 타락한 지도자들을 "건축자들"로 부르는 대목에 나온다.[528]

예수님은 이 지도자들이 메시아적 돌을 죽인다고 말씀하신다(막 12:7, 10). 버림[아포도키마조(*apodokimazō*), 참고. 8:31; 눅 9:22; 17:25]은 하나님의 선지자들을 박해한 기나긴 역사를 암시한다(느 9:9-35; 행 7:1-53). 유대인과 이방인으로 구성된 새로운 이스라엘은 그 "아들"을 하나님의 영원한 나라와 성전의 정당한 메신저, "상속자"이자 "모퉁이의 머릿돌"(사 28:16)로 기쁘게 환영할 것이다(렘 51:26; 슥 4:7).[529] 마가복음 12:9, 10은 모두 하나님께서 편성하신 사건의 전환을 언급한다(참고. 시 118:22-23). 9절에서는 하나님께서 그분의 백성에 대한 책임을 "다른 사람들"에게 넘기신다. 10절에서는 버림받은 메시아적 돌(참고. 6-7절)이 하나님에 의해(11절) 새로운 성전 건물의 기초를 이루는 모퉁잇돌로 다시 세워진다.[530] 이 해석에 따르면, 버림받은 메시아적 돌이 하나님 아들의 죽음을 암시한다(참고. 6, 10절). 훗날 무슬림은 시편 118:22//마가복음 12:10에 나오는 버림받은 돌을 메카에 있는 카바(Kaaba) 돌이라고 주장하는데(수라 3:97),[531] 이는 근거가 없다. 왜냐하면 예수님은 시편 118:22에 나오는 "돌"을 이미 오랫동안 그 자신(막 12:6, 10)

528 CD(사해사본) IV, 19-20을 VIII, 3, 12와 비교하라. 참고. 행 4:11; 고전 3:10-15.

529 참고. Craig L. Blomberg, *Interpreting Parables*, 2nd ed. (Downers Grove, IL: IVP Academic, 2012), 330. 《비유해석학》(생명의말씀사). 블롬버그는 이사야 5:1-7에 관한 탈굼이 하나님 포도원의 망대와 포도즙 틀을 성전과 그 제단으로 해석한다는 사실을 가리킨다.

530 특히 벧전 2:4, 6-7을 보라. 참고. 엡 2:20; 눅 20:18. 막 11:1-26 응답에 나오는 "새로운 영원한 성전에 대한 논의"를 보라.

531 카바(Kaaba)가 아브라함의 집의 일부라고 한다.

을 비롯해 평화롭게 범세계적으로 성장하는 그분의 나라와 '살아 있는 돌들'(벧전 2:5)로 이루어진 그분의 성전에 적용하셨기 때문이다.[532]

12:12 앞에서 언급했듯이, 악한 농부의 비유가 지닌 뜻과 목적을 이해하는 궁극적 열쇠는 이 구절에 나온다(1, 5절도 보라). 예수님의 적대자들은 이 이야기가 그들을 겨냥하고 있다는 것을 알지만 그로 인해 유죄 판결 받기를 꺼린다. 그들은 결코 예수님의 말씀을 마음에 새기지 않는다.[533] 적대자들은 오랫동안 예수님을 죽이기로 결의해왔다(참고. 3:6 주석; 11:18 주석; 11:27 주석). 그들의 관점에서 보면, 자신들의 계획을 방해하는 것은 예수님의 명성뿐이다. '그러나' 그들은 "무리를 두려워[했다]"(참고. 11:32; 14:1-2). 그래서 잠시 동안 마지못해 그분을 용인할 따름이다(참고. 마 22:22). 마가복음 12:12은 다음 세 가지를 연결하는 심오하고 섬뜩한 사슬의 마지막 고리 역할을 한다. (1) 이 이야기에 나오는 사랑받고 있으나 죽임을 당하는 아들(6절), (2) 버림받았으나 다시 세움을 받는 메시아적 "돌"(10절), (3) 장차 의인으로 입증될(16:8) 예수님의 체포와 처형을 도모하려는 의도(12:12)이다. 이 세 가지 사항 모두 그리스도를 가리킨다.

예수님의 이야기에 대한 이런 풍유적 해석은 마가복음에 줄곧 등장하는 예수님과 적대자들 사이에 커지는 갈등으로 지지를 받는다. 앞에서 말했듯이, 이 해석은 하나님의 백성이 끈질기게 그분의 뜻에 저항하는 것과 상관없이, 하나님께서 그분 백성을 추격하시는 구속-역사적인 궤도를 강화하기도 한다. 이 맥락에서 구약에서 오랫동안 계속되는 주제인 하나님의 뜻에 대한 저항(특히 느 9:6, 26, 28-31, 33-35)을 주목하라.[534] 이 비유는 예수님의 비유적 가르침이 어떻게 청중의 마음을 완고하게 할 수 있는지 잘

532 참고. 행 4:11; 15:15-17; 고전 3:9, 16; 엡 2:20; 벧전 2:4, 7.

533 참고. 서론의 '해석상 과제'; 4:2 주석; 4:10-12 주석.

534 참고. 행 7:2-53.

보여준다. "그들은 이 비유가 자기들을 겨냥하여 하신 말씀인 줄 알아차리고"(새번역). 마가복음 12:1-12에 나오는 비유 전체를 이런 관점에서 보면 상당한 교훈을 얻을 수 있다.[535]

응답

놀랍게도, 예수님은 생애 마지막 주간에 예루살렘에서 숨김없이 말씀하신다. 동시에 그분의 적대자들과 추종자들의 내적 태도와 마음을 계속 노출시키신다. 적대자들은 여전히 예수님과 논쟁을 벌이려고 하는 한편, 그분은 그들로 점점 더 깊은 마음 상태를 직면하게 하신다. 적대자들은 세례 요한을 배척함으로써(11:33a) 회개까지 배척하고 말았다. 만일 그렇게 하지 않았다면 아마 하나님께서 보내신 분을 영접했을 것이다(33b절). 이와 비슷하게, 예수님은 그분이 누구인지를 훨씬 더 직접적이고 공개적인 방식으로 드러내신다. 예수님은 자신이 하나님의 사랑을 받는 아들(12:6)이라고, 구속적 죽음으로 버림받을 인물이라고(6절, 참고. 시 118:22; 막 10:45), 따라서 하나님의 백성을 살아 있는 성전으로 새롭게 세울 인물이라고 스스럼없이 말씀하신다. 예수님을 반대하는 것은 곧 그들을 정결케 하시려는 하나님의 목적과 선교에 반대하는 것이다. 예수님을 배척하는 것, 즉 그 아들을 죽이는 것(12:6)은 다름 아닌 하나님의 뜻에 대한 저항의 표출이다. 하지만 하나님의 주권에 비춰보면, 그런 반대는 메시아가 적들을 위해 속죄의 죽음을 당하는 데 필요한 발걸음으로 의도된 것이다(10:45; 14:24).

그래서 예수님이 배척당하는 드라마의 한복판에서 새 생명의 싹이 트고 있는 것이다. 따라서 오늘날의 그리스도인은 매우 어렵고 힘든 상황에 처하더라도 하나님을 신뢰하며 희망을 품을 수 있다. 메시아는 목숨을 위

535 참고. 4:2 주석; 4:10-12 주석. 따라서 마가복음 12:1-10을 4:10-12에 표현된 심각한 선지자적 경고의 본보기로 볼 수도 있다.

협하는 배척을 받으면서도 담대하게 하나님께서 일으키실 반전에 대해 말씀하신다. 당시에나 지금이나, 예수님을 따르는 이들은 캄캄한 환경에 처할지라도 참된 소망이 있다. 하나님께서 예전에 버림받은 모퉁잇돌(참고. 10:45; 14:24; 엡 2:20)과 첫 사도들의 독특한 증언(엡 2:20)이 놓은 토대 위에 여전히 (살아 있는 돌들로) 성전을 세우고 계시기 때문이다(막 12:9). 그분은 지금까지 열심히 일하고 계신다(요 5:17). 그리스도인은 그리스도를 위해 고난을 받는 중에도 날마다 살아 계신 하나님을 의존하고, 언젠가 그분의 능력이 우리를 의인으로 인정하실 날을 인내하며 기다릴 필요가 있다. 어떤 상황에서도 우리는 살든지 죽든지 언제나 하나님의 끊임없는 사랑을 신뢰할 수 있다.

Mark
마가복음
12:13-44

13 그들이 예수의 말씀을 책잡으려 하여 바리새인과 헤롯당 중에서
사람을 보내매 14 와서 이르되 선생님이여 우리가 아노니 당신은 참되
시고 아무도 꺼리는 일이 없으시니 이는 사람을 외모로 보지 않고 오
직 진리로써 하나님의 도를 가르치심이니이다 가이사에게 세금을 바
치는 것이 옳으니이까 옳지 아니하니이까 15 우리가 바치리이까 말리
이까 한대 예수께서 그 외식함을 아시고 이르시되 어찌하여 나를 시
험하느냐 [1)]데나리온 하나를 가져다가 내게 보이라 하시니 16 가져왔
거늘 예수께서 이르시되 이 형상과 이 글이 누구의 것이냐 이르되 가
이사의 것이니이다 17 이에 예수께서 이르시되 가이사의 것은 가이사
에게, 하나님의 것은 하나님께 바치라 하시니 그들이 예수께 대하여
매우 놀랍게 여기더라

13 And they sent to him some of the Pharisees and some of the
Herodians, to trap him in his talk. 14 And they came and said to him,
"Teacher, we know that you are true and do not care about anyone's
opinion. For you are not swayed by appearances,[1] but truly teach the
way of God. Is it lawful to pay taxes to Caesar, or not? Should we pay

them, or should we not?" 15 But, knowing their hypocrisy, he said to
them, "Why put me to the test? Bring me a denarius[2] and let me look at
it." 16 And they brought one. And he said to them, "Whose likeness and
inscription is this?" They said to him, "Caesar's." 17 Jesus said to them,
"Render to Caesar the things that are Caesar's, and to God the things
that are God's." And they marveled at him.

18 부활이 없다 하는 사두개인들이 예수께 와서 물어 이르되 19 선생님
이여 모세가 우리에게 써 주기를 어떤 사람의 형이 자식이 없이 아내
를 두고 죽으면 그 동생이 그 아내를 취하여 형을 위하여 상속자를 세
울지니라 하였나이다 20 칠 형제가 있었는데 맏이가 아내를 취하였다
가 상속자가 없이 죽고 21 둘째도 그 여자를 취하였다가 상속자가 없
이 죽고 셋째도 그렇게 하여 22 일곱이 다 상속자가 없었고 최후에 여
자도 죽었나이다 23 일곱 사람이 다 그를 아내로 취하였으니 부활 때
곧 그들이 살아날 때에 그중의 누구의 아내가 되리이까
18 And Sadducees came to him, who say that there is no resurrection.
And they asked him a question, saying, 19 "Teacher, Moses wrote for
us that if a man's brother dies and leaves a wife, but leaves no child,
the man[3] must take the widow and raise up offspring for his brother.
20 There were seven brothers; the first took a wife, and when he died left
no offspring. 21 And the second took her, and died, leaving no offspring.
And the third likewise. 22 And the seven left no offspring. Last of all the
woman also died. 23 In the resurrection, when they rise again, whose
wife will she be? For the seven had her as wife."

24 예수께서 이르시되 너희가 성경도 하나님의 능력도 알지 못하므로
오해함이 아니냐 25 사람이 죽은 자 가운데서 살아날 때에는 장가도

아니 가고 시집도 아니 가고 하늘에 있는 천사들과 같으니라 26 죽은
자가 살아난다는 것을 말할진대 너희가 모세의 책 중 가시나무 떨기
에 관한 글에 하나님께서 모세에게 이르시되 나는 아브라함의 하나님
이요 이삭의 하나님이요 야곱의 하나님이로라 하신 말씀을 읽어보지
못하였느냐 27 하나님은 죽은 자의 하나님이 아니요 산 자의 하나님이
시라 너희가 크게 오해하였도다 하시니라

24 Jesus said to them, "Is this not the reason you are wrong, because you
know neither the Scriptures nor the power of God? 25 For when they
rise from the dead, they neither marry nor are given in marriage, but
are like angels in heaven. 26 And as for the dead being raised, have you
not read in the book of Moses, in the passage about the bush, how God
spoke to him, saying, 'I am the God of Abraham, and the God of Isaac,
and the God of Jacob'? 27 He is not God of the dead, but of the living.
You are quite wrong."

28 서기관 중 한 사람이 그들이 변론하는 것을 듣고 예수께서 잘 대
답하신 줄을 알고 나아와 묻되 모든 계명 중에 첫째가 무엇이니이까
29 예수께서 대답하시되 첫째는 이것이니 이스라엘아 들으라 주 곧
우리 하나님은 유일한 주시라 30 네 마음을 다하고 목숨을 다하고 뜻
을 다하고 힘을 다하여 주 너의 하나님을 사랑하라 하신 것이요 31 둘
째는 이것이니 네 이웃을 네 자신과 같이 사랑하라 하신 것이라 이보
다 더 큰 계명이 없느니라 32 서기관이 이르되 선생님이여 옳소이다
하나님은 한 분이시요 그 외에 다른 이가 없다 하신 말씀이 참이니이
다 33 또 마음을 다하고 지혜를 다하고 힘을 다하여 하나님을 사랑하
는 것과 또 이웃을 자기 자신과 같이 사랑하는 것이 전체로 드리는 모
든 번제물과 기타 제물보다 나으니이다 34 예수께서 그가 지혜 있게
대답함을 보시고 이르시되 네가 하나님의 나라에서 멀지 않도다 하시

니 그 후에 감히 묻는 자가 없더라
28 And one of the scribes came up and heard them disputing with one
another, and seeing that he answered them well, asked him, "Which
commandment is the most important of all?" 29 Jesus answered, "The
most important is, 'Hear, O Israel: The Lord our God, the Lord is one.
30 And you shall love the Lord your God with all your heart and with
all your soul and with all your mind and with all your strength.' 31 The
second is this: 'You shall love your neighbor as yourself.' There is no
other commandment greater than these." 32 And the scribe said to him,
"You are right, Teacher. You have truly said that he is one, and there is
no other besides him. 33 And to love him with all the heart and with all
the understanding and with all the strength, and to love one's neighbor
as oneself, is much more than all whole burnt offerings and sacrifices."
34 And when Jesus saw that he answered wisely, he said to him, "You
are not far from the kingdom of God." And after that no one dared to
ask him any more questions.

12장

35 예수께서 성전에서 가르치실새 대답하여 이르시되 어찌하여 서기
관들이 그리스도를 다윗의 자손이라 하느냐 36 다윗이 성령에 감동되
어 친히 말하되

주께서 내 주께 이르시되 내가 네 원수를 네 발 아래에 둘 때까지
내 우편에 앉았으라 하셨도다

하였느니라 37 다윗이 그리스도를 주라 하였은즉 어찌 그의 자손이 되
겠느냐 하시니 많은 사람들이 즐겁게 듣더라
35 And as Jesus taught in the temple, he said, "How can the scribes say
that the Christ is the son of David? 36 David himself, in the Holy Spirit,
declared,

"'The Lord said to my Lord,
"Sit at my right hand,
until I put your enemies under your feet."'
37 David himself calls him Lord. So how is he his son?" And the great
throng heard him gladly.

38 예수께서 가르치실 때에 이르시되 긴 옷을 입고 다니는 것과 시장
에서 문안 받는 것과 39 회당의 높은 자리와 잔치의 윗자리를 원하는
서기관들을 삼가라 40 그들은 과부의 가산을 삼키며 외식으로 길게 기
도하는 자니 그 받는 판결이 더욱 중하리라 하시니라
38 And in his teaching he said, "Beware of the scribes, who like to
walk around in long robes and like greetings in the marketplaces 39 and
have the best seats in the synagogues and the places of honor at feasts,
40 who devour widows' houses and for a pretense make long prayers.
They will receive the greater condemnation."

41 예수께서 헌금함을 대하여 앉으사 무리가 어떻게 헌금함에 돈 넣
는가를 보실새 여러 부자는 많이 넣는데 42 한 가난한 과부는 와서 두
[2]렙돈 곧 한 [3]고드란트를 넣는지라 43 예수께서 제자들을 불러다가
이르시되 내가 진실로 너희에게 이르노니 이 가난한 과부는 헌금함에
넣는 모든 사람보다 많이 넣었도다 44 그들은 다 그 풍족한 중에서 넣
었거니와 이 과부는 그 가난한 중에서 자기의 모든 소유 곧 생활비 전
부를 넣었느니라 하시니라
41 And he sat down opposite the treasury and watched the people
putting money into the offering box. Many rich people put in large
sums. 42 And a poor widow came and put in two small copper coins,
which make a penny.[4] 43 And he called his disciples to him and said

to them, "Truly, I say to you, this poor widow has put in more than all those who are contributing to the offering box. 44 For they all contributed out of their abundance, but she out of her poverty has put in everything she had, all she had to live on."

1) 은전의 명칭 2) 헬라 동전의 명칭 3) 로마 동전의 명칭

1 Greek *you do not look at people's faces* *2* A *denarius* was a day's wage for a laborer *3* Greek *his brother* *4* Greek *two lepta*, which make a *kodrantes*; a *kodrantes* (Latin *quadrans*) was a Roman copper coin worth about 1/64 of a *denarius* (which was a day's wage for a laborer)

단락 개관

예수님은 가난한 과부의 진실하고 희생적인 헌신을 칭찬하신다(막 12:38-44). 그녀에 대한 칭송은 적대자들에 대한 날카로운 고소와 뚜렷한 대조를 이룬다. 이 단락은 전반적으로 예수님과 대적들 간의 계속되는 논쟁을 묘사한다. 이런 논쟁들의 한복판에서 그분의 지혜와 지식과 순결함은 더욱 빛을 발한다. 예수님은 논쟁 중에도 고결함을 계속 입증하신다.

예수님과 적대자들 사이에 벌어지는 논쟁의 더 큰 맥락 속에서, 13-17절은 그 대적들이 어떻게 율법과 로마 황제에게 바치는 세금 문제에 관한 예수님의 견해를 이용해 그분을 함정에 빠뜨리려고 하는지 묘사한다. 18-27절에서는 대적들이 죽은 자의 부활과 관련된 예수님의 가르침에 도전한다. 이 두 논쟁 뒤에 서기관들이 관여하는 세 가지 논쟁이 따라온다. (1) 28-34절은 무엇이 율법의 주된 강조점에 해당하는지를 다룬다. (2) 35-37절에서 예수님은 시편 110편의 메시아적 해석과 관련된 도전적인 질문을 던지신다. (3) 38-44절에서 예수님은 대적들의 위선과 가난한 과부의 진심을 대조하신다.

단락 개요

III. 2부: 고난과 죽음의 필연성을 통해 예수님의 권위를 시험하다 (8:27-16:8[9-20])

B. 예루살렘 사역(11:1-13:37)

3. 논쟁(12:13-44)

a. 세금에 관한 질문(12:13-17)

b. 내세의 결혼에 관한 질문(12:18-27)

c. 구약 율법의 강조점에 관한 질문(12:28-34)

d. 예수: 다윗의 메시아 군주(12:35-37)

e. 위선 대 진심(12:38-44)

(1) 서기관들의 위선(12:38-40)

(2) 가난한 과부의 진심(12:41-44)

주석

12:13-44 개요

예수님이 어떤 식으로든 모세의 율법을 위반하지 않으심에도 불구하고 그분에 대한 반대 세력이 점차 늘어난다. 예수님은 담대하게 율법, 세금 납부 그리고 이혼에 관한 올바른 견해를 밝히면서 동시에 대적들의 완고한 마음을 노출시키신다. 또한 하나님의 메시아에 관한 성경적 견해, 말하자면 일차적으로 다윗의 자손이 아닌 다윗의 주님이라는 것(하지만 10:48을 보라)을 제시함으로써 대적들에게 도전하신다. 이 모든 논쟁 가운데서 예수님은 모세 율법의 권위를 깎아내리지 않으신다. 오히려 "성경도 하나님의 능력도 알지 못하므로"(12:24) 율법을 버리거나 잘못 해석하는 것은 그분의 대적들이다. 한 서기관이 배우려는 마음으로 예수님에게 다가와서 모세의 대표적인 계명들에 관한 질문을 던진다. 이후 감동적인 대화가 이어진다(28-34절을 보라).[536] 이 모든 과정을 통해 예수님은 율법과 그 목적을 신빙성 있게 그리고 권위 있게 해석하는 '모세와 같은 선지자'인 메시아의 모습을 드러내신다(참고. 마 5:17-20).

12:13 마가복음 11:27-28에 나오듯이, 예수님의 대적들이 그분을 '함정에 빠뜨리려고'[아그류오(*agreuō*)] 한다. 이 용어는 어려운 질문으로 그분을 '붙잡다' 또는 '올가미에 가두다'라는 뜻으로 비유적으로 사용된다(참고. 막 8:11; 10:2). 그분이 틀린 대답을 하면 고소를 당하실 것이다. 헤롯과 어울리는 귀족들[537]인 "바리새파 사람들과 헤롯 당원 가운데서 몇 사람"(새번역)의 목표는 예수님을 죽이는 것이다(참고. 3:6 주석). 이를 위해 유대의 여러 바리새파 지도자들이 이제 예수님에게 대항하여 기회주의적인 갈릴리의 헤롯 안디바와 협력하는 것을 주목하라.

12장

12:14 예수님에 대해 아첨하는 말은 비꼬는 소리이자 '위선'("외식", 15절, 참고. 11:28)이 가득한 말로 볼 수밖에 없다. 이 점은 "선생님이 진실한 분이[심]"(새번역)을 우리가 안다는 주장과 "선생님은 사람의 겉모습으로 판단하지 않으[신다]"(새번역)는 말, 즉 당신은 공평하다는 주장에 적용된다.[538] 그들의 추론은 다음과 같다. 예수님이 하나님과 모세 율법에 대한 윤리적 순종을 포함해 편파성 없이 "하나님의 길"(새번역)을 가르친다고 자처한다는 것이다(참고. 12:32).[539] 그러므로 예수님은 억압적인 로마 제국에 인두세나 재산세를 내는 것이 "적법한지" 여부(2:23-24 주석)에 관한 (하나님께서 기

536 참고. 신 6:4-5; 레 19:18.

537 참고. N. Hillyer, *NIDNTT*, 3:441-443.

538 참고. 레 19:15; 신 1:17; 10:17; 16:19; 갈 2:6; 유 1:16. E. Tiedtke, *NIDNTT*, 1:586을 보라.

539 약 2:9을 보라. 막 12:14b에 관해서는 삼상 16:7을 참고하라.

빠하시는) 입장을 갖고 있음이 틀림없다.[540] 이 질문은 당연히 폭발성이 강하다. 로마 제국의 요구와 하나님의 요구를 모두 만족시킬 만한 답변은 없는 듯 보이기 때문이다. 예수님이 함정이 빠지신 것 같다. 로마에 대한 세금 납부를 말리는 것은 그 자명한 권위에 대한 반역에 해당할 것이다. 다른 한편, 시저에게 세금을 납부하는 것은 하나님께 대한 일편단심의 헌신을 타협하는 모습일 것이다.

12:15 이에 응답하여 예수님은 먼저 그들의 가식적인 "외식함"(참고. 7:6)을 폭로하신다.[541] 헤롯 당원들의 주도 아래, 사두개인들과 바리새인들은 실제로 로마에 세금을 납부하는 동시에 하나님께 전심으로 헌신하고 있다는 거짓 주장을 펴고 있다. 둘째, 예수님은 그들이 그 질문을 던지는 목적이 그분을 "시험하[기]" 위한 것임을 분별하신다. 여기에 사용된 헬라어 단어 페이라조는 '내가 유혹하다' 또는 '내가 함정에 빠뜨리려 하다'라는 뜻이다.[542] 그들은 예수님을 시험해서 그 안에 있는 하나님에 대한 헌신의 부족 또는 로마 당국에 반역하는 입장을 노출시키려 한다.

12:16 데나리온 위의 '명각'[銘刻, 에피그라페(*epigraphē*)]은 신하들을 다스리는 권위를 가진 통치자의 이름이다. 이 경우에 "형상"[에이콘(*eikon*), "이미지"]은 아마 주후 14-37년에 권력을 잡았던 로마 황제 시저 티베리우스의 것일 테다. 한 "데나리온"은 대략 하루 품삯에 해당한다. 인두세는 주전 6년 이래 로마 황제에게 납부하도록 되어 있었다.[543]

540 참고. Josephus, *Antiquities* 5.76-78.

541 로저스(Jr.)와 로저스(Ⅲ)는 위선자란 "가면을 쓰고 말하는" 사람이라고 말한다(*New Linguistic and Exegetical Key*, 82).

542 참고. BDAG, s.v. πειράζω. 막 12:15을 12:13과 비교하라. 참고. 1:12-13 주석; 8:11 주석; 10:2-12 주석; 12:15 주석; 14:37-40 주석(참고. 마 4:10).

543 참고. France, *Mark*, 468-469.

12:17 예수님의 답변은 "가이사의 것은 가이사에게, 하나님의 것은 하나님께 바치라[아포디도미(*apodidōmi*), '내가 납부의 의무를 다하다']"이다.[544] 첫눈에는 이 답변이 세계를 가이사(시저)에게 속한 영역과 하나님께 속한 영역으로 나누는 듯 보인다. 하지만 그분의 진술로부터 다음과 같은 진리가 생긴다. 적의를 잠재우는 기발한 대답을 통해, 예수님은 사실상 시민 정부와 그 정치 지도자(들)의 제한된 영역과, '국가의 영역은 물론 모든 곳을 망라하는' 하나님의 영역을 '구별하신다'. 달리 말하면, 하나님의 주권적 권위가 미치는 영역은 시민 정부와 그 지도자들의 영역까지 포함한다.[545]

인류 역사를 통틀어 하나님은 여전히 삶의 모든 영역을 다스리는 주님이 되신다. 한동안 이스라엘은 신정 정치를 시행했다. 이제 예수님은 그분의 통치 아래 있는 회개하고 중생한 유대인과 이방인으로 구성된 범세계적인 하나님 나라의 선구자가 되신다(10:45; 14:22-25). 로마 제국을 포함한 다양한 시민 정부는 각각의 백성들 가운데서 악을 억제하기 위해 주권적 하나님의 권위 아래 움직이고 있다(롬 13:3-4). 정부들이 그런 역할을 하는 것은 아직 그리스도의 직접적인 통치 아래 나올 준비가 되지 않은 사람들과 그분을 따르려고 하는 사람들을 위해서다. 그래서 모든 사회는 모든 시민의 유익을 구하기 위해 세워진 시민 정부의 억제 권력이 필요하다. 하나님을 섬기는 이들은 하나님의 주권에 전적으로 순종한다(막 12:28-34, 참고. 마 6:24). 하나님에 대한 전심어린 헌신이 시민 정부에 대한 순종을 '포함하는' 것은 그런 정부가 악을 저지하는 과업을 위임받았기 때문이다.[546]

예수님은 나중에 모든 것을 다해 하나님을 사랑하라는, 즉 삶의 모든 영역에서 그분을 섬기라는 모세의 율법이 얼마나 중요한지 강조하실 것이다(막 12:30을 보라). 구약의 두 번째 핵심 율법, 즉 네 이웃을 네 자신처럼 사랑

544 참고. BDAG, s.v. ἀποδιδωμαι. 프랜스는 아포디도미가 "이미 수령인에게 속하는 것을 되돌려준다. 특히 빚을 갚다"는 뜻을 지닐 수 있다고 말한다(*Mark*, 468).

545 예. 삼상 12:25; 렘 10:10; 롬 13:7; 딤전 6:15-16; 벧전 2:13-17.

546 참고. J. G. D. Dunn, *NIDNTT*, 1:269.

12장

하라는 율법(31절) 역시 자기가 속한 사회 내 모든 사람의 유익을 구할 필요성을 강조하며, 이는 악을 억제하려는 시민 정부를 돕는 노력도 포함한다. 따라서 로마의 법을 포함한 각 정부의 법률은 악을 억제하고 선을 격려하는 하나님의 목적을 따르도록 되어 있다.[547] 여기서 예수님은 당시의 로마 정부가 의로운지 아니면 불의한지, 하나님을 섬기는지 아니면 악하고 학대하는지 여부의 문제는 다루지 않으신다는 점을 유의할 필요가 있다. 하지만 예수님이 10:42(참고. 눅 13:32)에서 행정당국의 권력 남용에 대해 전반적으로 비판하신 것을 주목하라. 이 단락에서 그분은 단지 세금을 부과하는 시민 정부의 법적 영역이 '기본적인 정당성'과 '필요성'을 지닌다고 옹호하실 뿐이다. 장차 바울과 베드로는 신약 서신에서 이 노선을 따를 것이다.

현재 자라고 있는 범세계적인 예수님의 나라는 고대 이스라엘과 이슬람교와는 반대로 신정 정치가 이루어지지 않는다. 오히려 그 나라는 시민 정부가 자라나는 하나님 나라, 즉 구속된 하나님 백성을 통해 부분적으로 실현되는 그 나라와 나란히 공존하도록 허용한다(또 승인한다). 요컨대 시민 정부는 그 정부 아래 사는 모든 시민을 위해 하나님께서 정하신 법적 영역이다. 하나님은 시민 정부의 주인인 동시에 다양한 형태의 시민 정부 아래 살고 있는 중생하고 구속받은 그 백성의 주님이기도 하다. 물론 때로는 어떤 시민 정부가, 세금 제도를 포함해, 악을 억제하거나 선을 추구하지 않을 수도 있다.[548] 오히려 히틀러와 그의 공범자들이 저지른 반인륜적 범죄와 같이 사악한 가해자로 행세할 가능성도 있다. 그런 시민 정부는 하나님께서 주신 목적과 상반되게 행동하는 셈이다. 그런 식으로 하나님께서 주신 권력과 권한을 남용하는 정부는 결국 영원한 심판을 피할 수 없을 것이다(참고. 사 14:9-20).

547 참고. 롬 13:1-7; 벧전 2:13-14. 그리고 딤전 2:1-6; 딛 3:1-2도 보라.

548 그래서 롬 13:1-7; 벧전 2:13-14과 반대로 작동하게 된다.

예수님의 답변을 들은 청중들은 '마지못해 감탄하다'는 의미에서 깜짝 "놀라고" 말았다.[549]

12:18-22 일곱 번의 연속적인 계대 결혼(참고. 사 4:1)에 관한 가설적인 질문은 모세의 율법(창 38:8; 신 25:5-6; 룻 4장)과 "부활"에 대한 믿음 사이에 양립할 수 없는 근본적인 갈등이 있다고 가정한다. 이런 긴장이 생기는 것은 사두개파가 육체적 부활의 가능성을 배격하기 때문이다(행 23:8을 보라, 참고. 고전 15:12-13). 이제 예수님은 예루살렘에 계시고, 귀족 계급인 사두개인들이 그분을 심문하려 하는데도 예수님의 인기는 계속 높아지고 있다. 여기에 나오는 "부활"[아나스타시스(*anastasis*), 막 12:18, 23, 참고. 24-26절]과 자식을 '세우는 것'[아나스테세(*anastēsē*)] 사이의 아이러니한 언어유희를 주목하라. 후자는 죽음과 대조적으로 가계의 생명을 보존하는 것(19, 20, 21, 22절)을 말한다. 19절을 신명기 25:5과 비교해보라.

12:23 만일 혹자가 일부다처제를 배격하고 일부일처제를 하나님의 본래 의도(창 1:27; 2:24, 참고. 막 10:1-12)로 옹호한다면, 한 여자가 하늘에서 어떻게 일곱 남자와 혼인하는 것이 가능하냐는 의문이 생긴다.

12:24 예수님에 따르면 사두개인들은 적어도 두 가지 면에서 '틀렸다.' 그들은 "성경"[복수(Scriptures)는 성경의 모든 책을 가리킨다][550]도 모르고 "하나님의 능력"도 모른다. 이는 그들이 하나님은 사람을 죽음에서 일으킬 능력이 있는 분임을 모른다는 뜻이다(27절).[551] 성경의 빛이나 하나님의 능력이 없으면, 다른 원동력 특히 인간의 자율성과 악의 세력이 생각과 행동을 결정

549 BDAG, s.v. θαυμάζω. 다음 구절들에 대한 주석을 참고하라. 1:21-28; 2:9-12; 5:42-43; 6:1-2; 6:51-52; 7:37; 9:15-16; 10:24-34; 11:18, 12:2; 16:8.

550 C. Brown, *NIDNTT*, 3:490. 그들 중 일부는 모세오경의 취지조차 모른다(참고. 12:28).

551 참고. 막 14:62; 고전 6:14.

하는 법이다. 그 결과 그들이 '틀리게'[플라나오(*planaō*)][552] 된다. 그들에게는 신처럼 보이는 유령만 남는데, 이는 그들의 사회정치적 이해관계 및 전제와 합쳐진 사고와 관념의 구성물에 불과하다.[553]

12:25 이처럼 사두개인들은 혼인이 하늘까지 계속될 것으로 잘못 생각한다. 다가올 세계에서는 하나님의 현존 안에, 즉 '하늘'에 육체적 존재가 있을 것이다(참고. 단 12:2; 고전 15:12-16). 하지만 천사들이 혼인을 하지 않는 것처럼 이 육체적 존재도 혼인하지 않을 것이다. 그래서 예수님은 사두개인들에게 또 하나의 이슈를 제기하신다. 그들이 받아들이는 구약의 부분(모세오경)에 천사들에 대한 언급이 자주 나오는데도 천사의 존재를 부인하는 문제다.[554]

12:26-27 예수님은 사두개인이 부활을 부인하는 문제에 뜻밖의 방식으로 접근하신다. 그들이 성경에서 권위 있는 부분으로 받아들이는 모세와 관련된 부분을 선택해서, 출애굽기에 나오는 '가시나무 떨기에 관한 구절'(참고. 2:25-26 주석)을 가리키신다. 이와 더불어 선지서들을 언급할 수도 있었다.[555] 예수님은 출애굽기 3:6의 근본 진술을 기초로 "죽은 사람"이 정말로 "살아날" 것이라고 주장하신다.[556] 출애굽기 3:6의 메시지는 살아 계신 하나님께서 모세에게 그 자신을 "죽은 자의 하나님"으로 나타낸 것일 수 없다는 것. 오히려 그분은 모세에게 스스로를 "아브라함…이삭…야곱

552 이 용어는 '내가 잘못된 길로 이끌다'라는 뜻이고, 여기서는 현재진행 수동태로서 '내가 영구적으로 속임을 당하다'라는 의미다(참고. 막 12:27; 13:5-6). 참고. 딤후 3:13; 요일 1:8; 요이 1:7; 계 20:3, 10.

553 고전 15:16-17, 33-35에서 바울은 신자를 미혹시키는 복합적인 모티브들(하나님을 모르는 것, 부도덕함 그리고 부활을 부인하는 것)을 폭로하면서 그의 돌봄을 받는 이들을 권면하고 있다.

554 예. 창 16:7-11; 21:17; 22:11-15; 24:7; 출 3:2; 23:20-23; 민 22:22-35. 참고. 행 23:8.

555 참고. 시 16편, 사 53:11-12; 단 12:2; 호 6:1-2.

556 참고. 롬 4:17, 24; 고전 15:12-13.

의 하나님"으로, 즉 언제나 살아 있는 자의 하나님(막 12:27)이며 신실하고 언약을 지키고 살아 계신 하나님으로 알려주셨다.[557] 아브라함을 향한 하나님의 언약은 그의 육체적 죽음 이후에도 지속된다. 아브라함은 언약의 영구적인 수령자(참고. 롬 8:35-39)로서 육체적으로 죽은 이후에도 계속 존재한다. 이는 모세와 엘리야에게도 적용된다(막 9:2-8). 아브라함의 영구적 존재와 관련해서는, 비록 비유의 맥락에 나오지만, 누가복음 16:23도 보라. 예수님은 강조하기 위해 사두개인들이 속고 있다는 사실을 되풀이하신다. '너희가 틀렸다'(참고. 12:24 주석)는 것이다.

12:28-34 개요

산헤드린의 대표들(11:27), 즉 바리새인들(12:13)과 헤롯 당원들(13절)과 사두개인들(18절)이 예수님에게 도전한 직후, 이번에는 가르침을 잘 받는 서기관, 즉 성경학자이자 율법 선생이 예수님을 토론에 개입시키려 한다. 그는 아마 바리새파에 속하는 인물일 것이다(참고. 마 22:34-35). 그 사람이 예수님의 가르침을 잘 받아들일지 모르지만, 마태복음 22:35은 그가 예수님을 "시험하[려]"[페이라조오(*peirazoō*)] 한다고 말한다.[558] 마가복음 12:28-34은 "하나님의 나라"(34절)에 들어가는 것이 신분이나 소속의 문제가 아니라 오로지 예수님에 대한 내적 태도에 달려 있다는 것을 강조한다.

12:28 이 서기관은 예수님이 어떤 계명을 본질적으로 '중요한'[프로테(*prōtē*), '가장 두드러진'] 것으로, 그래서 다른 모든 계명의 토대가 되는 것으로 보시는지 묻는다(참고. 마 22:40).

12:29-30 예수님은 신명기 6:4, 즉 유대인이 날마다 두 번씩 히브리어로

557 참고. 출 3:6, 15-16; 4:5.

558 참고. 막 12:35-37, 38-40.

고백하는 구절을 언급하면서 답변을 시작하신다. 그들은 한 백성으로서 "이스라엘아 들으라 우리 하나님 여호와는 오직 유일한 여호와이시니"[쉐마 이스라엘 아도나이 엘로헤누 아도나이 에하드(*shema' yisrael yhwh 'elohenu yhwh 'ekhad*)]라고 외친다.[559] 이어서 예수님은 그의 질문에 직접 대답하신다. "첫째" 계명, 즉 기본적이고 중심적인 계명은 "이것이니…네 마음을 다하고 목숨을 다하고 뜻[또는 지성]을 다하고 힘[신 6:5]을 다하여 주 너의 하나님[아도나이 엘로헤카(*yhwh 'eloheka*)]을 사랑하라 하신 것이[다]." "뜻"(막 12:30)에 대한 언급이 신명기 6:5의 마소라 본문과 칠십인역에는 나오지 않는다. 하지만 "마음"[heart, 레브(*leb*)]이라는 용어가 내적인 생각과 목적의 일부로서 "뜻"[디아노이아(*dianoia*)]의 개념을 포함할 수 있다. 구약에는 이를 상기시키는 중요한 구절이 있는데, 청중들에게 하나님께 붙어 있고 뜻을 포함해 마음과 정성(새번역)을 다하여 그분을 섬기고 경배하라고 권면하는 여호수아 22:5이다.

12:31 이 근본 율법(29-30절) 다음으로 중요한 "둘째" 계명은 "네 이웃을 네 자신과 같이 사랑하라"(레 19:18, 34)는 "최고의 법"(약 2:8)이다. 이웃은 문자적으로 '가까이 있는 사람'이며, 이는 적까지 포함할 수 있다(참고. 마 5:43). 언약을 지키시는 하나님은 그분의 피조물들에게 생명을 주고 그 자신을 나타냄으로써 그들을 사랑하신다. 그 결과 그 사랑의 대상들에게 보답으로 그 자신과 다른 인간들을 사랑하라고 명하신다.[560] 이웃을 사랑하라는 계명은 하나님을 사랑하는 것의 결과고, 이는 그분의 사랑을 받은 결과다(요일 4:19). 그런 다방면의 사랑은 친교를 낳고 공동체를 풍성하게 한다. 예수님은 그분의 가르침을 통해 "이웃"은 인종, 출신 또는 신념과 상관없이 고난을 받거나 어려움에 처한 사람이라고 강조하신다(참고. 눅 10:25-37).[561]

559 이 표현을 마가복음 12:29("이스라엘아 들으라 주 곧 우리 하나님은 유일한 주시라")과 비교해보라. 대다수 유대인은 여호와(Yahweh, 야훼)라는 이름을 발음하지 않는다는 점을 주목하라.

560 요일 4:10-11, 19. 참고. 마 7:12; 롬 13:8-10; 갈 5:14; 약 2:8, 14-17.

561 레 19:34을 레 19:18과 비교하라.

12:32 흥미롭게도 서기관은 예수님이 두 가지 핵심 계명의 본문을 선정하신 것이나 그 내용에 대해서는 응답하지 않는다. 오히려, 어쩌면 예수님의 응답을 기대하는 듯이, 쉐마의 "여호와는 한 분이시다"[아도나이 에하드(*yhwh 'ekhad*)]라는 말에 "그 외에 다른 이가 없다"[카이 우크 에스틴 알로스 플렌 아우투(*kai ouk estin allos plēn autou*)]라는 말을 더함으로써 "이스라엘아 들으라"[쉐마 이스라엘(*shema' yisrael*), 신 6:4]에 대한 서문에 초점을 두고 그것을 확대시킨다.[562] 서기관의 첫 반응은 예수님이 이전에 선언하신 신적 주장들(참고. 12:1-12 주석)에 대한 비판을 함축하는 것일 수 있다.[563] 그는 예수님이 모세의 일신론적 정통 교리에서 벗어나 있다고 생각할 수도 있다. 예수님을 은근히 질책하면서 자기는 단순한 일신론으로 돌아간다고 주장하는 셈이다. 하나님은 한 분뿐이고 "그 외에 다른 이가 없다." 이와 달리 예수님은 복합적인 일신론을 주장하고 드러내신다. 하나님은 세 위격으로, 그러나 통합된 한 하나님(Godhead)으로 존재하신다. 두 입장 모두 여호와는 한 분[에하드('*ekhad*), '하나' 또는 '통합된', 신 6:4]임을 근거로 변호될 수 있다. 이와 관련하여 구약은 남편과 아내의("둘이 한 몸을 이룰지로다", 창 2:24) 복합적인 하나 됨(에하드)과, 장막의 복합적인 통일성["한(에하드) 성막이 되게 하였다", 출 36:13(새번역)]에 대해 말하고 있다는 것을 주목할 필요가 있다.

12:33 이어서 서기관은 이 두 핵심 계명이 율법의 모든 의식적이고 제사적인 제도를 다 합친 것보다 더 의미심장하다는[페리소테론(*perissoteron*), 40절, 참고. 마 22:40] 예수님의 견해에 기꺼이 동의한다. "전체로 드리는 모든 번제물과 기타 제물"(참고. 호 6:6; 잠 2:5-6).[564] 이 계명들은 마음과 현명한 이해와 힘을 다해 전인적으로 하나님을 사랑하는 것(신 6:5)으로 요약될 수 있

562 참고. 신 4:35; 사 45:21.

563 참고. 마 22:35. 서론의 '그리스도론'.

564 참고. 삼상 15:22; 잠 2:5-6; 호 6:6.

다. 이 서기관은 예수님에게 동의함으로써 바리새파 유대교의 대중적 견해, 즉 이중적인 사랑의 계명을 의식적 율법과 동일한 수준에 놓는 듯한 견해에서 벗어난다.[565]

12:34 그러면 이 서기관이 "하나님의 나라"에 들어가는 것을 아직도 막는 것이 무엇이냐고 누군가는 물을 것이다(38-40절과 대조해보라). 그 사람이 "지혜 있게 대답함"에도 불구하고, 예수님은 왜 그가 그 나라에 들어가는 데서 "멀지 않도다"라고만 하실까? 서기관이 예수님을 하나님께서 사랑하시는 영원한 아들(9:7)로 영접하지 못하게 여전히 막는 것이 무엇일까?[566]

이 대화는 신기한 해설로 끝난다. 마가는 예수님이 그 서기관과 우호적인 대화를 나눈 "그 뒤에는 감히 예수께 더 묻는 사람이 없었다"(새번역)[567]고 기록한다. 이 마무리는 예수님과 논쟁하고 관계를 맺으려면 진심으로 접근해야 한다는 교훈을 주는 듯하다. 진심이 담긴 질문은 얼마든지 던지고 응답받을 수 있다. 하지만 결국 대화의 결정적 요소는 예수님과 그분의 행위와 주장을 향한 마음 태도다(참고. 눅 19:48). 아브라함과 이삭과 야곱의 살아 계신 하나님께서 정말로 그분의 영원한 아들(요 3:16; 5:43)을 보내셨다면, 청중은 어떤 반응을 보여야 할까? 살아 계신 하나님께서 그분을 사랑하고 인정하신다면(막 1:11; 9:7), 청중은 어떤 태도를 취해야 할까? 하나님께서 그분의 말을 듣고(9:7; 신 18:15, 18-19) 사랑하라고(요 14:21, 참고. 출 20:6) 명하시는데도 그 명령에 응답하여 그분을 사랑하지 않는다면, 그들은 신명기 6:4-5에 주어진 명령을 위반하는 셈이다. 다름 아닌 아브라함의 하나님께서 그분의 종이자 높이 들린 메시아인 예수님을 보증하신다.[568]

565 예. 미쉬나, 아보트 1:2: 이는 아마 오랜 전통을 전해줄 것이다. 참고. Craig A. Evans, *Mark 8:27-16:20*, WBC 34B rev. ed. (Grand Rapids, MI: Zondervan, 2015), 262. WBC 성경주석 34하 《마가복음》(솔로몬); Lane, *Gospel According to Mark*, 434.

566 참고. 눅 7:30; 10:16; 요 13:20.

567 이 표현을 이와 약간 다른 내러티브 맥락에 나오는 비슷한 진술인 마 22:46; 눅 20:40과 비교해보라.

12:35-37 그분을 시험하기 위한 많은 질문 공세를 받은 예수님은, 이제 성전에서 '그들에게' 하나의 질문을 던지며 공개적인 도전을 함으로써(문자적으로는 '그가 가르치실 때 계속 말씀하시기를', 참고. 막 11:29)[569] 청중을 놀라게 하신다. 이전에 예수님은 제자들과 함께 있을 때 과연 누가 하나님의 메시아인가 하는 질문을 거듭 제기하셨다(예. 8:31, 38). 이제는 사실상 이런 도발적인 질문을 던짐으로써 그것을 공개 논쟁의 의제로 삼으신다. "메시아는 본질적으로 '다윗의 자손'인가, 아니면 다윗의 주님인가?" 예수님은 그 자신도 하나님의 메시아로서 다윗의 합법적인 자손인지 여부에 대해서는 묻지 않으시는 것 같다. 요셉이 다윗의 자손이었기 때문에 예수님 역시 다윗의 합법적인 자손이다. 예수님이 요셉을 통해 다윗의 혈통에 속하신다는 사실은 마태와 누가가 인정한다.[570] 메시아가 다윗의 자손일 것이라는 예언에 관해서는 시편 2, 89, 132편, 이사야 9:1-7, 11:1, 예레미야 23:5-6, 에스겔 34:32-34 등을 보라.[571]

예수님의 질문이 의미심장한 것은 신적 영감을 받은 다윗의 시인 시편 110:1-5에 메시아가 다윗의 '자손'이라는 언급이 없다는 사실 때문이다. 오히려 그 시편은 메시아를 다윗의 "주"(lord, 막 12:36-37)로 밝힌다. 따라서 하나님의 메시아는 단순한 다윗의 자손이나 정치적 해방자보다 훨씬 위대한 인물이다.[572]

12장

568 참고. 요 5:42-47; 행 2:36; 3:13.

569 예수님은 그분의 제자들과 나누는 사적인 대화에서(예. 막 8:5, 27, 29; 9:16, 33) 또는 한 사람을 치유하실 때(예. 5:9; 8:23; 9:21) 자주 질문을 던지신다.

570 특히 마 1:1, 20과 눅 1:27; 2:4을 보라. 참고. 막 10:47; 롬 1:3-4; 딤후 2:8. 마태복음과 누가복음에 나오는 매우 다른 족보들은 아마 이런 상호관계가 있을 것이다. 누가복음 3:23-38은 다윗에서 요셉에 이르는 자손의 "육체적" 혈통을 제공하는 한편, 마가복음 1:1-17에 나오는 족보는 왕좌의 상속자들을 진술하는 "합법적" 혈통을 담고 있는 듯하다. 예수님 당시에는 유대인의 족속별 자손이 아버지의 혈통에 의해 결정되었다. 예수님은 적어도 법적으로 요셉을 통해 유다 족속에 속하셨다(히 7:14; 계 5:5).

571 메시아에 대한 대중적 기대는 아모스 9:11과 더불어 사무엘하 7:13-14, 16에 대한 다윗 혈통의 왕족 해석에 초점을 두었다[예. 4QFlor(사해문서) I, 11-13 and CD VII, 16]. 참고. 서론의 '그리스도론'.

572 참고. 마 12:41-42; 행 2:29-34; 히 1:5-13; 롬 1:3-4; 딤후 2:8.

12:36-37 중요한 점은 예수님이 시편 110편을 "성령"[573]의 영감을 받은 시로 단언하신다는 것이다. 그분은 메시아가 앉게 될 왕좌에 앉은 왕의 것으로 여겨지는 한 시편에 대해 이런 주장을 펴신다(삼하 7:13, 16; 왕상 2:45).[574] 시편 110:1에서 여호와는 다윗의 주님[히. 아도나이(*Adonai*)]에게 그분의 "오른쪽"(참고. 막 [16:19])[575]이라는 존귀한 자리를 주신다. 여호와는 다윗의 주님이 그의 "원수들"을 이기도록 도와주신다(참고. 고전 15:25; 왕상 2:33). 여호와는 다윗의 주님이 승리하도록 이끌어주시고, 그가 불의한 자를 심판하는 자리에 앉도록 허락하실 것이다(시 110:2-6). 나아가 다윗의 주님은 멜기세덱의 반열에 속하는 제사장으로 섬기게 된다(시 110:4). 이 모든 직분은 메시아의 것으로 인정된다(막 12:35-36).

예수님은 나중에 대제사장 앞에서 재판을 받을 때(14:62), 그 자신이 이처럼 높이 들린 다윗의 주님인 메시아라고 직접 밝히실 것이다. 그래서 예수님은 자신이 여호와의 오른편으로 높이 들릴 것을 예상하신다. 이로써 그분은 다윗 혈통의 정치적 메시아에 대한 기대를 훨씬 뛰어넘으시는 인물이다. 사도행전의 초반과 더불어 마가복음 전체의 맥락에 비추어보면, 하나님의 메시아는 범세계적 선교의 틀 안에서 다윗 혈통의 정치적 왕에 대한 기대를 받고 있다.[576]

12:38-44 개요

예수님은 대적들의 생각을 다루는 것 외에도 그들의 가르침이 낳은 결과를 검토하는 데까지 나가신다. 그들의 행실은 남을 파멸시키는 한편 그들 자신을 섬기는 것을 목표로 삼는다는 것. 이는 "가난한 과부"의 예로 더욱 부각된다(42절). 예수님은 교만한 대적들과 뚜렷한 대조를 이루는 이 과부

573 참고. 삼하 23:2; 행 1:16; 4:25.

574 행 2:30-31을 보라. 참고. 롬 4:6; 11:9; 히 4:7; 11:32.

575 참고. 엡 1:20; 골 3:1; 히 1:3; 10:12.

576 행 1:6-7을 행 3:21과 비교하라. 참고. 행 2:30-31; 롬 4:13.

의 희생적 헌신을 부각시키신다. 바리새인들의 번거로운 규정들에도 불구하고 하나님을 전적으로 신뢰하는 그녀의 모습은 제자들에게 좋은 본보기다. 이 과부는 성전 세금과 십일조를 관리하는 관료들이 "과부의 가산을 삼키[는]" 모습을 보여주는 가련한 본보기인 만큼, 그녀의 헌신은 관료들의 탐욕을 더욱 두드러지게 한다.

12:38-40 예수님에 따르면, 여러 서기관들이 교만한 모습으로 공적인 인정을 받으려고 한다. 그들의 흰색 예복은 쉽게 눈에 띈다. 그들은 또한 공적인 장소에서 "영예로운 자리"를 차지하려고 한다(참고. 8:15).[577] 또한 높은 사례금을 부과하는 율법 선생으로서 때로는 어려운 "과부[들]"을 착취하면서도 하나님께 헌신하는 체한다.[578] 예수님은 하나님께 대한 참된 헌신을 개인의 도덕적 행실이나 사회정의로부터 분리하지 않으시는 것이 분명하다(참고. 암 2:7; 8:5-6).

예루살렘의 서기관들과 예수님 간의 논쟁은 예수님과 그분의 대적들 사이에 있었던 오랜 긴장의 연장선에 있다(막 3:22-30; 7:1-5; 11:18, 27-28; 12:12). 하지만 이런 모습을 12:28-34과 대조해보라. 예수님은 또한 과시하려는 '긴 기도'(참고. 마 6:5)의 동기도 의심하신다. 예수님이 원칙적으로 개인 기도를 길게 하는 것 자체를 반대하시는 것은 아니다(막 1:35; 6:46).[579] 당시의 서기관들 또는 다른 유대 지도자들에 대한 예수님의 비판은 유대인 내부의 긴장을 표출한 것이기에 반유대주의(anti-Semitism) 정서를 위해(또는 정당화하려고) 이용되어서는 안 된다.

12:41-42 예수님은 교만하고 억압적인 서기관들과 대조를 이루는 모습

577 참고. 눅 11:43; 요 5:44.

578 이런 행실을 다음 구절들과 대조해보라. 출 22:22, 24; 신 10:18; 욥 22:9; 사 1:23; 10:2; 겔 22:7. 참고. 막 12:40.

579 마 14:23; 눅 5:16; 6:12; 9:28을 보라. 참고. 마 6:6-7.

으로, 서기관들에게 '삼켜지는'(40절) 유형의 "가난한 과부"가 지닌 겸손과 실존적 믿음을 가리키신다.[580] 과부는 옷을 입은 모습으로도 금방 알아볼 수 있다. 역설적인 사실은 성전 헌금에서 혜택을 입을 사람이 바로 과부라는 것이다. "렙돈"은 가장 낮은 단위의 화폐로 몇 분의 1센트의 가치에 불과하다.

12:43-44 예수님에 따르면, 과부는 상당한 금액을 내는 사람들보다 더 "많이" 내지 않을 수 없다. 그녀는 "모든 것"을 바친다(참고. 눅 15:12). 이는 그녀가 하나님의 공급을 전적으로 신뢰해야 한다는 뜻이다. 이와 달리 부자는 서기관들에 대한 부담이 없고, 불필요한 잉여 재산, 즉 그 가운데 일부를 착취로 획득했을 수도 있는 재산에서 얼마든지 낼 수 있다(고후 8:9-15과 대조해보라).

응답

그리스도를 따르는 사람은 마음을 청결케 하는 일이 삶의 모든 문제에 반드시 필요하다는 것을 배운다. 내적 태도를 정화하면 하나님께서 의도하신 대로 모세의 율법을 해석할 수 있다. 아울러 윤리적 결정을 내리고 사회적 이슈(세금)를 다루는 지혜도 얻을 수 있다. 하나님의 영원한 아들이 이와 같은 마음의 근본적인 정화에 영향을 미쳐왔다. 이는 지속가능한 개인적 및 사회적 변화의 기초가 된다.

예수님은 세금 납부, 부활, 모세 율법의 핵심, 메시아의 진정한 신원 그리고 가난한 자에 대한 요구와 관련해 예루살렘 지도자들의 그릇된 또는 위선적인 가르침을 권위 있게 폭로하신다. 이런 다양한 주제들의 공통분

580 마가복음 12:40에 나오는 과부에 대한 언급도 보라.

모는 하나님을 의존하는 믿음 대신 자만심과 자기이익으로 삶에 접근하는 태도다(막 12:24, 41-42, 그리고 11:22-25도 보라). 하나님에 대한 진정한 믿음은 관점을 바꾸기 마련이다. 그런 신뢰는 삶의 다양한 측면을 개인적 지식과 경험의 제한된 관점이 아니라 하나님의 관점에서 생각하게 한다. 독자가 살아 계신 하나님을 참으로 신뢰하려면, 하나님께서 그 본연의 정체를 드러내시도록(예. 12:35-37) 허용할 필요가 있다. 달리 말하면, 독자는 하나님에 대한 막연한 생각을 내려놓아야 한다. 그렇게 하려면 참된 신적 계시의 근원을 파악해야 한다. 하나님의 영원한 아들(6절)인 예수님은 삼위일체 하나님의 한 위격으로서 구약의 오랜 약속들을 성취하는 분(예. 35-37절)이라고 권위 있게 말씀하신다(11:9). 그분의 도전적 가르침은 자만과 자기이익을 드러내고, 회개하고 아브라함과 이삭과 야곱의 하나님을 믿고 그 분의 말씀에 순종하라고 요구한다(참고. 12:9-11). 예수님의 가르침과 그 본문과 내용의 전달 과정을 불신할 만한 증거는 지금껏 밝혀진 적이 없다.[581] 그처럼 믿을 만한 방식으로 스스로를 계시하신 하나님에 대한 신뢰는 개인적으로 그리고 공동체적으로 경건, 자비, 예배, 증언 등 참된 열매를 맺게 할 것이다.

12장

12:13-34, 38-44에 대한 응답

보다 구체적으로 말하면, 당시 그리스도를 따랐던 사람들은 예수님이 로마 제국의 권력 남용이나 불의를 지지하지 않은 채 그 제국의 시민 정부를 받아들이신다는 것을 배웠다. 모든 정부는 따라서 하나님께 책임을 져야 한다고 예수님은 암시하신다. 어떤 인간 관료도 백성에게만 책임이 있

581 일부 코란 해석자들은 코란이 구약과 신약이 변조되거나 오염되었다고 주장한다고 믿는다(참고. 수라 2:75; 4:46; 5:12-15, 41). 하지만 그런 "변조"가 본문 자체의 전달이나 성경 본문의 해석 중 어느 것과 관련이 있는지에 대한 이슬람 내부의 논쟁이 있다. 예컨대, 구약과 신약이 오염된 것이 아니라 성경이 때때로 잘못 해석되고 있다는 개념을 지지하는 수라 3:78을 참고하라. 수라 5:43-47과 수라 6:91-92은 구약과 신약 성경이 있는 그대로 전달되었다고 암시한다. 구약과 신약이 "변조되었다"는 가정을 지지하는 사람들은 그 입장을 뒷받침할 만한 증거가 부족하다(예컨대 본문의 전달 과정, 역사적 불일치에 의지하여, 또는 무엇이 구약/신약의 정경을 구성하는지에 대한 의문과 관련하여).

는 것이 아니라 그와 동시에 살아 계신 하나님께도 책임져야 한다. 하나님의 백성은 따라서 시민 정부의 권위에 순종하고, 그 관리들이 하나님 앞에서 책임을 다하도록 기도해야 한다. 그들이 그런 책임을 인정하든 인정하지 않든 상관없이 그래야 한다. 이와 동시에 누군가는 관리들에게 선하고 의로운 것을 옹호할 사명이 있다는 것을 상기시킬 필요가 있다(롬 13:3; 벧전 2:13-15).

12:18-44에 대한 응답

나아가 오늘날의 그리스도인은 장차 새 땅과 새 하늘에서 하나님과 함께하는 새로운 삶의 일부로 육체적 부활(18-27절)이 약속되어 있음을 확신할 수 있다. 현재의 삶과 미래의 삶은 구약에 주어진 하나님의 계시를 버리지 않고(마 5:17-20) 오히려 그 계시가 성취되는 것을 보게 될 것이다. 그렇기 때문에 우리는 위선이나 가난한 자에 대한 착취를 멈추고, 이 시대에 그리스도를 증언하기 위해 점점 더 도덕적으로 경건한 삶을 살아야 한다(막 12:38-44). 예수님은 참된 믿음과 진정한 행동을 분리시키신 적이 없다. 진정한 믿음은 언제나 진실하고 경건한 모습으로 나타나는 법이다.

Mark
마가복음
13:1-37

13장

1 예수께서 성전에서 나가실 때에 제자 중 하나가 이르되 선생님이여
보소서 이 돌들이 어떠하며 이 건물들이 어떠하니이까 2 예수께서 이
르시되 네가 이 큰 건물들을 보느냐 돌 하나도 돌 위에 남지 않고 다
무너뜨려지리라 하시니라

1 And as he came out of the temple, one of his disciples said to him,
"Look, Teacher, what wonderful stones and what wonderful buildings!"
2 And Jesus said to him, "Do you see these great buildings? There will
not be left here one stone upon another that will not be thrown down."

3 예수께서 감람산에서 성전을 마주 대하여 앉으셨을 때에 베드로와
야고보와 요한과 안드레가 조용히 묻되 4 우리에게 이르소서 어느 때
에 이런 일이 있겠사오며 이 모든 일이 이루어지려 할 때에 무슨 징조
가 있사오리이까 5 예수께서 이르시되 너희가 사람의 미혹을 받지 않
도록 주의하라 6 많은 사람이 내 이름으로 와서 이르되 내가 그라 하
여 많은 사람을 미혹하리라 7 난리와 난리의 소문을 들을 때에 두려워
하지 말라 이런 일이 있어야 하되 아직 끝은 아니니라 8 민족이 민족

을, 나라가 나라를 대적하여 일어나겠고 곳곳에 지진이 있으며 기근
이 있으리니 이는 재난의 시작이니라
3 And as he sat on the Mount of Olives opposite the temple, Peter and
James and John and Andrew asked him privately, 4 "Tell us, when will
these things be, and what will be the sign when all these things are
about to be accomplished?" 5 And Jesus began to say to them, "See that
no one leads you astray. 6 Many will come in my name, saying, 'I am
he!' and they will lead many astray. 7 And when you hear of wars and
rumors of wars, do not be alarmed. This must take place, but the end
is not yet. 8 For nation will rise against nation, and kingdom against
kingdom. There will be earthquakes in various places; there will be
famines. These are but the beginning of the birth pains.

9 너희는 스스로 조심하라 사람들이 너희를 공회에 넘겨주겠고 너희
를 회당에서 매질하겠으며 나로 말미암아 너희가 권력자들과 임금들
앞에 서리니 이는 그들에게 증거가 되려 함이라 10 또 복음이 먼저 만
국에 전파되어야 할 것이니라 11 사람들이 너희를 끌어다가 넘겨줄 때
에 무슨 말을 할까 미리 염려하지 말고 무엇이든지 그때에 너희에게
주시는 그 말을 하라 말하는 이는 너희가 아니요 성령이시니라 12 형
제가 형제를, 아버지가 자식을 죽는 데에 내주며 자식들이 부모를 대
적하여 죽게 하리라 13 또 너희가 내 이름으로 말미암아 모든 사람에
게 미움을 받을 것이나 끝까지 견디는 자는 구원을 받으리라
9 "But be on your guard. For they will deliver you over to councils, and
you will be beaten in synagogues, and you will stand before governors
and kings for my sake, to bear witness before them. 10 And the gospel
must first be proclaimed to all nations. 11 And when they bring you to
trial and deliver you over, do not be anxious beforehand what you are

to say, but say whatever is given you in that hour, for it is not you who
speak, but the Holy Spirit. 12 And brother will deliver brother over to
death, and the father his child, and children will rise against parents and
have them put to death. 13 And you will be hated by all for my name's
sake. But the one who endures to the end will be saved.

14 멸망의 가증한 것이 서지 못할 곳에 선 것을 보거든 (읽는 자는 깨
달을진저) 그때에 유대에 있는 자들은 산으로 도망할지어다 15 지붕
위에 있는 자는 내려가지도 말고 집에 있는 무엇을 가지러 들어가지
도 말며 16 밭에 있는 자는 겉옷을 가지러 뒤로 돌이키지 말지어다
17 그날에는 아이 밴 자들과 젖먹이는 자들에게 화가 있으리로다 18 이
일이 겨울에 일어나지 않도록 기도하라 19 이는 그날들이 환난의 날이
되겠음이라 하나님께서 창조하신 시초부터 지금까지 이런 환난이 없
었고 후에도 없으리라 20 만일 주께서 그날들을 감하지 아니하셨더라
면 모든 육체가 구원을 얻지 못할 것이거늘 자기가 택하신 자들을 위
하여 그날들을 감하셨느니라 21 그때에 어떤 사람이 너희에게 말하되
보라 그리스도가 여기 있다 보라 저기 있다 하여도 믿지 말라 22 거짓
그리스도들과 거짓 선지자들이 일어나서 1)이적과 기사를 행하여 할
수만 있으면 택하신 자들을 미혹하려 하리라 23 너희는 삼가라 내가
모든 일을 너희에게 미리 말하였노라

14 "But when you see the abomination of desolation standing where
he ought not to be (let the reader understand), then let those who are
in Judea flee to the mountains. 15 Let the one who is on the housetop
not go down, nor enter his house, to take anything out, 16 and let the
one who is in the field not turn back to take his cloak. 17 And alas for
women who are pregnant and for those who are nursing infants in those
days! 18 Pray that it may not happen in winter. 19 For in those days

there will be such tribulation as has not been from the beginning of the
creation that God created until now, and never will be. 20 And if the
Lord had not cut short the days, no human being would be saved. But
for the sake of the elect, whom he chose, he shortened the days. 21 And
then if anyone says to you, 'Look, here is the Christ!' or 'Look, there
he is!' do not believe it. 22 For false christs and false prophets will arise
and perform signs and wonders, to lead astray, if possible, the elect.
23 But be on guard; I have told you all things beforehand.

24 그때에 그 환난 후 해가 어두워지며 달이 빛을 내지 아니하며 25 별
들이 하늘에서 떨어지며 하늘에 있는 권능들이 흔들리리라 26 그때에
인자가 구름을 타고 큰 권능과 영광으로 오는 것을 사람들이 보리라
27 또 그때에 그가 천사들을 보내어 자기가 택하신 자들을 땅 끝으로
부터 하늘 끝까지 사방에서 모으리라
24 "But in those days, after that tribulation, the sun will be darkened,
and the moon will not give its light, 25 and the stars will be falling from
heaven, and the powers in the heavens will be shaken. 26 And then they
will see the Son of Man coming in clouds with great power and glory.
27 And then he will send out the angels and gather his elect from the
four winds, from the ends of the earth to the ends of heaven.

28 무화과나무의 비유를 배우라 그 가지가 연하여지고 잎사귀를 내
면 여름이 가까운 줄 아나니 29 이와 같이 너희가 이런 일이 일어나는
것을 보거든 [2)]인자가 가까이 곧 문 앞에 이른 줄 알라 30 내가 진실로
너희에게 말하노니 이 세대가 지나가기 전에 이 일이 다 일어나리라
31 천지는 없어지겠으나 내 말은 없어지지 아니하리라
28 "From the fig tree learn its lesson: as soon as its branch becomes

tender and puts out its leaves, you know that summer is near. 29 So also,
when you see these things taking place, you know that he is near, at
the very gates. 30 Truly, I say to you, this generation will not pass away
until all these things take place. 31 Heaven and earth will pass away, but
my words will not pass away.

32 그러나 그날과 그때는 아무도 모르나니 하늘에 있는 천사들도, 아
들도 모르고 아버지만 아시느니라 33 주의하라 깨어 [3)]있으라 그때가
언제인지 알지 못함이라 34 가령 사람이 집을 떠나 타국으로 갈 때에
그 종들에게 권한을 주어 각각 사무를 맡기며 문지기에게 깨어 있으
라 명함과 같으니 35 그러므로 깨어 있으라 집 주인이 언제 올는지 혹
저물 때일는지, 밤중일는지, 닭 울 때일는지, 새벽일는지 너희가 알
지 못함이라 36 그가 홀연히 와서 너희가 자는 것을 보지 않도록 하라
37 깨어 있으라 내가 너희에게 하는 이 말은 모든 사람에게 하는 말이
니라 하시니라

32 "But concerning that day or that hour, no one knows, not even the
angels in heaven, nor the Son, but only the Father. 33 Be on guard, keep
awake.[1] For you do not know when the time will come. 34 It is like a
man going on a journey, when he leaves home and puts his servants[2]
in charge, each with his work, and commands the doorkeeper to stay
awake. 35 Therefore stay awake—for you do not know when the master
of the house will come, in the evening, or at midnight, or when the
rooster crows,[3] or in the morning— 36 lest he come suddenly and find
you asleep. 37 And what I say to you I say to all: Stay awake."

1) 또는 표적 2) 또는 때가 3) 어떤 사본에, 있어 기도하라

1 Some manuscripts add *and pray* *2* Or *bondservants* *3* That is, the third watch of the night, between midnight and 3 A.M.

13장

단락 개관

내러티브의 차원에서 보면, 이른바 종말론적 담론(막 13:1-37)은 예수님을 함정에 빠트리려는 대적들의 시도(12:12까지)와 예루살렘에서 당하신 예수님의 수난(14-16장)을 연결시키는 다리에 해당한다. 보다 구체적으로 말하면, 13장의 담론은 한편에 있는 성전과 예루살렘의 파괴에 대한 예언[582]과, 다른 편에 있는 하나님의 백성으로 이루어진 살아 있는 성전의 모퉁잇돌(참고. 12:1-12)이신 그리스도의 임박한 희생(14:9, 22-25)을 연결시켜준다. 모퉁잇돌이신 예수님과 구속된 유대인과 이방인으로 이루어진 새로운 하나님의 백성 모두 시련과 환난을 견뎌야 한다.[583]

마태복음과 누가복음의 병행 대목과 함께, 이 담론은 성전 파괴에 대한 예수님의 예언(13:1-4), 제자들의 고난과 박해(유대에서 시작되는, 특히 9-13절), 범세계적인 복음 전파(10절), 환난(7-8, 14-20절) 그리고 예수님의 재림(24-27절)을 담고 있다. 마태복음과 마가복음은 '깨어 있고 기도하라'는 권면(33-37절)과 더불어 거짓 메시아와 거짓 선지자에 대한 경고(21-23절)도 포함한다. 무화과나무의 비유가 그런 깨어 있는 상태를 잘 보여준다. 무엇보다 제자들은 미래의 다양한 사건들과 그리스도의 분명한 재림을 혼동하면 안 된다. 그런 미래의 사건들 중에는 성전 파괴(2절), 박해(9절) 그리고 적그리스도의 신성모독과 거짓 주장(22절) 등이 있다.

주제의 차원에서 보면, 이른바 종말론적 전망은 예루살렘에서 예수님의 수난에 앞서 베풀어진 그분의 가르침을 마무리한다. 예수님은 가르침을 통해 제자들에게 임박한(지역적) 재난과 미래의(우주적) 재난 한복판에서 하나님의 뜻과 길에 대해 깨어 있으라고 권면하신다(1-37절). 고난 받을 준비와 하나님에 대한 신뢰가 제자들에게 가장 중요하다. 예수님의 격려와 경

582 참고. Josephus, *Jewish Wars* 6.275, 413; 7.1, 114-115.

583 영원한 새 성전에 관한 논의는 11:1-26 응답을 참고하라.

고(5, 9, 23, 33절) 그리고 미래 사건에 관한 그분의 가르침은 고난을 받을 준비, 증언 그리고 하나님의 주권적 방식에 대한 신뢰에 초점을 맞춘다.[584] 예수님은 제자들의 구체적 질문에 대답하면서도(예. 1-4, 7절) 그들의 지평선 너머까지 멀리 나가신다. 다른 한편, 제자들이 미래 사건들의 세부 사항에 대해 막연히 추측하도록 하지 않으신다. 오히려 그들은 미래의 환난 중에도 줄곧 하나님께 초점을 맞추어야 한다. 비록 하나님이 계시지 않거나 악한 일을 막지 않으시는 듯 보일지라도 그래야 한다.

1-37절을 이해하는 최선의 방식은 예수님이 주후 70년 '이전'에 일어날 수 있는 일부 사건들(5, 7-14, 19, 22절)과 '먼 미래까지 분명히 미치는' 일부 사건들에 관해 말씀하신다고 보는 것이다. 후자는 특히 이런 고난(4-13, 14-23절) '이후'에 있을 예수님의 재림을 묘사하는 24-27절을 유념하고 있다. 28-37절은 깨어 있는 기도로 시대의 일반적 징조들에 대해 올바르게 반응할 것을 강조한다. 30절에 나오는 "이 세대"(참고. 13:30-32 주석)는 아마 흔히 말하는 구체적인 "세대"가 아니라 일반적으로 '타락한 인류의 사악한 모습'을 가리킬 것이다(참고. 8:12 주석; 8:38 주석). "이 세대"의 정확한 뜻과 상관없이, 12:30은 환난들이 일어나기 시작할 것(그 끝은 정해지지 않았지만)이라는 생각을 전달한다. 따라서 예수님은 그분이 되돌아올 때까지 사악함이 하나님의 구속 사역과 공존할 것임을 강조하신다. 그분은 갑작스러운 재림(13:36)과 지연되는 듯 보이는 그분의 도래(35절) 사이에서 긴장을 유지하라고 가르치신다.

584 참고. 살후 2:1-12; 계 6-18장.

단락 개요

III. 2부: 고난과 죽음의 필연성을 통해 예수님의 권위를 시험하다 (8:27-16:8[9-20])
   B. 예루살렘 사역(11:1-13:37)
      4. 예수님과 미래(13:1-37)
         a. 성전의 파괴에 관한 예언(13:1-4)
         b. 속임수에 대한 경고(13:5-7)
         c. 제자들의 고난과 증언(13:8-13)
         d. 환난(13:14-20)
         e. 거짓 메시아와 거짓 선지자에 대한 경고(13:21-23)
         f. 예수님의 재림(13:24-27)
         g. 무화과나무의 은유, 시간적 순서(13:28-32)
         h. 깨어 있고 기도하라는 권면(13:33-37)

주석

13:1 헤롯 대왕은 평범했던 제2성전이 솔로몬 성전의 약 2배 규모로 커지는 것을 지켜보았다.[585] 두 성전 모두 모리아산, 즉 "여부스 사람 오르난의 타작 마당에"(대하 3:1) 있었다.

13:2 예수님의 말씀은 공공연한 지식이 되고 장차 그분에게 불리하게 오용

585 헤롯 성전의 찬란함에 관해서는 다음 자료를 참고하라. Josephus, *Antiquities* 15:391-402; *Jewish Wars* 5.189-245; Tacitus, *Histories* 5.8.

될 것이다(막 14:58; 15:29).[586] 예루살렘과 그 성전의 파괴는 유대 지도자들이 성전을 오용하고 끊임없이 불의를 자행하기 때문에 일어난 결과다(12:9).[587] 하지만 무엇보다도, 성전의 제사 제도는 인류의 죄를 단번에 속할 수 없다(히 7:28; 9:12; 10:10과 대조해보라). 따라서 하나님의 궁극적 목적은 (비유적으로 말하면) 새롭게 정화된 유대인과 이방인으로 구성된 살아 있는 범세계적 성전을 만드는 것이다.[588] 베스파시아누스 황제의 아들인 티투스 황제가 주후 66-70년에 예루살렘과 그 성전에 대한 군사 작전을 지휘했다.[589]

13:3 예수님의 제자 중 핵심층인 베드로와 요한과 야고보(막 5:37, 참고. 1:29; 3:16-18)는 안드레와 더불어 "감람산"에서 성전의 멋진 모습을 한눈에 바라본다. 에스겔 43:2-9과 스가랴 14:1-9은 감람산을 하나님의 영광이 나타난 장소로 밝힌다. 종종 그렇듯이 제자들은 예수님과의 사적 토론을 통해 배운다.[590]

13:4-37 개요

4절에 나오는 두 질문을 엄밀한 병행 관계로 간주하면 안 된다. 첫째 질문 "어느 때에 이런 일이 있겠사오며"(4a절, 참고. 35절)는 단순한 시기에 초점을 둔다. 둘째 질문 "이 모든 일이 이루어지려 할 때에 무슨 징조가 있사오리이까"(4b절), 문자적으로 '이 모든 일이 언제 이루어지기 시작합니까?'(참고. 7-8절)는 시간적 순서와 사건의 징조(참고. 행 1:6-8)에 초점을 맞춘다. 제자들의 이중적 질문에 대한 예수님의 전반적 응답이 주로 사건의 징조(막

586 참고. 막 11:12-18; 12:1-12.

587 참고. 눅 19:41-44. 참고. 렘 7:9-14; 9:11; 26:6, 9, 18; 미 3:1-12에 나오는 구약의 유사한 모티브.

588 참고. 행 15:15-17; 고전 3:16-17; 6:19; 고후 6:16; 엡 2:21; 벧전 2:5. 새로운 영원한 성전에 관한 논의는 11:1-26 응답을 참고하라.

589 참고. Josephus, *Jewish Wars* 6.301.

590 참고. 막 3:14; 4:10-12, 34; 7:17; 9:28; 10:10.

13:5-23, 32-33, 참고. 단 12:6-7)에 초점을 맞춘다는 것을 주목하라. 부차적인 방식으로 그분은 시간적 순서에 관한 질문도 다루신다(막 13:24-27). 나아가 5-23절은 임박한 성전의 파괴로부터 박해와 범세계적 복음 전도로 이동하면서 현재의/지역적 사건들과 미래의/세계적 사건들을 다루고 있다. 다른 한편, 24-27절은 우주적 사건들, 말하자면 인자의 재림뿐 아니라 알려진 온 세계의 변형까지 다룬다.

제자들은 성전의 파괴가 시간의 "끝"(7, 13절)과 일치할 것으로 잘못 생각한다. 하지만 예수님은 제자들에게 미래를 생각할 때 여러 사건들이 망원경으로 확대할 수 있는 구속-역사적 순서로 일어나는 것으로 여기도록 가르치신다(7-8, 10, 19-21, 24, 26-29절). 이 구조에서, 성전의 파괴와 예수님의 재림이 알리는 "끝"은 미확정된 시간의 경과로 분리되어 있는 '별개'의 사건들이다. 그래서 예수님은 그 안에서 시간적 순서를 느슨하게 유지해야 하는 사건들의 순서에 초점을 맞추신다. 예수님이 이런 사건들을 예측하시는 만큼 제자들은 희망을 잃지 말아야 한다. "택하신 자들"(20, 22, 27절)이 끝까지 하나님을 신뢰하도록 지켜주실 것이다.

13:4 앞에서 말했듯이,[591] 4절에 나오는 이중적 질문은 정확한 병행 관계를 보여주는 것이 아니다. "어느 때에 이런 일이 있겠사오며"(4a절)는 시기에 초점을 두는 한편, "이 모든 일이 이루어지려 할 때에['성취되기 시작할 때에'] 무슨 징조가 있사오리이까"(4b절)는 시간적 순서와 사건의 징조들에 초점을 맞춘다. 제자들은 이제 현재의 시대가 언제 끝에 이를지를 묻고 있다. 제자들 가운데서 행하시는 예수님의 사역 때문에 그들은 새로운 시대가 나타나기 전에 현 시대가 즉시 끝날 것이라고 기대하지 않게 되었다. 오히려 예수님은 새 시대(즉, 하나님의 영원한 나라, 참고. 마 19:28)가 종말론적 사건으로서 옛 시대 속으로 불쑥 들어온다는 것을 그들에게 가르치기 시

591 참고. 13:1-37 단락 개관.

작하셨다.[592] "징조"는 현 시대의 끝을 틀림없이 가리키는 우주적 조짐[593]을 말한다.

13:5-6 예수님은 제자들에게 '속임수에 넘어가지'[플라나오(개역개정은 "미혹을 받지", ESV는 "lead…astray"), 5, 6절, 참고. 12:24 주석] 말라고 경고하신다. 그들은 성전 파괴가 하나님께서 계획하신 이어지는 사건들의 시발점이 될 것임을 알아야 하고(13:7),[594] 그 와중에 예수님의 제자들마저 거짓 선생들의 말에 귀 기울이게 될 것이다(9, 21-23, 33절). 이 거짓 선생들은 끝이 거의 왔다고 전파할 것이다(6-8절).[595] 또한 그리스도라고 자처하는 거짓 주장을 펼 것이다. "많은 사람이 내 이름으로 와서"(9:37, 39과 대조해보라).

13:7 끝이 거의 왔다는 과장된 주장에 대응하기 위해 예수님이 다가올 '전쟁'은 타락한 인간이 낳은 파괴적 결과의 한 양상이라고 말씀하신다.[596]

13:8 "지진"과 더불어 타락한 사람들, 불의한 제도 또는 자연 재해가 유발한 "기근"(참고. 계 6:4)은 부분적으로 하나님께서 창조 세계에 내리신 심판의 가혹함과 방대함을 묘사할 수 있다(사 13:13). 다시금 예수님은 "이런 일들은 진통의 시작이다"(새번역, 참고. 마 24:8)라고 말씀하심으로 극단적인 종말 사상을 경계하신다. "진통"(분만 통증)의 은유는 이런 사건들의 빈도와 지속 기간이 점차 증가할 것을 시사한다.

592 옛 시대와 새 시대에 관한 논의는 서론의 '그리스도론'을 참고하라. 또한 9:11-13 주석도 보라.

593 참고. O. Betz, *EDNT*, 3:239.

594 참고. 막 8:31; 계 1:1.

595 참고. 단 11:27. 살후 2:2과 대조해보라.

596 참고. 대하 15:6; 사 19:2; 단 11:44; 계 6:4, 6, 12; 13:7; 17:14; 19:11, 19. 참고. 에스드라2서 13:30; 에녹1서 62:4; 99:4; 바룩2서 70:8.

13:9-13 개요

이런 끔찍한 사건들이 벌어지는 중에도 메시아를 따르는 사람들은 체포, 재판 그리고 극심한 가족 분열(12절)을 포함한 여러 형태의 고난을 추가로 받을 것이다(9, 13절). 그럼에도 불구하고, 제자들은 깨어서 증인이 되도록 부름 받았다. 따라서 시련과 증언은 병행한다. 하나님의 집안에서는 복과 고난이 상충되지 않는다. 세례 요한(참고. 1:14)과 예수님이 넘겨졌듯이, 예수님의 추종자들도 장차 넘겨질 것이다(참고. 13:9 주석, 참고. 11, 12절).

13:9 "너희는 스스로 조심하라"(ESV는 "be on your guard")는 예수님의 권고는 문자적으로 '너희는 스스로를 지켜보라'며, '정신을 바짝 차리라'(참고. 요이 1:8)고 번역될 수 있다. 세례 요한(참고. 막 1:14)과 예수님이 넘겨졌듯이(파라디도미), 예수님의 적대자들이 제자들을 법정에서 재판을 받도록 '넘겨줄' 것이다(13:9, 11-12).[597] 그들은 성령의 인도를 받는 "증인[들]"[에이스 마트뤼리온(*eis matryrion*)][598]이 될 것이다. 그처럼 그들은 세계 전역에서 유대인과 이방인의 법정, 공의회 그리고 재판소 앞에 서게 될 것이다(참고. 10절).[599] 산헤드린은 매질 같은 형벌들을 선고하는 유대인 법정[14:55(참고. ESV 난외주); 15:1, 43]인 데 비해, "총독들"(새번역)은 이방인 관료들을 말한다. "임금들"은 종속국의 유대인 왕들과 이방인 통치자들을 언급한다. 예수님의 예언은 훗날 제자들이 다양한 유대인과 이방인의 법정과 재판소 앞에서 재판을 받는 모습으로 거듭해서 성취된다.[600]

13:10 "복음이 먼저 만국에 전파되어야 할 것이니라." 예수님은 이 계획

597 참고. 1:14-15 주석; 3:19 주석; 9:30-31 주석; 10:32-35 주석; 13:9-13 주석; 14:10-11 주석; 14:41-45 주석.

598 참고. 마 5:11-12; 막 1:44; 13:11, 13.

599 참고. 막 7:27; 8:35; 10:29; 13:27; [16:15].

600 예. 행 4:3, 5-6, 15; 5:21, 27, 41; 6:12, 15; 22:5; 23:1, 6; 24:20-21; 25:12; 26:6; 벧전 4:12.

이 하나님께 필요하다(데이, "그것은 필요하다")고 말씀하신다.[601] 끝이 오기 전에 예수님의(그리고 예수님에 관한) 좋은 소식이 전파되어야 한다고 규정되어 있다.[602] 그 소식이 "전파되어야" 한다는 신적 수동태(divine passive)는 좋은 소식이 널리 퍼지는 것이 하나님의 뜻이자 계획임을 강조한다.[603] "먼저"라는 부사는 하나님께서 예수님의 재림 이전에 이 계획을 수행하신다는 것을 강조한다(참고. 7절, 대상 16:8, 31을 보라). 예수님의 제자들은 기도하면서 하나님의 원대한 선교에 전인적으로 동참할 길을 찾을 것이고, 또한 고난 받을 준비를 갖추게 될 것이다.[604] 여기에 나오는 헬라어 어구[에이스 판타 타 에트네(*eis panta ta ethnē*)]는 "모든 이방인들" 또는 "모든 나라들"(참고. 막 11:17; 마 28:19)을 말한다. 복음의 범세계적 전파는 예수님의 지상 사역과 그분의 장래 재림을 잇는 역동적인 고리 역할을 한다(참고. 행 3:20-21).[605]

13:11 "미리 염려하지[프로메임나오(*promeimnaō*)] 말고"라는 말은, 마치 하나님께서 재판 동안 함께하지 않으실 것처럼 예상하며 걱정하는 것을 경고한다(막 4:19).[606] 하나님은 성령을 통하여(요 14:26) 재판을 받는 동안 할 말을 주실[도테(*dothē*), 신적 수동태] 것이다. 여기서 '내가 말하다'[랄레오(*laleō*)]라

601 막 8:31; 9:31; 13:7을 보라. 참고. 단 2:28.

602 참고. 1:1 주석; 14:3-5 주석.

603 참고. 막 7:27; 13:27.

604 참고. Christopher J. H. Wright, *The Mission of God: Unlocking the Bible's Grand Narrative* (Downers Grove, IL: InterVarsity Press, 2006). 《하나님의 선교》 (IVP); Wright, *The Mission of God's People: A Biblical Theology of the Church's Mission* (Grand Rapids, MI: Zondervan, 2010). 《하나님 백성의 선교》 (IVP); Eckhard J. Schnabel, *Early Christian Mission: Jesus and the Twelve*, vol. 2 (Downers Grove, IL: IVP Academic, 2004).

605 막 [16:15]은 본문 비평에 의해 마가복음의 끝인지 여부에 대한 논쟁이 되는 부분으로서(참고. [16:9-20] 주석), "너희는 온 세상[코스모스(*kosmos*)]에 나가서, 만민[또는 온 창조 세계, 크티시스(*ktisis*)]에게 복음을 전파하라"로 기록되어 있다[포류텐테스 에이스 톤 코스몬 하판타 케뤽사테 토 유앙겔리온 파세 테 크티세이(*poreuthentes eis ton kosmon hapanta kēryxate to euangelion pase tē ktisei*)].

606 참고. 마 6:25, 27-28, 31, 34. 이 구절을 고린도전서 10:13에 나오는 진술, 즉 '유혹'이 아니라 '시험'을 거론하는 듯한 진술과 비교하라. 참고. 벧전 5:7.

는 단어가 세 번 사용되는 것을 주목하라. 이는 좋은 소식을 전파하는 한 방식으로(막 3:10, 참고. 눅 12:11-12), 제자들에게 갈수록 그들 자신이 아니라 하나님과 그분의 영에 직접 의존하는 법을 배우라고 요구한다(고후 1:9).[607]

13:12 각 구성원이 복음을 아주 다르게 받아들일 것이기에 가족이 심각하게 분열될 수 있다.[608] 다시금 예수님은 그분을 따르라는 부르심이 자연 가족에 대한 충성보다 높은 우선순위에 있다는 것을 강조하신다. 삶에서 인간이 하나님과 동행하도록 회복시키는 분은 오직 예수님이다.

13:13 그리스도를 따르는 이들은 그들 자신의 어리석음과 불순종 때문에 고난을 받아서는 안 된다(참고. 벧전 2:20; 4:15).. 하지만 어리석지 않더라도, 그리스도께 속하면(그리고 그분을 증언하면) 보이지 않는 또는 보이는 반대와 미움을 초래할 수 있다. 예수님이 배척과 혐오를 받으셨듯이, 그분을 따르는 사람들도 그럴 것이다. "너희가…모든 사람에게 미움을 받을 것이[다]"라는 표현을 마가복음 13:9과 비교해보라.[609] 13절(참고. 13:33-37 주석) 외에도, 신약에는 시련과 환난을 겪을 때 참고 견디라는[특히 휘포모네(*hypomonē*), '끈덕진 인내'를 사용한] 권면이 많은 편이다.[610]

예수님은 하나님의 손 안에서 안전한 이들, 즉 선택받은 이들(20, 22, 27절)에 대해 말씀하는 한편, "끝까지 견디는 자"[611]를 언급하면서 극복하도록 권면하기도 하신다. 이 맥락에서 "구원을 받[다]"는 것은 파괴적인 박해로

607 훗날 베드로와 요한과 바울은 그런 법정 심문과 재판이 진행되는 동안 증인이 될 것이다. 참고. 13:9 주석.

608 이 사실은 부모를 공경하라는 계명에 대한 예수님의 지속적인 존중과 조심스레 균형을 맞출 필요가 있다(참고. 막 7:10; 10:19). 3:20-21 주석; 3:34-35 주석을 보라. 참고. 단 11:32, 35; 12:1, 12; 미 7:6; 합 2:3; 슥 13:3; 마 10:35-36; 눅 12:50-53.

609 참고. 요 15:18-21; 요일 3:13.

610 예. 롬 12:12; 고전 13:7; 딤후 2:10, 12; 히 12:7; 약 1:12; 벧전 2:19-20; 계 2:2; 13:10. 참고. 단 12:12.

611 예컨대 다음 여러 구절들에 나오는 "정복하다"라는 말을 보라. 계 2:7; 3:5, 10; 15:2; 17:14; 21:7. 참고. 마 24:13.

부터 구출된다는 뜻이다(참고. 20절).

13:14 데살로니가후서 2:1-12과 함께, "멸망의 가증한 것"(참고. 단 9:27; 11:31; 12:11; 마 24:15)[612]에 대한 언급은 결국 적그리스도의 손에 범세계적인 살아 있는 하나님의 성전이 모독당하는 것을 가리킬 것이다. 이 미래의 사건은 주후 70년에 예루살렘의 물리적 성전이 파괴되는 사건으로 예시된다.[613] 하지만 하나님의 범세계적 성전에 대한 궁극적인 모독은 '살아 있는 돌들'(벧전 2:5)로 이루어진 성전에 비유되는 하나님의 범세계적 백성 한가운데서 일어나는 적그리스도(Antichrist, 참고. 요일 2:18)의 신성모독에 대한 언급이다.[614]

13장

13:15-19 적그리스도의 살아 있는 성전에 대한 모독과 더불어 "환난"[틀립시스(*thlipsis*)]도 발생한다. 이 환난(15-23절)은 엄청난 규모로 발생하기 때문에, 오로지 유대 전쟁(주후 64-73년), 그리스도인의 도망(주후 67년) 그리고 성전의 파괴(주후 70년)를 포함한 유대(14절)[615]에서의 끔찍한 시작만을 언급할 수는 없다. 오히려 그것은 "창조하신 시초"(19절)[616]부터 "전무후무한"[617] 사건이 될 것이다. 하지만 마침내 구출될 희망이 있다(참고. 느 9:27; 호 5:14-6:2).[618]

612 마카베오상 1:53-59도 참고하라. 셀레우코스 제국을 지배했던 안티오쿠스 4세 에피파네스가 주전 167년에 지성소에서 돼지를 도살함으로써 예루살렘 성전을 모독했다.

613 하지만 G. R. Beasley-Murray, *NIDNTT*, 1:75를 참고하라. 비슬리-머리는 마가복음 13:14을 예루살렘 성전의 파괴에 국한시킨다. 참고. 13:15-19 주석.

614 참고. 11:25 주석; 11:1-26 개관; 13:1-37 단락 개요.

615 참고. 마카베오상 2:28.

616 단 12:1과 대조해보라. 이와 비슷한 표현이 출 10:14에 나온다.

617 참고. 1QM(사해 사본) I, 1-17.

618 참고. R. Schippers, *NIDNTT*, 2:807.

13:20 은혜롭게도 "주"(퀴리오스, 하나님을 가리킴)께서 범세계적인 환난을 '줄여주신다'. '선택받은'[에클레크토스(*eklektos*), "택하신" 또는 '뽑아낸'] 자들은 어떻게든 선행을 통해 하나님의 사랑을 얻어내려는 교만한 엘리트층 내지는 배타적 집단이 되어서는 안 된다. 오히려 그들은 은혜롭고, 과분하고, 보존하는 하나님의 부르심을 받은 범세계적 백성이다(참고. 22, 27절).[619] 그들은 그리스도의 죽음을 통해 회복된 자로서, 그 은혜로운 구원을 확실히 받은 것 말고는 자랑할 것이 전혀 없다.

13:21-22 환난에 수반되는 현상은 "거짓 그리스도들"[프슈도크리스토이(*pseudochristoi*)]과 "거짓 선지자들"[프슈도프로페타이(*pseudoprophētai*)]을 포함한다.[620] 그들은 이 시대의 즉각적인 종말을 예상하는 만큼 24-25절에 묘사된 종말에 관한 예수님의 가르침과 상충되는 주장을 한다.[621] 그들은 또한 많은 사람을 "미혹"(5절과 대조해보라)하는데, 악마적인 "이적과 기사"를 행함으로써 그렇게 한다. 이는 궁극적인 "거짓 그리스도들" 즉, 적그리스도와 그의 반(反)그리스도적인 선조들의 행위와 비슷하다.[622] 이 거짓 교사들은 우상 숭배, 교만 그리고 성적 부도덕을 용인하고 지지한다.[623]

정경에 속하는 계시된 하나님의 말씀(즉, 성경)의 권위와 달리, "이적과 기사"는 하나님의 뜻을 가리키는 명백한 지표가 아니다. 고린도후서 12:12과 데살로니가후서 2:9을 비교해보면 이 사실을 알 수 있다. 그러므로 누군가가 성경이 중요시하지 않는 특정한 계시나 꿈을 주장하는 경우에는 우리가 분별력을 사용할 필요가 있다. 그리스도를 따르는 사람은 성경이 초점을 두는 것에 초점을 맞춰야 한다. 거짓 선지자들은 결국에는 실패할지라도, 끊

619 참고. 롬 8:33; 골 3:12; 살후 2:1-12.

620 참고. 신 18:15, 18.

621 참고. 4:30-32 주석. 참고. 요일 4:1-5.

622 참고. 신 13:1-3; 살후 2:3, 7-12; 벧후 2:1; 요일 2:18; 계 13:13-14; 16:14.

623 참고. 렘 6:13; 슥 13:2; 눅 6:26; 살후 2:7-8; 벧후 2:2; 계 13:12; 16:13.

임없이 선택받은 자들을 속여서 오도하려[아포플라나오(*apoplanaō*)] 할 것이다.

13:23 '경계하라'(개역개정은 "삼가라")는 표현에 관해서는 13:9 주석을 참고하라. 예수님이 목회적으로 "미리" 말씀하는 것은 제자들이 악마적인 초자연적 현상, 거짓 가르침, 우상 숭배 그리고/또는 영적 가면을 쓴 부도덕함(참고. 요 13:19)에 속지 않게 하시기 위해서다(참고. 요 13:19). 오히려 그들은 시련을 겪을 때에도 변함없이 오직 하나님만 신뢰해야 한다(13:13 주석과 약 1:12을 비교하라). 바울은 훗날 앞을 내다보면서 에베소 장로들에게 이와 비슷한 경고를 할 것이다(행 20:28-32).

13장

13:24-25 "그 환난 후"라는 명시적인 시간 표시는 예수님이 이 지점까지 말씀하신 내용과 이제 따라오는 내용을 분명히 구별한다. 이 시점에서 예수님은 보좌에 앉은(14:62) 인자가 오는 사건의 전조 역할을 할 우주적 사건들을 언급하신다(8:38).[624] 해와 달과 별들 등 하나님께서 창조하신 빛의 근원들(창 1:14-18)이 어두워진다.[625] 이런 우주적 사건들이 하나님의 최후 심판의 도래를 알릴 것이고(막 8:38; 14:62, 참고. 습 1:15), 새 하늘과 새 땅(계 21:5)을 재촉할 것이다. 이 사건이 현 창조 세계의 완전한 파괴를 초래하는 것은 아니다.[626] 하지만 하나님의 목적에 반대하는 모든 것(벧후 3:10-13)이 그 시점에 더 이상 존재하지 않을 것이다.

13:26-27 이후 "인자가 구름을 타고…오는 것"(26절)은 다니엘 7:13을 암시한다.[627] 구속의 역사를 보면, 첫째는 그리스도가 이 땅에 오시는 것, 즉

624 참고. 눅 17:31; 계 1:7.

625 구약에 나오는 비유적 언급들을 보려면 사 13:10; 욜 2:31; 3:15-16을 참고하라. 신약에 나오는 문자적 언급들을 보려면 히 12:26; 계 6:12-14을 참고하라. 사 34:4도 문자적인 언급일 가능성이 있다.

626 예. 고전 15:8; 엡 1:10; 골 1:16-17; 벧후 3:14.

627 예수님이 마가복음 14:62에서 이 사건에 대해 명시적으로 주장하시는 것을 주목하라. 참고. 계 1:7.

그분의 성육신이다.[628] 다음으로, 다니엘 7:13-14과 마가복음 8:38에 함축된 주장[629]에 따르면, 예수님이 부활한 인자(8:31)로서 높이 들림을 받아 하나님께 가시는 것으로 묘사되어 있다(참고. 시 110:1; 행 2:34-36; 7:56). 거기서 그분은 영원한 "권세"와 "영광"과 나라를 받고, "모든 백성과 나라들과 다른 언어를 말하는 모든 자들이 그를 섬기게" 된다(단 7:14, 참고. 막 8:31; 14:25). 셋째, 높이 들린 통치하시는 분, 즉 승천하신 주님(히. 아도나이, 12:35-37)으로서, 예수님은 재림(파루시아) 때에 이 세계로 되돌아오실 것이라고 거듭해서 예언하신다(8:38; 9:7; 14:62).[630]

그 시점에 이르면 그분이 "큰 권능과 영광으로" 올 것이라고 하면서 다니엘 7:14에서 주요 모티브들을 끌어오신다. 이는 그분이 두 번째로 땅에 오시는 장면이다. 이 맥락에서 8:38과 9:1 주석을 주목하라. 예수님은 "천사들"(참고. 막 8:38)[631]을 보내 "자기가 택하신 자들을 땅 끝으로부터…모[으실]"(참고. 13:20, 22, 참고. 사 43:5) 것이다.[632] 사방에서 택하신 자들을 모은다는 것은 그리스도를 증언하는 범세계적 사명이 완수되었을 것임을 시사한다. 이 종말의 사건을 마가복음 13:10과 비교해보라. 후자는 복음이 만국[판타 타 에트네(*panta ta ethnē*)]에, 즉 유대인과 이방인에게 똑같이 전파되어야 한다고 말한다(참고. [16:15]).

13:28-29 11:12-14, 20-21에 나오는 시들어버린 무화과나무와 대조적으로, 이 무화과나무의 은유는 특히 13:5-23에 묘사된 시간적 순서에 관한 적절한 관심을 잘 보여준다. 29절에 나오는 "이런 일"(참고. 23절의 "모든 일")에 대한 예수님의 언급은 제자들이 앞의 4절에서 표명한 좁은 관점보

628 참고. 사 40:10(문자적으로, '주 여호와께서 권능으로 오시다'); 벧후 1:16; 요이 1:7.

629 이것을 마 10:23이 직접 언급하는 듯 보인다.

630 참고. 살후 2:8; 히 9:28; 벧후 3:4; 계 22:20.

631 참고. 신 30:4; 슥 2:10.

632 참고. 사 11:12; 40:11; 43:5; 56:8; 합 2:5.

다 더 일반적이다. 이 단락 전체의 넓은 범위를 주목하라(5-27절).[633]

13:30-32 이 시점에 이르러야 예수님이 '시간적' 순서에 관한 첫 질문(참고. 13:4 주석)을 다루신다. 앞에 나온 5-29절 단락에서는 그분의 일차적 초점이 보다 중요한 '사건들'의 순서에 있었다. "이 세대"라는 어구는 타락한 인류를 가리키는 보다 일반적인 용어인 듯하다(참고. 8:12 주석; 8:38 주석; 9:19 주석).[634]

제2성전 유대교 기간에 품었던 유대인의 기대와는 반대로, 죄 많은 인류, 즉 연속적인 세대들은 인자가 재림할 때까지 살아가도록 허락될 것이다. 이 기간 동안 하나님의 백성은 많은 환난을 겪는 중에도 성숙하고 성장한다(참고. 마 13:29-30). 만일 마가복음 13:30에 나오는 세대를 예수님 당시에 살아 있는 현 세대로 해석한다면, 그럼에도 불구하고 "이 세대"는 환난이 시작되는 동안 살아 있으나 그런 환난이 거기서 반드시 끝나지는 않을 것이라는 뜻이다. '이 모든 일이 다 일어날 때까지'[메크리스 후 타우타 판타 게네타이(*mechris hou tauta panta genētai*), ESV 참고]라는 예수님의 말씀은 문자적으로 '이 모든 일이 될 때까지' 또는 '…의 과정을 다 밟을 때까지'라는 뜻이다. 따라서 이 진술은 짧은 기간이 아니라 한 과정의 '초반부'를 거론할 가능성이 크다(참고. 9:1 주석).

13:31-32 놀랍게도, 예수님은 그분의 "말"이 현재의 창조 세계, 즉 '하늘과 땅' 너머까지 존속될 것이라고 선언하신다. 예수님은 모세의 권위 있는 다섯 책, 즉 토라(Torah)에 대해서도 비슷한 말씀을 하신 적이 있다. "내가 진실로 너희에게 이르노니 천지가 없어지기 전에는 율법의 일점일획도 결코 없어지지 아니하고 다 이루리라"(마 5:18). 예수님이 그분의 가르침과 계

13장

633 빌 4:5과 약 5:9에 나오는, 주님이 가까우시다는 진술을 주목하라. 참고. 계 3:20.

634 이를 지지하는 구절들은 다음과 같다. 마 1:17; 17:17; 눅 11:29-32, 50-51; 행 2:40; 13:36; 15:21; 엡 3:5. 아울러 시 94:7-8, 10에 언급된 구체적인 세대들의 순서도 주목하라.

시되고 기록된 하나님 말씀이 동등하다고 주장하시는 셈이다.[635] 예수님의 말씀이 지닌 신적 권위는 오직 하늘의 아버지만 그분 재림의 정확한 때를 결정하신다는 사실(막 13:32-33)에도 불구하고 여전히 유효하다(참고. 8:38). 예수님이 성경과 똑같이 권위 있는 연설가라는 사실은 13:31에서 든든하게 확립된다. 그분은 영원한 "아들"(32절)이다. 이는 영원한 친밀함, 명예 그리고 순종(참고. 요 17:5)을 묘사하는 유비적 호칭이다. 그러므로 예수님이 종말의 정확한 때를 모르신다는 사실(32절, 하지만 행 1:7을 참고하라) 때문에 그분의 신적 권위가 의심받는 것은 아니다. 예수님은 방금 그분의 말로 자신이 지닌 최고의 신적 권위를 주장하셨기 때문이다(31절).

다른 한편, 예수님은 정말로 그 자신을 인간 실존에 제한시키신다. 빌립보서 2:7에 나오는 케노시스(*kenosis*)는 예수님이 스스로 신적 속성을 '벗어버린다'는 뜻보다는 스스로를 인간 실존에 '제한시킨다'는 뜻으로 해석하는 것이 최선인데,[636] 그분은 실제로 종종 그 자신을 인간 실존에 제한하곤 하신다(참고. 히 5:7). 하지만 때로는 예수님이 이 땅에 사는 동안에도 자신의 신성을 분명히 나타내신다(예. 막 2:5-11; 9:2-8). 그래서 예수님은 13:28-32에서 대재난들이 제자들을 낙담시키면 안 된다고 강조하시는 것이다. 그들은 그분이 궁극적 구속자이자 권위 있는 심판자로 되돌아오신다는 희망을 꼭 붙잡아야 한다(8:38).

13:33 예수님이 장래에 대한 이런 예측을 주는 것은, 제자들이 기도하면서 '경계하고' 깨어 있어서 시련을 극복하고 유혹을 피하게 하시기 위해서다(참고. 14:38, 참고. 13:9-13 주석). 13장 전체는 예수님이 제자들에게 주시는 경고의 폭넓은 의미를 크게 부각시킨다. 그분은 다음과 같은 헬라어 단어

635 참고. 사 40:8; 51:6; 렘 31:35-37.

636 참고. Ralph P. Martin and Gerald F. Hawthorne, *Philippians*, WBC 43, rev. ed. (Grand Rapids, MI: Zondervan, 2018), 86. WBC 성경주석 43《빌립보서》(솔로몬).

들을 사용하신다. (1) 블레포(*blepō*, '내가 경계하다', 5, 9, 23, 33절),[637] (2) 그레고레오(*grēgoreō*, '내가 지켜보다', '내가 방심하지 않다', 34, 35, 37절),[638] (3) 아그뤼프네오(*agrypneō*, '내가 깨어 있다' 또는 '내가 지키다', 33절)[639]다. 이처럼 반복적으로 비슷한 단어들을 여럿 사용하는 것은 제자들이 장래의 사건들에 대해 막연히 추측하지 않도록 하시기 위해서다. 예수님이 장래에 관해 말씀하시는 것은 제자들에게 장래에 일어날 일을 정확히 알려주시기 위해서가 아니다. 오히려 이런 파노라마를 제공하는 이유는 제자들이 기도하는 마음으로 하나님에 대한 신뢰와 신실함을 최우선으로 여기는 분별력을 발휘하게 하시기 위해서다. 이 가르침은 따라서 지금 경건한 삶을 사는 것을 목표로 삼는다(참고. 13:34-37 주석).

13:34-37 이 짧은 비유는 악한 농부의 비유(12:1-12)와 어느 정도 비슷하다. 앞의 구절들과 밀접한 관계가 있는 이 비유는 제자들에게 그들의 책임을 수행하는 중에 언제나 준비되어 있으라고 요구한다(참고. 엡 6:18). '집 주인'이 긴 여행에서 예기치 않게("홀연히") 돌아오는 것(막 13:35-36)은 인자의 갑작스러운 도래에 상응한다. 그들이 "자는 것"(36절, 참고. 마 24:50; 25:5; 눅 17:24-32)을 그가 보게 해서는 안 된다. 모든 그리스도인은 정확한 시간적 순서를 추측하는 데 에너지를 쏟는 대신 이런 참혹한 환난의 와중에도 늘 깨어 있고 소망과 믿음을 잃지 말아야 한다.[640] 인자가 다시 올 때는 "그 자신의 소유로 되돌아오는 것"(참고. 막 12:6, 35-37; 14:62)이라는 사실을 강조하는 것이 중요하다. 이 사실은 그의 "집"(34절)과 "집 주인"(35절)에 대한 언급으로 알 수 있다.[641]

637 참고. 막 4:24; 8:15; 12:38.

638 참고. 막 14:34, 37-38. 행 20:31; 고전 16:13; 계 3:2을 보라.

639 눅 21:36을 보라. 참고. 살전 5:1-2.

640 참고. 13:33-37 주석.

641 참고. 8:38 주석; 14:60-62 주석. 참고. 눅 21:36.

응답

예수님은 전반적인 제자도 교육을 장래에 대한 포괄적인 안목으로 마무리하신다. 그분은 제자들에게 주파수를 하나님의 뜻과 목적에 맞춘 채 기도하는 마음으로 늘 깨어 있으라고 권고하신다. 또한 즉각적이고 지역적인 차원과 미래적이고 우주적인 차원의 재난과 시련을 모두 말씀하신다(13:1-37). 그 사건들 가운데 일부는 아직까지 일어나지 않았다. 이는 우주적 대재앙 및 새 하늘과 새 땅의 변혁적 발현을 포함한다. 하나님께서 허락하신 이런 시련 중에도, 예수님을 따르는 사람들은 기도하고 깨어서 성령의 인도를 받는 증인이 되어야 한다. 하나님께 선택받은 그들은 특권 의식으로 교만해지면 안 되고, 온갖 유혹과 시련을 참고 견디면서 하나님의 임재 안에서 안심해야 있다. 주변에서 위협적이고 초자연적이며 악마적인 현상이 일어나더라도 오직 예수님의 말씀만 신뢰해야 한다(11, 13, 20, 22, 36-37절). 그러면서 그리스도의 영광스러운 재림을 기다리는 것이다(참고. 8:38). 그때가 되면 우상 숭배, 불의, 반역 그리고 부도덕함으로 하나님께 반대하는 모든 것이 심판을 받게 될 것이다(13:13, 26-27, 35).

그리스도인은 정확한 시간적 순서와 재림의 시기에 대해 추측하기보다는 지금 고난을 받으며 성숙하고 신뢰하며 인내하도록 부름 받았다. 그들은 인상적인 기적, 파괴적인 사건 그리고 가족 내에서의 극심한 긴장의 와중에서도 늘 기도하며 깨어 있어야 한다(12절). 창조주로부터 끈질기게 등을 돌리는 세상에서 온갖 문제와 갈등이 늘어나는 중에도 그것을 극복하는 힘은 오직 삼위일체 하나님에 대한 믿음에서만 나올 것이다(12, 20, 33-37절). 제자들은 예수님이 사전에 설파하신, 잘 보존된 권위 있는 말씀에서 위안을 얻을 수 있다. 이런 말씀은 창조 세계 자체보다 더 믿을 만하다(31절). 이 말씀들은 그 권위가 토라와 동등하고 토라가 성취된 것을 묘사한다.

예수님은 오늘날의 그리스도인 역시 그분이 보기에 중요한 것에 초점을 맞추도록 인도하신다. 그들에게 장래의 구체적인 사건들에 대해 헛된 추측을 하느라 에너지를 소진하지 말라고 경고하신다. 오히려 그들은 하나님의 선교에 대해 살아 있고, 고난 받을 준비를 갖추며, 온갖 형태의 악을 이기기 위해 하나님의 능력을 신뢰해야 한다. 재난 중에 하나님을 신뢰하는 것은 날마다 실천해야 할 일이다. 늘 기도하고 신뢰하며 성숙한 마음을 품으면 미래의 사건들에 대한 이해가 부정확한 것으로 입증되더라도 유연할 수 있다(32-37절에 나오는 경고를 보라). 그래서 우리가 환난(과 천년왕국)의 정확한 성격에 대해 서로 다른 견해를 취하더라도, 결국 슬픔과 절망으로 끝나지 않고 오히려 시험을 잘 견디고 정결케 될 수 있는 것이다.[642]

따라서 현 시대에 그리스도를 따르는 이들은 세 가지 실재, 즉 과거와 현재와 미래에 의해 빚어진다. (1) 예수님의 오심, 삶, 죽음 그리고 부활이라는 '과거'의 사건, (2) '현재' 그들을 지탱하는 성령의 능력(11절), (3) '미래'에 그분의 영원한 나라를 완전히 세우려고 오실 그리스도의 재림이다. 이 세 가지 실재는 당대의 제자들을 깨끗케 하고 예수님의 말씀에 집중시킬 것이다.

642 참고. 계 2:11; 3:5, 12, 21; 21:7.

Mark
마가복음
14:1-42

1 이틀이 지나면 유월절과 무교절이라 대제사장들과 서기관들이 예
수를 흉계로 잡아 죽일 방도를 구하며 2 이르되 민란이 날까 하노니
명절에는 하지 말자 하더라

1 It was now two days before the Passover and the Feast of Unleavened
Bread. And the chief priests and the scribes were seeking how to arrest
him by stealth and kill him, 2 for they said, "Not during the feast, lest
there be an uproar from the people."

3 예수께서 베다니 나병환자 시몬의 집에서 [1)]식사하실 때에 한 여자
가 매우 값진 향유 곧 순전한 나드 한 옥합을 가지고 와서 그 옥합을
깨뜨려 예수의 머리에 부으니 4 어떤 사람들이 화를 내어 서로 말하되
어찌하여 이 향유를 허비하는가 5 이 향유를 삼백 [2)]데나리온 이상에
팔아 가난한 자들에게 줄 수 있었겠도다 하며 그 여자를 책망하는지
라 6 예수께서 이르시되 가만 두라 너희가 어찌하여 그를 괴롭게 하느
냐 그가 내게 좋은 일을 하였느니라 7 가난한 자들은 항상 너희와 함
께 있으니 아무 때라도 원하는 대로 도울 수 있거니와 나는 너희와 항

상 함께 있지 아니하리라 8 그는 힘을 다하여 내 몸에 향유를 부어 내
장례를 미리 준비하였느니라 9 내가 진실로 너희에게 이르노니 온 천
하에 어디서든지 복음이 전파되는 곳에는 이 여자가 행한 일도 말하
여 그를 기억하리라 하시니라

3 And while he was at Bethany in the house of Simon the leper,[1] as
he was reclining at table, a woman came with an alabaster flask of
ointment of pure nard, very costly, and she broke the flask and poured
it over his head. 4 There were some who said to themselves indignantly,
"Why was the ointment wasted like that? 5 For this ointment could have
been sold for more than three hundred denarii[2] and given to the poor."
And they scolded her. 6 But Jesus said, "Leave her alone. Why do you
trouble her? She has done a beautiful thing to me. 7 For you always
have the poor with you, and whenever you want, you can do good for
them. But you will not always have me. 8 She has done what she could;
she has anointed my body beforehand for burial. 9 And truly, I say to
you, wherever the gospel is proclaimed in the whole world, what she
has done will be told in memory of her."

10 열둘 중의 하나인 가룟 유다가 예수를 넘겨주려고 대제사장들에게
가매 11 그들이 듣고 기뻐하여 돈을 주기로 약속하니 유다가 예수를
어떻게 넘겨줄까 하고 그 기회를 찾더라

10 Then Judas Iscariot, who was one of the twelve, went to the chief
priests in order to betray him to them. 11 And when they heard it,
they were glad and promised to give him money. And he sought an
opportunity to betray him.

12 무교절의 첫날 곧 유월절 양 잡는 날에 제자들이 예수께 여짜오되

14장

우리가 어디로 가서 선생님께서 유월절 음식을 잡수시게 준비하기를
원하시나이까 하매 13 예수께서 제자 중의 둘을 보내시며 이르시되 성
내로 들어가라 그리하면 물 한 동이를 가지고 가는 사람을 만나리니
그를 따라가서 14 어디든지 그가 들어가는 그 집 주인에게 이르되 선
생님의 말씀이 내가 내 제자들과 함께 유월절 음식을 먹을 나의 객실
이 어디 있느냐 하시더라 하라 15 그리하면 자리를 펴고 준비한 큰 다
락방을 보이리니 거기서 우리를 위하여 준비하라 하시니 16 제자들이
나가 성내로 들어가서 예수께서 하시던 말씀대로 만나 유월절 음식을
준비하니라

12 And on the first day of Unleavened Bread, when they sacrificed the
Passover lamb, his disciples said to him, "Where will you have us go
and prepare for you to eat the Passover?" 13 And he sent two of his
disciples and said to them, "Go into the city, and a man carrying a jar
of water will meet you. Follow him, 14 and wherever he enters, say to
the master of the house, 'The Teacher says, Where is my guest room,
where I may eat the Passover with my disciples?' 15 And he will show
you a large upper room furnished and ready; there prepare for us."
16 And the disciples set out and went to the city and found it just as he
had told them, and they prepared the Passover.

17 저물매 그 열둘을 데리시고 가서 18 다 [3)]앉아 먹을 때에 예수께서
이르시되 내가 진실로 너희에게 이르노니 너희 중의 한 사람 곧 나와
함께 먹는 자가 나를 팔리라 하신대 19 그들이 근심하며 하나씩 하나
씩 나는 아니지요 하고 말하기 시작하니 20 그들에게 이르시되 열둘
중의 하나 곧 나와 함께 그릇에 손을 넣는 자니라 21 인자는 자기에 대
하여 기록된 대로 가거니와 인자를 파는 그 사람에게는 화가 있으리
로다 그 사람은 차라리 나지 아니하였더라면 자기에게 좋을 뻔하였느

니라 하시니라
17 And when it was evening, he came with the twelve. 18 And as they
were reclining at table and eating, Jesus said, "Truly, I say to you, one
of you will betray me, one who is eating with me." 19 They began to
be sorrowful and to say to him one after another, "Is it I?" 20 He said to
them, "It is one of the twelve, one who is dipping bread into the dish
with me. 21 For the Son of Man goes as it is written of him, but woe
to that man by whom the Son of Man is betrayed! It would have been
better for that man if he had not been born."

22 그들이 먹을 때에 예수께서 떡을 가지사 축복하시고 떼어 제자들
에게 주시며 이르시되 받으라 이것은 내 몸이니라 하시고 23 또 잔을
가지사 감사 기도 하시고 그들에게 주시니 다 이를 마시매 24 이르시
되 이것은 많은 사람을 위하여 흘리는 나의 피 곧 언약의 피니라 25 진
실로 너희에게 이르노니 내가 포도나무에서 난 것을 하나님 나라에서
새 것으로 마시는 날까지 다시 마시지 아니하리라 하시니라
22 And as they were eating, he took bread, and after blessing it broke it
and gave it to them, and said, "Take; this is my body." 23 And he took
a cup, and when he had given thanks he gave it to them, and they all
drank of it. 24 And he said to them, "This is my blood of the[3] covenant,
which is poured out for many. 25 Truly, I say to you, I will not drink
again of the fruit of the vine until that day when I drink it new in the
kingdom of God."

26 이에 그들이 찬미하고 감람산으로 가니라 27 예수께서 제자들에게
이르시되 너희가 다 [4)]나를 버리리라 이는 기록된바 내가 목자를 치리
니 양들이 흩어지리라 하였음이니라 28 그러나 내가 살아난 후에 너희

보다 먼저 갈릴리로 가리라 29 베드로가 여짜오되 다 5)버릴지라도 나
는 그리하지 않겠나이다 30 예수께서 이르시되 내가 진실로 네게 이
르노니 오늘 이 밤 닭이 두 번 울기 전에 네가 세 번 나를 부인하리라
31 베드로가 힘있게 말하되 내가 주와 함께 죽을지언정 주를 부인하
지 않겠나이다 하고 모든 제자도 이와 같이 말하니라
26 And when they had sung a hymn, they went out to the Mount of
Olives. 27 And Jesus said to them, "You will all fall away, for it is
written, 'I will strike the shepherd, and the sheep will be scattered.'
28 But after I am raised up, I will go before you to Galilee." 29 Peter said
to him, "Even though they all fall away, I will not." 30 And Jesus said to
him, "Truly, I tell you, this very night, before the rooster crows twice,
you will deny me three times." 31 But he said emphatically, "If I must
die with you, I will not deny you." And they all said the same.

32 그들이 겟세마네라 하는 곳에 이르매 예수께서 제자들에게 이르시
되 내가 기도할 동안에 너희는 여기 앉아 있으라 하시고 33 베드로와
야고보와 요한을 데리고 가실새 심히 놀라시며 슬퍼하사 34 말씀하시
되 내 마음이 심히 고민하여 죽게 되었으니 너희는 여기 머물러 깨어
있으라 하시 35 조금 나아가사 땅에 엎드리어 될 수 있는 대로 이 때
가 자기에게서 지나가기를 구하여 36 이르시되 아빠 아버지여 아버지
께는 모든 것이 가능하오니 이 잔을 내게서 옮기시옵소서 그러나 나
의 원대로 마시옵고 아버지의 원대로 하옵소서 하시고 37 돌아오사 제
자들이 자는 것을 보시고 베드로에게 말씀하시되 시몬아 자느냐 네가
한 시간도 깨어 있을 수 없더냐 38 시험에 들지 않게 깨어 있어 기도하
라 마음에는 원이로되 육신이 약하도다 하시고 39 다시 나아가 동일
한 말씀으로 기도하시고 40 다시 오사 보신즉 그들이 자니 이는 그들
의 눈이 심히 피곤함이라 그들이 예수께 무엇으로 대답할 줄을 알지

못하더라 41 세 번째 오사 그들에게 이르시되 이제는 자고 쉬라 그만
되었다 때가 왔도다 보라 인자가 죄인의 손에 팔리느니라 42 일어나라
함께 가자 보라 나를 파는 자가 가까이 왔느니라

32 And they went to a place called Gethsemane. And he said to his
disciples, "Sit here while I pray." 33 And he took with him Peter and
James and John, and began to be greatly distressed and troubled. 34 And
he said to them, "My soul is very sorrowful, even to death. Remain
here and watch."[4] 35 And going a little farther, he fell on the ground
and prayed that, if it were possible, the hour might pass from him.
36 And he said, "Abba, Father, all things are possible for you. Remove
this cup from me. Yet not what I will, but what you will." 37 And he
came and found them sleeping, and he said to Peter, "Simon, are you
asleep? Could you not watch one hour? 38 Watch and pray that you
may not enter into temptation. The spirit indeed is willing, but the flesh
is weak." 39 And again he went away and prayed, saying the same
words. 40 And again he came and found them sleeping, for their eyes
were very heavy, and they did not know what to answer him. 41 And he
came the third time and said to them, "Are you still sleeping and taking
your rest? It is enough; the hour has come. The Son of Man is betrayed
into the hands of sinners. 42 Rise, let us be going; see, my betrayer is at
hand."

14장

1) 헬, 기대어 누워(유대인이 음식 먹을 때에 가지는 자세) 2) 은전의 명칭 3) 헬, 기대어 누워(유대인이 음식 먹을 때에 가지는 자세) 4) 또는 나로 말미암아 실족하리라 5) 헬, 실족할지라도

1 Leprosy was a term for several skin diseases; see Leviticus 13 *2* A *denarius* was a day's wage for a laborer *3* Some manuscripts insert *new 4* Or *keep awake*; also verses 37, 38

단락 개관

마가복음 14:1-42의 '맥락'은 다음과 같다. 14:1-16:8의 큰 단락은 예루살렘에서 일어나는 예수님의 수난과 부활에 초점을 맞춘다. 빠르게 이어지는 마가의 수난 이야기는 니산월 15일에 시작되는 최후의 유월절 행사에서 배신, 겟세마네 그리고 예수님의 체포를 거쳐 산헤드린과 빌라도 앞에서의 재판까지 진행된다. 이 이야기는 니산월 15일이 끝나기 전에 일어나는 예수님의 십자가 죽음에서 절정에 이른다. 그리고 빈 무덤의 발견이라는 당혹스러운 장면과 예수님의 부활에 대한 선언으로 마무리된다.

이 단락의 '구조'는 이렇다. 마가복음 14:1-2은 다음 단락으로 이어지는 전환부와 서론 역할을 한다. 신속하게 움직이는 장면들을 통해 독자는 예수님의 기름 부음(3-9절), 유다의 배신(10-11절), 유월절 준비(12-21절) 그리고 제자들과 함께하는 최후의 만찬(22-26절)에 대해 듣게 된다. 이 단락은 겟세마네의 기도와 예수님을 부인할 것에 대한 예언으로 끝난다(27-42절).

1-42절의 '내용'은 다음과 같다. 예루살렘에서 겪는 예수님의 고난을 마가가 매우 빠르게 움직이는 장면들로 묘사한다. 이 시점에 이르기까지 마태와 마가와 누가 사이에 많은 차이점이 있지만, 이제 세 편의 이야기는 여기서부터 상당히 병행한다. 앞에서 언급했듯이, 예수님은 그동안 많은 방식으로 광범위한 능력을 나타내셨다. 이제는 그분의 행위와 주장에 대한 궁극적 시험, 특히 죄를 용서할 수 있다는 주장과 관련된 시험을 견디셔야 한다.[643] 배신에 관한 내러티브(1-42절)가 독자로 하여금 이 궁극적 시험을 예상케 한다. 최후의 만찬이라는 유월절 축하연(12-26절) 이전의 단락은 마지막으로 적대자들이 오랫동안 그분을 죽이려는 음모를 꾸며왔다는 사실을 언급한다(1-2절). 예수님이 여인으로부터 기름 부음(3-9절)을 받으신 후 열두 제자 중 하나가 그분을 대적들의 손에 넘겨준다(10-11절). 가까

643 참고. 사 53:1-12; 막 2:1-10, 19-20; 10:45; 14:22-24.

운 친구에게 배신을 당하시는 것이다.

이어지는 유월절 축하연(12-26절)은 다시금 예수님의 대속적 죽음(22-24절)을 가리킨다. 25-26절이 유월절 식사에 관한 내러티브를 마감한다. 예수님은 자신의 죽음을 내다보면서 베드로의 부인을 예언하고(27-31절, 참고. 66-72절) 겟세마네 동산에서 뜨겁게 기도하신다(32-42절). 또한 죽기 전에 마지막으로 제자들과 교제를 나누신다(42절). 다양한 구약의 주제들이 예수님의 배신당함과 죽음으로 수렴된다. (1) 의인의 고난과 믿고 있던 친구에게 배신당하는 구약의 모티브(시 34:19, 21; 37:12), (2) 하나님의 메신저가 배척당하는 것(참고. 막 6:1-6 주석; 12:1-12 주석), (3) 하나님의 뜻에 따라 그분의 메시아가 죄 많은 인류를 위해 고난 받고 그 자신을 대속적 희생 제물로 드려야 한다는 것(8:31; 9:31; 10:32-34, 45, 참고. 사 53:1-12)이다.

단락 개요

III. 2부: 고난과 죽음의 필연성을 통해 예수님의 권위를 시험하다 (8:27-16:8[9-20])
- C. 예루살렘에서의 수난과 부활(14:1-16:8[9-20])
  - 1. 기름 부음, 배신, 최후의 만찬, 부인(14:1-42)
    - a. 서론(14:1-2, 전환부)
    - b. 기름 부음을 받으시다(14:3-9)
    - c. 배신을 당하시다(14:10-11)
    - d. 유월절을 준비하시다(14:12-21)
    - e. 최후의 만찬(14:22-26)
    - f. 겟세마네 기도와 부인에 대한 예언(14:27-42)
      - (1) 제자들이 흩어질 것을 예언하시다(14:27-28)

(2) 베드로가 예수님에 대한 충성을 다짐하다
(14:29-31)
(3) 예수님의 겟세마네 기도(14:32-42)

주석

14:1-11 개요

이미 구약은 기름 부음을 받은 자(메시아)가 "끊어[져야]" 한다는 사실에 대해 말한다(사 53:8; 단 9:26, 참고. 막 2:6; 3:6). 적대자들의 계획도 마찬가지다. 하지만 그들이 모르는 사이에 그들의 악한 계획은, 하나님께 대한 인간의 죄와 적대감을 속하려고 아들을 보내신 아버지 하나님의 목적 안에 있었다. 결국 하나님은 여러 악한 세력들과 상관없이 그분의 주권적인 뜻과 목적을 수행하신다.

14:1-2 7일에 걸친 "유월절" 축제(참고. 12절; 신 16:1-8)가 다가옴에 따라 예수님을 죽이려는 대적들의 음모가 더욱 다급해진다(막 11:18; 12:12, 참고. 행 12:4). "이틀이 지나면 유월절과 무교절이라"는 언급은 니산월 12일임을 시사한다.

대적들은 여전히 예수님을 죽이려는 계획을 수행 중이다. 지속을 나타내는 헬라어 단어 에제툰(*ezētoun*)은 그분을 죽일 적당한 때를 "그들이 계속해서 찾았다"는 뜻이다.[644] 예수님을 '몰래'[돌로스(*dolos*), '교활한', '속임'] 붙잡아서 죽이는 것은 그분의 인기 때문에 불가피하다. '소동'이나 난동이 일어나

644 참고. 3:6 주석; 8:31 주석.

서는 안 된다(참고. 막 11:18; 12:12).[645] 니산월 15일의 후반부인 동틀 때가 되자마자 유대 당국자들은 예수님을 빌라도에게 넘기는 일을 완수할 것이다. 그때에는 소동이 일어나도 책임은 예수님에게 있다(참고. 14:12-26 주석).

14:3-5 향기로운 "순전한 나드" 기름은 아마 인도나 아라비아에서 왔을 것이다. 그런 "값진" 기름은 일용직 노동자의 약 300일치 임금에 상당하는 가치가 있다. 예수님의 제자 여러 명이 기름이 "허비[되는]" 광경을 보고 분개한다. 이 때문에 그들이 "화를 내[며]" 그 여자를 "책망[한]" 것이다.[646] 분개하는 제자들 가운데는 가룟 유다가 있다.[647] 유대 전통에 따르면, 가난한 자들은 유월절 시기에 특별한 혜택을 입는다. 이 사건(예수님의 머리에 기름을 붓는 것)은 누가복음 7:35-50에 나오는 비슷한 사건(그분의 발에 기름을 붓는 것)과 구별되어야 한다. 누가복음 7:37과는 달리, 마가복음에는 그 여자가 죄인이라는 언급이 없다. 오히려 예수님은 그녀의 행위를 칭찬하신다(14:6).[648]

14:6 놀랍게도 예수님이 그녀의 행위를 "아름다운"(개역개정은 "좋은", 즉 '도덕적으로 선한', '칭찬할 만한' 또는 '고상한')[649] 일이라고 하신다. 그녀가 그분의 "몸에 향유를 부어…장례를 미리 준비[했기]"(8절) 때문이다.[650] 시편 41:1-13은 의인의 적들과 친구들이 등을 돌릴지라도 의인은 끝까지 하나님을 신

14장

645 참고. 출 21:14; 눅 22:6.

646 참고. BDAG, s.v. ἐμβριμάομαι 2.

647 참고. 14:7-8 주석. 참고. 요 12:5.

648 마가복음 14:3-9의 사건과 비슷한 사건이 요한복음 12:1-8에 나오는데, 후자 역시 베다니와 관계가 있다. 하지만 그 이야기는 여러 세부 사항이 마가복음 14:3-9과 다르다. 요한복음 12:1-8에 서술된 사건은 소생한 나사로의 집에서 일어나고, 예수님의 발을 기름으로 닦는 여자는 마르다와 나사로의 자매인 마리아다(막 14:3과 대조해보라). 정경 사복음서에 나오는 네 편의 "기름 붓는 이야기들"에 대한 상세한 논의는 France, *Mark*, 550-551을 참고하라.

649 참고. BDAG, s.v. ἔργον 1cβ; BDAG, s.v. καλός 2.

650 이 행동을 막 16:1; 마 26:12; 요 12:7과 비교해보라. 요 19:39-42과 대조해보라.

뢰한다는 모티브를 반영한다.

14:7-8 예수님은 가난한 자들, 특히 경제적으로 의존하는 사람들이 던지는 복잡한 도전에 현실적으로 접근하신다. 그분은 제자들에게 가난이 완전히 없어질 것이라는 그릇된 희망을 주지 않은 채(신 15:11), 가난한 자들에게 '선행'을 베풀도록 격려하신다. 가난이 환경과 태도의 복잡한 그물망으로 이루어져 있기 때문이다("가난한 자들은 항상 너희와 함께 있으니", 참고. 요 12:8). 요한복음 12:5-6은 가룟 유다의 태도를 얼핏 들여다보게 해준다. 가난한 사람들에 대한 그의 외향적 관심과 옹호는 사실상 내적 탐욕을 가리는 기만적인 덮개일 뿐이다. 다시 한 번, 예수님이 그분의 (참혹한?)[651] 죽음을 암시하신다(참고. 막 2:20; 8:31).

14:9 그리스도를 따르는 사람들은 "온 세상에서"[홀론 톤 코스몬(*holon ton kosmon*), 참고. [16:15]][652] 통전적인 증인들[케뤼소(*kēryssō*), 참고. 13:9-11]이 되도록 부름을 받았다. 그들은 예수님의 말씀과 행위("복음")를 증언하고, 이 놀라운 사건을 자주 이야기해야 한다. 이와 같이 예수님은 제자들을 세상 속으로 보내기 전에 그분의 행동과 가르침과 주장(참고. 1:17)을 기억하는 증인들로 훈련시키려는 의도를 드러내신다. "온 세상 어디든지, 복음이 전파되는 곳마다, 이 여자가 한 일도 전해져서, 사람들이 이 여자를 기억하게[므네모쉬논(*mnēmosynon*), 참고. 11:20-21] 될 것이다"(새번역). 예수님은 복음 이야기와 더불어 이 이야기도 세계 전역에 전파되고 알려지기를 기대하신다(참고. 행 1:8; 계 14:6).

14:10-11 예수님은 이제 잘 알려진 인물이기 때문에, 유대 당국자들이

651 참고. Lane, *Gospel according to Mark*, 494.

652 참고. 7:27-30 주석과 더불어 "만국"(판타 타 에트네)에 관한 13:10 주석.

눈에 띄지 않는 체포 영장을 발부한다(참고. 요 11:57). "가룟 유다"[653]가 이 영장에 반응하는 것은, 예수님이 주전 2세기에 로마에 대항한 마카비 반란의 노선을 따르는 정치적 메시아의 반역을 중심으로 추종자들을 집결시키는 데 실패했다고 생각했기 때문일 가능성이 크다(참고. 막 14:20).[654] 이 시점에서 유다는 사탄의 영향[655]을 받은 나머지, 예수님이 로마의 압제와 불의에 타협하거나 그에 대한 하나님의 분개를 배신했다고 확신했을 법하다. 예루살렘으로의 영광스러운 입성이 잠깐 동안 유다의 마음속에, 드디어 예수님이 로마의 점령에 대항하는 봉기를 일으키려 한다는 희망을 드높였을 것이다(참고. 11:7-11 주석).

하지만 예수님이 이전과 이후에 베푸신 가르침과 행동을 살펴보면 모두 그런 정치적 반란과는 거리가 멀다.[656] 오히려 예수님은 속죄의 죽음을 계속 준비하신다(14:22-24, 참고. 8:31; 10:45). 그런 상황에서 유다는 민중 봉기를 피하기 위해 고소인들에게 예수님을 가리키기로 했다.[657] 배신(파라디도미, "내가 넘겨주다")의 개념이 두 번 언급된다.[658] 예수님이 믿으셨던 친구가 그분의 적이 된 것이다(14:18을 보라, 참고. 시 41:9). 예수님을 배신하는 유다와 그분에게 기름을 붓는 여자(막 14:3-9)의 대조적인 모습을 주목하라.

14:12-26 개요

제자들이 유월절을 기념하는 맥락에서, 죄와 사탄과 영원한 심판에서의 '구출'이라는 십자가 죽음을 생각하기 원하시는 예수님의 바람은 합당하

653 참고. 3:19 주석.

654 메시아에 대한 다양한 기대에 관해서는 서론의 '그리스도론'을 참고하라.

655 참고. 눅 22:3. 마 27:3과 대조해보라.

656 참고. 막 11:15; 12:1-12, 17, 37; 14:7.

657 참고. 시 41:9; 막 15:3, 10, 43.

658 참고. 1:14-15 주석; 3:19 주석; 9:30-31 주석; 10:32-34 주석; 13:9-13 주석; 14:18-21 주석; 14:41-45 주석; 15:1 주석.

다. 해마다 유월절 축제는 이스라엘 백성에게 이집트의 노예 상태에서 '구출된 것'을 상기시킨다. 과거의 구출 사건과 현재의 구출 사건 모두 악에 대한 하나님의 심판으로 이루어진다. 과거에는 이집트의 억압에 대한, 현재는 죄와 사탄에 대한 심판이다. 두 가지 구출 모두 대치(substitution)에 의해 일어난다. 과거에는 희생된 어린양의 피에 의해, 현재는 보편적으로 또 영원히 유효한 희생을 감당하시는 하나님의 영원한 아들에 의해 일어나는 것이다. 최초의 유월절에서는 하나님의 백성을 심판으로부터 보호하기 위해 동물의 피가 필요했다. 지금 임박한 구출에서는 그리스도의 피로 인해 심판이 넘어간다(참고. 레 17:11; 히 9:22). 최초의 유월절 동안 백성이 무교병을 먹었던 것처럼, 제자들은 이제 예수님의 찢긴 몸을 기념하는 떡을 먹게 된다. 유대인들이 세 번째 전통적인 유월절 잔을 마셨던 것처럼, 그들은 메시아의 도래를 간절히 기다렸다. 이제 예수님이 이 세 번째 잔을 놓고 다음과 같이 말씀하신다. "이것은 많은 사람을 위하여 흘리는 나의 피 곧 언약의 피니라"(막 14:24). 유월절 기념식이 끝날 때(25-26절) 유대인은 이른바 '이집트 할렐'(Egyptian Hallel, 시 113-118편)의 둘째 부분을 노래한다(시 115-118편).

따라서 예수님이 제자들로 하여금 이런 연결선 긋기를 원하신다는 것은 의심할 여지가 없다. 그들은 이집트에서의 유월절이, 최초의 속죄일과 더불어 현재의 유월절과 속죄일, 즉 영원한 심판을 피하게 하는 그리스도의 속죄뿐 아니라 죄와 사탄의 노예 상태에서 벗어나는 장대한 탈출(출애굽)을 기념하는 날을 내다보는 뜻깊은 사건임을 깨달아야 했다(참고. 눅 9:31). 이 마지막 출애굽은 궁극적인 가나안, 말하자면 "그의 사랑의 아들의 나라"(골 1:13)와 "살아 계신 하나님의 도성"(히 12:22)으로 들어가는 길을 열어준다.

예수님 당시에 유월절을 준비하면서 유월절 양(출 12:6, 15; 대하 35:1)을 잡는 것(신 16:2, 5)은 이른바 "무교절의 첫날"(니산월 14일, 막 14:12)에 행하는

659 참고. 출 12:15, 18-19; 신 16:3. 아울러 Josephus, *Antiquities* 2.317도 보라.

것이 관습이었다.[659] 저녁에 접어들면서 니산월 15일이 시작된다. 이제 공식적인 유월절 식사를 마쳤다(출 12:8; 대하 35:7). 예수님은 이 음식을 제자들과 함께 잡수신다(막 14:17-26, 참고. 요 13:2). 나중에 마가복음 15:42에 언급된 "준비일"은 정기적인(하지만 특별한) 안식일의 전날을 가리키는 관용어인데, 이 특별한 안식일이 7일에 걸친 유월절 주간에 포함되어 있기 때문이다.[660] 그해에 유월절의 첫날(출 12:16)이기도 했던 "준비일"(막 15:42)[661]은 니산월 15일, 금요일에 해당되었다. 따라서 이날은 유월절 양을 죽이는 준비일, 즉 무교절의 첫날인 니산월 14일(참고. 14:12 주석)과 구별될 필요가 있다. 유월절 양은 예루살렘의 성벽 안에서 먹어야 한다.

14:12 니산월 14일에는 유월절 양을 희생시킬 준비를 한다(출 12:6; 신 16:2, 52; 대하 35:1, 참고. 14:12-26 주석).

14:13-16[662] 예수님은 앞으로 일어날 일을 아신다. 사람들은 보통 물을 가죽 용기에 운반하기 때문에 "물동이를 메고 오는 사람"(새번역)을 찾는 것은 쉽지 않다. 그래서 이는 제자들이 쉽게 알아볼 수 있는 표징이었다.[663] 예수님이 임박한 위험에 직면해 계시기 때문에 큰 다락방에서 식사를 준비하는 일(14-15절)은 신중하게 추진해야 했다.[664] 예수님은 예루살렘에서 어떤 고뇌가 자신을 기다리고 있는지 알면서도(마 26:2, 18), 두 제자에게 그 식사를 "준비하[도록]"(막 14:15-16) 결연하게 일러주신다. 그것은 그분의 마지막 식사이자 궁극적 유월절 양으로 치를 임박한 희생을 예시하는 것이다(고전 5:7).

660 참고. 마 27:62; 눅 23:54. 요 18:28은 유월절의 첫날(니산월 15일)의 후반부 동안 먹는 축제 음식을 가리킬 가능성이 크다.

661 참고. 요 19:14, 31, 42.

662 예수님의 선지자적 예지(豫知)에 관해서는 이 단락과 삼상 10:2-6을 비교하라. 참고. 막 11:2-3.

663 아마 이것은 예정된 표징이었을 것이다. Lane, *Gospel according to Mark*, 499.

664 하지만 마가복음 11:1-7(특히 3절)에 나오는 유사한 이야기를 보라.

14:17 해가 지면서 니산월 15일이 되면,[665] 보통 한밤중까지 이어지는 유월절 식사로 유월절 주간이 시작된다(신 16:1). 예수님과 제자들도 그때 유월절 음식을 먹는다.

유월절 식사는 다음 순서로 진행된다. (1) 축복, (2) 희석된 포도주를 담은 첫 번째 잔(눅 22:17-18), (3) 무교병, 쓴 나물, 채소 그리고 과일 제공, (4) 유월절의 역사를 이야기하며 양을 제공하고, 시편 113-114편을 노래하며 마침, (5) 두 번째 잔을 마심, (6) 무교병을 떼고 나누면서 감사를 드림(참고. 막 14:22), (7) 나물, 과일과 함께 떡을 먹음, (8) 양을 먹음, (9) 세 번째 잔을 마심(14:23-24), (10) 할렐 시편 115-118편을 노래함(14:26) (11) 네 번째 잔을 마심 순서다.

참여자들은 이집트에서의 노예 상태에서 구출된 사건의 시초를 열심히 기억한다. 그들의 조상이 각 유대인 집의 문설주에 바른 피 때문에 장자의 심판에서 '넘겨졌다'(출 12:27)는 것을 되살린다. 그 사건을 기억하면서 큰 희망을 품고 궁극적 해방을 고대한다(참고. 출 12:42). 이제 유일한 아들인 예수님의 피(출 12:6)가 자신을 구출할 것으로 받아들이는 사람들을 영원한 심판에서 보호할 것이다(막 10:35-45; 14:36). 예수님이 제자들을 "자기와 함께"(3:14) 있도록 임명하셨을 때, 바로 이 식사가 그 중요하고 드라마틱한 교제의 중심에 있었다.

14:18-21 스승과 신뢰 가운데 식탁 교제를 나누는 것과 상관없이(참고. 19절), 가장 가까운 제자 중 하나인 유다가 그분을 '배신할' 것이다. '넘겨지다'(파라디도미, '내가 넘겨주다')라는 마가의 주제에 관해서는 14:10-11 주석을 참고하라.[666] 식탁에 함께하는 두세 명이 과일 소스가 담긴 공동 그릇에 떡 조각을 담근다(20절). 예수님은, 하나님의 신성한 계획에 따라 인자가

665 그해에는 니산월 15일이 목요일 저녁 약 6시에 시작해서 금요일 오후 약 6시까지 이어졌다.

666 참고. 1:14-15 주석; 3:19 주석; 9:30-31 주석; 10:32-34 주석; 13:9-13 주석; 14:41-44 주석. 아울러 요 13:21-26; 시 41:9-10도 보라.

'기록된 대로 간다'(참고. 8:31; 9:31; 10:32-34)는 말씀을 되풀이하신다. 구약에 나오는 메시아의 고난에 관해서는 특히 시편 55:13-14, 이사야 53:1-2, 다니엘 9:25-26을 주목하라.

아들의 대속적 죽음이 아버지의 뜻일지라도, 유다는 배반하는 악한 행동에 대해 개인적으로 책임을 져야 한다. "인자를 파는 그 사람에게는 화가 있으리로다"(21a절, 참고. 14:10-11 주석).[667] "그 사람은 차라리 나지 아니하였더라면 자기에게 좋을 뻔하였느니라"(21b절)는 예수님의 말씀은 너무나 대조적이다. 예수님은 가룟 유다를 열두 제자 중 하나로 선택해서 부르기 전에 밤이 새도록 기도하셨다(눅 6:12-16). 그분은 유다를 사랑하셨고 그를 가르치셨다. 다른 제자들이 받은 모든 것을 유다도 받았다. 예수님의 신뢰를 받아 공동체 재정을 다루는 일을 맡기까지 했다(요 12:6). 그런데도 재정에 대해 부정직했을 뿐 아니라(12:6), 사탄의 목적과 협력하여 결과적으로 자기 스승에게서 등을 돌렸다(6:70). 자기중심적인 열정과 악한 성향을 지닌 유다는 하나님의 주권적인 뜻 아래서 움직여야 함과 동시에, 그 자신의 영적인 과실과 부도덕한 행위에 대해 완전히 책임져야 한다. 유다와 대조적으로, 어떤 제자가 하나님의 깨우침을 받고(참고. 막 13:20, 22, 27) 마음으로 그분의 영에 반응하여(참고. 3:28-29; 8:17, 21; 9:24; 10:27) 개인적으로 예수님의 대속적 죽음(10:45; 14:22-24)을 받아들인다면, 그는 영원한 구원을 얻는다.

14:22 이 구절에서 많은 행동을 반영하는 동사들이 집중되어 있는 것을 주목하라. 먹다, 가지다, 축복하다, 떼다, 주다 그리고 말하다이다.[668] 유월절 축제 동안 무교병을 먹는 것은 절박감을 시사하고 억압에서의 해방을 기대한다. 예수님은 아직 육체적으로 살아 있는 동안 나누어 주신 떡을 놓고 이렇게 선언하신다. "이것은 내 몸이니라"(참고. 14:17 주석). 그래서 예수

667 넘겨지다(파라디도미)는 말의 다층적 의미를 다시 보라.

668 이 경우를 4천 명을 먹이시는 이야기(막 8:6)에 나오는 많은 동사들(가지다, 축사하다, 떼다 그리고 주다)과 비교해보라. 참고. 눅 24:30.

님은 변하지 않는 떡과, 자신이 감당한 단번의 육체적 희생 사이에 특별한 영적 연계성을 맺으신다. 그리스도인들이 주님의 만찬을 기념할 때는 신자들을 위한 희생의 효능을 전달하는 그리스도의 진정한 영적 임재를 누리게 된다.

14:23-24 유월절 축하연이 진행되는 동안 취하는 네 차례의 잔 가운데, 세 번째 잔을 둘러싼 축복과 감사는 다가올 메시아의 도래에 초점을 맞춘다(참고. 14:17 주석). 희석된 포도주는 언약을 맺는, 단번에 흘린 "피", 즉 예수님의 목숨을 가리킨다. 그 피는 "많은 사람을 위하여[휘페르(*hyper*), '대신하여']"[669] 대속물로 흘리는 것이다(참고. 22절, 특히 10:45 주석).[670] 속죄하려면 피 흘림이 필요하다. "율법에 따르면, 거의 모든 것이 피로 깨끗해집니다. 그리고 피를 흘림이 없이는, 죄를 사함이 이루어지지 않습니다"(히 9:22, 새번역, 참고. 레 17:11). 예수님은 희석된 포도주를 그분이 흘린 피, 즉 유월절과 비슷하게 영원한 심판에서 보호하는 제물과 연관시키신다(참고. 요 3:16). 새 언약은 구약에 나오는 언약과 같은 개념을 전한다(눅 22:20, 참고. 출 24:1-8; 슥 9:11). 언약의 조건을 일방적으로 결정하는 분은 언제나 하나님이다. 그래서 언약은 상호간의 계약이나 조약과 구별되어야 한다.[671] 예수님이 세우시는 언약은 또한 아브라함에게 주신 보편적 약속을 성취하기도 한다(창 17:2-21, 참고. 렘 31:31-34; 요 8:56; 갈 3:14-19).

훗날 그리스도인이 주님의 만찬을 기념할 때는 그리스도의 영적 임재 가운데 포도주나 주스와 함께 떡을 나눈다. 그리하여 예루살렘 밖에서 예수님이 치르신 단번의 희생이 갖는 능력을 믿고 기억하는 일이 언약의 갱신 형태로 지속된다. 예수님이 제자들과 함께 유월절을 기념할 때, 그분은

669 BDAG, s.v. ὑπέρ A1.

670 이 맥락에서 엡 1:7을 주목하라. 참고. 사 53:11-12; 렘 31:31-34. 그리고 출 24:6, 8-9; 신 32:43; 슥 9:11; 갈 1:4; 딛 2:14; 히 9:18-20, 28; 10:29; 12:15도 보라.

671 참고. BDAG, s.v. διαθήκη 2.

기억의 초점을 이집트 노예에서의 해방으로부터 사탄과 죄와 죽음에서의 구속적 해방이라는 클라이맥스로 전환하시는 것이다.

14:25 예수님은 하나님으로 인한 임박한 죽음과 대리적 심판이 장차 다윗의 승천한 주님으로서 "하나님 나라"에 참여할 것을 위태롭게 하지 않을 것으로 기대하신다(막 12:35-37//시 110:1, 5).[672] "내가 포도나무에서 난 것을 하나님 나라에서 새 것으로 마시는 날까지 다시 마시지 아니하리라"는 예수님의 진술에는 죽을 것이라는 예상과 의로움이 입증될 것이라는 믿음이 함축되어 있다. 그래서 대리적 심판과 죽음으로부터의 정당성을 기대하신다. 그분의 말씀에 따르면, 예수님은 육체적 부활에 의한 이런 정당성의 입증을 기대하신다.[673] 이 늦은 단계에 이르러서야 제자들은 예수님이 아버지의 사명을 받은 왕 같은 목자로서, 그분의 죽음과 부활을 통해 하나님의 영원한 나라를 출범시키려 하신다는 것을 알게 된다.

14장

14:26 유월절 전통에 따르면, 이집트 할렐(즉, 시 115-118편)의 둘째 부분을 노래하는 것이 유월절 식사의 마지막 순서다.[674] 시편 115편은 순례자들에게 하나님을 계속 신뢰하도록 상기시켜준다. 시편 116편과 118편은 큰 환난에서 구출하시는 하나님에 대한 순례자들의 사랑을 표현한다. 시편 117편에서는 이방인들이 순례에 합류한다. 신명기 16:7의 전통적 해석에 따르면, 축하하는 이들이 이 특별한 밤 동안 예루살렘에 머물러 있어야 한다. 지금이 한밤중이라는 사실 이외에도, 이것이 예수님이 제자들과 함께 베다니로 돌아가지 않으시는 이유를 설명해준다. 예수님과 제자들은 겟세마네 동산에 있는 감람산 위에 남아 있다.

672 참고. 눅 22:18; 사 25:6-8. 그리고 *1 Enoch* 62:14을 보라.

673 참고. 막 8:31; 9:9, 31; 10:32-34; 14:28.

674 마가가 유월절의 네 번째 잔을 마시는 것을 언급하지 않는 것이 눈에 띈다. 혹시 마가복음 14:25이 약간 늦게 네 번째 잔을 마시는 것을 암시하는 것이 아닐까?

14:27-42 개요

예수님은 이제 겟세마네 동산에서 기도함으로써(32-42절), 그분의 목숨을 "많은 사람"(10:45; 사 53:11)을 위한 대속물로 주는 매우 고통스러운 과정에 들어가신다. 겟세마네 동산에서의 고뇌와 이후의 십자가 죽음은 마가복음의 독자나 청중이 예수님의 고난과 내적 태도에 대해 깊이 생각하게 해준다. 그분은 완전히 버림받은 채 인류의 반역에 대한 아버지의 심판의 충격에 완전히 노출되신다. 그러면서 시편 22:1을 외치신다. 이는 매우 고통스러운 고뇌의 부르짖음이지만 여전히 하나님을 향한 외침이다. 오직 하늘의 아버지만이 가혹한 심판의 잔에서 구출하실 수 있고(참고. 히 5:7), 궁극적 소망의 근원이 되실 수 있다. 이는 시편 22:2-31에도 표현되어 있다.

14:27-28 예수님은 제자들이 "다 나를 버리리라"라고 예언하신다. 그분은 '모든' 제자에게 버림받는 것(스칸달리조, '내가 죄악에 빠지다', '내가 버리다')[675]을 스가랴 13:7의 맥락에서 보신다.[676] 스가랴 13:7-9에서, 대표적인 '폭력', 즉 하나님과 동행하는(슥 13:7)[677] "목자"[678]를 죽이는 일[679]은 하나님의 백성을 정화시키기 위해 일어난다(슥 13:1, 2-6, 7, 9). 따라서 예수님은 왕 같은 목자(참고. 막 6:32-44)[680]로서 그 자신을 '죄와 더러움에서 다윗의 족속과 예루살렘 주민을 씻으려고 그들을 위해 열린 샘'(슥 13:1)으로 밝히신다. 임박한 그분의 대속적 죽음은 이스라엘의 남은 자들(슥 13:7, 9)과 이방인들(막 13:10)을 회개와 정화(淨化)로 이끌어준다. 이전의 가르침에서 예수님이 그런 정화를 암시하신 적이 있다(참고. 10:35-44). 이와 동시에 "양들이 흩어지

675 참고. 막 4:17; 9:43, 45, 47; 14:29.

676 참고. 14:50 주석. 참고. 요 16:32.

677 왕상 22:17과 대조해보라.

678 막 6:32-44; 10:38-39을 보라. 참고. 눅 12:49-50.

679 BDAG, s.v. πατάσσω 1. 참고. Pesch, *Markusevangelium II*, 380n4.

680 참고. 눅 13:33; 요 10:15, 17-18.

리라"(27절, 참고. 슥 9:14; 13:7; 막 14:50).[681]

하지만 이렇게 흩어진 후, 예수님은 제자들이 다시 한 번("내가 살아난 후에", 참고. 16:7) 모이는[프로아고(*proagō*), '내가 길을 이끌다'] 놀라운 사건을 예상하신다. 우리는 이 모티브를 미가 2:12-13의 모티브, 즉 왕이신 여호와가 그분의 백성을 양떼처럼 모으고 인도하시는 장면과 비교할 수 있다.[682] 예수님이 참혹한 죽음에도 불구하고 다시금 부활의 삶을 살 것을 확신하시는 모습을 주목하라(참고. 막 8:31; 9:31; 10:32-34). 그리하여 그분은 계속해서 그분을 따르는 무리를 제자로 훈련시킬 수 있을 것이다(예. 행 2:33).

그런데 왜 예수님은 부활하신 후에 예루살렘이 아니라 갈릴리에서 제자들과 재회하기로 하실까? 한 가지 대답은, 제자들이 예루살렘에서의 메시아적 반란을 기대하지 않도록 가르치기 위해서일 수 있다는 것이다(행 1:6을 보라). 어쨌든 제자들은 유월절 기념이 끝난 다음 자연스럽게 갈릴리에 있는 그들의 예전 집으로 돌아갈 계획을 세울 것이다.

14:29-31 이 단계에 이르러도 베드로는 여전히 스스로를 있는 그대로 보지 못한다. 그는 곧 직면할 투옥과 죽음의 치명적인 위험을 과소평가한다(67, 69, 70-72절). 다른 제자들과 같이("모든 제자도 이와 같이 말하니라", 31절) 베드로 역시 예수님과 함께 싸우고(29절) 죽을 준비가 되어 있다[쉬나포트네스코(*synapothnēskō*), "내가…함께 죽을지언정", 31절]고 맹세한다. 그는 자기가 "버리지"(스칸달리조) 않을 것이라고 확신한다.[683] 베드로가 생각하는 싸움(29절)은 로마의 억압으로부터 유대 백성의 정치적 및 종교적 해방을 얻기 위한 것이다.[684]

681 참고. 마 10:16; 요 16:32.

682 참고. 마카베오하 10:1.

683 참고. 14:27-28 주석. 참고. 요 13:36-38.

684 참고. 8:17-21 주석; 8:32-33 주석; 9:32 주석; 10:32-37 주석; 11:1-11 주석. 아울러 행 1:6과 서론의 '그리스도론'도 보라.

그럼에도 불구하고, 베드로는 절박하고 압도적인 압력에 직면할 때 그가 장담했던 예수님에 대한 충성을 부인할 것이다. 예수님은 이미 베드로에게 '그 자신을 부인하라'[아파르네오마이(*aparneomai*), 8:34]고 말씀하신 적이 있다. 달리 말하면, 일차적으로 그 자신이 아니라 예수님에게 충성하는 삶을 살라고 하신 것이다.[685] 하지만 베드로는 금요일 아침 이른 시각에 '예수님'을 세 번 "부인하게"(아파르네오마이) 될 것이다.[686] 그와 마찬가지로 다른 모든 제자들도 예수님을 버리고 만다.

14:32-36 예수님은 제자들 중 핵심층을 데리고 가서(33절)[687] 감람산의 낮은 지역에 있는 겟세마네 동산에서 한밤중에 기도하신다(참고. 요 18:1; 히 5:7). 그분은 매우 번민했고("놀라시며", "고민하여") 또 괴로워하셨다('근심했다'). 그분은 자신의 '영혼'이 무척 슬프다고, "심히 고민하여 죽게 되었으니"라고 말씀하면서 세 제자들과 이런 상황을 나누신다.[688] 그분은 임박한 체포와 특히 하나님의 심판을 견디는, 말할 수 없는 고뇌와 슬픔을 의식하고 계신다(막 10:38).

"잔"은 하나님의 가혹한 심판을 은유적으로 표현한다.[689] 슬픔 중에도 "깨어 있으라"는 예수님의 경고(14:34, 37-38, 참고. 13:34-37)는 그분의 재림을 기대하는 제자들에 대한 경고(13:34-37)를 상기시킨다. 무엇보다도, 예수님은 일차적으로 임박한 죽음이 아니라 하나님의 심판으로 인해 무거움 짐을 느끼고 계신다(참고. 마 10:28).

685 참고. Gambrell, "Portrayal of Discipleship," 42-43. 참고. 8:34 주석.

686 참고. 막 14:68, 70-72. 아울러 눅 22:31-34; 요 13:36-38도 보라.

687 예수님의 제자들 중 핵심층에 대한 다양한 논의를 보려면 1:29-31 주석; 3:16-18 주석; 5:37 주석; 9:2 주석; 10:35-41 주석; 13:3 주석을 참고하라.

688 이와 비슷한 깊은 고뇌가 나오는 구약의 성경 구절들, 예컨대 시 30:2; 31:22; 42:5, 10-11; 43:2, 5 등을 주목하라. 참고. 욘 4:9.

689 구약에서 심판의 잔을 언급하는 중요한 구절로는 시 60:3; 사 51:17-23; 렘 25:8-38 등이 있다. 아울러 10:38-39 주석을 보라.

14:35-36, 39 과거진행형인 헬라어 단어 프로슈케토(*proseucheto*)는 예수님이 '반복해서 계속 기도하고 계셨다'(참고. 39, 41절, 참고. 1:35 주석; 6:45-47 주석)는 사실을 전한다. 그래서 그분은 영원한 "아버지"인 "아빠"(Abba, 참고. 갈 4:6)와 독특한 관계를 계속 유지하신다. 예수님은 그 "때"를 그치게 해달라고, 말하자면 심판의 가혹한 기간을 끝내고(참고. 요 12:27) 심판의 "잔"을 옮겨달라고 구하신다.[690] 심판의 "잔"은 이사야 51:17-23에 언급된 심판의 잔의 이동과 비슷하게 결국 옮겨질 것이다.

여기에 주목할 만한 사실이 있다. 무죄하고 순결한 예수님이 대리적으로 속죄하는 방식으로(10:45; 14:22-24) 신적 심판(36절)[691]을 받아들이신다는 것이다. 이후에 제자들에게 잔이 옮겨지면서 심판의 잔이 '정화'의 잔으로 '바뀐다'(10:38-39 주석을 보라, 참고. 벧전 4:17).

예수님은 하늘의 아버지께 심판의 기간이 "지나가기를" 또는 "거두어[지기를]"(새번역) 요청하신다. 히브리서 5:7의 저자는 이 기도가, 비록 예수님의 죽음 이후지만, 긍정적으로 응답받았다고 알려준다. 가혹한 심판의 와중에도 예수님은 "아빠"(참고. 시 40:9)라고 부르짖음으로써 자신의 목숨을 하늘 아버지의 개인적 손길에 계속 의탁하신다.

14:37-40 이제 예수님은 완전히 버려진 상태다. 그분은 자신의 고난으로 인해 유익을 얻는 이들을 위해 온전히 홀로 계신다. 제자들은 잠자고 있고(40-41절)[692] 곧 그분을 버릴 것이다. 예수님은 아직 감람산에서 도망할 수 있지만, 도살당할 양처럼 전례 없는 용광로 안에 머물러 계신다(사 53:7; 벧전 2:23).

그처럼 심한 고통을 겪는 중에도(히 2:18), 예수님은 제자들에게 '유혹받

14장

690 심판의 잔에 관해서는 10:38 주석을 참고하라. 참고. 사 51:17, 22; 렘 25:15; 애 4:21; 시 10:6; 75:8.

691 요 6:38을 보라. 참고. 막 10:27; 요 11:8.

692 이를 마가복음 14:29에 나오는 베드로의 말과 대조해보라.

는' 중에도 늘 기도하고 깨어 있으라고 격려하고 도전하신다.[693] "유혹"[페이라스모스(*peirasmos*), '파괴적 유혹' 또는 '촉진용 시험']의 모티브는 마가복음에서 매우 중요하다.[694] 이 맥락에서는 유혹이 사탄과 이기적 불경건함에서 생긴다. 마태복음 6:13에 나오는 주님의 기도 역시 하나님께서 기도하는 사람을 악한 자의 파괴적 유혹에 노출시키지 않도록 간구하는 것이다.[695] 38절의 '영'("the spirit", 개역개정은 "마음")은 인간의 영(참고. 민 27:16)보다 하나님의 영(참고. 시 51:10-12, 14; 사 31:3)을 가리킬 가능성이 크다.[696] 하지만 "약한" 육신에 대한 언급은 인간이 하나님을 의존하지 못하고 자기 자신을 의존하는 모습을 가리킨다.[697] 그래서 예수님은 제자들에게 매우 심각한 상황에서도 기도하고 깨어 있어서 살아 계신 하나님과 성령을 신뢰하도록 권면하신다. 그분 자신이 극도의 고통과 시험을 당하는 중에도 말이다. 그래서 예수님의 '능동적 의로움'은 회개하는 죄인에게 전가되는 의로움이라는 은혜로운 선물의 일부가 된다.[698]

14:41-42 "그 정도면 넉넉하다"(새번역)라는 어구는 제자들의 잠을 언급하는 듯하다. "때"는 신적 심판의 기간 전체를 포함한다(35-36, 39절, 참고. 요 12:23). 이 비유적인 "때"는 계속 이어진다. 고난당하는 "인자"[699]가 이제 "죄인의 손"에 넘겨지신다(참고. 막 9:31; 14:10, 참고. 행 2:23). 예수님은 기꺼이 신적 심판과 죽음을 받아들이신다(막 10:45).[700] 모든 제자들이 그분을 버리기

693 막 13:22, 33, 35-37; 14:50-52; 66-72. 참고. 눅 21:36; 엡 6:18; 골 4:2; 벧전 4:7.

694 참고. 1:12-13 주석; 8:11 주석; 10:2-12 주석; 12:15 주석.

695 참고. W. Schneider and C. Brown, *NIDNTT*, 3:803.

696 이와 다른 견해를 보려면 H. G. Link, *NIDNTT*, 3:994를 참고하라.

697 참고. J. D. G. Dunn, *NIDNTT*, 3:694.

698 참고. 마 5:17; 롬 3:21-28; 고후 5:21.

699 참고. 서론의 '그리스도론'.

700 참고. 요 14:31; 사 53:1-12.

때문에, 예수님은 제자들에게 "파는 자"[파라디두스(*paradidous*), ESV는 "betrayer"]인 유다를 만날 때 함께하도록("함께 가자") 마지막으로 권하신다. 다시 한 번 마가는 여기서 예수님이 넘겨진다(파라디도미, 41, 42절)는 중요한 모티브를 언급한다.[701]

응답

예수님 당시의 제자들은 예수님이 왜 그토록 고통스러운 길을 선택하시는지에 대해 의문을 품곤 했다(막 8:31). 예수님은 완전히 버려진 채 하나님과 화해를 이루시는데, 이는 그분을 따르는 이들이 아무리 오랜 시간 동안 노력해도 자기네 힘으로 이룰 수 없는 일이다(10:45). 이 사역을 통해 우리는 하나님의 과분한 은혜가 하나의 선물임을 분명히 알 수 있다. 많은 고난에도 불구하고 예수님을 따르는 이들은 그들 자신을 하나님의 주권적인 지혜와 능력에 의탁할 수 있다(롬 8:28). 그렇다고 해서 하나님을 온전히 신뢰하는 사람에게는 비극적인 일이 생기지 않을 것이라는 단순한 접근법에 속으면 안 된다. 오히려 아무것도 그런 제자를 그리스도의 깊은 사랑에서 '떼어놓지' 못할 것이다. 그리스도가 그분의 제자들을 위해 너무나 심오한 방식으로 고난당하시기 때문이다. 세상의 어떤 것도 제자들을 그분의 사랑에서 떼어놓지 않을 것이고 그럴 수도 없다. 하지만 삶의 상황은 무척 어렵고, 생각지 못한 역경이 닥칠 수도 있다. 심한 고난과 당혹스러운 상황에 처하면 하나님의 길을 이해하지 못하는 경우가 많다. 그러나 모든 그리스도인은 그분이 언제나 선하시고, 그 백성의 상황을 잘 아신다고 믿을 수 있다.

701 참고. 1:14-15 주석; 3:19 주석; 9:30-31 주석; 13:9-13 주석; 14:10-21 주석.

14:12-25에 대한 응답

예수님의 제자들이 주님의 만찬에 참여할 때는 언제나 성령이 중재하시는, 아버지와 아들 하나님의 특별한 임재 속에 들어간다. 그리스도는 떡과 (희석된) 포도주(또는 발효되지 않은 포도주스)를 주심으로써 예루살렘 밖에서, 십자가에서 단번에 흘린 피의 능력이 범세계적인 제자들에게까지 미치게 하신다. 그것은 언약을 확증하는 하나님의 행동이다. 그리스도를 따르는 이들이 주님의 만찬을 기념할 때는 그들 자신을 그분의 실제적인 영적 임재에 의탁할 수 있다. 이와 마찬가지로, 그들은 남들과의 회복된 관계로 표출되는 그분의 용서와 정결케 하는 사랑을 받을 수 있다.

14:26-31에 대한 응답

당시에나 지금이나, 삼위일체 하나님은 제자들의 마음을 그들 자신보다 더 잘 아신다. 우리가 베드로의 부인에 대한 예언을 읽을 때, 하나님께서 제자들의 임박한 상황을 넘어 그들이 회복될 때를 내다보고 계심을 알면 큰 위안을 얻게 된다(막 14:28; 눅 22:31-32; 요 21:15-22). 그리스도의 제자들이 진정한 증언을 하도록 부름을 받고도 다양한 방식으로 실패할지라도, 예수님은 그들을 회복시킴으로써 자비를 베풀어주신다.[702]

14:32-42에 대한 응답

예수님은 결연히 우리가 마땅히 가야 할 장소로 가신다. 완전히 버림받아 홀로 계신 예수님은 아직도 너무나 무지한 제자들을 대신해 심판을 견디고 십자가에서 죽기까지 그들을 사랑하신다. 그분은 온 시대의 모든 그리스도인을 위해 속죄하시고, 인간과 하나님의 관계가 회복될 수 있는 토대를 만들어주신다.

702 참고. 14:66-72 응답.

Mark
마가복음
14:43-65

[43] 예수께서 말씀하실 때에 곧 열둘 중의 하나인 유다가 왔는데 대제
사장들과 서기관들과 장로들에게서 파송된 무리가 검과 몽치를 가지
고 그와 함께 하였더라 [44] 예수를 파는 자가 이미 그들과 군호를 짜 이
르되 내가 입 맞추는 자가 그이니 그를 잡아 단단히 끌어가라 하였는
지라 [45] 이에 와서 곧 예수께 나아와 랍비여 하고 입을 맞추니 [46] 그들
이 예수께 손을 대어 잡거늘 [47] 곁에 서 있는 자 중의 한 사람이 칼을
빼어 대제사장의 종을 쳐 그 귀를 떨어뜨리니라 [48] 예수께서 무리에게
말씀하여 이르시되 너희가 강도를 잡는 것같이 검과 몽치를 가지고
나를 잡으러 나왔느냐 [49] 내가 날마다 너희와 함께 성전에 있으면서
가르쳤으되 너희가 나를 잡지 아니하였도다 그러나 이는 성경을 이루
려 함이니라 하시더라 [50] 제자들이 다 예수를 버리고 도망하니라

[43] And immediately, while he was still speaking, Judas came, one of
the twelve, and with him a crowd with swords and clubs, from the
chief priests and the scribes and the elders. [44] Now the betrayer had
given them a sign, saying, "The one I will kiss is the man. Seize him
and lead him away under guard." [45] And when he came, he went up

to him at once and said, "Rabbi!" And he kissed him. 46 And they laid
hands on him and seized him. 47 But one of those who stood by drew
his sword and struck the servant[1] of the high priest and cut off his ear.
48 And Jesus said to them, "Have you come out as against a robber,
with swords and clubs to capture me? 49 Day after day I was with you
in the temple teaching, and you did not seize me. But let the Scriptures
be fulfilled." 50 And they all left him and fled.

51 한 청년이 벗은 몸에 베 홑이불을 두르고 예수를 따라가다가 무리
에게 잡히매 52 베 홑이불을 버리고 벗은 몸으로 도망하니라
51 And a young man followed him, with nothing but a linen cloth about
his body. And they seized him, 52 but he left the linen cloth and ran
away naked.

53 그들이 예수를 끌고 대제사장에게로 가니 대제사장들과 장로들과
서기관들이 다 모이더라 54 베드로가 예수를 멀찍이 따라 대제사장의
집 뜰 안까지 들어가서 아랫사람들과 함께 앉아 [1)]불을 쬐더라 55 대
제사장들과 온 공회가 예수를 죽이려고 그를 칠 증거를 찾되 얻지 못
하니 56 이는 예수를 쳐서 거짓 증언 하는 자가 많으나 그 증언이 서
로 일치하지 못함이라 57 어떤 사람들이 일어나 예수를 쳐서 거짓 증
언 하여 이르되 58 우리가 그의 말을 들으니 손으로 지은 이 성전을 내
가 헐고 손으로 짓지 아니한 다른 성전을 사흘 동안에 지으리라 하더
라 하되 59 그 증언도 서로 일치하지 않더라 60 대제사장이 가운데 일
어서서 예수에게 물어 이르되 너는 아무 대답도 없느냐 이 사람들이
너를 치는 증거가 어떠하냐 하되 61 침묵하고 아무 대답도 아니하시거
늘 대제사장이 다시 물어 이르되 네가 찬송 받을 이의 아들 그리스도
냐 62 예수께서 이르시되 내가 그니라 인자가 권능자의 우편에 앉은

것과 하늘 구름을 타고 오는 것을 너희가 보리라 하시니 63 대제사장
이 자기 옷을 찢으며 이르되 우리가 어찌 더 증인을 요구하리요 64 그
신성모독 하는 말을 너희가 들었도다 너희는 어떻게 생각하느냐 하니
그들이 다 예수를 사형에 해당한 자로 정죄하고 65 어떤 사람은 그에
게 침을 뱉으며 그의 얼굴을 가리고 주먹으로 치며 이르되 선지자 노
릇을 하라 하고 하인들은 손바닥으로 치더라

53 And they led Jesus to the high priest. And all the chief priests and the
elders and the scribes came together. 54 And Peter had followed him at
a distance, right into the courtyard of the high priest. And he was sitting
with the guards and warming himself at the fire. 55 Now the chief priests
and the whole council[2] were seeking testimony against Jesus to put him
to death, but they found none. 56 For many bore false witness against
him, but their testimony did not agree. 57 And some stood up and bore
false witness against him, saying, 58 "We heard him say, 'I will destroy
this temple that is made with hands, and in three days I will build
another, not made with hands.'" 59 Yet even about this their testimony
did not agree. 60 And the high priest stood up in the midst and asked
Jesus, "Have you no answer to make? What is it that these men testify
against you?"[3] 61 But he remained silent and made no answer. Again
the high priest asked him, "Are you the Christ, the Son of the Blessed?"
62 And Jesus said, "I am, and you will see the Son of Man seated at the
right hand of Power, and coming with the clouds of heaven." 63 And
the high priest tore his garments and said, "What further witnesses do
we need? 64 You have heard his blasphemy. What is your decision?"
And they all condemned him as deserving death. 65 And some began
to spit on him and to cover his face and to strike him, saying to him,
"Prophesy!" And the guards received him with blows.

1) 헬, 빛을 쬐더라

1 Or *bondservant 2* Greek *Sanhedrin 3* Or *Have you no answer to what these men testify against you?*

단락 개관

14:43-15:20의 큰 단락에 속한 마가복음 14:43-65의 '맥락'은 다음과 같다. 산헤드린 앞에서의 재판은 예수님에 대해 신성모독으로 유죄 판결을 내리는데, 이는 사형에 처할 수 있는 죄목이다. 하지만 오직 로마 총독인 빌라도에게만 예수님을 처형할 수 있는 권한이 있다. 한편 베드로는 자기가 예수님과 함께 지내왔다는 것을 부인한다.

43-65절의 '내용'은 이렇다. 성전 경찰대에게 체포되고 제자들에게 버림받은(43-52절) 예수님은 이제 새벽이 되기 전에 산헤드린 앞에서 재판을 받으셔야 한다(53-65절). 성전 경찰대가 예수님을 체포하고, 이후 산헤드린의 공회원들 앞에서 심문을 받게 되는 것은 진실 그리고/또는 정의를 옹호하기 위해서가 아니다. 오히려 그것은 예루살렘의 지도자들이 예수님을 죽이려고 했던 오랜 목표의 최고점에 해당한다. 다른 한편, 만일 예수님이 정말로 하나님을 모독하셨다면, 그들의 판결이 충분히 정당화될 것이다. 산헤드린과 대제사장 앞에 선 예수님은 이제 결정적으로 또 공개적으로 그 자신을 하나님의 영원한 아들이자 높이 들린 인자라고 밝히신다(62절).

단락 개요

III. 2부: 고난과 죽음의 필연성을 통해 예수님의 권위를 시험하다 (8:27-16:8[9-20])

C. 예루살렘에서의 수난과 부활(14:1-16:8[9-20])

2. 체포, 산헤드린 재판(14:43-65)

a. 체포되고 제자들에게 버림받으시다(14:43-52)

(1) 유다의 배신(14:43-45)

(2) 예수님이 체포되시다(14:46-50)

(3) 한 청년(14:51-52)

b. 산헤드린 앞에서 재판받으시다(14:53-65)

(1) 예수님이 대제사장 앞에 서시다, 베드로가 안뜰에 서다(14:53-54)

(2) 거짓 증인들(14:55-59)

(3) 대제사장의 질문과 예수님의 대답(14:60-62)

(4) 판결(14:63-65)

14장

주석

14:43 성전 경찰대가 "칼과 몽둥이"(새번역)로 무장하고 있다. 그들이 "대제사장들"과 "서기관들"과 "장로들"로 이루어진 유대 지도자들(43절)에게 보고한다.[703] 그들은 강압적으로 예수님을 체포하기에 이른다[특히 헬라어

703 막 8:31; 11:27; 15:1. 참고. 막 10:33; 11:18; 14:1; 15:31.

크라테오(*krateō*)를 보라, "내가 붙잡다", 44, 46, 49절].[704] 예수님에게 제기할 수 있는 그릇된 혐의는 (1) 신성모독(2:7), (2) 안식일 등 모세 율법의 위반(2:24; 3:2-6), (3) 악마적 권세에 사로잡힘(3:22)[705], (4) 성전을 헐뜯는 말(11:15; 13:2; 14:58) 등이다.

14:44-45 다시 한 번 유다가 "파는 자"[호 파라디두스(*ho paradidous*), 파라디도미에서 유래한 실질 분사, 44절, 참고. 14:10]로 밝혀진다. '넘겨지다'라는 모티브가 마가복음 전체를 관통한다.[706] 유다는 비꼬는 태도로 누군가를 존경할 때와 우정을 표현할 때 사용하는 말과 행동을 취한다. 그는 배신의 행위를 하면서 이전 스승을 "랍비"(또는 '나의 선생', 참고. 9:5, 10:51; 11:21)라 부르며 입을 맞춘다(14:45). 고통스럽게도, 그는 아직도 "열둘 중의 하나"(43절)로 불린다.[707] 사랑받던 제자 유다가 예수님의 대적들에게 그분을 공격적으로(강압적으로?) 붙잡으라는 지침을 준다(44절, 참고. 요 18:2-12).

14:46 이제 예수님이 미리 말씀하신 일이 벌어진다. "그들이 예수께 손을 대어 잡[는다]."[708]

14:47 요한복음 18:10에 나오는 이 사건에 관한 상세한 기사[709]에 따르면, "대제사장의 종"인 말고의 오른쪽 귀를 자르는 사람은 '베드로'다. 네 복음서 저자들 가운데 마가의 모호한 기사에서 이 신원 확인이 빠져 있는 것은 베드로가 마가복음의 내용 배후에 있다는 사실을 암시하는 듯하다. 이 기

704 참고. 막 14:1, 11, 48, 53.

705 참고. Lane, *Gospel according to Mark*, 525.

706 참고. 1:14-15 주석; 3:19 주석; 9:30-31 주석; 10:32-34 주석; 13:9-13 주석; 14:41-42 주석.

707 참고. 3:14 주석; 3:19 주석; 14:3-21 주석.

708 참고. 특히 9:30-31 주석.

709 참고. 마 26:51; 눅 22:49-50.

사의 내레이터인 베드로는 예수님의 체포 직후에 그분을 세 번 부인하기 때문에 예수님의 용감한 방어자로서 '빛나길' 원치 않을 것이다.

14:48-49 아버지의 뜻에 따라(8:31; 10:32-34; 14:21, 27) 그리고 성경을 성취하기 위해(사 53:7, 12; 슥 13:7), 하나님의 기름 부음을 받은 자가 "강도"[레스테스(*lēstēs*)]인 것처럼 악한 인간들의 손에 양도된다(막 9:31). 이 용어는 혁명가, 폭동 선동가 또는 노상강도를 가리킬 수 있다. 예수님이 체포되기 전에(참고. 요 18:12), 대적들은 그분이 날마다 성전 구역에서 가르치시는 모습을 보았다(막 14:49).[710]

14:50 예수님이 스가랴 13:7을 언급하며 예언하신 것처럼(참고. 막 14:27, 29, 31), 제자들이 하나같이 그분을 버린다. 이는 사무엘하 17:2-3과 시편 88:8, 18에도 나오는 구약의 모티브를 채택하는 것이다.[711] 그들이 한시적으로 예수님을 배신하고 부인하는 것은 성격상 가룟 유다의 배신과 다르다. 전자는 회개하는 데 반해, 후자는 능동적인 반역을 견지하고 너무 늦을 때에 이르러야 자신의 행동을 후회할 뿐이다(참고. 마 27:3).

14:51-52 벗은 몸으로 체포를 면하는 "청년"이 요한 마가(참고. 행 12:12), 즉 훗날 예수님에 관한 베드로의 기억을 받아쓰는 인물일 가능성은 있으나 그것을 증명할 수는 없다.[712]

14:53-65 개요

이제는 예수님이 산헤드린 앞에서 자신이 정말로 "찬송 받을 이의 아들 그

710 참고. 눅 19:47-48; 21:37; 요 18:20; 1:21-22 주석; 11:16-18 주석; 12:12 주석.

711 그런데 14:54 주석도 보라. 참고. 요 18:15-18.

712 참고. 서론의 '저자'.

14장

리스도"(61-62절), 다윗의 '주님' 그리고 높이 들린 "인자"(62절; 시 110:1; 단 7:13)라고 선언하신다. 법정에 따르면, 예수님의 진술은 신성모독 판결을 받아 마땅하다. 그분이 처형당할 때가 점점 가까워지고 있다(참고. 막 15:1-20). 역설적이게도, 하나님의 영원한 아들, 높이 들린 인자 그리고 다윗의 주님인 예수님만이 고소인들을 죄로부터 구할 수 있는 능력이 있다. 오직 하나님만 그처럼 모두를 아우르는 보편적 방식으로 구원하실 수 있기 때문이다.[713]

14:53 금요일 아침 동이 트기 전에, 즉 니산월 15일의 후반부가 시작될 때, 대제사장 안나스가 예수님을 심문한 후(요 18:13), 대적들이 예수님을 현재 활동 중인 대제사장인 가야바[714]와 산헤드린[715] 앞으로 데려온다(참고. 막 14:55; 15:1). 산헤드린은 유대의 최고 법정[716]으로서 "제사장들", 부유한 "장로들" 그리고 법적으로 빈틈없는 서기관들로 섬기는 70명의 영향력 있는 사두개인들과 바리새인들로 구성되어 있다. 그리고 대제사장이 공회를 이끈다.[717]

14:54 베드로는 예수님에게 정반대로 약속했음에도 불구하고(31절) 그분을 버린 후, 그래도 "멀찍이 떨어져서 예수님을 따라갔다"(아콜루테오, '내가 따르다'). 예수님을 따른다는 모티브는 마가 이야기에서 매우 중요한 자리를 차지한다.[718] 서둘러 소집한 긴급 재판이 대제사장의 관저에서 열렸다(참고.

713 참고. 사 25:9; 33:22; 35:4; 37:20; 38:20; 렘 17:14; 슥 8:7; 9:16; 히 7:25.

714 가야바는 주후 18년에서 37년까지 대제사장직을 보유했다.

715 참고. 막 14:60-61, 63; 마 26:57.

716 참고. Josephus, *Jewish Wars* 2.269-571.

717 참고. 14:43-55 주석; 15:1 주석.

718 참고. 1:16-20 주석; 2:13-16 주석; 6:1-2 주석; 8:34 주석; 9:38-40 주석; 10:21-34 주석; 10:52 주석; 15:41 주석.

눅 22:66). 베드로는 대제사장의 종들과 산헤드린 구성원의 종들과 더불어 "대제사장의 집 뜰 안"에서 불로 몸을 녹이고 있다. 곧 그는 그의 구속자(Redeemer)가 고소를 당해 사형 선고를 받는 동안, 예수님과의 관계를 일체 부인할 것이다(14:66-72).

14:55 산헤드린 구성원과 대제사장의 목적은 공의로운 판결을 위해 진실을 판단하는 것이 아니다.[719] 헬라어 단어 에제툰의 미완료 시제가 지속적 측면을 갖고 있음을 감안하면, 그들은 예수님에게 사형 선고를 내릴 만한 법적 "증거"(ESV는 "testimony", 증언)[720]를 계속 찾고 있는 중이다(참고. 57절). 그럼에도 불구하고 그들은 믿을 만한 증거를 전혀 찾지 못하고 있다. 다시 한 번, 저자가 헬라어 단어 휴리스콘(*hēuriskon*, '찾다', 참고. 56-57, 59절)의 미완료 시제가 지닌 지속적 의미를 전달한다.[721] 이 목적을 달성하기 위해 그들은 서둘러서 예수님에게 불리한 증언을 할 잡다한 증인들을 부른다.

14:56 많은 고소인들의 진술은 하나같이 거짓으로 판명된다. "예수를 쳐서 거짓 증언 하는 자가 많으나." 마가는 다시금 지속적 과거진행형인 에프슈도마르튀룬(*epseudomartyroun*)이라는 단어, 즉 '그들이 계속해서 거짓 증언을 했다'는 뜻의 단어를 사용한다. 따라서 '그들의 증언이 서로 일치하지 않은 것'은 놀랄 일이 아니다. 그런 증언에는 모순이 너무도 많았다. 모세의 율법에 따르면, 거짓 증언을 하는 것은 심각한 범죄다(참고. 출 20:16; 신 5:20; 막 14:59). 그리고 그 율법에 따르면, 증거가 상충하는 경우에는 사형 선고를 내릴 수 없다(신 17:6; 19:15; 민 35:30). 따라서 그들의 무분별한 시도에는 절박한 심정이 묻어 있다.[722] 이 장면에서 무죄함이 거짓 고소 및 악한

719 참고. 3:6 주석; 11:18 주석; 12:12 주석; 14:1-2 주석; 14:10-11 주석.

720 참고. L. Coenen, *NIDNTT*, 3:1043. 아울러 BDAG, s.v. μαρτυρία.

721 참고. 시 27:12; 35:11; 렘 26:11.

722 하지만 14:60-62 주석을 참고하라.

동기와 싸우고 있다.

14:57-59 예수님은 그분에 대한 왜곡된 진술대로 자신이 예루살렘에 있는 제2성전을 파괴할 것이라고 말씀하신 적이 없다(참고. 58절; 15:29; 행 6:14). 그분은 제자들에게, 장차 예루살렘 성전이 '타인들'을 통해 파괴될 것에 대해 말씀하셨을 뿐이다(참고. 막 11:17; 13:2, 14). 또한 그분의 몸을 하나의 성전으로 은유하며 말씀하시기도 했다. 요한복음 2:19-21은 그 이야기를 이렇게 들려준다. "예수께서 대답하여 이르시되 너희가 이 성전을 헐라 내가 사흘 동안에 일으키리라 유대인들이 이르되 이 성전은 사십육 년 동안에 지었거늘 네가 삼 일 동안에 일으키겠느냐 하더라. 그러나 예수는 성전된 자기 육체를 가리켜 말씀하신 것이라." 마가복음 14:58에 나오는 거짓 증언은 몇 개의 참된 요소들을 섞어서 만든 거짓 진술일 가능성이 있다. 말하자면 "손으로 지은"(불결함 또는 죄 많은 더러움에 대한 언급) 예루살렘 성전이 "손으로 짓지 아니한"(신적인 정결함과 기원에 대한 언급) 성전으로 대치될 것이라는 진술이다.[723] 하지만 58절에 나오는 증언은 예수님을 예루살렘 성전을 파괴하려는 시도의 책임자로 만드는데, 이는 사형 죄에 해당한다.[724]

예수님이 예루살렘의 기존 종교 당국자들에게 심각한 위협을 제기하신다는 것은 의심의 여지가 없다. 많은 요인들 가운데, 예수님이 성전을 정화함으로써 하나님 앞에서 그들의 이중성을 폭로하신 것(11:15-18)도 포함된다. 적어도 사적인 자리에서는 예루살렘 성전의 파괴(그리고 중지)를 예언하기도 하셨다(13:2). 그와 동시에, 장차 세워질 또 하나의 성전에 관해 말씀하셨다(요 2:19-21). 그러나 대제사장이 어떻게 이 심각한 위협을 예수님에게 불리한 실행 가능한 판결로 바꿀 수 있을까? 그들이 예수님에게 불리한

723 결국에는 그리스도를 따르는 이들이 새로운 하나님 성전의 구성원이다. 참고. 행 19:26; 고후 5:1; 골 2:11; 히 9:11, 24. 아울러 왕하 22:17과 사 2:8; 46:6도 보라. 그리고 고전 3:9, 16; 고후 6:16; 엡 2:21과 비교해 보라. 11:1-26 응답의 "새로운 영원한 성전에 관한 논의"를 보라.

724 이 장면을 에레미야 26:8에 나오는 예레미야에게 불리한 고소와 비교해보라.

증언을 절박하게 찾는다는 것은 오히려 예수님의 무죄를 시사한다. 검사장 겸 최종 재판관의 역할을 하는 대제사장은 교착 상태에 빠졌다는 것을 인식하고 있음이 틀림없다(막 14:60).

14:60-62 예수님이 불길한 침묵을 지키시는 바람에 대제사장은 그 소추를 추진하기가 더 어려워진다(참고. 사 53:7). 침묵의 모티브는 마가복음 15:5에도 나온다.[725] 이를 상기시키는 중요한 구약의 장면은 열왕기하 18:35-36에 나온다. 살아 계신 하나님과 그분의 구원을 신뢰하는 히스기야와 예루살렘 주민들이 앗수르 당국자들의 비방과 신성모독에 직면해 침묵을 지키는 장면이다(참고. 왕하 19:4, 16).[726] 하지만 검사장인 대제사장은 예수님을 끌어들여 기소할 수 있는 강력한 질문을 감추고 있었다.[727] "네가 찬송 받을 이의 아들 그리스도냐." 대제사장의 이 단도직입적 질문은 다양하게 해석될 수 있다.

14장

(1) 대제사장은 예수님이 스스로를 기대하던 메시아로 생각하는지, 그래서 그 자신을 사무엘하 7:14의 노선을 따라 메시아적 "아들"로 간주하는지 여부를 그냥 물어보는 것일 수 있다. 그 구절은 "나는 그에게 아버지가 되고 그는 내게 아들이 되리니"[728]라고 말한다. "아들"이라는 단어를 그처럼 친숙하게 집합적으로 사용하는 경우는 이스라엘 백성과 관련해 출애굽기 4:22에도 나온다. "이스라엘은 내 아들 내 장자라." 우리는 이 맥락에서 호세아 11:1("이스라엘이 어렸을 때에 내가 사랑하여 내 아들을 애굽에서 불러냈거늘")도 주목할 수 있다.

725 참고. 눅 23:9; 요 19:9.

726 참고. 시 38:14-15; 39:9-10.

727 이와 비슷한 논증에 관해서는 C. Brown, *NIDNTT*, 3:509을 참고하라.

728 참고. 대상 22:10. 그리고 눅 22:67을 보라.

(2) 대제사장은 예수님이 최근에 성전 구역에서 공개적으로 가르치신 내용을 언급하는 것일 수 있다. 거기서 예수님은 자신이 하나님의 아들이라는 사실을 암시하셨다(막 12:6, 10).[729] 또한 자신이 다윗의 높이 들린 메시아적 주님, 즉 여호와와 영광을 공유하는 유일한 자(참고. 12:35-37 주석, 참고. 시 110:1)라고 공개적으로 암시하기도 하셨다. 예수님은 공적 사역을 수행하는 동안 대담한 주장들을 많이 펼치셨다.[730]

예수님이 수난 주간에 성전 구역에서 베푸신 공적인 가르침과 마가복음 14:62에 나온 그분의 답변을 감안하면, 두 번째 해석이 더 그럴 듯하다(참고. 눅 22:70). 예수님의 대담하고 직접적인 대답(막 14:62)은 그분의 모든 주장을 재천명한다. 예수님은 이스라엘의 최고 대표 앞에서 "내가 그니라"("I am", 참고. 6:50; 13:6)라고 하면서, 너희가 "인자가 권능자의 우편에 앉은 것"(참고. 시 110:1)과 "하늘 구름을 타고 오는 것"(참고. 단 7:13)을 볼 것이라고 말씀하신다. 예수님은 깜짝 놀랄 만한 답변을 통해 시편 110:1(참고. 막 12:35-37)과 다니엘 7:13-14(참고. 막 8:38; 13:26)을 섞은 인용문을 내놓으신다.[731] 누구든지 다니엘 7:13-14에 나오는 인자로 자처하는 경우는 무척 드물었다. 누구든지 시편 110:1에 나오는 주님으로 자처하는 경우도 매우 드물었다. 누구든지 이 둘을 동시에 자처하는 경우는 아예 없었다.[732] 그런데 처음에는 하나님의 다가올 통치를 전하는 메신저로 일어섰던 예수님(막 1:14-15)이 이제는 스스로를 그 나라의 통치자(12:35-37; 14:25), 그 성전의 건축가(2:7; 12:10) 그리고 인류의 임명된 심판관(8:38; 13:26)이라고 공개적으로 밝히신다. 이 모든 역할을 통해 그 자신이 하나님의 영원한 아들이

729 참고. 12:1-12(특히 6, 10절) 주석. 참고. 사 5:1-5.

730 참고. 2:3-12 주석; 8:29-30 주석. 참고. 1:11; 9:7; 13:32; 14:36.

731 참고. O. Hofius, *EDNT*, 1:220-221.

732 Bock, *Blasphemy and Exaltation*, 26-29, 113-183 (참고. 184-238).

라고 드러내시는 셈이다.[733]

14:63-65 대제사장과 산헤드린의 눈에는 예수님의 자기노출이 최악의 "신성모독"(참고. 2:7; 요 10:26)에 해당한다.[734] 예수님이 스스로를 하나님의 아들이라고 주장하면서(요 19:7), 여호와의 "우편"에 있는 지극히 높은 자리를 요구하시기 때문이다(시 110:1; 단 7:14). 즉 예수님은 자신이 하나님의 영광과 영예에 동참한다고 주장하시는 셈이다(요 17:1-5). 이사야 42:8에 따르면, 하나님은 그 누구와도 자신의 영광을 나누지 않으신다. 하지만 두 본문(시 110:1; 단 7:13-14) 모두 하나님께서 그분의 영광을 유일무이한 인물과 나누신다고 말한다. 이 명백한 구약의 긴장에 대한 해결책은 하나님 '내부에' 공유되는 영광이 존재한다는 사실에 있다(시 110:1; 단 7:13-14, 참고. 빌 2:9-11). 그런데 이 사실이 하나님 '바깥에서는' 해당되지 않는다.

대제사장은 베일에 가려 어두워진 안목을 갖고 있는 만큼, 적어도 정당하게 행동하고 재판한다는 이미지를 줄 수는 있다(출 22:28; 레 24:10-16; 민 15:30-31). 그는 자신의 "옷"[735]을 찢으면서 외적인 당혹감과 분개를 부각시키고 있다.[736] 그들이 모두 대제사장의 판결에 동의하면서 "예수를 사형에 해당한 자로 정죄[했다]"(참고. 막 14:53, 55).[737]

그들이 철저하게 무시하는 유일한 대안은 예수님이 정말로 이런 구약 본문들(시 110:1; 단 7:13-14)을 성취하신 인물일 가능성이다. 그들은 "인자[예수]는 아버지 하나님께서 인 치신 자니라"(요 6:27, 참고. 행 3:13; 골 2:9)라는 심오한 진리를 보지 못하는 맹인이다. 이후 죽음에서의 부활이 예수님의 대담한 주장들이 모두 옳다는 것을 입증할 것이다. 하지만 이 시점에서

733 참고. 막 1:11; 9:7. 참고. 13:32; 14:36.

734 참고. 미쉬나, 산헤드린 6:4, 7:5.

735 참고. Lane, *Gospel according to Mark*, 538-539. 레인에 따르면 이 옷은 그의 화려한 대제사장 예복이 아니다.

736 참고. 민 14:6; 15:30-31; 왕하 18:37-19:1; 스 9:3; 행 14:14.

737 참고. 신 18:20; 막 8:31; 10:33, 45.

는 그 판결에 따라 조롱과 학대가 퍼부어진다(참고. 막 10:34; 15:19; 사 50:6; 53:2-3). 그들 가운데서 일부는 "달려들어 예수께 침을 뱉고…주먹으로 치고", "하인[경호인]들은 예수를 손바닥으로 쳤다."(새번역)[738] 예수님은 하나님을 모독한 것으로 유죄 판결을 받은 만큼, 유대 율법에 따라 돌에 맞아 죽어야 한다(레 24:10-16; 민 15:30-31). 하지만 로마가 점령하고 있기 때문에 유죄 판결을 받은 죄수를 처형하는 권한은 오로지 로마 당국자들의 손에 있다(참고. 15:1 주석). 그러므로 예수님을 유대를 지배하는 로마인 검사장인 본디오 빌라도에게 데려가야 한다.

응답

14:43-52에 대한 응답

그리스도가 아버지 하나님에게 버림받는다는 견딜 수 없는 현실이, 그분이 우리를 위해 난폭하고 불경건한 인간들의 손에 넘겨지는 문을 열어준다(참고. 9:31).

14:53-65에 대한 응답

그리스도의 삶, 행위 그리고 말은 온통 겸손으로 채색되어 있다. 그럼에도 불구하고, 최후의 재판에서 그분은 스스로를 본연의 정체 그대로 진실하게 드러내신다(62절, 참고. 슥 9:9; 막 12:6). 그분의 본보기 덕분에, 그리스도의 제자들은 거짓 고소, 많은 비방 그리고 박해의 와중에도 용기 있는 증인이 될 뿐 아니라 점점 더 겸손해진다.[739] 그들은 스승에게 충실하고, 그분을 따르는 그들 자신에게 충실하며, 자신의 소명에 충실해진다.

738 참고. 고전 4:11; 벧전 2:20.

739 참고. 시 38:20; 109:4; 막 13:9-13; 벧전 3:16; 4:4.

Mark
마가복음
14:66-15:20

14:66 베드로는 아랫뜰에 있더니 대제사장의 여종 하나가 와서 67 베드
로가 불 쬐고 있는 것을 보고 주목하여 이르되 너도 나사렛 예수와 함
께 있었도다 하거늘 68 베드로가 부인하여 이르되 나는 네가 말하는
것이 무엇인지 알지도 못하고 깨닫지도 못하겠노라 하며 앞뜰로 나갈
새[1)] 69 여종이 그를 보고 곁에 서 있는 자들에게 다시 이르되 이 사람
은 그 도당이라 하되 70 또 부인하더라 조금 후에 곁에 서 있는 사람들
이 다시 베드로에게 말하되 너도 갈릴리 사람이니 참으로 그 도당이
니라 71 그러나 베드로가 저주하며 맹세하되 나는 너희가 말하는 이
사람을 알지 못하노라 하니 72 닭이 곧 두 번째 울더라 이에 베드로가
예수께서 자기에게 하신 말씀 곧 닭이 두 번 울기 전에 네가 세 번 나
를 부인하리라 하심이 기억되어 그 일을 생각하고 울었더라

14:66 And as Peter was below in the courtyard, one of the servant girls of
the high priest came, 67 and seeing Peter warming himself, she looked
at him and said, "You also were with the Nazarene, Jesus." 68 But he
denied it, saying, "I neither know nor understand what you mean."
And he went out into the gateway[1] and the rooster crowed.[2] 69 And the

servant girl saw him and began again to say to the bystanders, "This
man is one of them." 70 But again he denied it. And after a little while
the bystanders again said to Peter, "Certainly you are one of them,
for you are a Galilean." 71 But he began to invoke a curse on himself
and to swear, "I do not know this man of whom you speak." 72 And
immediately the rooster crowed a second time. And Peter remembered
how Jesus had said to him, "Before the rooster crows twice, you will
deny me three times." And he broke down and wept.[3]

15:1 새벽에 대제사장들이 즉시 장로들과 서기관들 곧 온 공회와 더불
어 의논하고 예수를 결박하여 끌고 가서 빌라도에게 넘겨주니 2 빌라
도가 묻되 네가 유대인의 왕이냐 예수께서 대답하여 이르시되 네 말
이 옳도다 하시매 3 대제사장들이 여러 가지로 고발하는지라 4 빌라도
가 또 물어 이르되 아무 대답도 없느냐 그들이 얼마나 많은 것으로 너
를 고발하는가 보라 하되 5 예수께서 다시 아무 말씀으로도 대답하지
아니하시니 빌라도가 놀랍게 여기더라

15:1 And as soon as it was morning, the chief priests held a consultation
with the elders and scribes and the whole council. And they bound
Jesus and led him away and delivered him over to Pilate. 2 And Pilate
asked him, "Are you the King of the Jews?" And he answered him, "You
have said so." 3 And the chief priests accused him of many things.
4 And Pilate again asked him, "Have you no answer to make? See how
many charges they bring against you." 5 But Jesus made no further
answer, so that Pilate was amazed.

6 명절이 되면 백성들이 요구하는 대로 죄수 한 사람을 놓아주는 전례
가 있더니 7 민란을 꾸미고 그 민란 중에 살인하고 체포된 자 중에 바

라바라 하는 자가 있는지라 8 무리가 나아가서 전례대로 하여 주기를
요구한대 9 빌라도가 대답하여 이르되 너희는 내가 유대인의 왕을 너
희에게 놓아주기를 원하느냐 하니 10 이는 그가 대제사장들이 시기로
예수를 넘겨준 줄 앎이러라 11 그러나 대제사장들이 무리를 충동하여
도리어 바라바를 놓아달라 하게 하니 12 빌라도가 또 대답하여 이르되
그러면 너희가 유대인의 왕이라 하는 이를 내가 어떻게 하랴 13 그들
이 다시 소리 지르되 그를 십자가에 못 박게 하소서 14 빌라도가 이르
되 어찜이냐 무슨 악한 일을 하였느냐 하니 더욱 소리 지르되 십자가
에 못 박게 하소서 하는지라 15 빌라도가 무리에게 만족을 주고자 하
여 바라바는 놓아주고 예수는 채찍질하고 십자가에 못 박히게 넘겨주
니라

15장

6 Now at the feast he used to release for them one prisoner for whom
they asked. 7 And among the rebels in prison, who had committed
murder in the insurrection, there was a man called Barabbas. 8 And the
crowd came up and began to ask Pilate to do as he usually did for them.
9 And he answered them, saying, "Do you want me to release for you
the King of the Jews?" 10 For he perceived that it was out of envy that
the chief priests had delivered him up. 11 But the chief priests stirred up
the crowd to have him release for them Barabbas instead. 12 And Pilate
again said to them, "Then what shall I do with the man you call the
King of the Jews?" 13 And they cried out again, "Crucify him." 14 And
Pilate said to them, "Why? What evil has he done?" But they shouted
all the more, "Crucify him." 15 So Pilate, wishing to satisfy the crowd,
released for them Barabbas, and having scourged[4] Jesus, he delivered
him to be crucified.

16 군인들이 예수를 끌고 브라이도리온이라는 뜰 안으로 들어가서 온

군대를 모으고 17 예수에게 자색 옷을 입히고 가시관을 엮어 씌우고
18 경례하여 이르되 유대인의 왕이여 평안할지어다 하고 19 갈대로 그
의 머리를 치며 침을 뱉으며 꿇어 절하더라 20 희롱을 다 한 후 자색
옷을 벗기고 도로 그의 옷을 입히고 십자가에 못 박으려고 끌고 나가
니라

16 And the soldiers led him away inside the palace (that is, the
governor's headquarters),[5] and they called together the whole
battalion.[6] 17 And they clothed him in a purple cloak, and twisting
together a crown of thorns, they put it on him. 18 And they began to
salute him, "Hail, King of the Jews!" 19 And they were striking his head
with a reed and spitting on him and kneeling down in homage to him.
20 And when they had mocked him, they stripped him of the purple
cloak and put his own clothes on him. And they led him out to crucify
him.

1) 어떤 사본에는, 68절 끝에 '마침 닭이 울더라'가 있음

1 Or *forecourt* *2* Some manuscripts omit *and the rooster crowed* *3* Or *And when he had thought about it, he wept* *4* A Roman judicial penalty, consisting of a severe beating with a multi-lashed whip containing embedded pieces of bone and metal *5* Greek *the praetorium* *6* Greek *cohort*; a tenth of a Roman legion, usually about 600 men

단락 개관

유대 대법원 앞에서 진행된 재판 결과, 예수님이 사형에 처해야 하는 신성모독죄를 범했다는 법적 구속력 있는 판결이 내려진다. 스승이 비참한 상황에 처한 가운데, 베드로는 죽음을 두려워한 나머지 예수님과의 관계를 일체 부인한다(막 14:66-72). 마가의 내러티브는 신성모독의 판결과 빌라도 앞에서의 재판에 이어 십자가 처형을 향해 가차 없이 행진한다(15:1-20).

단락 개요

III. 2부: 고난과 죽음의 필연성을 통해 예수님의 권위를 시험하다 (8:27-16:8[9-20])
- C. 예루살렘에서의 수난과 부활(14:1-16:8[9-20])
  - 3. 베드로의 부인, 빌라도 재판(14:66-15:20)
    - a. 베드로가 예수님을 부인하다(14:66-72)
    - b. 예수님이 빌라도 앞에서 재판받으시다(15:1-13)
    - c. 빌라도의 판결(15:14-15)
    - d. 로마인이 예수님을 조롱하고 학대하다(15:16-20)

주석

14:66-72 개요

베드로는 이제 자기 목숨을 잃을까봐 두려워서 그리스도를 부인한다(참고. 27-31절). 훗날 예수님은 은혜를 베풀어 베드로를 따스한 교제로 회복시키고, 그에게 그분의 양떼를 목양하는 사명을 주신다(요 21:15-19).

14:66-67 베드로가 예수님을 부인하는 사건은 추운 봄날 아침에 일어난다. 그는 니산월 15일의 후반부가 시작되는 시점, 즉 동 트기 전에 대제사장 관저의 "아랫뜰"에서 "불[을] 쬐고" 있었다. 수탉이 울 것으로 예상되던 순간이다(참고. 15:1). 여종은 베드로의 갈릴리 사투리 때문에 그를 예수님의 제자로 알아본 것 같다(14:70, 더 상세한 내용은 요 18:26을 보라). 예수님이 심문을 받으려고 대제사장에게 끌려가셨을 때(막 14:53), 피고인이 갈릴리 출신 '나사렛 사람'이라는 말을 그녀가 들었음이 틀림없다(참고. 1:9, 10:47). 3:14("[그들을] 자기와 함께 있게 하시고")과 베드로가 "나사렛 예수와 함께"(14:67, 참고. 요 18:25) 있었다는 것을 부인하는 모습 간의 대조를 주목하라. 과거의 어느 때보다 더, 예수님과 어울린다는 것이 개인적인 부담을 넘어 목숨을 위태롭게 하는 것일 수 있음이 분명해진다.

14:68 이제 베드로는 대제사장 관저의 '입구'에 서서 그 자신을 부인하는(아파르네오마이, 8:34, 참고. 8:34 주석) 대신 예수님을 부인한다[아르네오마이(*arneomai*), 참고. 14:70, 71].[740] 예수님이 예언하신 일이 이제 발생한다(30절). 베드로가 예수님에 대한 무한한 충성을 재천명한 후(27, 29, 31절) 그리 많은 시간이 흐르지 않았다. 지금 그의 일차적 충성은 그의 스승이 아니라 그 자신에게 향한다.[741] 베드로는 자기 목숨을 잃을까봐 두려워한다.

740 참고. 요 18:25-27. 참고. 행 3:13.

14:69-71 베드로에 대한 고발(67, 69, 70절)과 더불어 그의 반박 기류가 절정을 향해 올라간다. 드디어 베드로는 자기가 진실을 말하고 있다고 맹세하듯 단언하며[742] 그 자신을 "저주[한다]"[아나테마티조(*anathematizō*), 71절, 8:38과 대조해보라].

14:72 베드로가 예수님을 세 번 부인한 뒤에 수탉이 예언대로 "두 번째" 운다. 이 순간 예수님이 심문실로 끌려가면서 돌이켜 (자비로운 눈으로?) 베드로를 보신다(눅 22:61). 이후 베드로는 예수님의 정확한 말씀을 기억하고는 "엎드려서 울었다"(새번역). 미완료 시제[743]를 살려서 문자적으로 번역하면 그가 "울기 시작했다"[744]가 된다. 마태복음 26:75과 누가복음 22:62에 따르면, 베드로는 "통곡[했다]."[745]

14장

15:1-13 개요

로마 총독 빌라도 앞에 선 예수님은 말하기를 또는 스스로를 변호하기를 거부하신다. 그분은 도살당하는 흠 없는 양처럼 처신하신다(참고. 사 53:7; 행 8:32; 벧전 1:19).

15:1 "온 공회"의 회의는 산헤드린 구성원의 충분한 수가 법적 구속력을 지닌 결정을 내리기 위해 모임을 소집한다는 것을 의미한다. 이 공회는 누군가를 재판할 권한은 있었지만, 사형에 해당하는 유죄 판결을 받은 사람

741 참고. Gambrell, "Portrayal of Discipleship," 42-43.

742 참고. BDAG, s.v. ὀμνύω.

743 기동 미완료 시제의 용법에 관해서는 Wallace, *Greek Grammar*, 545을 보라.

744 이를 막 14:27-31의 맥락에 비추어 14:30과 비교해보라.

745 베드로의 기억(아나밈네스코, 막 14:72)과 관련해서는 11:20-21 주석과 막 8:18을 대조해보라. 사도들이 훗날 예수님의 말씀과 행위를 기억한다는 사실은 신약의 여러 곳에서 부각되어 있다(막 14:9; 눅 22:19; 24:8; 요 2:22; 12:16; 14:26; 16:4; 행 11:16; 20:35; 고전 11:24-25; 벧후 3:2).

을 처형하는 것은 금지되어 있다.[746] 특히 유명인의 경우에는 이 권한이 로마 당국자에게만 주어졌다.[747] 예수님에게 신성모독으로 유죄 판결을 내린 만큼(14:64-65), 그들은 이제 그분을 로마 당국자들에게(10:33) "넘겨주[어야]"(파라디도미, 아울러 15:10, 15; 요 19:16도 보라) 한다.[748] 앞에서 말했듯이, '넘겨주다'라는 모티브는 마가복음 전체를 관통한다.[749]

가이사랴에 사는 빌라도 총독은 유월절 순례 축제 동안 평화를 유지하기 위해 한시적으로 예루살렘에 머물고 있다.[750] 빌라도는 아침 시간에 공적인 문제들을 다룬다(참고. 요 18:28). 이 때문에 유대 당국자들이 서둘러 동트기 전에 산헤드린을 소집한 것이다. 아울러 유대 당국자들은 특별한 유월절 날인 니산월 15일에 그 사건에 몰두하기를 원치 않는다.

앞에서 언급했듯이, 요한복음 18:28에 언급된 식사("유월절 잔치")는 아마 잔치 음식을 가리킬 것이다. 잔치 음식은 니산월 15일 후반부, 즉 금요일의 낮 동안 먹곤 했다. 그날은 이어지는 특별한 안식일을 위한 "예비일"에 해당되기도 했다.[751]

15:2-5 빌라도가 유대 총독으로 부임한 초기에는 현명치 못하고, 변덕스럽고, 평판이 나쁜 방책들을 세우는 바람에 정치적 영향력이 약했다. 그러므로 예수님을 재판하는 당시(그가 부임한 지 4년에서 7년가량 되었을 때) 빌라도는 정치적 및 사회-종교적 이해관계의 미로를 교묘히 헤쳐 나갈 만한 힘

746 참고. Josephus, *Jewish Wars* 2.117. 참고. 요 18:31; 19:10.

747 하지만 이 행습을 행 7:58-60에 나오는 예외와 대조해보라.

748 참고. W. Popkes, "우리는 여기서 마가의 수난 신학의 필수 요소들을 다루는데, 그 신학 안에서 메시아적 비밀이 서서히 드러나고 있다"(*EDNT*, 3:19).

749 1:14-15 주석; 3:19 주석; 9:30-31 주석; 13:9-13 주석; 14:10-11 주석; 14:41-42 주석을 보라. 참고. 눅 23:25; 행 12:4.

750 참고. Josephus, *Jewish Wars* 2:280-281.

751 참고. 14:12-26 주석; 15:42-45 주석; 요 19:31, 42.

이 충분치 않은 상태였다. 그래서 그는 로마에 있는 황제의 눈치를 보는 한편, 유대 지도자들과 타협하는 일에 더 많이 의존했다(참고. 15:15). 유대 지도자들은 빌라도에게 '정치적인' 말로 표현된 그들의 '종교적' 판결을 넘겨준다.[752] 그 당국자들은 예수님을 하나님을 모독하는 자로 밝히기보다는 "유대인의 왕"(2절)으로 자처하는 자로 소개한다.[753] 여기에 사용된 헬라어 동사 카테고레오(*katēgoreō*, '내가 고발하다', '내가 비난하다', 3, 4절, 참고. 3:2)가 과거 진행형이므로, 그의 적대자들이 '그를 계속해서 고발했다'고 말할 수 있다.

예수님은 대제사장과 산헤드린 앞에서 자신이 메시아이며 하나님의 아들이라는 사실을 담대하게 말씀하셨다(14:60-62). 그런 주장이 빌라도에게는 큰 의미가 없을 것이다. 하지만 "유대인의 왕"[754](참고. 15:9, 12, 18, 26)이라는 로마자 어구는, 예수님이 지난 마카비 반역(주전 2세기)의 노선을 따라 로마에 대항해 게릴라식 반란을 주도하려 한다고 시사할 수 있었다(참고. 요 18:33-38). 게다가 예수님은 자신이 하나님에게 기름 부음을 받은 메시아적 왕이라고 암시하시기도 했다(막 14:62, 참고. 요 18:36). 하지만 메시아적 왕에 대한 예수님의 묘사와 그 모습은 흔히들 품고 있던 다윗 혈통의 정치적 왕에 대한 기대와 확연히 다르다. 그분은 다른 모든 (거짓된) 고발(참고. 눅 23:2, 5)과 허위 진술(막 14:61도 참고하라)에 대해 침묵을 지키는 한편 그분 자신이 누구인지를 실제로 고백하셨다.[755] 그런데 지금 "예수께서는 더 이상 아무 대답도 하지 않으셨다"(15:5, 새번역).[756] 예수님은 그분에게 있는 왕권의 범위를 좁히려는 모든 헛된 시도에 저항하신다. 요한에 따르면, 예수님이 사적으로 빌라도에게 "내 나라는 이 세상에 속한 것이 아니니라"(요 18:36)고 말씀하신다.

15장

752 참고. 막 14:64 및 3:6 주석; 11:27-30 주석.

753 막 15:9, 12, 18, 26도 보라. 참고. 눅 23:2.

754 유대인의 관점에서 보면 그 어구가 "이스라엘의 왕"(막 15:32)이다.

755 참고. 시 38:21; 사 53:7.

756 하지만 요 18:33-38에 기록된 예수님과 빌라도 간의 사적 대화를 보라.

빌라도가 놀랐다는 것이 두 번 언급된다. 무서운 예감이 든 그는(마 27:19; 요 19:8) 예수님이 스스로를 변호하지 않으셔서 '놀란다'(막 15:5). 나중에는 예수님이 상당히 빨리 죽은 것을 알고 '놀랄' 것이다(15:44).[757] 예수님은 침묵을 지키며 더 이상 그 자신을 변호하지 않으신다.[758] 로마법의 관점에서 보면, 법정 심문 동안 피고인의 침묵은 피고 쪽의 유죄에 대한 암묵적 인정을 암시하고, 판사에게 피고의 유죄를 추정하도록 압력을 가하게 된다.

15:6-7 구속력 있는 판결을 발표하기에 앞서, 빌라도에게는 피고인을 용서하는 최후의 선택권이 있다. 하지만 그런 용서는 상대방이 유죄일 가능성을 함축한다. 6절에 따르면, 빌라도는 유대 백성을 달래는 방도로 형사 피의자 한 명을 석방하는 전통을 세웠었다. "빌라도는 명절 때마다 사람들이 요구하는 죄수 하나를 놓아주곤 하였다"(새번역, 참고. 요 18:39).[759] 빌라도가 이 전술적 조치에 힘입어 예수님을 풀어주길 바란 것은, 예수님이 로마법으로 처벌할 수 있는 어떤 범죄도 저지르지 않았다고 느꼈기 때문일 수 있다(막 15:9, 14, 참고. 요 18:38). 그에 반해 바라바는 노골적으로 로마의 억압적 권세에 대항해 싸우던 정치적 반역자[스타시아스테스(*stasiastēs*), "혁명가"][760]임이 틀림없다.

15:8-10 비교적 작은 "군중"은 유대 당국자들로부터 빌라도 앞에서 당

757 참고. Bertram, *TDNT*, 3:38. 경이로움과 놀라움이라는 모티브는 마가복음에서 매우 중요하다. 다음 구절들에 대한 주석을 보라. 1:21-28; 2:9-12; 5:42-43; 6:1-2; 6:51-52; 7:37; 9:15-16; 10:24-34; 11:18; 12:2; 12:17; 16:8. 이 주제에 대한 심층적 연구를 보려면 Dwyer, *Motif of Wonder*를 참고하라.

758 참고. 사 53:7. 아울러 시 38:21; 109:4; 사 52:15을 보라.

759 로마의 여러 속주의 총독들은 그들이 로마를 대신해 책임지는 곳의 평화를 유지하기 위해 다양한 유화정책을 폈다(참고. 특히 Evans, *Mark*, 479-480). 요세푸스는 또한 유대인이 유월절에 일종의 특사를 단행할 것이라고 말한다(*Antiquities* 20.208-215). 사무엘상 14:44-45에 상술된 특사도 보라.

760 참고. BDAG, s.v. στάσις 2.

국의 입장을 지지하라는 지시를 받았을 것이다.[761] 빌라도는 비웃듯이 바로 질투 때문에 유대 지도자들이 그런 행동을 한다고 추측한다. 그는 그들의 고발이 근거가 없다고 주장한다(참고. 행 3:13). 빌라도는 그 고발과 연관된 신학적 이슈에 대해서는 관심이 없다(그리고 무지하다).

15:11-13 여기에 무척 슬프고 고통스러운 아이러니가 있다. 로마법 아래서 사형 선고를 받은 게릴라 전사가 로마 제국의 행정 당국에 대항하는 그 어떤 말이나 행동도 하지 않은 무죄한 사람을 대신해 빌라도의 용서를 받게 되는 것이다.[762] 앞에서 언급했듯이, 빌라도는 지금 위태롭고 약한 입장에 처해 있다. 그는, 특히 로마법에 비추어보면, 약한 증거(본질적으로 종교적인 판결)에 기초해서 부득불 예수님을 처형당하도록 넘겨준다(참고. 15:14-15). 빌라도는 이전에 유대 백성에게 고압적인 조치를 취해 자기 권력을 남용하는 바람에 로마 황제로부터 가혹한 비판을 받은 적이 있어서, 이제는 속주의 질서를 유지하기 위해 좀 더 신중하게 처신해야 한다.

15:14-15 다시 한 번, 빌라도는 예수님이 죽임을 당할 만한 범죄로 고발되거나 유죄 판결을 받은 적이 없다고 주장하려고 한다.[763] 그래서 이렇게 단언한다. "[그가] 무슨 악한 일을 하였느냐." 그는 예수님의 죽음에 대한 모든 책임을 유대 당국자들에게 전가하려고 한다. 하지만 예수님이 그의 법적 책임과 사법권 아래서 처형당하신 것은 엄연한 역사적 사실로 남아 있다.

로마의 불의한 권력이 이제 그 추악한 값을 지불한다. 빌라도는 법정에서 로마의 공의를 옹호하도록 임명받은 재판관으로서 죄수를 풀어주고 무

761 막 15:11을 보라. 11:9과 대조해보라. 그런 행동을 Josephus, *Jewish Wars* 2.175와 비교해보라.

762 참고. 12:17 주석. 참고. 행 3:14.

763 행 3:13을 보라. 참고. 시 38:20-21; 사 53:9.

죄한 자를 정죄한다. 결국 빌라도는 바라바를 놓아주고 예수님을 십자가 처형에 넘겨준다. 이는 로마 법정에서 대역죄의 판결을 받은 죄수들에 대한 형벌이다. 빌라도는 "무리에게 만족을 주고자"(15절, 참고. 요 19:12) 이렇게 한다. 이와 비슷하게 헤롯 안디바가 세례 요한의 참수형을 집행한 장면(마 14:5)을 주목하라.[764] 채찍질[프라겔로오(*phragelloō*), '내가 매질하다', 어원은 라틴어 플라겔룸(*flagellum*)] 자체로 죽음을 초래할 수 있다(참고. 요 19:1-4). 이는 자신이 매질[마스티고오(*mastigoō*), '내가 채찍질하다', '내가 때리다', 요 19:1)을 당할 것에 대한 예수님의 예언(마 10:34)을 성취한다. 빌라도가 예수님을 죽음에 "넘겨준다."[765] 여기서 다시금 파라디도미('넘겨지다')라는 단어가 사용된다. 이는 예수님이 넘겨지는 여러 단계 중 최종 단계에 해당한다.[766]

15:16-20[767] '대대 전체'를 소집한다는 사실은 예수님이 이제 로마의 적으로 취급받으신다는 것을 보여준다.[768] 그들은 예수님을 자칭 "유대인의 왕"으로 옷 입히고, 조롱하고, 학대하고, 때린다. 그분은 마치 그들의 막강하고 "신성한" 황제를 배척했던 것처럼 취급받으신다(15:9, 12, 26).[769]

로마 군인의 자색 옷(마 27:28)은 왕족의 "외투"(참고. 요 19:2, 5)[770]와 비슷하다. 가시나무 가지로 된 화관은 조롱하는 '왕관'으로 사용된다(계 19:11-16과 대조해보라).[771] 예수님에게 비꼬는 경의[프로스퀴네오(*proskyneō*), '내가 엎드려

764 참고. H. Bietenhard, *NIDNTT*, 2:801.

765 참고. 사 53:6, 12. 그리고 Josephus, *Antiquities* 18.64와 Tacitus, *Annals*, 15.44.3을 보라.

766 참고. 1:14-15 주석; 3:19 주석; 9:30-31 주석; 10:32-34 주석; 13:9-13 주석; 14:10-21 주석; 14:41-45 주석; 15:1 주석; 15:8-10 주석.

767 이 장면을 그분의 고난에 대한 예수님의 예언들(특히 막 10:32-34)과 비교해보라.

768 참고. BDAG, s.v. σπεῖρα. 한 대대는 6백 명으로 이루어진 보병대일 가능성이 크다(참고. Josephus, *Jewish Wars* 3.67).

769 마 27:28; 요 19:2-4을 보라. 참고. 눅 23:11.

770 참고. BDAG, s.v. πορφύρα.

771 참고. W. Grundmann, *TDNT*, 7:632.

경배하다', 참고 막 10:34]를 표하는 장면은, 로마 황제에게 아첨하는 모습으로 그분을 조롱하는 것이다. 특히 예수님 앞에서 '경례하는 모습'(15:18)과 '무릎 꿇는 모습'(19절)을 주목하라. 주전 1세기 동안에도 군림 황제에 대한 특정한 견해에 따라 다양한 형태의 황제 경배가 행해졌다(마 2:2과 대조해보라).[772] 적대자들이 오랫동안 품어왔던 목표를 마침내 달성했다(막 3:6; 이 구절에 대한 주석을 참고하라). 이제 예수님은 로마인의 호위 아래 십자가 처형장으로 끌려가신다(15:20; 요 19:16).

응답

14:66-72에 대한 응답

베드로가 예수님을 부인하는 이야기는 오늘날 제자들의 마음을 누그러뜨리고 많은 교훈을 준다. 베드로는 그의 자백이 공공연한 지식이 될 것을 알면서도, 너무나 솔직하고 투명하게 자신의 실패에 대해 증언한다. 그렇게 할 수 있는 것은 그리스도의 과분하고 변함없는 자비를 받았기 때문이다(참고. 막 16:7). 베드로가 예수님을 세 번 부인한 후, 동료 제자인 요한은 예수님이 세 번 확인하는 질문으로 어떻게 베드로를 회복시키고 다시 그에게 사명을 주시는지 전한다(요 21:15-17, 참고. 눅 22:31-32).

유다의 근본적인 배신과 달리, 베드로는 한시적인 두려움과 자기보존 때문에 넘어지고 만다. 그는 자신의 잘못을 깊이 뉘우치면서 회개했고(마 26:72; 눅 22:62). 예수님은 자비를 베풀어 그를 회복시키신다. 그리하여 사도로서 초기 교회의 대변인이 되는 인물이 등장한다.[773] 오늘날의 그리스도인은 예수님이 베드로의 부인 이후 그를 은혜롭게 다루시는 모습에서 격

772 H. Schönweiss and C. Brown, *NIDNTT*, 2:877.

773 사도행전 1:1-8:25에 나오는 베드로의 초상을 보라.

려를 받을 수 있다. 물론 예수님을 따르는 이들도 넘어지고, 그분을 부인하고, 죄를 짓는다. 그럼에도 불구하고 그분은 회개의 선물을 주시고, 용서로 회복시키시고, 화해를 이루시고, 받아주신다(벧전 5:10). 다른 한편, 그리스도인은 의도적으로 그리스도를 부인하거나, 그분에게 반역하거나, 일부러 죄를 지으면 안 된다. 오히려 예수님의 언약적 자비는 언제나 그분을 따르는 자들이 더욱 경건해지게 하고, 자율성이나 부도덕한 행위를 피하도록 동기를 부여해야 한다(참고. 고후 6:1). 예수님은 사랑과 속죄를 베풀어서 제자들을 경건에 이르는 길로 인도하신다.

15:1-20에 대한 응답

이 단락은 오늘날 그리스도인이 어떻게 다양한 형태의 고난을 견뎌야 하는지 묻게 한다. 무엇보다 먼저, 그분을 따르는 자들을 위한 예수님의 죽음은 비할 데 없는 것이며 하나님과의 화해를 통한 영원한 관계를 제공한다(벧전 3:18). 인간은 이 은혜를 감사함으로 받아들여야 한다. 둘째, 그리스도의 제자는 용서받은 죄인으로서 다음 사실을 깨닫게 된다. 그리스도의 사랑을 영접한 결과 얻게 된 마음의 순결함이 경건한 고난을 받는 데 필수적이라는 사실이다(참고. 벧전 2:21-25; 4:8). 예수님은 자신에게 행해진 악에 대해 악한 방식으로 보복하지 않으신다. 마찬가지로, 그분의 제자들도 악을 악으로 갚는 것을 삼가야 한다. 이것이 베드로가 훗날 소아시아에서 고난당하는 그리스도인들에게 가르치는 것이다. "악을 악으로, 욕을 욕으로 갚지 말고 도리어 복을 빌라 이를 위하여 너희가 부르심을 받았으니 이는 복을 이어받게 하려 하심이라"(벧전 3:9). 셋째, 그리스도인은 고난과 시련을 겪는 중에도 깨끗해지고 있다(막 10:39). 끝으로, 그리스도인은 끝없는 듯한 슬픔 중에도 하나님을 신뢰하고 그분의 궁극적 구출을 바라본다.

Mark
마가복음
15:21-16:8

15:21 마침 알렉산더와 루포의 아버지인 구레네 사람 시몬이 시골로부
터 와서 지나가는데 그들이 그를 억지로 같이 가게 하여 예수의 십자
가를 지우고 22 예수를 끌고 골고다라 하는 곳(번역하면 해골의 곳)에
이르러 23 몰약을 탄 포도주를 주었으나 예수께서 받지 아니하시니라
24 십자가에 못 박고 그 옷을 나눌새 누가 어느 것을 가질까 하여 제
비를 뽑더라 25 때가 제 삼 시가 되어 십자가에 못 박으니라 26 그 위
에 있는 죄패에 유대인의 왕이라 썼고 27 강도 둘을 예수와 함께 십자
가에 못 박으니 하나는 그의 우편에, 하나는 좌편에 있더라 28 [1](없음)
29 지나가는 자들은 자기 머리를 흔들며 예수를 모욕하여 이르되 아
하 성전을 헐고 사흘에 짓는다는 자여 30 네가 너를 구원하여 십자가
에서 내려오라 하고 31 그와 같이 대제사장들도 서기관들과 함께 희
롱하며 서로 말하되 그가 남은 구원하였으되 자기는 구원할 수 없도
다 32 이스라엘의 왕 그리스도가 지금 십자가에서 내려와 우리가 보고
믿게 할지어다 하며 함께 십자가에 못 박힌 자들도 예수를 욕하더라
15:21 And they compelled a passerby, Simon of Cyrene, who was
coming in from the country, the father of Alexander and Rufus, to carry

his cross. 22 And they brought him to the place called Golgotha (which
means Place of a Skull). 23 And they offered him wine mixed with
myrrh, but he did not take it. 24 And they crucified him and divided his
garments among them, casting lots for them, to decide what each should
take. 25 And it was the third hour[1] when they crucified him. 26 And the
inscription of the charge against him read, "The King of the Jews."
27 And with him they crucified two robbers, one on his right and one on
his left.[2] 29 And those who passed by derided him, wagging their heads
and saying, "Aha! You who would destroy the temple and rebuild it in
three days, 30 save yourself, and come down from the cross!" 31 So also
the chief priests with the scribes mocked him to one another, saying,
"He saved others; he cannot save himself. 32 Let the Christ, the King of
Israel, come down now from the cross that we may see and believe."
Those who were crucified with him also reviled him.

33 제 육 시가 되매 온 땅에 어둠이 임하여 제 구 시까지 계속하더니
34 제 구 시에 예수께서 크게 소리 지르시되 엘리 엘리 라마 사박다니
하시니 이를 번역하면 나의 하나님, 나의 하나님 어찌하여 나를 버리
셨나이까 하는 뜻이라 35 곁에 섰던 자 중 어떤 이들이 듣고 이르되 보
라 엘리야를 부른다 하고 36 한 사람이 달려가서 해면에 신 포도주를
적시어 갈대에 꿰어 마시게 하고 이르되 가만 두라 엘리야가 와서 그
를 내려 주나 보자 하더라 37 예수께서 큰 소리를 지르시고 숨지시니
라 38 이에 성소 휘장이 위로부터 아래까지 찢어져 둘이 되니라 39 예
수를 향하여 섰던 백부장이 그렇게 숨지심을 보고 이르되 이 사람은
진실로 하나님의 아들이었도다 하더라

33 And when the sixth hour[3] had come, there was darkness over the
whole land until the ninth hour.[4] 34 And at the ninth hour Jesus cried

with a loud voice, "Eloi, Eloi, lema sabachthani?" which means,
"My God, my God, why have you forsaken me?" 35 And some of
the bystanders hearing it said, "Behold, he is calling Elijah." 36 And
someone ran and filled a sponge with sour wine, put it on a reed and
gave it to him to drink, saying, "Wait, let us see whether Elijah will
come to take him down." 37 And Jesus uttered a loud cry and breathed
his last. 38 And the curtain of the temple was torn in two, from top to
bottom. 39 And when the centurion, who stood facing him, saw that in
this way he[5] breathed his last, he said, "Truly this man was the Son[6] of
God!"

15장

40 멀리서 바라보는 여자들도 있었는데 그중에 막달라 마리아와 또
작은 야고보와 요세의 어머니 마리아와 또 살로메가 있었으니 41 이들
은 예수께서 갈릴리에 계실 때에 따르며 섬기던 자들이요 또 이 외에
예수와 함께 예루살렘에 올라온 여자들도 많이 있었더라

40 There were also women looking on from a distance, among whom
were Mary Magdalene, and Mary the mother of James the younger and
of Joses, and Salome. 41 When he was in Galilee, they followed him
and ministered to him, and there were also many other women who
came up with him to Jerusalem.

42 이날은 준비일 곧 안식일 전날이므로 저물었을 때에 43 아리마대
사람 요셉이 와서 당돌히 빌라도에게 들어가 예수의 시체를 달라 하
니 이 사람은 존경 받는 공회원이요 하나님의 나라를 기다리는 자라
44 빌라도는 예수께서 벌써 죽었을까 하고 이상히 여겨 백부장을 불
러 죽은 지가 오래냐 묻고 45 백부장에게 알아 본 후에 요셉에게 시체
를 내주는지라 46 요셉이 세마포를 사서 예수를 내려다가 그것으로 싸

서 바위 속에 판 무덤에 넣어두고 돌을 굴려 무덤 문에 놓으매 47 막달
라 마리아와 요세의 어머니 마리아가 예수 둔 곳을 보더라
42 And when evening had come, since it was the day of Preparation,
that is, the day before the Sabbath, 43 Joseph of Arimathea, a respected
member of the council, who was also himself looking for the kingdom
of God, took courage and went to Pilate and asked for the body of
Jesus. 44 Pilate was surprised to hear that he should have already died.[7]
And summoning the centurion, he asked him whether he was already
dead. 45 And when he learned from the centurion that he was dead, he
granted the corpse to Joseph. 46 And Joseph[8] bought a linen shroud, and
taking him down, wrapped him in the linen shroud and laid him in a
tomb that had been cut out of the rock. And he rolled a stone against the
entrance of the tomb. 47 Mary Magdalene and Mary the mother of Joses
saw where he was laid.

16:1 안식일이 지나매 막달라 마리아와 야고보의 어머니 마리아와 또
살로메가 가서 예수께 바르기 위하여 향품을 사다 두었다가 2 2)안식
후 첫날 매우 일찍이 해 돋을 때에 그 무덤으로 가며 3 서로 말하되 누
가 우리를 위하여 무덤 문에서 돌을 굴려주리요 하더니 4 눈을 들어본
즉 벌써 돌이 굴려져 있는데 그 돌이 심히 크더라 5 무덤에 들어가서
흰 옷을 입은 한 청년이 우편에 앉은 것을 보고 놀라매 6 청년이 이르
되 놀라지 말라 너희가 십자가에 못 박히신 나사렛 예수를 찾는구나
그가 살아나셨고 여기 계시지 아니하니라 보라 그를 두었던 곳이니라
7 가서 그의 제자들과 베드로에게 이르기를 예수께서 너희보다 먼저
갈릴리로 가시나니 전에 너희에게 말씀하신 대로 너희가 거기서 뵈오
리라 하라 하는지라 8 여자들이 몹시 놀라 떨며 나와 무덤에서 도망하
고 무서워하여 아무에게 아무 말도 하지 못하더라

16:1 When the Sabbath was past, Mary Magdalene, Mary the mother
of James, and Salome bought spices, so that they might go and anoint
him. 2 And very early on the first day of the week, when the sun had
risen, they went to the tomb. 3 And they were saying to one another,
"Who will roll away the stone for us from the entrance of the tomb?"
4 And looking up, they saw that the stone had been rolled back—it was
very large. 5 And entering the tomb, they saw a young man sitting on
the right side, dressed in a white robe, and they were alarmed. 6 And
he said to them, "Do not be alarmed. You seek Jesus of Nazareth, who
was crucified. He has risen; he is not here. See the place where they laid
him. 7 But go, tell his disciples and Peter that he is going before you to
Galilee. There you will see him, just as he told you." 8 And they went
out and fled from the tomb, for trembling and astonishment had seized
them, and they said nothing to anyone, for they were afraid.

16장

1) 어떤 사본에는, 28 '불법자와 함께 인정함을 받았다 한 성경이 응하였느니라'가 있음
2) 헬, 그 주간의

1 That is, 9 A.M. *2* Some manuscripts insert verse 28: *And the Scripture was fulfilled that says, "He was numbered with the transgressors" 3* That is, noon *4* That is, 3 P. M. *5* Some manuscripts insert *cried out and 6* Or *a son 7* Or *Pilate wondered whether he had already died 8* Greek *he*

단락 개관

이 이야기는 재빠른 순서로 예수님의 십자가 처형(막 15:21-36, 20절이 경첩 역할을 한다), 죽음과 그에 수반되는 사건들(37-41절) 그리고 장사(42-47절)를 묘사하고, 빈 무덤에 대한 보고와 그분의 부활 소식에서 절정에 이른다(16:1-8).

십자가 처형 자체는 불과 몇 마디로 묘사되어 있다. 흥미로운 점은 예수님을 적대하고 조롱하는 자들이 그분의 죽음에 대한 묘사 '이전'에만 말하고 행동한다는 것이다(15:21-36). 예수님을 존경하고 신뢰하고 따르는 이들은 그분의 죽음에 대한 묘사 '이후'에 언급된다(39-47절). 따라서 마가의 이야기에 따르면, 예수님의 죽음이 그분을 조롱하는 자의 집단과 추종자들 및 찬미자들을 갈라놓는다. 이 내러티브의 순서를 살펴보면, 예수님의 십자가 처형이 그분의 대적들을 잠잠케 하는 한편, 대적들은 자신들이 십자가 처형을 통해 예수를 잠잠케 한다고 믿는 듯하다.

예수님이 부활한 후에 나타나시는 장면은 마가복음에 전혀 언급되지 않는다. 하지만 천사가 여인들에게 그분의 부활을 알려준다(16:6). 그들은 예수님을 십자가까지 그리고 무덤까지 줄곧 신실하게 따라왔던 여인들이다. 빈 무덤은 부활에 대한 예수님의 예언이 성취되는 데 꼭 필요한 조건이다(8:31; 9:9, 31; 10:32-34을 보라. 참고. 14:25).

단락 개요

III. 2부: 고난과 죽음의 필연성을 통해 예수님의 권위를 시험하다 (8:27-16:8[9-20])

C. 예루살렘에서의 수난과 부활(14:1-16:8[9-20])

4. 십자가 처형, 죽음, 장사, 빈 무덤(15:21-47)
   a. 십자가에 못 박히시다(15:21-36)
      (1) 구레네 시몬(15:21-22)
      (2) 십자가 처형(15:23-26)
      (3) 두 죄수가 예수님을 조롱하다(15:27-32)
      (4) 생애 마지막 순간(15:33-36)
   b. 예수님의 죽음과 그에 수반되는 사건들(15:37-39)
   c. 여인들이 목격하다(15:40-41)
   d. 장사(15:42-47)
5. 부활의 소식(16:1-8)
   a. 여인들이 무덤으로 가다(16:1-2)
   b. 빈 무덤(16:3-5)
   c. 예수님이 부활하셨다는 소식(16:6-7)
   d. 여인들이 무덤을 떠나다(16:8)

15장

주석

15:21-38 개요

예수님이 십자가에 못 박혀 죽으시는 장면은 불과 몇 마디로 서술되어 있다. 앞에서 언급했듯이, 예수님을 조롱하는 이들은 예수님의 죽음 '이전'에만 언급되어 있다(21-36절). 예수님이 죽은 뒤에는 이런 목소리들이 잠잠해진다. 예수님의 죽음에 대한 묘사(37절)와 성전 휘장이 찢어지는 것(38절)이 나란히 서술되어 있다. 이것은 독자에게, 그리스도의 속죄의 죽음이 신자에게 지성소로, 즉 살아 계신 하나님의 존전으로 직접 나아가는 길을 열어준다고 시사하는 듯하다(참고. 히 9:24). 이 좋은 소식이 장차 범세계적으

로 전파될 것이므로 그런 접근은 이제 모든 나라의 모든 사람들에게 열려 있다.[774]

15:21-22 로마 관습에 따르면, 대중에게 최대한 억지력을 발휘하게 하기 위해 예수님을 성벽 바깥으로 끌고 가야 한다. "[그들이] 그를 끌고 나가니라"(15:20, 참고. 히 13:11-13). 이는 또한 레위기 24:14과 민수기 15:35에 기록된 유대 정결 율법에 규정되어 있다.[775] 이 내러티브는 이제 독자를 니산월 15일의 후반부에 해당하는 아침으로 데려간다. 로마법에 따르면, 구레네 시몬과 같은 사람에게 예수님 십자가의 수평 들보(파티불룸)를 지고 가도록 강제할 수 있었다.[776] 긴 시간 예수님이 가혹하게 학대받았기 때문에 그런 도움이 필요하다(참고. 요 19:17). 구레네 시몬이 거룩한 유월절에 밭에서 '일하고' 있었는지 여부를 추측하는 것은 별로 유익하지 않다.[777] 본문은 시몬이 시골로부터 왔다고 진술할 뿐이다. 여기에 사용된 헬라어 어구[아프 아그루(*ap agrou*)]는 "시골로부터" 또는 '밭으로부터'를 의미할 수 있다.

아마 십자가의 수직 기둥은 이미 서쪽 성벽 바깥에 있는 언덕인 "골고다" 위에 세웠을 것이다. 십자가형은 대중에게 십자가에서 처형되는 자의 운명을 피하고 싶으면 로마 권력에 대항해 반역을 일으키지 말라고 공개적으로 경고하는 무시무시한 수단으로 평가된다. 로마 당국자들이 이 잔인한 처형 형태를 이용한 경우는 이루 헤아릴 수 없고, 특히 속주에서 더욱 그랬다.

15:23-24 특히 고대 세계에서는 "몰약을 탄[또는 "몰약의 맛이 나는"[778]] 포도

774 참고. 11:16-17 주석; 13:10 주석.

775 참고. 요 19:20. 아울러 속죄 제물을 바칠 때의 율법도 보라(레 4:5-21).

776 시몬의 행동을 막 8:34에 나오는 예수님의 명령과 비교해보라.

777 니산월 15일에는 가장 필요한 과업에 국한되는 일만 허용되었다(참고. 민 28:16-25).

778 참고. BDAG, s.v. σμυρνίζω.

주"는 약간의 마비 효과가 있는 것으로 간주되었다(참고. 잠 31:6-7). 예수님이 그런 혼합주를 거절하시는 것은 주목할 만하다. 그런데 우리는 이 거절 장면과 마가복음 15:36에서 신 포도주는 받아들이시는 모습을 대조할 수 있다.[779] 십자가에 매달려 죽으려면, 양손이 손목 위쪽으로 수평 기둥에 못 박히거나 양팔이 밧줄로 그 기둥에 묶여야 한다. 이후에 수평 기둥이 수직 기둥의 위쪽에 얹히거나 못 박히게 된다. 이어서 양발의 위쪽이 수직 기둥에 못 박힌다. 이 맥락에서 시편 22:16에 나오는 절규를 주목할 수 있다. "악한 무리가 나를 둘러 내 수족을 찔렀나이다." 그들이 "예수의 옷을 나누어 가졌는데"(막 15:24, 새번역). 로마 군인들은 십자가에 처형된 사람의 소유물을 얻기 위해 '제비뽑기'를 하는 데 익숙했다.[780]

15:25 이 경우에는 요한이 정확한 시간 기준, 즉 "낮 열두 시쯤"(요 19:14, 새번역)이라고 알려준다. 마가의 시간 기준은 구체적이기보다는 일반적이다. 그래서 마가가 언급하는 "제 삼 시"는 니산월 15일의 후반부에 속하는, 오전 9시 이후에 시작해서 정오에 끝나는 시간을 가리킬 수 있다.

15:26 십자가 처형 이후, '그의 죄목에 대한 명문'을 예수님의 머리 위쪽에 못 박아서 누구나 무슨 범죄로 그분이 그토록 수치스러운 형벌을 받았는지 읽을 수 있게 했다(참고. 요 19:19). 빌라도는 그 명문으로 자신의 통탄할 행동을 정당화하려는 듯하다. 이로써 그는 예수님이 정말로 로마의 정치적인 적으로 처형당했다고 시사한다. 동시에 그는 유대 당국자들이 반대하는 명문의 문구를 그냥 두겠다고 고집함으로써 그들을 화나게 만든다(막 15:10; 요 19:19-22).

779 참고. L. Morris, *NIDNTT*, 2:28.

780 막 15:24의 표현과 시 22:18을 비교해보라. 참고. 요 19:24.

15:27-32 예수님과 나란히 매달린 두 죄수는 게릴라 유형의 자유 투사들이거나 무정부주의자들로서 로마법에 따라 사형을 선고받았다. "지나가는 자들은…예수를 모욕[했다]." 유월절 축제 때문에 예루살렘으로 들어오는 길에 수백 명의 사람들이 있었다. 유대 당국자들과 한 통속이 된 그들의 조롱(참고. 애 2:15)은 반쪽 진실만 담고 있으며, 여러 시편의 대목들[781]을 상기시킨다. 반쪽 진실은 예수님이 예루살렘의 성전을 파괴하겠다고 주장했다는 거짓 고발을 포함한다(참고. 14:57-59 주석). "그리스도"가 "이스라엘의 왕"(15:32)이라는 또 다른 진술은 정치적인 용어로 잘못 새겨졌다. 이 유대식 표현은 로마 관료들과 소통할 때 일관되게 사용되던 "유대인의 왕"(참고. 15:2-5 주석)이라는 어구와 대조를 이룬다. 이와 같이 당국자들도 그분을 '비웃었다'(참고. 14:65). 그들이 조롱하는 말은 유대 당국자들 쪽의 비꼬는 용인, 말하자면 예수님이 남들을 "구원할"(소조) 능력이 있다는 것(15:31)을 포함한다.[782]

대적들은 이제 그들의 목표를 달성했다고 확신하고 있다(31절, 참고. 10:33). "나무에 달린 자는 하나님께 저주를 받았[기]"(신 21:23) 때문에, 예수님은 그분이 행한 신성모독으로 인해 신의 저주를 받은 것처럼 보인다. 그러나 예수님은 무죄가 입증되고 부활할 것이라고 예언하셨다(막 8:31; 10:45; 14:21, 36, 49). 유대 지도자들의 승리에 찬 냉소적 조롱("이스라엘의 왕 그리스도가 지금 십자가에서 내려와 우리가 보고 믿게 할지어다", 15:32, 참고. 시 22:7, 9)은 예수님이 그동안 폭로하신 것들을 밝히 드러낸다. 그들이 "하늘로부터 오는 표적"(막 8:11-12)을 요구하는 것은 경건한 소리로 들릴지 몰라도 사실은 진리를 찾거나 회개하거나 믿기 위해서가 아니라 자기중심적인 태도와 길을 고집하기 위해서다. 바로 이런 태도가 예수님의 파멸을 초래한 것

781 참고. 시 22:7-9; 35:25; 109:25.

782 마가복음에서는 "구원하다"라는 언급이 종종 "내가 구출하다", "내가 질병에서 해방시키다" 또는 "내가 귀신 들림에서 해방시키다"로 번역된다(BDAG, s.v. σῴζω 1). 참고. 막 5:23, 28, 34; 6:56; 10:52. 아울러 이 단어(소조)가 "구출하다"로 번역되는 시 21:9 칠십인역(시 22:9 마소라 본문)도 주목하라.

이다.[783] 이런 식으로 말함으로써 예수님의 대적들은 성경조차 그들의 편이라고 암시한다(참고. 신 21:23). 예수님이 이처럼 치욕을 당하는 것이 많은 사람을 구원하시기 위함이라는 것을 그들은 알 수도 없고 알려고 하지도 않는다.[784]

예수님과 함께 십자가에 못 박힌 두 죄수마저 "예수를 욕[했다]." 여기서 헬라어 단어 오네이디조(*oneidizō*, '그들이 계속해서 욕을 퍼부었다', '그들이 비난을 계속했다')의 과거진행형을 주목하라. 하지만 예수님이 죽기 전 어느 시점에 두 반역자 중 한 명에게 심경의 큰 변화가 일어난다(참고. 눅 23:39-43).[785] 그는 백부장처럼(참고. 막 15:39) 예수님의 무죄함을 본 듯하다. 예컨대 예수님이 마취제를 거절하시는 모습을 주목했을 것이 틀림없다.[786] 그래서 그는 예수님에게 "당신의 나라에 임하실 때에 나를 기억하소서"(눅 23:42)라고 부탁함으로써 마침내 회개하는 모습으로 하나님께 돌아온다.

15장

15:33 정오부터 오후 3시에 이르는 시간에 "어둠"이 온 땅을 덮는다(참고. 눅 23:44). 니산월 15일은 보름달이 뜨는 날이라서 이 어둠은 일식(日蝕)으로 생긴 것이 아니다. 때로는 어둠이 한탄의 때를 전할 수 있다(암 8:9-10). 그리고 최초의 유월절 시기에는 신의 심판을 가리키는 어둠도 있었다(출 10:21-23, 38-39, 45).[787]

15:34 예수님은 세 시간 더 마지막 죽음의 고통을 견디셔야 한다(참고. 25절).

783 반대와 저항이라는 주제는 마가복음에 자주 나온다. 2:7; 3:6; 11:18; 12:12; 14:1-2, 10-11, 53, 55, 64; 15:1, 3, 11을 보라. 참고. 행 3:15.

784 8:31 주석; 9:11-13 주석; 10:45 주석; 14:18-21 주석; 14:32-36 주석; 14:48-49 주석을 보라. 참고. 사 52:13-53:12.

785 이와 다른 설명을 보려면 Wallace, *Greek Grammar*, 405를 참고하라.

786 참고. 15:23-24 주석; 15:35-36 주석.

787 참고. 막 10:38-39, 45; 14:24, 36; 15:34.

이전의 채찍질이 이미 죽음을 초래했을 수도 있다. 십자가에 못 박힌 것은 고통을 더한다. 그분은 시편 22편을 암송하기 시작하신다. "엘리 엘리 라마 사박다니 하시니." 이를 번역하면[788] '나의 하나님, 나의 하나님, 어찌하여 나를 버리셨나이까?' 하는 뜻이다. 헬라어 어구 에이스 티(*eis ti*, '왜')는 '무엇 때문에' 또는 '무슨 목적으로'라고 번역될 수도 있다. 하지만 가장 중요한 점은 그 고통스러운 부르짖음의 대상이 '하나님'이라는 사실이다. 예수님은 하나님께 버림받은 엄청난 고통(참고. 사 59:2), 하나님의 심판(막 10:38-39; 14:36) 그리고 육체적 고통을 겪는 중에도 다름 아닌 하나님께 외치고 계시는 것이다. 이처럼 그분은 대속적인 고난을 당하고 계신다(10:45; 14:24, 참고. 사 53:5-12). 유대인은 그 시편의 모든 구절을 암송하곤 했기 때문에, 예수님이 고통의 와중에도 그 시편 전체를 암송하기 시작하시는 것일 수 있다. 시편 22:1 이후의 맥락은 하나님에 대한 심층적이고 지속적인 신뢰를 전한다(22:4-5, 9-11, 19-21). 마침내 시편 저자는 하나님의 개입과 변호를 기대한다(22:4-5, 22-31).[789]

15:35-36 훗날의 대중적 미신에 따르면, 매우 다급할 때는 "엘리야"를 불러도 된다고 한다.[790] "신 포도주"[옥소스(*oxos*), '포도 식초', 36절]는 갈증을 풀도록 주어지는데, 어쩌면 십자가에 매달린 사람의 고통을 연장하기 위한 것일 수도 있다(요 19:28을 보라, 참고. 시 22:15). 앞에서 언급했듯이, 신 포도주는 몰약이나 담즙을 탄 포도주[오니온 메타 콜레스(*onion meta cholēs*), "쓸개 탄 포도주", 마 27:34]와 구별되어야 한다. 후자는 고통당하는 사람의 감각을 마비시키려는 것이다.[791] 비록 죽음이 임박했으나(막 15:36-37), 예수님은 신 포도주는 받아들이는 한편(요 19:28-30), 마비시키는 몰약 탄 포도주는 거부하신다.[792]

788 여기서 우리는 마가복음의 일차적 대상이 아람어에 낯선 그리스-로마 청중이라는 힌트를 얻는다.

789 참고. 막 8:31; 9:31; 10:32-34; 히 5:7-9.

790 하지만 엘리야와 그를 둘러싼 기대에 관해서는 9:11-13 주석을 참고하라.

791 이 구별에 관해서는 15:23 주석을 참고하라.

15:37 "예수께서 큰 소리를 지르시고 숨지시니라." 네 편의 정경 복음서, 사도행전 그리고 신약의 나머지 부분에는 갈릴리와 유대에서 살면서 가르쳤던 그 예수님이 실제로 문자 그대로 죽었다는 사실이 명명백백하게 기록되어 있다.[793] 여기서 우리는 먼저 그분 자신이 죽어야 할 것이라고 하셨던 예수님의 예언을 주목할 수 있다.[794] 다음으로, 적대자들은 거듭해서 예수님을 죽이려는 의도를 밝혔다.[795] 끝으로, 우리는 그분이 실제로 죽었다는 여러 진술을 읽게 된다(예. 44절).[796]

예수님이 실제로 죽는 순간, 모든 조롱하는 소리가 마가의 이야기에서 끝장난다. 병행 구절인 요한복음 19:30은 예수님이 마지막으로 넘겨주는(파라디도미, '넘겨주었다') 장면, 즉 문자적으로 '그가 영(spirit)을 넘겨주는' 또는 '포기하는'[797] 장면을 언급한다. 시편 31:5은 "내가 나의 영을 주의 손에 부탁하나이다 진리의 하나님 여호와여 나를 속량하셨나이다"라고 읊는다. 예수님이 죽은 뒤에는 경의를 표하는 목소리(백부장)와 애도하는 목소리(여자들)만 언급된다. 그분이 죽은 시점은 날마다 성전에서 드리는 오후 제사에 가까울 때다. 지금은 금요일 늦은 오후이자 니산월 15일이 끝나갈 무렵이다. 얼마 뒤에는 특별한 안식일, 즉 유월절 주간의 안식일이 시작될 것이다.[798]

15장

792 참고. L. Morris, *NIDNTT*, 2:28.

793 코란은 어떤 증거도 없이 예수님의 육체적 죽음을 노골적으로 부인한다. "그들은 그를 죽이지 않았고 그들은 그를 십자가에 못 박지 않았다"(수라 4:157).

794 참고. 8:31 주석; 9:30-31 주석; 10:32-34 주석; 12:6 주석. 참고. 요 12:33; 18:32; 21:19.

795 참고. 3:6 주석; 14:55 주석; 14:63-65 주석. 참고. 마 27:1; 눅 22:2; 요 11:53.

796 예수님의 죽음은 신약 전체에 걸쳐 하나의 기정사실이다. 요 19:30; 행 2:24; 10:39; 13:28-30; 롬 5:6, 8, 10; 8:34; 14:9, 15; 고전 8:11; 11:26; 15:3; 고후 5:15; 갈 2:21; 빌 2:8; 골 1:22; 살전 4:14; 5:9-10; 히 9:15; 벧전 3:18; 계 1:18.

797 참고. 1:14-15 주석; 3:19 주석; 9:30-31 주석; 10:32-34 주석; 13:9-13 주석; 14:10-11 주석; 14:41-45 주석; 15:14-15 주석.

798 참고. 15:42-45 주석; 요 19:14, 31, 42.

15:38 마가는 성전의 내부 "휘장"이 찢어진 것에 대해 말하는 듯하다(참고. 1:10). 이 휘장은 성전 내부(성소)와 지성소를 갈라놓는 것이다(참고. 출 26:31-33; 40:21; 레 21:23).[799] 여기서 출입구를 "성전 본당에 이르는 앞마당"[800]에서 분리시키는 외부 휘장을 유념하고 있을 가능성은 거의 없다. 이 내부 휘장이 "위로부터 아래까지"(문자적으로 '위로부터', 참고. 약 3:15) 찢어졌기 때문에, 그것은 하나님의 직접적인 행동일 가능성이 크다. 더 중요한 점은, 하나님의 개입에 힘입어 이제는 예수님의 유일한 제사를 통해 그분께 직접 나아가는 길이 열렸다는 것이다.[801] 그런 접근 수단이 우리에게 단번에 주어졌고, 따라서 이는 모세의 제사 제도를 능가하며 성전 제사를 불필요하게 만든다(참고. 특히 요 4:20-24). 히브리서 10:20은 내부 휘장을 그리스도의 몸, 즉 부서짐으로써 하나님께 다가가는 길을 열어주신 그 몸에 비유한다. 이는 또한 성전 자체의 불연속성을 암시하기도 한다.[802]

15:39-47 개요

예수님이 죽은 뒤에는 마가의 이야기에서 예수님을 존경하거나 믿음으로 따르는 이들만 목소리를 낼 수 있다.

15:39 "백부장"은 많은 반역자들이 당한 십자가 처형을 목격했을 것이 틀림없다. 그는 예수님의 순결함과 무죄함을 인정한다(참고. 눅 23:47). 말하자면, 그는 "예수께서 이와 같이 숨을 거두시는 것을 보[았다]"(새번역)는 것이다. 그래서 공경하는 자세로 예수님은 "하나님의 아들"이라고 선언한다. 백부장은 친숙한 로마의 다신교적 제도에 기반을 두고 이런 감탄사를

799 이 유일한 접근 수단은 무엇보다 히브리서에 언급되어 있다(히 6:19-20; 9:2-3, 6-8, 11-12; 10:19-20). 히 9:3은 이 내부 휘장을 성소와 지성소를 갈라놓는 "둘째 휘장"이라 부른다.

800 BDAG, s.v. καταπέτασμα. 참고. C. Schneider, *TDNT*, 3:629-630.

801 M. J. Harris, *NIDNTT*, 3:543.

802 참고. 13:2 주석; 14:57-59 주석; 15:27-32 주석.

표명했을 것이다. 만일 이 가정이 옳다면, 그는 예수님이 신의 영감을 받은 무죄한 사람이라는 뜻으로 말한 셈이다. 하지만 백부장 고넬료와 비슷하게(참고, 행 10:1-48), 이 백부장이 예수님이라는 인물에 대해 더 알고자 했을 가능성도 있다. 그래서 예컨대, 베드로로부터 예수님이 피조물이 아닌 하나님의 영원한 아들이라는 진리를 배웠을 수도 있다.[803]

베드로의 증언에 따르면, 예수님이 영원한 아들이라는 진리는 영원한 아버지와의 친밀한 관계(그리고 그분을 공경하는 관계)를 말하는 것으로 볼 수 있다. 아버지와 아들은 신적 본질을 공유하지만 위격이 다르다. 따라서 예수님의 영원한 아들 됨은 시초가 없다. 예컨대,[804] 코란이 오해하듯이, 예수님은 한 신과 한 여자 간의 성적 합일로 출산된 "신의 아들"(a son of god)이 아니다. 그런 믿음은 우상들을 '신의 딸들'로 숭배하던 이슬람 이전의 아랍 이방인들이 보유했다. 오히려 예수님은 한 하나님[여호와는 언제나 '한 분'(에하드)]의 일부로 '언제나' 존재했고 계속 존재하신다. 마가복음에 담긴 베드로의 증언에 따르면, 예수님은 삼위일체의 창조되지 않은 두 번째 위격이다.[805] 성령의 기적적인 수태를 통해 마리아에게서 태어남으로써, 이 영원히 존재하는 삼위일체의 두 번째 위격은 일정한 기간 동안 그리고 특정한 목적을 위해 인간의 몸을 입으신다.[806]

15장

죽음과 부활 이후 예수님은 예전 상태, 즉 부활의 몸을 포함하는 창조되지 않은, 영원한 아들로 되돌아가신다.[807] 이 때문에 예수님을 삼위일체 하나님의 일부로 경배하는 것이 합당하다.[808] 결국 예수님은 죽음에 이른, 창

803 참고. 1:1 주석; 1:10-11 주석; 9:7 주석; 12:6-12 주석; 14:60-62 주석. 요 1:1-18; 3:16-18; 8:58; 17:5; 롬 1:3; 골 1:13-20; 히 1:1-3을 보라.

804 수라 2:116.

805 이 진리를 코란, 수라 5:72와 대조해보라.

806 참고. 요 1:14; 빌 2:6-7.

807 막 8:38; 14:62을 보라. 참고. 빌 2:6, 9-11. 계 1:8을 계 22:13, 16과 비교하라. 아울러 13:31-33 주석을 보라.

808 이 진리를, 마리아를 신으로 생각하지 않도록 옳게 경고하는 코란(수라 5:116, 117)과 대조해보라.

조된 인간에 불과한 존재가 아니었다.[809]

15:40-41 예수님의 가장 가까운 제자들마저 그분을 버린다(하지만 요 19:26을 참고하라).[810] 그런 실망스러운 모습과는 반대로, 갈릴리에서 따라온 "많[은]"(막 15:41) 여성 제자들은 이 끔찍한 시간에도 예수님을 버리지 않는다(참고. 요 19:25). 그들은 끈질기게 "그분을 따라왔고"(아콜루테오) 그동안 줄곧(참고. 막 1:31) "그분을 섬겨왔다"(디아코네오, 참고. 눅 8:3). 이 두 동사 모두 과거진행형으로, 따르고 섬기는 일을 계속한다는 뜻이다.[811]

여자들이 여기에 언급되어 있다는 사실은 그들이 예수님의 공적 사역 기간에 존엄성과 가치를 인정받았다는 것을 알려준다. 그들은 여자와 남자가 동등한 가치와 존엄성을 지니는 창조질서로 회복된다(창 1:27).[812] 또한 예수님의 죽음과 장사와 부활을 목격한 매우 중요한 증인 역할을 한다.[813]

많은 여자들이 예수님을 좇았다. 예컨대 누가복음 8:3은 헤롯의 집안 관리인, 구사의 아내 요안나와 더불어 수산나를(참고. 눅 24:10) 그리스도의 추종자로 언급한다. 이런 여자들 가운데 일부만 여기에 그 이름이 언급되어 있다("그중에", 막 15:40). 이 중대한 시점에서도 예수님을 버리지 않는 여자들 가운데 대표적인 인물은 다음과 같다.

(1) "막달라 마리아"(15:40, 47; 16:1, [9])[814]: 예수님이 일곱 귀신을 쫓아내

809 이 진리를 코란, 수라 16:20-21과 대조해보라.

810 예수님의 핵심층이라는 주제는 마가복음 전체를 관통한다. 참고. 1:29-31 주석; 3:16-18 주석; 5:37 주석; 9:2 주석; 10:35 주석 주석; 10:41 주석; 13:3 주석; 14:32-36 주석.

811 마가는 예수님을 따른다는 주제를 강조한다(아콜루테오, '내가 따르다', '내가 뒤에서 걷다'). 참고. 1:16-20 주석; 2:13-16 주석; 6:1-2 주석; 8:34 주석; 9:38-40 주석; 10:21 주석; 10:28 주석; 10:32-34 주석; 10:52 주석; 14:54 주석; 15:40-41 주석.

812 참고. 막 5:21-43; 7:29.

813 참고. 15:47 주석; 16:1-8 주석.

신 사람이다.[815]

(2) "작은 야고보와 요세의 어머니 마리아"(15:40, 47; 16:1)[816]: 일부 해석자들은 이 마리아가 예수님의 어머니인지 여부에 대해 궁금해 한다. 물론 6:3은 야고보와 요세(요셉)를 마리아의 아들들로, 따라서 예수님의 이복형제들로 거명한다. 그런데 빈 무덤의 장면에서는 마태복음 27:61[817]이 야고보의 어머니인 마리아를 "다른 마리아"로 밝힌다. 예수님의 어머니인 유명한 마리아를 그렇게 언급한다는 것은 이해하기 어렵다. 프랜스(R. T. France)는 마가가 마가복음 6:3에서 유명한 마리아를 예수님의 어머니로 밝히고 있다고 한다. 그런데 마가가 어째서 이번에는 갑자기 예수님의 어머니인 마리아를 덜 알려진 두 아들들의 이름을 거명하며 밝히겠는가? 아울러 "야고보"와 "요세"라는 이름이 예수님 당시에 흔했다는 것도 주목할 만하다.[818]

(3) "살로메"(15:40; 16:1): 독자가 마가복음 15:40을 마태복음 27:56(이 구절은 살로메라는 이름을 언급하지 않는다)[819]과 함께 읽는다면, 살로메가 세베대의 아내로서 예수님의 제자인 야고보와 요한의 어머니라는 결론에 도달하는 것도 가능하다.[820]

끝으로, 요한복음 19:25은 마가가 열거한 신실한 여자들의 본보기를 보완한다. "예수의 십자가 곁에는 그 어머니와 이모와 글로바의 아내 마리

814 참고. 눅 8:2.

815 이 여자를 눅 7:36-50에 나오는 죄인과 눅 10:38-42; 요 11:20; 12:1-8에 나오는 베다니의 마리아와 대조해 보라.

816 마 27:56은 요세가 요셉의 다른 이름임을 밝혀준다.

817 참고. 마 28:1.

818 참고. France, *Mark*, 664.

819 마 27:56은 단지 "세베대의 아들들의 어머니"라고 언급할 뿐이다.

820 참고. 막 1:19-20; 3:17; 10:35; 16:1.

아와 막달라 마리아가 섰는지라." 이 여자들 중 일부는 예수님의 죽음(막 15:37, 40), 그분의 장사(47절), 빈 무덤(16:1-4) 그리고 천사가 전한 부활 소식(6절)에 대한 대표적인 증인들이 된다.

15:42-45 모세의 율법은 시체를 죽은 날에 장사지내야 한다고 규정한다(신 21:23). 그래서 장사에 관한 율법이 여러 유월절 율법보다 우선권을 얻는다(참고. 요 19:40).[821] "준비일 곧 안식일 전날"(막 15:42)은 니산월 15일,[822] 금요일[823]이었다. 이 맥락에서 "준비일"은 '특별해도 정기적인 안식일의 전날'을 가리키는 관용어다. 그 특별한 안식일이 7일에 걸친 유월절 주간 내에 속하기 때문이다.[824] 따라서 특별한 '안식일'을 '준비하는 이날'(참고. 요 19:14, 31, 42)은 무교병을 먹는 첫날, 즉 유월절 양을 제물로 바치는 니산월 14일, 목요일과 구별될 필요가 있다.[825]

유대 자문위원회, 즉 산헤드린(참고. 눅 23:50-56)의 "존경받는 회원"인 아리마대 요셉[826]이 니산월 16일 안식일이 해질 무렵에 시작되기 전에 대담하게 예수님을 장사지내려고 한다. 그는 "하나님의 나라"를 바라보고 있었다. 즉, 기다리고 있었다는 뜻이다.[827] 그는 이 시점에서 예수님이 하나님의 메시아라고 완전히 확신하지는 못했을지 모른다. 그럼에도 불구하고 예수님이 죽기 전에 적어도 진정한 메시아의 후보였다고 생각한 듯하다. 요한복음 19:38은 요셉을 "예수의 제자"라고 밝힌다.

821 참고. Josephus, *Jewish Wars* 4.317.

822 참고. 14:12-26 주석; 15:1 주석.

823 파라스큐에(*paraskeuē*, "준비일", 막 15:42)가 금요일이라는 것에 관해서는 Josephus, *Antiquities* 16.163을 보라. 참고. France, *Mark*, 665.

824 참고. Josephus, *Antiquities* 16.163.

825 참고. 14:12-26 주석.

826 Josephus, *Jewish Wars* 2.405와 관련하여 H. J. Ritz, EDNT, 1:224-225을 참고하라. 니고데모 역시 산헤드린의 회원이었다(요 7:50).

827 참고. 눅 2:25, 38; 24:50-51.

모세의 율법과 달리, 로마법은 로마의 적을 어떻게 장사해야 하는지 명시하지 않는다. 그래서 시체의 장사를 허락해달라는 요청에 대한 권한은 오로지 빌라도에게만 있다. 빌라도는 예수님이 정말로 "죽었다"는 것(막 15:44-45)을 확인하자마자 '의아하게'(44절, 참고. 5절) 생각하면서도 관대한 제스처로 장사를 허락한다(45절). 요한복음에 따르면, 니고데모가 예수님을 장사하는 일에 아리마대 요셉을 돕는다(요 19:39-40). 다음과 같은 주장들은 하나같이 마가복음에 나오는 명백하고 단도직입적인 진술과 상반된다.[828] (1) 예수님을 십자가에서 내렸을 때 실제로 죽지 않았다. (2) 예수님 대신 다른 사람이 십자가에서 죽었다. (3) 예수님은 십자가 처형으로 죽지 않고 자연스런 죽음[829]을 맞았다.

15:46 요셉은 서둘러 니고데모의 장사용 향료[830]와 함께(요 19:39-40) 시신 둘레를 "세마포"로 싸서 그것을 "바위 속에 판 무덤" 안에 있는 돌 위에 둔다(참고. 요 19:41-42). 상당히 큰 돌이 바위 무덤의 출입구를 막는데(참고. 막 16:3), 그 출입구는 무덤 속의 여러 매장터로 통한다.[831]

15장

15:47 40절에 언급된 세 여자 중 2명, "막달라 마리아"와 "[야고보와] 요세의 어머니 마리아"는 매장터의 위치를 알고 있다.[832] 그곳은 골고다에서 멀지 않다.[833]

828 참고. 15:37-45 주석; 16:6 주석. 참고. 요 19:33-34.

829 수라 4:157: "그들은 그를 죽이지 않았고 그들은 그를 십자가에 못 박지 않았고, 그들에게 그렇게 보였을 뿐이다."

830 이 향료를 안식일이 끝난 다음 여자들이 예수님의 몸에 바르려고 하는 식물성 방부용 기름과 대조해보라. 참고. 막 16:1. 그리고 14:8을 보라.

831 M. Völkel, *EDNT*, 2:435.

832 참고. 15:40-41 주석; 16:6 주석.

833 참고. 막 15:22; 요 19:41. 마태가 기록한 부수적인 사건들을 주목하라(마 28:1-5).

16:1-8 개요

앞에서 말했듯이, 마가는 부활의 기사들 중 어느 것도 전해주지 않는다.[834] 그럼에도 불구하고 이 복음서는 하나님의 천사가 예수님을 따라왔던 여자들에게 그분이 죽었다가 몸으로 다시 살아나셨다고 명백하게 알려준다(6절). 그 천사는 "십자가에 못 박히신 나사렛 예수 그가…살아나셨[다]"고 밝힌다. 빈 무덤은 부활에 대한 예언(예. 8:31) 성취의 일부다.

16:1-2 15:40에 언급된 세 여자(참고. 47절), "막달라 마리아와…야고보…의 어머니 마리아와 또 살로메"가 다시 한 번 이 시점에서 매우 중요한 증언을 연속적으로 이어간다. 안식일이 토요일 저녁 해질녘에 끝나고 니산월 17일이 시작되는 즉시(눅 23:54-56), 여자들은 식물에서 추출된 필수 기름을 구입할 수 있다.[835] 그들은 상황으로 인해 지연된 시신의 방부 처리를 평일의 첫날, 즉 니산월 17일, 일요일 아침 동이 튼 다음에 하려고 한다. 마태복음 28:1과 요한복음 20:1("아직 어두울 때에")은 그들이 무덤을 향해 걷기 시작하는 시점을 가리키는 한편, 마가복음 16:2("해 돋을 때에")과 누가복음 24:1은 그들이 동틀녘에 무덤에 도착하는 시점을 가리킬 수 있다. 유대식 주간의 순환에 따르면, 이날은 "주간의 첫날"[836]에 해당한다. 일요일 아침이 "셋째 날"[837]에 해당하는 것은 어느 날의 끝(금요일, 늦은 오후)과 시작(일요일 아침)이 신약 시대에는 꼬박 하루로 간주될 수 있었기 때문이다.

16:3-4 무덤의 입구를 막는 '큰' 돌은 상당한 규모와 무게가 있었다.[838] 도

834 그런 이야기들은 다음 구절들에 나온다. 마 28:9-10, 16-20; 눅 24:15-31; 요 21:14-22; 행 1:2-9; 고전 15:3-8. 참고. 단 12:2.

835 참고. 15:40-41. 참고. 요 20:1.

836 참고. 고전 16:2과 "미리" 기름 부음을 받았다는 예수님의 말씀(막 14:8).

837 눅 24:21; 고전 15:4. 참고. 막 8:31; 10:34.

838 참고. 마 27:60; 막 15:46-47.

착한 여자들은 그 돌이 옮겨져 있는 것을 발견한다. 이 장면을 수상히 여기지 않은 것은, 다른 조문객들이 그 무덤 구역에 안치된 친척을 조문하러 더 일찍 도착했다는 신호로 보일 수도 있기 때문이다. 즉, 먼저 온 그들이 돌을 옆으로 굴린 것으로 여겼을 수 있다.

16:5 이제 여자들이 두 현상을 보고 '놀란다'(또는 '몹시 놀랐다', '크게 당혹스러워 했다').[839] 첫째, 그들은 "흰 옷을 입[고]"(참고. 9:3) 무덤의 "우편에 앉은" 하늘의 메신저를 발견한다.[840] 둘째, 그들은 아리마대 요셉과 니고데모가 예수님의 시신을 둔 것으로 알고 있던(참고. 15:47) 곳에서 무덤이 비어 있는 것을 발견하고는 무척 당황한다(요 19:40).[841] 누가복음 24:4에 따르면, 무덤에 메신저가 한 명 더 있었다. 그런데 여자들에게 말하는 메신저에만 초점을 두는 것은 마가의 간결하고 짧은 이야기의 특징이다.

16장

16:6 여자들은 무덤의 위치는 알지만 그 사람들이 예수님을 무덤 안의 어느 곳에 두었는지는 보지 못했다.[842] 종종 그러듯이, 하나님의 메신저는 안심시키며 위로하는 말로 메시지를 전달한다. "놀라지 말라."[843] 천사는 여자들을 위해 네 가지 별개의 사실들을 서로 연결시킨다.

(1) "십자가에 못 박히신" 그 예수,
(2) 즉 "나사렛"에서 오신 분(참고. 1:9 주석)이,

839 참고. BDAG, s.v. ἐκθαμβέω. 경이와 놀람이라는 모티브는 마가의 이야기에서 중요하고 다면적인 성격을 지닌다. 다음 구절들에 관한 주석을 보라. 1:21-28; 2:9-12; 4:41; 5:14-17; 5:30-36; 5:42-43; 6:1-2; 6:49-52; 7:37; 9:6; 9:15-16; 9:32; 10:24-26; 10:32-34; 11:18; 12:2; 12:17; 15:2-5; 15:42-45; 16:6-8.

840 참고. 마 28:1-8; 행 1:10; 계 6:11. 아울러 마카베오하 3:26, 33도 보라.

841 적어도 주후 70년까지는 로마법 아래서 시신을 훔치는 것이 사형 죄에 해당했다. 참고. 마 28:15.

842 참고. France, *Mark*, 669.

843 참고. 같은 책, 680. 참고. 단 10:12, 19; 마 28:5; 눅 1:13, 30; 2:10; 행 27:23-24.

(3) 다시 육체적 삶을 회복하셨다("그가 살아나셨고"). 즉 그분이 죽음에서 육체적 불멸의 상태로 일으킴을 받으셨다.[844] 그리고

(4) 그분의 몸은 더 이상 무덤 속 두었던 곳에 있지 않다("그가…여기 계시지 아니하니라 보라 그를 두었던 곳이니라").

나사로의 소생과는 대조적으로, 이는 마가복음 8:31, 9:9, 31, 10:32-34, 12:12, 14:25에 부합하여, 예수님이 육체적 불멸의 상태로 일으킴 받으셨음을 의미한다. 예수님의 부활에 대한 증언은 초기 기독교의 기원까지 거슬러 올라간다. 일례로 고린도전서 15:3-5에 기록된 부활 기록은 예수님이 부활하신 지 2년 이내에 쓰인 것으로 보인다.[845] 유대인은 이 시대가 끝날 때 모든 인간이 부활할 것을 기대했기 때문에(단 12:2), 유대인 목격자들에게는 한 개인의 부활이 이상하게 들렸을 것이 틀림없다. 그럼에도 불구하고 예수님의 유례없는 부활에 대한 증언은 만장일치다. 게다가 빈 무덤의 실체는, 정경 사복음서에 기록된 부활한 모습의 등장이 유령의 출현이라는 그릇된 가정보다 더 타당하다는 사실을 뒷받침한다(눅 24:36-43).[846]

16:7 그래서 앞에 언급된 여자들(1절)이 예수님의 십자가 죽음(15:40), 그분의 장사(47절), 빈 무덤(16:5-6) 그리고 부활의 소식(6절)을 전하는 목격자들이 된다. 여자들이 빈 무덤과 당혹스러운 예수님의 부활에 대한 첫 증인으로 묘사되는 것은 뜻밖의 사실이고, 이는 그 이야기의 진정성을 강화시켜준다. 특히 법정에서, 그리고 주전 1세기 그리스-로마와 유대 세계[847]

844 참고. 행 2:24-31; 롬 6:4, 9; 8:34; 고전 15:4. 이를 코란, 수라 3:54; 5:75과 대조해보라.

845 James D. G. Dunn, *Jesus Remembered: Christianity in the Making, Volum 1* (Grand Rapids, MI: Eerdmans, 2003), 855.

846 마 28:9-10, 16-20; 눅 24:15-31; 요 20:19-29; 21:14-22.

847 Josephus, *Antiquities* 4.219; 미쉬나, 로쉬 하샤나 1:8, 미쉬나, 셰부오트 4:1; *Sifre Deuteronomy* 19:15. 참고. France, *Mark*, 665.

에서는 여자들이 믿을 만한 증인으로 간주되지 않았다.[848] 그런데 예수님의 십자가 처형, 죽음 그리고 장사의 목격자들이 된 이 충성스러운 여자들은 예수님 부활의 진실성을 불충한 제자들에게, 그들의 대표인 베드로에게 전하도록 선택되었다.[849] 남자 제자들은 불충함에도 불구하고 여전히 "그의 제자들"로 불리고 있다. 먼저 그들이 예루살렘 안팎에서 부활하신 예수님과 여러 번 만난 뒤에, 다시금 갈릴리가 앞날을 준비하는 장소가 된다(14:28).[850] 앞에서 언급했듯이, 예수님은 제자들이 아직도 예루살렘에서 정치적인 메시아 왕국을 세우고 싶은 유혹(예. 행 1:6)에 빠지지 않도록 그들을 보호하길 원하실 수도 있다.[851]

16:8 빈 무덤을 발견하고, 천사의 모습을 목격하고, 헷갈리는 말을 들은 여자들은 큰 충격을 받은 나머지 "무덤에서 도망[했다]"(참고. 5:42).[852] '떨림'[트로모스(*tromos*), '떠는 것']과 '놀람'[에크스타시스(*ekstasis*), '당혹스러움', '소스라침'[853]]이 그들을 사로잡았기 때문이다. 이와 같은 반응은 하나님께서 일상적인 인간의 삶에 개입하신 뒤에 생기곤 한다(4:41; 5:14-15, 33; 9:6; 10:32).[854] 무엇보다도 그들은 신적 계시에 압도된다.[855] 그들이 "무서워하여 아무에게 아무 말도 하지 못하더라"는 말은 그들이 일정 기간 동안 침묵을 지켰다는

16장

848 참고. 눅 24:11, 22-24; 막 [16:11].

849 참고. 1:36-39 주석; 3:16-18 주석. 참고. 요 20:2; 고전 15:5.

850 참고. 마 28:18-20.

851 하지만 행 1:6에 기록된 그들의 끈질긴 희망을 보라. 이를 행 1:8과 대조해보라. 참고. John Wenham, *Easter Enigma: Are the Resurrection Accounts in Conflict?* (Milton Keyes, UK: Paternoster, 1984), 123.

852 참고. 에녹1서 106:4, 12.

853 BDAG, s.v. ἔκστασις 1.

854 참고. 단 7:15, 28; 8:27.

855 참고. Bertram, *TDNT*, 3:5-6. 마가복음의 다음 구절들에서 예수님에게 위압당하는 반응들을 보라. 1:21-22, 27; 2:12; 5:42; 6:2, 51; 7:37; 9:15; 10:24, 26, 32-34; 11:18; 12:17; 15:5; 16:5-6.

것을 가리킨다.[856] 마태복음 28:8이 말하듯이, 곧바로 도무지 믿을 수 없는 기쁨이 따라온다. "여자들은 무서움과 큰 기쁨이 엇갈려서, 급히 무덤을 떠나, 이 소식을 그의 제자들에게 전하려고 달려갔다."(새번역)[857]

응답

15:21-38에 대한 응답

그리스도의 제자는 예수님의 대속적 죽음을 그들의 자기중심적이고 자만한 반역에 대한 신적 심판으로 생각한다. 각 제자는 하나님의 관점에서 삶을 조망해야 한다. 하나님을 적대시하는 인간에 대한 가혹한 형벌은, 인간의 모습이 하나님께서 보시기에 정신적, 도덕적 그리고 감정적으로 얼마나 처참한 상태인지를 폭로한다. 그것은 하나님에 대한 인간의 심층적 반역을 드러낸다. 하나님은 인간의 상태를 정직하게 드러내시기 때문에, 그리스도인도 예수님의 십자가 희생으로 표현된 사랑에 비추어 그들의 상태에 대해 정직해질 수 있다. 그리스도인은 이제 생명의 근원이신 하나님께 순종하고 의존함으로써 인생의 책임을 짊어져야 한다. 진실과 실체에 노출된 만큼, 이제는 그것을 기반으로 인생을 사는 법을 배울 필요가 있다.

16:1-8에 대한 응답

예수님은 그분을 따르는 사람들을 대신하여 죽음의 형벌을 받으셨다. 하나님의 심판을 견뎌내셨고 부활로 무죄가 입증되었다. 이 진리 때문에 그리스도를 따른다는 것은 이제 이 시점까지 펼쳐진 것에 또 하나의 차원을 더하게 된다. 생명의 근원이신 그리스도는 이제 어떤 사탄적, 인간적 또는

856 프랜스는 이 일시적 일화를 지나치게 해석하는 듯하다(*Mark*, 683-684). 막 1:44을 보라. 참고. 마 28:8; 막 7:36; 8:30; 9:9.

857 참고. 눅 24:41; 요 20:20.

물리적 권세의 반대도 받으실 수 없다(참고. 골 1:15-17). 예수님이 아버지와 성령과 함께 우주를 계속 유지하신다는 사실(1:17) 이외에도, 그분의 부활은 그분의 육체적 존재가 영구히 존속되고 따라서 그분을 따르는 사람들의 삶에 직접 영향을 미칠 능력이 있음을 시사한다. 이로써 그분의 추종자들은 훗날 바울이 말한 것을 확신할 수 있다. "내가 확신하노니 사망이나 생명이나 천사들이나 권세자들이나 현재 일이나 장래 일이나 능력이나 높음이나 깊음이나 다른 어떤 피조물이라도 우리를 우리 주 그리스도 예수 안에 있는 하나님의 사랑에서 끊을 수 없으리라"(롬 8:38-39).

그리스도의 제자들이 스스로를 그리스도의 전례 없는 사랑에 넘겨줄 때, 그들은 서서히 자기중심적이고 이기적인 삶에 대해 죽어가게 된다. 따라서 예수님의 발자취를 따른다는 것은 그리스도의 가르침뿐 아니라 그분의 은혜에 기쁘게 순종하는 삶을 산다는 것을 의미한다. 예수님이 죽음에서 부활하셨듯이, 그분을 따르는 사람들도 새로운 삶에 참여하고 점차 속박과 우상 숭배와 부도덕의 굴레에서 자유롭게 되는 것이다. 부활의 능력 안에 있는 새로운 삶은 점점 더 경건하게 영위되는 삶이다(골 3:1-17). 훗날 베드로는 그의 양떼에게 이렇게 쓸 것이다. "친히 나무에 달려 그 몸으로 우리 죄를 담당하셨으니 이는 우리로 죄에 대하여 죽고 의에 대하여 살게 하려 하심이라 그가 채찍에 맞음으로 너희는 나음을 얻었나니"(벧전 2:24). 때로는 그리스도의 제자들이 삶에서 하나님의 직접적이고 주권적인 개입을 경험할 수도 있다. 그들은 언제나 그분께 사랑받는 자들이다.

Mark
마가복음
16:9-20

9 1)[예수께서 안식 후 첫날 이른 아침에 살아나신 후 전에 일곱 귀신
을 쫓아내어 주신 막달라 마리아에게 먼저 보이시니 10 마리아가 가서
예수와 함께 하던 사람들이 슬퍼하며 울고 있는 중에 이 일을 알리매
11 그들은 예수께서 살아나셨다는 것과 마리아에게 보이셨다는 것을
듣고도 믿지 아니하니라

[SOME OF THE EARLIEST MANUSCRIPTS DO NOT INCLUDE 16:9-20.][1]

9 [[Now when he rose early on the first day of the week, he appeared
first to Mary Magdalene, from whom he had cast out seven demons.
10 She went and told those who had been with him, as they mourned
and wept. 11 But when they heard that he was alive and had been seen
by her, they would not believe it.

12 그후에 그들 중 두 사람이 걸어서 시골로 갈 때에 예수께서 다른 모
양으로 그들에게 나타나시니 13 두 사람이 가서 남은 제자들에게 알리
었으되 역시 믿지 아니하니라

12 After these things he appeared in another form to two of them, as
they were walking into the country. 13 And they went back and told the
rest, but they did not believe them.

14 그후에 열한 제자가 [2)]음식 먹을 때에 예수께서 그들에게 나타나
사 그들의 믿음 없는 것과 마음이 완악한 것을 꾸짖으시니 이는 자기
가 살아난 것을 본 자들의 말을 믿지 아니함일러라 15 또 이르시되 너
희는 온 천하에 다니며 [3)]만민에게 복음을 전파하라 16 믿고 [4)]세례를
받는 사람은 구원을 얻을 것이요 믿지 않는 사람은 정죄를 받으리라
17 믿는 자들에게는 이런 [5)]표적이 따르리니 곧 그들이 내 이름으로 귀
신을 쫓아내며 새 방언을 말하며 18 뱀을 집어올리며 무슨 독을 마실
지라도 해를 받지 아니하며 병든 사람에게 손을 얹은즉 나으리라 하
시더라

14 Afterward he appeared to the eleven themselves as they were
reclining at table, and he rebuked them for their unbelief and hardness
of heart, because they had not believed those who saw him after he
had risen. 15 And he said to them, "Go into all the world and proclaim
the gospel to the whole creation. 16 Whoever believes and is baptized
will be saved, but whoever does not believe will be condemned.
17 And these signs will accompany those who believe: in my name they
will cast out demons; they will speak in new tongues; 18 they will pick
up serpents with their hands; and if they drink any deadly poison, it
will not hurt them; they will lay their hands on the sick, and they will
recover."

19 주 예수께서 말씀을 마치신 후에 하늘로 올려지사 하나님 우편에
앉으시니라 20 제자들이 나가 두루 전파할새 주께서 함께 역사하사 그

따르는 [5]표적으로 말씀을 확실히 증언하시니라]

19 So then the Lord Jesus, after he had spoken to them, was taken up into heaven and sat down at the right hand of God. 20 And they went out and preached everywhere, while the Lord worked with them and confirmed the message by accompanying signs.]]

1) 어떤 사본에는, 9-20절까지 없음 2) 헬, 기대어 누워(유대인이 음식 먹을 때에 가지는 자세) 3) 헬, 온 창조 세계에 4) 헬, 또는 침례 5) 또는 이적

1 Some manuscripts end the book with 16:8; others include verses 9-20 immediately after verse 8. At least one manuscript inserts additional material after verse 14; some manuscripts include after verse 8 the following: *But they reported briefly to Peter and those with him all that they had been told. And after this, Jesus himself sent out by means of them, from east to west, the sacred and imperishable proclamation of eternal salvation.* These manuscripts then continue with verses 9-20

이른바 긴 종결부에 대한 소개

신약에는 주목할 만하고 매우 중요한 본문 비평의 이슈들이 많지 않다. 마가복음 16:9-20이 그 이슈들 중 하나다. 신약과 관련된 본문 비평의 이슈들 중 절대 다수는 신약의 일부나 전부를 담고 있는 약 5천6백 편 사본들 간의 사소한 차이들밖에 없다.

마가복음 16:9-20의 '본문'이 사본 증거를 바탕으로 원문으로 간주될지 여부와 상관없이, 이 단락에 기록된 '내용'의 대다수가 논쟁의 여지가 없는 신약의 다른 곳에도 나온다는 것은 틀림없는 사실이다.

단락 개관

마가복음의 이른바 긴 종결부([16:9-20])[858]는, 예수님이 부활한 후 나타난 두 광경([9-13절])에 이어 제자들에게 나타나서 복음 전파의 사명을 주시는 장면([14-18절])에 관한 이야기를 전해준다. 이 마가판 '대위임령'에서 예수님은 믿음과 기적과 복음 전도를 거론하신다. 그 인용구는 예수님의 승천에 대한 묘사로 마무리된다([19-20절]).

여기서 두드러진 부분은 끈질긴 불신에 대한 예수님의 도전이다. 그분은 제자들이 믿을 만한 부활의 증인들을 믿지 않는다고 꾸짖으신다. 특히 한 대목([14-18절])에서, 막달라 마리아([11절])와 두 제자([13절])의 증언을 믿지 못하게 막는 그들의 완고한 마음에 대해 도전하신다. 예수님의 대속적 죽음에 대한 증언에 따라오는 부활에 대한 증언(참고. 요 20:29)을 믿을 때 비로소 진정한 신앙이 시작된다.

이런 제자들의 모습에도 불구하고, 예수님은 그들에게 세계 전역으로 가서 부활의 증인이 되라는 사명을 주신다(막 [16:15-18], 참고. 7:27; 13:10). 복음 증거와 복음 전파의 핵심에는 예수님이 대속적 죽음에서 부활하셨다는 소식이 있다(10:45; [16:15]).

858 마가복음의 본래 종결부를 둘러싼 본문 비평의 이슈들에 관해서는 France, *Mark*, 685-688, Lane, *Gospel according to Mark*, 591-592, 601-605을 참고하라. 아울러 David Alan Black et al., *Perspectives on the Ending of Mark*: 4 views (Nashville: B&H Academic, 2008)도 보라. 한편 월리스는 이른바 마가의 긴 종결부를 "원문에는 없을 가능성이 많은(그래도 예시적 목적으로는 귀중한) 텍스트"(*Greek Grammar*, 688)라고 부른다. 참고. William R. Farmer, *The Last Twelve Verses of Mark*, SNTSMS 25 (Cambridge: Cambridge University Press, 1974).

단락 개요

III. 2부: 고난과 죽음의 필연성을 통해 예수님의 권위를 시험하다
(8:27-16:8[9-20])
C. 예루살렘에서의 수난과 부활(14:1-16:8[9-20])
6. [부활한 모습으로 나타나시다(16:9-18)]
a. [부활한 모습으로 두 번 나타나시다(16:9-13)]
b. [제자들에게 나타나시다(16:14-18)]
7. [승천(16:19-20)]

주석

[16:9] 병행 구절은 누가복음 8:2과 요한복음 20:11-17이다.

[16:10] 병행 대목은 요한복음 20:11-18이다.

[16:11] 병행 구절은 마태복음 28:17과 특히 누가복음 24:11, 14, 41이다.

[16:12-13] 병행 대목은 누가복음 24:13-35이고, 요한복음 20:19, 26도 참고하라.

[16:14-18] 병행 대목은 누가복음 24:25-29이고, 요한복음 10:19-29도 참고하라.

[16:14] 병행 구절은 마태복음 11:20과 특히 누가복음 24:41이다.[859]

[16:15] 본문 비평적으로 논쟁이 되는 긴 종결부의 일부는 마가복음 13:9을 상기시키는 대목, 즉 "온 천하에 다니며[860] 만민에게 복음을 전파하라"[포류텐테스 에이스 톤 코스몬 하판타, 케뤽사테 토 유앙겔리온 파세 테 크티세이(*poreuthentes eis ton kosmon hapanta, kēryxate to euangelion pasē tē ktisei*)]라는 위임령이다. 이 본문을 문자적으로 번역하면 이렇다. '온 세계[코스모스(*kosmos*), '거주하는 세계', 참고. [16:20]][861]에 가서(복수) 좋은 소식을 모든 피조물[크티시스(*ktisis*), 참고. 골 1:6, 23]에게 전파하라(복수).'

[16:16] "믿고[즉, 그 자신을 위탁한다는 의미에서][862] 세례를 받는 사람은 구원을 얻을 것이요 믿지 않는 사람은 정죄를 받으리라." 여기서 세례는 그리스도의 부활과 죽음을 포함해 그분을 신뢰한 결과 개인적으로 그리스도와 동일시되는 것을 언급한다고 볼 수 있다.[863] 하지만 물세례를 염두에 둘 가능성도 있다. 후자의 경우에는 예수님의 죽음과 부활에 대한 개인적 믿음과 함께 시행된 언약의 징표와 확증(롬 4:11)을 언급할 것이다(눅 8:50, 참고. 행 18:8). "구원을 얻는다"는 것은 영원한 정죄로부터 "보호된다"는 뜻이다.[864] 요한복음 3:16-18, 36에 따라서 오직 그런 개인적 믿음만이 우리 각자를 창조주 앞에서 현존하는 심판과 임박한 심판에서 구원할 수 있다. 하나님의 구원 사역에 대한 믿음을 끈질기게 거부한다면("믿지 않는")[865], 그 궁극적 심판은 바로 정죄를 뜻한다.

16장

859 참고. 신 10:16; 렘 4:4; 롬 2:5. 그리고 겔 36:26-27과 대조해보라.

860 참고. 막 [16:20]. 그리고 마 28:19; 눅 24:47을 보라.

861 참고. 막 8:36; 14:9; 마 28:18-20; 눅 3:6; 행 2:36.

862 BDAG, s.v. πιστεύω 2.

863 참고. 롬 6:3-5; 벧전 3:21; 딛 3:5.

864 BDAG, s.v. σῴζω 2.

865 BDAG, s.v. ἀπιστέω 1.

[16:17] [16:20] 주석을 참고하라.[866] [15-17절]의 병행 대목은 마태복음 28:18-20이다.

[16:18] 이 구절을 누가복음 10:19, 사도행전 28:3-4 그리고 야고보서 5:13-16과 비교하라.[867] 막 [16:17-18]의 병행 구절은 요한복음 14:12이다.[868] "표적"(표징, ESV는 "sign", 막 [16:17, 20])이 복음 전파를 수반할 수 있으나 복음의 핵심을 구성하지는 않는다(참고. [16:15, 20]; 요 14:12). 그런 하나님의 은사들에 지나치게 초점을 두면, 사람들을 그릇된 번영 복음이나 '건강과 부'를 위한 복음으로 오도할 수 있다. 그런 거짓 복음은 하나님께 굴복하고 순종하며 희생하기보다는 그분의 약속을 '믿는다'고 주장하면서 암묵적으로 하나님을 '조종하려는' 위험에 빠지게 할 수 있다. 아울러 정직한 일과 경건한 노력을 요구하는 창조 질서를 부인하는 위험으로 이끌 수도 있다.

[16:19] 사도행전 2:36[869]을 참고하라.

[16:20] "그들은 나가서, 곳곳에서 복음을 전파하였다. 주님께서 그들과 함께 일하시고, 여러 가지 표징이 따르게 하셔서, 말씀[즉, 메시지]을 확증하여주셨다[또는 '의심할 여지 없이 입증하셨다']"(새번역, 참고. 7절). 그들이 "곳곳에서 복음을 전파[할]" 때 예수님이 "그들과 함께 일하[셨다]"[쉬네르군토스(*synergountos*)]는 사실은, 성령을 통해 그들 및 그들의 증언과 함께하실 것이

866 참고. 막 9:37; 행 2:3-4; 10:46; 19:6; 고전 12:28; 엡 6:10-18.

867 참고. 사 11:8.

868 치유의 현상에 관해서는 행 9:12, 17과 약 5:15을 참고하라.

869 예수님의 승천에 관한 기사는 다음 구절들을 참고하라. 눅 24:50-53; 행 1:2, 11, 22; 7:55-56; 롬 8:34; 엡 1:20; 골 3:1; 딤전 3:16; 히 1:2; 8:1; 10:12; 12:2; 벧전 3:22; 계 3:21. 예수님의 즉위에 관해서는 막 12:36; 행 1:21; 4:33을 참고하라. 그리고 시 110:1, 5도 참고하라.

라는 그분의 약속(13:11, 참고. 마 28:20)을 가리킨다.[870]

이 구절에 따르면, 예수님이 제자들과 함께 일하시는 주된 방식은 '표징'을 통해 그들의 증언(즉, '메시지', [20절])을 확증해주는 것이다. [17절]에는 축귀(참고. 행 16:18)와 외국어 내지는 방언 말하기(참고. 고전 12:28)와 같은 '표징'이 많은 이들에게 약속되어 있다. 신약의 대다수 경우가 그렇듯이, [20절]에서도 '표징'은 주로 바울을 포함한 최초의 사도들과 연관되어 있다. 이 점은 사도행전[871]과 서신들[872]에도 해당된다. 무엇보다 이런 '표징들'은 예수님과 그분의 가르침에 대한 사도들의 증언을 확증해준다.[873] 그런데 그리스도께 순종하지 않고 자신들의 이익만 구하는 거짓 선지자들도 '표징'을 행할 수 있다는 것을 기억할 필요가 있다.[874] 끝으로, 예수님은 그릇된 마음의 태도, 즉 '표징'이 주어지기만 한다면(참고. 요 2:19) 예수님을 믿겠다는 식의 태도에 대해 경고하신다. 예수님이 말씀하신 한 비유에서는 아브라함이 부자에게, 죽은 자가 살아날지라도 사람들이 믿지 않을 것이라고 말한다. "그들이 모세와 예언자들의 말을 듣지 않는다면, 죽은 사람들 가운데서 누가 살아난다고 해도, 그들은 믿지 않을 것이다"(눅 16:31, 새번역, 참고. 요 5:46).

870 이를 하나님과 동역하는 사도들(고전 3:9; 고후 1:24; 6:1; 골 4:11; 살전 3:2; 요삼 1:8)과 대조해보라.

871 행 1:8; 2:19, 22, 43; 4:30; 5:12; 7:36; 14:3; 15:12. 예외적인 경우는 행 6:8(스데반)과 8:13(빌립)밖에 없다.

872 롬 15:19; 고후 12:12; 히 2:3-4.

873 스콘바이스(H. Schönweiss)는 이렇게 말한다. "이런 표징들은 살아계신 주님이 친히 그의 증인들을 통해 말씀하고 또 일하고 계시다는 것, 그리고 그들의 증언이 그런즉 참되고 믿을 만하다는 것을 나타내는 지표다. 만일 하나님의 진실하심과 신실하심이 그분 말씀에 관한 타당성의 일차적 근거고, 따라서 모든 그리스도인이 믿음의 확신을 품을 수 있는 근거라면, 이런 표징들은 그리스도인에게 하나님의 약속에 대한 믿음을 확증해주는 하찮은 증거에 불과하지 않다"(*NIDNTT*, 1:659).

874 참고. 마 24:24; 막 13:22; 살후 2:9.

응답

신약의 나머지 부분도 말하듯이, 예수님의 제자들이 능력을 부여받는 것은 그리스도가 시동을 거는 사역, 말하자면 삼위일체 하나님께서 여전히 그분의 백성과 함께 수행하시는 선교를 이어가기 위해서다. 무엇보다도 제자들은 대담무쌍하고 진정한 증인의 역할을 한다(참고. 요 17:20). 예수님에 대한 신앙은 사도들의 증언, 즉 우리의 죄를 속하려고 십자가에서 죽은 그리스도(막 10:45)가 정말로 죽음에서 살아나셨다는 증언을 믿는 데서 생긴다. 하나님은 특히 그런 사도적 증언을 '표징'으로 확증하신다. 예수님을 믿는 유일한 근거는 예수님이 이루신 속죄의 죽음, 부활 그리고 의롭다는 인증에 대한 증언이다. 이 구속하시는 예수님에 대한 순종적인 믿음이 우리를 구원하는 것이다.

참고문헌

Bauckham, Richard. *Jesus and the Eyewitnesses: The Gospels as Eyewitness Testimony*. 2nd ed. Grand Rapids, MI: Eerdmans, 2017. 《예수와 그 목격자들》. 새물결플러스.

정경 사복음서는 목격자들의 이야기를 전한다. 보컴은 예수님, 제자들 그리고 기록된 이야기들 간의 관계를 신중하게 추적한다. 제2판에는 '마가복음에 나오는 목격자들', '예수님이 사랑하시는 제자는 누구였는가?', '양식비평의 종말' 세 장이 추가되었다.

Evans, Craig A. *Mark 8:27-16:20*. WBC 34B. Revised Edition, Grand Rapids, MI: Zondervan, 2015. WBC 성경주석 34하 《마가복음》. 솔로몬.

철저한 문학적 논의, 심층적인 석의적 분석, 최신의 폭넓은 문헌, 세부적 질문들에 대한 좋은 자료. 마가의 통합적 신학에 관해서는 아쉬운 주석.

France, R. T. *The Gospel of Mark: A Commentary on the Greek Text*. NIGTC. Grand Rapids, MI: Eerdmans, 2002. 《NIGTC 마가복음》. 새물결플러스.

마가복음의 신학적 이슈들, 헬라어 석의가 강점이다.

Guelich, Robert A. *Mark 1-8.26*. WBC 34A. Revised edition. Grand Rapids, MI: Zondervan, 2015. WBC 성경주석 34상 《마가복음》. 솔로몬.

Lane, W. L. *The Gospel according to Mark*. NICNT. Grand Rapids, MI: Eerdmans, 1974.

균형 잡힌 문학적(집중도는 낮음), 역사적, 신학적 주석. 기독교 이후 랍비 문헌을 참고하는 점에서는 약간 시대에 뒤떨어지는 편. 오늘날 그리스도인의 존재와 실질적인 삶에 대한 적실성을 찾는 면에서는 양호한 주석.

성경구절 찾아보기

마태복음

마가복음

요한복음

사도행전

야고보서

베드로전서

베드로후서

국제제자훈련원은 건강한 교회를 꿈꾸는 목회의 동반자로서 제자 삼는 사역을 중심으로 성경적 목회 모델을 제시함으로 세계 교회를 섬기는 전문 사역 기관입니다.

ESV 성경 해설 주석

마가복음

초판 1쇄 인쇄 2023년 8월 8일
초판 1쇄 발행 2023년 8월 22일

지은이 한스 F. 바이어
옮긴이 홍병룡

펴낸이 오정현
펴낸곳 국제제자훈련원
등록번호 제2013-000170호(2013년 9월 25일)
주소 서울시 서초구 효령로68길 98(서초동)
전화 02) 3489-4300 **팩스** 02) 3489-4329
이메일 dmipress@sarang.org

ISBN 978-89-5731-876-8 94230
978-89-5731-825-6 94230(세트)

※ 책값은 뒤표지에 있습니다. 잘못된 책은 구입하신 곳에서 교환해드립니다.